TRAUNER VERLAG
BILDUNG

Bildung, die begeistert!

W0373914

Geografie, Geschichte und Politische Bildung

HEINZ FRANZMAIR
MANFRED DERFLINGER
PETER ATZMANSTOFER
MICHAEL EIGNER
MICHAEL KURZ
ARMIN KVAS
GOTTFRIED MENSCHIK
RUDOLF REBHANDL

III

HTL

Impressum

Franzmair u. a., Geografie, Geschichte und Politische Bildung III HTL
3. Auflage 2021
Schulbuch-Nr. 180.763
TRAUNER Verlag, Linz

Die Autoren

OSTR. MAG. HEINZ FRANZMAIR
Professor i. R. an der Bundeshandelsakademie Traun

DIR. HR MAG. MANFRED DERFLINGER
Direktor i. R. der Höheren Bundeslehranstalt für wirtschaftliche Berufe Steyr

MMAG. PETER ATZMANSTORFER
Professor an der Höheren Lehranstalt für wirtschaftliche Berufe und Bildungsanstalt für Kindergartenpädagogik der Don-Bosco-Schwestern Vöcklabruck

MAG. MICHAEL EIGNER
Professor i. R. an der Höheren Bundeslehranstalt für wirtschaftliche Berufe Wien 13

DR. MICHAEL KURZ
Professor an der Höheren Bundeslehranstalt für wirtschaftliche Berufe, Bad Ischl

MAG. ARMIN KVAS
Professor am Gymnasium und Realgymnasium Wien 10

MAG. DR. GOTTFRIED MENSCHIK
Professor an der Bundeshandelsakademie Wien 22

MAG. RUDOLF REBHANDL
Professor i. R. an der Bundeshandelsakademie Traun

Approbiert für den Unterrichtsgebrauch an:
Höheren technischen und gewerblichen Lehranstalten im Unterrichtsgegenstand Geografie, Geschichte und Politische Bildung im III. Jahrgang (Lehrplan 2015)
Bundesministerium für Bildung, BMBF-5.048/0056-IT/3/2016.

Die Inhalte entsprechen dem vorgeschriebenen Kompetenzraster laut Bildungsstandards und sind laut Lehrplan zu vermitteln. Eine Auswahl bzw. Gewichtung ist nur innerhalb einzelner Kapitel (Beispiele bzw. Vertiefungsangebote) gewährleistet, nicht jedoch dürfen lt. Ministerium einzelne Kapitel oder Kompetenzbereiche ausgelassen werden.

Liebe Schülerin, lieber Schüler,

Sie bekommen dieses Schulbuch von der Republik Österreich für Ihre Ausbildung. Bücher helfen nicht nur beim Lernen, sondern sind auch Freunde fürs Leben.

Lektorat/Produktmanagement:
Christian Grimm, MSc, Birgitt Decker
Korrektorat: Johann Schlapschi
Gestaltung und Grafik: Teresa Foissner
Titelgestaltung: Bettina Victor
Schulbuchvergütung/Bildrechte:
© Bildrecht GmbH/Wien
Gesamtherstellung:
AZ Druck und Datentechnik GmbH
Heisinger Straße 16, D-87437 Kempten

ISBN 978-3-99113-277-6
Schulbuch-Nr. 180.763

www.trauner.at

Einleitung

Das Hauptziel dieses Buches ist, den Schülerinnen und Schülern Kompetenzen zu vermitteln, die es ihnen ermöglichen, aktiv am politischen Leben teilzunehmen sowie ihr Bewusstsein von Geschichte immer wieder zu überprüfen und zu reflektieren. Nur so können sie für die Gegenwart und die Zukunft Lehren ziehen.

Wesentliche Elemente und verwendete Symbole

Die angeführten Ziele zu Beginn eines jeden Großkapitels kennzeichnen, über welches Wissen bzw. über welche Kompetenzen die Schülerinnen und Schüler nach dem Durcharbeiten des Kapitels verfügen. Die Ziele sind farblich nach der jeweiligen Kompetenzstufe gekennzeichnet.

Meine Ziele

KOMPETENZ-ERWERB

Nach Bearbeitung dieses Kapitels kann ich
- Blau (verstehen, wiedergeben)
- Rot (anwenden, analysieren)
- Schwarz (diskutieren, interpretieren, begründen, bewerten)

Arbeitsaufgaben

Zur Erarbeitung der Kenntnisse und zur Kontrolle des Lernerfolgs stehen den Lernenden Wissensfragen, Übungen und Gruppenarbeiten zur Verfügung. Diese sind ebenfalls nach dem Kompetenzmodell mit den Farben Blau, Rot, Schwarz gekennzeichnet.

Es wird unterschieden zwischen Aufgaben, bei denen die Schüler/innen
- die gelernten Fachinhalte verstehen und wiedergeben;
- erworbenes Wissen anwenden können;
- eigenständig Situationen interpretieren können.

Zitierte Quellentexte aus Büchern, Zeitungen und Internet vertiefen die Informationen. Einerseits werden dadurch komplexe Zusammenhänge oft besser verständlich, andererseits können so auch unterschiedliche Standpunkte zu ein und denselben Thema präsentiert werden.

Folgende Piktogramme unterstützen das Lehren und Lernen mit dem Buch:

„Ziele erreicht – Aufgaben?" am Ende eines Kapitels ermöglichen den Lernenden, selbst festzustellen, inwieweit sie in ihrem Lernprozess erfolgreich waren. Der Kompetenzzuwachs wird aufgezeigt.

Fragen und **Arbeitsaufgaben** erfordern die praktische Umsetzung des Wissens und verlangen zum Teil eigene kreative Lösungsansätze. Sie helfen den Lernenden, die Kenntnisse und Fertigkeiten zu festigen.

Diskussionsaufgaben

Beachten Sie!

Verknüpfungen zu anderen Kapiteln

Wissenswertes, Tipps und interessante Web-Links

Viel Freude und Erfolg wünscht Ihnen das Autorenteam!

Inhaltsverzeichnis

Industrialisierung – technische Entwicklungen und ihre Auswirkungen

KOMPETENZ-ERWERB

Meine Ziele

Nach Bearbeitung dieses Kapitels kann ich

- Innovationen der Industriellen Revolution(en) beschreiben;
- die wichtigsten Erfindungen und Erfinder benennen;
- den gesellschaftlichen Wandel durch die Einführung der Elektrizität erklären;
- die Vorteile des Fließbandes analysieren;
- die unterschiedlichen „Treibstoffe“ der Industrialisierung vergleichen;
- die Tragweite der Verkehrsrevolution bewerten;
- die digitale Entwicklung der letzten Jahrzehnte beschreiben;
- Gewinner und Verlierer der Industrialisierung bewerten.

1 Industrielle Revolution(en)

*Ab dem ausgehenden 18. Jahrhundert fanden durch technische Neuerungen und Erfindungen mehrere Wellen der Industrialisierung statt. Die **Dampfmaschine** revolutionierte die Erzeugung von Gütern, die **Eisenbahn** den Transport und den Verkehr. Kohle und Eisen bildeten die Basis dafür. Im ausgehenden 19. Jahrhundert ersetzte der **Strom** den Dampf, später gesellte sich das **Öl** als Grundlage hinzu. Die Industrialisierung veränderte und verändert die Welt nachhaltig.*

Der Begriff **„Industrielle Revolution“**, der die tief greifenden Veränderungen im 18. und 19. Jahrhundert bezeichnet, die die Industriegesellschaft entstehen ließen, wurde vom britischen Wirtschaftshistoriker Arnold Toynbee um 1880 geprägt.

Nikolai Dmitrijewitsch Kondratieff (1892–1938)

Industrialisierung geprägt durch Invention und Innovation

Die Geschichte der Industrialisierung kann man in Zyklen einteilen, die jeweils mit einer wichtigen technischen Erfindung **(Basisinnovation)** begannen und anschließend weitere Neuerungen in Gang setzten, bis der Zyklus sich nach etwa fünf Jahrzehnten erschöpfte. Nach dem russischen Wirtschaftswissenschafter Nikolai Kondratieff werden diese Konjunkturen als **Kondratieff-Zyklen** bezeichnet.

Die langen Wellen der Weltkonjunktur

Am Beginn eines jeden Aufschwungs standen bahnbrechende Neuerungen.

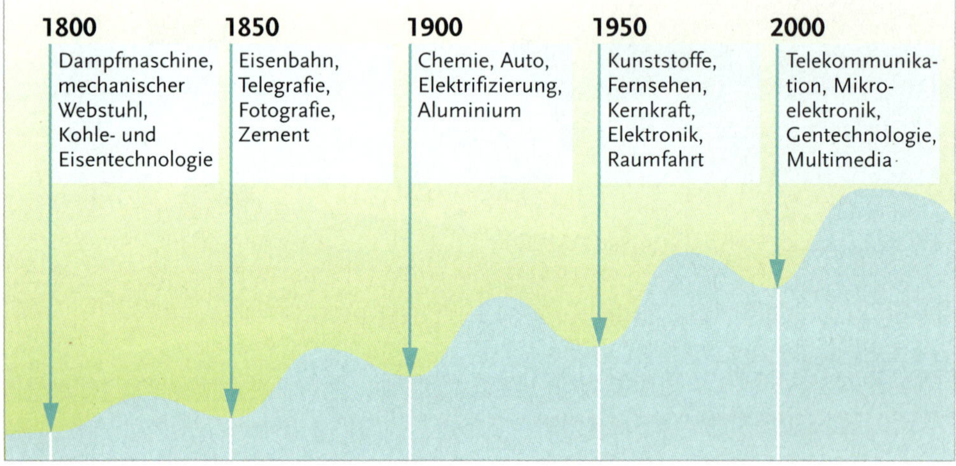

Die gängigen fünf Kondratieff-Zyklen setzen mit der Erfindung des Webstuhls und der Dampfmaschine um 1780 ein und enden mit der Finanz- und Wirtschaftskrise seit 2008. Ihre Dauer betrug durchschnittlich 50 Jahre. Es gibt auch Ansätze, die mittlerweile die Zyklen bis nach China kurz vor dem Jahre 1000 zurückverfolgen und von 20 solchen Zyklen sprechen.

Dabei wird auch zwischen der **Invention,** der unmittelbaren Erfindung, und der **Innovation,** der massentauglichen Anwendung, unterschieden. So vergingen z. B. von der Erfindung des Automobils in den 1880er-Jahren bis zu seiner gesellschaftlichen Durchdringung zum Massenkonsum einige Jahrzehnte.

Das Einsetzen der „Industriellen Revolution“ in verschiedenen Ländern	
1775/80–1795	England
1820–1840	Belgien
1820–1850	Schweiz (hauptsächlich Ostschweiz)
1830–1850	Frankreich
1835–1850	USA (zweiter Take-off: 1865–1875)
1840–1850	Deutschland (zweiter Take-off: 1866–1873)
1878–1900	Japan
1870–1880	Skandinavische Länder, Österreich-Ungarn, Italien (Piemont, Sardinien)
1890–1914	Russland (zweiter Take-off: 1929–1940)
Ab 1900	Kanada, Australien
Ab 1950–1960	Teile der sogenannten Dritten Welt

Überprüfen Sie anhand der folgenden Seiten kritisch das Modell der Kondratieff-Zyklen bezüglich ihrer Anwendung auf historische Innovationen und ihren Prognosecharakter.

2 Baumwolle – Textilindustrie

Die ***erste Welle der Industrialisierung*** *ging von der Bekleidung aus. Im 12. Jahrhundert war das Spinnrad in Europa heimisch geworden, der Webstuhl existierte schon seit der Neolithischen Revolution. Im Laufe des 18. Jahrhunderts wurden Stoffe aus* ***Baumwolle*** *immer beliebter. Sie hatten gegenüber traditionellen Kleidern aus Wolle und Leinen (aus Flachs hergestellt) den Vorteil, dass sie angenehmer zu tragen und vor allem leichter waschbar waren.*

„Wer industrielle Revolution sagt, meint Baumwolle."
Eric Hobsbawm (1917–2012)

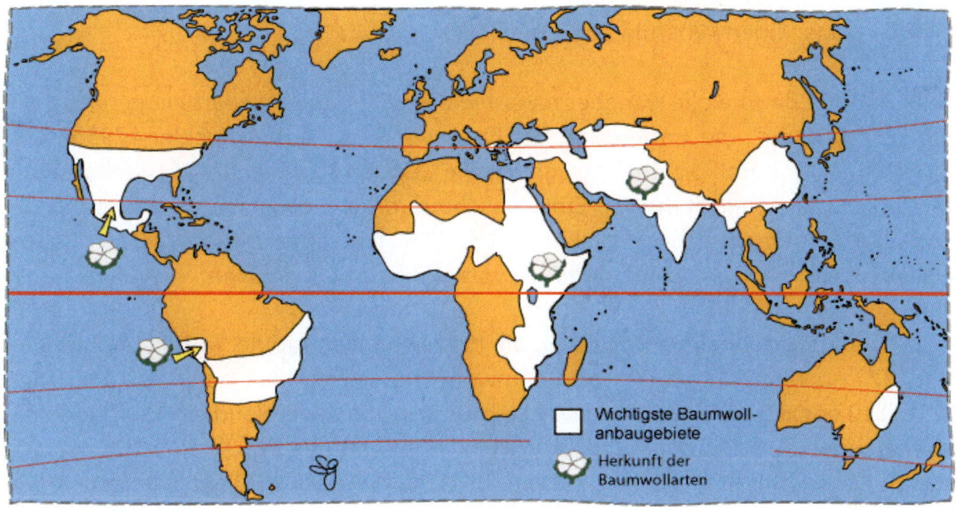

Die **„Spinning Jenny"** wurde 1764 in England erfunden.

Bald traten Ingenieure in einen regelrechten Wettstreit, um das Spinnen und Weben zu verbessern und vor allem zu beschleunigen. Jede Innovation in der einen Technik musste eine Neuerung in der anderen Technik nach sich ziehen. Herd der Entwicklung war Großbritannien. Schon 1733 entwickelte John Kay das **„fliegende Schiffchen"**, das den Durchschuss steigerte. Dies bewirkte einen noch größeren Engpass bei den Spinnern, waren doch schon acht Spinner/innen (meist weibliche Arbeitskräfte) für einen Weber nötig.

Zunächst wurde im **Verlagswesen** produziert: Das heißt, ein Unternehmer bzw. Verleger stellte den Rohstoff bzw. das Garn zur Verfügung, in privaten Haushalten standen die Spinnräder oder Webstühle. Das Fertigprodukt wurde dann zu einem fixen Preis abgeliefert.

Mit dem Einsatz von Dampfmaschinen waren größere Investitionen nötig, die teuren Geräte wurden in eigenen Hallen aufgestellt, was die Erfindung der **Fabrik** bedeutete. Die ursprünglich selbstständigen Weber und Spinner/innen konnten damit nicht mehr mithalten und wurden aus dem Markt gedrängt. In den Fabriken wurden Hilfskräfte, die billiger waren, angelernt, um die Maschinen zu bedienen. Die Arbeit wandelte sich von der Herstellung eines Produktes zur Bedienung einer Maschine.

Die Geschwindigkeit der Maschine gab den Takt vor und bestimmte das Arbeitstempo. Bald gab es **fixe Arbeitszeiten,** die bis zu 16 Stunden täglich betragen konnten. Durch günstige Löhne konnten die Maschinen lange in Betrieb gehalten werden, was die Investitionen rasch wieder einspielte. Um 1800 erzeugte ein Spinner so viel wie vorher 200.

Beim Weben nennt man die senkrechten Fäden, die meistens hängen und unten beschwert sind, **„Kette"**, die waagrechten Fäden, die durchgefädelt werden, **„Schuss"**.

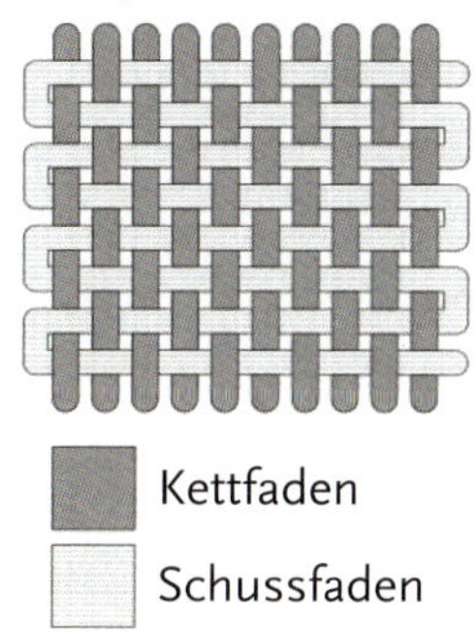

1 Pfund Garn	1788	1800	1830
Kosten Rohstoff und Arbeitslohn	12	3	1
Verkaufspreis	35	9	3

(in Shilling)

Stellen Sie fest, wie sich das Verhältnis Gewinn zu Kosten entwickelte.

Die schlesischen Weber

Im düstern Auge keine Träne,
Sie sitzen am Webstuhl und fletschen die Zähne:
Deutschland, wir weben dein Leichentuch,
Wir weben hinein den dreifachen Fluch –
Wir weben, wir weben!

Ein Fluch dem Gotte, zu dem wir gebeten
In Winterskälte und Hungersnöten;
Wir haben vergebens gehofft und geharrt,
Er hat uns geäfft und gefoppt und genarrt –
Wir weben, wir weben!

Ein Fluch dem König, dem König der Reichen,
Den unser Elend nicht konnte erweichen,
Der den letzten Groschen von uns erpresst
Und uns wie Hunde erschießen lässt –
Wir weben, wir weben!

Ein Fluch dem falschen Vaterlande,
Wo nur gedeihen Schmach und Schande,
Wo jede Blume früh geknickt,
Wo Fäulnis und Moder den Wurm erquickt –
Wir weben, wir weben!

Das Schiffchen fliegt, der Webstuhl kracht,
Wir weben emsig Tag und Nacht –
Alt-Deutschland, wir weben dein Leichentuch,
Wir weben hinein den dreifachen Fluch,
Wir weben, wir weben!

Heinrich Heine, 1844

Das Welttextilabkommen war ein von 1995 bis 2004 gültiges internationales Abkommen für die Textil- und Kleidungsindustrie. Es regelte den stufenweisen Übergang dieser zuvor durch Importquoten geschützten Wirtschaftsbranche zu einer der Welthandelsorganisation unterliegenden Branche.

Innovationen bei der Stoffherstellung	
1764	**„Spinning Jenny"** von James Hargreaves. Sie ermöglichte acht Spindeln und somit genug für einen Weber/eine Weberin.
1769	Richard Arkwright entwickelte die **„Waterframe"** und nützte damit die Wasserkraft für das Spinnen.
1779	**„Spinning Mule"** von Samuel Crompton. Sie vereinigte Produktionselemente der „Spinning Jenny" und der „Waterframe".
1785	■ Die **Dampfmaschine** fand Eingang in die Spinnereien, zunächst zum Antrieb der Wasserräder, ein Jahr später auch als Antriebsmaschine. ■ **Maschinenwebstuhl** aus Holz
1822	Maschinenwebstuhl aus Eisen

Die Ernte der Baumwolle war aber nach wie vor mühsame Handarbeit, genauso wie die „Entkörnung", die Entfernung der Faser von den Samenkapseln. 1793 erfand Eli Whitney eine Entkörnungsmaschine, die **„Cotton Gin";** erst 1851 stellte Cyrus McCormick seine mechanische **Erntemaschine** vor. Von da an war von der Ernte bis zur Verarbeitung alles mechanisiert. In den USA jedoch kam es durch den Baumwollanbau zu einem massiven Anstieg von afrikanischen Sklaven.

Die Produktion schnellte nach oben, die Kosten sanken rapide. In England wurden um 1775 noch 6 Millionen Pfund Baumwolle importiert, 1792 bereits 35 Millionen und 1810 sogar 132 Millionen. Die Handwerker jedoch verelendeten und auch die Lohnarbeiter/innen in den Fabriken hatten kaum genug zum Überleben. Die triste soziale Lage schilderte Heinrich Heine in seinem Gedicht **„Die schlesischen Weber".** 50 Jahre später thematisierte ihr Los Gerhart Hauptmann in **„Die Weber".**

Käthe Kollwitz, „Ein Weberaufstand", 1897/98

Seit der Öffnung Chinas Ende der 1970er-Jahre hat sich die globale Textilherstellung zunehmend nach Asien verlagert, nach dem Auslaufen des Welttextilabkommens 2005 ist praktisch in ganz Europa diese Industrie verschwunden. Noch billigere Produktionsländer sind Kambodscha und Bangladesch. Der Anbau der Baumwolle gibt immer wieder Anlass zur Klage, weil z. B. die USA ihre Landwirtschaft subventionieren und somit andere Länder aus dem Markt drängen.

Arbeitsaufgaben

1. Analysieren Sie, was die Baumwolle für die Hygiene und Gesundheitsentwicklung bewirkte.
2. Vergleichen Sie das Arbeiterelend um 1840 mit demjenigen in heutigen Produktionsländern.

3 Die Eisenbahn

*Die **zweite Welle der Industrialisierung** kam aus dem Verkehrswesen. Jahrhundertelang bewegten sich Pferdekutschen auf schlechten Straßen zwischen den Orten, Gütertransport war langwierig, risikoreich und teuer. Die ersten Bahnen wurden ab 1650 in Bergwerken gelegt, zunächst waren es hölzerne Schienen, auf denen die Transportwaggons gefahren wurden, 1770 ersetzte man sie durch Eisen. Die Wagen wurden von Pferden gezogen.*

Mit der Erfindung der Watt'schen Dampfmaschine war der Weg frei zur **Lokomotive** (wörtl.: sich von der Stelle bewegend). 1804 setzte Richard Trevithick die erste Lokomotive in walisischen Kohlerevieren ein, aber erst 1814 wurde mit George Stephensons **„Rocket“** eine taugliche Lokomotive geschaffen.

1825 gab es zwischen Stockton und Darlington (England) die erste Eisenbahnstrecke. Auf der 1830 eröffneten Strecke Liverpool–Manchester fuhren die Züge bald mit 50 km/h. Die neue Reisegeschwindigkeit rief unweigerlich Kritiker auf den Plan: Ärzte warnten vor gesundheitlichen Schäden, die vorbeiflitzende Landschaft könnte Gehirnkrankheiten auslösen. Die Natur wurde der Technik untergeordnet, Täler wurden überbrückt, Tunnel durch die Berge gesprengt.

Die Eisenbahn fuhr nach einem genauen **Fahrplan.** Als Hemmschuh erwies sich allerdings, nach welcher Zeit sich dieser richten sollte. Die Ortszeit (Sonnenstand) war unterschiedlich, was bewirkte, dass Reisende zur falschen Zeit am Bahnhof standen und der Zug schon weg war. Erst mit der Einführung des gemeinsamen Nullmeridians 1884 schuf man einheitliche Zeitzonen.

Länge der Eisenbahnnetze ausgewählter europäischer Länder in Kilometern

	1840	1860	1880	1910
Belgien	334	1 730	4 112	4 679
Deutschland*	469	11 089	33 838	61 209
Frankreich*	497	9 167	23 089	40 484
Großbritannien	2 390	14 603	25 060	32 182
Italien	20	2 404	9 290	19 090
Österreich-Ungarn	144	4 543	18 507	43 280
Russland	27	1 626	22 865	66 581

** Elsass-Lothringen vor 1871 bei Frankreich, nach 1871 bei Deutschland*

Die medizinische Zeitschrift „Lancet“ meint im Jahr 1862, dramatische gesundheitliche Folgen durch das Bahnfahren belegen zu können:
Die Geschwindigkeit und Verschiedenartigkeit der Eindrücke ermüden notwendigerweise sowohl das Auge wie das Gehirn. Die andauernd sich verändernde Entfernung der Gegenstände erfordert eine unablässige Anpassungsarbeit des Apparates, durch den sie scharf auf die Retina eingestellt werden; und die geistige Anstrengung des Gehirns, sie aufzunehmen, ist kaum weniger ermüdend dadurch, dass sie unbewusst geleistet wird; denn keine Tatsache im Bereich der Physiologie ist unumstrittener als die, dass eine übermäßig funktionelle Aktivität stets materiellen Zerfall und organische Veränderung der Substanz im Gefolge hat.

Victor Hugo schreibt 1837 von einer Zugreise:
Die Blumen am Feldrain sind keine Blumen mehr, sondern Farbflecken oder vielmehr rote und weiße Streifen;
die Getreidefelder werden zu langen gelben Strähnen; die Kleefelder erscheinen wie lange grüne Zöpfe.
Info Politische Bildung 315/2012

Heinrich Heine in Paris, 1843
Durch die Eisenbahnen wird der Raum getötet, und es bleibt uns nur noch die Zeit übrig. ... In viereinhalb Stunden reist man jetzt nach Orléans, in ebenso viel Stunden nach Rouen. Was wird das erst geben, wenn die Linien nach Belgien und Deutschland ausgeführt und mit den dortigen Bahnen verbunden sein werden! Mir ist, als kämen die Berge und Wälder aller Länder auf Paris angerückt. Ich rieche schon den Duft der deutschen Linden; vor meiner Türe brandet die Nordsee.

We worked, how we worked like
the devil for our pay
through the wind, through the
snow, through the rain

Blasting, cutting through Gods
country like a knife
sweat stinging my eyes, there
has to be a better life

Driving the last spike,
lifting and laying the track
with blistering hands,
the sun burning your back

We followed the rail, we slept
under the stars
digging in darkness, living with
danger
showing no fear of what lies up
ahead
they'll never see the likes of us
again

Übersetzen Sie den Text (Ausschnitt aus dem Lied „Driving the last spike" von Genesis) und interpretieren Sie ihn anschließend. Was symbolisiert der Rhythmus des Liedes?

Die Eisenbahn in Österreich

Die erste Eisenbahn in Österreich war eine **Pferdeeisenbahn:** 1832 wurde die Strecke Linz–Budweis eröffnet. Sie diente in erster Linie zum Transport von Salz aus dem Salzkammergut, da von Linz bis Budweis keine schiffbaren Flüsse zur Verfügung standen. 1836 wurde die Strecke nach Süden bis Gmunden verlängert. Zuerst nur als Güterbahn geplant, stieg die Nachfrage nach Personenbeförderung bald sprunghaft an.

Die Eröffnung der Südrampe der Pferdeeisenbahn Linz–Budweis in St. Magdalena bei Linz am 21. Juli 1832, im offenen Wagen Kaiser Franz I. und seine Gemahlin; Gemälde von A. Bayer, 1832 (Ausschnitt)

1835 fuhr allerdings schon die erste **Dampfeisenbahn** von Wien-Floridsdorf nach Deutsch-Wagram. Von Wien aus wurde dann sternförmig die Monarchie erschlossen, 1845 die Ostbahn Richtung Bratislava und Budapest, 1851 die Nordbahn Wien–Prag, 1857 die Südbahn bis Triest, 1860 die Westbahn bis Salzburg.

Der Ausbau des Verkehrsnetzes geriet durch die von der Wiener Weltausstellung ausgehende Weltwirtschaftskrise ab 1873 ins Stocken. Viele vorher private Bahnen wurden verstaatlicht. In den 1890er-Jahren wurden dann zahlreiche elektrische **Schmalspurbahnen** geplant, aber nur wenige verwirklicht (z. B. Salzkammergut-Lokalbahn Bad Ischl–Salzburg 1893).

Arbeitsaufgaben

1. Argumentieren Sie anhand der Quellen auf der Vorseite pro und kontra Eisenbahn.
2. Vergleichen Sie die Reisegeschwindigkeit der Eisenbahn und der Kutsche und ermitteln Sie, wievielmal schneller die Eisenbahn war.
3. Ermitteln Sie die heutige Reisedauer und die Durchschnittsgeschwindigkeit.

Von Berlin nach ...	Distanz in km	Kutsche (h)	km/h	Eisenbahn (h)	km/h	Wievielmal schneller	Heute (h)	km/h
Hamburg	300	50		7,5				
Hannover	290	42		6				
Leipzig	160	19		5,5				
Köln	570	85		11				
Dresden	160	25		3,5				

4. Stellen Sie dar, welche Berufe durch die Eisenbahn verschwunden und welche neu entstanden sind. Wer bzw. welche Bereiche waren die Gewinner oder Verlierer dieser Veränderung? Stichworte: Tourismus, Transportunternehmer, Militär, größerer Einzugsbereich, Fernmärkte, größeres Angebot, größere Nachfrage.

4 Verkehrs- und Transportrevolution

Die Alternative zur Eisenbahn war der Transport auf den Flüssen, da die Straßen oft schlecht befestigt, von der Witterung beschädigt und wenig gepflegt waren. Im 18. Jahrhundert kamen oft künstliche Wasserstraßen (Kanäle) hinzu.

Das Dampfschiff

Das Dampfschiff revolutionierte die Schifffahrt. 1807 stellte Robert Fulton das erste dieser Art vor, 1827 erfand der Österreicher Josef Ressel die **Schiffsschraube.** Während man mit dem Segelschiff für die Überfahrt von Europa nach Amerika zwei bis drei Monate brauchte, dauerte es mit dem Dampfschiff nur 14 Tage. Außerdem waren die motorisierten Schiffe unabhängig von launischen Windverhältnissen.

Der Raddampfer „Clermont“ von Robert Fulton, 1807, war noch mit Segeln bestückt. Er erreichte eine Geschwindigkeit von 4,5 Knoten (8,3 km/h) und wurde zwischen New York und Albany im Linienverkehr eingesetzt.

In 80 Tagen um die Welt

Die neuen Transportmittel, deren Energieeffizienz ständig verbessert wurde, erlaubten es, riesige Landflächen vor allem in Nordamerika, Argentinien oder Russland, die bisher kaum besiedelt waren, wirtschaftlich zu erschließen. Mit der Vollendung der First Transcontinental Railroad von New York nach San Francisco 1869 und der Öffnung des Suezkanals im gleichen Jahr wurde es tatsächlich möglich, in 80 Tagen einmal um die Welt zu reisen, wie es Jules Verne in seinem Roman von 1873 beschrieb. ...

Während bisher eher Güter des Luxusbedarfs über weite Strecken transportiert wurden, weil sie entweder im Absatzgebiet keine Konkurrenzprodukte hatten (etwa Gewürze oder Gold) oder weil ihr Stückwert so hoch war, dass die Transportkosten tragbar blieben (etwa mechanische Uhren), begann man nun, Güter des täglichen Bedarfs wie Getreide um die Welt zu transportieren.

Aus Politik und Zeitgeschichte (APuZ) 1/2014 Welthandel, S. 11

Telegraf von 1844

Das Internet des 19. Jahrhunderts – der Telegraf

Der Telegraf brachte den Durchbruch in der Nachrichtenübermittlung, er entstand im Zuge des Eisenbahnbaus. Mit dem **Morsealphabet** konnten nun Botschaften über weitere Entfernungen übertragen werden. Die Geschwindigkeit der Übertragung war ein Wettbewerbsvorteil. 1866 wurde ein unterseeisches Kabel zwischen Europa und Amerika gelegt, das die Kontinente verband. 1871 folgte eines nach Australien, 1874 nach Südamerika. Mit dem **Transpazifikkabel** 1902 war die Welt zum ersten Mal „vernetzt“. 1861 erfanden Philipp Reis in Deutschland und Alexander Bell 1876 in Amerika das **Telefon.**

Das **Morsealphabet** (benannt nach seinem Erfinder Samuel Morse) dient zur Übermittlung von Buchstaben, Zahlen und übrigen Zeichen. Dabei wird ein konstantes Signal ein- und ausgeschaltet. Es besteht aus drei Symbolen: kurzes Signal, langes Signal und Pause.

1909 wurde erstmals ein Seenotruf über Funk gemorst. Dieses Ereignis führte zur breiten Einführung des **Seefunks.**

Kohle und Stahl

„Treibstoff“ dieser Welle der Industrialisierung war die Kohle. Ohne Kohle keine Dampfmaschine. Die Maschinen wurden aus Eisen hergestellt, immer weiter verbesserte Techniken machten aus dem Roheisen Stahl, der härter, leichter und biegsamer als alles zuvor war. Dieser ermöglichte auch neue, gewagte Konstruktionen von Brücken und Hochhäusern.

Arbeitsaufgabe

- Erläutern Sie die Veränderungen, die das Dampfschiff und der Telegraf mit sich brachten.

Erste elektrische Straßenbeleuchtung in Berlin; die Anlage wurde am Abend des 20. September 1882 am Potsdamer Platz in Betrieb genommen; Gemälde von Carl Saltzmann, 1884

AEG-Werbepostkarte für den Staubsauger Vampyr, um 1929

Nennen Sie Geräte in Ihrem Haushalt, die mit Strom funktionieren, und überlegen Sie, was die Alternative dazu wäre.

Elektrizität

Ab den 1880er-Jahren trat die Elektrizität ihren Siegeszug an. Dampfkraftwerke trieben Generatoren und Turbinen an, die saubere Energie erzeugten. Zuerst waren es bloße Einzelanlagen, die für ein Haus oder eine Anlage wie ein heutiger Dieselgenerator für Strom sorgten. Dann statteten „Blockkraftwerke" ganze Stadtteile aus, bis schließlich im zweiten Jahrzehnt des 20. Jahrhunderts ein **Verbund** geschaffen wurde, wo verschiedene Kraftwerke zusammengeschaltet wurden.

Aufgrund der Hochwasserkatastrophe 1897 in Österreich reiften beim Ingenieur Josef Stern Pläne, nicht nur Dämme gegen Überschwemmungen zu bauen, sondern diese auch zur Erzeugung von Elektrizität zu nützen. Kurz nach 1900 entstanden zahlreiche **Flusskraftwerke,** die auch heute noch eine wesentliche Basis der österreichischen Stromproduktion bilden.

Anfangs war Elektrifizierung gleichbedeutend mit „Licht"; in vielen zeitgeschichtlichen Beschreibungen wird berichtet, „wie das Lichte kam". Allerdings lag die elektrische Beleuchtung noch längere Zeit in Konkurrenz mit dem Gasglühlicht. Das Licht erlaubte die Ausdehnung von Arbeit und Freizeitgestaltung in die finsteren Abendstunden. Als Erfinder der **Glühbirne** gilt der Amerikaner Thomas Edison. Die Einleitung des Lichtes war für viele Menschen ein einschneidendes Erlebnis, oft war es für den ganzen Ort ein Feiertag.

Alle liefen wir in der Stube zusammen und kamen nicht aus dem Staunen heraus, so hell war alles im ganzen Haus – in jedem Raum gingen wir aufdrehen. Es war hell und überall noch heller ... Wir gingen an diesem Abend alle lange nicht schlafen, denn wir mussten das Licht genießen. Mutter sagte: „Schade, dass ich schon so alt bin, jetzt wäre alles so leicht und schön bei diesem guten Licht." ... Nur ein Druck auf den Schalter, und alles war hell. ... aber dann kam die Stromrechnung zu jedem Haus – nun schaute die Sache anders aus. Alle machten ein langes Gesicht – was hat das Petroleumflascherl gekostet, und was sollten wir jetzt zahlen!

Die Elektrifizierung Oberösterreichs; aus: Forum OÖ Geschichte

Erfindungen zwischen 1850 und 1900

1851	Erstes Unterseekabel Dover–Calais
1855	Gas-Bunsenbrenner (Robert Wilhelm Bunsen)
1856	Konverter zur Stahlerzeugung (Sir Henry Bessemer)
1859	Spektralanalyse (Gustav Robert Kirchhoff, Robert Wilhelm Bunsen)
1861	Fernsprecher (Johann Philipp Reis)
1864	Siemens-Martin-Technik zur Stahlherstellung
1867	Stahlbeton (Joseph Monier); Dynamit (Alfred Nobel)
1876	Viertaktmotor – Ottomotor (Nikolaus Otto); Telefon (Alexander Bell)
1879	Glühlampe (Thomas Edison); elektrische Eisenbahn (Werner Siemens); industrielle Nutzung des Thomasverfahrens in der Stahlerzeugung
1883	Maschinengewehr (Hiram Maxim)
1884	Kraftwagen (Gottlieb Daimler, Wilhelm Maybach, Carl Benz)
1885	Nahtlose Röhren (Reinhard Mannesmann); Kunstseide
1887	Elektrische Wellen (Heinrich Rudolf Hertz)
1895	Röntgenstrahlen (Wilhelm Röntgen)
1897	Drahtlose Telegrafie von Guglielmo Marconi; Dieselmotor (Rudolf Diesel)
1898	Radium (Marie Curie)
1900	Luftschiff (Ferdinand Graf von Zeppelin)

Der Individualverkehr – das Automobil

Die Eisenbahn war das erste öffentliche Massenverkehrsmittel. Gegen Ende des 19. Jahrhunderts kam auch der Individualverkehr auf seine Rechnung. Ab etwa 1890 wurde das **Fahrrad** zunehmend populärer. Radfahrerklubs entstanden, 1898 gab es aus Anlass des 50. Regierungsjubiläums Kaiser Franz Josephs in Bad Ischl ein großes „Radfahrer-Huldigungsfest“.

Mit der Erfindung des schnelllaufenden Motors und des Automobils legten **Gottlieb Daimler** und **Carl Benz** in den 1880er-Jahren unabhängig voneinander den Grundstein für den motorisierten Individualverkehr. 1886 meldete Carl Benz seine motorgetriebene Kutsche zum Patent an. Knapp zehn Jahre später befuhren die ersten Automobile das Land, wenige Jahre später gab es die ersten Autorennen. In Amerika wurde das Auto schon in den 1920er-Jahren ein Massenphänomen, anstatt nur ein Spielzeug für Betuchte; in Europa dauerte es bis in die 1950er-Jahre.

Das anfangs sehr teure Automobil wurde durch die Einführung des Fließbandes und die Zerlegung in einzelne Arbeitsschritte drastisch billiger. **Henry Ford** benutzte diese Produktionsweise, die er sich von den Fleischfabriken Chicagos abgeschaut hatte, erstmals 1913. Sein **Modell „T“** („Tin Lizzy“) wurde nach dieser neuen Methode hergestellt.

Produktionsmethoden bei Ford
Früher, als der ganze Herstellungsprozess bei uns noch in den Händen eines einzigen Arbeiters ruhte, war der Betreffende imstande, fünfunddreißig bis vierzig Magnete in einem neunstündigen Arbeitstag fertigzustellen, d. h., er brauchte ungefähr zwanzig Minuten pro Stück. Später wurde seine Arbeit in 29 verschiedene Einzelleistungen zerlegt und die Zeit für die Zusammenstellung dadurch auf 13 Minuten 10 Sekunden herabgedrückt. Im Jahre 1914 brachten wir die Bahn 20 Zentimeter höher an, dadurch wurde die Zeit auf sieben Minuten vermindert. Weitere Versuche ... setzten die Montagezeit auf fünf Minuten herab.

Henry Ford, Erfolg im Leben, 1963, S. 11 ff.

Studie: Schnellste Produktion Deutschlands bei Ford in Köln
Die kürzeste Zeit zur Herstellung eines Autos benötigen Ford Europa mit 16,6 Stunden und Nissan mit 14,2 Stunden. Gefolgt von Toyota (21 Stunden), Renault (22,5 Stunden) und Opel/Saab (28,8 Stunden). Peugeot und Citroën wenden 25,5 Stunden und Fiat 27 Stunden pro Fahrzeug auf. Am längsten von allen Volumenherstellern braucht Volkswagen. Die Marke VW wendet 35,2 Arbeitsstunden pro Auto auf.

www.stern.de, 18. November 2008

Arbeitsaufgaben

1. Erläutern Sie, welche Zulieferindustrien rund um das Auto entstanden sind.
2. Erläutern Sie anhand der Quellentexte über Ford die Effizienzsteigerung durch das Fließband.
3. Diskutieren Sie, wie sich das Leben durch das Auto verändert hat (Stichworte: Suburbanisierung, Pendler, Autobahnen, Tourismus etc.).

Daimler Motorkutsche, 1886.
Die Fabrikate der Daimler Motoren-Gesellschaft tragen nach der Jahrhundertwende den Markennamen „Mercedes“.

Verkehrsregeln um 1900
Infolge des zunehmenden Automobilverkehres hat zur Verhütung von Unglücksfällen die Bezirkshauptmannschaft Gmunden folgende Vorschriften erlassen: Auf den Reichsstraßen darf die Fahrgeschwindigkeit drei Minuten per Kilometer nicht übersteigen. Auf hinlänglich breiten, ebenen und wenig belebten Seitenstraßen kann die Geschwindigkeit mäßig gesteigert werden.

Salzkammergutzeitung, 1900

Weltweite Kraftfahrzeugbestände (in 1 000)	
1930	35 915
1940	46 148
1950	70 399
1960	126 887
1970	246 378
1980	410 982
1990	582 981
2000	753 707
2010	1 058 198
2014	1 236 273

Erster Flug der Brüder Wright 1903

Der Flugpionier **Otto Lilienthal** unternahm um 1890 Gleitflüge, die durchaus erfolgversprechend waren. 1896 starb er bei einem Absturz.

Das Flugzeug

Kurz nach 1900 kam es zur Eroberung des Luftraumes. Der lang gehegte Traum des Menschen vom Fliegen erfüllte sich 1903 durch die **Brüder Wilbur und Orville Wright** in den USA. Kaum zehn Jahre später wurde das Flugzeug bereits für den Krieg eingesetzt, als Aufklärer und Bomber.

Erdöl

Was die Kohle für die Dampfmaschine, war das Öl für die Verbrennungsmotoren. Bereits in den 1850er-Jahren wurde in den USA nach Öl gebohrt, in Pennsylvania brach ein regelrechter „Öl-Boom" aus. Anfänglich war die Hauptverwendung des Erdöls als **Petroleum** zur Beleuchtung von Lampen. Allerdings stand es hier in Konkurrenz zum Gaslicht und später zur Elektrizität. Gerade als sich die elektrische Beleuchtung durchsetzte, begann der Siegeszug des Öls als **Treibstoff.** Bald entdeckte man auch die Eigenschaft als Grundstoff für die petrochemische Industrie, der **Kunststoff** auf Erdölbasis (Plastik etc.) war geboren.

Das erste Ölbohrprojekt in Pennsylvania, 1859

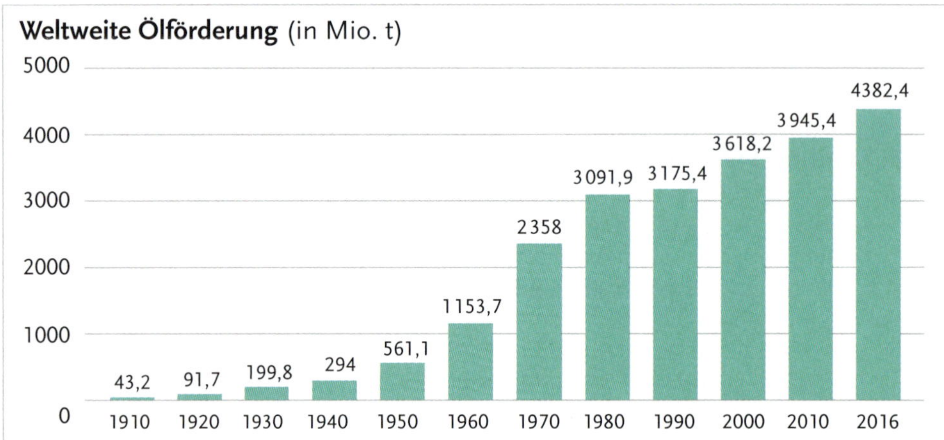

Arbeitsaufgabe

- Diskutieren Sie die folgende Aussage: Erdöl trägt maßgeblich zum materiellen Wohlstand der Industriegesellschaften bei – wird aber selbst auch zum Auslöser von Krisen und Kriegen.

Radio, Film und Fernsehen

Das **Radio** veränderte ab den 1920er-Jahren die Freizeitgewohnheiten und brachte einheitliche Programme in die Haushalte. Bald erkannte die Politik den Wert dieses Informationsmediums, das als Neuerung hohe Aufmerksamkeit besaß und deshalb für die Verbreitung von Propaganda ideal war. Mit dem Radio fühlte sich jede Hörerin/jeder Hörer direkt angesprochen. So konnte z. B. der amerikanische Präsident Franklin D. Roosevelt mit seinen „Fireside Chats" (Kamingesprächen) trotz ihm negativ gesinnter Zeitungen positive Zustimmung bei den Bürgerinnen und Bürgern für seine Politik erreichen. In Deutschland erkannten die Nationalsozialisten die Chance und pflanzten ihr Gedankengut mit den **„Volksempfängern"** in die Köpfe der Menschen.
Das **Fernsehen** wurde in Europa erst ab den 1950er-Jahren zum breitenwirksamen Informations- und Unterhaltungsmittel.
Der **Film** trat als eine Art Zirkusvorführung ab dem Ersten Weltkrieg auf. In den 1920er-Jahren wurden jedoch schon richtige Spielfilme gezeigt. Ab 1930 gab es Ton- und später Farbfilme. In den Wochenschauen im Kino konnte man sich über Aktuelles informieren. Oft wurde dies auch für Propaganda missbraucht.

Werbung für den Volksempfänger. In Österreich wurde 1924 die RAVAG (Radio Verkehrs Aktiengesellschaft) gegründet.

5 Mikroelektronische oder digitale Revolution: Computer – Internet – Handy

*Die **bislang letzte Welle der Industrialisierung** ist die „mikroelektronische Revolution", der massenhafte Einsatz von Computern bis hin zum Internet und die aktuelle Verschmelzung von Computer, Internet und Mobiltelefonie in Form des Smartphones. Das „Internet der Dinge", die Vernetzung unserer Geräte, läuft gerade ab.*

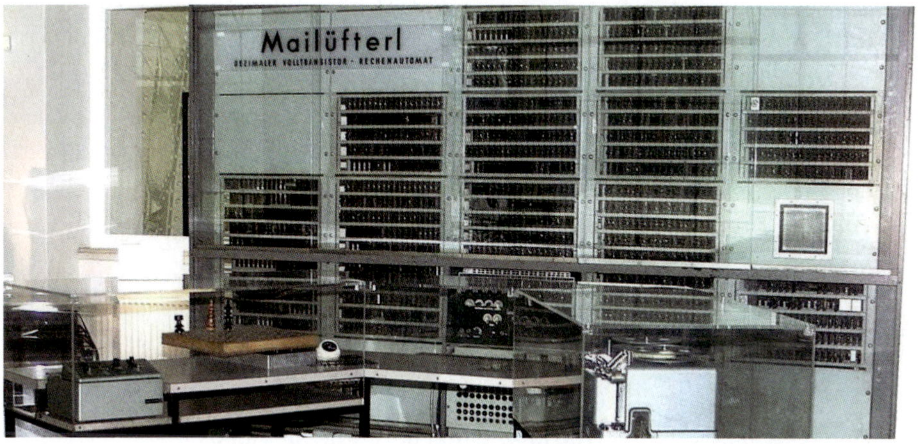

Der erste „richtige" Computer in Europa: das 1958 in Wien erbaute „Mailüfterl"

Das „Mailüfterl"
Der Rechner bestand aus:
3 000 Transistoren
5 000 Dioden
1 000 Montageplättchen
100 000 Lötstellen
15 000 Widerständen
5 000 Kondensatoren
20 000 Metern Schaltdraht
Mit einem Gewicht von rund 500 Kilogramm sowie einer Breite von 4 Metern, einer Höhe von 2,5 Metern und einer Tiefe von 50 Zentimetern war die Anlage gegenüber den zeitgenössischen Röhrenrechnern vergleichsweise klein.

- Schon in den **1940er-Jahren** wurden die ersten Vorläufer unserer heutigen Computer verwendet.
- In Unternehmen und Behörden wurden Computer ab den **1960er-Jahren** eingesetzt. Die anfänglich zentnerschweren Ungetüme wurden allmählich kleiner. Nach dem „Mooreschen Gesetz" verdoppelte sich die Rechenleistung alle 12 bis 24 Monate.
- In den **1970er-Jahren** kamen die ersten **Personal Computer** in Gebrauch, in den Betrieben standen kompakte Rechner auf einzelnen Arbeitsplätzen.
- Ab Beginn der **1980er-Jahre** zogen die Computer als „Home Computer" in die Haushalte ein: Commodore VC 20 oder Commodore 64.

Ein früher PC: der 1977 auf den Markt gebrachte Apple II

Meistens wurden die Prognosen der technischen Entwicklung von der Realität überholt.

„Ich glaube, es gibt einen weltweiten Bedarf an vielleicht fünf Computern."
(Thomas Watson, IBM-Chef, 1943)

„In Zukunft könnte es Computer geben, die weniger als 1,5 Tonnen wiegen."
(Popular Mechanics, 1949)

„Es gibt keinen Grund, warum irgendjemand in der Zukunft einen Computer bei sich zu Hause haben sollte." *(Ken Olsen, Präsident, Vorstand und Gründer von Digital Equipment, 1977)*

„640 KBytes (Arbeitsspeicher) ist alles, was irgendeine Applikation jemals benötigen sollte." *(Bill Gates, 1981)*

Einer der ersten und nach wie vor bekanntesten „Home-Computer": der Commodore 64 (kurz: C64). Der Name kommt von der Größe des Arbeitsspeichers, der 64 Kilobyte groß war. Heutige Rechner bewegen sich im Gigabyte-Bereich.

Arbeitsaufgabe

- Bewerten Sie die Bedeutung von Computern für die Wirtschaft und für Sie persönlich.

„Vater" des Internets, **Vinton Cerf**

Das Internet

- Im Prinzip ging die Innovation zuerst von der Hardware aus, was Firmen wie **IBM** oder andere Hersteller groß werden ließ.
- Dann wurde das (anwenderfreundliche) Betriebssystem wichtig, was **Microsoft** vergrößerte.
- In der Folge ging der Stab auf Internet-Suchmaschinen wie **Google** über.
- Heute scheint der Großteil der Computernutzung in sozialen Netzwerken und Kommunikation zu bestehen.

1969
Am 2. September werden beim ersten Test des **ARPAnets** (Advanced Research Projects Agency), eines experimentellen Netzwerks des US-Militärs, Daten zwischen zwei Computern hin und her geschickt.

1970
Das „ARPAnet" wird auf die US-Ostküste ausgedehnt.

1972
Wissenschaftler Ray Tomlinson verschickt die erste **E-Mail** über das ARPAnet. Er entscheidet sich für das **@-Symbol,** um die Adressen von verschiedenen Netzen zu kennzeichnen.

1973
Erste **internationale Knoten des ARPAnets** entstehen in England und Norwegen.

1974
Die Wissenschaftler Vinton Cerf und Bob Kahn entwickeln eine Kommunikationstechnik namens TCP (Transmission Control Protocol), damit sich Menschen in verschiedenen Netzen austauschen können. Das Internet nimmt dadurch konkrete Formen an.

1983
Erstmals wird ein System mit **Domain-Namen** vorgeschlagen. Mit .com, .gov und .edu entstehen ein Jahr später die ersten Endungen.

1988
„Morris", einer der ersten Internetwürmer, befällt Tausende Computer.

1990
Tim Berners-Lee entwickelt am Forschungszentrum CERN das **World Wide Web,** um Computer fernzusteuern.

1993
Marc Andreessen entwickelt mit Kollegen an der Universität von Illinois **„Mosaic",** den ersten Browser, der auf einer einzigen Seite Bilder und Text darstellt.

1994
Andreessen und andere aus dem Mosaic-Team gründen eine Firma zur Entwicklung des ersten kommerziellen Webbrowsers: **Netscape.** Im gleichen Jahr verschicken zwei Anwälte die erste **Spam-Mail.**

1995
Der Onlinehändler **Amazon.com** startet.

1998
Aus einem Projekt in einem Wohnheim an der Universität Stanford entsteht **Google.**

1999
Napster, das den Tausch von Musikdateien ermöglicht, startet.

2004
Mark Zuckerberg gründet das soziale Netzwerk **Facebook.**

2005
YouTube startet als Portal für Videos.

2006
Mehr als eine Milliarde Menschen sind im Internet.

2007
Apple stellt das iPhone vor. Das Zeitalter des mobilen Internets beginnt.

2010
Apple bringt sein erstes iPad auf den Markt.

2011
App-Boom

2014
Video- und Musikstreaming wird populär.

2015
Das Internet der Dinge: Der Computer verschwindet zunehmend und wird durch „intelligente Gegenstände" ersetzt, z. B. Fitness Tracking mittels Armband oder Sensor, LED-Lampen, die sich über das Smartphone steuern lassen.

2016
Internet an jedem Ort
Drohnen werden in Zukunft für flächendeckenden Internetzugang sorgen.

Ab 2019
5G

Arbeitsaufgaben

1. Ordnen Sie die Logos richtig zu. Welche der Websites nutzen Sie? Erstellen Sie Ihre persönliche Favoritenliste.

Amazon	eBay	Hotmail	Netflix	Google	Napster	TripAdvisor	Wikipedia	Last.fm	Skype	Facebook	YouTube	Twitter	Google Street View	Dropbox	WhatsApp	Instagram	Duolingo	Spotify	Vine
1994	1995	1996	1997	1998	1999	2000	2001	2002	2003	2004	2005	2006	2007	2008	2009	2010	2011	2012	2013
○	○	○	○	○	○	○	○	○	○	○	○	○	○	○	○	○	○	○	○

1 2 3 4 5 6 7 8 9 10 11 12 13 14 15 16 17 18 19 20

2. Ermitteln Sie, wie viel Zeit bei Computern und Internet zwischen Invention und Innovation vergangen ist.

Mobiltelefonie

1946	Erste mobile Telefongespräche in den USA über **Autotelefon.**
1958	Erste Autotelefone in Deutschland (A-Netz); die Gerätepreise lagen bei etwa 50 Prozent eines Mittelklassewagens.
1973	Ein Entwicklerteam bei Motorola stellte den ersten Prototyp eines **Mobiltelefons** her.
Ab 1974	**B-Netz** in Österreich mit automatischer Vermittlung (1980 knapp 1 000 Teilnehmer/innen)
Ab 1985	Analoges **C-Netz** in Deutschland und Österreich mit kleineren Geräten („Portables")
Ende 1980er-/Anfang 1990er-Jahre	Flächendeckende digitale **Mobilfunknetze** (D-Netz in Deutschland, Österreich und der Schweiz)
1992	Erste **GSM**-fähige Mobilgeräte von Motorola in den USA
Sommer 1992	Netze **D1** (Betreiber: DeTeMobil Deutsche Telekom Mobilfunk) und **D2** (Betreiber: Mannesmann Mobilfunk) in Deutschland
2001	Erstes **UMTS-Netz** der Isle of Man (Deutschland seit 2004). Der 3G-Standard UMTS zeichnete sich durch deutlich erhöhte Datenraten aus, wodurch internetbezogene Anwendungen, vor allem auf Smartphones, erheblich beschleunigt wurden. Der vorherige Trend, die Geräte immer mehr zu verkleinern, wurde durch größere Geräte mit großen Touchscreen-Bildschirmen teilweise umgekehrt.
2009	Die ersten Mobilfunknetze der vierten Generation (4G) sind verfügbar; mit **LTE** und später **LTE-Advanced** erhöhten sich wiederum die maximal möglichen Datenraten, ohne dass die 4G-Netze bisher für reine Sprachdienste nutzbar sind.
2019	5G-Standard bis zu 30-mal schneller als 4G; ermöglicht selbstfahrende Autos.

Mit dem Jahr 2015 ist die Zahl der Handybesitzer/innen höher als die Zahl der Menschen (7 Mrd.) auf der Erde. Besonders für Entwicklungsländer stellt das Handy eine große Chance dar. In Afrika hat man den Ausbau des Festnetztelefons mit kostspieligen Leitungen übersprungen und setzt gleich auf Mobiltelefonie.

Martin Cooper, der Erfinder des Mobiltelefons

Vor 40 Jahren führte er das erste Telefongespräch mit einem Handy – heute tritt der ehemalige Motorola-Ingenieur Martin Cooper für eine möglichst umfassende Wahlfreiheit von Verbrauchern bei der Nutzung mobiler Geräte ein. […] Cooper war es, der dann am 3. April 1973 auf der Sixth Avenue in New York das erste Handy-Gespräch mit einem Motorola Dynatac führte, das wegen seiner großen Batterie und anderer Bauteile etwa ein Kilogramm schwer war und eine Betriebszeit von 20 Minuten hatte.

Der Standard, 2. April 2013

Entwicklung der Mobiltelefone

Anzahl der Mobilfunkanschlüsse weltweit von 1993 bis 2019 (in Millionen)

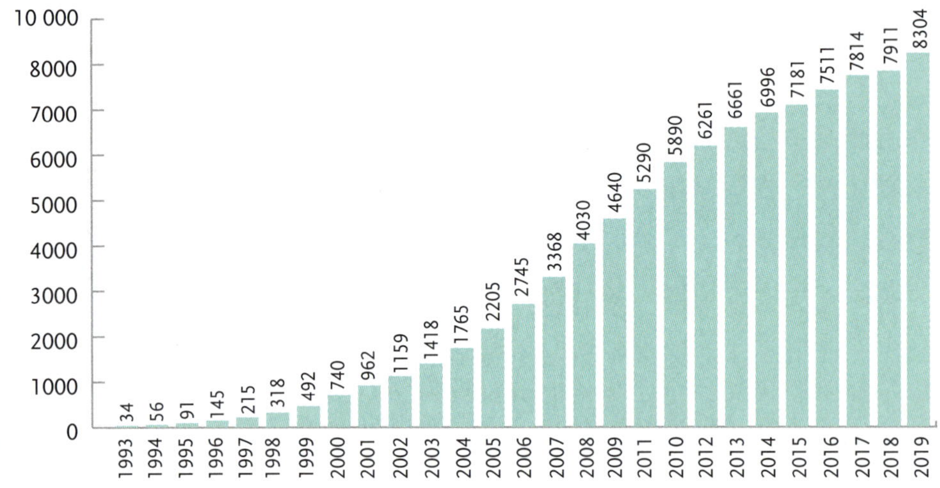

Quelle: www.de.statistic.com

Megatrend Pokémon Go

Pokémon Go ist ganz klar das Internet-Phänomen der Stunde. Das Augmented-Reality-Spiel hat einen schlicht unbeschreiblichen Hype ausgelöst, auf der ganzen Welt jagen Menschen mit dem Smartphone Pokémon in ihrer Umgebung. Leider kommt es dabei immer wieder zu Unglücken, so wie gerade in Kalifornien. Zwei Spieler wollten dort an einer Sandsteinklippe in der Nähe des Strandes von San Diego auf Pokémon-Jagd gehen – und stürzten fast 30 Meter in die Tiefe. Die Rettungskräfte warnen indes vor den Gefahren von Pokémon Go: „Ich glaube, die Leute müssen mal endlich verstehen, dass es sich nur um ein Spiel handelt", sagte der Feuerwehr-Chef der „LA Times". „Es ist nicht wert, sein Leben dafür zu riskieren. Kein Spiel ist das wert."

www.stern.de, 15. Juli 2016

Das Handy als Fortschrittsmotor

Zwei Drittel der afrikanischen Bevölkerung haben Zugang zur mobilen Kommunikation. Das ist ein Ergebnis der Studie „The Transformational Use of Information and Communication Technologies in Africa", die von der Weltbank in Kooperation mit der Afrikanischen Entwicklungsbank erstellt wurde. Während die Infrastruktur bei der Festnetzanbindung in vielen Teilen des Kontinents nach wie vor dünn ist, wird Mobilfunk zum Treiber für wirtschaftlichen und gesellschaftlichen Fortschritt. Ein mittlerweile etabliertes Beispiel ist der Finanzdienst M-Pesa, mit dem sich via SMS Geld transferieren lässt.

Die Weltbank hat in ihrer Studie außerdem herausgefunden, dass es einen Zusammenhang zwischen der Handynutzung und der Wirtschaftssituation in Entwicklungsländern gibt: Jedes weitere Handy pro 100 Menschen in einem Entwicklungsland sorgt für ein zusätzliches Wirtschaftswachstum von 0,8 Prozentpunkten.

www.informationszentrum-mobilfunk.de, 2015

Arbeitsaufgabe

- Stellen Sie dar, wie sich Internet, Computer und Handys verändert haben und was dies für Sie persönlich bedeutet. Welche Gefahren und Nebeneffekte treten auf, die vor wenigen Jahren noch unbekannt waren?

Ziele erreicht? – „Industrialisierung – technische Entwicklungen und ihre …"

KOMPETENZ-ERWERB

1. Bewerten und diskutieren Sie im Klassenverband, was Ihrer Meinung nach die wichtigste Erfindung war.
2. Fügen Sie zu den folgenden Begriffen mindestens fünf Schlagworte hinzu.

Eisenbahn	Auto	Computer

Fließband	Telegraf	Fernsehen

Elektrizität	Baumwolle	Internet

3. Bewerten Sie die zum Teil provokanten Aussagen mit Schulnoten und überlegen Sie ein Schlagwort als Begründung dazu. Diskutieren Sie die Ergebnisse.

„Die Industrialisierung veränderte die Lebensgewohnheiten des Menschen gravierend."

„Der Erfinder ist für den Missbrauch seiner Erfindung nicht verantwortlich zu machen."

„Viele Erfindungen sind nutzlos."

„Arbeitsteilung erleichtert die Arbeit."

„Durch die Industrialisierung wurden die Voraussetzungen geschaffen, den Hunger auf der Welt zu beseitigen."

„Durch die Maschine wurden die Arbeitsbedingungen des Menschen entscheidend verbessert."

4. Lösen Sie das Kreuzworträtsel.

Waagrecht
5 Internet des 19. Jahrhunderts
6 Erfinder der Eisenbahn
8 Flugpionier
11 Erfinder der Glühbirne
12 Entdecker von Wirtschaftszyklen
14 Führte „Kamingespräche" im Radio
15 Autoerfinder

Senkrecht
1 Neuerung
2 Social Media Website
3 Schöpfer der „Cotton Gin"
4 Computer aus Österreich
7 Pionier der österreichischen Stromversorgung
9 Ausgangspunkt der ersten Pferdeeisenbahn
10 „Vater" des Internets
13 Wandte das Fließband an

Industrialisierung und veränderte Arbeitswelten

Meine Ziele

KOMPETENZ-ERWERB

Nach Bearbeitung dieses Kapitels kann ich

- den Zusammenhang zwischen Veränderungen im Agrarbereich und der Industrialisierung erklären;
- den Fortschritt in der Technik (Technikgläubigkeit) hinterfragen;
- die verschiedenen Stufen des Industrialisierungsprozesses in ihrer zeitlichen Abfolge wiedergeben;
- die Grundvoraussetzungen des kapitalistischen Wirtschaftssystems herausarbeiten;
- die Veränderungen des sozialen Gefüges beziehungsweise die Entstehung neuer gesellschaftlicher Klassen erläutern;
- die Vor- und Nachteile der Arbeitsteilung kritisch reflektieren;
- die demografische Revolution in ihrer Vielschichtigkeit bewerten;
- Ursachen des Wirtschaftsaufschwungs zu Beginn des 20. Jahrhunderts beschreiben;
- Ursachen, Merkmale und Auswirkungen der Weltwirtschaftskrise der 1930er-Jahre nennen;
- die Hintergründe der Prekarisierung analysieren.

1 Änderung der Agrarstruktur

Der Prozess der Industrialisierung setzte bedeutende Veränderungen im Agrarbereich voraus: „Die erstaunlichen Fortschritte im Manufakturwesen gegen Ende des vergangenen Jahrhunderts, mit denen wir alle vertraut sind, haben ein wenig die gleichzeitigen und gleichlaufenden Veränderungen in der Landwirtschaft überschattet. Doch diese waren von nicht geringerer Bedeutung." (Toynbee, Lectures, 1887, S. 180 f.)

Einhegungen (Enclosures)
Kritik an diesen Einhegungen übte **Thomas Morus** bereits 1516 in seinem Werk **Utopia:**

Das sind eure Schafe ... die so sanft und genügsam zu sein pflegten, jetzt aber, wie man hört, so gefräßig und bösartig werden, dass sie sogar Menschen fressen, Felder, Gehöfte und Dörfer verwüsten und entvölkern.
Denn überall, wo in eurem Reiche feinere und daher bessere Wolle erzeugt wird, da sind hohe und niedere Adelige, ja auch heilige Männer, wie einige Äbte, nicht mehr mit den jährlichen Einkünften und Erträgnissen zufrieden, die ihren Vorgängern aus den Landgütern erwuchsen. Es genügt ihnen nicht, müßig und üppig zu leben, der Allgemeinheit nicht zu nützen, sofern sie ihr nicht sogar schaden; sie lassen kein Stück Land zur Bebauung übrig, sie zäunen alles als Weide ein, reißen die Häuser ab, zerstören die Dörfer und lassen gerade noch die Kirchen als Schafställe stehen. ... Daher wandern die Unglücklichen in jedem Falle aus: Männer, Frauen, Ehemänner, Ehefrauen, Waisen und Witwen, Eltern mit kleinen Kindern und einer mehr zahlreichen als wohlhabenden Familie, wie eben die Landwirtschaft vieler Hände bedarf. Ihren ganzen Hausrat, der sowieso nicht für hohen Preis verkäuflich ist, auch wenn man einen Käufer erwarten könnte, verschleudern sie, da sie ihn loswerden müssen; ist der Erlös auf der Wanderschaft in kurzer Zeit verbraucht, was bleibt ihnen schließlich anderes übrig, als zu stehlen und – natürlich nach Recht und Gerechtigkeit – gehenkt zu werden oder aber umherzustreunen und zu betteln, obgleich sie auch dann als Landstreicher ins Gefängnis geworfen werden, weil sie sich müßig herumtreiben?

Neue Anbauflächen und Einhegungen

Bei der Kultivierung bisher unbebauten Bodens war man an den Grenzen angelangt. Neue Anbauflächen wurden mit äußerster Anstrengung durch Rodung, durch den Bau von Deichen, durch **Entwässerung** und – seit etwa 1820 – durch unterirdisches **Dränieren** (franz. drainer: entwässern, trockenlegen) mit maschinell hergestellten Tonröhren gewonnen. Bisher unbebautes Land und das Gemeindeeigentum (Allmende) wurden auf Betreiben der Großgrundbesitzer privatisiert und eingezäunt **(Einhegungen).** Kleinbauern und Landarbeiter wurden dadurch zu Lohnarbeitern. Dieser Prozess setzte bereits im 16. Jahrhundert ein und erreichte seinen Höhepunkt im 18. Jahrhundert.

Steigerung der Erträge

Ein wesentlicher Anstieg der Produktivität wurde durch die Intensivierung des Anbaus erzielt. Von der alten **Dreifelderwirtschaft** (Wintergetreide, Sommergetreide, Brache) war man bereits im Mittelalter abgegangen. Die Methoden der verbesserten Dreifelderwirtschaft bzw. der gezielten **Fruchtwechselwirtschaft,** bei der die Brache zur Gänze eliminiert wird, breiteten sich vor allem in England aus. Dieses im 19. Jahrhundert als **High Farming** (intensive Landwirtschaft) bezeichnete System war eine „äußerst schwierige Kunst, die ausschließlich auf der langen Abfolge von Beobachtungen beruht" (Braudel, Aufbruch zur Weltwirtschaft, S. 626). Als neue Zwischenfrüchte wurden **Kartoffeln** und **Mais** eingeführt.

Technologischer Fortschritt

Mit verbesserten landwirtschaftlichen Geräten konnten die Erträge gesteigert werden. Bessere **Pflüge** wurden hergestellt. Sie erforderten mehr Zugkraft, sodass sich ab dem 18. Jahrhundert verstärkt Pferde gegenüber Ochsen als Zugtiere durchsetzten. Die **Sense** ersetzte die Sichel, man brauchte sich beim Mähen des Getreides nicht mehr zu bücken. **Jethro Tull** entwarf eine **Sämaschine,** die die Leistung einer Arbeitskraft um das Vielfache erhöhte und die Qualität der Aussaat verbesserte, da sie das Saatgut gleichmäßig einlegte.

Entwurf eine Sämaschine von Jethro Tull (1733)

Kartoffelerntemaschine aus dem Jahr 1900

Industrielle Technik und Maschinen wurden aber erst ab der zweiten Hälfte des 19. Jahrhunderts – vor allem in England und in den USA – in großem Umfang in der Landwirtschaft verwendet. Heuwender und Erntemaschinen wurden eingesetzt, Stacheldraht verbilligte die Einzäunung. Die Herstellung von **künstlichem Eis** durch Ammoniakgas brachte dem Fleischhandel einen großen Aufschwung. 1869 erhielten die amerikanischen Eisenbahnen Kühlwagen. Die Erfindung der **Konservendose** veränderte die Ernährungsgewohnheiten.

Neue Feldfrüchte

Ein nicht zu vernachlässigendes Merkmal der Veränderung im Agrargefüge war der Anbau neuer Feldfrüchte, wie **Mais, Kartoffeln** oder **Zuckerrüben.** Der Mais kam über Amerika, Spanien und den venezianischen Handel zu den Türken und wurde im 17. Jahrhundert vor allem in Südosteuropa zum wichtigsten Getreide **(„Türkenweizen", „Kukuruz").**

Die Kartoffel stieß in Europa lange Zeit auf Widerstand, wurde im verarmten Irland erstmals im 17. Jahrhundert angebaut und fand erst im aufgeklärten Europa weite Verbreitung. Rückschläge gab es 1845, als in weiten Teilen Europas die Kartoffelpflanzen vom Mehltau befallen wurden **(Hungerkatastrophe in Irland!),** und zu Beginn des 20. Jahrhunderts, als der **Coloradokäfer** in Europa auftauchte. Rübenzucker war typisch für die Zeit der Industrialisierung, denn für Rüben muss tief gepflügt und sie müssen in Reihen gepflanzt werden.

„Segensreiche" Chemie

Eine erhebliche Produktionssteigerung wurde durch die anorganische Düngung mit Phosphor, Kalk, Kali oder Stickstoff erzielt. Der Import von **Guano** (indian. huano: Düngung) stieg in England von 2 000 t im Jahre 1841 auf beinahe 30 000 t im Jahre 1847 an. 1840 erschien **Justus Liebigs** grundlegendes Werk „Die organische Chemie in ihrer Anwendung auf Agricultur und Physiologie".

Welche Rolle spielte nun die Veränderung der Landwirtschaft für die Industrialisierung?

- Großgrundbesitzer, die vielfach Grund und Boden Pächtern überließen, investierten in Industrie- und Bergbauunternehmen. Neben den Gewinnen aus Kolonialismus und Manufakturbetrieben wurde also **Kapital aus Grundbesitz** akkumuliert (lat. accumulare: anhäufen).
- Die sich entwickelnde Landwirtschaft war der beste Kunde der Eisenindustrie, bis an ihre Stelle die **Eisenbahn** trat.
- Durch die Enclosures wurden die Bauernhöfe größer, die Bauern weniger zahlreich und die Dorfbewohner/innen ärmer. Die Zahl der **Lohnarbeiter/innen** stieg. Das starke Bevölkerungswachstum bewirkte eine größere Nachfrage nach Lebensmitteln und Kleidung sowie nach Kohle für den Hausbrand. Der Markt wuchs.

Arbeitsaufgaben

1. Warum begünstigen die Einhegungen den Industrialisierungsprozess?
2. Erläutern Sie, was mit dem Ausspruch „Schafe fressen Menschen" gemeint sein könnte.
3. Informieren Sie sich über die Person Thomas Morus und sein literarisches Schaffen.
4. Erläutern Sie Liebigs „Hohelied" auf die Chemie.

Justus Liebig, Die organische Chemie

Um zu wissen, was einem Boden fehlt, muss man die Pflanze verbrennen, die auf ihm gewachsen ist. Die mineralischen Teile der Asche, die alle jene Stoffe enthalten, werden zeigen, wo das Minimum ist. Je nach Aschenanalyse kann man das Minimum ausgleichen durch Anwendung künstlicher Düngemittel. ... Es wird die Zeit kommen, wo man die Felder und Pflanzen mit Stoffen düngen wird, die man in chemischen Fabriken herstellen wird und die aus Stoffen hergestellt werden, die für die Pflanzen notwendig sind.

In: Döbler (Hg.), Jäger, Hirten, Bauern, S. 189

Der Siegeszug der Konservendose

Die neue Konservierungsmethode war zunächst nur den Reichen und dem Militär vorbehalten. Zur damaligen Zeit konnte ein Handwerksbetrieb pro Stunde nur eine Dose herstellen. Die Produktion wuchs: Im Jahr 1900 wurden allein in den USA über 700 Millionen Dosen hergestellt. Der britische Schriftsteller George Orwell war sogar der Meinung, dass der Erste Weltkrieg ohne die Konservendose so nicht stattgefunden hätte. Der Pop-Art-Künstler Andy Warhol hat ihr in den 1960er-Jahren sogar ein Denkmal gesetzt: Er malte und druckte alle 32 Sorten von Campbell's Dosensuppen.

2 Der Industriekapitalismus

Als industrielle Revolution wurden lange Zeit die technischen, ökonomischen und sozialen Umwälzungen bezeichnet, die in England um 1750 einsetzten. Um dem Prozesscharakter und der Unabgeschlossenheit dieser Entwicklung gerecht zu werden, sprechen die meisten Historiker/innen heute von der Industrialisierung. Sie verlief im Rahmen kapitalistischer Bedingungen, wie Privateigentum an den Produktionsmitteln, Maximierung des Gewinns, Produktion für den Markt und Lohnarbeit.

Die Fabrik und die Arbeit in der Fabrik

Christian Bernoulli schrieb 1829 in seiner Darstellung der gesamten mechanischen **Baumwollspinnerei:**

Eine der ersten unmittelbarsten und bedeutendsten Folgen, welche die Erfindung der Spinnmaschinen hatte, war ohne Zweifel der fabriksmäßige Betrieb des Baumwollspinnens. Die Einführung großer Maschinen veränderte nothwendig diese Verhältnisse ganz. Sie erforderte große und dazu besonders eingerichtete Gebäude, große Capitalien, Thiere oder Elementarkräfte zum Betrieb, Arbeiter, die ausschließlich diesem Gewerbe, ja einer einzelnen Verrichtung sich ergaben, eine gehörige Vertheilung und Anordnung aller Operazionen usw. Mit dem Aufkommen des Maschinenspinnens ergab sich daraus auch der fabriksförmige Betrieb dieser Industrie, und daraus unstreitig manche sehr bedeutende Änderung in den Verhältnissen der arbeitenden Classen.

Herbert Matis, Das Industriesystem, S. 21

Die Konzentration der Produktion in der Fabrik brachte für die Produzenten einschneidende Veränderungen:

- Die **Trennung der Arbeitsstätte** von der **Wohnstätte** erlaubt eine wirksame Überwachung der Produktionstätigkeit.
- **Arbeitsdisziplin** und **Arbeitsrhythmus** werden durch die Funktionsweise der Maschine bestimmt: Arbeitspausen werden durch die **Fabriksordnung** festgelegt und der Rhythmus der Maschine erzwingt die ständige Wiederholung derselben Handgriffe.
- Der Grad der menschlichen **Arbeitsteilung** erreicht ein immer höheres Niveau.
- Durch die erweiterte Arbeitsteilung können – stellte **Adam Smith** fest – zehn Arbeiter/innen täglich 48 000 Stecknadeln herstellen. Vor der Einführung der maschinellen Fabriksarbeit lag die tägliche Kapazität eines Arbeiters/einer Arbeiterin bei 20 Stecknadeln.

Einer zieht den Draht, ein anderer richtet ihn, ein Dritter schrotet ihn ab, ein Vierter spitzt ihn zu, ein Fünfter schleift ihn am oberen Ende, damit der Kopf angesetzt werde; die Verfertigung des Kopfes erfordert zwei oder drei verschiedene Verrichtungen; das Ansetzen desselben ist ein eigenes Geschäft, das Weißglühen der Nadeln ein anderes; ja sogar das Einstecken der Nadeln in Papier bildet ein Gewerbe für sich. So ist das wichtige Geschäft der Stecknadelfabrikation in ungefähr 18 verschiedene Verrichtungen geteilt.

Adam Smith, Untersuchung, Band I, S. 6/7

- Hauptziel der Maschine ist die **maximale Ausnutzung der Produktionskapazität.** „Zeit ist Geld." Ausdehnung der Arbeitszeit (14 bis 16 Stunden pro Tag an sechs Tagen in der Woche), Reduzierung der Feiertage, Abschaffung des „blauen Montags" sind die Folge.

Heile Welt Fabrik

Das beständige Ziel und die stete Wirkung wissenschaftlicher Verbesserungen in den Fabriken sind philanthropisch (menschenfreundlich), denn sie streben dahin, die Arbeiter der Beschäftigung mit ... Gegenständen zu entheben, welche den Geist erschöpfen ... oder ihnen dauernde Anstrengung zu ersparen, welche den Körper schwächt oder verkrüppelt ... In geräumigen Hallen sammelt die wohltätige Kraft des Dampfes die Scharen seiner Diener um sich. ... und fordert bloß Aufmerksamkeit und Gewandtheit, um kleine Fehler ... schnell wieder gutzumachen. ... Das ist das Fabriksystem ..., welches bei noch weiterem Wachstume der große Beförderer und Träger der Zivilisation zu werden verspricht und England in den Stand setzen wird, zugleich mit seinem Handel das Lebensblut der Wissenschaft und Religion ... Völkern zufließen zu lassen, welche noch im Dunkel leben.

Andrew Ure, Das Fabrikwesen in wissenschaftlicher, moralischer und commerzieller Hinsicht, Leipzig 1835, S. 16–19

In Manufaktur und Handwerk bedient sich der Arbeiter des Werkzeuges, in der Fabrik dient er der Maschine. Dort geht von ihm die Bewegung des Arbeitsmittels aus, dessen Bewegung er hier zu folgen hat. ... Während die Maschinenarbeit das Nervensystem aufs Äußerste angreift, unterdrückt sie das vielseitige Spiel der Muskeln und beansprucht alle freie körperliche und geistige Tätigkeit. Selbst die Erleichterung der Arbeit wird zum Mittel der (Qual), indem die Maschine nicht den Arbeiter von der Arbeit befreit, sondern seine Arbeit vom Inhalt.

Karl Marx, Das Kapital, Band 1, S. 366

- Die **Beschäftigung von Frauen und Kindern** erfolgt außerhalb des Familienverbandes in einem eigenständigen Lohnverhältnis zum Unternehmer, vor allem in der Textilindustrie, aber auch in Bergwerken.

	Männer	Frauen	Jugendliche*	Kinder
England	50 675	53 410	53 843	24 164
Wales	250	458	354	89
Schottland	6 168	12 403	10 442	4 082
Irland	960	1.553	847	436
Insgesamt	**58 053**	**67 824**	**65 846**	**28 771**

* Zwischen 13 und 18 Jahre alt

Kinderarbeit in einem englischen Steinkohlebergwerk; Lithografie, 1844

Kinder über ihre Arbeit
William Williams, 13 Jahre alt, arbeitet seit zwei Jahren; John Williams, 12 Jahre alt, arbeitet seit neun Monaten:
Wir karren Kohle, wobei der eine vor dem Wagen ist und zieht. Wie wir arbeiten 28 Jungen in derselben Grube. Das Flöz ist kaum 30 cm stark. Wir fahren um 6 Uhr morgens runter und bleiben dort 12 Stunden. Wir arbeiten täglich außer sonntags. Jede zweite Woche haben wir Nachtschicht; sie beginnt am Sonntag um 6 Uhr abends. Es gibt keine festgelegten Essenspausen in der Grube, aber wir haben genug Zeit zum Essen. Unsere Arbeit ist schwer, denn der Raum ist eng und wir müssen liegend arbeiten. Aber wir sind gesund und haben keine Unfälle gehabt.

British Parliamentary Papers, Bd. 8, S. 6 f.

Arbeitsaufgaben

1. Fassen Sie zusammen, welche Neuerungen Bernoulli beschreibt.
2. Stellen Sie Vor- und Nachteile der Maschinenarbeit gegenüber.

Regeln und Vorschriften für die Arbeiter/innen in der Eisengießerei und Maschinenfabrik von Klett & Comp.

§ 1 Alle Arbeiter verpflichten sich bei ihrer Aufnahme zum Gehorsam gegen die Fabrikherren, zur genauen Beobachtung der ertheilten Vorschriften und zur sorgfältigen und fleißigen Ausführung der ertheilten Arbeiten, sowie auch von jeder vorkommenden Veruntreuung unverzüglich Anzeige zu machen ist.

§ 2 Die festgesetzten Arbeitsstunden sind von 6 bis 12 Uhr vormittags und von 1 bis 6 1/2 Uhr nachmittags. Von 8 bis 8 1/2 Uhr früh wird eine halbe Stunde zum Frühstück freigegeben, zu welchem Endzweck sämtliche Arbeiter die Werkstätten zu verlassen haben.
Wer außer dieser Zeit Bier oder geistige Getränke sich verschafft, verfällt in eine Strafe von einem halben Tag Abzug. Den Gießern ist gestattet, wenn dieselben über die Zeit mit Gießen beschäftigt sind und die Fabrik nicht verlassen dürfen, von 6 1/2 bis 7 Uhr durch einen dazu bestimmten Handlanger sich bis 1 Maß Bier holen zu lassen.

§ 6 Wer blauen Montag hält, wird der Polizei angezeigt, so wie die bestehenden Gesetze es verlangen.

§ 15 Das Tabakrauchen innerhalb der Fabrik ist bei 1 Tag Abzug verboten.

Wolfgang Ruppert, Die Fabrik. Geschichte von Arbeit und Industrialisierung in Deutschland, München 1983, S. 54

Die treibende Kraft in der modernen kapitalistischen Wirtschaft ist ... der kapitalistische Unternehmer und nur er. Ohne ihn geschieht nichts. Er ist darum aber auch die einzige produktive, das heißt schaffende, schöpferische Kraft, was sich ... aus seinen Funktionen ergibt. Alle übrigen Produktionsfaktoren: Arbeit und Kapital, befinden sich ihm gegenüber im Verhältnis der Abhängigkeit. ... Auch alle technischen Erfindungen werden erst durch ihn lebendig. ... Die hochkapitalistische Wirtschaft ist ... aus der schöpferischen Initiative der Wenigen hervorgewachsen.

Werner Sombart, Der moderne Kapitalismus, Band 1, S. 12

Wird diese Betrachtungsweise der Funktion des Unternehmers gerecht? Wieweit ist dieses Unternehmerbild heute noch gültig?

Alfred Krupp (1812–1887)

Die britische Flotte trug unmittelbar zur technologischen Neuerung und Industrialisierung bei, der Krieg war der größte Eisenkonsument. Ein gesetzlicher Rahmen schützte die Industrie vor Maschinenzerstörungen, so wurde 1812 für die Zerstörung von Webmaschinen die Todesstrafe verhängt. Der **Combination Act** von 1799 verbot Arbeiterinnen und Arbeitern, sich zur Wahrung ihrer Interessen zusammenzuschließen.

Das Kapital

Der Übergang zur industriellen Produktionsweise erforderte **Investitionskapital.** England war schon vor 1750 ein reiches Land mit einer gewinnbringenden Landwirtschaft, mit florierenden Gewerbebetrieben (Wollverarbeitung), regem Binnenhandel und einträglichem Außenhandel sowohl mit anderen Staaten als auch mit den britischen Kolonien (Sklavenhandel). Es gab also Ersparnisse, die produktiv angelegt werden konnten. Langfristige Bankkredite spielten vorerst keine Rolle und die Möglichkeit, Industrieunternehmen in Form von Aktiengesellschaften zu gründen, wurde erst bei der Finanzierung der Eisenbahnlinien in großem Maße genützt.

Der Unternehmer als treibende Kraft

Mit der neuen Produktionsform tauchte auch eine neue gesellschaftliche Gruppe auf: die des Unternehmers. Seine Eigenschaften wurden vielfach mit Risikobereitschaft, Entscheidungsfreudigkeit, Kreativität, Dynamik usw. beschrieben. Diese **Industriellen** sahen ihre Aufgaben in der Beherrschung der neuen Technik, der Führung der Arbeitskräfte, der Kenntnis der Marktgesetze. Sie setzten Umfang und Art der Produktion fest und erledigten auch den Ein- und Verkauf selbst.

Die Tätigkeit des Unternehmers fand aber auch immer in einem sozialen Spannungsfeld statt, dessen Gegenpol der Arbeiter/die Arbeiterin bildete. Von ihm bzw. ihr wurden Folgsamkeit, Pünktlichkeit, Fleiß und Treue zur Fabrik erwartet.

Genießet, was euch beschieden ist. Nach getaner Arbeit verbleibt im Kreise der Eurigen, bei den Eltern, bei der Frau und den Kindern, und sinnt über Haushalt und Erziehung. Das sei Eure Politik, dabei werdet Ihr frohe Stunden erleben. Aber für die große Landespolitik erspart euch die Aufregung. Höhere Politik treiben erfordert mehr freie Zeit und Einblick in die Verhältnisse, als dem Arbeiter verliehen ist. Ihr tut Eure Schuldigkeit, wenn Ihr durch Vertrauenspersonen empfohlene Leute wählt. Ihr erreicht aber sicher nichts als Schaden, wenn Ihr eingreifen wollt in das Ruder der gesetzlichen Ordnung. Das Politisieren in der Kneipe ist nebenbei sehr teuer, dafür kann man im Hause Besseres haben.

Alfred Krupp, Rede an seine Arbeiter, 1877; in: Bredow, Alfred Krupps Briefe 1826–1887, S. 348

Krupp in Essen, die größte Stahlfabrik Europas mit über 16 000 Beschäftigten, 1870

Der Staat

Wirtschaftspolitik und Gesetzgebung beeinflussten die industrielle Entwicklung. Die britische Regierung förderte den Industrialisierungsprozess. Im Textilbereich schützten Zölle die einheimische Produktion vor ausländischer Konkurrenz. Gewerbehemmende Bestimmungen wurden beseitigt, Beschränkungen der Lehrlingsanzahl oder der Anzahl der Webstühle wurden zugunsten der Wirtschaftsfreiheit aufgehoben. Auf Industriespionage stand die Todesstrafe.

3 Demografische Revolution, Verstädterung und Mobilität

Bis um die Mitte des 18. Jahrhunderts blieb die Bevölkerungszahl in Europa relativ konstant. Danach stieg sie rasch an. So ist bis 1800 beinahe eine Verdoppelung der langfristigen durchschnittlichen Wachstumsraten zu beobachten. Durch den Bevölkerungsanstieg und die Veränderung der Produktionsform wurde auch die Bevölkerung umgeschichtet. Die bevorzugt in der Umgebung von Städten errichteten Fabriken zogen viele Kleinbauern und Landarbeiter an, die aus den Dörfern abwanderten.

Rasches Bevölkerungswachstum

Die Bevölkerung Englands stieg z. B. von sieben Millionen im Jahre 1760 auf fast elf Millionen im Jahre 1801. Das 19. Jahrhundert brachte eine weitere Beschleunigung des Wachstums – wenn auch ungleichmäßig – und machte Europa zu dem am dichtesten besiedelten Erdteil.

Bevölkerung Europas und seiner Teile 1800–1910 (in Mio.)

Land	1800	1850	1900	1910	Wachstum 1800–1900 in %
Großbritannien	10,9	20,9	36,9	40,8	338,5
Irland	5,0	6,6	4,5	4,4	90,0
Frankreich	26,9	36,5	40,7	41,5	151,3
Spanien	11,5	15,5[1]	18,6	19,9	161,7
Portugal	3,1	4,2[2]	5,4	6,0	174,2
Italien	18,1	23,9	33,9	36,2	187,3
Schweiz	1,8	2,4	3,3	3,8	183,3
Deutschland	24,5	31,7	50,6	58,5	206,6
Österreich-Ungarn	23,3	31,3	47,0	51,3	201,7
Russland			59,0	112,05[3]	

[1] 1857, [2] 1867, [3] 1897

Diese **demografische Revolution** beruhte im Wesentlichen auf dem Absinken der Sterblichkeitsrate. Blieb die Geburtenrate in England konstant bei etwa 35 pro tausend, so sank die Sterblichkeitsrate von 35 um 1750 auf 20 um die Mitte des 19. Jahrhunderts. Die Ursachen für diese Entwicklung sind vielschichtig: Verbesserungen der Hygiene, Abnahme der Epidemien, Häufung guter Ernten, Innovationen in der Landwirtschaft. Auch die Altersstruktur veränderte sich. Durch den Rückgang der Kindersterblichkeit erhöhte sich der Anteil der Jugendlichen an der Gesamtbevölkerung.

Verstädterung und Mobilität

Durch die Landflucht und das Bevölkerungswachstum stiegen die Einwohnerzahlen der Städte enorm an. 1760 hatte Manchester 12 000 Einwohner. Es gab nur zwei Städte mit mehr als 50 000 Einwohnern: London und Edinburgh. 1821 waren es bereits 22 und 1850 lebte jeder zweite Engländer in einer Stadt mit mehr als 50 000 Einwohnern.

Manchester, England, 1835

Auf dem Gipfel der Hügel erheben sich dreißig oder vierzig Fabriken. Mit ihren sechs Stockwerken ragen sie hoch in die Luft. Ihr unabsehbarer Bereich kündigt weithin von der Zentralisation der Industrie.
Um sie herum sind gleichsam willkürlich die erbärmlichen Behausungen der Armen verteilt; auf unzähligen gewundenen, schmalen Pfaden gelangt man dorthin. ...
Einige dieser Straßen sind gepflastert, aber die Mehrzahl besteht aus Buckeln und schlammigem Boden, in dem der Fuß des Passanten oder der Wagen der Reisenden einsinkt. Kehrichthaufen, Trümmer von Häusern, Lachen mit fauligem Wasser erscheinen da und dort vor allen Häusern der Einwohner oder auf den mit Höckern und Löchern durchsetzten Flächen der öffentlichen Plätze. ...
Aus diesem übel riechenden Labyrinth, inmitten dieses unermesslichen und düsteren Ziegelhaufens ragen hin und wieder herrliche Steinpaläste auf, deren kannelierte Säulen das Auge des Fremden überraschen. ...
Inmitten dieser stinkenden Kloake hat der große Strom der menschlichen Industrie seine Quelle, von hier aus wird er die Welt befruchten. Aus diesem schmutzigen Pfuhl fließt das reine Gold. Hier erreicht der menschliche Geist seine Vollendung und hier seine Erniedrigung; hier vollbringt die Zivilisation ihre Wunder und hier wird der zivilisierte Mensch fast wieder zum Wilden.

Reiseimpressionen des französischen Schriftstellers Alexis de Tocqueville

Informieren Sie sich über Person und Werk de Tocquevilles.

Wohnbedingungen im Arbeiterviertel Little Ireland in Manchester

Die Cottages sind alt, schmutzig und von der kleinsten Sorte, die Straßen uneben, holperig und zum Teil ungepflastert und ohne Abflüsse; eine Menge Unrat, Abfall und ekelhafter Kot liegt zwischen stehenden Lachen überall herum, die Atmosphäre ist durch die Ausdünstungen derselben verpestet und durch den Rauch von einem Dutzend Fabrikschornsteinen verfinstert und schwer gemacht – eine Menge zerlumpter Kinder und Weiber treibt sich hier umher, ebenso schmutzig wie die Schweine, die es sich auf den Aschenhaufen und in den Pfützen wohl sein lassen. ... Das Geschlecht, das in diesen verfallenen Cottages, hinter den zerbrochenen und mit Ölleinwand verklebten Fenstern, den rissigen Türen und abfaulenden Pfosten oder gar in den finstern, nassen Kellern, zwischen diesem grenzenlosen Schmutz und Gestank in dieser wie absichtlich eingesperrten Atmosphäre lebt – das Geschlecht muss wirklich auf der niedrigsten Stufe der Menschheit stehen.

Friedrich Engels, Die Lage der arbeitenden Klasse in England, 1887, S. 126 f.

Entwicklung englischer Großstädte

(Einwohner/innen in 1 000)	1800	1850	1880	1900	1910
London	959	2 363	3 830	4 573	4 523
Liverpool	82	397	624	685	747
Manchester	77	336	462	544	714
Birmingham	71	242	437	522	526

Manchester; Gemälde von William Wyld, 1857

Das schnelle Wachstum der Städte veränderte den Stadtkern und an der Peripherie (Neigung) wurden neue Siedlungen erbaut. Monumentale Bauwerke wie Kirchen und Paläste beherrschten weiter das Stadtbild. Aber reiche Leute begannen – um der Beengtheit zu entkommen –, an den Stadtrand zu ziehen. Die zurückgelassenen Häuser wurden oft zu **Massenquartieren** für die Armen.

Die Peripherie wurde vorerst planlos mit verschiedenen Bauwerken überzogen. Es entstand ein Nebeneinander von Stadtteilen mit einer Tendenz zur Absonderung und Bildung **geschlossener Stadtviertel** für Reiche und Arme. „Gleichzeitig begann man sich stärker untereinander, von Nachbar zu Nachbar, abzukapseln. Ein frei auf separatem Grundstück stehendes Haus, einst den Königen und dem Adel vorbehalten, lag nunmehr – wenn auch in einer verkleinerten Ausgabe – auch für das reiche und mittlere Bürgertum im Bereich des Erschwinglichen“ (Benevolo, Die Geschichte der Stadt, S. 802).

Die **Arbeiterviertel** bestanden meist aus mehrstöckigen Wohnblocks, die von privaten Unternehmern gebaut wurden, deren Ziel es war, ein Höchstmaß an Gewinn zu erzielen. Sie lagen meist in der Nähe der Fabriksanlagen oder an Eisenbahnlinien. Der Aufenthalt im Freien war dadurch stark beeinträchtigt und die Abfallbeseitigung ein fast unlösbares Problem.

Die neuen Verkehrswege und Verkehrsmittel erhöhten die **Mobilität** (Beweglichkeit). Güter konnten in den entferntesten Winkel transportiert werden. Die Reisezeiten wurden enorm verkürzt. Dauerte eine Reise von London nach Edinburgh 1750 etwa zehn bis zwölf Tage, konnte man diese Strecke 100 Jahre später in knapp 14 Stunden zurücklegen.

Arbeitsaufgaben

1. Interpretieren Sie die Bevölkerungsstatistik. Welche Entwicklungen können Sie erkennen?
2. Erläutern Sie die Bedeutung Manchesters für den Industrialisierungsprozess.

4 Der Beginn der modernen Arbeitswelt

Seit der Mitte des 19. Jahrhunderts hatte sich Arbeit stark gewandelt. Die immer stärker vorangetriebene Arbeitsteilung und Zerlegung der Arbeitsprozesse ging Hand in Hand mit der Mechanisierung.

Für die Unternehmer, um deren Kapital und Gewinne es ja schließlich ging, waren vor allem **zwei Probleme** zu lösen:

- Zum einen ging es um die Erziehung der Arbeiter/innen zu den „Tugenden" der **Fabriksdisziplin:** Ausdauer, Regelmäßigkeit, Pünktlichkeit. Die Unternehmer erzwangen diese Zeitdisziplin und die – auch in staatsbürgerlicher Hinsicht erwünschten – Tugenden wie Ordnung, Fleiß und Sauberkeit mit ziemlich strengen **Fabriks- und Arbeitsordnungen.** Die Fabriksdisziplin hatte sich bis 1900 durchgesetzt, Unternehmer und Arbeiter/innen hatten sich auf einen **Zehnstundentag** geeinigt.
- Zum anderen mussten die **Produktionsfaktoren „Arbeit"** und **„Maschine"** so organisiert werden, dass ein reibungsloser Ablauf möglich war.

Modern Times

Die Eintönigkeit der Fließbandarbeit zeigte Charlie Chaplin in seinem 1936 gedrehten Film „Modern Times" auf. Der von ihm dargestellte Arbeiter verliert bei seiner monotonen Tätigkeit fast den Verstand und landet im Räderwerk einer Maschine.

Fließbandproduktion

In der Zwischenkriegszeit ging es den Unternehmern vor allem um die Steigerung der Produktion, was nur durch den Einsatz des **Fließbandes** möglich war. Dazu kam ein perfektes **Kontroll- und Regelsystem** – ähnlich der heutigen DIN-9001-Norm. Das förderte zwar den betrieblichen Ablauf, nahm aber den Arbeiterinnen und Arbeitern den letzten Rest an Selbstbestimmung.

Fließbandproduktion des „Ford T" in Chicago, um 1910

Automobiles Frankreich

Von 1913 bis 1938 nahm die Zahl der Motorfahrzeuge in Frankreich von 125 000 auf 2,25 Millionen zu. 1938 belieferten Renault, Citroën und Peugeot fast drei Viertel des französischen Marktes.

Beide Innovationen (Neuerungen), das Fließband und das Kontroll- und Regelsystem, sind untrennbar mit den Namen **Henry Ford** (1863–1947) und **Frederick Winslow Taylor** (1856–1915) verbunden. Die enormen Produktionssteigerungen, die Ford mit der Einführung der Fließbandarbeit und der Produktionsstraßen in seinem Automobilwerk in Chicago erzielte, gaben ihm offensichtlich Recht. Der entscheidende Faktor war die Geschwindigkeit des Fließbandes: Mit 1 000 Metern pro Stunde produzierten die Fordwerke in den 1920er-Jahren 10 000 Autos pro Tag. In Steyr gingen maximal 20 Autos pro Tag vom Band.

Ein **Kapitalist** verfügt über eine Summe von ökonomischen Werten (Kapital), die er planmäßig dazu einsetzt, um eine größere Summe, als er zuvor eingesetzt hat, zurückzuerhalten. Effektivität und Profit stehen im Vordergrund.

Unter **Fordismus** versteht man das von Henry Ford 1913 entwickelte System der Rationalisierung der Produktion durch Massenfertigung (Fließbandarbeit in der Autoproduktion). Charakteristisch waren auch relativ hohe Löhne, die die Kaufkraft der Arbeitnehmer/innen ankurbeln sollten. Verbunden war das System jedoch mit einer strengen Arbeitsdisziplin und Überwachung.
Der Fordismus war bis Mitte der 1970er-Jahre das vorherrschende Produktionsprinzip.

Vorteile Fordismus
- Geringe Arbeitslosigkeit
- Gesellschaftlicher Wohlstand
- Produktivitätssteigerung
- Kostensenkung

Nachteile Fordismus
- Bedeutungsverlust menschlicher Arbeit
- Monotonie
- Sinnentleerung
- Beschneidung menschlicher Lern- und Entwicklungsmöglichkeiten

Taylorismus: Das von Frederick Taylor entwickelte System hatte die Leistungssteigerung der menschlichen Arbeitskraft in Produktionsabläufen zum Ziel. Dazu entwickelte Taylor ab 1882 Messreihen und Zeitstudien, bei denen er Arbeitsabläufe mit einer Stoppuhr untersuchte, um Zeitverluste zu beseitigen.

Fordismus und Taylorismus

In Österreich standen die Gewerkschaften dem Fordismus durchaus positiv gegenüber. Ford galt zwar als **Kapitalist,** verkörperte aber das **Ideal des vernünftigen Unternehmers,** da seine Gewinne nicht durch brutalen Lohndruck entstanden. Im Jahre 1914 verdoppelte Henry Ford etwa den Tageslohn seiner Arbeiter/innen auf fünf Dollar. Damit zahlte er ihnen in drei Monaten so viel, wie eines seiner T-Modell-Autos kostete. Sein als sozial erscheinendes Unternehmenskonzept bestand aus der Rationalisierung der Arbeitsabläufe und der Massenproduktion.

Überlegungen eines Unternehmers
Unsere Taktik zielt auf Preisabbau, Produktionserhöhung und Vervollkommnung der Ware. ... Daher reduzieren wir vor allem den Preis erst einmal so weit, dass wir hoffen dürfen, einen möglichst großen Absatz erzielen zu können. Dann legen wir uns ins Zeug und versuchen die Ware für diesen Preis herzustellen. ... Die Einführung des Mindestlohnes von fünf Dollar für einen Acht-Stunden-Tag war einer der klügsten Schritte in der Preisabbaupolitik, die wir je getan haben. ... Warum dann das viele Gerede über die Verbilligung der Arbeitskraft, über den Vorteil, den ein Sinken der Löhne bringen würde – wäre das nicht gleichbedeutend mit einem Herabdrücken der Kaufkraft und einem Sinken des inneren Marktes?

Henry Ford, Erfolg im Leben – Mein Leben und Werk, 1950

Der Widerstand gegen das **Taylorsystem** war hingegen erheblich größer, da – nicht ganz zu Unrecht – die Entmündigung der Arbeiter/innen befürchtet wurde.

Kritik am Taylorismus
Die Unternehmer wollen das System der Zeitmessung einführen, um die Produktivität zu erhöhen. Das ist nur ihr unmittelbares Ziel. Die Taylormethode erlaubt es ihnen, weiter gesteckte Absichten zu verfolgen. Was sie wollen, ist, ihnen jeglichen Einfluss auf den Gang der Produktion zu entziehen. ... Sie gestatten dem Arbeiter das Denken nicht mehr. ... Auf diese Weise hoffen die Unternehmer, das geistige Niveau der Arbeiter herabzudrücken, ihnen die Lust an der Arbeit zu verleiden und sie damit zugleich jedes Ideals zu berauben.

Französische Arbeiter, 1913; in: Katalog Arbeit/Mensch/Maschine

Um die Arbeiter/innen für das Taylorsystem zu gewinnen, stimmten die Unternehmer einem Mitspracherecht der Gewerkschaften bei der Festsetzung von Lohn und Arbeitsleistung zu.

Fließbandarbeit in einer Hemdenfabrik

Arbeitsaufgaben

1. Analysieren Sie die Grundgedanken unternehmerischen Handels anhand des Textes von Henry Ford, indem Sie vier Schlüsselbegriffe heraussuchen.
   - __________
   - __________
   - __________
   - __________

2. Ergänzen Sie in den Text zur Kritik am Taylorismus, indem Sie die folgenden Begriffe in den Lückentext einsetzen:

Arbeitsmethode ▪ Arbeitsschritte ▪ Arbeitsteiligkeit ▪ Entmündigung ▪ Entsolidarisierung ▪ Eintönigkeit ▪ Leistungsort ▪ Leistungszeitpunkt ▪ Maschinen ▪ Prämienlohn ▪ Stoppuhr ▪ Unternehmensziel ▪ Unternehmensziel

In Taylors Unternehmen wurde die __________ als „one best way" genau vorgegeben. Darüber hinaus legte das nach dem Taylorsystem vorgehende Unternehmen __________ und __________ exakt fest. Die Tätigkeit der Arbeiter/innen an den Produktionsbändern war in so kleine __________ zerlegt, dass diese über __________ klagten und sich als menschliche __________ empfanden. Außerdem verloren sie durch die extreme __________ nicht nur den Bezug zu dem von ihnen hergestellten Produkt, sondern auch zum __________. Da dem __________ bei der Vorbereitung der Produktion besondere Bedeutung zukam, fürchtete auch das Management eine __________. In den USA wurden nach einer wissenschaftlichen Studie im Auftrag des Kongresses in staatlichen Fabriken __________ und __________ abgeschafft und das System als Schritt zur __________ und damit als demokratiefeindlich eingestuft.

3. Ordnen Sie die Namen der Automarke dem entsprechenden (alten) Logo zu:
   A = Bentley, B = Citroën, C = Peugeot, D = Renault

☐ ☐

☐ ☐

4. Erklären Sie die Gestaltung des Logos von Citroën unter Verwendung des Internets.

Eine Weltmarke entsteht

1886 entwickelten Gottlieb Daimler und Carl Benz unabhängig voneinander von einem Verbrennungsmotor angetriebene Automobile. 1909 meldeten die Besitzer der beiden ältesten Autofirmen der Welt beim Patentamt ihre Markenzeichen an, die für Benz 1910 und für Daimler 1911 in das Warenzeichenregister eingetragen wurden. Die DMG (Daimler Motoren Gesellschaft) veränderte ihr Markenzeichen 1916 noch ein Mal. 1926 schlossen sich die beiden bis dahin konkurrierenden Unternehmen zu einem Unternehmen zusammen. Das kommt auch im vereinigten Logo zum Ausdruck.

5 Die Dreißigerjahre der modernen Arbeitswelt

Der Erfolg großer Unternehmen verleitete in den USA auch viele Normalbürger/innen zur Aktienspekulation an der Börse. Gleichzeitig wurden auch viele Kredite aufgenommen. Die überhitzte Nachfrage führte zu einem Wertverfall der Aktien und riss zuerst die amerikanischen Banken und dann auch die europäischen in den finanziellen Abgrund. Während in den USA Beschäftigungsprogramme die ärgste Not lindern konnten, führte die Massenarbeitslosigkeit in vielen europäischen Staaten zahlreiche Menschen in die Hände totalitärer Politiker.

Gesellschaft am Abgrund – die „Roaring Twenties"

Die zunehmende Motorisierung ermöglichte den finanzstarken Gesellschaftsschichten, in die Vororte der Wirtschaftsmetropolen abzuwandern. Beginnender **Massenkonsum** prägte Haushalt und Freizeit: Kühlschränke, Staubsauger, elektrisches Licht, Telefon und Radio veränderten den Haushalt der Mittelklassefamilien. Oftmals wurde dieser Wohlstand aber mit Ratenzahlungen erkauft, was sich am Ende der Zwanzigerjahre bitter rächen sollte. Zahlreiche Unterhaltungsmöglichkeiten – wie das aufstrebende Kino, Varietés mit weltbekannten Stars und Tanzveranstaltungen – brachten Abwechslung und ließen viele Menschen dieser ersten **Wohlstandsgesellschaft** den Blick für drohende Gefahren verlieren.

Den steigenden Alkoholkonsum in den Städten bekämpften vor allem die strenggläubigen protestantischen Farmer im Süden der USA. Durch ihr massives Lobbying wurden die Alkoholproduktion und der Alkoholkonsum unter Strafe gestellt **(Prohibition).** In der Folge kam es zum Aufschwung der organisierten Kriminalität in Gestalt der **Mafia.** Zugleich sammelten sich viele Gegner/innen der Einwanderung, Rassisten, Antisemiten und Fanatiker der Prohibition in der Organisation des **Ku-Klux-Klan.**

Verfassen Sie anhand der ersten Fotozeile einen kurzen Artikel über das gesellschaftliche Selbstverständnis der Frauen in den 1920er-Jahren. Beachten Sie dabei, mit welchen Klischees in den Bildern gebrochen wird.

Verfassen Sie auf Basis der zweiten Fotozeile eine Analyse des Zusammenhanges zwischen Prohibition und Kriminalität. Gehen Sie dabei auf die „Botschaften" der Fotos ein.

Der Zusammenbruch der Weltwirtschaft

Schwarzer Freitag nennen viele den legendären Börsencrash aus dem Jahr 1929. Aber eigentlich war es gar kein Freitag, sondern ein Donnerstag. Deshalb sprechen Amerikaner/innen auch vom „Black Thursday". Ursache für die unterschiedlichen Bezeichnungen ist die Zeitverschiebung. Am Donnerstag, dem 24. Oktober, brach Panik an der Wall Street aus (im Bild), die erst am Freitag in Europa um sich griff.

US-Automobilindustrie

Produktionszahlen von 1929	
Mai	63 600
Juni	56 700
Juli	51 800
August	51 300
September	43 000
Oktober	39 400
November	21 400
Dezember	16 000

US-amerikanische Sicht der Krise

Text 1
Wir haben gezeigt, dass unser System empfindlich genug reagiert, um jeder neuen und schwierigen Entwicklung in unserem wirtschaftlichen und gesellschaftlichen Leben zu begegnen. … Wir sind heute dem Ideal der Verbannung von Armut und Furcht näher gekommen als jemals zuvor in irgendeinem Land.

Herbert Hoover, 1928

Text 2
Wir haben ein unbegrenztes wirtschaftliches Feld vor uns, neue Bedürfnisse werden geweckt, die mit der gleichen Schnelligkeit, mit der sie befriedigt werden, unaufhörlich neue Bedürfnisse erzeugen. … Wir stehen offenbar erst am Anfang unserer Möglichkeiten.

Committee on Recent Economic Changes

Text 3
Wir haben die Produktion so rasch und erfolgreich vorwärts getrieben, dass wir vor dem Problem stehen, die produzierten Güter zu konsumieren. Wir sind genötigt, die Produktionsmaschinerie zu verlangsamen. Wir wagen nicht, ihre latenten Möglichkeiten zu entwickeln. Unser Fortschritt im Export war in jüngster Zeit groß, aber die Bedingungen der Welt setzen diesem Fortschritt Grenzen.

Generaldirektor von General Motors, 1929

Text 4
Gemessen an ihrer Dauerwirkung auf Handlungen und Haltungen, ist die Wirtschaftskrise neben dem Bürgerkrieg zweifellos eines der beiden wichtigsten Ereignisse der amerikanischen Geschichte seit der Revolution. Für die große Mehrzahl der Amerikaner war der Zweite Weltkrieg im Vergleich dazu fast ein beiläufiges und angenehmes Erlebnis.

John Kenneth Galbraith, Amerikanischer Wirtschaftswissenschafter, American Capitalism, 1952

Arbeitsaufgabe

- Kreuzen Sie für jede der oben angeführten Quellen an, ob sie die wirtschaftliche Situation der Zwanzigerjahre kritisch oder unkritisch beschreibt.

	kritisch	unkritisch		kritisch	unkritisch
Text 1			Text 3		
Text 2			Text 4		

„Das Antlitz der Nation"

1935 beauftragte die amerikanische Regierung im Rahmen ihrer New-Deal-Politik eine Anzahl von Fotografen mit der Dokumentation der schrecklichen Lebensverhältnisse in der „Dust Bowl" des Mittelwestens am Höhepunkt der Depression. Die Brutalität der Ergebnisse erschreckte Amerika. Von Walker Evans, der dieses Foto einer Familie in Alabama machte, hieß es in einem berühmten Ausspruch, er habe „das Antlitz der Nation auf euren Tisch gelegt."

Dust Bowl (deutsch Staubschüssel) wurden in den Zeit der Weltwirtschaftskrise in den USA und Kanada Teile der Großen Ebenen (Great Plains) genannt, die in den 1930er- Jahren von verheerenden Staubstürmen betroffen waren. Nach der Rodung des Präriegrases zur Urbarmachung für landwirtschaftliche Nutzung (hauptsächlich Weizenanbau) hatten jahrelange Dürren fatale Auswirkungen (Wikipedia).

Siehe dazu Kapitel Umweltgeschichte, S. 47 f.

Interpretieren Sie das Foto hinsichtlich seiner Botschaft.

Arbeitsaufgabe

- Ergänzen Sie den Lückentext mit den folgenden Begriffen:

Aktien ▪ dauerhaften ▪ Import ▪ Kaufkraftverlust ▪ Kredite ▪ Kursverfall ▪ Ratengeschäfte ▪ ▪ Rückzahlungen ▪ Überhitzung ▪ Überproduktion ▪ Verflechtungen ▪ Werbung ▪ Zollschranken ▪ Aktienkurse

Viele Amerikaner/innen hatten unter dem Einfluss geschickter __________ begonnen, einen erheblichen Teil ihres Einkommens in __________ anzulegen. Da sie meistens nicht genügend Geld besaßen, um wirklich gewinnversprechend spekulieren zu können, hatten sie __________ aufgenommen. Das wiederum heizte die Nachfrage derart an, dass die __________ weit über den tatsächlichen Wert und damit den Gewinn stiegen. Eine solche __________ musste fast zwangsläufig einen dramatischen __________ zur Folge haben. Damit wurden viele in bitterste Armut gestürzt, weil nun auch die Kredite fällig wurden. Schließlich fielen auch die Banken.

Die USA hatten begonnen, ihre Exportgüterproduktion mit strengen __________ vor der europäischen Konkurrenz zu schützen. Daraufhin drosselten die Europäer den __________ amerikanischer Waren drastisch. Diese Absatzkrise traf die US-Industrie, vor allem aber die US-Landwirtschaft, die seit Jahren von __________ geprägt war. Die Nachfrage nach __________ Konsumgütern war in den USA weitgehend gesättigt. Auch die mittleren und kleinen Einkommen waren kaum gewachsen. __________ kurbelten bei Massenproduktion zwar kurzfristig den Absatz an, aber der immer schnellere __________ stürzte auch die Industrie in arge Schwierigkeiten. Die internationalen __________ des Bankenwesens trugen viel dazu bei, dass die Krise rasch auf Europa übergriff. Nicht nur die Verlierer des Ersten Weltkrieges hatten diesem Flächenbrand nichts entgegenzusetzen. Auch die Siegermächte, die erst kurz zuvor ihre Volkswirtschaften stabilisiert hatten, konnten die Krise kaum verdauen. Schließlich waren ihre Volkswirtschaften noch mit den __________ für die amerikanischen Kredite des Ersten Weltkrieges belastet: Die Krise bildete den Nährboden für totalitäre Ideologien.

Konzepte gegen die Arbeitslosigkeit

Der auf den republikanischen Präsidenten Herbert Hoover folgende Demokrat **Franklin D. Roosevelt** startete ein **sozialpolitisches Programm,** das die Wirtschaft neu ordnen und die Produktion ankurbeln sollte.

Roosevelt verwendete für sein Aktionsprogramm das aus dem Kartenspiel übernommene wirkungsvolle Schlagwort **New Deal:** Die Karten sollten neu verteilt werden, viele Wirtschaftszweige wurden von Grund auf neu strukturiert. Der Staat sollte einen gesetzlichen Rahmen schaffen, innerhalb dessen sich die Wirtschaft so frei wie möglich entfalten konnte. Rückständige Regionen – wie das **Tennessee Valley** in North Carolina – wurden durch den Bau von unzähligen Staudämmen mit Energie versorgt und an den Lebensstandard anderer Regionen herangeführt. Man sprach von **Massenbeschäftigungsprogrammen.**

Massenbeschäftigungsprogramme waren auch die Antwort der immer zahlreicher werdenden autoritären Regierungen in Europa. Dazu zählten die **Bauvorhaben der ständestaatlichen Regierung in Österreich** (Großglockner-Hochalpenstraße, Wiener Höhenstraße) ebenso wie der Reichsautobahnbau des NS-Regimes.

Maßnahmen des New Deal

Soziale Sicherung	Landwirtschaft	Industrie	Banken/Börsen	Außenhandel/ Währung
Arbeitslosen- und Altersversicherung	Entwicklung rückständiger Gebiete	Gesetzliche Regelung des Wettbewerbs	Gesetzliche Überwachung der Börse	Abwertung des Dollars
Staatliche Darlehen für Hausbesitzer	Stundung landwirtschaftlicher Hypotheken	Preis- und Produktionskontrollen	Versicherung von Hypotheken	Abkehr vom Goldstandard
Einrichtung von freiwilligen Arbeitsstunden	Bewässerungsprojekte, Verbesserung des Bodens	Gewerkschaften als mitbestimmende Kraft im Wirtschaftsleben	Kontrolle aller monetären Transaktionen	Übergang zur Silberwährung
Hebung der Kaufkraft	Hebung der Preise für Agrarprodukte	Sicherung des Tarifrechts der Gewerkschaften	Garantie kleiner Bankguthaben	Ausweitung der Befugnisse des Präsidenten beim Zoll
Ausweitung der sozialen Einrichtungen	Verringung der Anbauflächen, Bekämpfung der Erosion	Ausbau von Industrie- und Kraftwerksanlagen	Anschluss der aktiven Banken an das Federal Reserve System	Mehr Kompetenzen des Präsidenten im Außenhandel

Die USA 1913–1945

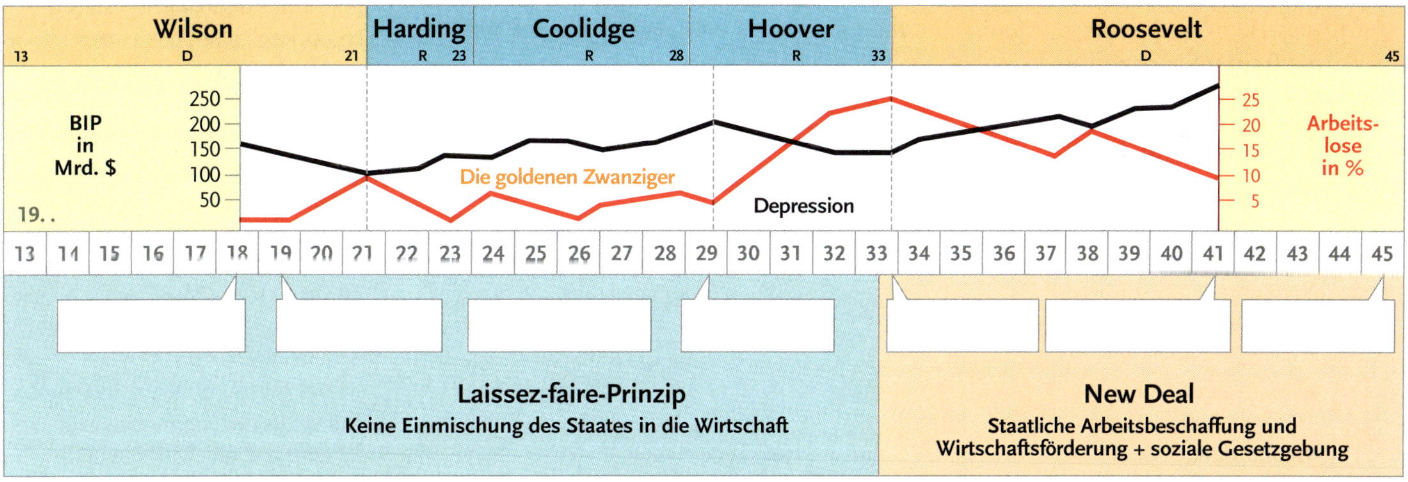

Arbeitsaufgaben

1. Setzen Sie in die Grafik „Die USA 1913–1945" die Buchstaben der nachfolgenden Begriffe in die leeren Kästchen ein:

   A Beginn der Prohibition ■ B Eintritt in den 2. Weltkrieg ■ C Ende der Prohibition ■ D Ende des 1. Weltkrieges ■ E Ende des 2. Weltkrieges ■ F Höhepunkt der Agrarkrise ■ G Black Thursday

2. Nennen Sie anhand der Tabelle „Maßnahmen des New Deal" vier Maßnahmen, mit denen der Staat direkt in den Markt eingegriffen hat.

3. **Beschäftigungsprogramm „Autobahn"!**

a) Bewerten Sie anhand der Fotos und Plakate die Signalwirkung solcher Großbauvorhaben für die Menschen.

b) Beurteilen Sie die Aussage jedes der oben abgebildeten Fotos und des Plakates. Tragen Sie dazu Ihre Überlegungen in die Tabelle ein.

Der erste Spatenstich 1933 durch Hitler	
Reichsautobahn mit zwei Autos	
Werbeplakat der Reichsbahnzentrale für den deutschen Reiseverkehr	
Bisherige Arbeitslose marschieren zum Autobahnbau	

c) Bewerten Sie – auch unter Verwendung des Textes in der Randspalte – die Beschäftigungsprogramme im nationalsozialistischen Deutschland im Vergleich zu jenen in den USA des New Deal. Beachten Sie dabei, wann die Arbeitslosigkeit in Deutschland wirklich sank.

Der Mythos Autobahn

Ohne Zweifel instrumentalisierte die NS-Propaganda das Thema bewusst. Die reinen Auto- und Fernverkehrsstraßen, die Verkehrs- und Industriezentren miteinander verbinden sollten, wurden als das „alleinige Werk des Führers" dargestellt. … In hunderttausendfacher Auflage wurden Plakate und Postkarten verbreitet. … Fast genauso wichtig wie das Motiv von Hitlers angeblicher Urheberschaft war eine zweite Botschaft der NS-Propaganda. Demnach sei vor allem dem beim Bau der Reichsautobahnen eingesetzten Reichsarbeitsdienst der schnelle Rückgang der Arbeitslosigkeit in Deutschland nach Hitlers Machtübernahme zu verdanken. Beide Behauptungen setzten sich im Bewusstsein von Millionen Deutschen fest und wirkten bis weit in die Nachkriegszeit. Dabei sind beide Motive schlicht unzutreffend. Die Autobahnen waren keineswegs eine Idee Hitlers. … Auf die Entwicklung der Arbeitslosigkeit hatte das Riesenprojekt kaum messbaren Einfluss. Nie mehr als 130 000 Arbeiter waren am Straßenbau beteiligt – die Arbeitslosigkeit in Deutschland aber hatte Ende 1932 mit sechs Millionen Beschäftigungslosen eine ganz andere Dimension. … Viel wichtiger als der Autobahnbau war dabei die beginnende Aufrüstung und die Verdrängung zuvor arbeitender Frauen aus der Arbeitswelt. Vollbeschäftigung erreichte das Dritte Reich dann bald nach Einführung der allgemeinen Wehrpflicht und der nochmaligen deutlichen Ausweitung der Rüstungsindustrie 1938. …

www.welt.de, 2. März 2012

6 Dynamische Arbeitswelt

Geht der Arbeitsgesellschaft die Arbeit aus? Mitnichten – aber Arbeit wird sich grundlegend ändern. Die Umwälzungen sind enorm und erzeugen viel Unsicherheit. Denn während die „alte Arbeit" schwindet, sind die Konturen der „neuen Arbeit" noch unklar. Wie wir in Zukunft arbeiten werden, ist zu einem grundlegenden Thema für Staat, Unternehmen und jeden Einzelnen geworden.

Ob Roboter, selbstfahrende Autos oder 3-D-Drucker: Technische Innovationen werden die Industrie revolutionieren und unsere Art zu leben, zu arbeiten und miteinander umzugehen grundlegend verändern.

Die Schnelligkeit, mit der derzeit Durchbrüche erzielt werden, wurde noch nie erreicht. Im Vergleich zu vorherigen industriellen Revolutionen, entwickelt sich die Vierte exponentiell und nicht in linearem Tempo. Sie wirbelt fast jeden Industriezweig in allen Ländern durcheinander.

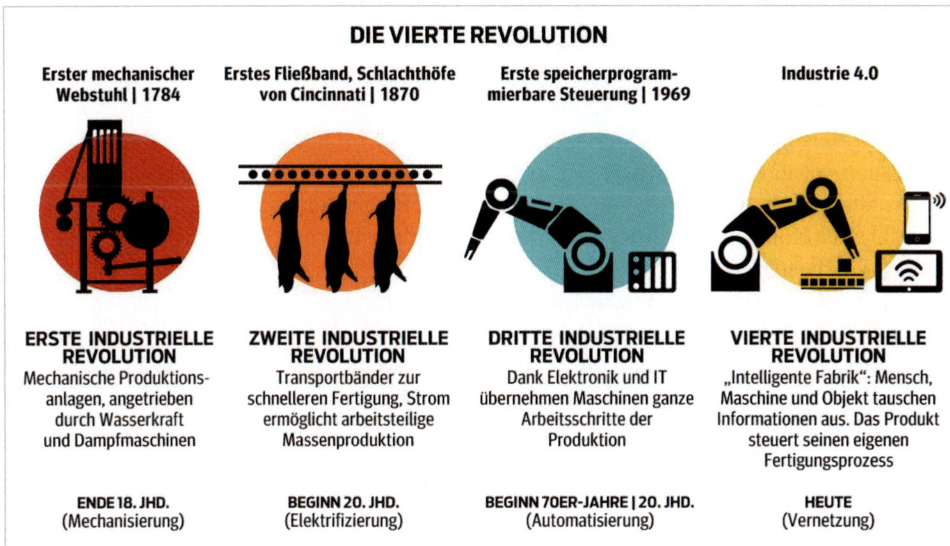

Arbeit 4.0

Intelligente Roboter in der Fabrik, smarte Technik im Büro: Die Digitalisierung verändert die Arbeitswelt in einem nie gekannten Tempo. Vieles, was heute noch von Menschen erledigt wird, übernehmen morgen Maschinen. Feste Arbeitsplätze und -zeiten verlieren an Bedeutung. Diese Entwicklung bietet neue Chancen, birgt aber auch Risiken. Und stellt Beschäftigte und Unternehmen vor ganz neue Herausforderungen: Wer mit dem rasanten Wandel Schritt halten will, muss sich ständig weiterentwickeln und auf geänderte Anforderungen reagieren.

Strukturwandel durch Digitalisierung
Grundlage und Antreiber dieser Entwicklung ist der technologische Fortschritt. Rechner sind in den letzten Jahren immer schneller und leistungsfähiger geworden, immer mehr Daten können gespeichert und für neue Geschäftsmodelle genutzt werden. Die Bandbreite der Datenübertragung hat sich vervielfacht. Mobile Geräte wie Tablets oder Smartphones machen es möglich, von überall auf Informationen zuzugreifen.

Durch die immer stärkere Vernetzung können künftig alle Akteure einer Wertschöpfungskette – vom Rohstofflieferanten über Zulieferer, Fabrik und Handel bis zum Endkunden – direkt miteinander verbunden sein.

Was bringt die Zukunft der Arbeitswelt? Wie sieht die künftige Arbeitskultur aus?

Beschreiben Sie, was Sie sich einmal von Ihrer Erwerbsarbeit erwarten.

Hinter dem Begriff „Industrie 4.0" verbirgt sich also eine Wirtschaftswelt, in der Menschen, Maschinen, Objekte und Softwaresysteme durch das Internet verbunden sind und sowohl miteinander als auch untereinander kommunizieren. Diese neuen Rahmenbedingungen eröffnen faszinierende Möglichkeiten. Sie bergen ein gewaltiges Effizienzpotenzial durch flexible, wandelbare und autonome Produktionsabläufe.

Siehe dazu S. 143 ff.

Lesen Sie den Zeitungstext. Schreiben Sie in Schlagworten die größten Veränderungen durch die 4. Industrielle Revolution auf.

Änderungen und/oder Herausforderungen für die Arbeitnehmer/innen:

Änderungen und/oder Herausforderungen für die Unternehmen/Industrie:

Prekariat

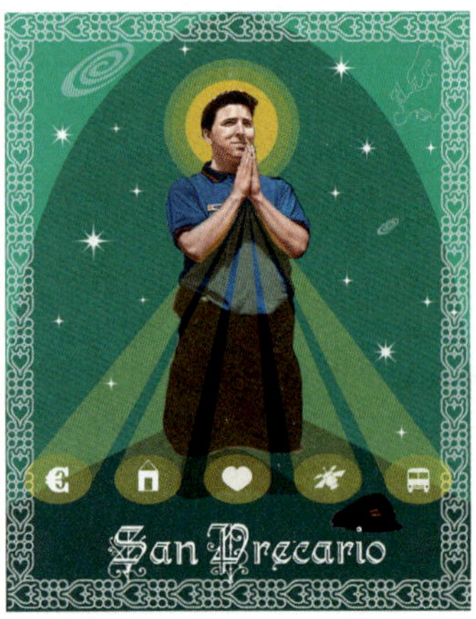

Als „Schutzheiliger" der Prekarisierten gilt der von italienischen Aktivistinnen erfundene **San Precario,** dessen Figur bei vielen Sozialprotesten in Europa mitgetragen wird.

Interpretieren Sie die Symbole San Precarios und schreiben Sie Ihre Deutung in die Tabelle.

Industrie 4.0
Kernelement der vierten, zurzeit laufenden industriellen Revolution ist eine Verknüpfung von Produkten und Prozessen über das Internet. Anders als früher werden jetzt nicht mehr nur Systeme innerhalb einer Produktionsstätte miteinander vernetzt, sondern entlang der gesamten Wertschöpfungskette. Vergleichbar mit sozialen Netzwerken tauschen intelligente Maschinen und Fertigungsteile untereinander und mit Menschen Informationen aus, um sich selbstständig zu organisieren und Abläufe und Termine zu koordinieren.

Kollege Roboter
Roboter gehören in vielen Branchen längst zum Alltag. In der Automobilindustrie beispielsweise lag der Automatisierungsgrad im Karosseriebau schon 2013 bei 98 Prozent. Doch mit der Arbeit 4.0 ändert sich das Verhältnis von Mensch und Maschine: Die moderne Generation von Robotern ist klein und wendig, sie reagiert auf ihre Umgebung und ist sogar lernfähig. Anders als früher müssen diese stählernen Kollegen nicht mehr hinter Gitter, sie arbeiten mit dem Menschen Hand in Hand. Das eröffnet ihnen neue Einsatzfelder und macht den Menschen an vielen Stellen überflüssig, etwa da, wo er ihm körperlich anstrengende oder monotone Arbeiten abnimmt. Der Mensch wird vom Arbeiter immer mehr zum Erfahrungsträger und Entscheider, der die Produktionsabläufe steuert und überwacht.

Flexibilisierung der Arbeitsabläufe
Nicht nur in der Fabrik ändert sich die Arbeit. Die Digitalisierung hat längst alle Branchen erreicht. Beispiel Büro: Durch die digitalen Kommunikations- und Informationstechnologien können Beschäftigte zu unterschiedlichen Zeiten und an unterschiedlichen Orten arbeiten, auch zusammen in einem Team oder an einem Projekt.

Arbeitszeiten und Arbeitsorte werden flexibler. Das kann es zum Beispiel für Eltern einfacher machen, Beruf und Familie miteinander zu vereinbaren. Es besteht aber auch die Gefahr, dass die Grenzen zwischen Beruf und Freizeit immer weiter verschwimmen und es aufgrund der ständigen Erreichbarkeit kaum noch Erholungs- und Ruhephasen gibt.

Lebenslanges Lernen
Kostet die Digitalisierung Arbeitsplätze – oder schafft sie neue? Das lässt sich heute noch nicht absehen. Experten gehen jedoch davon aus, dass es erhebliche Verschiebungen geben wird. Vor allem leichte Arbeiten werden wegfallen, während es in Bereichen, die eine höhere Qualifikation erfordern, einen steigenden Bedarf an Fachkräften geben wird. Das betrifft zum Beispiel die Programmierung oder die Überwachung von Maschinen.

Fest steht: Wer sich auf dem Arbeitsmarkt der Zukunft behaupten will, muss bereit sein, sich ständig weiterzuentwickeln und auf neue Anforderungen einzustellen. Arbeit 4.0 bedeutet lebenslanges Lernen – wenn es sein muss, bis ins hohe Alter: Weil die Arbeit körperlich weniger anstrengend ist und virtuelle Assistenzsysteme wie Datenbrillen geistige Arbeit unterstützen, können Menschen künftig länger im Berufsleben stehen als heute.

www.planet-wissen.de, 26. Oktober 2017

Die lebenslange Vollzeitbeschäftigung ist ausgestorben

Projekttätigkeit, zeitweilige Erwerbslosigkeit oder mehrere Jobs gleichzeitig werden für viele Menschen zur täglichen Wirklichkeit. Diese sogenannten **atypische,** auch als **prekär** bezeichnete **Beschäftigungsformen** sind oft gekennzeichnet durch ein niedriges und nicht kontinuierliches Einkommen, unkalkulierbare Beschäftigungsdauer, ungenügenden sozialen Schutz, mangelnden Zugang zu betrieblicher Mitbestimmung bzw. geringe Karrierechancen. Dazu zählen:

- **Teilzeitbeschäftigung**
- **Zeitarbeit** (Leiharbeit, Mitarbeiterüberlassung, Personalleasing)
- **Befristete oder geringfügige Beschäftigung (Mini-Jobs)**

- **Freier Dienstvertrag**
- Erzwungene **Scheinselbstständigkeit** durch Ausgliederung unselbstständig Beschäftigter, die aber weiterhin für das Unternehmen arbeiten

Abschied von der geregelten Arbeit

Den einen fixen Job, und das ein ganzes Leben lang – das gibt es immer seltener. Auf Österreichs Arbeitsmarkt vollzieht sich ein rasanter Wandel. Zwar spricht man immer noch vom „Normalarbeitsverhältnis", wenn jemand das ganze Jahr über vollzeitbeschäftigt ist. Das betrifft aber nur noch 51 Prozent aller unselbstständig Beschäftigten. Der Trend ist eindeutig. Woher kommt diese Zerbröselung der „normalen" Jobs?

Teilzeit: Erstmals arbeiteten im Vorjahr schon mehr Frauen Teilzeit als Vollzeit, sagt die Statistik. Die Teilzeitquote an der Gesamtbeschäftigung beträgt 29 Prozent. Sie ist damit die höchste in der EU nach den Niederlanden. „Teilzeit ist gut, wenn sie freiwillig ist", sagt IHS-Arbeitsmarktexperte Helmut Hofer. Er gibt zu bedenken, dass viele dieser Frauen vorher gar nicht erwerbstätig waren. Ein Zeichen, dass der Arbeitsmarkt immer flexibler wird, ist die steigende Zahl der geringfügig Beschäftigten. Geringfügigkeit ist sehr oft auch ein Nebenjob.

Job-Hopping: Ungefähr ein Drittel der Beschäftigten in Österreich war zuletzt nicht ganzjährig beschäftigt. Dabei kann eine saisonale Arbeit, ein Jobwechsel mit Auszeit oder eine Karenz der Grund für eine Unterbrechung sein. Oder Arbeitslosigkeit.

Einzelkämpfer: Firmengründung statt Festanstellung: 60 Prozent der Unternehmen in Österreich bestehen aus einer einzigen Person. Ein großer Teil hat nur einen Auftraggeber – der Verdacht der Scheinselbstständigkeit liegt nahe.

Ist die Entwicklung besorgniserregend? „Was ist die Alternative?", fragt Hofer. Für den Staat wären zwar viele Vollzeitstellen besser, aber nicht für eine produktive Wirtschaft. „Die Zahlen spiegeln den Wandel von der Industrie- zur Dienstleistungsökonomie wider", sagt WIFO-Experte Helmut Mahringer. In den neuen Jobs seien überdurchschnittlich viele Frauen in Teilzeit zu finden. Den Vormarsch der Atypischen sieht er differenziert. Gerade weil Österreich den Betrieben kaum Hürden für Kündigungen in den Weg legt, sind unbefristete Arbeitsverträge bei uns noch die Regel – in anderen Ländern Europas gibt es fast nur zeitlich befristete Jobs. Die Kehrseite: In instabilen Jobs wird weniger verdient.

Politisch stellt sich auch die Frage nach der künftigen Finanzierung des Sozialstaates, schließlich hängt ein Großteil der Einnahmen am Faktor Arbeit. Die steigende Beschäftigung sei an sich ein gutes Zeichen, meinen die Experten, und noch gäbe es ja auch genügend stabile Arbeitsverhältnisse. Die Digitalisierung beschleunigt jedoch die Verschiebung weg vom Angestelltenverhältnis hin zur atypischen Beschäftigung. Durch neue Arbeitsformen wie „Crowdworking" gerät auch der klassische, sozialrechtlich abgesicherte Arbeitnehmerbegriff ins Wanken. Mit Patchwork-Arbeit und Mini-Einkommen wird der Sozialstaat auf Dauer jedenfalls nicht finanzierbar sein.

www.kurier.at, 21. Dezember 2017 (gekürzt)

Mobil-flexibles Arbeiten
Sei es Home Office, gleitende Arbeitszeiten oder mobiles Arbeiten innerhalb oder außerhalb der Organisation: Mobile Geräte wie Laptops und Smartphones ermöglichen in Kombination mit Cloudlösungen und VPN-Verbindungen zeit- und ortsunabhängiges Arbeiten und damit vielen Erwerbstätigen zusätzliche Autonomie (Unabhängigkeit). Örtlich und zeitlich flexibles Arbeiten gehört denn auch zu den als überaus positiv erlebten Aspekten der Arbeitswelt 4.0.

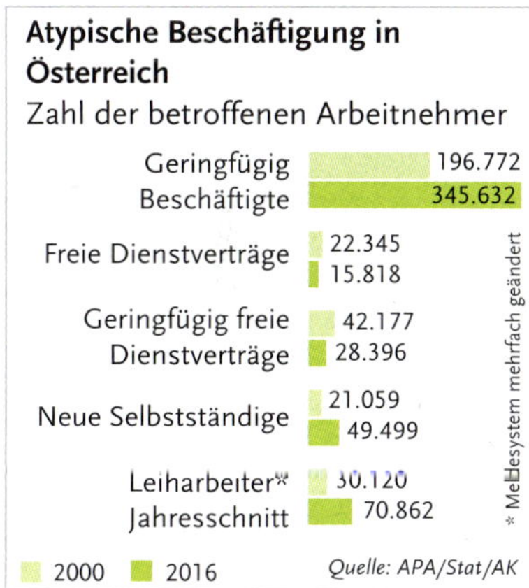

Arbeitsaufgabe

- Beschreiben Sie die wirtschaftspolitischen Herausforderungen, die der Abschied von der geregelten Arbeit mit sich bringt.

Die Arbeitswelt ist im Umbruch. Alte Berufsbilder verschwinden, neue entstehen. Wissenschaftliche Beobachter sprechen von einer **„Zeitenwende auf dem Arbeitsmarkt“.**

Digitalisierung – Auswirkungen am Jobmarkt
Prognose: Durch Digitalisierung mittelfristig (10–20 Jahre) gefährdete Arbeitsplätze in Österreich)

9 % rund 360.000 Jobs

Zukunfsperspektiven nach Berufen
Anteil der Arbeitsplätze, die mit hoher Wahrscheinlichkeit durch Automatisierung wegfallen könnten – in Prozent

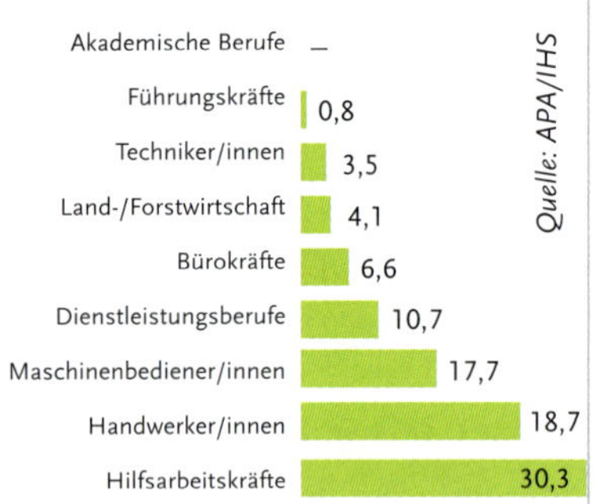

Der Arbeitsmarkt der Zukunft ist gespalten

- Während in einigen Branchen, Regionen und Berufen weiterhin das Angebot die Nachfrage nach Arbeitskräften übersteigen und sich die Arbeitslosigkeit sogar noch vergrößern wird, werden andere Arbeits-Teilmärkte wie leer gefegt sein.
- Die **Nachfrage** nach **Fachkräften** und gut ausgebildeten Personen wird zunehmen, während ungelernte Kräfte es schwerer haben werden, Arbeit zu finden.
- Die **Wissensgesellschaft** stellt neue Anforderungen an Arbeitskräfte. Denk- und Koordinationsarbeit nimmt zu, Wissensarbeit verdrängt die Handarbeit.
- Durch Automatisierung werden viele manuelle Tätigkeiten unnötig. Dies führt zu **veränderten Berufs- und Anforderungsprofilen.** Um bei dieser Entwicklung nicht auf der Strecke zu bleiben, müssen Menschen anpassungsfähig bleiben. Das bedeutet auch, dass das Lernen, das Erwerben neuer Kenntnisse und Fertigkeiten nie endet.

Jeder elfte Job

Rund 360 000 Jobs sind in Österreich mittelfristig durch die fortschreitende Digitalisierung in Gefahr. Das sind neun Prozent. Zu diesem Ergebnis kommt eine Studie des Instituts für Höhere Studien (IHS) im Auftrag des Sozialministeriums. „Die Effekte sind weniger dramatisch als bisher dargestellt. Aber die Studie ist keine Entwarnung“, sagte IHS-Chef Martin Kocher am Mittwoch vor Journalisten.

Am stärkstem vom technologischen Wandel betroffen sind einfache, schlecht ausgebildete Hilfskräfte, aber auch Handwerker und Beschäftigte in Dienstleistungsberufen, so die Studie.

Rund zwei Drittel der gefährdeten Berufe betreffen Tätigkeiten, für die man höchstens einen Pflichtschulabschluss benötigt. Aber auch Jobs im Handel, in der Fertigung und Installateure geraten langfristig unter Druck. Genauer: Rund 30 Prozent der Hilfsarbeitskräfte-Jobs, 19 Prozent der Handwerker, 18 Prozent der Maschinenbediener und 11 Prozent der Dienstleistungsberufe könnten in Zukunft durch Maschinen oder Programme ersetzt werden.

Akademische Tätigkeiten sind laut den Studienautoren Kocher und Gerlinde Titelbach hingegen kaum bis gar nicht durch die Digitalisierung gefährdet. Die IHS-Erhebung zeigt, dass intellektuelle, akademische und analytische Tätigkeiten kaum bis gar nicht maschinell ersetzbar sind. „Das bedeutet nicht, dass sich die Tätigkeiten nicht ändern“, meint Titelbach.

Dem Ergebnis widersprechen aber andere Studien und die Erfahrungen der vergangenen Jahre, etwa in der Bankenbranche. Dort ist die Beschäftigung laut dem Arbeitsmarktservice zwischen 2008 und 2014 um 4,8 Prozent gesunken, während sie insgesamt gestiegen ist. Das Wirtschaftsforschungsinstitut rechnet außerdem damit, dass in den kommenden Jahren weitere 25 000 Bankenjobs wegbrechen werden.

So oder so, die fortschreitende Automatisierung stellt den Arbeitsmarkt und die Politik vor enorme Herausforderungen. Schon jetzt hat die Hälfte der als jobsuchend Gemeldeten höchstens einen Pflichtschulabschluss. „Wir haben zwei Problemgruppen: die niedrig Qualifizierten und die älteren Arbeitslosen“, so Kocher. Er rät, stärker in Weiterbildungsmaßnahmen zu investieren und in der Schule mehr digitale Kompetenzen zu vermitteln.

Marina Delcheva, Wiener Zeitung, 12. April 2017

Neue gesellschaftliche Konzepte sind gefragt, wenn Maschinen und Computer zunehmend menschliche Arbeit ersetzen.

Während der bisherigen industriellen Revolutionen wurden immer innerhalb kurzer Zeit die wegfallenden Arbeitsplätze durch neue, höher oder anders qualifizierte Tätigkeiten ersetzt. Auch die digitale Transformation wird viele neue Arbeitsfelder schaffen. Die Geschwindigkeit und der Umfang der Umwälzungen machen aber neue gesellschaftliche Konzepte erforderlich.

Die Effizienzsteigerung eines Unternehmens durch Digitalisierung bedeutet nicht nur den Verlust von Arbeitsplätzen, sie ist auch alternativlos, will dieses Unternehmen überleben. Wer aber soll die Produkte der hoch effizienten Unternehmen kaufen, wenn die bezahlten Jobs immer weniger werden? E-Commerce wird Zehntausende Verkäufer/innen den Job ebenso kosten wie selbstfahrende Lkw und Autos Zigtausende Berufskraftfahrer/innen in Österreich einmal arbeitslos machen werden.

Arbeitsaufgaben

1. Wählen Sie drei Berufe aus der Grafik „Digitalisierung – Auswirkungen am Jobmarkt" aus und versuchen Sie eine Erklärung zu geben, warum diese durch Automatisierung wegfallen könnten.

2. Vor- und Nachteile von atypischen Beschäftigungsverhältnissen: Ordnen Sie jeweils mit einem „+" oder „–" zu: (AG = Arbeitgeber; AN = Arbeitnehmer)

	AG	AN
Bessere Vereinbarkeit von Familie und Beruf		
Flexibilität bei der Arbeit		
Möglichkeit, von zu Hause aus zu arbeiten		
Keine Sonderzahlungen		
Schlechtere Fortbildungschancen		
Geringerer Lohn		
Kurzfristige Anpassung der Beschäftigung an Bedarfslage möglich		
Niedrige Motivation der AN		
Sprungbrett in eine dauerhafte Beschäftigung		
Hohe Fluktuation (Wechsel von AN)		
Deckung von tageszeitlichen oder saisonalen Bedarfslücken (z. B. Samstagsbedarf im Einzelhandel)		
Keine Versicherungszeiten für die Pension		
Keine Aufstiegschancen		
Leichterer Wiedereinstieg in das Berufsleben		

3. Nennen Sie je zwei Vor- und Nachteile mobil-flexiblen Arbeitens für Arbeitnehmer/innen.

4. Diskutieren Sie in der Klasse die folgenden Aussagen:

a) Durch die zunehmende Digitalisierung wird ein vernetztes Arbeiten und Denken immer wichtiger.

b) Die Work-Life-Balance, also das Gleichgewicht zwischen Arbeiten und Privatleben, ist durch die zunehmende Digitalisierung größer.

Ziele erreicht? – „Industrialisierung und veränderte Arbeitswelten"

KOMPETENZ-ERWERB

Die Zukunft der Arbeit

Das „zweite Maschinenzeitalter" stellt alte Gewissheiten infrage: Wir müssen neu über Broterwerb, Lebenssinn und Gesellschaftsvertrag nachdenken

Das Alte ist überkommen, das Neue erst zu erahnen. Unsere Zeiten sind Wendezeiten. Das spüren die Menschen.
Arbeit aber droht Mangelware zu werden in unseren Tagen. Das „zweite Maschinenzeitalter", die Automatisierung und Digitalisierung, hat bereits Einzug in weite Teile der Industrie und des Dienstleistungssektors gehalten. Dadurch, schätzte der chinesische Internet-Tycoon Jack Ma unlängst, würden in den kommenden 30 Jahren weltweit 800 Millionen Jobs verloren gehen. Wie viele auch immer es sein werden, was bedeutet das für unsere Gesellschaften und für die Menschen?

Als die verbesserte Konstruktion der Dampfmaschine Ende des 18. Jahrhunderts die industrielle Revolution richtig in Fahrt brachte, stürmten britische Ludditen in Nottingham Maschinen und verarmte schlesische Weber die Villen ihrer Fabrikanten. Heute überlegen Silicon-Valley-Größen wie Paypal-Gründer Peter Thiel oder Wirtschaftskapitäne wie Deutsche-Telekom-Chef Tim Höttges die Einführung eines Grundeinkommens für alle.
Es ist ein Versuch, die (steigende) Wertschöpfung nach anderen Maßstäben zu verteilen als durch Erwerbsarbeit. Und es ist gleichzeitig ein, wie es im Umfeld der Tech-Ökonomie oft heißt, „disruptiver" Gedanke vor allem für unseren althergebrachten Gesellschaftsvertrag, in dem Arbeit ein Synonym für Teilhabe, ja Lebenssinn ist.

Für die meisten Menschen ist Arbeit nicht nur Broterwerb. Haben sie keine, ist für viele Feierabend. Und zwar durchaus nicht im Wortsinn. Für die USA gibt es Kalkulationen, dass die Gesellschaft dort einen Anteil von bis zu 30 Prozent arbeitsloser Bürger vertragen würde, die mit Lebensmittelmarken, Computerspielen und Fernsehen bei Laune gehalten werden könnten. Werde dieser Wert überschritten, dann steige die Wahrscheinlichkeit für Aufruhr und Revolutionen.

Für Europa klingen solche Szenarien ungeheuerlich. Unsere Staaten, Politiker, Gewerkschaften, Unternehmer – und jeder Einzelne von uns – müssen Arbeit in Zeiten der Digitalisierung neu denken, neu definieren. Die Trennlinie zwischen Utopie und Dystopie ist in dieser Frage äußerst dünn. Über die Richtung der Entwicklung nachzudenken machte also gleich in mehrfacher Hinsicht (Lebens-)Sinn.

Christoph Prantner in: www.derStandard.at, 28. April 2018 (gekürzt)

1. Lesen Sie den Zeitungstext und diskutieren Sie, ob sich durch den Wandel der Arbeitswelt mehr Chancen oder mehr Herausforderungen für Ihr künftiges Berufsleben ergeben.
2. Charakterisieren Sie die Arbeitswelt 4.0 in Abgrenzung zu früheren Arbeitswelten.
3. Diskutieren Sie die folgenden Aussagen zur Flexibilisierung der Arbeitszeit.

„Die Arbeitszeiten sollen einfach flexibler verteilt werden können, wenn Arbeitgeber und Arbeitnehmer/in dies wollen."

„Starre gesetzliche oder tarifliche Vorgaben und Regelungen entsprechen längst nicht mehr der betrieblichen und persönlichen Lebenswirklichkeit."

„Wichtig ist, dass Flexibilität nicht länger auf Kosten der Gesundheit der Beschäftigten geht."

Umweltgeschichte

KOMPETENZ-ERWERB

Meine Ziele

Nach der Bearbeitung dieses Kapitels kann ich

- die Ursachen und Auswirkungen menschlicher Eingriffe in die Natur anhand von Bildern und Texten analysieren;
- die Situation von Menschen, die Opfer von anthropogenen (durch den Menschen beeinflussten) Naturkatastrophen wurden, anhand von Bildern und Texten rekonstruieren;
- das Handeln/Nichthandeln von politischen Entscheidungsträgerinnen und -trägern im Zusammenhang mit der Umweltwirksamkeit von ökonomischen Veränderungen bewerten.

1 Umweltgeschichte

Umweltforschung als historische Arbeitsdisziplin ist eine der Nebenwirkungen oder eines der Spin-offs (Ableger) der Umweltbewegung der 1970er- und 1980er-Jahre. Die Zusammenschau von Geschichte und Umwelt ist allerdings schon seit dem 19. Jahrhundert ein Traum von Historikerinnen und Historikern. Die Denkansätze waren jedoch andere als jene, die seit den Achtzigerjahren des 20. Jahrhunderts die Forschung antreiben.

Eine Synthese von Geschichte und Natur vollzog sich schon seit der Antike am meisten auf der Linie des geografischen und klimatischen Determinismus: Das Wesen der Völker wächst aus ihrer Landschaft mitsamt ihrem Wind und Wetter. ... Die Natur tritt ... vorwiegend am Ursprung der Kulturen in Erscheinung; der Niedergang ist im Kern eine innerkulturelle Angelegenheit. Er manifestiert sich als Ende des Wachstums und als Verlust der Herrschaft über die Natur; die andere Idee, Wachstum und Naturbeherrschung selbst könnten einer Kultur zum Verhängnis werden, liegt noch fern.

Joachim Radkau, Natur und Macht. Eine Weltgeschichte der Umwelt, 2000

Moderne Umwelthistoriker/innen haben eine andere Sichtweise als Joachim Radkau. Im Mittelpunkt ihrer Forschungen stehen:

- die zu verschiedenen Zeiten entstandenen gesellschaftlichen Vorstellungen von Natur,
- die Entwicklung des Wissens über Natur und Naturprozesse,
- die gesellschaftlichen Regelungen zum Umgang mit Natur (Umweltpolitik und Umweltrecht),
- die Veränderungen der Wirtschafts- und Lebensweisen der Menschen,
- die Rückkopplungseffekte zwischen Mensch und Umwelt.

Arbeitsaufgaben

1. Beschreiben Sie in vier Sätzen, was in dem Comic „B. C." (deutsch: „Neander aus dem Tal") von Johnny Hart dargestellt wird. Worin besteht der Anachronismus (falsche zeitliche Einordnung) des Comics?
2. Analysieren Sie, welche Haltungen zur globalen Erwärmung hier den Menschen zugeschrieben werden. Formulieren Sie Ihre Analyse in Form von drei Thesen.
3. Interpretieren Sie (vor allem) das letzte Panel hinsichtlich der Richtigkeit seiner Aussage im Zusammenhang mit der globalen Erwärmung. Hinterlegen Sie Ihre Interpretation mit Fakten.

Umweltgeschichte ist kein eindimensionaler Forschungsbereich, sondern ein umfassendes Forschungsfeld, zu dem auch die Soziologie, die Psychologie, die Philosophie, die Geografie, die Ökologie, die Rechtswissenschaft und verschiedene Bereiche der Technik beitragen. Wie eng die Zusammenhänge in einem geschlossenen System, wie es unsere Erde ist, sind, soll an einigen Beispielen gezeigt werden.

2 Monokultur und King Cotton

Ab dem ausgehenden 18. Jahrhundert wurde durch die zunehmende Landnahme in den neu entstandenen USA rücksichtloser (weil unverstandener) Raubbau an Wald, Wild und Boden betrieben.

Das Überangebot an Land und Ressourcen ließ die Kolonisten jeglichen „bäuerlichen Hausverstand", den sie eigentlich aus ihren europäischen Herkunftsgebieten mitgebracht hatten, vergessen. Sie ließen das Vieh in den Wäldern weiden und misten, ohne durch das Sammeln des Mists einerseits Dünger für die Felder zu gewinnen und andererseits eine Nitratüberdüngung des Waldbodens zu verhindern. Sie begannen sogar, in den verschiedenen Regionen Nutzpflanzen – wie Mais, der bald als „great exhauster" bezeichnet wurde, Tabak oder als neue Folgepflanze Baumwolle im Süden – monokulturell anzubauen.

Dieses Verhalten wurde schon von Zeitgenossen wie Benjamin Franklin oder George Washington mit Sätzen wie „Wir ruinieren das Land, sobald wir es urbar gemacht haben, und schlagen noch mehr Wälder, solange wir welche haben, oder ziehen nach Westen weiter" kritisiert. Dieses unbekümmerte, naiv-gierige Verhalten hatte im 19. Jahrhundert – vor allem im Süden – auch weitreichende politische Folgen.

Wenn „King Cotton" im 19. Jahrhundert die militante Einheit der Südstaaten schuf, dann nicht nur durch seine Dominanz, sondern auch durch seine ökologische Labilität: Wegen der fortschreitenden Bodenerschöpfung, die sich durch wachsende Monokultur verschlimmerte, war es aus der Sicht der Südstaaten eine Lebensfrage, der Baumwolle mitsamt der Sklaverei den Weg in den Westen offen zu halten. Darüber entstand der Bürgerkrieg.

Joachim Radkau, Natur und Macht. Eine Weltgeschichte der Umwelt, 2000

Arbeitsaufgabe

- Erklären Sie anhand des Bildes die Bedeutung des Mississippi für den Baumwollhandel.

King Cotton und die Ausbeutung des Bodens

Diese Bauwollpflückmaschine erledigte die Arbeit von 15 Pflückern und Pflückerinnen.

Hurry inside and see what happens! What a dreadful noise, like that chugging, clattering threshing machine in the wheat field. The air is full of whirling wheels and flying belts, and a snow storm of cotton flakes. Everything is covered with the fleecy stuff. You are white in a minute. Cotton lint lies in big, soft drifts. It has been torn from the seeds by the rows and rows of little steel fingers on the ginning rolls that turn over and over. Brushes sweep the cotton from the teeth. The seeds have been dropped into tanks below.

http://chestofbooks.com

Analysieren Sie anhand des Fotos und des Textes die Bedeutung der Mechanisierung der Baumwollernte. Beurteilen Sie die Auswirkungen der Mechanisierung auf das Ökogefüge im Süden sowie die globale Marktsituation.

Der Chisholm Trail

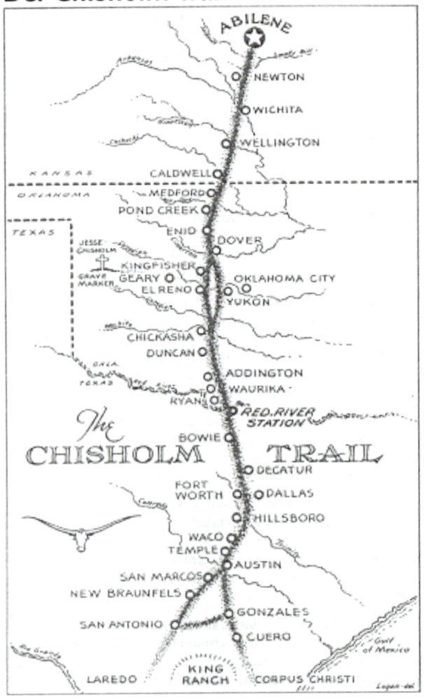

Die ab 1867 in Verwendung stehende Viehtrieb-Route hatte – ausgehend von Texas – den Kopfbahnhof der Kansas Pacific Railway in Abilene zum Ziel. Wegen des von 1861 bis 1865 tobenden Bürgerkrieges konnten die texanischen Rinderzüchter ihre Rinder nicht an die Abnehmer im Norden verkaufen. Die Herden wuchsen stark an, und die Preise verfielen – in Texas brachte ein Rind 9 US-Dollar, im Nordosten jedoch 40 US-Dollar. Die in Abilene von John McCoy errichteten Viehhöfe (Stockyards) animierten texanische Rancher zu einem über Hunderte Kilometer führenden Viehtrieb. Auf diesem Trail gelangten 5 Millionen texanische Rinder nach Abilene, das sich zum größten Umschlagplatz für Vieh entwickelte. Von hier aus transportierte die Bahn die Viehherden zu den Schlachthöfen des Nordens und Ostens. Erst mit dem Bau der Missouri-Kansas-Texas Railroad 1885 verlor der Chisholm Trail an Bedeutung.

Überweidung in den Great Plains

Die Überschreitung der Appalachen und des Mississippi führte die Siedler/innen in die ökologisch labile Steppe der **Great Plains.** Hier waren es vor allem die Rancher, die mit riesigen Viehherden den ökologischen GAU provozierten. Bereits 20 Jahre nach der Landnahme in den Great Plains – um 1880 – hatten die Cowboys mit ihren Herden den Boden überweidet. Der Gedanke an Nachhaltigkeit kam ihnen in keiner Phase der Expansion. Einige kalte Winter reduzierten die Herden auf ein Minimum, da die entkräfteten Tiere nicht mehr genug Nahrung vorfanden, um sich mit einer Speckschicht gegen die Schneestürme zu schützen.

Die „Dust Bowl" der Dreißiger

Das noch größere Drama begann 1934 als eine Folge der viel zu intensiven Bearbeitung des Bodens und der Ausdehnung der Anbauflächen für Weizen in ökologisch labile Zonen des amerikanisch-kanadischen Mittelwestens. Die Böden, denen wegen der Rodung des Präriegrases die Sedimentfallen fehlten, zeigten rasch tiefe Erosionsspuren und verwandelten sich auch aufgrund klimatisch bedingter Regenausfälle in Staub. Staubstürme (Black Storms) prägten bis 1938 vor allem in Oklahoma/USA und Saskatchewan/Kanada das Leben der Menschen, die zur Abwanderung gezwungen waren. Als **Harvest Gipsies** (Wanderarbeiter/innen) traten die **Exodusters** oder **Okies** (nach dem Hauptherkunftsgebiet Oklahoma) auf ihrem Zug nach Westen – vor allem nach Kalifornien – in Konkurrenz mit anderen Wanderarbeitern. Dies engte den Verdienstspielraum noch mehr ein und machte diese Familien zum Spielball großer Erntebetriebe.

Die Ära der **Dust Bowl** prägte als ökologisches Trauma das amerikanische Umweltbewusstsein und veranlasste die US-Regierung, den Soil Conservation Service (heute: **Natural Resources Conservation Service)** ins Leben zu rufen.

Verlassene Farm in South Dakota 1936

Die Dust Bowl und ihre Opfer
Der Fahrer saß auf seinem eisernen Sitz und war stolz auf die geraden Linien, die er nicht geschaffen hatte, stolz auf den Traktor, den er weder besaß noch liebte, stolz auf die Kraft, die er nicht kontrollieren konnte. Und wenn die Frucht wuchs und die Ernte eingebracht wurde, so hatte kein Mensch einen heißen Klumpen in seinen Fingern zerkrümelt und sich langsam Erde durch die Finger rieseln lassen. Kein Mensch hatte den Samen berührt, keiner sein Wachstum ersehnt. Und Menschen aßen, was sie nicht selbst gezogen hatten, und nichts verband sie mit ihrem Brot. Das Land wurde trächtig unter Eisen, und unter Eisen starb es allmählich, denn es wurde weder geliebt noch gehasst. Es gibt Verbrechen hier, die nicht zu schildern sind. Es gibt hier Leid, das Tränen selbst nicht sprechen lassen können. Es gibt hier Misserfolg, der all unsere Bemühungen zunichte macht. Die fruchtbare Erde, die geraden Baumreihen, die starken Stämme und die reife Frucht. Und Kinder müssen sterben, weil die Orange ihren Profit nicht verlieren darf. Und die Leichenbeschauer müssen in den Totenschein schreiben: „Starb an Unterernährung", weil Nahrungsmittel verfaulen müssen. ...

Die Leute kommen mit Netzen, um die Kartoffeln aus dem Fluss zu fischen, aber die Wächter verbieten es ihnen. Sie kommen in ratternden Wagen, um sich Orangen zu holen, aber die Orangen sind mit Petroleum bespritzt. Und sie stehen still und sehen zu, wie die Kartoffeln vorbeischwimmen, hören die Schweine schreien, die in einem Graben geschlachtet und mit Ätzkalk bedeckt werden, sehen die Orangenberge zu einem Fäulnisbrei zusammensinken, und in den Augen der Hungernden steht ein wachsender Zorn. In den Herzen der Menschen wachsen die Früchte des Zorns und werden schwer, schwer und reif zur Ernte.

John Steinbeck, Früchte des Zorns, 1939

Ich sah und näherte mich einer hungrigen und hoffnungslosen Mutter, wie angezogen durch einen Magneten. Ich erinnere mich nicht mehr, wie ich ihr meine Anwesenheit oder meine Kamera erklärte, aber ich erinnere mich, dass sie mir keine Fragen stellte. Ich machte fünf Belichtungen, näher und näher aus der gleichen Richtung. Ich fragte sie nicht nach ihrem Namen oder nach ihrer Geschichte. Sie erklärte mir, dass ihr Alter 32 Jahre war. Sie sagte, dass sie von gefrorenem Gemüse von den umliegenden Feldern gelebt hätten und von Vögeln, die die Kinder getötet hatten. Sie hatte gerade die Reifen ihres Autos verkauft, um Nahrung zu kaufen. Sie saß dort, angelehnt an das Zelt, mit ihren kauernden Kindern um sie herum, und sie schien zu wissen, dass meine Fotos ihr helfen könnten, und so half sie mir. Da war eine Art der Gleichheit in der Sache.

Dorothea Lange in einem Interview, 1960

Dust Bowl Refugee

I'm a dust bowl refugee,
Just a dust bowl refugee,
From that dust bowl to the peach bowl,
Now that peach fuzz is a-killin' me.

'Cross the mountains to the sea,
Come the wife and kids and me.
It's a hot old dusty highway
For a dust bowl refugee.

Hard, it's always been that way,
Here today and on our way
Down that mountain, 'cross the desert,
Just a dust bowl refugee.

We are ramblers, so they say,
We are only here today,
Then we travel with the seasons,
We're the dust bowl refugees.
From the south land and the drought land,
Come the wife and kids and me,
And this old world is a hard world
For a dust bowl refugee.

Yes, we ramble and we roam
And the highway that's our home,
It's a never-ending highway
For a dust bowl refugee.

Yes, we wander and we work
In your crops and in your fruit,
Like the whirlwinds on the desert
That's the dust bowl refugees.

I'm a dust bowl refugee,
I'm a dust bowl refugee,
And I wonder will I always
Be a dust bowl refugee

Woody Guthrie, 1940*

Arbeitsaufgaben

1. Erstellen Sie anhand der Beispiele aus den USA ein Ursache-Wirkungs-Diagramm für die Umweltwirksamkeit menschlichen Handels.
2. Rekonstruieren Sie anhand des Textes von John Steinbeck die ökonomische und soziale Situation der zu Wanderarbeitern und Wanderarbeiterinnen gewordenen „Exodusters".
3. Formulieren Sie unter Verwendung des Fotos „Migrant Mother" und des Liedtextes von Woody Guthrie einen inneren Monolog oder einen Tagebucheintrag einer Wanderarbeiterin oder eines Wanderarbeiters.

„Migrant Mother"

Dorothea Lange dokumentierte das Elend der Wanderarbeiter/innen für die Farm Security Administration. Dieses wohl berühmteste Foto besaß enorme Ausdruckskraft und wurde am Tag nach der Aufnahme in der „San Francisco News" abgedruckt. Einen weiteren Tag später trafen Lebensmittellieferungen in dem Wanderarbeiterlager ein. Die von Lange abgebildete Frau hieß Florence Owens und beschwerte sich später darüber, dass Lange ihr Versprechen, das Bild nicht zu veröffentlichen, gebrochen hatte und damit reich geworden war. Für Lange war ihr Bedürfnis, den Betroffenen zu helfen, Rechtfertigung für den Vertrauensbruch.

* Der von seinen Eltern nach dem US-Präsidenten Woodrow Wilson benannte Guthrie war US-Singer-Songwriter und wurde mit seinen „Dust Bowl Ballads" berühmt. Seine Texte waren äußerst gesellschaftskritisch und äußeres Zeichen seines politischen Engagements.

3 Das 1950er-Syndrom

Die Fünfzigerjahre des 20. Jahrhunderts markierten einen Einschnitt in der Mensch-Umwelt-Beziehung. In einer Publikation der Akademischen Kommission der Universität Bern wurde dieser dramatische Paradigmenwechsel als 1950er-Syndrom bezeichnet.

Die kennzeichnenden Faktoren des Wandels waren die **rasant zunehmende Mobilität** und der **verschwenderische Umgang mit Ressourcen.** Die Forschungen John McNeills ergaben, dass menschliches Handeln im 20. Jahrhundert schwerwiegende Veränderungen zur Folge hatte.

Untersuchungsfaktor	x-fache Veränderung	Untersuchungsfaktor	x-fache Veränderung
Weltbevölkerung	4	Weltwirtschaft	14
Rinder	4	Energieverbrauch	16
Schweine	9	CO_2-Emission	17
Wasserverbrauch	9	Industrieoutput	40
Bevölkerung in Städten	13	Finnwale	0,97

Um diese Veränderungen verstehen und erklären zu können, entwickelten die Schweizer Historiker/innen der Universität Bern die **umwelthistorische Periodisierung:**

Kenngröße	Industriegesellschaft (ca. 1850–1950/60)	Konsumgesellschaft (seit 1950/60)
Aufbau der Gesellschaft	▪ hierarchisch ▪ geschichtet	▪ verinselt ▪ in Lebensstilgruppen
Zentrale Werte	▪ Pflichterfüllung ▪ Sparsamkeit ▪ Arbeit	▪ Selbstverwirklichung ▪ Genuss ▪ Konsum
Schlüsselenergieträger	Kohle	Erdöl und Erdgas
Relative Energiepreise	mit Lebenskosten steigend	langfristig sinkend
Hauptverkehrsmittel	▪ Eisenbahn ▪ Fahrrad	▪ Auto ▪ Flugzeug
Siedlungsentwicklung	▪ verdichtet ▪ in Städten/Agglomerationen	▪ flächenhaft ▪ im Einzugsgebiet von Autobahnen
Einkauf	▪ dezentral ▪ in Quartierläden ▪ auf lokalen Märkten	▪ zentral ▪ im Supermarkt
Mobilität	▪ kleinräumig ▪ regional ▪ gering	▪ weiträumig ▪ interkontinental ▪ hoch
Landwirtschaft	▪ arbeitsintensiv ▪ naturnah	▪ rationalisiert ▪ maschinisiert ▪ chemisiert

Die Essener Lichtwochen
Am 3. Dezember 1950 starteten die Essener Einzelhändler eine Initiative, die mittlerweile Tradition ist und seit 1995 jedes Jahr unter einem festgelegten Motto steht. Der Erfolg der ersten Lichtwochen in der Vorweihnachtszeit gab den Initiatoren recht. Die Kundinnen und Kunden, die im beginnenden deutschen Wirtschaftswunder die – im wahrsten Sinne des Wortes – dunklen Kriegszeiten vergessen wollten, stürmten die durch Lichtgirlanden, Glocken und Sterne sowie Leuchtreklamen lichterfüllte Innenstadt von Essen. Zu den Stoßzeiten wurden die Haupteinkaufsstraßen zu Fußgängerzonen mit Einbahnregelung umgewandelt, um die kaufwilligen Menschenmassen leiten zu können. Die öffentlichen Verkehrsmittel boten Sonderfahrten an. Energiewirtschaftliche Bedenken gab es keine, da die Wirtschaftswunder-Euphorie kaum kritische Überlegungen zuließ.

Familie bei den Essener Lichtwochen

Erläutern Sie anhand des Fotos und eines Vergleichs mit Wien die Werbeeffekte einer Weihnachtsbeleuchtung von Innenstädten.

Umweltverhalten	▪ ressourcenschonend ▪ Reparatur- und Recyclingmentalität	▪ umweltbelastend ▪ bei wachsendem Umweltbewusstsein
Umweltprobleme	▪ in Verdichtungsräumen ▪ vorwiegend reversibel	▪ großräumig-global ▪ zum Teil irreversibel

Christian Pfister (Hg.), Das 1950er Syndrom. Der Weg in die Konsumgesellschaft, 1994, S. 26

Arbeitsaufgaben

1. Analysieren Sie die Wechselwirkungen zwischen Gesellschaft und Umwelt anhand der Tabelle.
2. Setzen Sie die Tabelle mit einer Spalte „Postmoderne Freizeitgesellschaft" (ab 1990) fort und füllen Sie die Zellen mit den Ihrer Meinung nach zutreffenden Ergänzungen.

Neue Erkenntnisse

In den Neunzigerjahren des 20. Jahrhunderts setzte sich in der historischen Forschung die Erkenntnis durch, dass man historische und gegenwärtige Entwicklungen nicht von der „nature in transition" lösen könne. Umweltgeschichte begann nun, sich zum einen mit der Rekonstruktion von Umweltbedingungen in der Vergangenheit und zum anderen mit der Rekonstruktion der Wahrnehmung durch die damals lebenden Menschen zu beschäftigen.

Die Verantwortlichen in der Politik neigen dazu, die Welt, wie wir sie kennen, als Bezugsrahmen für ihr Handeln zu nehmen. Das verführt dazu, die Dinge, wie wir sie beobachten und erfahren – den Zustand permanenter Störungen also ... als „normal" anzusehen. Tatsächlich stellt die derzeitige Situation, unter ökologischen Gesichtspunkten betrachtet, eine extreme Abweichung von jeglichen dauerhaften „normaleren" Zuständen der Welt dar. Das gilt für den Zeitrahmen der Menschheitsgeschichte und sogar für den der Erdgeschichte. ...

Das ungeheure Ausmaß der Umweltveränderungen im 20. Jahrhundert legt dringend nahe, dass Geschichte und Ökologie einander auf geeignete Weise berücksichtigen sollten. Eine moderne Geschichtsschreibung, die so tut, als wären die lebenserhaltenden Systeme der Erde stabil und stünden lediglich im Hintergrund menschlichen Schaffens, ist nicht nur unvollständig, sondern irreführend.

John R. McNeill, Blue Planet. Die Geschichte der Umwelt im 20. Jahrhundert, 2003, S. 381 f.

Natur

Hierher, sagen mir Bekannte,
bauen wir unser Häuschen.
Auf ihrem Grundstück grasen
Kühe und Blumen wachsen im
Klee.
Hier ist noch alles natürlich,
sagen sie, die Luft und der Wald,
Hügel und Felder hier werden
wir wohnen ...
Ohne euch
sag ich
würde es so bleiben.

Ludwig Fels; in: Kopfbahnhof, Almanach 3, 1991, S. 39

Arbeitsaufgaben

1. Analysieren Sie die Kurzsichtigkeit politisch Verantwortlicher anhand des vorliegenden Textes.
2. Interpretieren Sie den Text vor dem Hintergrund immer größer werdender Naturkatastrophen im 21. Jahrhundert.
3. Vergleichen Sie den wissenschaftlichen Text mit dem in der Randspalte angeführten Gedicht und weisen Sie Übereinstimmungen bzw. gleiche Ansätze nach.

4 Das Sterben des Aralsees

An der Wende vom 20. ins 21. Jahrhundert rächten sich die seit den 1930er-Jahren begangenen Sünden menschlicher Tätigkeit und führten zu einer der größten Umweltkatastrophen der Geschichte. Der bis in die 1960er-Jahre viertgrößte Binnensee der Erde (russisch: Aralskoje More) mit 68 000 km² war durch kontinuierliche Austrocknung in drei Teile zerfallen.

Sichtbare Folgen menschlicher Fehleinschätzung

Was hatte diesen Zerfallsprozess ausgelöst?

Der Aralsee liegt in der semiariden Zone der Turan-Senke und wird von den Flüssen Amudarja aus dem Süden und Syrdarja aus dem Osten gespeist. Seit der Ära Jossif Stalins (1929–1953) wurden im Zuge der „Ankurbelung der sowjetischen Wirtschaft“ beiden Flüssen große Mengen von Wasser entnommen, um über den Karakum-Kanal die riesigen Baumwollanbauflächen in Kasachstan mit Wasser zu versorgen. Diese Entnahme entzog nicht nur dem See das notwendige Wasser, sondern senkte auch die Luftfeuchtigkeit so massiv, dass der örtliche Niederschlag nahezu ausblieb.

In den 1960er-Jahren sank der Wasserspiegel bereits um 34 Prozent auf 35 Meter und die Wasserfläche verkleinerte sich auf 44 Prozent der ursprünglichen Größe.

Das massiv verkleinerte Wasservolumen hatte noch weitere dramatische Folgen:
Der Salzgehalt vervierfachte sich und war nach einigen Berichten zu Beginn des 21. Jahrhunderts mehr als zweimal höher als in den Weltmeeren. Damit war der endgültige Niedergang der Fischerei besiegelt. Die Verlandung hatte zur Folge, dass ehemalige Hafen- und Badeorte nun bis zu 100 km von der einstigen Uferlinie entfernt liegen.

Der jahrelange Eintrag von Dünger, Pestiziden und Herbiziden verunreinigte den Staub derart, dass – in Kombination mit den sich in den Restseen sammelnden Schwermetallen – die Menschen der Region unter schwerwiegenden gesundheitlichen Folgen zu leiden haben. Neben einem deutlichen Anstieg von Atemwegserkrankungen nahmen auch Typhus, Paratyphus, Hepatitis und Tuberkulose deutlich zu, die Kindersterblichkeit liegt 400 Prozent über der Russlands. Die aus dem unwirtlichen Seeumland in bewohnte Regionen abgewanderten Nagetiere übertrugen Pest- und Cholera-Erreger auf die Menschen.

Diese gesundheitsschädigenden Erscheinungen haben ein ebenso großes Ausmaß wie jene der Reaktorkatastrophe von Tschernobyl. Dies wird von der Weltöffentlichkeit jedoch kaum wahrgenommen, da die Folgen ja „nur“ lokal sind. Die mittlerweile auch im Blut von Antarktis-Pinguinen nachweisbaren **„Aral-Pestizide“** ändern an dieser Ignoranz ebenso wenig wie die Tatsache, dass die in die Stratosphäre gelangten **Aralsee-Stäube** die globale Luftverschmutzung bereits um 5 Prozent erhöhten.

Arbeitsaufgabe

- Setzen Sie den Text über das Aralsee-Desaster in ein Ursache-Wirkungs-Diagramm um.

5 Tschernobyl – die biblische Katastrophe?

Niemand hatte gedacht, dass sich so etwas jemals ereignen könnte. Die Nuklearwissenschaft hatte zwar den Begriff ***„GAU“*** *(größter anzunehmender Unfall) geprägt, war aber davon ausgegangen, dass ein solcher Auslegungsstörfall in AKWs nur theoretisch möglich und – wenn doch – technisch beherrschbar sei. Wenn aber die sicherheitstechnische Auslegung des Kernkraftwerkes durch einen Störfall überschritten wird und die Schäden nicht mehr „innerhalb“ des Werkes zu halten sind, wird seit dem 26. April 1986 von einem* ***„Super-GAU“*** *gesprochen. Dann werden – wie im ukrainischen Tschernobyl – Menschen sofort und die Umwelt nachhaltig radioaktiv kontaminiert.*

Auslöser der Katastrophe waren nicht nur die Eigenheiten des Reaktors bei der versuchsbedingten Abschaltung, sondern vor allem die schweren Verstöße des Reaktorteams gegen die gültigen Sicherheitsvorschriften. Diese verursachten nicht nur eine Kernschmelze, sondern auch eine Explosion des Reaktorgebäudes, die eine radioaktive Wolke in die Atmosphäre katapultierte.

Nachdem die ersten Lösch- und Sicherungsarbeiten den fortschreitenden Austritt von Radioaktivität nicht eindämmen konnten, wurde die nahe gelegene Stadt **Prypjat** am 27. April komplett evakuiert. Die zur Versiegelung des Reaktors eingesetzten **„Liquidatoren“** der ersten Wochen – Einheimische, Soldaten und Reservisten – waren enormer Strahlenbelastung ausgesetzt, da ferngesteuerte Fahrzeuge vor allem am Dach nicht einsetzbar waren. Die Sterberate unter diesen Personen war dementsprechend hoch.

Fotografie der Liquidatoren von Igor Kostin

Die Auswirkungen blieben jedoch nicht auf Tschernobyl und Prypjat beschränkt. Die radioaktive Wolke bewegte sich erst nordwärts und überquerte Skandinavien, von wo auch – lange vor den ersten Stellungnahmen der Sowjetunion – die ersten Meldungen über den Fallout die Weltöffentlichkeit erreichten. Der Nordwestwind brachte die „Wolke“ Cäsium 137 über Deutschland auch nach Österreich und kontaminierte dort die obersten Bodenschichten erheblich.

Der Unglücksreaktor wurde in einem ersten Schritt mit einer Stahlbetonschicht überzogen, die den Namen „Sarkophag“ (russisch: Objekt) erhielt. 24 Jahre nach dem Super-GAU wurde zur Absicherung mit dem Bau des **NSC** (New Safe Confinement) begonnen, der über den alten Sarkophag geschoben wurde. Der NSC wurde im November 2016 fertiggestellt.

Schon in der Offenbarung des Johannes angekündigt?

Und der dritte Engel blies seine Posaune; und es fiel ein großer Stern vom Himmel ... Und der Name des Sterns heißt Wermut. Und der dritte Teil der Wasser ward Wermut; und viele Menschen starben von den Wassern, weil sie waren so bitter geworden. ...

Offenbarung 8:10, 11

Der Ortsname Tschernobyl bezeichnet die Pflanze Beifuß – Artemisia vulgaris. Diese Artemisia-Art wird häufig mit dem Wermutkraut – Artemisia absinthium – verwechselt. Das führte zu dem fehlerhaften Bezug zur Apokalypse des Propheten Johannes.

In der Sperrzone

Prypjat ist heute eine Geisterstadt, die in der Sperrzone liegt. Die Natur holt sich ihre Flächen zurück, Gebäude und Vergnügungsparks verfallen. Die Sperrzone umgibt das ehemalige Kraftwerk in einem Radius von 30 km. Aus diesem 3 500 km^2 großen Gebiet wurden bis heute 350 000 Menschen evakuiert. Mit Sondergenehmigungen aus Kiew können heute überwachte Führungen durch diese Zone gemacht werden.

Ziele erreicht? – „Umweltgeschichte“

KOMPETENZ-ERWERB

1.

a) Dekonstruieren Sie die Buchcover der drei in den 1950er-Jahren erschienenen Mädchenbücher hinsichtlich ihrer Botschaften.

b) Bewerten Sie die Cover auch hinsichtlich der durch die Bilder und den Inhalt vermittelten ökologischen Wirksamkeit.

c) Erörtern Sie, warum Raum- und Naturwirksamkeit – so wie sie auf den angeführten Jugendbucheinbänden offen dargestellt wird – in den Fünfzigern Ihrer Meinung nach nicht infrage gestellt wurden.

2. Erörtern Sie anhand von zumindest drei Thesen, warum Regierungen Umweltkatastrophen wie jene von Tschernobyl oder dem Aralsee totzuschweigen versuchen oder auch sehr zögerlich Umweltschutzvereinbarungen wie das Kyoto-Protokoll ratifizieren.

Wirtschafts- und Sozialsysteme

Meine Ziele

KOMPETENZ-ERWERB

Nach Bearbeitung dieses Kapitels kann ich

- Merkmale eines Wohlfahrtsstaates nennen;
- die historische Entwicklung von Wirtschaftssystemen skizzieren;
- die „soziale Frage“ erklären;
- unterschiedliche Wohlfahrtsstaatsmodelle analysieren;
- die zukünftigen Herausforderungen für den Sozialstaat diskutieren.

1 Die Entwicklung unterschiedlicher Wirtschafts- und Sozialsysteme

Das Wirtschafts- und Sozialsystem des Staates Österreich ist ein absolutes Kernelement des modernen Staatswesens. Jede/r Staatsbürger/in, hat täglich in irgendeiner Form mit diesem System zu tun, z. B. beim Kauf einer Jause am Schulbuffet oder beim Aufsuchen eines Arztes. Dieses System hat sich über einen langen Zeitraum entwickelt und wird auch in Zukunft Veränderungen unterworfen sein.

Der **Wohlfahrtsstaat** bezeichnet einen umfassend fürsorgenden Staat, der weitreichende Maßnahmen zur Steigerung des Wohlergehens (der Wohlfahrt) seiner Einwohner/innen ergreift. Wohlfahrtsstaaten haben sich zu einer sozialen Sicherung und Förderung der Staatsbürger/innen verpflichtet.

Die Entwicklung von Sozialsystemen oder des **Wohlfahrtsstaates** ist ein wesentliches Merkmal des 20. Jahrhunderts und eine europäische „Erfindung". Das Elend, die Armut und die soziale Ungleichheit der Arbeiter/innen des 19. Jahrhunderts wurden dadurch grundlegend verändert und bekämpft. Manche bezeichnen den Sozial- oder Wohlfahrtsstaat als die vorläufig letzte große Entwicklungsleistung des aufgeklärten Europa.

Wirtschaft ist die Gesamtheit aller **Einrichtungen** (Unternehmen, Haushalte) und **Handlungen** (Verbrauch, Herstellung), die zur Deckung des menschlichen Bedarfs dienen. Wie diese Einrichtungen und Handlungen in einem Land organisiert sind, hängt von der jeweiligen politischen Situation ab. Das heißt, Wirtschaftssysteme sind Spiegelbilder der vorherrschenden politischen Ordnung. Der wesentliche Unterschied zwischen den einzelnen Wirtschaftssystemen liegt in der Frage: Soll der Staat in die Wirtschaft eines Landes eingreifen und wenn ja, in welchem Ausmaß?

In der Menschheitsgeschichte gab es bereits eine Vielzahl an unterschiedlichen Wirtschaftssystemen. In den folgenden Absätzen werden einige dieser historischen Systeme behandelt.

Die Wirtschaftsbeziehungen im Römischen Reich (2. Jh. n. Chr.)

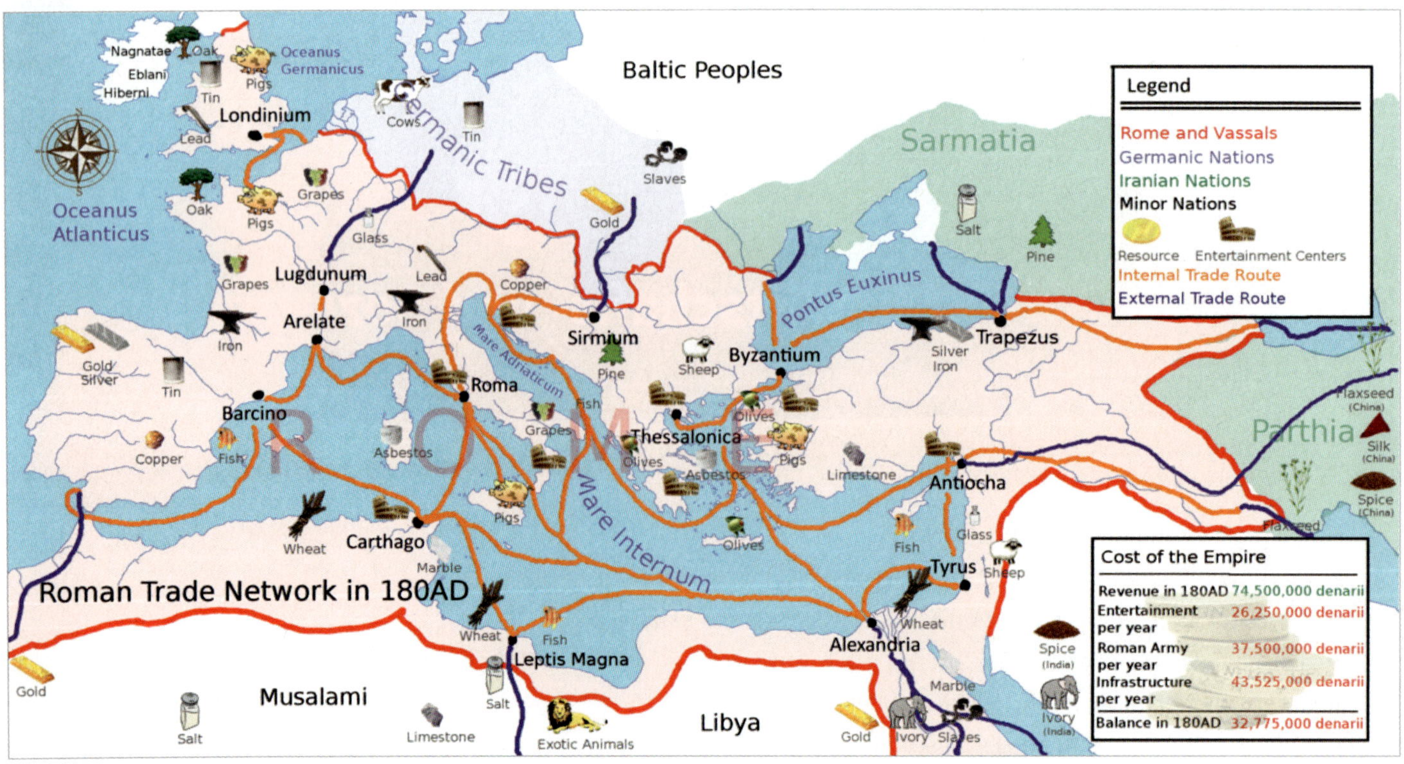

Die Wirtschaft im Römischen Reich stützte sich hauptsächlich auf die Landwirtschaft und den Handel, in kleinerem Ausmaß auch auf das Handwerk und Dienstleistungen. Besonders in der Landwirtschaft (Latifundienwirtschaft = Bebauung eines ausgedehnten Landguts oder Großgrundbesitzes mit einer Fläche von mindestens 500 ha) wurde sehr arbeitsintensiv und meist ohne nennenswerten Gebrauch von Hilfsmitteln oder Maschinen produziert. Ungefähr 30 bis 40 Prozent aller Erwerbstätigen arbeiteten während der Kaiserzeit in der Landwirtschaft.

Eine wichtige Voraussetzung für eine relativ stabile Wirtschaft war Frieden **(Pax Romana).** Außerdem war im römischen Wirtschaftssystem ein **Währungssystem** etabliert, das allgemein akzeptiert war. Die selbstverständliche Einbindung von Sklavinnen und Sklaven bzw. Sklavenarbeit in das alltägliche Wirtschaftsleben stellte ebenfalls einen grundlegenden Eckpfeiler der römischen Wirtschaft dar.

Pax Romana: Damit ist die langanhaltende Friedenszeit im Römischen Reich gemeint, die 27 v. Chr. mit der Herrschaft Kaiser Augustus' begann und bis zur Reichskrise des 3. Jahrhunderts n. Chr. (nach dem Tod Mark Aurels) anhielt.

Geltungsbereich der **Pax Romana** zur Zeit ihrer größten Ausdehnung unter Kaiser Trajan 117 n. Chr.

Frühkapitalismus

Mit dem Aufschwung italienischer Stadtstaaten und flandrischer Städte (Gent, Brügge) begann die Entwicklung des europäischen **Bank- und Kreditwesens,** der **Massenproduktion** und des **Fernhandels.** Gegen Ende des 15. Jahrhunderts wurden deutsche Städte wie Köln, Straßburg, Nürnberg und Augsburg neue Zentren von Textil-, Metall- und grafischem Gewerbe.

Ein Kaufmann dieser Zeit war Einzelunternehmer, der allein oder mit Familienmitgliedern arbeitete. Er verkaufte Waren und gewährte Darlehen. **Handelsgeschäfte** an entfernten Handelsplätzen ließ er durch Handelsagenten oder von befreundeten Geschäftsleuten abwickeln.

Die Gründung von **Börsen** ermöglichte ganzjährig die Abwicklung von Handels- und Wechselgeschäften, Beteiligungen, Schiffsversicherungen, Geld-, Kapital- und Wertpapiergeschäften. Das erste Börsengebäude der Welt wurde 1613 in Amsterdam eröffnet. Ab diesem Zeitpunkt blühten der Handel und die Spekulation mit Tulpen, was 1637 zum ersten Börsencrash der Geschichte führte.

„Frühling", Gemälde von Pieter Brueghel dem Jüngeren (1635); dargestellt sind Gartenarbeiten zur Zeit des Tulpenbooms

Im 16. Jahrhundert traten neue Formen der Handelsunternehmen auf. Es wurden **Seehandelsgesellschaften** gegründet: Mehrere Händler beteiligten sich an den Kosten für eine Fahrt oder Unternehmung. Daneben gab es expandierende **Familienunternehmen** wie die der Fugger und Welser, die sich aus kleinen Handwerksbetrieben zu Großhändlern (z. B. von Textilien, Gewürzen), Kreditgebern und Produzenten entwickelten. Sie führten das **Verlagssystem** ein.

Verlagssystem = System, bei dem der Kaufmann (Verleger) die Rohstoffe beschafft, sie in Heimarbeit oder von Kleinbetrieben verarbeiten lässt und pro Stück (Stückwerker) bezahlt sowie für den Absatz sorgt.

Merkantilismus

Dieses Konzept eines Wirtschaftssystems stammt aus Frankreich und wurde im 17. Jahrhundert entwickelt. Während der Regierung von Ludwig XIV. richtete der Generalkontrollor der staatlichen Finanzen, **Jean-Baptiste Colbert,** die Wirtschaftspolitik nach streng merkantilistischen Grundsätzen aus. Er sah im Staat einen großen Haushalt, der versuchen muss, möglichst viel Geld ins Land zu bringen und möglichst wenig Geld hinauszulassen.

Arbeitsaufgaben

1. Diskutieren Sie, ob es heute in der Wirtschaft noch ein dem Verlagssystem vergleichbares System gibt.
2. Formulieren Sie mit eigenen Worten die Grundidee des Merkantilismus.

2 Sozialsysteme im Vergleich

Sozialsysteme stellen eine wichtige Säule in modernen Gesellschaften dar. Die Entstehung dieser Systeme ist in der jüngeren Geschichte, das heißt im späten 19. Jahrhundert, angesiedelt. In den Jahrhunderten zuvor war es völlig undenkbar, eine gesetzlich geregelte soziale Absicherung als Arbeiter/in oder Bürger/in eines Landes zu erhalten. Dem Staat bzw. staatlichen Institutionen waren solche Aufgabenbereiche noch sehr fremd.

Die „e-card" – unmittelbar sichtbares Symbol des Sozialstaates im 21. Jahrhundert

Vorläufer staatlicher Sozialsysteme

Unterschiedliche Formen eines gesteigerten sozialen Empfindens oder eines solidarischen Miteinanders gab es in der Geschichte immer wieder. Im Mittelalter waren dies zum Beispiel Selbsthilfeorganisationen, die hauptsächlich in Zünften bzw. Gilden vorkamen. Eine solche Organisation war die **„Bruderlade"** der Bergleute. Diese hatte die Aufgabe, für Krankenbehandlung und Sterbegeld zu sorgen sowie für auftretende Invalidität vorzusorgen. Bei der mit großen Gefahren verbundenen bergmännischen Tätigkeit erwies sich diese solidarische Gemeinschaftshilfe als unentbehrlich.

Auch **kirchliche Institutionen** übernahmen in der Zeit vor geregelten Sozialleistungen karikative Aufgaben und kümmerten sich um die sozial Bedürftigen und Schwachen.

Ein Vorläufer der heutigen Sozialversicherung – die „Bruderlade"
Die Bruderlade wurde 1724 gegründet und existierte bis 1933. Sie übernahm über Jahrhunderte eine wesentliche Funktion für Bedürftige und sozial schwache Bergleute in der Region.
Jeder Berg-, Hütten-, Holz- und Kohlearbeiter wurde verpflichtet, von seinem Verdienst ca. 4 Gulden abziehen zu lassen. Zusätzlich zu diesen Beiträgen unterstützten die Werksbesitzer des Öfteren durch Geldzuwendungen diese Bruderladekasse. Ferner wurden Arbeiter, die eine halbe Stunde zu spät zur Arbeit einlangten, um eine halbe Schicht zugunsten der Bruderlade bestraft. Auch denjenigen Bergknappen, die nicht zum täglichen Gebet erschienen, wurden 3 Gulden abgezogen. Später wurden andere Strafgelder eingeführt, die innerhalb von 60 Jahren die Summe von 1.869,36 Gulden erreichten. Im Jahre 1872 verzeichnete die Bruderlade den größten Mitgliederstand von 337 Personen.

„Die Werke der Barmherzigkeit" (17. Jh.), unbekannter niederländischer Maler im Umkreis von Pieter Brueghel dem Jüngeren (1564–1637)

Arbeitsaufgabe

- Analysieren Sie das Bild. Welche unterschiedlichen Arten von Sozialleistungen sind darauf zu sehen?

Die „soziale Frage"

Durch die immer stärker voranschreitende und umfassender werdende Industrialisierung kam es vermehrt zu Arbeitsunfällen und Berufskrankheiten. Außerdem brachte die Industrialisierung das Ende des mittelalterlichen Zunftwesens und den Zerfall der Großfamilien mit sich.

Die sich rasch verändernde Gesellschafts- und Lebenswelt stürzte große Bevölkerungsgruppen ins Elend. Besonders betroffen waren Bauern, Handwerker und Arbeiter/innen, wobei je nach Wirtschaftslage und Branche die Phasen der extremen Armut sehr stark schwanken konnten. Im Verlauf des 19. Jahrhunderts wurde die „soziale Frage" zunehmend zu einer reinen Arbeiterfrage.

Massenhafte Abwanderung vom Land in die städtischen Industriezentren, Begleiterscheinungen der Großstadtbildung und die gesellschaftliche Integration der Industriearbeiter/innen beschäftigten die politisch Verantwortlichen bzw. die Öffentlichkeit.

Mit der **„sozialen Frage"** sind die Missstände gemeint, die mit der Industriellen Revolution einhergingen, das heißt die sozialen Begleit- und Folgeprobleme des Übergangs von der Agrar- zur sich urbanisierenden Industriegesellschaft. In England begann dieser Übergang bereits ab etwa 1760, in Österreich fand dieser Übergang mit deutlicher Verspätung (ca. ab dem frühen 19. Jahrhundert) statt.

Arbeitsaufgaben

1. Nennen Sie drei Entwicklungen, die zur „sozialen Frage" führten.
2. Argumentieren Sie, ob es auch aktuell noch eine „soziale Frage" für manche Bevölkerungsschichten in Österreich oder anderen Staaten der Welt gibt.

Staatliche Reaktion auf die Missstände – gesetzliche Regelungen und die Geburt des Sozialstaates

Unter dem Eindruck des Elends von großen Teilen der Bevölkerung entwickelten einige europäische Staaten Lösungsmodelle.

Otto von Bismarck führte Ende des 19. Jahrhunderts in **Deutschland** das erste Sozialversicherungsmodell ein. 1883 wurde eine staatliche Krankenversicherung eingeführt, später eine Unfallversicherung, eine gesetzliche Pensionsversicherung und eine Arbeitslosenversicherung. Berechnungsgrundlage für die jeweilige vom Staat ausbezahlte Sozialleistung war die Höhe des bezogenen Lohnes (Prinzip der Leistungsgerechtigkeit).

Während der Industrialisierung entstehen in deutschen Städten und Gemeinden immer mehr sogenannte Volks- oder Suppenküchen. Dort können sich Menschen, die kaum Geld für Lebensmittel besitzen, Suppe abholen. Das Bild zeigt eine Berliner Suppenküche 1884.

Otto von Bismarck (1815–1898) war Ministerpräsident von Preußen und später Reichskanzler des Deutschen Reiches; Foto von 1886

In **Österreich-Ungarn** war man noch nicht ganz so weit wie im Deutschen Reich. Ein Sozialversicherungsmodell gab es noch nicht, aber um zum Beispiel die Gefahr von Schadenersatzansprüchen gegenüber Dienstgebern abzuwenden, die auch den Ruin eines Unternehmens bedeuten konnten, wurden Dienstgeber 1887 in der k. u. k. Monarchie zu einer Risikogemeinschaft zusammengeschlossen. Diese wurde von allen Dienstgebern finanziert und kam für Schadenersatz auf. Damit war die erste Form der **Unfallversicherung** geboren.

William Henry Beveridge (1879–1963) war Ökonom und Politiker der Liberalen Partei. Bekannt wurde er vor allem wegen seines 1942 veröffentlichten Berichts „Social Insurance and Allied Services" (Beveridge Report), der zur Grundlage des Aufbaus eines Sozialsystems im Großbritannien der Nachkriegszeit wurde.

Einige Jahrzehnte nach den fundamentalen Entwicklungen im Deutschen Reich wurde in **England** ein weiteres System entwickelt, welches sich mit staatlicher sozialer Unterstützung auseinandersetzte. Hauptsächlich wurde dieses neue Modell von William Henry Beveridge (daher auch kurz **Beveridge-Modell** genannt) entworfen. Dieses sah eine Einheitsversicherung vor, die alle Bürger/innen erfasste. Im Unterschied zum Modell von Bismarck koppelte Beveridge die Sozialleistungen nicht an das vorher bezogene Einkommen. Aus diesem Grund waren die Sozialleistungen in Großbritannien auch niedriger. Dafür konnten aber alle Schichten gleich profitieren und mit einer gewissen Grundsicherung rechnen.

Arbeitsaufgabe

- Erklären Sie den Hauptunterschied zwischen den Sozialsystemmodellen von Bismarck und Beveridge.

Gøsta Esping-Andersen, dänischer Politologe und Soziologe, schuf mit seinem 1990 erschienenen Werk „The Three Worlds of Welfare Capitalism" eine Übersicht über Modelle des Wohlfahrtsstaates. Mittlerweile wurden seine Ansätze erweitert.

Wohlfahrtsstaatmodelle

Im Laufe der Zeit sind weitere Wohlfahrtsstaatmodelle entstanden. Aktuell wird zwischen vier Modellen unterschieden:

Das sozialdemokratische, skandinavische Modell

Das Hauptziel ist die Schaffung einer **egalitären** Gesellschaft mit weitreichenden sozialen Rechten. Als Basis für eine erfolgreiche Umsetzung dienen:

- eine einheitliche Sozialversicherung
- eine hohe Mindestsicherung
- eine starke Umverteilung
- eine hohe Erwerbsquote
- gut ausgebaute soziale Dienste
- hohe Investitionen des Staates in die Zukunft (Forschung & Entwicklung, Bildung usw.)

Egalitär bedeutet politische, rechtliche und soziale Gleichheit aller Menschen.

Ein besonderes Augenmerk wird auf die Gleichstellung der Frau in der Gesellschaft gelegt. Die Familie als Fundament sozialer Sicherheit ist nicht unbedingt erforderlich. Die Finanzierung erfolgt zumeist über hohe Steuern. Der Staat ist ein wichtiger Arbeitgeber im Sozialwesen. Dieses System haben, mit individuellen Anpassungen, Schweden, Norwegen, Finnland und Dänemark umgesetzt.

Das konservativ-korporatistische, kontinentale Modell

Bei diesem Modell liegt das Hauptziel im Erhalt eines gewissen Status (Lebensstandards), den man selbst während seiner Berufstätigkeit erreicht hat. Die Grundlage dafür ist ein Sozialsystem, das sich an den individuellen Leistungen im Erwerbsleben orientiert. Das heißt, je mehr man verdient hat, desto höher sind die Ansprüche, die man an das Sozialsystem stellen kann. Andererseits muss bei hohem Verdienst auch mehr in das System eingezahlt werden. Die Mindestsicherung ist niedrig, die Steuersätze sind hoch. Umgesetzt – mit Abwandlungen – wird dieses System zum Beispiel in Deutschland (siehe Hartz IV) und Österreich.

Konservativ wird in diesem Zusammenhang mit „den Lebensstandard konservierend" gebraucht.

Korporatistisch als Ausdruck des großen Einflusses von Interessenvertretungen und Sozialpartnern.

Das liberale, angelsächsische Modell
Das Hauptziel liegt in der Armutsbekämpfung. Der Staat hält sich zurück und überlässt dem Markt und Einzelnen, private Lösungen für soziale Notlagen zu finden. Die Sozialleistungen sind sehr unterschiedlich und am tatsächlichen Bedarf orientiert. Es muss der unbedingte Beweis einer Notlage erbracht werden. Der Staat versucht, hauptsächlich Arbeitsanreize zu bieten. Die Unterschiede der Einkommen sind groß. Dieses Modell findet man in Irland oder in Großbritannien, in abgeänderter Form in den USA (Obmamacare) oder Australien.

„Obamacare“, eigentlich „Patient Protection and Affordable Care Act“, ist ein Bundesgesetz der USA aus dem Jahr 2010, das den Zugang zur Krankenversicherung regelt. Es gilt als zentraler Bestandteil der Politik des 44. US-Präsidenten Barack Obama und führte zu politischen Auseinandersetzungen und Debatten.

Das mediterrane, familienzentrierte Modell
In diesem Modell spielen die Absicherung durch die Familie oder Familiennetzwerke eine große Rolle. Es gibt geringe öffentliche Dienstleistungen (Altenpflege, öffentliche Kinderbetreuung usw.), deshalb ist für die soziale Sicherheit die Familie zuständig. Zusätzlich übernehmen auch nicht staatliche Institutionen bzw. Kirchen Aufgaben im Sozialbereich. In der Vergangenheit war es oft so, dass die Ungleichstellung von Mann und Frau sehr groß war. Außerdem wohnten Kinder länger mit ihrer Familie zusammen als in anderen europäischen Staaten. Die Großfamilie spielt zusätzlich noch eine größere Rolle. Der Wohlfahrtsstaat wurde hier sehr spät entwickelt. Dieses System herrscht in Griechenland oder Spanien.

Im mediterranen, familienzentrierten Modell spielt die Familie als Grundlage der sozialen Absicherung noch immer eine entscheidende Rolle.

Eine Ergänzung um ein fünftes Modell **(osteuropäisches Modell)** wird zurzeit diskutiert.

Arbeitsaufgabe

- Vergleichen Sie die Sozialmodelle. Führen Sie für jedes je einen Vorteil und einen Nachteil an. Welches würden Sie bevorzugen?

Ein Sozialstaat kostet Geld

Sozialsysteme, welcher Art auch immer, sind grundlegende Bestandteile eines Wohlfahrtsstaates bzw. einer modernen Gesellschaft. Die enormen Kosten, die ein Sozialsystem verursacht, müssen durch Steuern abgedeckt werden. Der **demografische Wandel** führt zu steigenden Sozialausgaben und vermehrten Diskussionen über die Finanzierbarkeit des Wohlfahrtsstaates.

Der **demografische Wandel** beschreibt den Übergang einer Agrargesellschaft zu einer Dienstleistungsgesellschaft, mit dem damit verbundenen Rückgang der Sterbe- und Geburtenrate. In vielen Industrienationen führt der demografische Übergang zu einer Überalterung der Gesellschaft.

Nur vier EU-Länder geben mehr Geld für Soziales aus als Österreich

Die EU-Staaten wenden gut ein Viertel ihrer gesamten Wirtschaftskraft für Sozialausgaben auf. Im Jahr 2017 beliefen sie sich auf 27,9 Prozent des Bruttoinlandsprodukts (BIP), was weniger als im Jahr 2012 (28,7 Prozent) ist. Österreich lag mit 29,4 Prozent an fünfter Stelle. Gegenüber 2012 ist das ein Anstieg um 0,2 Prozentpunkte, berichtete die EU-Statistikbehörde Eurostat am Freitag. Der EU-Durchschnitt zeigt erhebliche Unterschiede zwischen den Mitgliedsstaaten. Sozialausgaben über 30 Prozent verzeichneten Frankreich (34,1 Prozent), Dänemark (32,2) und Finnland (30,6). Dahinter folgt noch vor Österreich Deutschland mit 29,7 Prozent. Ausgaben von weniger als 20 Prozent gab es in Rumänien (14), Lettland, Irland und Litauen (je 15). Mit Ausnahme Sloweniens und Kroatiens wenden alle nach dem Jahr 2004 beigetretenen EU-Staaten weniger als ein Fünftel ihres BIP für Sozialausgaben auf. Im Durchschnitt hatten Pensionen (Alters- und Hinterbliebenenleistungen) in der EU einen Anteil von knapp 46 Prozent an den gesamten Sozialleistungen im Jahr 2017. Sie machten in fast allen EU-Ländern den Großteil der Leistungen für den Sozialschutz aus. Leistungen für Krankheits-/Gesundheitsversorgung und Invalidität hatten in der EU im Jahr 2017 durchschnittlich einen Anteil von 37 Prozent, Leistungen für Familie und Kinder machten etwas weniger als neun Prozent aus. Leistungen bei Arbeitslosigkeit sowie Leistungen für Wohnen und gegen soziale Ausgrenzung lagen jeweils bei vier Prozent. Österreich wendete 50 Prozent der Sozialausgaben für Pensionen auf, womit es auch hier über dem EU-Durchschnitt liegt.

www.derstandard.at, 22. November 2019

Siehe dazu auch Kap. 2 „Aufgaben der Sozialpolitik“, S. 278.

Sozialausgaben in Österreich 2020

Sozialquote

Ausgaben in Prozent des BIP

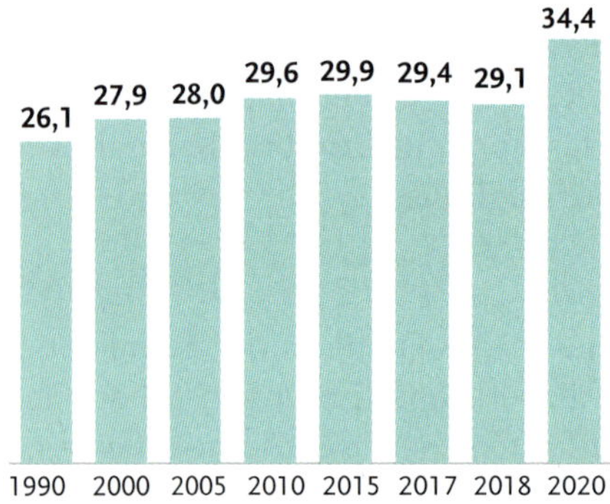

Verwendung der Sozialleistungen 2020

in Prozent

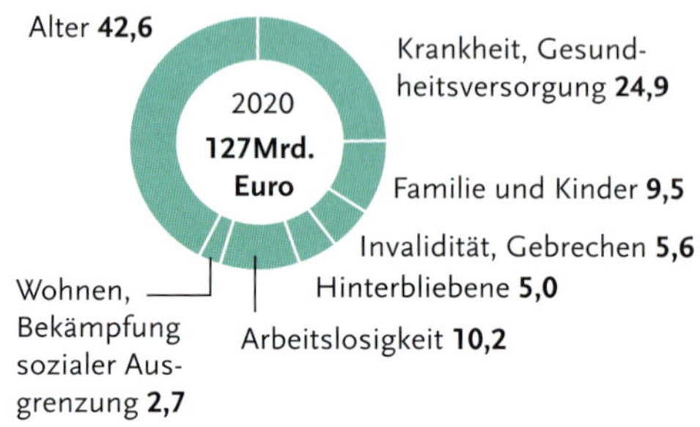

Quelle: Statistik Austria

Welcher Aussage zum österreichischen Sozialstaat stimmen Sie am ehesten zu? (in Prozent)

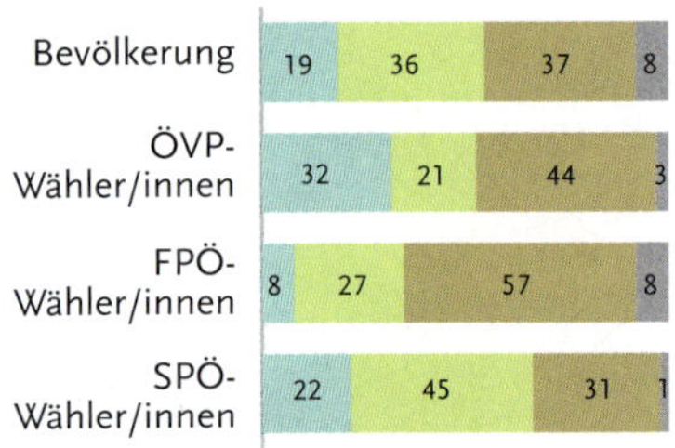

- Der österreichische Sozialstaat ist sehr gut ausgebaut und gerade richtig.
- Der österreichische Sozialstaat wurde in den letzten Jahren immer mehr abgebaut, das soziale Netz wird immer dünner.
- Der österreichische Sozialstaat ist viel zu stark ausgebaut und wird von vielen ausgenutzt, die die soziale Absicherung gar nicht bräuchten.

Arbeitsaufgaben

1. Analysieren Sie, welche Gründe es für die niedrige Sozialquote in den neuen EU-Ländern geben könnte (vgl. Zeitungsartikel auf S. 61).
2. Nennen Sie jeweils Beispiele für die einzelnen Verwendungsbereiche der Sozialleistungen 2018 (vgl. Grafik „Sozialausgaben in Österreich“).

Wirtschaftsforscher/innen machen immer wieder darauf aufmerksam, dass der Sozialstaat auch in der Zukunft überlebensfähig wäre. Das Problem sei nicht der Sozialstaat an sich, sondern es müssten sich vielmehr die Rahmenbedingungen ändern, in die er eingebettet ist.

Ist der Sozialstaat noch zu retten?

Der Sozialstaat, sagen viele, hat keine Zukunft. Jedenfalls nicht so, wie er ist. Zu viel, zu groß, zu ungenau. Ein Fass ohne Boden. Dass es ihn gar nicht geben sollte, sagt hingegen kaum jemand. Darüber, dass es in unserer Gesellschaft einen Mechanismus geben soll, der – zumindest vorübergehend – jeden auffängt, der es aus eigener Kraft nicht schafft, herrscht nach wie vor breiter Konsens.

Solidarsysteme sind immer fragil, vor allem dann, wenn sie in großem Stil missbraucht werden. Wenn das Geld in die falschen Hände gerät, wenn sich kriminelle Strukturen bilden ... oder wenn auf der Empfängerseite Ansprüche geltend gemacht werden, die eigentlich nicht existieren. Dann sinkt bei den Gebern die Bereitschaft zu zahlen, und bei den Empfängern schwindet der Glaube an die Gerechtigkeit des Systems.

Beides passiert. ... Eine Milliarde jährlich kostet den Staat der Sozialbetrug auf der Empfängerseite, drei Milliarden macht die systematische Abgabenhinterziehung durch Scheinfirmen und Schwarzarbeitskartelle aus. ...
In der politischen Auseinandersetzung besonders hitzig diskutierte Fragen wie die Höhe der Mindestsicherung für Asylberechtigte sind, was die Finanzierung betrifft, vollkommen irrelevant ...
Wirkliche Sorgen muss uns allen hingegen die Demografie machen. Die Alterung der Bevölkerung wird zu einer weiteren massiven Steigerung der Ausgaben für Pensionen und Pflege führen. Verschärfen könnte sich die Situation dadurch, dass Automatisierung und Digitalisierung die Zahl der klassischen Beschäftigungsverhältnisse reduzieren, an die derzeit die Beitragsfinanzierung gekoppelt ist.

Hier setzen all jene an, die davon überzeugt sind, dass es überhaupt neue Finanzierungsmechanismen geben muss. Etwa die Wertschöpfungsabgabe, die unter dem etwas weniger freundlichen Namen „Maschinensteuer“ schon mehrmals die Runde gemacht hat. Oder das bedingungslose Grundeinkommen ... Das ist Zukunftsmusik. Pensionen und Pflege sind aber schon jetzt die beiden Bereiche, in denen die Ausgaben den Einnahmen davongaloppieren. Eingriffe ins System – sei es in Form von Beitragserhöhungen oder Leistungsveränderungen bzw. einer verpflichtenden Pflegeversicherung – werden in diesen beiden Bereichen wohl nötig sein.
Der Sozialstaat ist also noch zu retten, aber ohne Anstrengung wird das nicht gehen.

www.addendum.org/sozialstaat/, 27. November 2017

Irrweg ins gesellschaftspolitische Desaster

Standard: *Die niederländische Regierung ruft das Ende des klassischen Sozialstaats aus. Naht dieses auch in Österreich?*
Tálos: ... Darin spiegelt sich die neoliberale Gesellschaftssicht, die den Markt als Problemlöser und den Staat als Blockade für die individuelle Entfaltung sieht.

Ist die beworbene Partizipationsgesellschaft denn kein tauglicher Ersatz?
Tálos: Natürlich gehört ehrenamtliches Engagement gefördert. Ich finde auch erfreulich, wenn alte Menschen in Eigeninitiative Senioren-WGs gründen, nur: Diese Aktivitäten sind eine Ergänzung des Sozialstaats, aber kein Ersatz ...

Bleibt denn ein anderer Weg? Schließlich kämpfen die europäischen Staaten mit Budgetdefiziten und Schuldenbergen.
Tálos: ... Sicher haben sich in der Entwicklung, etwa bei den Pensionen, Ungleichstellungen eingeschlichen, die hinterfragt gehören, doch hauptsächlich ist die Geldnot eine Folge der Finanzkrise. Die Wirtschaft lahmt, die Arbeitslosigkeit ist hoch – das schwächt das über Beiträge finanzierte Sozialsystem.

Was muss sich ändern?
Tálos: Wichtig wäre zum Beispiel ein späteres faktisches Pensionsantrittsalter, das einen Gutteil der aus dem demografischen Wandel resultierenden Probleme lösen würde – vorausgesetzt, dass es die notwendigen Arbeitsplätze gibt. Außerdem muss der Finanzierungsmodus der Sozialversicherung geändert werden.

Wieso?
Tálos: Seit 1888 gilt: Die Versicherungsbeiträge der Unternehmen hängen ausschließlich von der Lohnsumme ab – Gewinne und andere Indikatoren der Wertschöpfung bleiben außer Acht. Wenn nun Rationalisierung Arbeitsplätze kostet, versiegen die finanziellen Ressourcen des Sozialstaats. Beispiel: Eine Bank kann, etwa durch Geldautomaten oder Internetbanking, leicht menschliche Arbeitskraft ersetzen und trägt somit zur Sozialversicherung immer weniger bei. Das sorgt auch für eine enorme Ungleichheit unter den Unternehmen: Das Kaffeehaus, in dem wir gerade sitzen, hat diese Möglichkeiten nicht – es ist auf Kellner angewiesen. Der Beitrag zur Sozialversicherung sollte deshalb an der gesamten Wertschöpfung eines Unternehmens bemessen werden. Diese Umschichtung kann auch aufkommensneutral gemacht werden – so lassen sich die Ressourcen des Sozialstaates zumindest sichern.

www.derstandard.at, 11. Oktober 2013

Das Ziel des Sozialabbaus sieht **Emmerich Tálos** hinter dem Ruf nach der Partizipationsgesellschaft: Bürgerliches Engagement könne staatliche Leistungen ergänzen, aber nicht ersetzen, urteilt der Sozialexperte. „Der Sozialstaat ist finanzierbar – aber nicht, wenn das System wie bisher fortgeschrieben wird."

Arbeitsaufgaben

1. Nennen Sie zwei Gründe, weshalb Sozialstaaten immer wieder unter Druck geraten.
2. Bewerten Sie die Aussagen zu irrelevanten und relevanten Herausforderungen des Sozialstaates und diskutieren Sie deren öffentliche Gewichtung.
3. Erklären Sie zwei der im zweiten Zeitungstext erwähnten Lösungsmodelle, die das weitere Bestehen eines Wohlfahrtsstaates garantieren könnten.
4. Analysieren Sie anhand beider Artikel, welche Rolle im zukünftigen Sozialstaat die Versicherungsbeiträge der Unternehmen spielen könnten. Welche Namen existieren für diese eventuelle neue „Steuer"?
5. Bewerten Sie, welche zwei gegensätzliche Positionen zum Sozialstaat sich aus der Umfrage (vgl. Grafik auf Seite 62 in der Randspalte) ablesen lassen. Nennen Sie Gründe für derartig weit auseinanderliegende Positionen.

Ziele erreicht? – „Wirtschafts- und Sozialsysteme“

KOMPETENZ-ERWERB

1. Versetzen Sie sich in die Lage eines Journalisten/einer Journalistin. Sie sollen einen Bericht über die „soziale Frage“ schreiben. Als Material dienen die angeführten drei Bilder. Analysieren Sie die Bilder und finden Sie „Beweismaterial“ für eine unbedingt notwendige rasche Klärung der „sozialen Frage“.

Glashütte Eleonorenhain in Böhmen (1890): Kinderarbeit beim Eintragen

Kinderarbeit in Newberry, South Carolina, USA (1908)

Behausung einer Arbeiterfamilie in Hamburg (1902)

2. Erstellen Sie Beispiele für die Aktualität der „sozialen Frage“.
3. Aktuell ist beim Thema „Sozialstaat“ auch immer wieder von der Debatte über die Mindestsicherung zu hören.
   a) Informieren Sie sich: Was versteht man unter der Mindestsicherung? Wer hat Anspruch darauf? Wie hoch ist die Mindestsicherung? Wie viele Menschen nehmen diese in Österreich in Anspruch? Wie hoch sind die staatlichen Ausgaben dafür? Etc.
   b) Geben Sie anschließend Ihre Meinung zum Thema „Mindestsicherung – ja oder nein?“ ab und begründen Sie diese.

Wesentliche Ideologien des 19. Jahrhunderts und ihre Folgen

Meine Ziele

KOMPETENZ-ERWERB

Nach Bearbeitung dieses Kapitels kann ich

- die Ideen des Liberalismus und der klassischen englischen Nationalökonomie in ihren Auswirkungen auf die freie Marktwirtschaft erklären;
- die soziale Frage und die Interessengebundenheit der verschiedenen Lösungsversuche erläutern;
- begründen, dass unterschiedliche Gesellschaftstheorien zu unterschiedlichen Formen der Konfliktaustragung und Konfliktlösung geführt haben und führen.

1 Liberalismus

Die Aufklärung und ihre Ideen bildeten die Grundlage für die Ausformung des Liberalismus im 18. und 19. Jahrhundert. Die Grundforderung des Liberalismus ist die Beschränkung der staatlichen Eingriffe in die Individualsphäre und ihre Bindung an bestimmte Regeln. Das mit Vernunft versehene Wesen Mensch könne seine Autonomie nur in Freiheit ausleben. Die Verwirklichung dieser Autonomie fördere nicht nur das Einzel-, sondern auch das Gesamtinteresse.

Die vier wichtigsten Prinzipien des Liberalismus

- Das Recht auf Selbstbestimmung auf der Basis von Vernunft und Einsicht
- Die Beschränkung politischer Macht
- Die Freiheit gegenüber dem Staat
- Die Selbstregulierung der Wirtschaft auf der Basis persönlichen Eigentums

Der schottische Wirtschaftstheoretiker und Philosoph **Adam Smith** (1723–1790) ist bis heute der bedeutendste Theoretiker der freien Wirtschaft. Sein Hauptwerk „An Inquiry into the Nature and Causes of the Wealth of Nations", 1776, untersuchte die Ursachen wirtschaftlichen Wachstums.

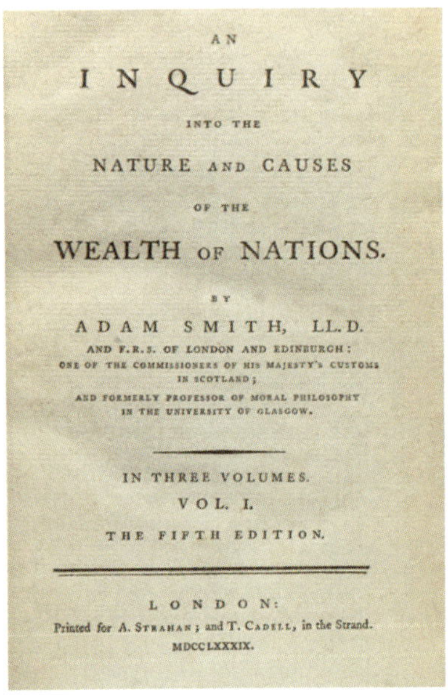

AN
INQUIRY
INTO THE
NATURE AND CAUSES
OF THE
WEALTH OF NATIONS.
BY
ADAM SMITH, LL.D.
AND F.R.S. OF LONDON AND EDINBURGH:
ONE OF THE COMMISSIONERS OF HIS MAJESTY'S CUSTOMS
IN SCOTLAND;
AND FORMERLY PROFESSOR OF MORAL PHILOSOPHY
IN THE UNIVERSITY OF GLASGOW.

IN THREE VOLUMES.
VOL. I.
THE FIFTH EDITION.

LONDON:
Printed for A. Strahan; and T. Cadell, in the Strand.
MDCCLXXXIX.

Grundzüge der Lehre von Adam Smith

Der **Wirtschaftsliberalismus** nach Adam Smith betrachtet das Privateigentum, den freien Wettbewerb und den Freihandel als grundlegende Voraussetzungen für die Schaffung gesellschaftlichen Wohlstands.

- Nach seiner Theorie hat der Mensch eine natürliche Veranlagung zum Tausch und Handel, aus der sich die Institution des **Marktes** ableite. Jede Begrenzung oder Einschränkung des Marktes beeinträchtige diesen **Naturtrieb.**
- Ein großer, leistungsfähiger Markt erfordert eine weitgehende Teilung der menschlichen Arbeit. Je höher der Grad der **Arbeitsteilung,** desto größer sei die **Produktivität** der menschlichen Arbeit und damit der gesellschaftliche **Reichtum.**

> Die enorme Steigerung der Arbeit, die die gleiche Anzahl Menschen nunmehr infolge der Arbeitsteilung zu leisten vermag, hängt von drei verschiedenen Faktoren ab:
> 1. der größeren Geschicklichkeit jedes einzelnen Arbeiters,
> 2. der Ersparnis an Zeit, die gewöhnlich beim Wechsel von einer Tätigkeit zur anderen verloren geht, und
> 3. der Erfindung einer Reihe von Maschinen, welche die Arbeit erleichtern, die Arbeitszeit verkürzen und den Einzelnen in den Stand setzen, die Arbeit vieler zu leisten.

- Der **wirtschaftliche Entwicklungsprozess** vollziehe sich in wenigen historischen Stufen: lokaler Markt, regionaler Markt, nationaler Markt, Weltmarkt. Um den letzten, vollkommenen und damit auch „natürlichen" Zustand der menschlichen Wirksamkeit herzustellen, müssten alle vorindustriellen Beschränkungen, wie künstliche Handelsbarrieren, Handelsmonopole und Zünfte, beseitigt werden.
- Nur in einer **Laissez-faire-Ordnung** (franz.: „Lasst machen") bestehen geeignete Voraussetzungen für die optimale Entfaltung des menschlichen Erwerbssinns – die Wirtschaft gedeihe am besten, wenn sich der Staat nicht einmische.
- Der Mensch werde bei seinen geschäftlichen Handlungen vor allem von seinem **Eigennutz** geleitet. Dies sei für die Menschheit kein Schaden, sondern ganz im Gegenteil ein Nutzen.

> Nicht vom Wohlwollen des Metzgers, Brauers und Bäckers erwarten wir das, was wir zum Essen brauchen, sondern davon, dass sie ihre eigenen Interessen wahrnehmen. Wir wenden uns nicht an ihre Menschen-, sondern an ihre Eigenliebe, und wir erwähnen nicht die eigenen Bedürfnisse, sondern sprechen von ihrem Vorteil.

Jeder, der sein eigenes Interesse verfolge, werde „von einer **unsichtbaren Hand** geleitet, einen Zweck zu fördern, den er in keiner Weise beabsichtigt hatte". Ein Zustand des freien Wettbewerbs müsse für Konsumenten sowie Produzenten zu erfreulichsten Resultaten führen: Denn für die einen bestünde so die Sicherheit des maximalen Entgelts für ihre Bemühungen und für die anderen die Gewissheit der optimalen Befriedigung ihrer Bedürfnisse.

Der Einzelne ist stets darauf bedacht, herauszufinden, wo er sein Kapital, über das er verfügen kann, so vorteilhaft wie nur irgend möglich einsetzen kann. Und tatsächlich hat er dabei den eigenen Vorteil im Auge und nicht etwa den der Volkswirtschaft. Aber gerade das Streben nach seinem eigenen Vorteil ist es, das ihn ganz von selbst oder vielmehr notwendigerweise dazu führt, sein Kapital dort einzusetzen, wo es auch dem ganzen Land den größten Nutzen bringt.

- Zu den **Aufgaben des Staates** zählen die Besteuerung und seine Kernkompetenzen wie der Schutz des Eigentums und der Schutz nach außen sowie die Aufrechterhaltung von Ordnung und Gerechtigkeit. In Adam Smiths **Konzept der sich selbst regulierenden Systeme** sollte der Staat nur die Einrichtungen betreiben, die Einzelne nicht zustande brächten.

Smith war, was die Auswirkungen des wirtschaftlichen Aufschwungs auf den Lebensstandard der breiten Masse anlangte, äußerst optimistisch. Seine Nachfolger sahen sich jedoch mit den Problemen einer Wirtschaft zu Kriegszeiten konfrontiert: mit wiederholter Getreideknappheit, der Ausbreitung der Armut, einer Zerrüttung des Geldwesens, dem Anwachsen der staatlichen Verschuldung und der Last direkter und indirekter Steuern.

In England erkannte man 1830, dass verstärkte staatliche Eingriffe nötig waren, um die notwendigen Vorbedingungen für eine liberale Ordnung zu schaffen. Dazu zählten das **Armengesetz** des Jahres 1834 und die **Factory Acts,** die sich hauptsächlich mit dem Schutz Jugendlicher vor industrieller Ausbeutung befassten.

Fast jeder Handwerker ist einer spezifischen Krankheit ausgesetzt, eine Folge übermäßiger Anstrengung bei ganz bestimmten Arbeiten. Dienstboten, Tagelöhner und Arbeiter bilden die Masse der Bevölkerung, da man deren verbesserte Lebenslage wohl niemals als Nachteil für das Ganze betrachten kann. Und ganz sicher kann keine Nation blühen und gedeihen, deren Bevölkerung weithin in Armut und Elend lebt. Es ist zudem mehr als recht und billig, wenn diejenigen, die alle ernähren, kleiden und mit Wohnung versorgen, so viel vom Ertrag der eigenen Arbeit bekommen sollen, dass sie sich selbst richtig ernähren, ordentlich kleiden und anständig wohnen können.

Adam Smith plädierte daher für die Legalisierung von Arbeiterorganisationen, für Arbeiterschutz und hohe Löhne.

Jean-Baptiste Say und das Say'sche Theorem

In Frankreich setzte Jean-Baptiste Say die Lehre Smith' gegen den Physiokratismus durch. Er schuf die heute noch übliche Einteilung der Volkswirtschaftslehre in Erzeugung, Verteilung und Verbrauch und dehnte den Produktivitätsbegriff auf geistige Berufe aus.

Seine bekannteste Entwicklung war das **Say'sche Theorem,** ein Lehrsatz, nach dem eine allgemeine Überproduktion in einer Volkswirtschaft unmöglich sei, da jedes Angebot in demselben Umfang kaufkräftige Nachfrage schaffe, die durch die ausgezahlten Löhne usw. dem Wert der erstellten Produkte entspreche. Demnach sei nur eine partielle Überproduktion möglich, der eine Unterproduktion an anderer Stelle entspreche (z. B. würden evtl. zu viele Hüte produziert, aber zu wenige Schuhe). Das Say'sche Theorem hat heute nur in einer Naturaltauschwirtschaft Auswirkung.

Aufgaben des Staates
Im System der natürlichen Freiheit hat der Souverän lediglich drei Aufgaben zu erfüllen, die von höchster Wichtigkeit sind: erstens die Pflicht, das Land gegen Gewalttätigkeit und Angriffe anderer unabhängiger Staaten zu schützen, zweitens die Aufgabe, jedes Mitglied der Gesellschaft so weit wie möglich vor Ungerechtigkeit oder Unterdrückung durch einen Mitbürger in Schutz zu nehmen oder ein zuverlässiges Justizwesen einzurichten, und drittens die Pflicht, bestimmte öffentliche Anstalten und Einrichtungen zu gründen und zu unterhalten, die ein Einzelner oder eine kleine Gruppe aus eigenem Interesse nicht betreiben kann, weil der Gewinn ihre Kosten niemals decken könnte, obwohl er häufig höher sein mag als die Kosten für das ganze Gemeinwesen.

Physiokratismus = **François Quesnay** (1694–1774) vertrat den Gedanken, dass als einzige Quelle des Reichtums eines Landes Grund und Boden anzusehen sei. Er glaubte an harmonische Kreisläufe und forderte, die in diesen Kreisläufen angelegte Ordnung ungehindert ablaufen zu lassen. Erstmals bemühte man sich, eine volkswirtschaftliche Gesamtrechnung aufzustellen und in Güterkreisläufen die Verflechtung sämtlicher wirtschaftlicher Vorgänge darzustellen. Damit wurde eine neue Schule von Ökonomen geschaffen: **Physiokraten** (griech.: Naturherrschaft).

Sean-Baptiste Say (1767–1832)

David Ricardo (1772–1823)

Die Bevölkerungslehre von Thomas Robert Malthus
Die Bevölkerung wuchs stark an. Die zunehmende Armut in England im 18. Jahrhundert entfachte breite Diskussionen darüber, ob die Bevölkerungsfrage ein Wirtschaftsproblem und auf Produktionsmangel zurückzuführen oder ein gesellschaftliches bzw. ein Problem der Verteilung sei. Malthus (1766–1834, protestantischer Geistlicher und Nationalökonom) stellte in seinem Werk „Essay on the Principle of Population" 1798 den Lehrsatz auf, dass eine Bevölkerung auf längere Sicht immer ihren Nahrungsspielraum überschreiten müsse, da Bevölkerung exponentiell, die Nahrungsmittelproduktion jedoch nur linear anwachse. Eine zunehmende Verdichtung der Bevölkerung würde die Nahrungsmittelreserven solchem Druck aussetzen, dass nach Malthus nur Hunger, Krieg und Elend die Bevölkerungszahl wieder auf ein Niveau zurückführen könnten, auf dem die Versorgung der Bevölkerung gewährleistet sei.

Autarkie = wirtschaftliche Unabhängigkeit (vom Ausland).

Thomas Malthus (1766–1834)

David Ricardo und die Theorie des Außenhandels

In Fortentwicklung der Gedanken von Smith behauptete der Börsenmakler **David Ricardo,** die Verteilung des Nationaleinkommens werde von unabänderlichen natürlichen Gesetzen bestimmt. In Verbindung mit dem Bevölkerungsprinzip von **Thomas Robert Malthus** bedeutete das, dass die Arbeitslöhne niemals über das Existenzminimum hinaus steigen könnten. In diesem Zusammenhang beurteilte er die Grundrente als einen unverdienten Zuschlag, der dem Grundeigentümer allein dank der Bevölkerungsvermehrung und damit auf Kosten der Gesamtheit in den Schoß falle.

Als Träger des ökonomischen Fortschritts bleibe daher allein der **Kapitalist** übrig. Durch die ständige Reinvestierung seiner Profite sorge er für die Entwicklung der Industrie und damit auch für die Schaffung neuer Arbeitsplätze. Damit erfülle der Kapitalist eine soziale Aufgabe; sein Interesse an der Maximierung der Profite sei identisch mit den Interessen der Allgemeinheit.

Die Übertragung der politischen Macht auf den Kapitalisten wäre demnach nicht nur richtig, sondern auch notwendig – nur er gewährleiste die Befolgung der ökonomischen Gesetze. Die notwendige Konsequenz dieser Argumentation war eine Politik des bedingungslosen Laissez-faire, ohne Rücksicht auf die soziale Lage der Industriearbeiterschaft **(Manchesterliberalismus).**

Die klassische Theorie des Außenhandels **(Ricardo-Theorem** der komparativen, d. h. vergleichenden Kostenvorteile) besagt, dass sich Handel nicht nur dann lohne, wenn ein Gut in einem Land kostengünstiger hergestellt werden könne als im Ausland. Handel sei auch dann vorteilhaft, wenn eines der beiden Länder alle Produkte billiger anbieten könne. Bei Spezialisierung ist der Beitrag zur Güterversorgung größer als bei Autarkie. Mit den überschüssigen 20 bzw. 10 Stunden können nämlich noch andere Güter produziert werden.

	... in Portugal	... in England
Für die Produktion einer bestimmten Menge Wein benötigt man ...	80 Arbeitsstunden	120 Arbeitsstunden
Für die Herstellung einer wertmäßig gleichen Menge Tuch benötigt man	90 Arbeitsstunden	100 Arbeitsstunden
Autarkie	80 + 90 = 170	120 + 100 = 220
Spezialisierung	80 + 80 = 160	100 + 100 = 200
Vorteil	**10 Stunden**	**20 Stunden**

Arbeitsaufgaben

1. Überlegen Sie, welche Vorteile für die Entfaltung der Wirtschaft sich nach Adam Smith aus der Arbeitsteilung ergeben.
2. Formulieren Sie aus heutiger Sicht kritische Einwände gegen die Lehren von Adam Smith.
3. Überprüfen Sie das Say'sche Theorem anhand der wirtschaftlichen Entwicklung der Industrieländer im 20. Jahrhundert.
4. Informieren Sie sich über das aktuelle Bruttoinlandsprodukt Österreichs hinsichtlich der Entstehung, der Verteilung und der Verwendung.
5. Erörtern Sie den Gedankengang David Ricardos, dass die Arbeitslöhne nie über das Existenzminimum hinausgehen werden.

2 Die christliche Soziallehre

Das durch die Industrialisierung verursachte Elend der Industriearbeiterschaft führte auch in kirchlichen Kreisen verstärkt zur Forderung nach Sozialreformen und damit zur Begründung einer eigenständigen christlichen Soziallehre, die den Widerspruch zwischen Arbeit und Kapital aufheben wollte. Vielfach ist dieses Gedankengut auch heute noch in den Parteiprogrammen christlich-demokratischer Parteien verankert.

Die katholische Kirche und der soziale Wandel

Der **soziale Wandel** der industriellen Revolution traf die Kirche zu einem besonders ungünstigen Zeitpunkt. Die Naturwissenschaft war dabei, traditionelle kirchliche Lehren infrage zu stellen, wie beispielsweise den Schöpfungsbericht durch die Evolutionslehre Charles Darwins. Für viele Christen stellte sich die Frage, ob sie die Lehre aufgeben oder diese im Licht der neuen Erkenntnisse interpretieren sollten. Die Rückgewinnung der Arbeiter/innen und die Beantwortung der neuen Fragen waren die Hauptziele der christlichen Kirchen – ohne dabei jedoch einen gemeinsamen Weg zu suchen.

Die **Päpste** wandten sich nach 1850 energisch gegen alle Zeitströmungen liberaler und materialistischer Art. Sie verurteilten „Zeitirrtümer" wie Liberalismus, Rationalismus und die Trennung von Kirche und Staat. Beinahe das gesamte 19. Jahrhundert hindurch stemmte sich die Amtskirche gegen jede Veränderung der gesellschaftlichen Bedingungen.

Die Erklärung des Ersten Vatikanischen Konzils von 1870, dass der Papst, wenn er zur Gesamtkirche spreche, in Fragen der Sitte und des Glaubens unfehlbar sei, führte zu heftigen Reaktionen innerhalb des Katholizismus: Die altkatholische (oder christkatholische) Kirche trennte sich von der römisch-katholischen Kirche.

Beinahe das gesamte 19. Jahrhundert hindurch hielt die große Mehrheit der Amtskirche es nicht für möglich, die gesellschaftlichen Bedingungen zu ändern. Die Kirche wurde sehr stark durch das **Bürgertum** geprägt. Dieses trat für Ordnung und Frieden statt für Gewalt ein. Es zog eine stetige Entwicklung der Gesellschaft der plötzlichen Veränderung vor. Zu den Grundwerten des Bürgers/der Bürgerin zählte die persönliche Bindung an Familie und Heimat, die durch die Abwanderung der Bevölkerung vom Land in die Stadt geschwächt wurde. Das Bürgertum bekämpfte den Sozialismus, weil es auf dem einzigartigen Wert des Individuums beharrte und den Sozialismus für eine Lehre hielt, die das Individuum zu einem Nichts gegenüber dem Staat mache.

Kolping, Raiffeisen und die Selbshilfeorganisationen

Praktische Hilfe leisteten die katholischen Sozialreformer **Adolf Kolping,** ein ehemaliger Schuhmachergeselle, und **Friedrich Wilhelm Raiffeisen** mit ihren bis heute wirkenden Selbsthilfeorganisationen. Die katholischen **Gesellenvereine** mit ihren Kolpinghäusern und das vom ehemaligen Bürgermeister Raiffeisen initiierte **Genossenschaftswesen,** das Überschuldung, Wucherzinsen und Zwangsversteigerungen verhindern sollte, waren praktische Ansätze des Christentums im öffentlichen Leben. Sie sollten aber auch die „Verhältnisse ihrer Mitglieder in sittlicher und materieller Beziehung verbessern".

Kolpingwerk
Adolf Kolping bemühte sich um Menschen, die besonderen Notsituationen ausgesetzt waren. Das Kolpingwerk bietet heute ebenfalls denjenigen Menschen Hilfe zur Selbsthilfe, denen das Leben aus eigener Anstrengung nicht gelingen will. Neben den Kolpinghäusern und Jugendheimen, die vor allem Lehrlingen und Schülern/Schülerinnen zur Verfügung stehen, gibt es Werkstätten und Wohngemeinschaften für Behinderte, Mutter-Kind-Heime, Fürsorgeeinrichtungen, Selbsthilfe-Wohngruppen für trockene Alkoholiker/innen, Wohngemeinschaften für drogen- und medikamentenabhängige Jugendliche, Kolpinghäuser für Arbeitsmigranten und Obdachlose usw. Darüber hinaus ist die Entwicklungsarbeit wichtiger Teil der Sozialarbeit. Die Grundlage der Arbeit ist das christliche Menschenbild. Pädagogisches Modell ist Bildung durch Erleben – Bildungsinhalte sollen praktisch erlebt werden.

Adolf Kolping (1813–1865)

Friedrich Wilhelm Raiffeisen (1818–1888)

Wilhelm Emmanuel von Ketteler (1811–1877)

Die Aufgabe des Christentums ist es, die Welt von dieser neuen Form der Sklaverei zu befreien und an dieser Aufgabe seine göttliche Kraft zu bestätigen.
Das erste Hilfsmittel, welches die Kirche dem Arbeiterstande auch fortan bieten wird, ist die Gründung und Leitung der Anstalten für den arbeitsunfähigen Arbeiter.
Das zweite Hilfsmittel ..., um auch seiner materiellen Not Abhilfe zu gewähren, ist die christliche Familie mit ihrer Grundlage, der christlichen Ehe ...
Das dritte Hilfsmittel, wodurch das Christentum dem Arbeiterstande hilft, besteht in seinen Wahrheiten und Lehren, die dem Arbeiterstande zugleich die wahre Bildung geben.
Als fünftes Hilfsmittel ... nennen wir endlich die Förderung der Produktiv-Assoziationen (der Genossenschaften).

Bischof Wilhelm Emmanuel von Ketteler, Die Arbeiterfrage und das Christentum, 1864

Bischof Ketteler und die Sozialenzyklika Leos XIII.

Der spätere Erzbischof von Mainz, Wilhelm Emmanuel von Ketteler, beeinflusste durch sein Wirken die Haltung der katholischen Amtskirche zur sozialen Frage. Er meinte, der Staat allein könne nicht alle Probleme einer Industriegesellschaft lösen, da die Armut der Massen und die Klassenunterschiede nicht nur durch die Gesetzgebung zu bewältigen seien – was man brauche, sei eine geistige Wandlung der Gesellschaft.

Ketteler forderte folgende Maßnahmen:

- Lohn- und Arbeiterschutz
- Arbeitszeitverkürzung
- Verbot der Sonntags- und Kinderarbeit
- Einschränkung der Frauenarbeit
- Entschädigung bei zeitweiliger oder dauernder Arbeitsunfähigkeit
- Gesundheitskontrolle im Fabrikbetrieb
- Fabrikinspektion und Förderung gemeinnütziger Genossenschaften

Kettelers Ideen waren nicht nur für die soziale Gesetzgebung in Deutschland wichtig, sondern hatten auch Konsequenzen über Deutschland hinaus. Als Papst **Leo XIII.** schließlich bereit war, entgegen der schroffen Haltung seiner Vorgänger eine **Sozialenzyklika** von weitreichender Bedeutung zu veröffentlichen **(Rerum Novarum,** 1891), nannte er Ketteler seinen „großen Vorläufer", von dem er viel gelernt habe.

Die „revolutionären" Kernaussagen dieser Enzyklika waren:

- Jeder Arbeiter/jede Arbeiterin hat als menschliches Wesen seine/ihre Würde und das im Schöpfungplan und in der christlichen Ethik festgelegte absolute Recht, als Mensch und nicht als Sache behandelt zu werden.
- Der Staat hat das Recht, in die private Industrie einzugreifen, um die Rechte und das Wohl des Arbeiters/der Arbeiterin zu schützen.
- Der Arbeiter/die Arbeiterin hat das Recht auf einen gerechten Lohn und das Recht, sich zu seinem/ihrem Schutz zu organisieren.

Aus der Enzyklika „Rerum Novarum" Papst Leos XIII., 1891

Ein Grundfehler ist die Vorstellung, dass die Natur die besitzende und die nicht besitzende Klasse, die Wohlhabenden und die Proletarier, zu einem andauernden Zweikampf bestimmt habe. Dies widerspricht ganz und gar jeder Vernunft und Wahrheit. Die Natur hat das Leben des Staates derart eingerichtet, dass jene zwei Klassen einträchtig zusammenwirken und in ihrer gegenseitigen Entsprechung eine Gleichgewichtslage der Gesellschaft herbeiführen sollen. Die eine Klasse bedarf durchaus der anderen; das Kapital der Arbeit und die Arbeit des Kapitals. Es ist in Ordnung, dass die Frucht der Arbeitsanstrengung denen gehört, die die Arbeit leisteten.

Zweifellos nicht anderswoher als aus der Arbeitsleistung der schaffenden Hand in der Landwirtschaft oder im Gewerbe kommt die Wohlhabenheit im Staate her.
Die Kirche als Vertreterin und Wahrerin der Religion hat zunächst in den religiösen Wahrheiten und Gesetzen ein mächtiges Mittel, die Reichen und die Armen zu versöhnen und einander nahezubringen; ihre Lehren und Gebote führen beide Klassen zu ihren Pflichten gegeneinander und namentlich zur Befolgung der Vorschriften der Gerechtigkeit.

Von diesen Pflichten berühren folgende die arbeitenden Stände: vollständig und treu die Arbeitsleistung zu verrichten, zu welcher sie sich frei und mit gerechtem Vertrage verbunden haben; den Arbeitgebern weder an der Habe noch an der Person Schaden zuzufügen; in der Wahrung ihrer Interessen sich der Gewalttätigkeit zu enthalten und in keinem Falle Auflehnung zu stiften; nicht Verbindung zu unterhalten mit Übelgesinnten, die ihnen trügerische Hoffnungen vorspiegeln und nur bittere Enttäuschung und Ruin zurücklassen.

Vor allem ermahnt die Kirche die Arbeitsherren, den Grundsatz „Jedem das Seine" stets vor Augen zu halten. Dieser Grundsatz sollte auch unparteiisch auf die Höhe des Lohnes Anwendung finden, ohne dass die verschiedenen mitzuberücksichtigenden Momente übersehen werden.

Der Sinn der menschlichen Existenz bestehe in der Verwirklichung der Werte in der Gemeinschaft, die aber nur von eigenständigen Personen geleistet werden könne. Die Gemeinschaft soll die Initiative und Eigenkräfte des Einzelnen wecken und fördern **(Subsidiaritätsprinzip, Hilfe zur Selbsthilfe).** Durch die Daseinsvorsorge der Gemeinschaft werden die Bedingungen geschaffen, die dem Einzelnen eine sinnvolle Betätigung seiner Kräfte überhaupt erst ermöglichen.

Leitideen/Prinzipien der katholischen Soziallehre

Personalität

Was gilt der Mensch?
Der Mensch ist auf Gemeinschaft und Unendlichkeit angelegt. Er muss Träger, Schöpfer und Ziel aller gesellschaftlichen Einrichtungen sein.

Gemeinwohl

Was ist gut für das Ganze?
Die volle Entfaltung aller Menschen in der Schöpfung bedarf bestimmter natürlicher und gesellschaftlicher Voraussetzungen.

Subsidiarität

Wer ist zuständig?
Die übergeordnete Gemeinschaft soll die Einzelnen und die kleineren Einheiten unterstützen, aber nicht deren Eigenaktivität ausschalten.

Solidarität

Wer ist verantwortlich?
Alle Menschen sollen sich ihres Verbundenseins bewusst werden und füreinander Verantwortung übernehmen.

Arbeitsaufgaben

1. Fassen Sie zusammen: Auf welchen christlichen Grundprinzipien basieren die Pflichten von Arbeitgebern und Arbeitnehmern?
2. Erklären Sie, worin sich die damals herrschende Lehrmeinung der Kirche von der des Liberalismus und des Marxismus unterscheidet.
3. Erläutern Sie, welcher Stellenwert dem Menschen in der Gesellschaft zukommt.
4. Überlegen Sie, wie sich der einzelne Mensch in der Gesellschaft frei entfalten kann.
5. Erörtern Sie, wer der Unterstützung bedarf und worin diese bestehen soll.
6. Diskutieren Sie, wer für wen Verantwortung übernehmen soll bzw. muss.
7. Erörtern Sie den Stellenwert der Arbeiterfrage in der ÖVP heute.

Die Arbeiterfrage heute

Das politische Glaubensbekenntnis der ÖVP beginnt mit den Worten: „Wir sind die christdemokratische Partei." Und das einleitende „Wer wir sind"-Kapitel im mittlerweile fast 20 Jahre alten Parteiprogramm von 1995 endet lapidar mit dem Anspruch: „Wir sind die Volkspartei." Die Arbeiterfrage ist für die Christdemokraten in den Hintergrund gerückt. „Nächstenliebe" wurde vor allem von gern als Herz-Jesu-Marxisten verhöhnten Linkskatholiken urgiert, etwa 2010 bei der Abschiebung achtjähriger Zwillingsmädchen in den Kosovo. Aber auch bei der schwarz-blauen Pensionsreform erinnerte Landeshauptmann Josef Pühringer seine Partei an ihre „christlich-soziale" Seite. Zugleich wurde damals betont, dass das Streikrecht theologisch legitimiert sei durch die „Gewerkschaftsenzkylika (1912) von Pius X. Als vor allem kirchennahe Wähler/innen und Laienorganisationen unter der ÖVP-FPÖ-Koalition „soziale Kälte" beklagten, wollte der in der katholischen Hochschulgemeinde sozialisierte Kanzler Wolfgang Schüssel die „christlich-sozialen Wurzeln" wieder ausgraben – und argumentierte mit dem Neid, einem Hauptlaster guter Christenmenschen. Wohlgemerkt, dem Neid der Armen. Die Tradition der Abwehr „neidischer" Kritik an schiefen Vermögensverhältnissen führte auch Spindelegger fort: „Armut beseitige ich nicht durch Schüren von Neid oder kalte Enteignung." Die Argumentationskrücke Neid konterten Soziallehre-Auskenner mit Verweis auf Papst Paul VI., der 1967 ganz in Umverteilungsmanier schrieb: „Die Erde ist für alle da, nicht nur für die Reichen."

Der Standard, 8./9. November 2014

3 Marxismus

Die umfassendste Kritik am Industriekapitalismus und an seinen sozialen Missständen verfassten die Begründer des Marxismus, Karl Marx und Friedrich Engels. Ihre Analysen und Forderungen fanden Eingang in die Programme der in der zweiten Hälfte des 19. Jahrhunderts gegründeten Arbeiterparteien.

Die Hegel'sche Dialektik

Großen Einfluss auf **Karl Marx** (1818–1883) und **Friedrich Engels** (1820–1895) hatte der deutsche Philosoph **Georg Friedrich Wilhelm Hegel** (1770–1831).

Hegel, Marx, Engels (v. l.)

Hegel sah in der **Dialektik** das bewegende Prinzip allen Weltgeschehens. Jedes Ding und jede Erscheinung (These) trage den Keim seines bzw. ihres Gegenteils (Antithese) in sich, das sich im Laufe der Zeit notwendig aus dem Ding bzw. der Erscheinung entwickle, bis der Widerspruch durch Vereinigung beider (Synthese = These) gelöst werde und einen neuen Widerspruch schaffe.

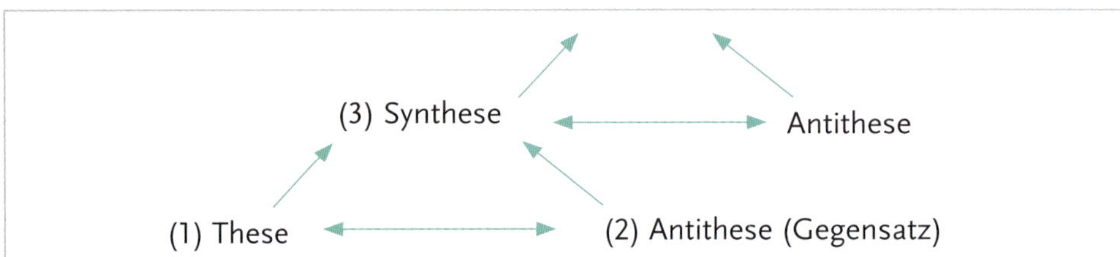

Geschichte sah Hegel als einen Prozess, der auf ein bestimmtes Ziel gerichtet sei. Dieses Ziel sei die Selbstentfaltung des Weltgeistes, die Einheit von Vernunft und Wirklichkeit: **„Was vernünftig ist, das ist wirklich; und was wirklich ist, das ist vernünftig."** Die Weltgeschichte sei also vernünftig und zielgerichtet, jede Entwicklungsstufe eine notwendige Zwischenstufe. Diese stufenweise Entwicklung aus Gegensätzen bezeichnete Hegel als Dialektik.

Die Marx'sche Dialektik

Von Hegel übernahmen Marx und Engels die dialektische Interpretation der Geschichte. Im Gegensatz zu Hegel, bei dem die materiellen Verhältnisse ein Ergebnis der Dialektik der Ideen sind, sind die Ideen bei Marx und Engels eine Folge der materiellen Verhältnisse (z. B. der Produktionsverhältnisse): **„Es ist nicht das Bewusstsein der Menschen, das ihr Sein, sondern ihr gesellschaftliches Sein, das ihr Bewusstsein bestimmt."**

Utopische Sozialisten

Die Vorläufer und Vordenker von Karl Marx und seinem „wissenschaftlichen" Sozialismus werden als Frühsozialisten oder utopische Sozialisten bezeichnet. Zu ihnen zählen unter anderem:

Francois Noel Babeuf (1760–1797): Er stellte den Reformen des Bürgertums in der Zeit der Französischen Revolution ein System der Gleichheit, den „Kommunismus", entgegen.

Henri de Saint-Simon (1760–1825): Er war von adeliger Herkunft und forderte, dass nur Arbeit Eigentum begründen sollte. Die Produktionsmittel sollten in Allgemeinbesitz übergehen.

Charles Fourier (1772–1837): Er trat für den Zusammenschluss der Arbeitenden zu Genossenschaften ein, die ihre Interessen sozial und ökonomisch vertreten sollten.

Robert Owen (1771–1858) wurde als Waisenkind tageweise an Fabrikanten vermietet, schaffte den sozialen Aufstieg zum Fabriksherrn. In seiner Spinnerei in New Lanark arbeiteten Kinder „nur" zehn Stunden, es gab Kindergärten und Schulen und es wurden auch höhere Löhne als bei den Konkurrenten bezahlt. Die von ihm gegründeten Konsumgenossenschaften waren aber langfristig wirtschaftlich nicht lebensfähig.

Pierre-Joseph Proudhon (1809–1865) setzte sich für die Beseitigung der Ausbeutung und die Aufhebung der Regierung des Menschen durch den Menschen ein. Berühmt wurde der von ihm zitierte Satz: „Eigentum ist Diebstahl."

Fassen Sie die Grundideen der utopischen Sozialisten zusammen.

Die ökonomischen Beziehungen, die Marx als **Basis** bezeichnete, seien die Grundlagen der Gesellschaft. Darüber erhebe sich ein **Überbau,** der die gesellschaftlichen Ideen und die Institutionen umfasse. Es handelt sich laut Marx um die „einfache Tatsache, dass die Menschen vor allen Dingen zuerst essen, trinken, wohnen und sich kleiden müssen, ehe sie Politik, Wissenschaft, Kunst, Religion usw. treiben können; dass also die Produktion der unmittelbaren materiellen Lebensmittel und damit die jedesmalige ökonomische Entwicklungsstufe eines Volkes oder eines Zeitabschnitts die Grundlage bildet, aus der sich die Staatseinrichtungen, die Rechtsanschauungen, die Kunst und selbst die religiösen Vorstellungen der betreffenden Menschen entwickelt haben“ (Marx, Engels, Werke, Band 19, S. 335).

Dialektik der Weltgeschichte laut Marx

Urgesellschaft
Keine Klassen = Beginn der Geschichte
Friedliche Entwicklung ↓

Sklavenhaltergesellschaft
Klasse I Sklavenhalter – **Klasse II** Sklaven
Revolution ↓

Feudalgesellschaft
Klasse I Grundbesitzer – **Klasse II** Leibeigene
Revolution ↓

Kapitalismus
Klasse I Bourgeoisie – **Klasse II** Proletariat
Revolution ↓

Klassenlose Gesellschaft
Keine Klassen! = Endzustand der Geschichte

„Das Kapital“

Dieses Buch gilt als das Hauptwerk von Karl Marx. Es ist teilweise sehr schwierig zu lesen und konnte sich gar nicht an die größtenteils noch ungebildeten Arbeiter/innen wenden. Die ersten Führer der Arbeiterschaft stammten auch zumeist aus dem Bildungsbürgertum.

- **Arbeitswertlehre:** Arbeit sei der einzige Quell aller Werte. Sie sei selbst eine Ware, die den Preis der Güter bestimme. Aus dem freien Spiel der Kräfte des Marktes, wie von Adam Smith gedacht, entstehe keine Harmonie der Interessen, sondern die Weltherrschaft des Kapitalismus.
- **Exploitationslehre:** Der Kapitalismus beruhe auf der Ausbeutung der Arbeiter/innen.
- **Mehrwertlehre:** Die Differenz zwischen den Produktionskosten und dem Verkaufspreis einer Ware sei der Mehrwert, den der Unternehmer/ die Unternehmerin als Profit einbehält und damit den Arbeitern und Arbeiterinnen vorenthält.
- **Akkumulationstheorie:** Es komme zu einer ständigen Vermehrung des Kapitals in den Händen weniger Unternehmer/innen.
- **Konzentrationstheorie:** Die Kapitalakkumulation führe zur Übernahme von kleinen durch große Unternehmen, die zu Monopolbetrieben werden.
- **Verelendungstheorie:** Da nur mehr wenige Unternehmer/innen den Preis der Produkte und die Menge der Produktion und dadurch die Löhne und die Zahl der Arbeiter/innen bestimmten, vergrößere sich das Heer der Arbeitslosen. Es entstehe eine industrielle Reservearmee, die weiter die Löhne drücke, was zur Verelendung der Arbeiterschaft führe. Um das zu verhindern, müsse das Proletariat die Macht an sich reißen.

„Das **Kapital**“ ist eine Analyse und Kritik der kapitalistischen Gesellschaft mit weitreichenden Wirkungen in der Arbeiterbewegung und der Geschichte des 20. Jahrhunderts.

Historischer Materialismus

Die Geschichte der Menschheit sei die **Geschichte des Klassenkampfes** um die Produktionsmittel. Die Klassen stehen einander unversöhnlich gegenüber. Aus der urkommunistischen Gesellschaft, in der das Eigentum verteilt war, entstand durch Aneignung von Produktionsmitteln durch wenige die Sklavenhaltergesellschaft der Antike. Durch Ausnutzung innerer Krisen befreiten sich die Sklaven. In der Feudalgesellschaft gab es keine Sklaverei mehr, sondern Leibeigenschaft. Aus den „Pfahlbürgern der Städte“ entstand das Bürgertum, das gewaltsam den Feudalherren die Macht nahm.

Durch einen Akt der Selbstbefreiung enteignen die Proletarier die Ausbeuter und die Produktionsmittel werden Volkseigentum aller. Damit ende der Klassenkampf, an dessen Stelle die **Diktatur des Proletariats** trete. Die kommunistische Revolution beseitige dann die staatliche Gewalt und führe zum **Kommunismus,** es gebe keine Staaten mehr, alle regieren alle.

Sozialismus und Sozialdemokratie: zwei Begriffe – ein Ziel
Das eigentliche angestrebte Ziel der Sozialdemokratie (in ihrer Gründungsphase) war immer der Demokratische Sozialismus, durch den Gleichheit, Gerechtigkeit und Solidarität in der Gesellschaft verwirklicht werden sollten. Wilhelm Liebknecht, einer der Gründungsväter der SPD formulierte dies so: „Sozialismus und Demokratie sind nicht dasselbe, aber sie sind nur ein verschiedener Ausdruck desselben Grundgedankens; sie gehören zueinander, ergänzen einander, können nie miteinander in Widerspruch stehen. ... Der demokratische Staat ist die einzig mögliche Form der sozialistisch organisierten Gesellschaft.

Die Arbeiterbewegung

Neue Glühlichter; Festnummer zum 1. Mai 1904. **„Wissen ist Macht"** und **„Einigkeit macht stark"** stand auf einem Parteiabzeichen aus dem Jahr 1905. Die „8" galt als Symbol für den Achtstundentag. Die zerrissene Kette und der Hammer waren ebenfalls gängige Symbole. Die Farbe der Arbeiterbewegung war Rot. Rot waren die Halsschleifen (eine sozialistische Jugendorganisation, die Roten Falken, trägt sie noch heute), rot waren die Fahnen. Rote Fahnen zu tragen, wurde in Österreich 1909 gestattet. Der 1. Mai ist seit 1890 der internationale Tag der Arbeit, an dem die Arbeiterschaft in Aufmärschen ihre Stärke demonstriert(e) und ihre Forderungen formuliert(e).

Sozialismus und Sozialdemokratie

Die Arbeiterschaft verstand sich seit der gescheiterten Revolution von Paris 1848 als geschichtlich handelnde Klasse, die um bessere Lebens- und Arbeitsbedingungen kämpfte. Das wichtigste Recht dabei war das **Vereins- und Versammlungsrecht,** das die Gründung von Arbeitervereinen und Gewerkschaften ermöglichen sollte. Aus den Arbeitervereinen entstanden sozialistische Parteien. Das wichtigste Kampfmittel war der **Streik.** Die Arbeiterbewegung war in der Anfangszeit durch ein reges **Vereinsleben** gekennzeichnet. Es entstanden große Organisationen, wie etwa der **Konsumverein,** durch den seine Mitglieder günstig Lebensmittel bezogen, weil sie am Gewinn beteiligt waren. Besondere Bedeutung erlangte die **Presse** der Arbeiterschaft. Durch sie wurden Parolen ausgegeben, wurde informiert und gebildet.

1863 gründete Ferdinand Lassalle den **Allgemeinen Deutschen Arbeiterverein.** Während Marx den Staat als Instrument der Klassenherrschaft bezeichnete und ihn deshalb abschaffen wollte, strebte Lassalle „eine Revolution durch den Stimmzettel" an. Die Forderung nach dem gleichen und geheimen Wahlrecht wurde zum zentralen politischen Anliegen. Dieses Wahlrecht ermöglichte den Sozialisten schließlich den Einzug als Abgeordnete in die gesetzgebenden Körperschaften. Der Parteiführer der deutschen **Sozialdemokratischen Arbeiterpartei** (gegründet 1869), die aus Lassalles Arbeiterverein hervorgegangen war, **August Bebel,** lehnte den politischen Generalstreik als Kampfmittel ab.

Bereits 1864 war die Internationale Arbeiterassoziation (IAA), später auch **Erste Internationale** genannt, in London gegründet worden. Die IAA war der erste internationale Zusammenschluss von Arbeitergesellschaften, die nach den provisorischen Statuten „dasselbe Ziel verfolgen, nämlich: den Schutz, den Fortschritt und die vollständige Emanzipation der Arbeiterklasse". Führendes Gremium war der Generalrat, dessen Präsidium auch Karl Marx angehörte.

Die **Zweite Internationale,** zu der sich selbstständige sozialistische Parteien und Gewerkschaften 1889 in Paris zusammengeschlossen hatten, zerbrach an den Gegensätzen zwischen den Revolutionären und den Reformisten, die durch Regierungsbeteiligung die Gesellschaft verändern wollten. Der Traum der Zweiten Internationale war, durch eine Bewegung aller Arbeiter/innen einen Krieg zu verhindern, in dem nur die Arbeiterschaft verlieren konnte. Dieser Traum scheiterte. Die deutschen Sozialisten stimmten mit wenigen Ausnahmen 1914 für den Krieg.

Labourmitglieder saßen auch im Londoner Kriegskabinett. **Victor Adler,** der österreichische Parteiführer, hatte zumindest Zweifel an der Richtigkeit der Entscheidung für den Krieg, als er sagte: „Lieber mit den Massen irren als gegen sie recht behalten." Der französische Parteivorsitzende **Jean Jaués,** der eifrigste Verfechter der Verhinderung eines Krieges durch die Internationale der Arbeiter, wurde im Juli 1914 von einem nationalistischen Fanatiker erschossen.

Arbeitsaufgaben

1. Aus welcher sozialen Schicht kamen die führenden Köpfe der Arbeiterbewegung?
2. Überprüfen Sie die Kernaussagen des „Kapitals" auf ihre heutige Bedeutung.
3. Vergleichen Sie die Lösungsansätze für die soziale Frage der christlichen Soziallehre mit denen im Marxismus.
4. Nehmen Sie eine Gegenüberstellung von sozialdemokratischen Parteien und kommunistischen Parteien vor. Berücksichtigen Sie dabei den historischen Wandel der Parteien.

4 Nationalismus

Es ist leicht, Nationalismus zu entfachen, aber sehr schwer, ihn wieder unter Kontrolle zu bringen.
(Tschingis Aitmatow, 1928–2008, kirgisischer Schriftsteller)

Der Nationalismus inspiriert sich weniger aus der Liebe zum eigenen Volk, als aus dem Hass gegen die anderen.
(Paul Bertololy, 1892–1972, deutscher Arzt und Schriftsteller)

Nationalismus ist eine Kinderkrankheit, sozusagen die Masern der Menschheit.
(Albert Einstein, 1879–1955, deutscher Physiker)

Was versteht man unter Nationalismus?

Grundsätzlich haben Menschen jeder **Nation** ein mehr oder weniger stark ausgeprägtes Nationalbewusstsein. Viele sind stolz auf ihr Land oder auf Leistungen von Menschen, die ihrer Nation angehören. Wenn dieser sogenannte Nationalstolz aber aus unterschiedlichen Gründen zu stark ausgeprägt ist und dazu führt, Menschen einer anderen Nation als schlechter und/oder minderwertiger zu sehen, dann spricht man von Nationalismus. Aus naheliegenden Gründen war der Nationalismus im Verlauf der Geschichte immer wieder Auslöser für Kriege und Konflikte.

Der Nationalismus ist hauptsächlich eine Erscheinung der Moderne. Das bedeutet, dass besonders seit dem Ende des 18. Jahrhunderts nationalistische Ideen entstanden sind. Angetrieben wurden diese Ideen durch den amerikanischen Unabhängigkeitskrieg (1775–1783) und die Französische Revolution (1789). Die dabei neu entstandenen Staaten mussten sich als vermeintliche oder tatsächliche Gemeinschaft bestimmen und bedienten sich zu deren Rechtfertigung des Nationalismus. Ein theoretischer Vorreiter war zum Beispiel der Italiener **Giuseppe Mazzini.**

Zu Beginn war der Nationalismus – im Sinne der Französischen Revolution – noch ein fortschrittliches, gegen Fürstenherrschaft, Aristokratie und feudale Privilegienordnung gerichtetes Prinzip. Ab der zweiten Hälfte des 19. Jahrhunderts wurde er aber immer mehr zu einer rechtsorientierten, politischen Ideologie. Das heißt, dass die eigene nationale Vorrangstellung nach außen immer mehr betont wurde. In dieser Zeit verbreitete sich auch die Bezeichnung für eine besonders aggressive Form des Nationalismus, dem **Chauvinismus.**

Die starke Veränderung der Bedeutung des Nationalismus trug auch wesentlich zur Rechtfertigung des ebenfalls im 19. Jahrhundert aufkommenden **Imperialismus** bei. Die Herrschaft und die Unterdrückung fremder bzw. anderer Völker wurde nun mit dem Hinweis auf die eigene nationale Überlegenheit gerechtfertigt.

Dieser Wandel im Grundverständnis von Nation, Nationalität, Nationalismus und **Patriotismus** brachte ein deutscher, liberaler Politiker am Ende des 19. Jahrhunderts auf den Punkt: „Nationalismus ist im Zeichen des Hasses ... gegen alles, was sich nicht blind unterwirft, daheim oder draußen".

Die Lieder des deutschen Nationalismus

Jede Vereinigung hatte ihre Druckwerke, ihre Abzeichen, ihre Parolen und ihre Lieder. Die Lieder gehörten zu den Festen und Aufmärschen, das gemeinsame Sin-

Giuseppe Mazzini (1805–1872) trat für die Einigung aller italienischen Staaten ein, die während eines Großteils seiner Lebenszeit auf unterschiedliche Königreiche aufgeteilt waren. Er formulierte Texte zur Schaffung einer nationalen italienischen Republik.

Das Junge Italien ist für die Einheit – weil ohne Einheit es keine wahre Nation, ohne Einheit es keine Kraft gibt, und Italien, umgeben von geeinigten, mächtigen und eifersüchtigen Nationen, bedarf vor allem der Stärke. ...
Die Farben des Jungen Italien sind Weiß, Rot und Grün. Die Fahne des Jungen Italien trägt auf diesen Farben auf einer Seite als Inschrift die Worte: Freiheit, Menschheit, auf der anderen: Einheit, Unabhängigkeit.
Programm des „Giovine Italia" (Jungen Italien) Giuseppe Mazzinis, 1831

Als **Nation** bezeichnet man entweder die Gesamtheit der Menschen, die in einem Staat (Staatsnation) leben, oder die Gesamtheit von Menschen, die eine gemeinsame Kultur haben (Kulturnation).

Patriotismus (franz.: Vaterlandsliebe) bezeichnet eine besondere Wertschätzung der Traditionen, der kulturellen und historischen Werte und Leistungen des eigenen Volkes. Übersteigerter Patriotismus kann zu Nationalismus führen.

gen demonstrierte die Zusammengehörigkeit. Der deutsche Nationalismus, das Begreifen als Nation, war verknüpft mit den napoleonischen Kriegen, als die Idee des Römischen Reiches verworfen wurde.

Einer der frühen Vertreter des Deutschtums, **Ernst Moritz Arndt,** beantwortete 1813 im Lied „Was ist des Deutschen Vaterland?" diese Frage so:

Das ist des Deutschen Vaterland,
wo Zorn vertilgt den welschen Tand,
wo jeder Franzmann heißet Feind,
wo jeder Deutsche heißet Freund,
das soll es sein ...
Das ganze Deutschland soll es sein!

Die in dem Lied Arndts angesprochene Feindschaft kann man aus der Situation von 1813 noch als Aufruf zur Verteidigung verstehen. Das Wachhalten der Angst vor einer französischen Bedrohung in den Rheinliedern **Nikolaus Beckers** von 1840 war aber bereits ein Schritt zu einer Ideologie:

Sie sollen ihn nicht haben,
den freien deutschen Rhein,
bis seine Flut begraben
des letzten Manns Gebein.

Auch **Max Schneckenburgers** „Wacht am Rhein" war so zu verstehen:

Lieb Vaterland, magst ruhig sein,
fest steht und treu die Wacht am Rhein.

Das „ganze Deutschland" überhöhte dann **Hoffmann von Fallersleben:**

Deutschland, Deutschland über alles,
über alles in der Welt,
wenn es stets zu Schutz und Trutze
brüderlich zusammenhält.
Von der Maas bis an die Memel,
von der Etsch bis an den Belt –
Deutschland, Deutschland über alles,
über alles in der Welt!

Seit 1922 war dies der Text der ersten Strophe der deutschen Hymne. Nach 1945 wurde nur mehr die dritte Strophe gesungen, 1991 wurde diese zur Nationalhymne Deutschlands.

Fans, Patrioten oder Nationalisten?

Bei Sportveranstaltungen Flagge zeigen ja oder nein? Diskutieren Sie darüber in der Klasse.

Patriotism is when love of your own people comes first; nationalism, when hate for people other than your own comes first.
Charles de Gaulle (1890–1970), französischer Staatspräsident

Patriotismus ist Liebe zu den Seinen, Nationalismus ist Hass auf die anderen.
Romain Gary (1914–1980), französischer Schriftsteller

Stellen Sie Ihre Meinung zu den beiden Zitaten dar.

Arbeitsaufgaben

1. Definieren Sie jedes der folgenden Wörter in nur einem Satz: Patriotismus, Nationalismus, Chauvinismus, Imperialismus.
2. Erörtern Sie die Aussagen: „Die Welt ist mein Heimatland" (Thomas Paine) und „Es gibt keine Franzosen, Spanier, Deutsche oder Engländer mehr, sondern nur noch Europäer" (Jean-Jacques Rousseau). Informieren Sie sich über die Verfasser dieser Aussagen.
3. Die angeführten Liedtexte waren bis 1945 in jedem deutschen Liederbuch zu finden. Welche Haltung wurde damit anerzogen?
4. Informieren Sie sich über den Text der heutigen deutschen Nationalhymne.

Ziele erreicht – „Wesentliche Ideologien des 19. Jahrhunderts und ihre Folgen"

KOMPETENZ-ERWERB

1. Ordnen Sie die angeführten Begriffe den entsprechenden Personen zu:

Adam Smith (1) ■ David Ricardo (2) ■ Jean-Baptiste Say (3) ■ Robert Malthus (4) ■ Adolf Kolping (5) ■ Friedrich Wilhelm Raiffeisen (6) ■ Papst Leo XIII. (7) ■ Georg Friedrich Wilhelm Hegel (8) ■ Karl Marx (9)

☐ „An Inquiry into the Nature ..."
☐ Arbeitsteilung
☐ „Das Kapital"
☐ Eigennutz – Gesamtnutzen
☐ Genossenschaftswesen
☐ Industrielle Reservearmee
☐ Jedem das Seine
☐ Kapitalakkumulation
☐ Komparative Kostenvorteile
☐ Laissez-faire
☐ Mehrwert
☐ Solidarität
☐ Überbevölkerung – Hungersnot

☐ Arbeitslöhne – Existenzminimum
☐ Basis – Überbau
☐ Dialektik
☐ „Essay on the Principle of Population"
☐ Gesellenvereine
☐ Unsichtbare Hand
☐ Jedes Angebot findet Nachfrage
☐ Klassenlose Gesellschaft
☐ Konzentrationstheorie
☐ Lokaler Markt – Weltmarkt
☐ „Rerum Novarum"
☐ Subsidiarität
☐ Überproduktion nicht möglich

2. Interpretieren Sie die folgenden Quellen und gehen Sie dabei auf den Bedeutungswandel des Nationenbegriffs ein.

Was ist eine Nation? Ein Körper, dessen Mitglieder unter einem gemeinsamen Gesetz leben und durch eine und dieselbe gesetzgebende Versammlung vertreten sind.

Ist es nicht gewiss, dass der Adelsstand Privilegien, Befreiungen und sogar Rechte besitzt, die von den Rechten der Masse der Bürger losgelöst sind? Dadurch tritt er aus der allgemeinen Ordnung, aus dem allgemeinen Gesetz heraus. Folglich machen ihn schon seine bürgerlichen Rechte zu einem Volk für sich inmitten der Nation. Das ist wirklich ein imperium in imperio.

Auch seine politischen Rechte übt er für sich aus. Er hat seine eigenen Vertreter, die keinerlei Vollmacht des Volkes besitzen. Die Körperschaft seiner Abgeordneten hält ihre Sitzungen unter sich ab, und wenn sie sich einmal im gleichen Saal mit den Abgeordneten der einfachen Bürger versammeln sollte, dann wäre ebenso sicher seine Vertretung dem Wesen nach von ihnen geschieden und getrennt.

Sie ist der Nation fremd durch ihr Prinzip, weil ihr Auftrag nicht vom Volk ausgeht, und durch ihren Zweck, weil er nicht in der Verteidigung des Gemeininteresses, sondern des Sonderinteresses besteht.

Der dritte Stand umfasst also alles, was zur Nation gehört. Und alles, was nicht dritter Stand ist, kann sich nicht als Bestandteil der Nation betrachten. Was also ist der dritte Stand? Alles.

Emmanuel Sieyès, Was ist der dritte Stand? 1789; in: Walter Grab (Hg.), Die Französische Revolution, 1973, S. 27 f.

Die Deutschen sind Idealisten und Träumer; sie schwärmen für allgemeine Menschenrechte und es muss schon stark kommen, ehe der deutsche Michel aufwacht. Jetzt ist er erwacht und sieht ein, dass es so nicht weitergehen kann. Kein billig Denkender, der die Verhältnisse kennt, wird leugnen können, dass wir zu unserer Abwehr unberechtigten fremden Einflusses und Übergewichts nicht nur ein Recht, sondern eine heilige Pflicht haben. (Lebhafter Beifall)

Der Hofprediger und Politiker Adolf Stoecker auf einer Parteiversammlung der Christlich-Sozialen in Berlin am 3. Februar 1882

Allein in erster Linie will die Nation (scheinbar oder wirklich) vor allem Macht. Das kleinstaatliche Dasein wird wie eine bisherige Schande perhorresziert (für parteilich erklärt und deshalb verworfen); alle Tätigkeit für dasselbe genügt den treibenden Individuen nicht; man will nur zu etwas Großem gehören und verrät damit deutlich, dass die Macht das erste, die Kultur höchstens ein ganz sekundäres Ziel ist. Ganz besonders will man den Gesamtwillen nach außen geltend machen, anderen Völkern zum Trotz.

So beschrieb der Schweizer Kulturhistoriker Jakob Burckhardt (1808–1897) die strukturelle Änderung des Nationalismus nach 1870, nach der Gründung des deutschen Kaiserreiches, in seinen „Weltgeschichtlichen Betrachtungen", 1905

Den Kommunisten ist ferner vorgeworfen worden, sie wollten das Vaterland, die Nationalität abschaffen.

Die Arbeiter haben kein Vaterland. Man kann ihnen nicht nehmen, was sie nicht haben. Indem das Proletariat zunächst sich die politische Herrschaft erobern, sich zur nationalen Klasse erheben, sich selbst als Nation konstituieren muß, ist es selbst noch national, wenn auch keineswegs im Sinne der Bourgeoisie.

Die nationalen Absonderungen und Gegensätze der Völker verschwinden mehr und mehr schon mit der Entwicklung der Bourgeoisie, mit der Handelsfreiheit, dem Weltmarkt, der Gleichförmigkeit der industriellen Produktion und der ihr entsprechenden Lebensverhältnisse.

Die Herrschaft des Proletariats wird sie noch mehr verschwinden machen. Vereinigte Aktion, wenigstens der zivilisierten Länder, ist eine der ersten Bedingungen seiner Befreiung.

In dem Maße, wie die Exploitation des einen Individuums durch das andere aufgehoben wird, wird die Exploitation einer Nation durch die andere aufgehoben. Mit dem Gegensatz der Klassen im Innern der Nation fällt die feindliche Stellung der Nationen gegeneinander.

Auf Deutschland richten die Kommunisten ihre Hauptaufmerksamkeit, weil Deutschland am Vorabend einer bürgerlichen Revolution steht und weil es diese Umwälzung unter fortgeschritteneren Bedingungen der europäischen Zivilisation überhaupt und mit einem viel weiter entwickelten Proletariat vollbringt als England im 17. und Frankreich im 18. Jahrhundert, die deutsche bürgerliche Revolution also nur das unmittelbare Vorspiel einer proletarischen Revolution sein kann.

Mit einem Wort, die Kommunisten unterstützen überall jede revolutionäre Bewegung gegen die bestehenden gesellschaftlichen und politischen Zustände.

In allen diesen Bewegungen heben sie die Eigentumsfrage, welche mehr oder minder entwickelte Form sie auch angenommen haben möge, als die Grundfrage der Bewegung hervor. Die Kommunisten arbeiten endlich überall an der Verbindung und Verständigung der demokratischen Parteien aller Länder.

Die Kommunisten verschmähen es, ihre Ansichten und Absichten zu verheimlichen. Sie erklären es offen, dass ihre Zwecke nur erreicht werden können durch den gewaltsamen Umsturz aller bisherigen Gesellschaftsordnung. Mögen die herrschenden Klassen vor einer kommunistischen Revolution zittern. Die Proletarier haben nichts in ihr zu verlieren als ihre Ketten. Sie haben eine Welt zu gewinnen.

Proletarier aller Länder, vereinigt euch!

Karl Marx und Friedrich Engels, Manifest der Kommunistischen Partei (Februar 1848)

Familie – Frauen – Geschlechterrollenideologie – Gender-Mainstreaming

Meine Ziele

KOMPETENZ-ERWERB

Nach Bearbeitung dieses Kapitels kann ich

- den Wandel in den Formen des Zusammenlebens beschreiben;
- den Zusammenhang zwischen Familienform und sozioökonomischem Wandel anhand von Bildern und Texten analysieren;
- engagierte Frauen nennen, die um die Gleichberechtigung kämpften oder erstmals in männerdominierte Bereiche vordrangen;
- den Kampf der Suffragetten um das Frauenwahlrecht beschreiben;
- Schritte benennen, in denen sich die Bildungsinstitutionen auch den Frauen geöffnet haben;
- frauenpolitische Maßnahmen der sogenannten zweiten Frauenbewegung einordnen und bewerten.
- die Rollenbilder von Frau und Mann der entsprechenden Zeit zuordnen;
- Gleichheit und Gleichberechtigung anhand von konkreten Beispielen differenzieren;
- die positiven Aspekte von Gender-Mainstreaming bewerten und mögliche Kritik formulieren.

1 Familie im Wandel

Familie kommt vom lateinischen Wort „familia“ und bedeutet „Hausgenossenschaft“.

Wer gehört zu einer Familie?
Familie als System und Institution wird von den verschiedensten Wissenschaftsdisziplinen unterschiedlich definiert. Meist wird darunter verstanden, dass Eltern (auch Alleinerzieher/innen) mit mindestens einem Kind im gemeinsamen Haushalt leben. In der Soziologie wir der Begriff weiter definiert und bezieht auch Verwandtenbeziehungen (Großeltern, Enkel, Geschwister) ein. Im rechtlichen Sinn ist ein biologisches Verwandtschaftsverhältnis familienbegründend. Für die amtliche Statistik sind auch Ehepaare und Lebensgemeinschaften ohne Kinder Familien.

Diskutieren Sie, welche Personen für Sie zu einer Familie gehören bzw. bei welcher Form von Zusammenleben man von einer Familie spricht.

Familien erfüllten zu allen Zeiten wesentliche Aufgaben für die Gesellschaft und den Staat. In Familien werden Werte und Haltungen vermittelt bzw. Erfahrungen weitergegeben. Familiengröße, Familienstruktur und Familienfunktion haben sich im Laufe der Geschichte stark verändert.

Hauptfunktionen der Familie

Funktion	Merkmale	Was haben Staat und Gesellschaft von der Erfüllung dieser Funktion?
Zeugung von Kindern (Reproduktion)	Fortpflanzung, Sexualität	Sicherung des personellen Weiterbestehens der Gesellschaft, Zufriedenheit der Gesellschaftsmitglieder
Existenzsicherung (Lebens- und Wirtschaftsgemeinschaft)	Arbeitsteilung, gegenseitige Fürsorge und gemeinsames Leben und Wirtschaften	Materielle Sicherung der Familienmitglieder, Übernahme unterschiedlicher Rollen
Erziehung und soziale Platzierung (Sozialisation)	Elterliche Sorge für das seelische und körperliche Wohl des Kindes	Sorge für den personellen Nachwuchs der Gesellschaft; Erziehung zu einem vollwertigen und mündigen Mitglied der Gesellschaft
Spannungsausgleich (Regeneration)	Nestwärme, Geborgenheit, Freizeitgestaltung	Zufriedenheit der Gesellschaftsmitglieder, Wiederherstellung der Arbeitskraft bzw. Erwerbsfähigkeit der Gesellschaftsmitglieder

Die genannten Funktionen der Familie gelten grundsätzlich für alle Gesellschaften. Verschieden und wandelbar ist jedoch, wie sie in den einzelnen Gesellschaften erfüllt werden. Die Familie beruht zwar auf biologischen Gegebenheiten, doch die Form des Familienlebens und die Beziehung zwischen den Familienmitgliedern ist von den materiellen Gegebenheiten und sozialen Regeln abhängig.

Familie vom 18. bis ins 20. Jahrhundert

Bis in das 18. Jahrhundert waren sowohl im bäuerlichen als auch im stadtbürgerlichen Lebensraum zwei **Großfamilienformen** weit verbreitet:

- Jene des **„ganzen Hauses"**, wo die Kernfamilie mit dem Gesinde (Hauspersonal) und den unverheirateten Verwandten (Onkel, Tante ...) zusammenwohnte, und
- jene der **„großen Haushaltsfamilie"**, bei der mehrere Generationen – und manchmal auch die verheirateten Geschwister mit ihrer Familie – mit dem Gesinde einen Lebens-, Wohn- und Wirtschaftsverband bildeten.

Beschreiben Sie anhand der Fotos den Wandel der Familie.

Von der Großfamilie zur Kleinfamilie

Mit der **Industrialisierung** im 19. Jahrhundert und dem damit verbundenen Wachstum der Städte änderte sich diese Familienstruktur grundlegend. Die in die Städte abgewanderten Landarbeiter/innen brauchten ebenso wie die sich vor Ort bildende Industriearbeiterschaft Wohnraum, der jedoch knapp und teuer war. Diese wirtschaftliche Zwangslage führte innerhalb kürzester Zeit zu einer Reduktion auf die **Kleinfamilie.** Diese bestand meist aus zwei Elternteilen und maximal vier Kindern, es waren aber auch unvollständige Familienformen (mit Alleinerzieher/innen) möglich. An dieser Familienform änderte sich auch nichts mehr, als sich die Lage der Arbeiter/innen durch steigende Löhne und staatliche Sozialgesetzgebung verbesserte.

Die Kleinfamilie wurde zur **Normfamilie,** die – in allen Gesellschaftsschichten – bis zur Mitte des 20. Jahrhunderts folgende **Merkmale** aufwies:

- **Verheiratetes Elternpaar** (Entscheidung zur Ehe freiwillig)
- **Eigene leibliche Kinder** (Entscheidung für Kinder emotional, nicht ökonomisch bedingt)
- **Haushaltsgemeinschaft** (aus Eltern und unmündigen Kindern)
- **Lebenslange monogame** (Monogamie: Zusammenleben mit nur einem Partner) und **heterosexuelle** (auf das andere Geschlecht bezogene) **Ehe**
- **Fixierte Rollenverteilung** (Vater als Haupternährer und Familienvorstand, Mutter als Haushaltsorganisatorin und häufig im Nebenjob Tätige – Doppelbelastung!)
- **Räumliche Trennung** von Wohnort und Arbeitsort

Neue Lebensformen entstehen

In den 1960er-Jahren wurde das Muster der Kernfamilie von der Studentenbewegung und der Neuen Frauenbewegung infrage gestellt und neue Lebensformen kamen zu den alten hinzu.

Zu den neuen Lebensformen zählen:

- **Alleinerziehendenhaushalt**
- **Lebensabschnittspartnerschaft**
- **Stief- oder Patchworkfamilie**
- **kinderlose Ehe** (DINK = Double Income No Kids)
- **Fernbeziehung** oder Commuter-Ehe (von engl. commuter = Pendler; die Partner und deren Kinder sehen sich nur an den Wochenenden)
- **gleichgeschlechtliche Lebenspartnerschaft** (in manchen Ländern auch als Ehe)
- **Regenbogenfamilie** (Familie, bei der Kinder bei zwei gleichgeschlechtlichen Partnern als eine Familie leben)
- **Ehe für alle** (ab 1.1.2019 steht gleichgeschlechtlichen Paaren die Ehe offen)

Gründe für die Entstehung neuer Lebensformen waren u.a.:

- gestiegener Wohlstand,
- Ausweitung der schulischen und beruflichen Qualifizierung,
- steigende Arbeitsmarktmobilität und vor allem die
- veränderte soziale Rolle der Frau.

Erstes Regenbogenfamilien-zentrum eröffnet
Seit knapp eineinhalb Jahren dürfen homosexuelle Paare in Österreich Kinder adoptieren. Um ihnen eine Anlaufstelle mit Infos und Beratung zu bieten, hat in Wien jetzt das erste Zentrum für Regenbogenfamilien geöffnet. ...
Vor allem soll es hier Antworten auf alle erdenklichen Fragen geben. Denn mit dem Recht auf Adoption und der Möglichkeit der künstlichen Befruchtung bei lesbischen Paaren nehme auch der Wunsch nach Vernetzung und Information zu.

Frauen bestimmten ihre Lebensentwürfe selbst. Die Selbstverständlichkeit von Ehe und Mutterschaft wurde in Frage gestellt. Moderne Verhütungsmittel gaben den Frauen die Möglichkeit, sich vor ungewollter Schwangerschaft zu schützen. Frauen nutzten zunehmend die Möglichkeit, selbst einen Beruf auszuüben und sich finanziell vom Mann unabhängig zu machen. In der Folge kam es zu rückläufigen Geburtenraten, einer Abnahme an Eheschließungen und einem Ansteigen der Scheidungsziffern.

Heimische Haushalte 2018: So leben die Österreicher

2018 gab es in Österreich 3.916.000 Privathaushalte (2.319.000 Ein- und 58.000 Mehrfamilienhaushalte). Bezogen auf die Gesamtbevölkerung in Privathaushalten lebten laut Statistik Austria 80 % im Verband der Kernfamilie – also mit einem Ehepartner oder in einer Lebensgemeinschaft mit oder ohne im gemeinsamen Haushalt lebenden Kind(ern) bzw. in Ein-Eltern-Familien.
Zwischen 1988 und 2018 stieg die Zahl der Privathaushalte in Österreich um 37 % an. Die Bevölkerung in Privathaushalten nahm in diesem Zeitraum jedoch nur um 16 % zu (1988: 7,500.000 – 2018: 8,679.000). Somit geht die größere Zahl der Haushalte nur zum Teil auf das Bevölkerungswachstum zurück und ist im Wesentlichen auf die Zunahme der Zahl der Ein-Personen-Haushalte von 786.000 im Jahr 1988 auf 1.457.000 im Jahr 2018 zurückzuführen.
Der Anteil der Alleinlebenden an der Bevölkerung in Privathaushalten erhöhte sich im selben Zeitraum von zehn auf 17 %. Diese Entwicklung spiegelt sich auch in der Haushaltsgröße wider: Lebten im Jahr 1988 in einem Haushalt noch durchschnittlich 2,63 Personen, waren es 2018 nur noch 2,22.
Über alle Altersgruppen hinweg wohnten im Jahr 2018 vier von fünf Österreicherinnen und Österreichern (6.925.000 Personen) mit einer Partnerin oder einem Partner, als Elternteil oder Kind im Verband der Kernfamilie zusammen. 95 Prozent aller Personen bis zum Alter von 24 Jahren leben, meist als Kind (91 Prozent), mit einem oder beiden Elternteilen zusammen oder bereits in einer Partnerschaft (vier Prozent).
Die Zeit des Zusammenlebens als Elternteil mit Kindern konzentrierte sich vor allem auf die Altersgruppen von 35 bis 54 Jahren. In höherem Alter lebten immer mehr Menschen alleine: 526.000 (33 Prozent) der 1.588.000 aller Personen ab 65 Jahren wohnten – oft bedingt durch Trennung oder Tod des Partners – ohne weitere Personen im Haushalt.

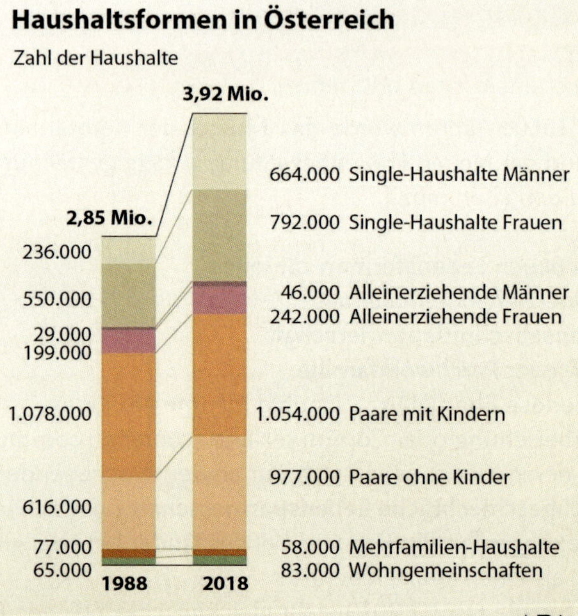

Kleine Zeitung, 4. April 2019

Aufgabenstellungen

1. Beschreiben Sie die verschiedenen Familienformen. Nehmen Sie dazu auch die Tabelle „Hauptfunktionen der Familie" zuhilfe.

Familienform	Zeitraum	Dazu zählen:	Gründe für die Entwicklung bzw. Merkmale
Großfamilie			
Kleinfamilie			
Normfamilie			
Neue Lebensformen			

2. Diskutieren Sie über die Vor- und Nachteile der einzelnen Lebensformen.
3. Nennen Sie mindestens vier Gründe für die Entstehung neuer Lebensformen.
4. Haushaltsformen in Österreich

   Lesen Sie den Zeitungstext „Heimische Haushalte 2018: So leben die Österreicher" und sehen Sie sich die dazugehörige Grafik „Haushaltsformen in Österreich" an.

   a) Beschreiben Sie die Veränderungen in den Jahren 1988–2018
   - bei den Paaren mit Kindern/ohne Kinder ______
   - den Singlehaushalten Männer und Frauen ______

   b) In welcher Gruppe findet man die meisten Ein-Personen-Haushalte? ______

2 Vom schönen Geschlecht zur Gleichberechtigung – ein endloser Weg?

Frau in einem Biedermeierkostüm von Anton Martin, Pionier der Fotografie, um 1840

In der bürgerlichen Damenmode des Biedermeier wurde die Taille durch Korsett und Reifrock wieder betont. Die Ärmel der Kleider waren mittels Rosshaar und Fischbein deutlich ausgeformt. Auf dem Kopf trug man die Schute, einen haubenähnlichen Hut.

Beurteilen Sie die Bequemlichkeit der Damenmode des Biedermeier.

Das schöne Geschlecht

Das Frauenzimmer hat ein angebornes stärkeres Gefühl für alles, was schön, zierlich und geschmückt ist. Schon in der Kindheit sind sie gerne geputzt und gefallen sich, wenn sie geziert sind. Sie sind reinlich und sehr zärtlich in Ansehung alles dessen, was Ekel verursacht. Sie lieben den Scherz und können durch Kleinigkeiten, wenn sie nur munter und lachend sind, unterhalten werden. Sie haben sehr früh ein sittsames Wesen an sich, wissen sich einen feinen Anstand zu geben und besitzen sich selbst; und dieses in einem Alter, wenn unsere wohlerzogene männliche Jugend noch unbändig, tölpisch und verlegen ist.

Immanuel Kant, Beobachtungen über das Gefühl des Schönen und Erhabenen (1764), 2012

Immanuel Kant, ein Philosoph der Aufklärung, beschreibt die 1764 gängigen Vorstellungen über die Geschlechterrollen von Mann und Frau. Das schöne, zarte und schwache Geschlecht stand durch Jahrhunderte im Gegensatz zum edlen, vernünftigen und starken Geschlecht. Kleidungsregeln, Erziehungsmuster und Rollenbilder verstärkten diese Zuordnungen. In seiner Schrift **„Was ist Aufklärung?"** von 1784 kritisierte er, „dass der bei weitem größere Teil der Menschen (darunter das ganze **schöne Geschlecht**)" noch nicht mündig sei, sondern unter der Oberaufsicht von Vormündern wie in einem Gängelwagen eingesperrt sei.

Die Festlegung der Geschlechterrollen erfolgte bis ins 19. Jahrhundert mit dem Verweis auf natürlich bedingte Geschlechterunterschiede. Die Natur der Frau, die schwach und emotional sei, lege ihre Unterordnung dem Mann gegenüber fest. Ihr wurde die **Reproduktionsarbeit** zugewiesen, sie gebäre die Kinder und kümmere sich um deren Erziehung sowie um alle häuslichen Belange. Für das Auftreten nach außen und den Gelderwerb **(produktive Arbeit)** war der Mann zuständig.

„... that all men are created equal"
In der Unabhängigkeitserklärung der USA von 1776 wurde proklamiert, dass alle Menschen gleich erschaffen seien. Die Frauen engagierten sich im Unabhängigkeitskrieg in vielfältiger Weise, vom Versorgen mit Nahrung, Kleidung und Schuhen bis hin zu militärischem Engagement. In der politischen Realität wurde dies jedoch nicht honoriert, denn „ihre Aufmerksamkeit wird von der Sorge um ihre Kinder so sehr beansprucht, dass die Natur sie am besten ausgerüstet habe für häusliche Aufgaben" (John Adams, 1776, Kongressdelegierter). Das Wahlrecht wurde in den USA den Frauen erst 1920 zugestanden.

Molly Pitcher in der Schlacht von Monmouth 1778, Kupferstich von J. C. Armytage, 1859. Nachdem ihr schwer verwundeter Ehemann weggetragen worden war, übernahm sie seinen Platz an der Kanone.

Menschenrechte auch für Frauen

Als Ergänzung der 17 Artikel der Menschen- und Bürgerrechte von 1789, die nur für die Männer Geltung erlangt hatten, formulierte **Olympe de Gouges** 1791 die „Erklärung der Rechte der Frau und Bürgerin", gerichtet an die Königin und nicht an den König. Da das weibliche Volk von allen Bürgerinnen-Rechten ausgeschlossen blieb, bezeichnete sie das neue Regime als Tyrannei. Im Namen der Mütter, Töchter und Schwestern der französischen Nation adaptierte sie die 17 Artikel im Sinne der Anliegen der Frauen:

Das an Schönheit wie auch an Mut in mütterlichen Schmerzen überlegene Geschlecht stellt dementsprechend fest und erklärt in Gegenwart und unter dem Schutz des höchsten Wesens die folgenden Rechte der Frau und Bürgerin:
Art. 1: Die Frau wird frei geboren und bleibt dem Mann an Rechten gleich. Soziale Unterschiede können nur im allgemeinen Nutzen begründet sein.
Art. 6: Das Gesetz muss Ausdruck des Gemeinwillens sein; alle Bürgerinnen und Bürger müssen persönlich oder durch ihre Repräsentanten an der Gesetzgebung mitwirken; es muss dasselbe für alle sein. Alle Bürgerinnen und alle Bürger, die in seinen Augen gleich sind, müssen gleichermaßen entsprechend ihren Fähigkeiten und ohne anderen Unterschied als den ihrer Tugenden und Begabungen zu allen Würden, Stellen und öffentlichen Ämtern zugelassen sein.
Art. 9: An jeder für schuldig befundenen Frau wird die volle Härte des Gesetzes angewendet.
Art. 13: Für den Unterhalt der Streitmacht und für die Kosten der Verwaltung sind die Abgaben der Frau und des Mannes gleich; sie hat Anteil an allen Strapazen, an allen beschwerlichen Arbeiten; sie muss deshalb ebenso Anteil an der Besetzung von Stellen, Ämtern, Arbeitsplätzen, Würden und Gewerben haben.

Dieser erstmalige Versuch, die Gleichberechtigung von Frau und Mann einzufordern und in der Verfassung zu verankern, blieb jedoch noch ohne Erfolg.

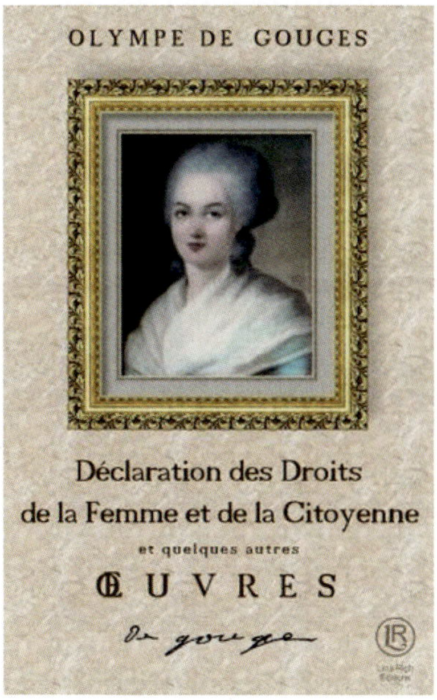

Olympe de Gouges (1748–1793) ist die Verfasserin der **„Erklärung der Rechte der Frau und Bürgerin"** von 1791. Während der Zeit des Schreckens unter den Jakobinern wurde sie inhaftiert und ohne fairen Prozess zum Tode verurteilt und hingerichtet. Sie bewahrte sich das Recht auf eine eigene Meinung und büßte mit ihrem Leben für ihren Einsatz für die Rechte der Frau. Ihre Erklärung konnte 1791 keine Breitenwirkung erzielen. Man empfand in ihren Texten eine unerwünschte Einmischung in die den Männern vorbehaltene Politik. Erst 1944 erhielten die Französinnen das Wahlrecht zugestanden.

Eine Wienerin reist um die Welt

In der Märzrevolution von 1848 forderten neu gegründete Frauenvereine in Österreich den Zugang zu Bildung für Frauen. Nur außergewöhnliche Frauen durchbrachen Rollenbilder und drangen in Bereiche vor, die bislang Männern vorbehalten waren. Eine davon war die Wienerin **Ida Pfeiffer,** die von 1842 bis 1855 alleine ohne Begleitung mehrere Forschungsreisen nach Asien, Südamerika und Afrika unternahm. Sie bereitete sich durch das Erlernen von Sprachen und des Handwerks des Pflanzen- und Tierpräparierens auf ihre Reisen vor. Ihre Reisebücher und Vorträge fanden ein begeistertes Publikumsinteresse.

... wenn sie in ihren Hütten lebt, ihre Mahlzeiten teilt, fällt es ihr naturgemäß oft sehr schwer, auch Toleranz gegenüber jeglichem Mangel an Hygiene aufzubringen, die sie hinsichtlich landesüblicher Gewohnheiten anderer Art in erstaunlichem Maße zeigt:
„Man wird mir gern glauben, dass dies das größte Opfer war, welches ich meiner Reiselust bringen konnte, dass ich alle übrigen Beschwerden und Mühseligkeiten, ja die Gefahren selbst, leichter ertrug, als diese unbeschreibliche Unreinlichkeit."
Tatsächlich begegnet sie unvoreingenommen und gelassen jedweden kultischen Bräuchen und sieht auch nicht weg, als man ihr, mehrmals, mit großem Stolz die abgeschlagenen, auf Pfähle gespießten, teils wenige Tage alten, teils mumifizierten Köpfe der Feinde präsentiert. Sie reagiert auf diesen barbarischen Brauch auch keineswegs mit moralischer Entrüstung, sondern zwingt den Leser mit dem Hinweis auf die erschreckende Zahl von Opfern europäischer Kriege im 19. Jahrhundert zur Relation.

Gabriele Habinger (Hg.), Die unbezähmbare Reiselust einer Wienerin. Ida Pfeiffer. Die Reise 1851 durch Borneo, Sumatra und Java, Wien 1993

Ida Pfeiffer (1797–1858), 1856, kurz nach ihrer Rückkehr aus Madagaskar

„Argumente" gegen das Frauenwahlrecht
Frauen sind nicht im Stande, die Interessen des Empire wahrzunehmen. Frauen steht kein Stimmrecht zu, weil sie nicht an Kriegen teilnehmen ... nicht in Bergwerken arbeiten ..., höchstwahrscheinlich in erster Linie als Frauen für Frauen stimmen werden, um den Männern die Macht im Unterhaus zu entreißen ... als intuitive Wesen kein logisches Denkvermögen besitzen ..., von Natur aus radikal sind. Daher könnten sie nur der Labour oder Communist Party nutzen. Das Frauenstimmrecht ist weder für das öffentliche noch für das private Leben eine Bereicherung.

Virginia Cowles, 1913 – Abschied von einer Epoche, S. 28

Sollte gegen jede Erwartung dieses unglückselige Vorhaben mit dem Frauenstimmrecht tatsächlich zum Gesetz erhoben werden, so würde die Wählerschaft im Bereich der City of London vermutlich überwiegend aus Putzfrauen bestehen. Sie würden Mitglieder ins Parlament entsenden, die niemals die nötigen Voraussetzungen hätten, die finanziellen und wirtschaftlichen Interessen unseres großen Empire zu vertreten.

Lord Rothschild auf einer Versammlung der Konservativen, The Times, 22. Jänner 1913; Cowles, ebenda

Emily Davison (1872–1913) wurde mehrmals inhaftiert: wegen Körperverletzung, Steinewerfen, Zerschlagen von Fensterscheiben und Anzünden von Briefkästen. Im Gefängnis beteiligte sie sich an Hungerstreiks, wurde zwangsernährt und unternahm einen Selbstmordversuch, um gegen die Misshandlung der mitinhaftierten Suffragetten zu protestieren.

Arbeitsaufgaben

1. Begründen Sie, warum Olympe de Gouges die Verwendung einer geschlechterspezifischen Sprache ein besonderes Anliegen war.
2. Diskutieren Sie die Gefahren, Herausforderungen und neuen Sichtweisen, die Ida Pfeiffer erlebt und entwickelt haben könnte.

3 Der Kampf um das Frauenwahlrecht – die Suffragetten

Im wirtschaftlich erfolgreichen Großbritannien hatten in der Entwicklung zu demokratischen Regierungsformen die Männer die Frauen vergessen. Der Philosoph und Volkswirt **John Stuart Mill,** von 1865 bis 1868 Abgeordneter im britischen Unterhaus, und der Rechtsanwalt **Richard Pankhurst** waren die Ersten, die sich für das Frauenwahlrecht einsetzten. Mill veröffentlichte 1869 „On the Subjection of Women" (Die Hörigkeit der Frau), Pankhurst gründete 1865 die erste Suffragettenbewegung.

Pankhursts Frau **Emmeline** (1858–1928) und seine Töchter **Christabel** (1880–1958) und **Sylvia** (1882–1960) waren die bekanntesten Vertreterinnen dieser Bewegung. Die Bezeichnung Suffragetten ist vom lateinischen Wort „suffragium" (Abstimmung, Stimme, Votum) abgeleitet. Da die regierenden Konservativen Emmeline Pankhursts Forderungen nach dem Frauenwahlrecht konsequent ignorierten, gründete sie 1903 die **Women's Social and Political Union,** eine Gewerkschaft der Frauen.

Die Hoffnungen in die 1906 neu gewählte liberale Regierung Asquith wurden bitter enttäuscht, die Einführung des Frauenwahlrechts unterblieb. Die Suffragetten störten daraufhin Parlamentssitzungen durch Glockengeläut, Zwischenrufe und das Einschlagen von Fenstern. Trotz harter Gefängnisstrafen weiteten sie ihre Proteste aus, um die Regierung zum Einlenken zu zwingen.

„Wahlrecht für Frauen!" Um dieser Forderung Nachdruck zu verleihen, warf sich 1913 die engagierte Frauenrechtlerin **Emily Davison** beim Derby vor das Pferd des Königs George V. Sie wurde schwer verletzt und starb wenige Tage später. Ihre Beisetzung wussten die Suffragetten propagandistisch zu nutzen. Erst 1928 wurde in Großbritannien das Frauenwahlrecht eingeführt.

Wir hatten jedes andere Mittel versucht und unsere Jahre von Arbeit, Leiden und Opfer hatten uns gelehrt, dass die Regierung nicht nachgeben werde. ... Es war nun unsere Aufgabe, ihr zu zeigen, dass es ratsam sein würde, den gerechten Forderungen der Frauen nachzugeben.
Um dies zu tun, mussten wir England und jeden Teil englischen Lebens ... unsicher machen. Wir mussten das englische Gesetz zum Versager, die Gerichte zu Komödientheatern machen, mussten Regierung und Parlament in den Augen der Welt diskreditieren, den englischen Sport stören, das Geschäft schädigen, wertvollen Besitz zerstören, die Welt der Gesellschaft demoralisieren, die Kirchen beschämen ...

Emmeline Pankhurst, My Own Story, 1914; Kirchberger, S. 551

Arbeitsaufgabe

- Beurteilen Sie die Notwendigkeit und die Auswirkungen der angeführten Aktionen der Suffragetten.

Frauenwahlrecht und mehr Rechte für Frauen

Im Ersten Weltkrieg hatten die Frauen nicht nur den Haushalt und die Kindererziehung alleine zu übernehmen, sondern sie ersetzten auch die Männer, die an der Front waren, in vielen Zivilberufen, in den Fabriken oder am Bauernhof. Mit Beginn der Ersten Republik 1918/19 wurde das Frauenwahlrecht in Österreich eingeführt, was den Frauen politische Mitbestimmung und den Aufstieg in bislang von Männern dominierte Bereiche ermöglichte. So bestand bereits 1915 trotz großer Skepsis ihrer männlichen Prüforgane die in Wien lebende Hilfsarbeiterin **Rosa Röschl** als erste Frau die Kraftfahrzeuglenkerprüfung.

Der Zugang zu höherer Bildung musste von den Frauen erst langsam mit vielen Hürden erkämpft werden. Als erste Frau promovierte 1897 **Gabriele Possanner von Ehrenthal** in Medizin. Obwohl sie in der Schweiz bereits erfolgreich ihr Studium abgeschlossen hatte, musste sie in Österreich alle Prüfungen nochmals ablegen. Im Fach Romanistik absolvierte als erste Frau 1901 **Elise Richter** ein gesamtes Studium in Österreich, 1921 wurde ihr als erster Frau eine Professur an einer österreichischen Universität verliehen.

Pionierinnen der ersten Frauenbewegung in Österreich

Marianne Hainisch (1839–1936) gilt neben Auguste Fickert, Marie Lang und Rosa Mayreder als eine der Vorkämpferinnen der bürgerlichen Frauenbewegung für die Gleichberechtigung der Frauen. Sie hielt 1870 als erste Frau eine offizielle öffentliche Rede, in der sie die **Errichtung von Gymnasien** und den **Hochschulzugang für Frauen** forderte, um ihnen dadurch bessere Erwerbsmöglichkeiten zu erschließen. Aus privaten Mitteln gelang ihr 1892 die Errichtung eines Gymnasiums für Mädchen in Wien. 1902 gründete sie den **Bund österreichischer Frauenvereine.**
Marianne Hainisch gilt als Initiatorin des **Muttertags** in Österreich, der seit 1924 nach amerikanischem Vorbild hier gefeiert wird. 1929 gründete sie die **Österreichische Frauenpartei.** Ihr Sohn Michael Hainisch war von 1920 bis 1928 Bundespräsident der Republik Österreich.

Arbeitsaufgabe

- Erörtern Sie die Aktualität des Muttertags in Ihrer Familie.

Elise Richter (1865–1943), Fotografie von 1907

Nachdem ab 1898 Frauen in Österreich zur **Reifeprüfung** zugelassen waren, absolvierte als erste Frau Elise Richter 31-jährig eine Externistenmatura am Akademischen Gymnasium Wien. 1901 schloss sie erfolgreich ihr Studium der Romanistik an der Universität Wien ab.

1907 wurde nach dreijährigem Kampf die Romanistin Elise Richter „von Ministergnaden" als erste Privatdozentin Österreichs zugelassen. Nach gelungener Habilitation hatte sie Schwierigkeiten, die Venia Docendi (Lehrbefugnis) zu erlangen, weil es der damalige Dekan für „grundsätzlich unmöglich" hielt, dass sich Männer von Frauen unterrichten ließen.

www.wien.gv.at

Von 1922 bis 1930 war sie Vorsitzende des von ihr gegründeten **„Verbands der akademischen Frauen Österreichs"**, der Frauenanteil an Österreichs Universitäten erreichte 15 Prozent. Von den Nationalsozialisten wurde sie 1938 aufgrund der Rassegesetze entlassen. 1942 wurde sie ins Konzentrationslager Theresienstadt deportiert, wo sie 1943 verstarb.

Simone de Beauvoir, Mitte der 1950er-Jahre. Die Pariserin verstand sich als Feministin, Schriftstellerin und Philosophin. Beinahe täglich verbrachte sie mehrere Stunden im Café de Flore, um zu diskutieren, zu schreiben und zu lesen.

Marianne Hainisch, 1872

Adelheid Popp, 1891

Adelheid Popp, geb. Dworak (1869–1939) war eine sozialdemokratische Abgeordnete und gilt als Begründerin der **proletarischen Frauenbewegung** in Österreich. Als jüngstes von 15 Kindern einer Arbeiterfamilie arbeitete sie nach drei Schuljahren in einer Bronzewaren- und später in einer Korkfabrik. Diese Lebenserfahrung führte zu ihrem politischen Engagement in der Sozialdemokratie, sie organisierte Frauenstreiks und kam dafür auch mehrmals ins Gefängnis.

Neben dem Frauenwahlrecht und dem Verbot der Nachtarbeit für Frauen engagierte sie sich als Abgeordnete für die Einführung einer Karenzzeit für Mütter, für den Bau von Entbindungsanstalten, für den gleichen Lohn bei gleicher Arbeit und die Lockerung des Abtreibungsverbotes. In Kleiderfragen lehnte sie das Korsett ab und bevorzugte bequeme „Reformkleider", kecke Federn auf Hüten und den Bubikopf. Die sozialdemokratischen Frauen begehen seit 1921 den **8. März** als **Internationalen Frauentag,** seit 1975 auch die UNO.

1972 wurde die **Aktion Unabhängiger Frauen** (AUF) gegründet, von 1974 bis 2011 erschien die gleichnamige selbstverwaltete Frauenzeitschrift. Themen waren u. a. Literatur, Sexualität, Ökonomie, Bildung, Genderfragen, Machtverhältnisse, Gesundheit, Lesben, Arbeitswelt oder die Geschichte der Frauenbewegungen.

„Man wird nicht als Frau geboren, man wird es"

Simone de Beauvoir (1908–1986) stand als Bindeglied zwischen der ersten und zweiten Frauenbewegung. In ihrem 1949 erschienenen Buch **„Das andere Geschlecht"** beschreibt sie den Mann als das Absolute, das Subjekt, während der Frau die Rolle des Anderen, des Objekts zugeordnet wird. Sie beschreibt das Dasein der Frau in ihrer wirtschaftlichen Abhängigkeit vom Mann, der ihre „Weiblichkeit" als passive Rolle festlegt und sie immer in Abhängigkeit vom Mann definiert. Dem stellt sie den Wunsch der Frauen gegenüber, sich als freie Subjekte und ohne wirtschaftliche Abhängigkeit selbst zu entwerfen und ihr eigenbestimmtes Leben zu führen.

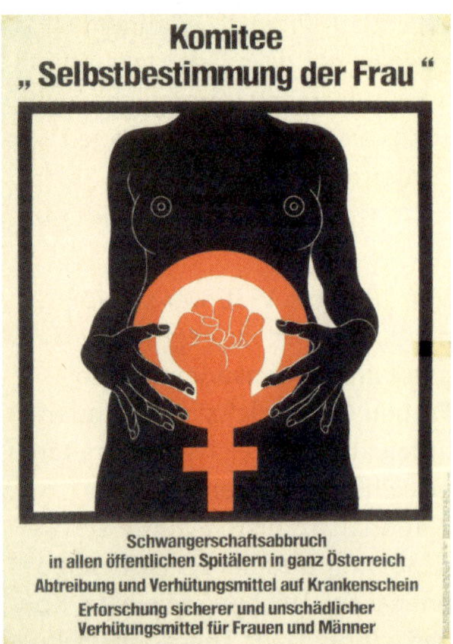

Plakat des Komitees „Selbstbestimmung der Frau", 1979/80

Die zweite Frauenbewegung

Sie entwickelte sich ab den 1960er-Jahren und machte Bereiche des scheinbar Privaten zum politischen Thema. Die Aufteilung von Hausarbeit, Kinderbetreuung oder der Pflege von Angehörigen, Fragen der Familienplanung und Empfängnisverhütung, Probleme von Gewalt in der Familie, Scheidungsverfahren oder sexueller Belästigung am Arbeitsplatz wurden diskutiert. Die Auseinandersetzung mit Frauenfragen wurde politisch institutionalisiert.

In der ÖVP-Alleinregierung von 1966 wurde **Grete Rehor** erste Ministerin in Österreich. In der Ära Kreisky wurde für Frauenanliegen 1979 ein eigenes Staatssekretariat und 1990 ein Frauenministerium unter **Johanna Dohnal** etabliert. Ab den 1970er-Jahren organisierte sich in Österreich die von Parteien und Männern unabhängige **Autonome Frauenbewegung,** die sich unter dem Motto **„Das Private ist politisch"** für Frauenrechte einsetzte.

Ihre Umsetzung fanden Frauenrechte u. a. in der **Reformierung des Eherechts** (1975) und in der Verabschiedung des **Gleichbehandlungsgesetzes** (1979). Vor der Reformierung galt der Mann als Haushaltsvorstand („Haupt") der Familie und die Ehefrau war z.B. verpflichtet, ihrem Ehemann an den Wohnort seiner Wahl zu folgen. Überdies war sie verpflichtet, bei der Eheschließung den Namen des Mannes anzunehmen. Das Gleichbehandlungsgesetz verbietet seither die finanzielle Benachteiligung von Frauen in privatwirtschaftlichen Arbeitsverhältnissen.

Gesamte Rechtsvorschrift für Bundes-Gleichbehandlungsgesetz, Fassung vom 14. Mai 2017
§ 3. Gleichstellung und Gleichbehandlung von Frauen und Männern
§ 4. Auf Grund des Geschlechtes – insbesondere unter Bedachtnahme auf den Familienstand oder den Umstand, ob jemand Kinder hat – darf im Zusammenhang mit einem Dienst- oder Ausbildungsverhältnis gemäß § 1 Abs. 1 niemand unmittelbar oder mittelbar diskriminiert werden.

Das seit dem Jahr 1979 bestehende Gleichbehandlungsgesetz und das seit dem Jahr 1993 bestehende Bundes-Gleichbehandlungsgesetz sind im Jahr 2004 um die Diskriminierungsgründe der ethnischen Zugehörigkeit, der Religion oder der Weltanschauung, des Alters und der sexuellen Orientierung erweitert worden.

Hürden überwinden – Zeichen setzen

Aufruf an alle Frauen zur Teilnahme an einem Hürdenlauf in Villach am Frauentag, 8. März 2016

Frauen sind in Führungspositionen unterrepräsentiert und verdienen rund 25 Prozent weniger als Männer, Gewalt gegen Frauen, u. a. häusliche Gewalt, ist weiterhin ein weltweites Problem und geschlechtsspezifische Stereotype sind immer noch die größten Hürden für die Gleichstellung.

www.caritas.at/huerdenlauf-zum-frauentag

Verschiedene **NGOs,** wie Caritas, Amnesty International women, Katholische Frauenbewegung, Katholische Aktion, Katholische Jugend, Frauenberatungsstelle Villach, Evangelische Akademie, Weltladen, Frauenreferat Villach und Gewaltschutzzentrum Kärnten, engagierten sich für Frauenrechte und boten Informationen an. Symbolisch sollten dabei Hürden überwunden werden, die sich heute den Frauen entgegenstellen.

Arbeitsaufgabe

- Benennen Sie weitere Hürden, die Ihrer Meinung nach Frauen auf dem Weg zur Gleichberechtigung noch zu überwinden haben.

Thomas „Tom" Neuwirth, geboren 1988, aufgewachsen in Bad Mitterndorf/Steiermark ist ein österreichischer Sänger und Travestiekünstler. Er gewann als Kunstfigur **Conchita Wurst** 2014 mit dem Lied „Rise Like a Phoenix" den 59. Eurovision Song Contest in Kopenhagen.

In einem Kurier-Interview appellierte er an die Toleranz gegenüber dem Anderssein von Menschen, auch wenn sie nicht den typischen Vorstellungen von Rollenklischees der Geschlechter entsprechen:

Vor allem der Bart ist ein Mittel für mich, zu polarisieren, auf mich aufmerksam zu machen. Die Welt reagiert auf eine Frau mit Haaren im Gesicht. Was ich mir wünsche, wäre, dass sich die Leute ausgehend von meiner ungewöhnlichen Erscheinung Gedanken machen – über sexuelle Orientierung, aber genauso über das Anderssein an sich. Manchmal muss man den Menschen einfach und plakativ klarmachen, worum es geht.
Apropos plakativ: Was hat es mit Ihrem Nachnamen „Wurst" auf sich?
Im deutschsprachigen Raum war dieser Nachname für mich die einzige logische Wahl, denn: Am Ende des Tages ist es einfach wurst, wie man aussieht und woher man kommt, weil einzig und allein der Mensch zählt. Leider ist die Reaktion auf Neues und Anderes oft eher Angst bis Ablehnung.

Kurier, 17. September 2013

Arbeitsaufgabe

- Erstellen Sie eine Reihung der für Sie persönlich fünf wichtigsten frauenpolitischen Reformen. Erstellen Sie darüber hinaus zwei getrennte Gesamtlisten, in denen jeweils die Einzelergebnisse aller Schülerinnen bzw. aller Schüler erfasst werden. Gehen Sie dabei so vor: 1. Platz – 5 Punkte, 2. Platz – 4 Punkte, 3. Platz – 3 Punkte, 4. Platz – 2 Punkte, 5. Platz – 1 Punkt. Vergleichen Sie die beiden Listen, diskutieren Sie mögliche Abweichungen und versuchen Sie diese zu begründen.

Frauenpolitische Reformen	Jahr	Persönliche Reihung	Reihung aller Schülerinnen	Reihung aller Schüler
Öffentlich Bedienstete (alle Väter) haben die Möglichkeit, einen Papamonat, d. h. eine unbezahlte Karenz, die maximal vier Wochen dauert, in Anspruch zu nehmen.	2011 (2019)			
Wahlweiser Karenzurlaub für Mann und Frau	1989			
Wegweiserecht bei häuslicher Gewalt in der Familie aus der gemeinsamen Wohnung	1996			
Einführung der Koedukation an öffentlichen Schulen	1975			
Der Papamonat im öffentlichen Dienst wurde in einen Babymonat umgewandelt, um gleichgeschlechtliche Paare mit heterosexuellen Paaren gleichzustellen.	2016			
Unterhaltsvorschussgesetz: Der Staat springt für säumige Väter bei der Zahlung der Alimente ein	1975			
Freie Wahl des Familiennamens bei Heirat	1975			
Das niedrigere Pensionsantrittsalter von 60 Jahren für Frauen bleibt bei Pensionsreform bis 2024 in Kraft.	2004			
Stellenausschreibungen dürfen nur mehr geschlechtsneutral erfolgen.	1985			
Sexuelle Belästigung gilt als Straftatbestand. Jede intensive und entwürdigende sexuelle Belästigung ist strafbar. Ein „Nein" muss genügen.	2012			
Gleichberechtigung von Mann und Frau in der Ehe. Mann bestimmt nicht mehr, ob Frau arbeiten darf.	1976			
Öffnung des Bundesheeres für Frauen	1998			
Polizistinnen werden in ihren Rechten und Pflichten ihren männlichen Kollegen gleichgestellt.	1991			
Vergewaltigung in der Ehe wird Straftatbestand.	1989			
„Ganze Männer machen halbe-halbe". Kampagne zur gemeinsamen Hausarbeit und Kinderbetreuung	1996			
Ausweitung der Pflegefreistellung: Auch leibliche Eltern, die nicht mit dem Kind im Haushalt leben, Patchwork-Eltern und Regenbogen-Eltern sind erfasst.	2012			
Individualbesteuerung statt Familienbesteuerung erleichtert Frauen die Berufstätigkeit.	1976			
Straffreiheit bei Abtreibung eines Kindes innerhalb der ersten drei Schwangerschaftsmonate (Fristenlösung)	1975			
Gleichbehandlungsgesetz: Gleicher Lohn für Mann und Frau bei gleicher Arbeit	1979			
Der Mutter-Kind-Pass bietet eine medizinische Begleitung an, während der Schwangerschaft und für die ersten Lebensjahre des Kindes.	1974			

4 Die tägliche Gewalt

Die Gleichberechtigung ist in vielen Ländern gesetzlich verankert. Das bedeutet jedoch nicht, dass damit auch der Respekt und die Achtung der Rechte von Frauen durch Männer gegeben sind. In Liedtexten, Männerwitzen, Anzüglichkeiten und sexuellen Übergriffen üben Männer Gewalt an Frauen aus – und das auch im so „fortschrittlichen“ Europa. Die schleppende rechtliche Behandlung solcher Fälle und die zum Teil entwürdigende Einvernahme der Opfer und deren Bloßstellung in den Medien bilden dann den negativen Höhepunkt eines ganz und gar unemanzipatorischen Verhaltens.

Der Aufstand der Frauen

Im Dezember 2012 wurde eine junge Inderin von sechs jungen Männern in einem Bus einer Privatschule über eine Stunde vergewaltigt, misshandelt und so schwer verletzt, dass sie 13 Tage später starb. Der Verlobte klagte gegenüber der Presse die Gleichgültigkeit der vorbeifahrenden Rikscha- und Autofahrer, die nicht angehalten hatten, an. Ebenso scharf kritisierte er die Untätigkeit der Polizei. Diese traf erst nach 45 Minuten an der Stelle ein und stritt über Zuständigkeiten der Polizeireviere.

Jyoti Singh Pandey wurde zum Symbol der nun entstehenden **Massenproteste** gegen die laxe Strafverfolgung und den Ungeist der Männercliquen in allen indischen Gesellschaftsschichten. Diese Protestdemonstrationen wurden vor allem von Frauen angeführt, zu denen aber mit der Zeit auch viele Männer stießen. Die indische Regierung verschärfte im Februar 2013 das Sexualstrafrecht. Die Todesstrafe droht allen Vergewaltigern, deren Opfer stirbt oder auf Dauer ins Koma fällt, die Mindeststrafe für Vergewaltigung wurde mit 20 Jahren Haft festgesetzt.

Und wie ist das in Österreich?
Der Paragraf 201 des Strafgesetzbuches legt für Vergewaltigung Folgendes fest:
(1) Wer eine Person mit Gewalt, durch Entziehung der persönlichen Freiheit oder durch Drohung mit gegenwärtiger Gefahr für Leib oder Leben (§ 89) zur Vornahme oder Duldung des Beischlafes oder einer dem Beischlaf gleichzusetzenden geschlechtlichen Handlung nötigt, ist mit Freiheitsstrafe von sechs Monaten bis zu zehn Jahren zu bestrafen.

(2) Hat die Tat eine schwere Körperverletzung (§ 84 Abs. 1) oder eine Schwangerschaft der vergewaltigten Person zur Folge oder wird die vergewaltigte Person durch die Tat längere Zeit hindurch in einen qualvollen Zustand versetzt oder in besonderer Weise erniedrigt, so ist der Täter mit Freiheitsstrafe von fünf bis zu fünfzehn Jahren, hat die Tat aber den Tod der vergewaltigten Person zur Folge, mit Freiheitsstrafe von zehn bis zu zwanzig Jahren oder mit lebenslanger Freiheitsstrafe zu bestrafen.

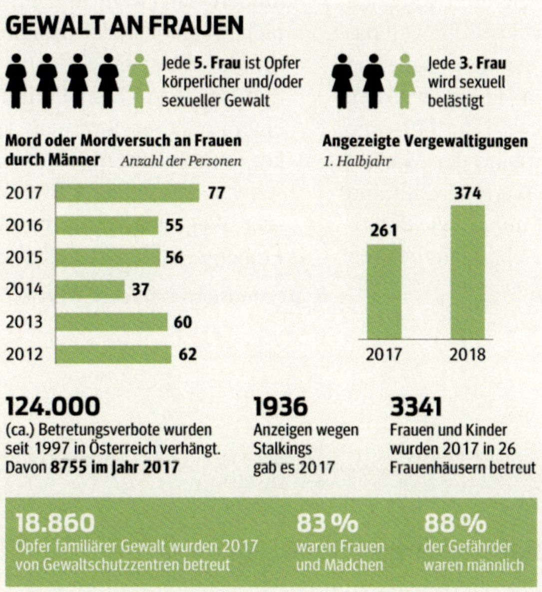

Das in der Tageszeitung „Die Presse“ am 3. Jänner 2013 abgebildete Foto zeigt einen wesentlichen Aspekt der Gewalt gegen Frauen: das gesellschaftliche Schweigen.

Dieses Foto wurde der Online-Ausgabe der Deutschen Welle vom 20. Dezember 2012 entnommen. Die Aussagen auf den Plakaten der beiden Mädchen bezeugen die Schieflage des Mann-Frau-Bildes.

In der Online-Ausgabe der Rheinischen Post, vom 5. Jänner 2013 wurden mit diesem Foto die Mitschuldigen an den bis zu diesem Zeitpunkt häufig nicht verfolgten Gruppenvergewaltigungen angeklagt.

Was der Staat bei Gewalt gegen Frauen übersieht

Seit 20 Jahren greift der Staat gegen häusliche Gewalt ein – oft zu spät. Wichtig wäre umfassenderes Handeln, denn toxische Männlichkeit durchzieht die Gesellschaft

Anspruchs- und Besitzdenken, mangelnde Impulskontrolle: Das sehen viele als Teil dessen, was es für sie heißt, ein Mann zu sein. „Toxische Männlichkeit" ist der Begriff, der in diesem Zusammenhang immer öfter fällt. Es ist ein Begriff, der zwar ermöglicht, kritisch auf stereotype Geschlechterrollen zu blicken und unsere Vorstellung von Männlichkeit grundsätzlich zu hinterfragen. Doch läuft man Gefahr, tiefgreifende Einstellungen, die sich quer durch die gesamte Gesellschaft ziehen, auf eine individuelle Ebene zu verlagern – und damit zu verharmlosen.

Problematische Individualisierung

Es entstehe der Anschein, dass es sich um einzelne Männer oder Gruppen von Männern handelt, die sich durch problematisches Verhalten auszeichnen, sagt Paul Scheibelhofer, Assistenzprofessor für Kritische Geschlechterforschung am Institut für Erziehungswissenschaft an der Universität Innsbruck. Dieses Bild entspreche aber nicht der Realität. „Männlichkeit ist in einer Gesellschaft, in der männliche Dominanz herrscht, grundsätzlich problembehaftet", sagt Scheibelhofer.

Wer als Mann in dieser Gesellschaft lebe, habe die Grundstrukturen toxischer Männlichkeit in sich, es gebe nur unterschiedliche Ausprägungen. Die extremste davon sei Mord, am anderen Ende stehe etwa ein Verständnis für Gewalt, weil das Opfer den Täter angeblich betrogen habe.

Profitable toxische Männlichkeit

Wenn toxische Männlichkeit als gesamtgesellschaftliches Problem erkannt wird, geht damit jedoch häufig eine Form von Psychologisierung einher: wenn etwa betont wird, wie sehr Männer unter stereotypen Bildern leiden, weil sie stark sein müssen und nicht über ihre Gefühle sprechen dürfen. Scheibelhofer sieht diesen Ansatz kritisch, weil dabei der Eindruck entstehe, dass Männer genauso stark wie Frauen unter der Geschlechterhierarchie leiden würden. Doch dies sei ein Irrtum. Noch immer wird die Fürsorge den Frauen zugewiesen, während die Sphäre der Männer dort ist, wo Macht und Geld ist, wo Konkurrenz zählt und man dafür auch Unangenehmes in Kauf nimmt wie endlose Überstunden. „Vieles was wir als toxische Männlichkeit benennen, bringt in der herrschenden Arbeitswelt Profite", sagt Scheibelhofer. Aus diesem Ungleichgewicht entstehen Abhängigkeiten, die im Diskurs über toxische Männlichkeit wenig präsent sind, für Betroffene aber drastische Folgen haben. „Die Frage wer von wem in Beziehungen abhängig ist, ist ganz zentral damit verbunden, wer schlagen kann und wer Schläge ertragen muss", sagt Scheibelhofer. Diese Ungleichheiten könnte die Politik regulieren, tut dies bisher aber wenig: Frauen leisten noch immer zu einem weitaus größeren Teil gratis Fürsorgearbeit, der Gender-Pay-Gap besteht nach wie vor. Weder gibt es ein strenges Lohntransparenzgesetz, das Unternehmen sanktioniert, wenn sie keine Einkommensberichte vorlegen, noch gibt es Karenzmodelle, die die Sorgearbeit verpflichtend auf Väter umverteilt. Viele Frauen, die eine Trennung erwägen, stehen vor der Wahl, Beziehungen fortzusetzen oder in massive Geldsorgen zu geraten.

Gewaltschutz erst seit 1997

Ein Blick in die Vergangenheit zeigt, warum es bis heute so schwierig ist, Schutz vor häuslicher Gewalt zu bieten. Die Schutzrechte, die im 19. Jahrhundert in liberalen Demokratien entwickelt wurden, etwa der Schutz der Intimsphäre, sollten das Private frei vom Zugriff des Staates halten. Doch das hatte die negative Auswirkung, dass das staatliche Gewaltmonopol innerhalb der Familie nicht gegriffen hat, erklärt Birgit Sauer, Politikwissenschafterin an der Universität Wien. Erst mit der zweiten Frauenbewegung ab den 1970ern wurde das Bewusstsein geschaffen, dass der Staat in vermeintlich private Konflikte eingreifen soll. Auf juristischer Ebene wurde schließlich in den 1990er-Jahren nachgezogen, als durch das Gewaltschutzgesetz von 1997 etwa Wegweisung und Betretungsverbot als Schutzmaßnahmen ermöglicht wurden. Dadurch wurde zwar viel erreicht, sagt Sauer, „aber die Vorstellung von einem Vorrecht des Mannes in der Familie, dass er es verhindern darf, wenn eine Frau ihn verlassen will, ändert sich nicht in ein paar Jahrzehnten". Statt diese tiefergehenden Probleme anzugehen, setze die Regierung auf eine „selektive Law-and-Order-Politik", kritisiert Scheibelhofer. Mit einem höheren Strafmaß, wie im neuen Gewaltschutzpaket vorgesehen, munitioniere man sich auf, um „einzelne schwarze Schafe zur Strecke zu bringen". Das sei der falsche Weg, denn toxische Männlichkeit und Gewalt gegen Frauen seien strukturelle Probleme.

Beate Hausbichler/Noura Maan, Der Standard, 23. November 2019

Arbeitsaufgaben

1. Vergleichen Sie die indische mit der österreichischen Gesetzgebung im Bezug auf Vergewaltigung.
2. Nehmen Sie Stellung zu der Behauptung, dass harte Strafen an der Situation nichts ändern.
3. Erörtern Sie den Begriff „toxische Männlichkeit" im gesamtgesellschaftlichen Zusammenhang.

Kein Kavaliersdelikt

Ein Zeitungsartikel zweier Journalistinnen der New York Times 2017 zeigte, dass sexuelle Übergriffe auch in unserer – scheinbar so aufgeklärten und gleichberechtigten – Welt häufig sind. Darin berichteten sie über den Hollywood-Produzenten **Harvey Weinstein,** der über Jahrzehnte Rollen an Schauspielerinnen über erzwungenen Beischlaf auf der sogenannten „Besetzungscouch“ vergab. Im Februar 2020 wurde er wegen diverser Sexualdelikte schuldig gesprochen und zu 23 Jahren Gefängnis verurteilt. Die daraufhin von der Schauspielerin **Alyssa Milano** ausgelöste Social-Media-Initiative unter dem **Hashtag #MeToo** löste eine Lawine von Anzeigen gegen andere Regisseure und Schauspieler aus. Das Hashtag ermutigte viele Frauen, denen Ähnliches passiert war, zum Outing und bewirkte unzählige Solidaritätsbekundungen – auch von Männern. Diese stellten unter dem Hashtag **#HowIWillChange** ihr eigenes Verhalten in Frage.

Bereits 2006 hatte die Bürgerrechtlerin **Tarana Burke** auf der damals weit verbreiteten Plattform „MySpace“ dieses Hashtag veröffentlicht. Sie wollte damit gesellschaftliches Mitgefühl für vergewaltigte afroamerikanische Frauen und Mädchen auslösen.

#MeToo und die Oper

Met entlässt Stardirigent Levine nach Vorwürfen sexuellen Missbrauchs

Nach einer Untersuchung über Vorwürfe sexuellen Missbrauchs gegen James Levine hat die New Yorker Metropolitan Opera ihren Stardirigenten entlassen. „Die Untersuchung hat glaubhafte Beweise erbracht, dass Herr Levine vor und während seiner Arbeit bei der Met sexuell missbrauchendes und belästigendes Verhalten gezeigt hat“, hieß es in einer Mitteilung des Opernhauses vom Montagabend.

Der Standard, 12. März 2018

Fast 50 Jahre war Christa Ludwig eine der großen Opernsängerinnen der Welt. Nun wird sie 90. Ein Gespräch über Ängste, Pflichten und „Me Too“.

Darf ich Sie nach der „#MeToo-Debatte“ fragen, Frau Ludwig?
Die hasslichen Frauen sagen. „Och, bitte, me too!“ Das alles ist so ein Quatsch. Dass 40 Jahre später einer den James Levine anklagt und der nun nicht mehr dirigieren darf, das ist eine Hexenjagd. Wissen Sie, die Besetzungscouch ist so alt wie das Theater. Jede junge Frau hat das erlebt. Dann sagt man eben: „Geh', lass es bleiben!“ Aber es gab eben, auch in der Filmwelt, Frauen, die unbedingt die Rolle wollten.

WAZ, 9. März 2018

#MeToo und der ÖSV

Die Diskussion über die Mitschuld durch Verschweigen oder Wegsehen griff rasch nach Europa über. In Österreich brach die ehemalige Skirennläuferin des ÖSV, Nicola Werdenigg, ihr Schweigen und zugleich ein Tabu. Ihre Aussagen über ihre in ihrer aktiven Zeit widerfahrene Vergewaltigung rückten die „heilige Kuh“ des österreichischen Sports – den ÖSV – in ein sehr schlechtes Licht.

Eine daraufhin vom Österreichischen Skiverband als Reaktion auf die auftauchenden Missbrauchsvorwürfe eingesetzte Expertenkommission unter der Leitung der ehemaligen steirischen Landeshauptfrau Waltraud Klasnic kam im Juni 2018 zum Ergebnis, dass es keine Hinweise auf systematischen sexuellen Missbrauch und sexuelle Gewalt innerhalb des ÖSV gegeben habe.

Enthüllungs-Journalistinnen

Die beiden Journalistinnen der New York Times – **Jodi Kantor** und **Megan Twohey** – machten mit ihren Recherchen den Weinstein-Skandal öffentlich.

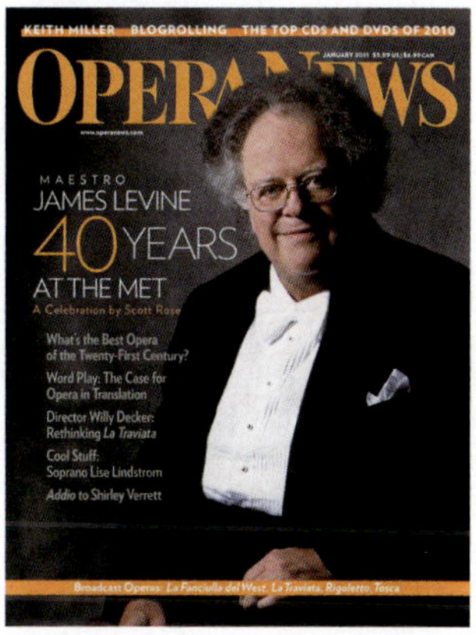

James Livine in „Opera News“, Jänner 2011

#Me Too **Placido Domingo;** einen Tag nach der Verurteilung von Harvey Weinstein entschuldigte sich der berühmte Opernsänger und Dirigent öffentlich bei den etwa 20 Frauen, die ihm Übergriffe vorgeworfen hatten: „Ich möchte, dass sie wissen, dass mir der Schmerz, den ich ihnen zugefügt habe, wirklich leidtut“.

Diskutieren Sie in der Klasse die Meinung Christa Ludwigs zum #MeToo-Hype. Welche Reaktionen von Männern könnten diese auslösen?

5 Gleichheit und Gleichberechtigung – ein Widerspruch?

So steht es in Österreich um die Gleichberechtigung

Österreich hat sich laut einer Studie des Weltwirtschaftsforums (WEF) in Sachen Gleichberechtigung zwischen Männern und Frauen verbessert. Im Ranking des am Dienstag veröffentlichten „Global Gender Gap Index" legte Österreich gegenüber dem Vorjahr um 19 Punkte zu und liegt nunmehr auf Platz 34. Beim ersten Ranking im Jahr 2006 stand Österreich allerdings noch auf Platz 27.

Der Sprung nach vorne gegenüber dem Vorjahr gelang Österreich „aufgrund einer deutlich größeren Vertretung von Frauen sowohl in der Regierung als auch im Parlament", heißt es in dem Bericht. Auch beim Zugang von Frauen zur Bildung schneidet Österreich exzellent ab, hier liegt die Alpenrepublik zusammen mit 34 anderen Nationen an erster Stelle.

Weit hinten liegt Österreich dagegen bei der Gleichberechtigung in der Wirtschaft: Generell steht Österreich bei der wirtschaftlichen Partizipation von Frauen weltweit nur auf Rang 86 –, bei der Lohnschere – Bezahlung für gleiche Arbeit – landet Österreich sogar nur auf dem 108. Platz. Auch bei Gesundheit von Frauen liegt Österreich nur an 82. Stelle. Erster in dem globalen Ranking zur Gleichberechtigung ist Island, dahinter rangieren Norwegen, Finnland, Schweden, Nicaragua, Neuseeland, Irland, Spanien, Ruanda und Deutschland. Schlusslicht ist der Jemen vor dem Irak, Pakistan und Syrien.

Der Bericht zeichne insgesamt ein gemischtes Bild, schreiben die Studienautoren. Im Bereich Bildung etwa hätten 40 von 153 untersuchten Ländern Gleichberechtigung tatsächlich voll erzielt. Auch wegen der größeren Repräsentanz von Frauen in der Politik habe sich die Gleichberechtigung verbessert. „Es wird noch 95 Jahre dauern, um die Geschlechterlücke in der politischen Repräsentanz zu schließen", heißt es in der Studie. „2019 hatten Frauen 25,2 Prozent der Parlamentssitze (im Unterhaus) und 21,2 Prozent der Ministerposten."

Kleine Zeitung, 17. Dezember 2019

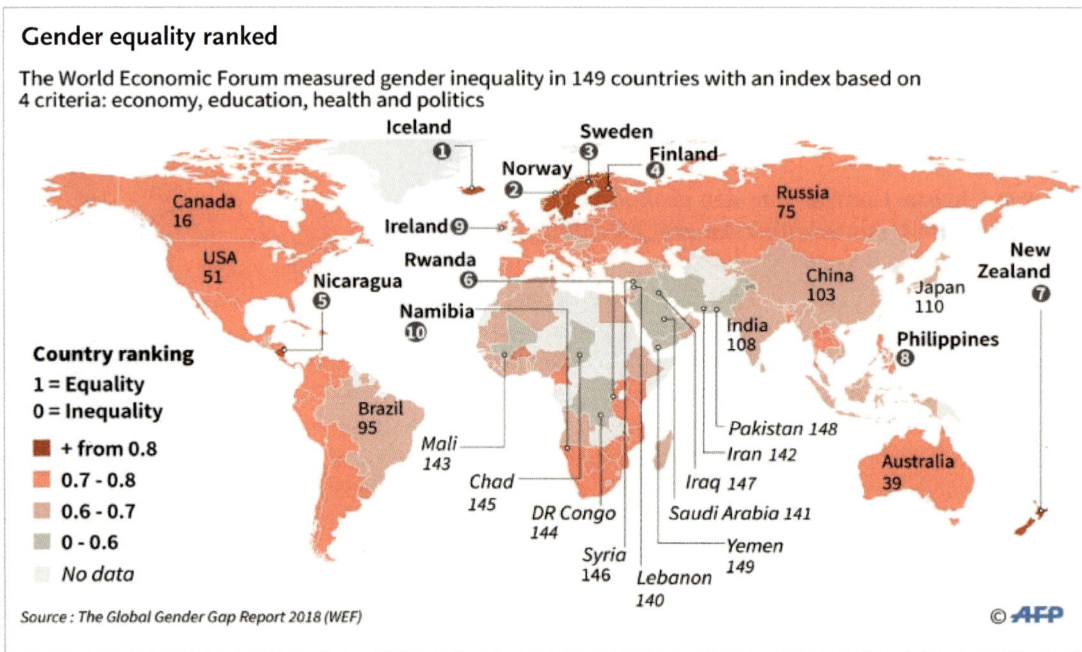

Arbeitsaufgabe

- Benennen Sie je fünf Länder mit einem Gender Gap Index zwischen:

  a) 0,7 und 0,8

  b) 0,6 und 0,7

Frauenanteil in Politik 2019 leicht gestiegen

Der Frauenanteil in der heimischen Politik hat sich im ablaufenden Jahr 2019 etwas verbessert. Von halbe-halbe sind fast alle Ebenen zwar noch weit entfernt. Unter Türkis-Blau betrug der Frauenanteil in der Regierung 35,7 Prozent. Bei der Bildung der Übergangsregierung wurde auf Ausgewogenheit zwischen den Geschlechtern geachtet: Von den zwölf Regierungsmitgliedern sind sechs Frauen.

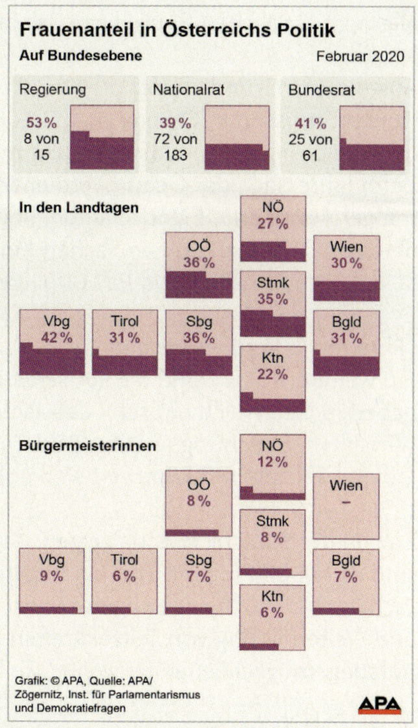

Positiver Trend im Nationalrat

Der Frauenanteil im Nationalrat ist mit der vergangenen Wahl zum vierten Mal in Folge etwas gestiegen. Die aktuell 71 Mandatarinnen bedeuten einen Anstieg von 37,2 Prozent zu Jahresanfang auf 38,8 Prozent. Von den 61 Mitgliedern des Bundesrats sind 24 weiblich, das ist um eine Bundesrätin mehr als Anfang 2019.
Auch die Zahl der Frauen unter Österreichs EU-Parlamentarierinnen und -Parlamentariern hat sich nach der EU-Wahl im vergangenen Mai erhöht. Von den 18 Mandatarinnen und Mandataren sind neun weiblich. Davor waren es sieben weibliche Abgeordnete.

Zu wenig Bürgermeisterinnen

Der Frauenanteil in den Landesregierungen ist von 36 auf 39 Prozent ebenfalls leicht gestiegen,. Nach wie vor gibt es mit Niederösterreichs Regierungschefin Johanna Mikl-Leitner (ÖVP) aber nur eine Landeshauptfrau. Leicht gesunken ist die Zahl der Frauen in Österreichs Landtagen: 139 der insgesamt 440 Mitglieder sind weiblich (vorher 141). Den höchsten Frauenanteil hat Vorarlberg mit 42 Prozent, den niedrigsten Kärnten mit 22 Prozent. Nach wie vor gibt es nur wenige Ortschefinnen. Im heurigen Jahr ist die Zahl der Bürgermeisterinnen zwar von 165 auf 178 gestiegen – bei 2.096 Gemeinden bedeutet das aber lediglich einen Anteil von 8,5 Prozent.

APA, 22. Dezember 2019

Österreichs stark geteilter Arbeitsmarkt

Frauen verdienen in Österreich weiterhin weniger als Männer. Ein Grund ist die starke Teilung des heimischen Arbeitsmarktes in weiblich und männlich dominierte Branchen. Dass Frauen eher in sozialen Berufen vertreten sind, während Männer Karriere in der Technik machen, ist keineswegs ein Naturgesetz, sondern hat hierzulande viel mit fehlender Vereinbarkeit von Familie und Job und konservativen Rollenbildern zu tun.

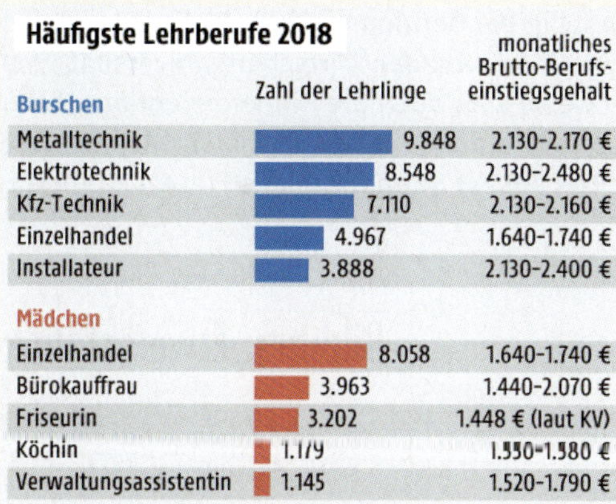

Drei Theorien für die Geschlechtertrennung

Für die „Segregation" des Arbeitsmarktes in Frauen- und Männerberufe gebe es ganz allgemein drei Theorien, erklärte die Ökonomin Monika Köppl-Turyna von der Denkfabrik Agenda Austria gegenüber ORF.at. Die erste: Frauen und Männer haben unterschiedliche Stärken. In manchen Studien habe sich gezeigt, „dass Frauen besser in Berufen sind, wo es um den Kontakt mit Menschen geht", sagte Köppl-Turyna, etwa als Lehrerinnen und Psychologinnen.

Die zweite Theorie lasse sich unter dem „nicht optimalen" Begriff „Präferenzen" zusammenfassen. „Frauen sind öfters in Jobs zu finden, die flexibler sind." Das habe weniger mit „Frausein" oder „Mannsein" zu tun, sondern schlicht damit, dass es immer noch großteils die Frauen sind, die sich in der Familie um die Kinderbetreuung kümmerten. Theorie drei betrifft die Diskriminierung; dass „Frauen in manchen Berufen einfach nicht angenommen werden", wie Köppl-Turyna sagte. Für alle drei Theorien ließen sich in Studien Beweise finden, so die Ökonomin.

Karriereknick Mutterschaft

Die „Segregation" des Arbeitsmarktes ist nicht auf Österreich beschränkt, aber stärker ausgeprägt als in anderen Ländern. Das wiederum hängt mit Faktoren zusammen, die auch in den Gender Pay Gap – den Lohnunterschied zwischen Frauen und Männern – hineinspielen.

In Österreich scheinen Frauen tatsächlich besonders oft Berufe zu wählen, die genügend Zeit für Familienarbeit lassen. Vor allem im ländlichen Raum liege das an den teils fehlenden Kinderbetreuungsmöglichkeiten, sagte Köppl-Turyna.

Aus diesem Grund „leidet die Karriere einer Frau in Österreich mehr als anderswo, wenn sie Kinder hat". Frauen, die Mütter werden, müssen in Österreich mit Lohneinbußen rechnen – die Lücke klafft nicht nur gegenüber Männern auf, sondern auch im Vergleich zu kinderlosen Frauen mit ähnlichem Jobprofil, geht aus einer Untersuchung von Agenda Austria hervor.
Zehn Jahre nach der Geburt verdienen Frauen etwa die Hälfte weniger als Männer und nur zwei Drittel einer kinderlosen Frau mit vergleichbaren Eigenschaften, heißt es in der Untersuchung unter Verweis auf eine Studie aus dem Jahr 2019. In Schweden und Dänemark, die in Sachen Kinderbetreuung, Aufteilung von Karenzzeiten und Gleichberechtigung als Vorbilder gelten, falle dieser „Motherhood Pay Gap" geringer aus.

„Eineinhalb VerdienerInnen"
Ein weiterer Faktor sind die konservativen Rollenbilder, die sich in der österreichischen Gesellschaft hartnäckig halten. „Wir haben in Österreich ein sehr klassisches Familienbild mit eineinhalb VerdienerInnen", sagte der Ökonom Marian Fink vom Wirtschaftsforschungsinstitut (WIFO) im Gespräch mit ORF.at. „Der Mann arbeitet Vollzeit und ernährt die Familie, die Frau arbeitet Teilzeit und kümmert sich unbezahlt um Kinder und Haushalt."

Zahlen der Statistik Austria zeigen, dass fast die Hälfte aller berufstätigen Frauen in Österreich Teilzeit arbeitet, bei Männern sind es nur elf Prozent. Das hat negative Auswirkungen auf das Gehalt und später im Leben auf die Pension. Mutterschaft „schlägt sich auch in geringerer Berufserfahrung nieder", ergänzte Fink. Für Unternehmen sei es weniger profitabel, in die Fort- und Weiterbildung von Teilzeitkräften zu investieren als in jene von ähnlich produktiven Vollzeitkräften. Damit blieben Frauen Aufstiegsmöglichkeiten verwehrt. „Teilzeitbeschäftigung hemmt den Aufstieg in der Hierarchie", fasste Fink zusammen.

Gerade im Management kämen „Attribute" wie Durchsetzungskraft und Ehrgeiz hinzu, die in der Gesellschaft tendenziell den Männern zugeschrieben würden, sagte Fink. Dass weibliche Führungskräfte nicht weniger erfolgreich sind, zeigt eine Untersuchung österreichischer Forscherinnen aus dem Jahr 2010: Von Frauen (mit-)geführte Start-ups überlebten demzufolge statistisch signifikant länger als jene mit männlichen Führungskräften.

Nähe zur unbezahlten Arbeit
Auffällig bei Berufen mit hohem Frauenanteil sei die Nähe der Tätigkeiten zur unbezahlten Arbeit, sagte die Ökonomin Katharina Mader von der Wirtschaftsuniversität Wien im ORF.at-Interview. Das betrifft den Pflegebereich, die Reinigungsbranche, teilweise aber auch die Kindererziehung. „Man schätzt diese Arbeit im unbezahlten, eigenen Haushalt nicht wert und deshalb auch nicht auf dem Arbeitsmarkt. Man unterstellt, dass es kaum beziehungsweise keine Ausbildung braucht, um diese Tätigkeiten auszuführen – weil die Frauen können es ja auch daheim", so Mader.

Philip Pfleger, ORF.at, 8. März 2020

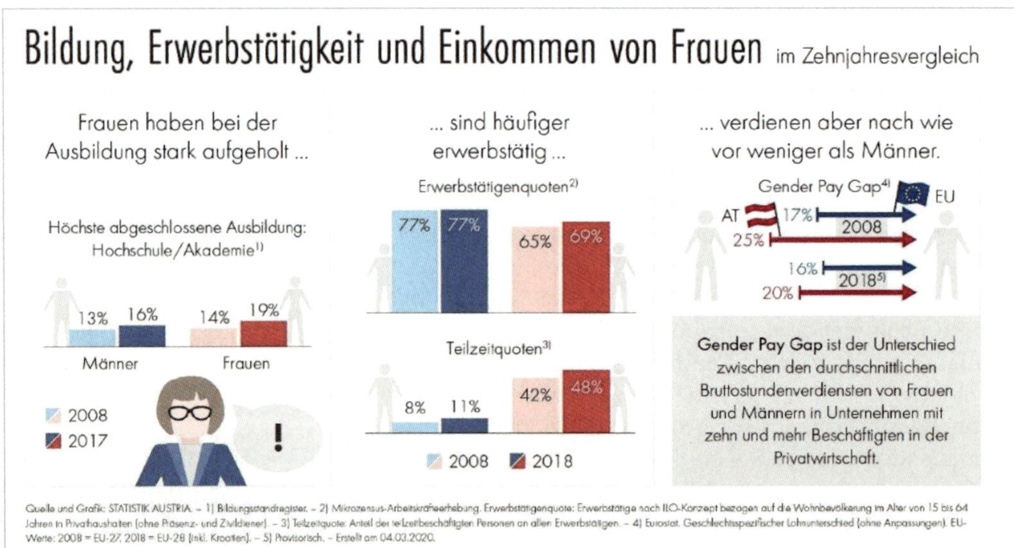

Arbeitsaufgabe

- Analysieren und erörtern Sie die Statistiken und Zeitungstexte.

6 Typisch männlich – typisch weiblich: Rollenerwartungen und Stereotype

Unser tägliches Leben ist geprägt von Geschlechterrollen. Männer gelten als draufgängerisch, aktiv und vernünftig, Frauen als fürsorglich und gefühlsbetont. Buben spielen lieber mit Autos oder Fußball, Mädchen mit Puppen, Puppenwagen und Puppenküche. Was hat aber das Geschlecht („sex") damit zu tun, welche Rolle jemand in der Gesellschaft erwirbt und spielt?

Geschlechterrollen werden jedem Geschlecht von der Gesellschaft zugeschrieben und bestehen aus der Summe erwarteter Verhaltensweisen und Einstellungen bzw. Privilegien und Verpflichtungen. **Geschlechtsstereotype** sind vereinfachende, aber tief verankerte Vorstellungen über weibliche und männliche Eigenschaften.

Viele empirische Studien belegen, dass „männliche" und „weibliche" Eigenschaften keine unveränderbare biologische Konstanten und so auch nicht an das Geschlecht gebunden sind. Kinder erwerben und verinnerlichen vielmehr jene Rollenbilder, die sie in ihrem Umfeld, von ihren Eltern, Freundinnen/Freunden, Lehrerinnen/Lehrern, oder den Medien wahrnehmen oder vorgelebt bekommen.

Geschlechtsrollen sind Ensembles kultureller Erwartungen, die festlegen, wie Frauen bzw. Männer denken, fühlen und sich verhalten sollten. Sie beruhen auf stereotypen Vorstellungen (Klischees) über Unterschiede zwischen den Geschlechtern. Obgleich sich das Sozialverhalten gegenwärtig verändert, leben Geschlechtsstereotype fort. Das liegt u.a. auch daran, dass Kinder an den vorfindlichen Praktiken und Institutionen ihr Wissen um die in ihrer Kultur vorherrschenden Definitionen von Männlichkeit und Weiblichkeit ablesen. Aus dem Wunsch heraus, ein richtiger Mann/eine richtige Frau zu werden, orientieren sie dann auch ihr eigenes Verhalten an diesen gesellschaftlichen Normierungen.

Hans Joas (Hrsg.), Lehrbuch der Soziologie, 2007

Traditionelle und veraltete Rollenbilder begünstigen so auch die ungleiche Verteilung von bezahlter und unbezahlter Arbeit, die Trennung in weibliche und männliche Berufe und Branchen sowie die ungleiche Verteilung von Frauen und Männern in den unterschiedlichen Hierarchie-Ebenen.

Welche Eigenschaften würden Sie als „eher weiblich", welche als „eher männlich" bezeichnen? Diskutieren Sie anschließend in der Klasse, warum Sie gewisse Zuordnungen getroffen haben. Werden damit nur Klischees bedient? Wie hat für Sie eine Frau, ein Mann zu sein? Ergänzen Sie die Liste nach Ihren Erwartungen.

Begriffe	♀	♂
Gefühlsbeherrschung		
Mut		
Ängstlichkeit		
Ehrgeiz		
Gefühlsbetontheit		
Kraft		
Technisch-naturwissenschaftliche Begabung		
Durchsetzungsvermögen		
Ablehnung körperlicher Auseinandersetzung		
Starke Gefühlskontrolle		
Begabung für soziale Tätigkeiten		
Künstlerisches Interesse		
Sensibilität		
Logischer Verstand		
Hohe Einordnungsbereitschaft		

20-Jährige gewinnt Mechaniker-Meisterschaft

Beim Lehrlingswettbewerb der Fahrzeugtechniker hat sich Brigitte Martinek in der Kategorie Karosseriebautechnik durchgesetzt. Die 20-Jährige war eine von nur vier Frauen, die an der Landesmeisterschaft teilgenommen hat. Der Wettbewerb fand in der Siegfried Marcus Berufsschule statt. 40 Teilnehmerinnen und Teilnehmer gab es insgesamt, vier davon waren Frauen. Die Bewerber gingen in zwei Kategorien an den Start: KFZ-Technik und Karosseriebautechnik.

In der Kategorie Karosseriebautechnik mussten unter anderem Stoßstangen und Blechteile repariert und Lackierungen vorbereitet und durchgeführt werden.

Sieger des Bewerbes Karosseriebautechnik:

1. Brigitte Martinek,
2. Bernd Bacher,
3. David Bürger

Insgesamt ist der Frauenanteil in Fahrzeugtechnik unter zehn Prozent.

www.orf.at, 15. Mai 2017

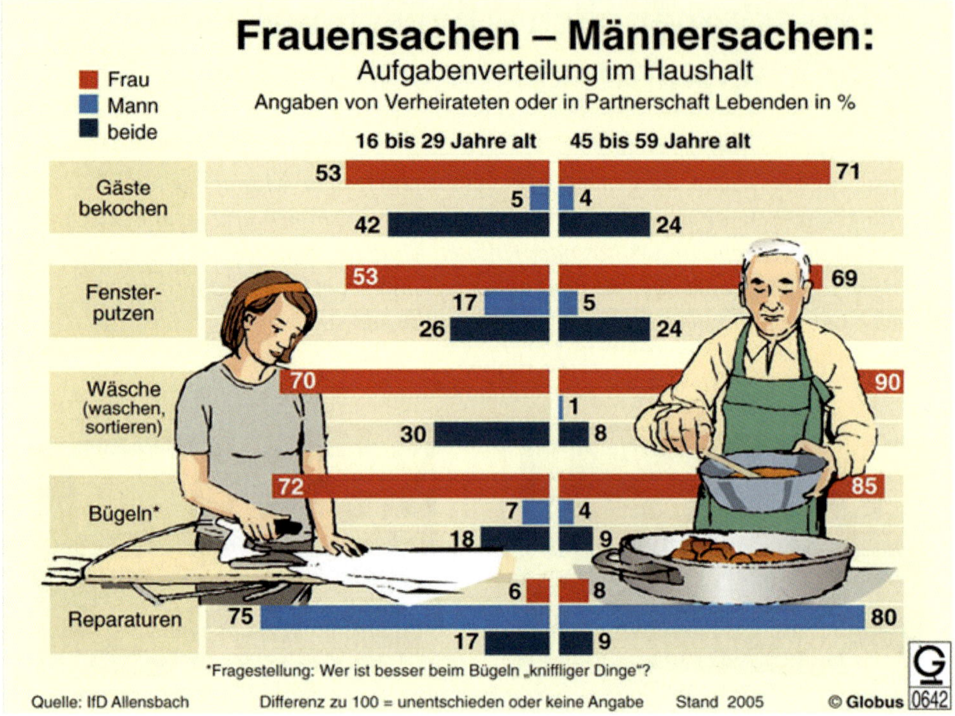

Arbeitsaufgabe

- Erörtern Sie, ob diese traditionelle Aufgabenverteilung im Haushalt heute noch Gültigkeit hat.

Die MINT-Fächer und ihre Grenzen

Als Reaktion auf den weiterhin bestehenden Gender Pay Gap wurde in Österreich versucht, Mädchen und Frauen für technische Berufe und die MINT-Fächer (Mathematik, Informatik, Naturwissenschaft und Technik) zu begeistern. Ökonomin Mader sieht entsprechende Initiativen positiv, hat aber einen großen Kritikpunkt: Der Fokus werde zu sehr auf die einzelne Frau gelenkt – und weg von der Frage, warum Berufe aus dem MINT-Bereich offenbar höher bewertet werden als Jobs etwa aus dem Sozial- und Betreuungssektor.

Köppl-Turyna hält die Versuche, mehr Frauen Technik und Naturwissenschaft schmackhaft zu machen, für „begrüßenswert". In den vergangenen Jahren hätte es durchaus Erfolge in diesem Bereich gegeben, nun aber scheine man an eine „natürliche Grenze" gestoßen zu sein. Besonders deutlich offenbart sich diese Grenze laut der Ökonomin in der Mathematik und, damit verbunden, in der Informatik und dem Ingenieurswesen.

In der Volksschule liegen Mädchen und Buben in Mathematik noch gleichauf, so das Ergebnis einer internationalen Studie, doch bereits auf der sekundären Bildungsstufe geht die Kluft zwischen den Geschlechtern deutlich auseinander. Warum das so ist? „Es gibt Beweise, dass Frauenrollen hier eine große Rolle spielen", sagte Köppl-Turyna. „Wenn Mädchen eine Mathematiklehrerin haben, dann sind sie mehr für Mathematik begeistert." Und Studien zeigten, „dass Frauen weniger kompetitiv sind als Männer". Lasse man die Wettbewerbskomponente bei Mathematiktests weg, schneiden Mädchen laut der Wissenschaftlerin genauso gut wie Burschen ab. „Man kann versuchen, das zu steuern", so Köppl-Turyna.

Philip Pfleger, ORF.at, 8. März 2020

7 Gender-Mainstreaming

Männer sind draufgängerisch, Frauen fürsorglich. Buben spielen lieber mit Autos, Mädchen mit Puppen ... Was ist dran an unseren Rollenklischees von den Geschlechtern? Gender-Mainstreaming soll die Gleichstellung von Mann und Frau auf allen gesellschaftlichen Ebenen erreichen. Es geht dabei aber nicht darum, die Unterschiedlichkeit von Frauen und Männern aufzulösen.

Emanzipation, Sex, Gender und Diversity

Das Wort **„Emanzipation"** setzt sich aus den drei lateinischen Wörtern **„e"** (heraus), **„manus"** (Hand), **„capere"** (nehmen) zusammen. Mit dem Auflegen der Hand wurden im römischen Recht Personen oder Sachen in Besitz genommen. E-Manzipation bedeutet daher das Freikommen aus der Hand, gemeint ist aus dem Besitz oder der Bevormundung eines anderen. Neben der Emanzipation der Frauen spricht man daher von der Emanzipation der Bürger (gegenüber dem Adel), der Sklaven, der Katholiken (Preußen) oder Juden (Österreich). Als Ziel der Emanzipation der Frauen gilt die **Gleichberechtigung** von Mann und Frau.

In den 1960er-Jahren wurde in der Medizin in der Forschung mit Intersexuellen (Personen, die nicht eindeutig dem weiblichen oder dem männlichen Geschlecht zugeordnet werden können) neben dem **biologischen Geschlecht** (engl. sex) der Begriff **soziales Geschlecht** (engl. **gender)** verwendet. Das soziale Geschlecht ist veränderbar und meint die Prägung einer Person durch Erziehung, Kultur, Religion und Gesellschaft in der jeweiligen historischen Epoche.

Diversity beschreibt die bunte Vielfalt an unterschiedlichen Menschen nach Geschlecht, sexueller Orientierung, Interessen, Alter, Religion oder Kultur. Für sie alle soll Chancengleichheit angestrebt werden, indem Benachteiligungen und Einschränkungen erkannt und beseitigt werden sollten.

Gender-Mainstreaming (GM) bezeichnet eine Strategie, um die Chancengleichheit zwischen Frauen und Männern auf allen gesellschaftlichen Ebenen durchzusetzen. Alles begann 1985 mit der 3. Weltfrauenkonferenz der UN in Nairobi, auf der erstmals Gender-Mainstreaming (GM) als Strategie der Gleichstellungspolitik von Frauen und Männern präsentiert wurde. Die 4. Weltfrauenkonferenz 1995 in Peking schrieb GM als politische Strategie fest. Seit 1999 sind alle Länder der EU durch den Amsterdamer Vertrag zur praktischen Durchsetzung von GM verpflichtet.

Wikipedia

Von echter Chancengleichheit spricht man, wenn Frauen und Männer die gleichen Chancen im Zugang zu Ressourcen, zu Beteiligung und zu Entscheidungsmacht, ohne Einschränkung durch gesellschaftlich bedingte Geschlechtsrollenmuster, haben. Dabei sollen unterschiedliche Zielvorstellungen, Verhaltensweisen, Bedürfnisse und Werte von Frauen und Männern gleichermaßen anerkannt, berücksichtigt und gefördert werden. Chancengleichheit ist streng genommen jener Zustand, in dem die Gleichstellung bereits verwirklicht ist. Dass weltweit gesehen die Gesellschaften von diesem Zustand noch weit entfernt liegen, zeigen Alltagssituationen und zahlreiche Forschungsergebnisse zum Thema Frauengleichstellung.

Allgemeine Gleichstellungsziele sind:

- Gleiche berufliche Chancen für Frauen und Männer
- Gerechte Aufteilung von bezahlter und unbezahlter Arbeit zwischen Frauen und Männern sowie existenzsichernde eigene Einkommen für Frauen und Männer

„Gender" bezeichnet die gesellschaftlichen und sozialen Zuschreibungen zum biologischen Geschlecht. Mit Gender-Mainstreaming wird zum Ausdruck gebracht, dass bei allen politischen, gesellschaftlichen und wirtschaftlichen Vorhaben die unterschiedlichen Lebenssituationen und Interessen von Frauen und Männern von vornherein zu berücksichtigen sind.

Gender-Mainstreaming in Form von Piktogrammen in öffentlichen Verkehrsmitteln

Oft sind nur kleine Maßnahmen nötig, um Verbesserungen zu erreichen:

- Nach Geschlecht und Alter getrennt ausgewiesene statistische Daten
- Gut einsehbare Eingänge und bessere Freiflächen bei geförderten Wohnhäusern
- Mehr und anders gestaltete Toilettenanlagen und Wickeltische auch am Herren-WC

Trotzdem ist es natürlich schön, dass auch in der Wiener Bilderwelt nicht nur Männer alt und nicht nur Frauen mit Kindern unterwegs sind. Aber erst wenn in Wien auf allen öffentlichen Herrentoiletten nicht nur ein höherer Hygienestandard als bisher eingehalten wird, sondern auch Wickeltische aufgestellt werden (von Ikea lernen, FreundInnen, heißt siegen lernen!), dann sind wir vielleicht wirklich einen Schritt weiter.

www.genderblog.de

Die rosa/hellblaue Falle

„Lego Friends" für Mädchen vs. „Lego City" für Burschen = schöne Haare, Minirock + Freundinnen statt Berufe, Action und Abenteuer

Geschlechtersensible Pädagogik ist ein pädagogischer Ansatz, der einen geschlechterbewussten/geschlechtersensiblen Umgang in Fragen der Erziehung, Bildung und dem sozialen Umgang einfordert. Hierbei wird auf theoretische Grundlagen der Geschlechterforschung zurückgegriffen und stützt sich auf das Gender-Mainstreaming-Prinzip. Ziel ist es, durch geschlechterbewussten Umgang Rollenzuschreibungen, Klischees und Stereotype zu überwinden und so Menschen die gleichen Chancen einzuräumen und ihre Potenziale frei nach den eigenen Wünschen und Bedürfnissen zu entfalten. So sollen beispielsweise Handlungsspielräume von Mädchen und Burschen/Männern und Frauen erweitert, neue Männlichkeits- bzw. Weiblichkeitsmodelle aufgezeigt und Fähigkeiten und Fertigkeiten gestärkt werden.
„Sollen Mädchen und Burschen die gleichen Chancen zur Entfaltung haben, bedarf es einer bewussten Auseinandersetzung mit Rollenklischees und Fragen der Gleichstellung. Vorurteile darüber, wie Mädchen und Burschen sind beziehungsweise zu sein haben, was Frauensache und was Männersache ist, engen beide Geschlechter ein und behindern sie in ihrer Entwicklung."

IMST – Gender_Diversitäten Netzwerk, www.imst.ac.at

- Gleichstellung von Frauen und Männern bei der politischen Repräsentation und Partizipation
- Erweiterung der Geschlechterrollen und -normen für Frauen und Männer und Abbau von einschränkenden Normen
- Gleiche persönliche Freiheiten für Frauen und Männer und Schutz vor Übergriffen jeder Art

Veränderungsprozesse

Mögliche Maßnahmen, die zu einer Veränderung der Rollenmuster führen können, liegen auf vielen verschiedenen Ebenen und wirken erst in ihrer Gesamtheit. Z. B.:

- Frauenförderung, gezielte Mädchenarbeit
- Intensive pädagogische Arbeit mit jungen Burschen und Entwicklung von Konzepten für „neue Männerbilder"
- Geschlechtssensible Berufsorientierung in Schulen und Sensibilisierung von Pädagoginnen und Pädagogen
- Anwendung geschlechtergerechter Sprache
- Darstellung von Frauen und Männern in Texten und Bildern, die nicht den gängigen Rollenstereotypen entsprechen
- Stärkung von Frauen, Mädchen, Männern und Burschen in „untypischen Rollen"

Kindergärten – Umsetzungsbeispiel von Gender-Mainstreaming

Mädchen und Buben sollen möglichst vielfältige und neue Wege eröffnet werden. Die geschlechtersensible Kleinkindpädagogik stützt sich auf die vier Säulen Personalkonzept, Raumkonzept, Pädagogik und Elternarbeit.

Personalkonzept
Weibliches und männliches Betreuungspersonal lebt den Kindern möglichst unterschiedliche Rollenbilder vor. Dabei wird gezeigt, dass Frauen und Männer wechselseitig Aufgaben voneinander übernehmen, die traditionell klar entweder Frauen oder Männern zugeordnet sind. Die Abteilung Wiener Kindergärten (MA 10) hat bereits eine Kampagne für mehr männliches Personal in den Wiener Kindergärten gestartet.

Raumkonzept
Die Vorbestimmtheit von Spielorten sollte bewusst vermieden werden. In einem Wiener Pilotkindergarten, dem fun&care-Kindergarten, werden offene, nicht vordefinierte Spielbereiche statt der klassischen Puppen- und Bauecke angeboten. Das Spielzeug wird in flexiblen, neutralen Rollcontainern gelagert. Das vermeidet den gezielten Griff nach dem immer gleichen Spielzeug. Buben beschlagnahmen nicht mehr nur die Bauecke, Mädchen kommen heraus aus der Puppenecke.

Pädagogik
Bewusstere Bücher- und Liedauswahl ist wichtig. Nicht nur die Klassiker mit kochenden Müttern und seriösen Vätern, die vorzugsweise beim Abendessen und der Zeugniskontrolle präsent sind, sollen verwendet werden. Kinderbücher, die auf die moderne Rollenverteilung mit im Haushalt tätigen Vätern und arbeitenden Müttern Bezug nehmen, sind nötig. Buben lernen zum Beispiel wickeln und nicht nur Garagen bauen, Mädchen bauen Hochhäuser und nicht nur Puppenbetten und sie lernen, ihre Interessen durchzusetzen.

Elternarbeit
Über die Mütter und Väter wird das Lebensumfeld der Kinder aktiv mit einbezogen. Informationszettel für Eltern sollten daher auch gezielt an Väter, neutral an „liebe Eltern", jedenfalls nicht nur an Mütter gerichtet werden.

www.wien.gv.at/menschen/gendermainstreaming/beispiele/kindergaerten.html

5 Gender-Mainstreaming-Grundsätze

1. **Geschlechtergerechte Sprache**
   Die verwendete Sprache ist geschlechtergerecht. In Texten und Gesprächen, in denen sowohl Frauen als auch Männer bezeichnet oder angesprochen werden, müssen beide Geschlechter sichtbar sein.

2. **Geschlechterbezogene Datenerhebung und Datenanalyse**
   Die Datenerhebungen und Datenanalysen sind geschlechterbezogen. Dienstleistungen und Produkte können nur bedarfsgerecht angeboten werden, wenn Daten über Frauen und Männer bekannt sind. Alle Daten sind nach Geschlechtern getrennt zu erheben und extra darzustellen.

3. **Gleichberechtigter Zugang und gleichberechtigte Nutzung von Dienstleistungen**
   Dienstleistungen sind für Frauen und Männer gleichermaßen zugänglich. Bei allen Dienstleistungen ist zu prüfen, ob bei der Planung und Gestaltung die oft unterschiedlichen Lebenssituationen von Frauen und Männern berücksichtigt werden.

Die 4-R-Methode als Instrument zur Genderanalyse enthält folgende zentrale Fragen:

- WER (Repräsentation) bekommt
- WAS (Ressourcen)
- WARUM (Realität und Rechtliche Situation) und
- WARUM NICHT

4. **Gleiche Teilhabe von Frauen und Männern**
   Frauen und Männer wirken im gleichen Ausmaß an Entscheidungen mit Das Geschlechterverhältnis in allen Arbeits- und Entscheidungsebenen hat Auswirkungen auf Prozesse und Ergebnisse. Auf ein ausgewogenes Geschlechterverhältnis ist zu achten.

5. **Integration von Gleichstellung in Steuerungsinstrumente**
   Die Gleichstellung ist im Steuerungsprozess integriert. Für eine nachhaltige Gleichstellungspolitik muss Gender Mainstreaming in Steuerungssysteme wie Controlling und Qualitätsmanagement und in alle Evaluierungen integriert werden.
   www.wien.gv.at/menschen/gendermainstreaming

Kritik am Gender Mainstreaming

- Die Ziele des GM sind nicht eindeutig. Daraus ergibt sich die Frage, ob GM die Erzielung der Gleichheit in den Vordergrund stellt oder ob es GM vorrangig um geschlechtstypische Eigenschaften oder Präferenzen (Vorzüge) geht. Gleichheit oder Differenz – die Marschrichtung ist noch nicht festgelegt.
- GM verfestigt auf diese Art die Gegensätzlichkeit der Geschlechter und fixiert Geschlechterrollen.
- Gleiche Behandlung von Ungleichen (Frauen und Männern) baut Ungleichheit nicht ab, sondern verstärkt sie.
- GM ist nur eine „sprachliche Modernisierung" der Gleichstellungs- und Frauenförderungspolitik, die seit der Frauenbewegung der 1970er-Jahre existiert. Sie konzentriert sich – zumindest scheint das für die breite Öffentlichkeit so zu sein – auf neues „Wording", z. B. „Elternberatung" statt „Mütterberatung" und die **gendergerechte Schreibweise** von Frauen, Männern (Binnen-I oder Schrägstriche, z. B. DirektorIn oder Direktor/in, hochgestelltes „a", z. B. Mag.[a]). Dies ist aber bestenfalls eine Nebenfront der notwendigen Aktivitäten, die zudem das Verständnis für diese wichtige Sache eher ins Gegenteil verkehrt – in Ablehnung.

Sprache und Denken sind eng miteinander verbunden
Zwischen Denken und Sprachverhalten bestehen enge Wechselwirkungen. Unsere Vorstellungen fließen in unsere sprachlichen Äußerungen ein, und die verwendeten Sprachformen beeinflussen wiederum unser Denken. Daher kann die Sprache den gesellschaftlichen Wandel unterstützen, indem sie mit neuen Formulierungen hilft, das Bewusstsein für das angestrebte Ziel zu stärken. Ein geschlechtergerechter Sprachgebrauch ist ein erster und wichtiger Schritt zur Umsetzung der Gleichstellung von Frauen und Männern.

Aus dem Leitfaden zu einer geschlechtergerechten Sprache, Stabsabteilung für Frauenförderung der JKU Linz

Ändert sich die Wirklichkeit, wenn wir in der Sprache die Geschlechtergerechtigkeit nur ausdauernd genug vorturnen? Wird es dereinst mehr Chefinnen, Professorinnen und Präsidentinnen geben, wenn wir sie immer nennen? Die scheinbar saubere Lösung in der Sprache könnte auch ein Ersatz dafür sein, dass es in der Wirklichkeit nicht so klappt, wie manche es gerne hätten. Denn die Macht der Worte ist begrenzt: Gender-Gap & Co zwingen niemanden dazu, Macht abzugeben.

Neue Züricher Zeitung, 7.4.2016

Wie ist Ihre Meinung zu einer geschlechterneutralen Sprache?

Ziele erreicht – „Familie – Frauen – Geschlechterrollenideologie – Gender-…“

KOMPETENZ-ERWERB

1. Welche Meinung haben Sie zu den angeführten Punkten? Diskutieren Sie darüber mit Ihren Mitschüler/innen.

2. Analysieren Sie, worin der Witz jeder der drei Karikaturen liegt, und markieren Sie im jeweiligen Bild jene Stelle, mit der sich der/die Zeichner/in lustig gemacht hat.

3. **Frauen in der Politik**

a) Ordnen Sie die folgenden Namen sowie die politischen Funktionen, die erstmals in der Zweiten Republik von Frauen ausgeübt wurden, den Fotos zu. Verwenden Sie dabei das Internet als Informationsquelle.

b) Eruieren Sie, welche Spitzenfunktionen in Österreich noch nie von einer Frau ausgeübt wurden.

c) Diskutieren Sie, ob Frauen in politischen Funktionen anders agieren und andere Prioritäten setzen als Männer.

Brigitte Bierlein (geb. 1949), parteilos
Johanna Dohnal (1939–2010), SPÖ
Maria Fekter (geb. 1956), ÖVP
Benita Ferrero-Waldner (geb. 1948), ÖVP
Hertha Firnberg (1909–1994), SPÖ
Monika Forstinger (geb. 1963), FPÖ
Karin Gastinger (geb. 1964), bis 2006 BZÖ, dann parteilos
Ludovica Hainisch-Marchet (1901–1993), parteilos
Hilde Hawlicek (geb. 1942), SPÖ
Zenzi Hölzl (1893–1958), SPÖ
Eleonora Hostasch (geb. 1944), SPÖ
Elfriede Karl (geb. 1933), SPÖ
Waltraud Klasnic (geb. 1945), ÖVP
Ingrid Leodolter (1919–1986), SPÖ
Ulkrike Lunacek (geb. 1957), Grüne
Maria Matzner (1902–1987), SPÖ
Freda Meissner-Blau (1927–2015), Grüne
Helene Postranecky (1903–1995), KPÖ
Barbara Prammer (1954–2014), SPÖ
Johanna Preinsdorfer (geb. 1929), ÖVP
Liese Prokop (1941–2006), ÖVP
Grete Rehor (1910–1987), ÖVP
Susanne Riess-Passer (geb. 1961), FPÖ
Heide Schmidt (geb. 1948), FPÖ, ab 1993 LIF
Hilde Zach (1942–2011), ÖVP

1945: Unterstaatssekretärin für Volksernährung; erste Frau, die einer österreichischen Bundesregierung angehörte
1948–1958: erste Bürgermeisterin Österreichs (Gloggnitz/NÖ)
1950–1962: erste Landesrätin in einer Landesregierung (Steiermark)
1951: erste Kandidatin bei einer Bundespräsidentenwahl
1966–1970: erste Ministerin in einer österreichischen Regierung, Sozialministerin
1970–1983: erste Wissenschaftsministerin
1971–1979: erste Gesundheitsministerin
1979–1991: erste Präsidentin eines Landtags (OÖ)
1983–1984: erste Familien- und Jugendministerin
1986–1988: erste Klubobfrau im NR
1987–1990: erste Unterrichtsministerin
1990–1995: erste Frauenministerin
1993–2000: erste Parteivorsitzenden (Bundessprecherin)
1994–1997: erste Präsidentin der Bundesarbeitskammer
1996–2005: erste Frau Landeshauptmann (Steiermark)
2000–2002: erste Infrastrukturministerin
2000–2003: erste Vizekanzlerin
2000–2004: erste Außenministerin; 2004–2010: erste EU-Kommissarin aus Österreich
2002–2010: erste Bürgermeisterin einer Landeshauptstadt (Innsbruck)
2004–2006: erste Innenministerin
2006–2014: erste Erste Präsidentin des NR
2004–2007: erste Justizministerin
2011–2013: erste Finanzministerin
Seit 2014: erste Vizepräsidentin des EU-Parlaments aus Österreich
2019–2020: erste Bundeskanzlerin

Wirtshausrunde um 1890 im Salzkammergut

Alltagsgeschichte(n)

KOMPETENZ-ERWERB

Meine Ziele

Nach der Bearbeitung dieses Kapitels kann ich

- die Geschichte der Ernährung nachzeichnen;
- Leben und Alltag anhand von Bildern und Quellen schildern;
- den Alltag von früher und heute vergleichen und die Veränderungen feststellen;
- den Begriff „Oral History“ definieren.

1 Was erzählen Alltagsgeschichten?

Alltagsgeschichten ergründen das Leben der „kleinen Leute", die im Dunkel der Geschichte stehen. Über Herrscher und hohe Persönlichkeiten sind wir meist gut unterrichtet, doch wie lebten all die anderen Menschen? Wie wohnten sie, ernährten oder kleideten sie sich? Wie sah ihr täglicher Arbeitsablauf aus und was machten sie in ihrer (meist spärlichen) Freizeit?

Forschungsschwerpunkte der Alltagsgeschichte finden sich selten in geschriebenen Quellen. Erstens, weil früher die meisten Menschen nicht schreiben konnten, und zweitens, weil „Alltägliches" nur sehr selten dokumentiert wurde. Die Historiker/innen sind hier auf indirekte Quellen angewiesen. Zum Beispiel

- auf Gemälde oder Fotos, auf denen zeitgenössische Kleidung oder Speisen dargestellt sind;
- Vermögensaufstellungen, in denen einzelne Habseligkeiten beziffert sind, oder
- Bodenfunde aus der Archäologie (oft Abfälle oder zerstörte Dinge).

2 Entwicklungen, die den Alltag veränderten

Die Neolithische Revolution veränderte den „Alltag"

Die Landwirtschaft entwickelte sich in den verschiedenen Regionen je nach Klimazone unterschiedlich und oft zeitlich unabhängig voneinander. Die Hauptnahrungsgrundlage bildeten verschiedene Süßgräsersorten, die zu ertragreichen Getreidearten gezüchtet wurden (Weizen, Gerste, Mais, Reis, Sorghum, Hirse, später Roggen und Hafer).

Entstehungszentren der Landwirtschaft

Ursprungsgebiete von Kulturpflanzen	
Süd- und Südostasien	Sojabohnen, Kokosnüsse, Reis, Tee, Bananen, Zuckerrohr
Vorderer Orient	Gerste, Hafer, Weizen, Feigen, Marillen, Mandeln, Äpfel, Datteln, Oliven, Wein
Mittel- und Südamerika	Maniok, Kartoffeln, Mais, Kakao, Tabak, Baumwolle, Erdnüsse, Tomaten
Afrika	Hirse, Kaffee, Wassermelonen

Die **Domestizierung** bereicherte den Speiseplan und brachte vielfältige Nutzanwendungen, die sich sinnvoll mit dem Pflanzenanbau ergänzten (z. B. Dünger). Die Züchtung war aber auch eine große Herausforderung: Die Tiere sollten Herdentiere sein, Pflanzenfresser und sich in Gefangenschaft vermehren können, nur so konnte eine erfolgreiche und nachhaltige Aufzucht gewährleistet werden.

Domestizierung (lat. domus: Haus) = Wildtiere zu Haustieren machen bzw. Wildpflanzen zu Kulturpflanzen.

Die Sesshaftigkeit stellte die Menschen aber auch vor neue Herausforderungen: So konnten z. B. von Tieren übertragene Seuchen neue Wirte finden und damit verheerende Epidemien auslösen. Noch heute gibt es viele von Tieren ausgehende Krankheiten (Zoonosen), wie z. B. Tollwut, Schweinegrippe, Ebola, Vogelgrippe, Gelbfieber.

Die Landwirtschaft in Europa

Für Europa war die Entwicklung im sogenannten **„Fruchtbaren Halbmond"** bedeutend, wo einige der wichtigsten Getreidesorten (Weizen, Gerste, Hafer, Roggen) und Tierrassen (u. a. Schwein, Rind, Ziege, Schaf) ihren Ursprung haben. In einem jahrtausendlangen Prozess drang die Innovation der Landwirtschaft bis nach Europa vor.

Manche Theorien bringen die Einführung der Landwirtschaft mit der Ausbreitung der **indogermanischen Sprache** in Europa in Verbindung, d. h., mit der neuen Technik breitete sich auch diese Sprachfamilie aus.

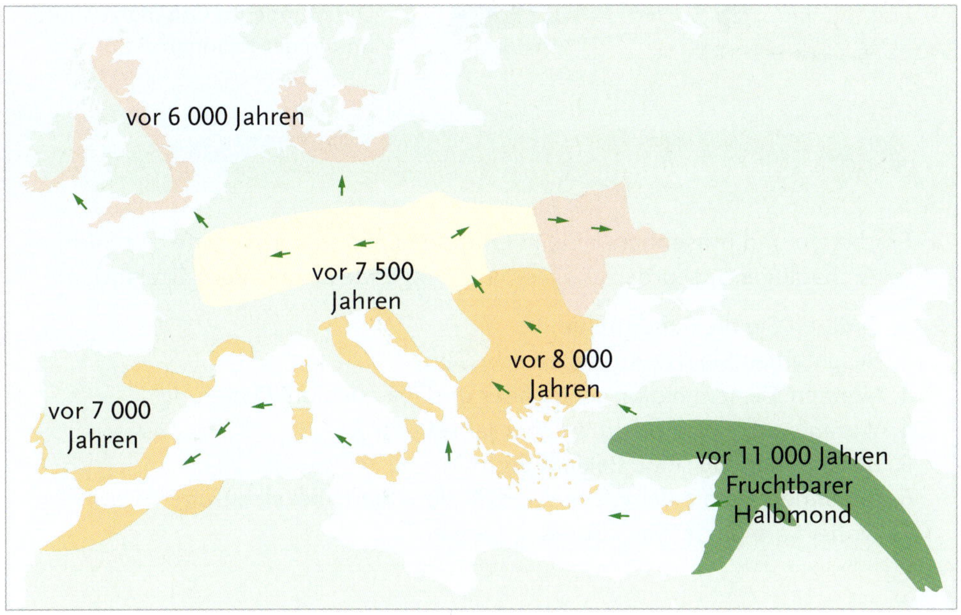

Entwicklung der Laktosetoleranz

Mit dem Genuss neuer Nahrungsmittel entwickelte sich auch der Organismus des Menschen weiter. Um 3000 v. Chr. bildete sich bei Menschen im Fruchtbaren Halbmond Laktoseverträglichkeit aus, d. h., sie konnten nun auch Milchprodukte verdauen. Normalerweise vertragen Erwachsene (Säugetiere) keine Milch, jetzt waren sie in der Lage, Käse und andere Milchprodukte zu essen.

Den ursprünglichen Kulturpflanzen, den sogenannten „founder crops", folgten bald weitere Züchtungen. **Hülsenfrüchte** (Linsen, Erbsen) sorgten gemeinsam mit Getreide für eine ausgewogene Ernährung, Leinen oder Flachs steuerten die Kleidung bei. **Baumkulturen** entstanden seit dem 4. Jahrtausend v. Chr. (Weintrauben, Granatäpfel, Feigen, Ölbaum, Datteln) bzw. dem 2. Jahrtausend (Walnussbaum, Äpfel, Zwetschken, Pfirsiche, Kirschen, Marillen, Birnen).

Speziell für den Anbau von Bäumen war eine lang andauernde Sesshaftigkeit notwendig. Getreidekörner konnte man mitnehmen und im nächsten Jahr woanders aussäen und ernten. Olivenbäume beispielsweise tragen erstmals nach fünf bis sieben Jahren, am ertragreichsten sind sie nach 20 Jahren. Hier musste man langfristig denken. Andererseits konnte der Baum dafür bis zu 800 Jahre alt werden.

Beginn der Domestikation und erste Fundgebiete

Schaf (8500 v. Chr.), Irak
Trampeltier (3000 v. Chr.), Zentralasien
Hund (8400 v. Chr.), Idaho
Ziege (7500 v. Chr.), Iran
Pferd (3000 v. Chr.), Ukraine
Schwein (7000 v. Chr.), Türkei
Honigbiene (3000 v. Chr.), Niltal
Rind (6500 v. Chr.), Thessalien, Anatolien
Haushuhn (2000 v. Chr.), Industal, Pakistan
Lama (3500 v. Chr.), Anden, Peru
Katze (1600 v. Chr.), Niltal
Esel (3000 v. Chr.), Niltal
Gans (1500 v. Chr.), Mitteleuropa

Überlegen Sie, wofür die Tiere benötigt wurden. Stellen Sie fest, aus welchen Regionen die meisten Tiere herkamen, woher die wenigsten.

Heute sind drei Kulturpflanzen (Mais, Reis, Weizen) für die Hälfte der Menschheit Nahrungsgrundlage. Drei Viertel der Landwirtschaft beschränken sich auf zwölf Anbaukulturen.

Die Ausbreitung der Landwirtschaft kann mithilfe von **Bodenfunden** (Keramik) bzw. von Bodenanalysen untersucht werden, wo sich einzelne Getreidekörner bzw. Pollen erhalten haben.

In Südostasien und China können beispielsweise über 90 Prozent der erwachsenen Bevölkerung Milchzucker nicht vollständig verdauen. In Europa gibt es diesbezüglich ein starkes Nord-Süd-Gefälle: Während in Schweden nur rund zwei Prozent der Erwachsenen eine Milchzuckerunverträglichkeit haben, können in Sizilien etwa 70 Prozent der Erwachsenen Laktose nur unzureichend verdauen. In Österreich gelten etwa 15 bis 20 Prozent der Bevölkerung als laktoseintolerant.

Der Ötztalmann besaß zahlreiche Waffen und Werkzeuge, die uns – zusammen mit Forschungen an der Mumie – tiefe Einblicke in diese Epoche ermöglichen. So war der Jäger optimal für das Leben am Berg ausgestattet, seine Bekleidung vergleichbar mit heutiger Outdoor-Kleidung, er führte Glut zum Entfachen von Feuer mit sich und eine „Reise-Apotheke".

Kleidung und Ernährung von „Ötzi"

1991 wurde am Similaungletscher in den Ötztaler Alpen eine Mumie gefunden. Anfänglich glaubte man an ein Verbrechen, bis Archäologinnen und Archäologen den Fund einer Zeit ca. 3200 v. Chr. zuordneten. Die Sensation war perfekt. Im deutschen Sprachraum bürgerte sich bald die Bezeichnung „Ötzi" ein, im Englischen wird er liebevoll „Frozen Fritz" genannt.

Die Mumie im Originalzustand und in der Rekonstruktion

Arbeitsaufgabe

- Erarbeiten und präsentieren Sie in Gruppen anhand der Website des Südtiroler Archäologiemuseums www.iceman.it folgende Details zum Ötztalmann:

  1. Erklären Sie die Fundumstände.
  2. Beschreiben Sie das Aussehen von Ötzi.
  3. Nennen Sie sein biologisches Alter und die absolute Datierung.
  4. Woran starb Ötzi und zu welcher Jahreszeit?
  5. Beschreiben Sie seine Bekleidung.
  6. Benennen Sie die Werkzeuge und Waffen, die er bei sich trug.
  7. Woher kam Ötzi? Was hatte er gegessen?

Die älteste Stiege der Welt

Im Jahr 2003 wurde im Salzbergwerk von Hallstatt eine vollständig erhaltene prähistorische Holzstiege entdeckt. Mithilfe einer Datierungsmethode, die Baumjahresringe nutzt, konnten Forscher von der Universität für Bodenkultur Wien nachweisen, dass die hier verwendeten Hölzer in den Jahren 1344 und 1343 v. Chr. geschlagen wurden. Zum Vergleich: Die Geburt des ägyptischen Pharaos Tutanchamun wird auf das Jahr 1341 v. Chr. datiert.

Salz konserviert den „Alltag" der Hallstattkultur

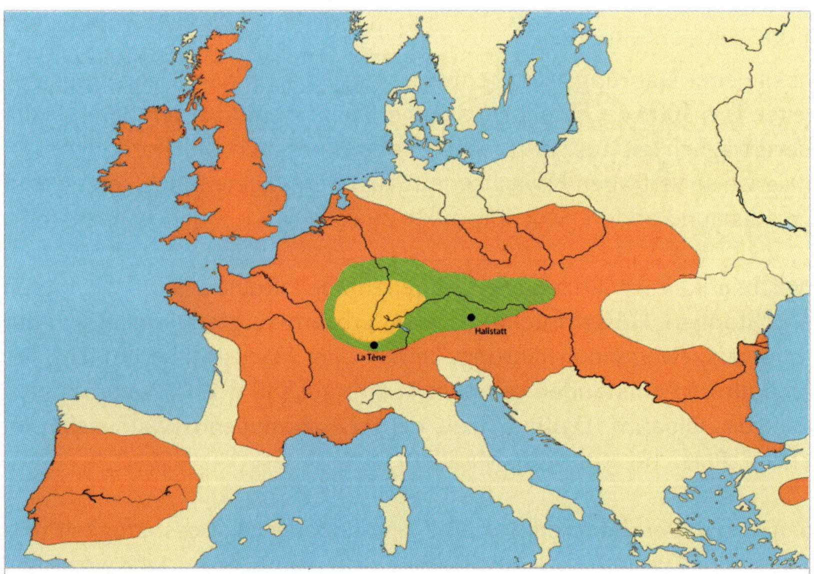

■ Hallstattkultur ■ Ausbreitung La-Tène-Kultur
■ Ausbreitung der keltischen Sprachen

Salz war ein „Über-Lebensmittel", das Fleisch haltbar machte, weshalb sich um die seltenen Salzbergwerke großer Reichtum anhäufte. Im oberösterreichischen **Hallstatt** (Weltkulturerbe der Menschheit seit 1997) wurden nach einem Zufallsfund 1846 zahlreiche Gräber der Epoche zwischen ca. 750 und 400 v. Chr. freigelegt. 1874 erhielt dieser Abschnitt der frühen Eisenzeit die Bezeichnung „Hallstattzeit". Die Hallstattkultur erstreckte sich auf ganz Mittel- und Westeuropa.

Im Salzbergwerk haben sich organische Materialien erhalten, die unter normalen Umständen längst verfallen wären. So konnte man Kleidungsstücke (mit Färbung) analysieren und aus den menschlichen Exkrementen Rückschlüsse auf den Speiseplan und den Gesundheitszustand (z. B. Parasitenbefall) ziehen. Die Hallstätter Bergknechte aßen z. B. gerne einen Eintopf aus Schweinefleisch mit Rollgerste und Bohnen, was man heute noch in der Steiermark als „Ritschert" bezeichnet.

Bronzenes Schöpfgefäß aus Hallstatt; Eisenzeit (600 – 400 v. Chr.)

Ernährung im Mittelalter

Ab dem 9. Jahrhundert kam es zu entscheidenden Verbesserungen in der Landwirtschaft: Die **Dreifelderwirtschaft** verbesserte den Ertrag, das **Pferd** erhöhte die Geschwindigkeit, **neue Kulturpflanzen** bereicherten den Speiseplan und Mühlen erleichterten das Leben.

Der Roggen war das charakteristische Korn des mittel- und nordeuropäischen Klimas, was Europa bis heute in ein südliches Weißbrot- und ein nördliches Schwarzbrotgebiet einteilt.

Dreifelderwirtschaft

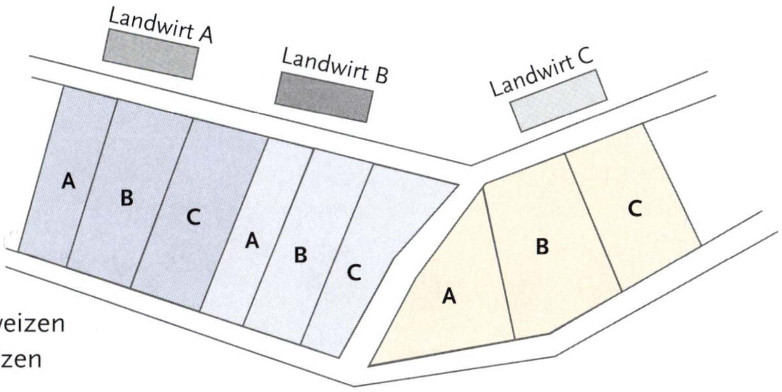

Berechnen Sie, um wie viel Prozent sich der Ertrag durch die Dreifelderwirtschaft steigerte.

Die wohl wichtigste Innovation war die Dreifelderwirtschaft. Waren die Felder vorerst in zwei Hälften geteilt, wovon die eine brach lag, auf der anderen geerntet wurde, gliederte man die Äcker jetzt in drei Bereiche: Auf einem wurde **Sommergetreide** (Roggen, Weizen) angebaut, auf dem zweiten **Wintergetreide** (Hafer, Gerste), der dritte erholte sich **(Brache).** Außerdem gab es zwei Ernten im Jahr, was die Wetterabhängigkeit verringerte. Die Dorfgemeinschaft unterwarf sich dabei einem Flurzwang, jeder Landwirt bearbeitete jeweils einen schmalen Streifen einer Fläche, wo ein Produkt ausgesät wurde.

- Die schwerfälligen Ochsen wurden durch **Pferde** ersetzt, die schneller pflügen und auch weiter entfernt liegende Felder erreichen konnten. Als Zuggeschirr verwendeten die Bauern das **Kummet.** Trittsicherheit gewannen die Tiere durch Hufeisen.
- Der bisherige hölzerne Hakenpflug wurde durch den eisernen **Wendepflug** ersetzt, der in der Lage war, den Boden tiefgründig zu wenden. Dreschflegel und Sensen erleichterten ebenfalls die Bearbeitung.
- Aus dem Vorderen Orient, wo die Wiege der europäischen Landwirtschaft stand, wurden **neue Fruchtsorten** eingeführt: Zwiebel, Knoblauch, Sellerie, Rüben, Kohl, Kohlrabi, Rettich.
- **Mühlen,** die sich die Wasserkraft zunutze machten, verbreiteten sich rasch und erfuhren immer weitere Anwendungsgebiete: Getreide-, Papier-, Walzmühle, Hammerschmiede/Hammermühle, Sägemühle. Ab ca. 1200 kamen Windmühlen auf.

Das **Kummet** ist ein steifer, gepolsterter Ring oder besteht aus ebensolchen Ringsegmenten. Es wird dem Zugtier um den Hals gelegt und erlaubt es, die Zugkraft durch eine der Tierart entsprechende Gestaltung sinnvoll auf Brustkorb, Schultern und Widerrist zu verteilen. Bei Pferden wurde erst dadurch ihre Zugkraft in vollem Umfang nutzbar.

Der englische Historiker Henry Hobhouse nennt fünf Pflanzen, die die Welt veränderten: Baumwolle, Zucker, die Kartoffel, Tee und Chinin.
Bei neu auftauchenden Sorten orientierte man sich oft an bekannten. Im Deutschen wurden viele neue Obst- bzw. Gemüsesorten nach den Äpfeln benannt: Erdäpfel, Paradeis(äpfel), Apfelsine.

Diese Neuerungen sorgten für einen erweiterten und gesicherten Speiseplan, erhöhten die Bevölkerungszahl und legten so die Grundlage für das Wachstum der Städte.

Die Veränderung des Speiseplans zu Beginn der Neuzeit

Durch die Entdeckungsfahrten um 1500 setzte ein umfangreicher Austausch von Gütern, Produkten und Tieren zwischen der neuen und alten Welt ein, den man **„Columbian Exchange“** nennt.

Für die Ernährung war wahrscheinlich die Kartoffel am bedeutsamsten. Sie ermöglichte einen Bevölkerungsanstieg. In Österreich wurde der Erdapfel in der zweiten Hälfte des 18. Jahrhunderts (speziell nach der Hungersnot der 1770er-Jahre) forciert. Andererseits sorgte der Ernteausfall um die Mitte des 19. Jahrhunderts für eine schwere Hungersnot („Great potato famine“), die eine große Auswanderungswelle von Irland in die USA zur Folge hatte.

Columbian Exchange

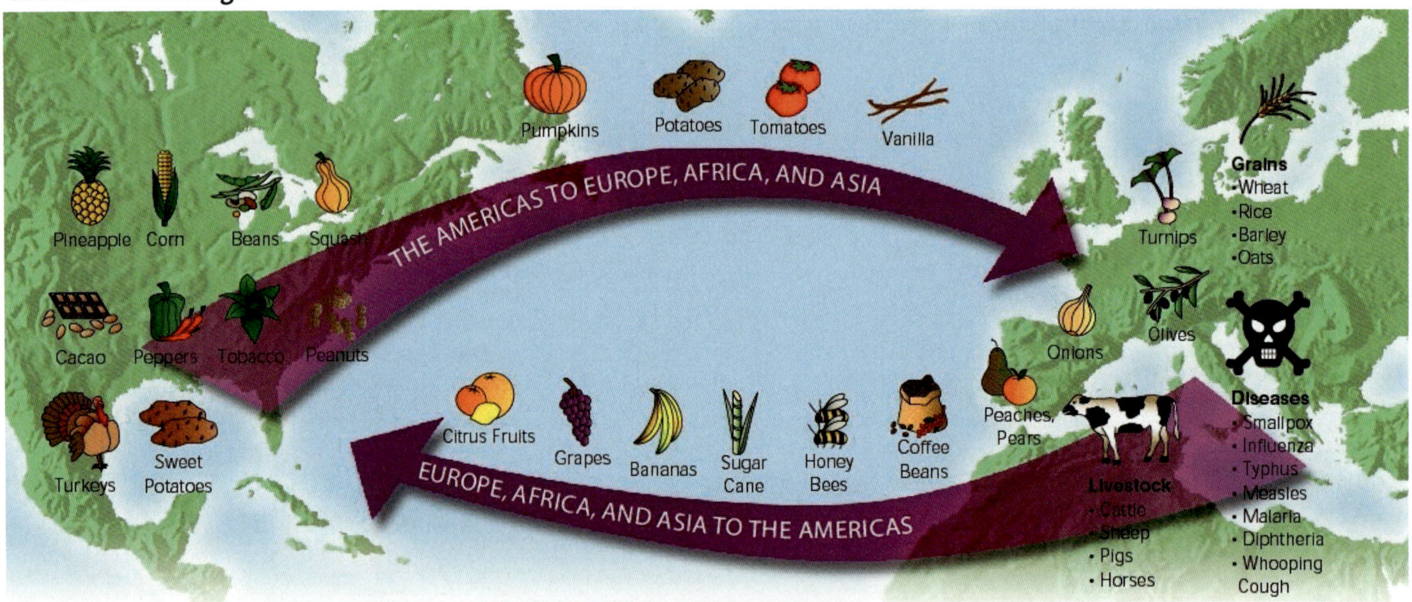

Arbeitsaufgaben

1. Stellen Sie fest, welche Produkte von Europa nach Amerika und umgekehrt exportiert wurden.
2. Erläutern Sie, wie sich der Speiseplan oder die Lebensgewohnheiten der Europäer/innen durch den Warenaustausch geändert haben. Welche Gerichte fallen Ihnen ein, die heute „typisch“ für ein Land sind, aber eigentlich ihren Ursprung in Amerika haben?
3. Analysieren Sie, woher die Zutaten eines Hamburgers kommen.

3 Leben und Arbeit bis ins 20. Jahrhundert

Über die Ernährung und Kleidung erhalten die Historiker/innen oft Auskunft bei Besitzübergaben bzw. Todfallsabhandlungen. Bei Übergaben wurden oft **„Dienstbarkeiten"** in Form von Nahrungsmitteln vereinbart.

Nahrungsbeding
... die Leibs Nahrung betreffend, solle der junge Besitzer dem Herrn Übergeber und seiner Hausfrau 1 et ½ Pfund Butter als die ersteren Tag, ¾ und in letzten auch ¾ frischen abreichen täglich 3 halbe Pier ..., weithers alle Mittwoch, Freytag und Sambstag jedesmahl ein halbe guette, also auch ein jeden einfallend gebotenen Fasttag, die übrige Tage nur ein Maßl, abgerahmbte Milch, aber die Nothdurft wochentlich ein Maßl Ramb als erster Tag 1 halbe und letzter Tage ½ Maßl, hievon Kraut, Ruben und Schotten auch Garten Gewirz, als Kohl, Kraut, Ruemb, Schnidler, Petersill, Sollat etc. die Notturft item jährlich 2 Maßl Baun und 3 Maßl Hanif samb ord Maß, den 4ten Thail in Obst und die ganze Verwitt- und Verspannung, auch solle der junge Besitzer schuldig seyn, ihnen jährlich 3 Viertl Prandwein und alle Wochen 6 Ayr abzureichen.

Auszug aus einem Übergabevertrag im Stiftsarchiv Mondsee, 1778

Arbeitsaufgaben

1. Klären Sie Ihnen nicht bekannte Begriffe (z. B. „Maßl"). Beachten Sie, dass die Schreibweise eher der gesprochenen Dialektsprache entspricht.
2. Stellen Sie fest, welche Rückschlüsse auf die damaligen Ernährungsgewohnheiten gezogen werden können. Was fehlte?
3. Vergleichen Sie Ihren üblichen Speiseplan damit. Was würden Sie angeben?
4. Erörtern Sie, weshalb in diesem Übergabevertrag so genaue Angaben gemacht wurden.

Zahlreiche **Fotografien** aus dem 19. und vor allem 20. Jahrhundert geben einen Einblick in das Leben der Menschen. Anfangs waren die Fotos noch sehr teuer, weshalb sie nur zu besonderen Anlässen gemacht wurden.

Faschingsfeier um 1920

Saubere Wäsche

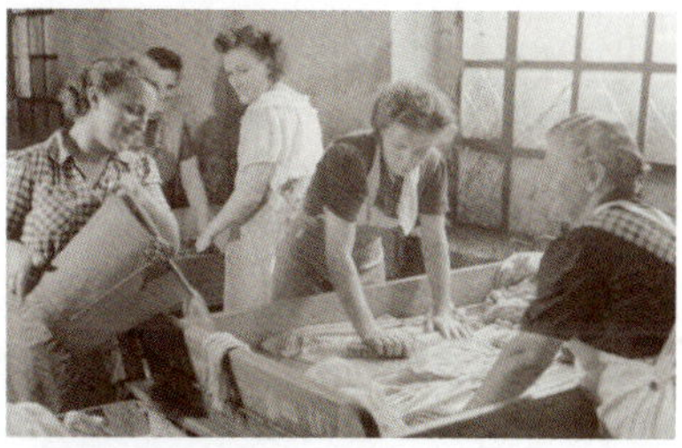

Wäschewaschen um 1920

Erst im 19. Jahrhundert setzten sich die Vorstellungen von Reinlichkeit und Hygiene durch, wodurch das Waschen der Wäsche zunehmende Bedeutung erlangte. Die Großwäsche im bürgerlichen oder bäuerlichen Haushalt ein- oder zweimal im Monat war sehr anstrengend, dauerte zwei bis vier Tage und wurde oft eigenen Waschfrauen übertragen. Das Waschen war körperliche Schwerstarbeit. Das Gewicht der nassen Wäsche, die händisch gerieben, eingeseift, geklopft, gebürstet, geschwemmt und ausgewrungen wurde, das Stehen in der Nässe und der Kontakt mit brühheißem und dann wieder kaltem Wasser blieben nicht ohne gesundheitliche Folgen.
Erst 1907 kam **Persil** als erstes selbsttätiges Waschmittel auf den Markt. Zum Schwemmen der Wäsche wurden, wenn möglich, Bäche mit weichem, nicht kalkhaltigem Wasser aufgesucht. In Arbeiterfamilien war man zumeist gezwungen, in der Küche zu waschen.
Dies hatten die Frauen (unter Mithilfe ihrer Töchter, die an diesen Tagen oft die Schule schwänzten) neben ihrer täglichen Arbeit von elf Stunden in der Fabrik zu erledigen.

Lassen Sie sich eine kurze Geschichte zum Bild des Wäschewaschens einfallen. Vergleichen Sie es mit der heute üblichen Art des Wäschewaschens.

Gegen Ende des 19. Jahrhunderts thematisierten oftmals Schriftsteller das Leben der Arbeiter/innen und „kleinen Leute“. Die **Literatur** des „Realismus“ und später des „Naturalismus“ erzählt uns fiktive (erfundene) Geschichten, die aber oft einen realen Hintergrund haben. In Deutschland schilderte beispielsweise **Gerhart Hauptmann** sehr drastisch das Leben der schlesischen Weber. In den USA zeigte Upton Sinclair deutlich das Schicksal von Immigrantinnen und Immigranten auf („The Jungle“).

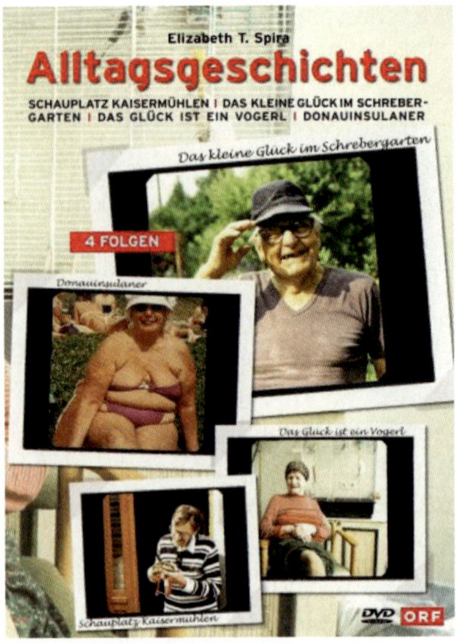

Elisabeth T. Spira (1942–2019)

4 Alltagsgeschichte heute

Alltagsgeschichte erfreut sich heute größter Beliebtheit. „Realityshows“ verfolgen „normale Personen“ bei ihren alltäglichen Verrichtungen. Wieweit dies tatsächlich den Alltag widerspiegelt oder nur eine gewisse Form des „Voyeurismus“ (Lust an der Beobachtung) befriedigt, ist umstritten.

„Österreichische Seele“ im Mittelpunkt

Von 1985 bis 2006 porträtierte Elizabeth T. Spira in insgesamt 60 Ausgaben der Dokumentarreihe „Alltagsgeschichte“ Österreicherinnen und Österreicher einfühlsam und mit subtilem Humor – ob in Wien-Meidling, in der U-Bahn oder im Bad. Spiras „Alltagsgeschichte“ ist längst Kult.

Protagonisten der Sendungen sind die sogenannten kleinen Leute, deren Geschichten die Regisseurin in ihren Filmen erzählt und deren Lebensräume sie vorstellt.

In Elizabeth T. Spiras Filmen geht es aber auch um die „österreichische Seele“, um die psychische, soziale und historisch gewachsene Befindlichkeit der Österreicher. Hier finden sich Tragik und Komik oft dicht nebeneinander, manchmal sind sie deckungsgleich. Durch subjektive Meinungsäußerungen, persönliche Erinnerungen und Erzählungen von Menschen skizziert „Alltagsgeschichte“ einen Ort oder ein soziales Phänomen kurzweilig.

Die Regisseurin wurde für ihre Arbeit unter anderem mit dem „Österreichischen Staatspreis für Kulturpublizistik“, dem „Johann-Nestroy-Ring“ und mehrfach mit dem „Fernsehpreis der Österreichischen Volksbildung“ ausgezeichnet.

www.orf.at

Die Befragung von Zeitzeuginnen und Zeitzeugen bietet nicht nur Chancen, sondern stellt die Wissenschaft auch vor Herausforderungen. Die größte liegt wohl in der Subjektivität der Befragten, die eine besonders gründliche Quellenkritik durch die Historikerin/den Historiker nötig macht. Auch die Interpretation des Gesagten und die Verbindung von individuellen Aussagen mit allgemeingültigen sind geprägt von der Identität der Wissenschaftlerin/des Wissenschaftlers.

„Oral History“

Als „Oral History“ („Erzählte Geschichte“) bezeichnet man historische Erinnerungen von lebenden Zeitzeuginnen und Zeitzeugen, die in Form eines Interviews oder als Erzählung festgehalten werden können. Zu berücksichtigen ist dabei, dass dies nur ein Ausschnitt aus der Perspektive einer Person sein kann. Verwechslungen kommen genauso vor wie bewusste Täuschungen.

Arbeitsaufgaben

1. Stellen Sie dem Foto von der Faschingsfeier um 1920 eine heutige Faschingsveranstaltung gegenüber.
2. Oral History: Befragen Sie eine ältere Person zum Alltag in früherer Zeit.
3. Nennen Sie weitere Ihnen bekannte „Realityshows“ und hinterfragen Sie deren Absicht kritisch.

„Alltägliche" Geschichte: der Name

Viele Menschen möchten mehr über ihre Herkunft erfahren. Der **Familienname** und seine Bedeutung können Auskunft über die Familiengeschichte geben. Der Name kann verschiedene Entstehungsursachen haben:

- die **Abstammung** (Vorname von Vater oder Mutter; Kinz = Konrad, Josef, Karl usw.),
- den **Beruf** (Schmied, Förster, Müller),
- eine **Eigenschaft** (Schwarz, Groß, Kurz ...),
- die **örtliche Herkunft** (Berger, Bayer, Wiener).

Verteilung von Familiennamen in Europa, die sich vom Vornamen des Vaters ableiten

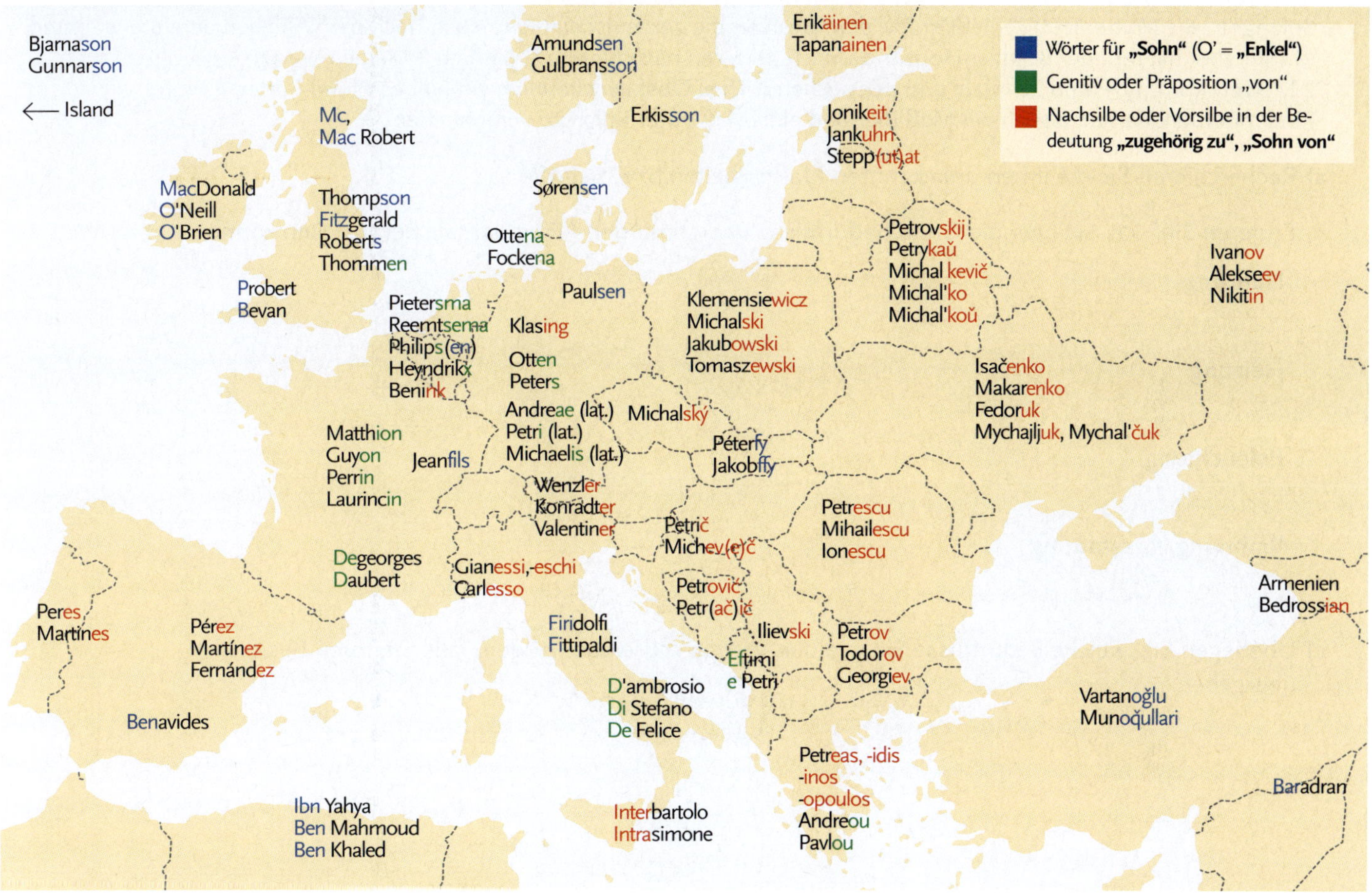

Arbeitsaufgaben

1. Versuchen Sie, die Bedeutung Ihres Familiennamens herauszufinden, und teilen Sie die in Ihrer Klasse vorkommenden Namen in einer Tabelle den vier Kategorien zu.

Abstammung	Beruf	Eigenschaft	Örtliche Herkunft

2. Erstellen Sie mithilfe mündlicher und schriftlicher Informationen Ihrer Familie Ihren Stammbaum bis zu den Großeltern (Geburt, Heirat, Todesjahr) und setzen Sie die Daten in Beziehung zu Ereignissen, die in diesen Jahren passiert sind.

Ziele erreicht? – „Alltagsgeschichte(n)“

KOMPETENZ-ERWERB

1. **Alltag früher:** Sie finden einen alten Vertrag, in dem 1838 ein Vater die Übergabe seines Hauses an seinen Sohn regelte.

Bedingt sich der Übernehmer ... nachstehende Auszug:
Zur Wohnung das Stübl in dem Hause rechts über die erste Stiege samt dem darin befindlichen Bett und dem eingemauerten Kasten, jedoch muss der Ofen hergerichtet werden, und wenn sie sich nicht vertragen sollten, so muss ihm der Besitzer eine anständige Wohnung mieten, das obbenannte Bett belassen und einen Kasten geben, auch die Bienenhütte mit 3 Bienenstöcken behält er sich zur Benutzung bevor.
Solange ... die Mutter lebt, genießt er mit dem Besitzer die gemeinschaftliche Kost, nach dem Ableben der vorerwähnten Mutter aber hat ihm der Besitzer Holz und Unschlittkerzen nach Notdurft, jährlich 3 Metzen Weizen, 2 Metzen Korn, 12 Pfund Schmalz und den sechsten Theil Obst, wochentlich ein halbes Pfund Butter, 4 Pfund Rind- oder Kalbfleisch, täglich ein Maß Bier und eine Maß guter Milch zu verabreichen.

a) Recherchieren Sie die Ihnen unbekannten Maßeinheiten bzw. Begriffe.

b) Eruieren Sie, was Sie über die Grundbedürfnisse und somit den Alltag damals herauslesen können:

Nahrung	
Heizung	
Beleuchtung	
Wohnung/Ausstattung	

c) Überlegen Sie, welche Bedürfnisse Sie in einen Vertrag schreiben würden, falls Sie Ihren Besitz übergeben.

2. **Alltag heute:**
   a) Halten Sie über mehrere Tage Ihren Alltag in Form einer chronologischen Tabelle fest.
   b) Beschreiben Sie Ihren Alltag qualitativ (Essen, Kleidung, Freizeitgewohnheiten, Sport etc.).
   c) Überlegen Sie, was künftige Historiker/innen an Ihrem Alltag interessieren könnte.

Volkswirtschaftliches Basiswissen

KOMPETENZ-
ERWERB

Meine Ziele

Nach der Bearbeitung dieses Kapitels kann ich

- Grundbegriffe der Volkswirtschaftslehre auf das eigene Leben übertragen;
- die Begriffe Bruttoinlandsprodukt und Bruttonationaleinkommen sowie ihren Unterschied erläutern;
- das magische Vieleck erklären;
- entscheiden, welche wirtschaftspolitischen Ziele sich ergänzen bzw. widersprechen;
- die Begriffe Konjunktur und Konjunkturzyklus erklären.

1 Wirtschaften

Warum gibt es eine Knappheit an Gütern? Nennen Sie Beispiele für knappe Güter!

In einer Welt mit knappen Gütern müssen die Menschen bewusst und vernünftig damit umgehen. Sie sind gezwungen, die richtige Wahl zwischen den vorhandenen Möglichkeiten im Umgang mit den Gütern zu treffen – sie wirtschaften.

Wirtschaften heißt, bewusst mit **knappen Ressourcen** jene Güter herzustellen, die unsere Bedürfnisse möglichst gut befriedigen.

Bedürfnis – Bedarf – Güter

Die Aussage „Ich habe Durst." gibt Auskunft über einen Mangel und ein Bedürfnis. Daraus entsteht der Wunsch, diesen Mangel zu beseitigen und das Bedürfnis zu befriedigen.

Mangelgefühl (Bedürfnis)	Durst
Bedürfnisbeseitigung	Trinken
Mittel zur Bedürfnisbefriedigung	Wasser

Bedürfnis ist das Empfinden eines Mangels, verbunden mit dem Wunsch, ihn zu beseitigen.

Grund- und Existenzbedürfnisse (Primärbedürfnisse)	Kultur- und Luxusbedürfnisse (Sekundärbedürfnisse)
Die Abdeckung dieser Bedürfnisse ist lebensnotwendig, z. B. Nahrung, Kleidung, Wohnung.	Die Abdeckung dieser Bedürfnisse erhöht den Lebensstandard und steigert das Lebensgefühl, z. B. Reisen, anspruchsvolle Kleidung, verfeinerte Kost, Unterhaltung, Sport, Kunstgenuss.

Die Unbegrenztheit der menschlichen Bedürfnisse wird von der Werbung genützt. **Werbung** wird eingesetzt, um Bedürfnisse zu wecken und den Bedarf zu steuern.

Die Bedürfnisbefriedigung ist abhängig vom eigenen Einkommen und vom Preisniveau der Güter. Je mehr Bedürfnisse befriedigt werden können, umso höher ist der Lebensstandard. Bei der Bewertung des Lebensstandards sollte allerdings auch die Lebensqualität (Freizeit, gesunde Umwelt, Infrastruktur etc.) berücksichtigt werden.

Bedarf ist jener Teil der Bedürfnisse, der durch die Kaufkraft (das verfügbare Geld) befriedigt werden kann. Man versteht darunter die konkrete Nachfrage, den Haushaltsbedarf, den Gemeinschaftsbedarf, den Bedarf der Betriebe.

Güter sind jene Mittel, die zur Deckung des Bedarfs benötigt werden.

Freie Güter	Güter, die scheinbar unbeschränkt vorhanden sind, z. B. Sonnenlicht, Luft, Wasser
Wirtschaftsgüter	Güter, die einen Preis haben; sie müssen produziert und bezahlt werden. Sie sind in begrenztem Maße vorhanden (knapp). ▪ Sachgüter ▸ Konsumgüter: Gebrauchs- und Verbrauchsgüter, z. B. Auto, Nahrungsmittel ▸ Investitionsgüter: Güter, die der Produktion dienen, z. B. Maschinen ▪ Dienstleistungen (immaterielle Güter) ▪ Rechte

Beispiel: Bedürfnis – Bedarf
Stefanie hat Hunger **(Bedürfnis)** und geht zu McDonald's um etwas zu essen. Sie kauft von ihrem Taschengeld einen Bic Mac und eine Portion Pommes frites **(Bedarf).**

Ökonomisches Prinzip (Wirtschaftlichkeitsprinzip)

Das ökonomische Prinzip ist der Leitgrundsatz für die gesamte Wirtschaft. Um ein hohes Maß an Bedürfnisbefriedigung zu erreichen, müssen die Güter möglichst wirtschaftlich eingesetzt werden. Das Wirtschaftlichkeitsprinzip tritt in zwei Formen auf:

Es wird versucht, viele Bedürfnisse trotz der begrenzten Mittel (knappe Güter) zu befriedigen.

Minimalprinzip	Maximalprinzip
Ein bestimmtes Ziel soll mit möglichst geringem Mitteleinsatz erreicht werden.	Mit gegebenen Mitteln soll ein möglichst hohes Ziel erreicht werden.
Beispiel Ein Catering-Unternehmen hat einen Auftrag für eine Hochzeit mit 150 Gästen bekommen. Das Unternehmen versucht, mit möglichst wenig Personal auszukommen und trotzdem die erforderliche Qualität zu bieten.	**Beispiel** Eine Druckmaschine einer großen Druckerei läuft im Dreischichtbetrieb (24 h/Tag) fünf Tage in der Woche. In dieser Zeit sollen möglichst viele Bögen Papier bedruckt werden.

Finden Sie gemeinsam mit Ihren Mitschülern weitere Beispiele für das Maximal- und Minimalprinzip!

Arbeitsaufgaben

1. Kreuzen Sie an, ob ein Bedürfnis vorliegt!

Beispiel	Bedürfnis
Eine Person hat Hunger.	
Eine Person fragt im Supermarkt nach und kauft Brot.	
Eine Person verbrennt Heizöl.	

2. Kreuzen Sie an, wer nach dem Maximalprinzip und wer nach dem Minimalprinzip handelt.

Beispiele	Maximalprinzip	Minimalprinzip
Fritz hat 100,00 EUR und möchte für möglichst viele seiner Freunde Weihnachtsgeschenke kaufen.		
Susi sucht auf www.geizhals.at möglichst günstige Weihnachtsgeschenke für ihre Familie.		
Markus plant eine Weltreise – er möchte möglichst wenig dafür ausgeben.		
Lena und Paul möchten eine Traum-Hochzeitsreise auf den Malediven verbringen. Ihr Reisebudget für die geplanten drei Wochen beträgt 10.000,00 EUR.		

3. Finden Sie je ein Beispiel für das Minimalprinzip und das Maximalprinzip für die Zeit nach Abschluss Ihrer Schule.

2 Was bedeutet Volkswirtschaft?

Wir sind alle jeden Tag in das Wirtschaftsleben und Marktgeschehen als Nachfrager oder Anbieter eingebunden. Wir wollen Lebensmittel kaufen, zum Friseur gehen oder unser Auto dem regionalen Gebrauchtwagenhändler zum Kauf anbieten. Um die notwendigen Einkäufe tätigen zu können, stellen wir Unternehmen unsere Arbeitsleistung gegen Geld zur Verfügung. Der Staat sorgt für die nötigen Rahmenbedingungen, er legt die Wirtschaftsordnung fest und greift – von Staat zu Staat unterschiedlich – mehr oder weniger in das Wirtschaftsleben ein. Außerdem hebt er Steuern ein, um Straßen und Schulen bauen zu können.

Volkswirtschaftslehre wird als **VWL** abgekürzt.

Wirtschaftsteilnehmer/innen (Wirtschaftssubjekte) sind Haushalte, Unternehmen, Banken und Staat.

Volkwirtschaft ist die Wirtschaft eines exakt abgegrenzten Gebietes, in der Regel eines Staates oder Staatenverbundes. Alle Themen, die wir in diesem Kapitel behandeln, sind Teil der **Volkswirtschaftslehre.** Sie untersucht

- wirtschaftliche Zusammenhänge einzelner Wirtschaftsteilnehmer **(Mikroökonomie)** und
- gesamtwirtschaftliche Zusammenhänge und Größen **(Makroökonomie).**

Volkswirtschaftslehre

Mikroökonomie

Typische Fragestellungen

- Wie treffen private Haushalte und Unternehmen wirtschaftliche Entscheidungen?
- Wie wirken sich diese Entscheidungen auf Angebot und Nachfrage auf verschiedenen Märkten aus?
- Wie entsteht der Preis?
- Wie werden die produzierten Güter und Dienstleistungen auf die Teilnehmer in der Wirtschaft verteilt?

Makroökonomie

Typische Fragestellungen

- Wie wirken sich die Entscheidungen aller Wirtschaftsteilnehmer auf die Wirtschaft aus?
- Welche Funktionen hat Geld?
- Wie kommt es zu Arbeitslosigkeit?
- Wie kann die Wirtschaft (vor allem vom Staat) beeinflusst werden?
- Welche Voraussetzungen sind notwendig, damit die Wirtschaft wächst?

Der Staat errichtet in der Regel Straßen und tritt somit als Wirtschaftsteilnehmer auf.

Im Gegensatz zur Volkswirtschaftslehre untersucht die **Betriebswirtschaftslehre** das Thema Wirtschaft aus der Sicht einzelner Unternehmen, wobei natürlich zahlreiche Überschneidungen existieren.

Und was geht mich Volkswirtschaftslehre an?

Jede/r von uns ist Wirtschaftsteilnehmer/in. Ob als Konsument/in oder Arbeitnehmer/in, in Zukunft vielleicht einmal als eigener Unternehmer bzw. Unternehmerin, von Prozessen in der Volkswirtschaft sind wir alle betroffen und können manches mitgestalten. Als Staatsbürger/innen können wir überdies bei Wahlen wirtschaftspolitische Entscheidungen ein wenig mitgestalten, in dem wir Parteien unsere Stimme geben, die die Wirtschaft, aber auch den Arbeitsmarkt oder Sozialleistungen und Steuern in eine bestimmte Richtung lenken.

Ich möchte nach der Schule einen Job: Als Arbeitnehmer/in und somit als Teilnehmer/in am Wirtschaftskreislauf betreffen mich Prozesse der Volkswirtschaft.

Arbeitsaufgabe

- Ordnen Sie die jeweilige Fragestellung der Mikroökonomie (A) bzw. der Makroökonomie (B) zu. Kreuzen Sie die richtige Antwort an:

Beispiele	A	B
Wie verändert sich das Konsumverhalten der Haushalte?		
Wie hoch ist die Arbeitslosigkeit?		
Wie hoch ist das Wirtschaftswachstum?		
Wie bekämpft man Inflation?		
Wie reagiert die Nachfrage auf eine Preisänderung?		
Wie verändern sich Preise bei einem Monopol?		

3 Wirtschaftskreislauf

Die Wirtschaft funktioniert wie ein Kreislauf nach dem Prinzip „Geben und Nehmen" zwischen den Wirtschaftsteilnehmern. Die Wirtschaftsteilnehmer sind durch Beziehungen miteinander verbunden. Dieses Zusammenwirken aller Wirtschaftsteilnehmer kann stark vereinfacht in einem sogenannten **Wirtschaftskreislauf** dargestellt werden.

Unternehmen (Betriebe) produzieren Sachgüter bzw. stellen Dienstleistungen bereit, um die Bedürfnisse ihrer Kunden befriedigen zu können. Die Nachfrager ihres Angebots sind Haushalte (Verbraucher) und andere Unternehmen. Unternehmen, an denen der Staat nicht beteiligt ist, werden als private oder privatwirtschaftliche Unternehmen bezeichnet.

Private Haushalte können sich aus einer oder mehreren Personen zusammensetzen. Die Haushalte verdienen durch ihre Arbeit Geld. Dieses verwenden sie, um Sachgüter und Dienstleistungen zu erwerben oder um es zu sparen.

Auch der Staat hat Anteil an der Wirtschaft, indem er mit Gesetzen regelnd eingreift. Er erhält für seine Leistungen Abgaben. Zudem tritt der Staat als Unternehmer und Nachfrager auf. Außerdem kann er Transferleistungen oder Subventionen vergeben.

Banken (Kreditinstitute) nehmen finanzielle Mittel (Geld) von Haushalten und Unternehmen als Geldanlage entgegen. Sie stellen diesen aber auch finanzielle Mittel in Form von Krediten zur Verfügung.

Unternehmen sind aber nicht nur auf nationalen Märkten tätig. Sie erwerben im Ausland z. B. Rohstoffe oder verkaufen an ausländische Abnehmer Güter, wie z. B. Maschinen. Somit spielen Auslandsgeschäfte im Zeitalter der Globalisierung für viele Unternehmen eine wichtige Rolle. Auch Privatpersonen (Haushalte) tätigen Geschäfte im Ausland, z. B. bei der Geldanlage.

Dabei existieren zwei gegenläufige Ströme: der **reale Strom** (Güter, die getauscht werden) und der **monetäre Strom** (Geldstrom).

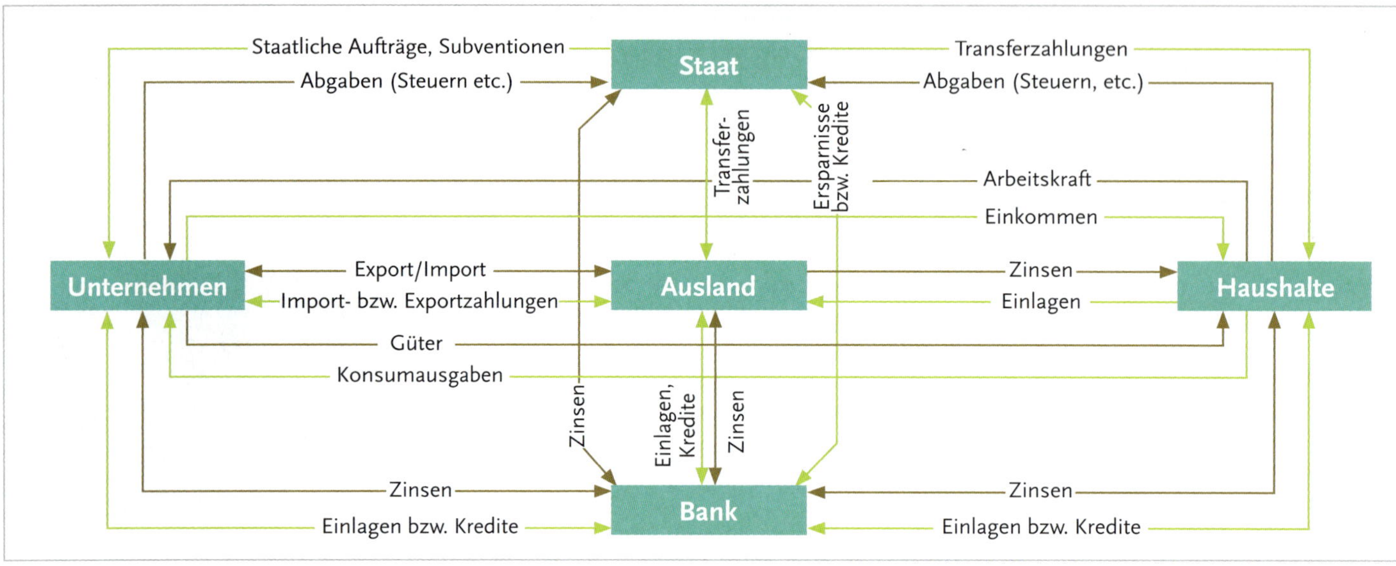

Die Aktivitäten im Wirtschaftskreislauf werden in der Volkswirtschaftlichen Gesamtrechnung erfasst. Dazu werden Hunderte von Unternehmens-, Sozialversicherungs-, Produktions-, Umsatzsteuerstatistiken u. v. m. erfasst und ausgewertet.

4 Grundlagen der Volkswirtschaftlichen Gesamtrechnung (VGR)

Vor dem Zweiten Weltkrieg gab es kein zuverlässiges Maß für die gesamtwirtschaftliche Aktivität. Ökonomen mussten sich stattdessen auf bruchstückartige Informationen stützen, um sich ein Bild von der Gesamtwirtschaft zu machen. Erst nach dem Zweiten Weltkrieg wurden in den Industriestaaten verlässliche Einkommens- und Produktionsstatistiken aufgebaut. Es entstand die Volkswirtschaftliche Gesamtrechnung.

Die **Volkswirtschaftliche Gesamtrechnung (VGR)** ist eine Untersuchung und Darstellung des Wirtschaftsgeschehens einer Volkswirtschaft für eine abgelaufene Periode. Ihr Ziel ist ein möglichst umfassendes, übersichtliches und in Zahlen ausgedrücktes Gesamtbild des wirtschaftlichen Geschehens.

Adäquat = geeignet, passend, zweckmäßig.

Die VGR dient als **Informations- und Entscheidungsgrundlage** für wirtschaftspolitische Maßnahmen, denn ohne die Daten könnten keine adäquaten Rahmenbedingungen geschaffen werden.

Als Messgröße für die Wirtschaftsleistung einer Volkswirtschaft wird häufig das **Sozialprodukt** herangezogen. Dabei kann man das Sozialprodukt aus zwei Blickwinkeln betrachten:

Sozialprodukt

Bruttoinlandsprodukt (BIP)	Bruttonationaleinkommen (BNE)
Das BIP erfasst den Gesamtwert aller Sachgüter und Dienstleistungen für den Endverbrauch, die **innerhalb einer Volkswirtschaft** in einem bestimmten Zeitabschnitt hergestellt wurden.	Das BNE erfasst den Gesamtwert aller Sachgüter und Dienstleistungen für den Endverbrauch, die in einem bestimmten Zeitabschnitt **von Inländern** (= Personen mit Hauptwohnsitz im Inland) im In- oder Ausland hergestellt wurden. Das BNE zeigt, **über welche Werte** Inländer verfügen können. Denn die in einem Land lebenden Menschen können über mehr oder weniger Werte verfügen als im Inland produziert wurden, weil Einkommen aus dem Ausland zu- und abfließen kann.
Bruttoinlandsprodukt = **Inlandskonzept**	Bruttonationaleinkommen = **Inländerkonzept**

Das BNE ergibt sich, indem man vom BIP
- die Einkommen abzieht, die an die übrige Welt geflossen sind, und
- die Einkommen hinzufügt, die von inländischen Wirtschaftseinheiten aus der übrigen Welt bezogen wurden.

Beim Sozialprodukt sind die **Marktpreise** der Güter entscheidend, d. h., das was die Menschen bereit sind zu zahlen. Wenn Produkt A doppelt so viel kostet wie Produkt B und beide Produkte in gleicher Menge hergestellt werden, trägt A doppelt so viel wie B zum Sozialprodukt bei.

Arbeitsaufgaben

1. Zeichnen Sie einen Wirtschaftskreislauf anhand folgenden Falls: Familie Neuhofer muss bei ihrem Haus alle Fenster austauschen. Die Fenster bezieht sie bei dem Unternehmen Internorm, dies kostet 18.000,00 EUR inkl. USt. Da es sich um Schall- und Wärmeschutzfenster handelt, bekommt Familie Neuhofer vom Staat eine Förderung in Höhe von 1.000,00 EUR. Für den Umbau muss die Familie einen Kredit in Höhe von 10.000,00 EUR bei der Bank aufnehmen und zahlt jährlich 2.000,00 EUR zurück.
2. Wie setzen sich das BIP und das BNE in Österreich zusammen? Tragen Sie die beiden Begriffe in die Darstellung ein!

Einkommen der Österreicher in Österreich	Einkommen der Österreicher aus der übrigen Welt	Einkommen der Ausländer in Österreich

5 Marktlehre

Wenn Österreich im Sommer von einer Schlechtwetterperiode heimgesucht wird, steigt die Nachfrage nach Hotelzimmern in gewissen Orten an der Adria. Kommt es im Nahen Osten zu kriegerischen Handlungen, steigen die Benzinpreise in Europa und die Nachfrage nach Autos mit hohem Treibstoffverbrauch sinkt ... Beide Beispiele zeigen das Wirken von Angebot und Nachfrage. Immer wenn man Auswirkungen von Ereignissen und Maßnahmen auf die Volkswirtschaft wissen will, muss man sich Gedanken machen, wovon Angebot und Nachfrage eigentlich beeinflusst werden.

Was können Bestimmungsfaktoren sein, die Angebot bzw. Nachfrage beeinflussen?

Ein **Markt** liegt vor, wenn Nachfrager und Anbieter zusammentreffen und in wirtschaftliche Beziehung treten.

Der Leistungsaustausch kann **direkt** (die Parteien sind körperlich anwesend) oder **vermittelt** (durch Nutzung von Medien, wie z. B. Zeitungen, Computer, Telefon) usw.) stattfinden.

Der Wochenmarkt ist ebenso ein Markt ...

... wie der Einkauf im Internet.

5.1 Gesetz von Angebot und Nachfrage

Ein Markt besteht aus Gruppen potenzieller Käufer und potenzieller Verkäufer eines Gutes. Die Gruppe der potenziellen Käufer bestimmt die Nachfrage, die der potenziellen Verkäufer das Angebot.

Als **Angebot** bezeichnet man jene Menge an Gütern, die bestimmte Wirtschaftssubjekte zu einem bestimmten Preis verkaufen wollen.

Als **Nachfrage** wird jene Menge an Gütern bezeichnet, die bestimmte Wirtschaftssubjekte zu einem bestimmten Preis kaufen wollen.

Angebotsfunktion

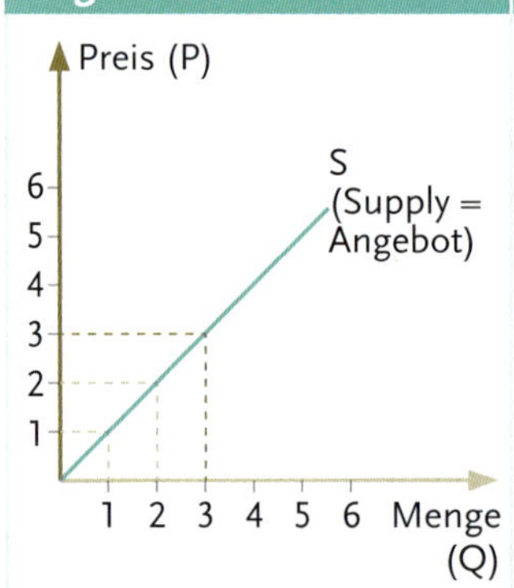

Je höher der Preis, desto höher das Angebot → Steigende Angebotsfunktion

Nachfragefunktion

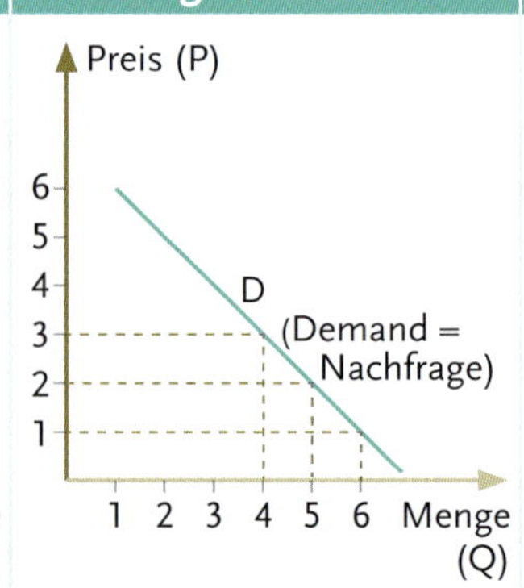

Je höher der Preis, desto geringer die Nachfrage → Fallende Nachfragefunktion

Marktgleichgewicht

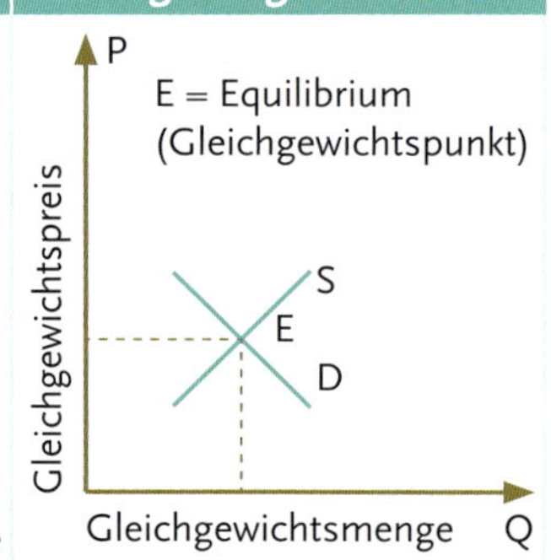

Geplante Nachfrage entspricht dem geplanten Angebot → E

Ein **Marktgleichgewicht** liegt vor, wenn die nachgefragte Menge mit der angebotenen Menge übereinstimmt. Der Preis wird dann als **Gleichgewichtspreis**, die Menge als **Gleichgewichtsmenge** bezeichnet.

5.1.1 Bestimmungsfaktoren des Angebots und der Nachfrage

Verantwortlich für das Ausmaß der Nachfrage und des Angebots ist natürlich der **Marktpreis.** Aber es gibt noch weitere Bestimmungsfaktoren, die auf der Angebots- bzw. Nachfragerseite eine Rolle spielen:

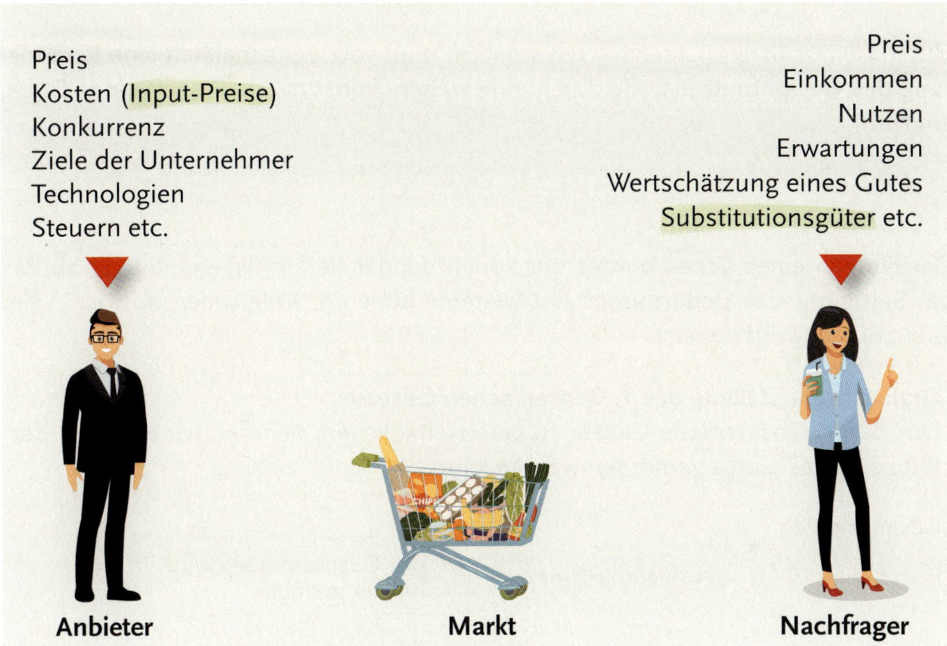

Input-Preise = Preise für Produktionsfaktoren.

Substitutionsgüter = Güter, die einander ersetzen können, z. B. Margarine durch Butter.

Im Regelfall steigt mit dem Einkommen auch die Nachfrage nach bestimmten Gütern. Man kann öfter in Restaurants essen, mehr Kleidung kaufen etc. Es gibt aber auch Güter, deren Nachfrage mit höherem Einkommen sinkt. Beispielsweise kauft man mit höherem Einkommen weniger Margarine, Speck, Bohnen, aber auch weniger Bahn- und Buslinienfahrten etc. Man spricht dabei auch von **inferioren (geringwertigen) Gütern,** denn sie werden häufig durch superiore (höherwertige) Güter ersetzt (z. B. Butter ersetzt Margarine).

Das heißt aber nicht, dass reiche Menschen zum Beispiel keinen Speck mehr essen. Superiore Güter ersetzen nicht automatisch inferiore Güter. Generell kann man die niedrigere Nachfrage nach inferioren Gütern bei höherem Einkommen allerdings beobachten.

5.1.2 Nutzen – ein Bestimmungsfaktor der Nachfrage

Niemand kann wohl von sich behaupten, dass ihm ein Laptop 3,743-mal so viel Nutzen bringt wie eine Kaffeemaschine. Verbraucher haben aber bestimmte Präferenzen. Sie können nach individuellen Überlegungen und Empfindungen unterscheiden, welche Güter oder Güterkombinationen den größeren Nutzen bringen. Sie können die Güter in eine entsprechende Reihenfolge bringen, in der sie ihre Bedürfnisse befriedigen wollen, z. B. 1. Trinken, 2. Essen, 3. Kleider, 4. Wohnen, 5. Zeitung lesen …

Versuchen Sie, zehn Güter aus Ihrem Leben nach dem Nutzen zu reihen, den Ihnen diese Güter bringen.

Verantwortlich für das Ausmaß der Nachfrage ist neben dem Marktpreis auch der **individuelle Nutzen,** den ein Gut für den Nachfrager hat.

Der **Nutzen** ist das **Ausmaß der individuellen Bedürfnisbefriedigung,** das ein Gut durch seine Verwendung dem Verbraucher stiftet. Er beeinflusst die Nachfrage

Der Nutzen ist **objektiv nicht messbar,** d. h., er kann nicht in Maßeinheiten für Rechenoperationen ausgedrückt werden.

nach dem Gut nachhaltig. Denn jeder Verbraucher ist bestrebt, sein Einkommen so zu verwenden, dass er den größten Nutzen davon hat.
Der Nutzen hängt nicht nur von bestimmten Eigenschaften des Gutes ab. Aus der Situation des Verbrauchers heraus kann ein und dasselbe Gut verschiedene Nutzen stiften, einmal mehr und dann wieder weniger brauchbar sein.

Unter **Zusatznutzen (Grenznutzen)** versteht man volkswirtschaftlich **jene Veränderung des Gesamtnutzens,** die durch eine **weitere konsumierte Einheit eines Gutes** eintritt.

1. Gossen'sches Gesetz

Der Nutzen eines Gutes nimmt mit zunehmender Bedürfnisbefriedigung ab, bis bei Sättigung des Bedürfnisses ein weiterer Konsum Widerwillen auslöst – der Grenznutzen wird negativ.

Grafische Darstellung des 1. Gossen'schen Gesetzes
Um das 1. Gossen'sche Gesetz zu veranschaulichen, nehmen wir an, dass der Nutzen eines Gutes gemessen werden kann.

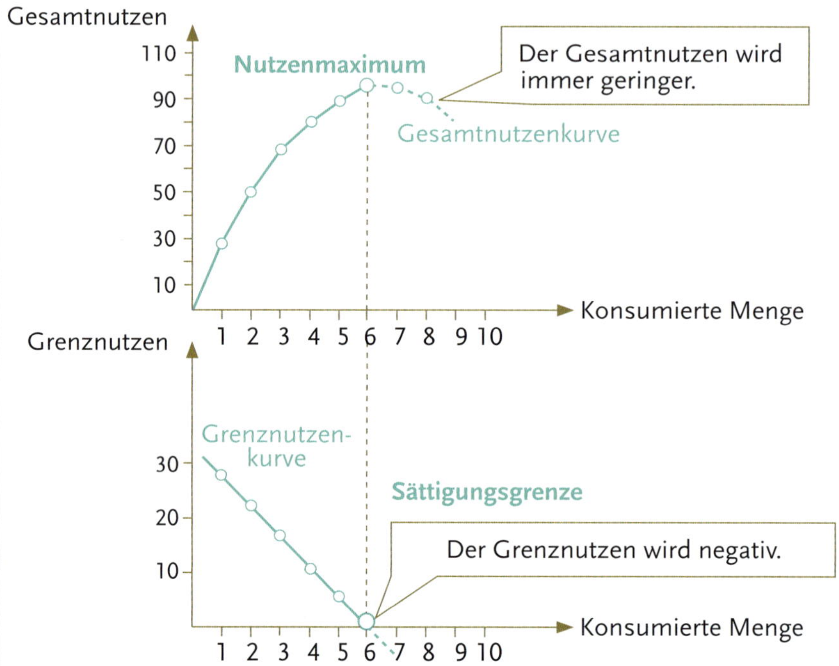

Der Zuwachs des Gesamtnutzens, der durch die Zunahme der konsumierten Menge entsteht, wird immer geringer. Dieser Nutzenzuwachs ist der Zusatznutzen (Grenznutzen). Mit zunehmender Menge nimmt der Nutzen eines Gutes i. d. R. immer mehr ab.

Der Grenznutzen der ersten Einheit ist am größten. Danach nimmt er stückweise ab.

Beispiel: 1. Gossen'sches Gesetz
Denken Sie an Ihre **Lieblingsspeise,** die Vorfreude auf den ersten Bissen, das Wohlgefühl, sich satt essen zu können. Und nun stellen Sie sich vor, dass Sie noch eine Portion und noch eine Portion essen sollen. Es ist klar, dass jede weitere Portion zu einer geringeren Bedürfnisbefriedigung führt als die vorangegangene. Das geht so weit, bis Ihnen übel wird – der Grenznutzen wird negativ.

Zusammenhang: Grenznutzen – Nachfragekurve

Was bedeutet nun die Erkenntnis des abnehmenden Grenznutzens für den Verlauf der Nachfragekurve? Ganz einfach: Je größer der Grenznutzen eines Produktes ist, desto mehr ist ein Konsument bereit zu zahlen.

Wenn der Grenznutzen abnimmt, sind Konsumenten für jede zusätzliche Einheit des Gutes immer weniger bereit zu zahlen. In weiterer Folge bedeutet das, dass die Menschen bei gegebenem Einkommen und vorhandenen Wünschen **nur dann bereit sind, weitere Mengen eines Gutes zu kaufen, wenn der Preis sinkt** (bis zum Erreichen der Sättigungsgrenze).

Denken Sie nochmals an Ihre Lieblingsspeise. Wenn Sie hungrig sind, sind Sie wahrscheinlich bereit, viel für die erste Portion zu bezahlen. Die fünfte oder sechste Portion werden Sie vielleicht zu diesem Preis dann nicht mehr bestellen (sollte der Grenznutzen dann überhaupt noch positiv sein).

5.2 Marktformen

Die Marktform sagt aus, wie viele Anbieter und Nachfrager es auf dem Markt gibt. Es können auf jeder Marktseite ein, wenige oder viele Teilnehmer auftreten. Der Preis wird durch die Zahl der Teilnehmer bestimmt.

Nachfrage / Angebot	Einer	Wenige	Viele
Einer	Zweiseitiges Monopol	Beschränktes Angebotsmonopol	Angebotsmonopol
Wenige	Beschränktes Nachfragemonopol	Zweiseitiges Oligopol	Angebotsoligopol
Viele	Nachfragemonopol	Nachfrageoligopol	Vollständige Konkurrenz (Polypol)

Beispiel: Oligopol
Ein typisches Beispiel für ein Angebotsoligopol (wenige Anbieter, viele Nachfrager) ist der Lebensmittelhandel: Häufig kaufen wir in einer überschaubaren Anzahl unterschiedlicher Supermärkte ein, z. B. Spar, Billa, Billa Plus, Lidl, Hofer.

Recherchieren Sie im Internet: Gibt es in Österreich **Angebotsmonopole?** Wenn ja, welche? Wenn nein, gab es welche in der jüngeren Vergangenheit?

Zusätzlich können Marktformen durch weitere Kriterien systematisiert werden. Nachstehend werden einige Arten von Märkten näher besprochen.

Vollkommene und unvollkommene Märkte

Ein Einteilungskriterium ist die Einstufung der Märkte in **vollkommene** und **unvollkommene.** Vollkommen ist ein Markt, wenn folgende Voraussetzungen erfüllt werden:

- Die Güter sind bezüglich Art und Beschaffenheit identisch (homogen).
- Die Zahl der Anbieter und Nachfrager, die Preise, zu denen ein Angebot oder eine Nachfrage erfolgen, sowie die Qualität der Güter sind bekannt (vollständige Markttransparenz).
- Es existiert keine räumliche oder zeitliche Differenzierung zwischen Angebot und Nachfrage.
- Der Marktzugang ist allen Anbietern und Nachfragern offen.
- Es gibt keine Präferenzen bezüglich bestimmter Käufer oder Verkäufer.

Die **vollständige Konkurrenz (Polypol)** setzt einen **vollkommenen Markt** voraus. Sie kommt in der Praxis aber kaum vor. Trotzdem widmet man sich dieser Marktform, da sie am leichtesten zu untersuchen ist. Außerdem lassen sich einige der Schlussfolgerungen auch auf andere Marktformen übertragen.

Sind diese Kriterien nicht oder nur teilweise erfüllt, spricht man von unvollkommenen **Märkten.** In der Praxis trifft man **fast nur unvollkommene Märkte** an. Der Aktienhandel an der Börse kommt dem vollkommenen Markt allerdings am nächsten.

Über die letzten Jahrzehnte konnte man einen deutlichen Wandel von Verkäufer- zu Käufermärkten beobachten. Auf welchen Bereich eines Unternehmens hatte dies besondere Auswirkungen? Woran könnte das liegen?

Verkäufer- und Käufermärkte

Eine andere Art der Differenzierung ist die Einteilung in Verkäufer- und Käufermärkte. Ob ein **Verkäufer**- oder **Käufermarkt** vorliegt, hängt von der Stärke der Position der Teilnehmer bei der Fixierung von Preisen und Konditionen ab.

- **Verkäufermarkt:** Der Verkäufer befindet sich in der stärkeren Position, d. h., die Nachfrage ist größer als das Angebot.
- **Käufermarkt:** Der Käufer befindet sich in der stärkeren Position, d. h., das Angebot ist stärker als die Nachfrage.

Arbeitsaufgaben

1. Jana verdient in ihrem ersten Arbeitsjahr 1.200,00 EUR netto. Sie kauft sich ihr Brot daher nur im Supermarkt, wo es billiger ist. Im Schnitt gibt sie 20,00 EUR im Monat dafür aus. Nachdem ihr Einkommen auf 1.700,00 EUR netto gestiegen ist, kauft sie öfters Brot vom Biobäcker. Der Konsum an Supermarkt-Brot sinkt auf 5,00 EUR im Monat. Bestimmen Sie, bei welchem Gut es sich um ein inferiores bzw. ein superiores handelt und begründen Sie Ihre Antwort.
2. Durch welche superioren Güter könnten folgende inferiore Güter bei steigendem Einkommen ersetzt werden?

   a) Hering: ____________________

   b) Busfahrten: ____________________

   c) Bier: ____________________

   d) Speck: ____________________
3. Finden Sie ein Beispiel aus Ihrem privaten Leben, bei dem die Grenznutzenkurve negativ wird.

6 Die Produktionsfaktoren in der Volkswirtschaft

Zur Produktion von Gütern benötigt man unterschiedlichste Mittel, die als Produktionsfaktoren bezeichnet werden. Sie sind nur in beschränktem Ausmaß vorhanden und müssen daher wirtschaftlich eingesetzt werden. Es kann sich dabei sowohl um materielle als auch um immaterielle Produktionsmittel handeln. Im folgenden Kapitel werden Sie die Produktionsfaktoren der Volkswirtschaftslehre kennenlernen. Sie werden auch erfahren, wie wichtig das Zusammenwirken der Faktoren für die Wirtschaft ist.

Die Dreiteilung der Produktionsfaktoren Boden, Arbeit und Kapital geht auf Vertreter der Klassischen Nationalökonomie (z. B. SMITH, RICARDO, SAY) zurück.

Unter den Produktionsfaktoren versteht man die **eingesetzten Mittel,** die für die Produktion von Sachgütern oder für die Erbringung von Dienstleistungen benötigt werden.

Die klassische Volkswirtschaftslehre unterscheidet die Produktionsfaktoren Boden, Arbeit und Kapital. Heute werden auch Bildung, Know-how, technischer Fortschritt und unternehmerisches Denken zu den Produktionsfaktoren gezählt.

Für die Herstellung von beinahe allen Gütern werden alle der angeführten Produktionsfaktoren benötigt:

Produktionsfaktoren der Volkswirtschaft

Boden	Arbeit	Kapital	Bildung, Know-how, technischer Fortschritt, unternehmerisches Denken

Die **Produktionsfaktoren** sind nur in beschränktem Ausmaß vorhanden. Sie müssen daher **ökonomisch** – nach dem Wirtschaftlichkeitsprinzip – eingesetzt werden!

Boden

Darunter versteht man die **Gesamtheit aller Kräfte und Stoffe der Natur,** die zur Produktion verwendet werden. Dazu gehören einerseits die Luft, die Weltmeere, die Sonnenenergie, die Bodenschätze usw. und andererseits die **landschaftliche Schönheit** (für den Tourismus).

Der Boden trägt zur Güterherstellung bei als
- Anbauboden: Land- und Forstwirtschaft etc.
- Abbauboden: Bodenschätze, Energiewirtschaft etc.
- Standortboden: Betriebe, Infrastruktur, Wohnungen etc.

Kapital

Im betriebswirtschaftlichen Sinn versteht man unter Kapital die für die Anschaffung von Vermögen (Anlage- und Umlaufvermögen) aufgebrachten Mittel. Sie setzen sich aus Eigenkapital und Fremdkapital zusammen. Im volkswirtschaftlichen Sinn versteht man unter Kapital (Sozialkapital) die Infrastruktur einer Volkswirtschaft, wie z. B. das Bildungswesen, die Energieversorgung, den Entwicklungsstand der Wirtschaft usw.

Arbeit

Arbeit ist jede Tätigkeit, die zur Güterherstellung und für Dienstleistungen notwendig ist. Arbeit ist somit der zentrale Produktionsfaktor, mit dem der Großteil der Bevölkerung seine Existenz sichert.

Produktivität = Mengenmäßiges Verhältnis von Produktionsergebnis (Output) zu den eingesetzten Produktionsfaktoren (Input).

Beispiel: Drei Arbeiter am Fließband erzeugen 200 Stück pro Stunde.

Arbeitsteilung und Spezialisierung

Güter und Dienstleistungen werden in arbeitsteiligen Prozessen erstellt. Ziel ist die Erhöhung der Produktivität. Die Arbeitsteilung und die damit verbundene Spezialisierung haben sowohl positive als auch negative Effekte.

Vorteile der Arbeitsteilung	Nachteile der Arbeitsteilung
■ Höherer Spezialisierungsgrad → höhere Produktivität ■ Kürzere Einschulungszeit am Arbeitsplatz	■ Einseitige, monotone Arbeit → wenig Arbeitsfreude ■ Geringe Flexibilität ■ Entfremdung der Arbeit ■ Teilweise verringerte Möglichkeiten beim Berufswechsel

Entfremdung der Arbeit: Der Bezug zum (End-)Produkt geht verloren.

Beispiel: Sie stricken unentwegt, sehen aber nie einen fertigen Pullover. Die Folge ist der Verlust der Arbeitsfreude und der Motivation. Dies führt zu verminderter Aufmerksamkeit und schlechter Arbeit.

Beispiel: Spezialisierung bei der Herstellung von Ketchup

Rationalisierung kann zum Verlust des Arbeitsplatzes führen, der Verzicht darauf zum Untergang des Unternehmens.

Rationalisierung
In der Produktion werden durch entsprechende Investitionen die Automatisierung und die Organisation verbessert, um zu einer höheren Produktivität zu gelangen.

Bildung und technischer Fortschritt

Österreich ist Weltspitze bei guten Mitarbeitern.

Humankapital = qualifizierte Mitarbeiter/innen.

Know-how = Wissen, wie man etwas macht.

Unter **Bildung** versteht man nicht nur den Wissenserwerb, sondern auch die Erlangung praktischer Fähigkeiten. Je mehr qualifizierte, d. h. gut ausgebildete Arbeitskräfte in einer Volkswirtschaft tätig sind, desto höher ist das Einkommen jedes Einzelnen. Ständige **Weiterbildung** wird für die berufliche Qualifikation immer wichtiger. Sie ist der Schlüssel zum Erfolg. Das **Humankapital** ist eine der größten Schubkräfte für die Entwicklung der Wirtschaft.

Technischer Fortschritt ist, wenn sich der Wissensstand durch Erfindungen und ihre Anwendung (Innovation) in einer Volkswirtschaft erhöht. Das **Know-how** einer Volkswirtschaft ermöglicht die bessere Nutzung der Ressourcen und wirkt sich auf die internationale Konkurrenzfähigkeit aus.

Arbeitsaufgaben

1. Geben Sie an, in welcher Form der Produktionsfaktor Boden in den folgenden Beispielen zur Güterherstellung beiträgt (als Anbau-, Abbau- oder Standortboden).

Beispiele	Boden als ...
Die Wasserkraftwerke (Lauf- und Speicherkraftwerke) in Österreich sorgen für ca. 61 % des Strombedarfs des Landes.	
16 % der österreichischen Fläche werden als Agrarland verwendet.	
Die Salinen Austria AG verkauft pro Jahr rund 1,2 Tonnen Salz.	

2. Recherchieren Sie, wie viel der österreichische Staat in den letzten Jahren für Bildung ausgegeben hat.

7 Konjunktur

Eines Morgens lesen Sie in der Zeitung, dass es „der Wirtschaft so gut wie schon lange nicht mehr geht". Es herrscht Vollbeschäftigung und die Auftragsbücher der Unternehmen sind voll. Ein Jahr später ist zu lesen, dass die Wirtschaft schrumpft, die Arbeitslosigkeit steigt und der Staat Maßnahmen ergreifen will, die Wirtschaft wieder anzukurbeln.

Erläutern Sie Gründe dafür, dass es der Wirtschaft eines Landes einmal besser und einmal schlechter geht.

Der Wirtschaftsablauf besteht aus vielen einzelnen Vorgängen. Verträge werden geschlossen, Güter produziert, Lieferungen durchgeführt, Leistungen und Gegenleistungen erbracht. Diese Prozesse sind Schwankungen unterworfen. So wird in manchen Zeitabschnitten z. B. mehr investiert, produziert oder konsumiert als in anderen.

Unter **Konjunktur** versteht man die wirtschaftliche Gesamtlage einer Volkswirtschaft. Diese hat durch mehr oder weniger regelmäßige Schwankungen einen zyklischen Verlauf **(= Konjunkturzyklus).**

Neben konjunkturellen Schwankungen unterscheiden Volkswirte **saisonale** und **strukturelle Schwankungen**, die unterschiedliche Ursachen haben:

	Saisonale Schwankungen	Konjunkturelle Schwankungen	Strukturelle Schwankungen
Dauer	Kurzfristig: einige Wochen oder Monate	Mittelfristig: ■ 3–4 Jahre (Kitchin-Zyklus) ■ 7–10 Jahre (Juglar-Zyklus)	Langfristig: Dekaden (Kondratieff-Zyklus)
Ursachen	Jahreszeitenwechsel – nur für einzelne Wirtschaftszweige (Branchen) von Bedeutung	Ständiges Ungleichgewicht zwischen gesamtwirtschaftlicher Nachfrage und gesamtwirtschaftlichem Angebot	Bahnbrechende technologische und gesellschaftliche Innovationen bzw. Erfindungen
Beispiele	■ Sommerarbeitslosigkeit im Wintertourismus ■ Vermehrte Heiztätigkeit im Winter ■ Speiseeisverzehr im Sommer	■ Nachfrageänderungen der Konsumenten ■ Schocks auf der Angebots- und Nachfrageseite ■ Veränderung des Preisniveaus, z. B. aufgrund steigender Nachfrage	Erfindung ■ der Dampfmaschine ■ der Glühbirne ■ des Automobils ■ des Computers ■ des Internets ■ Entschlüsselung des menschlichen Genoms

7.1 Saisonale Schwankungen

Saisonale Schwankungen sind kurzfristige wirtschaftliche Bewegungen, die aufgrund von Jahreszeitenwechsel mit großer Regelmäßigkeit in einzelnen Wirtschaftszweigen auftreten. Saisonale Schwankungen haben den Vorteil, dass sie planbar sind.

Beispiele
Unterschiedliche Auftragslage in der Baubranche im Sommer und Winter; Winter- und Sommertourismus.

Diese saisonalen wirtschaftlichen Schwankungen werden in der volkswirtschaftlichen Konjunktur nicht betrachtet.

7.2 Strukturelle Schwankungen

Bei strukturellen Schwankungen handelt es sich um sehr lange Konjunkturwellen (30–50 Jahre). Zu Beginn eines jeden Aufschwungs standen bahnbrechende Erfindungen bzw. Innovationen, deren wirtschaftliche Nutzung die Expansion herbeiführte. Sie werden auch als **Kondratieff-Zyklen** bezeichnet.

Basisinnovation = Innovation, die eine grundlegende Änderung der Einstellungen und Verhaltensmuster der Käufer nach sich zieht.

Kondratieff-Zyklus
Der russische Ökonom **Nikolai Kondratieff** (1892–1938) erkannte 1926 drei lange Wellen in der Weltkonjunktur: Aufschwung vor und Abschwung ab 1814, 1873 und 1920. Nach seiner Erkenntnis wird die Boom-Phase des neuen Zyklus von neuen Basisinnovationen ausgelöst. Lässt dieser Wirtschaftsaufschwung nach, schlittert die Volkswirtschaft in einen Abschwung. Kondratieff hat langfristige wirtschaftliche Schwankungen (ca. 50 Jahre) festgestellt. Heute beträgt der Abstand dieser Boom-Phasen rund 30 Jahre.

Die langen Wellen der Konjunktur – die Kondratieff-Zyklen

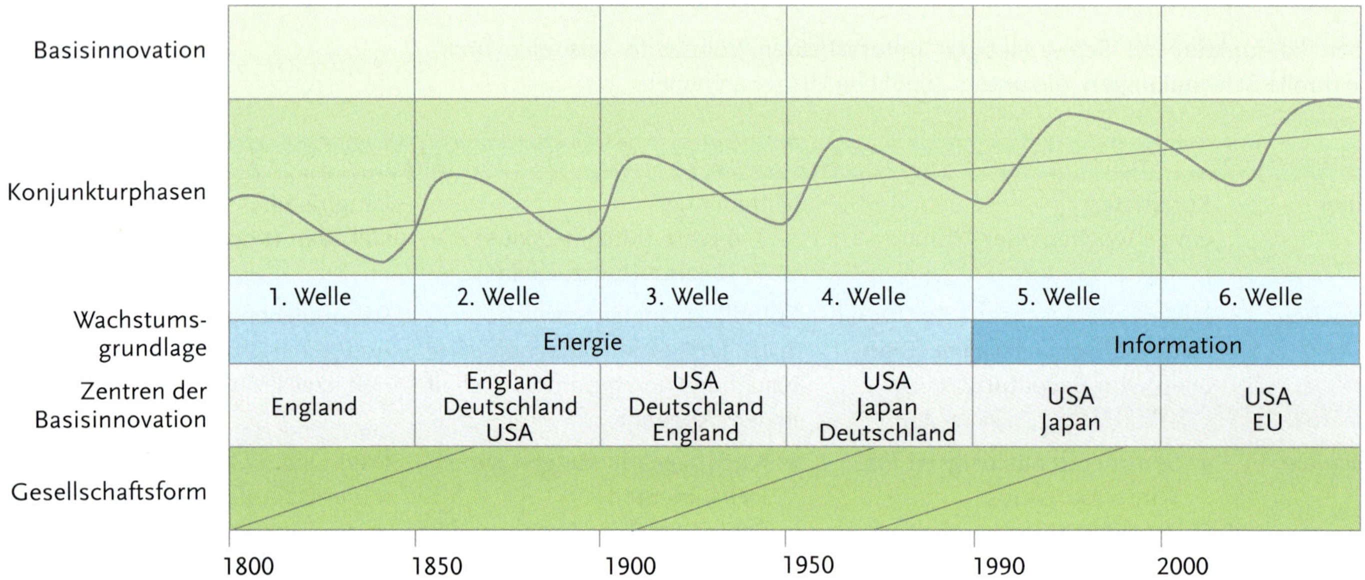

Arbeitsaufgabe

- Ordnen Sie in der Grafik folgende Begriffe zu.

Unter Basisinnovation	Unter Gesellschaftsform
▪ Eisenbahn, Dampfschiffe, Eisen- und Stahlindustrie	▪ Dienstleistungsgesellschaft
▪ Bio- und Gentechnik, Mikroelektronik	▪ Agrargesellschaft
▪ Dampfmaschine, Textil- und Eisenindustrie	▪ Informationsgesellschaft
▪ Elektronik, Automobilindustrie, Petrochemie	▪ Industriegesellschaft
▪ Elektrizität, Chemieindustrie	
▪ Informationstechnik	

7.3 Konjunkturelle Schwankungen – Konjunkturzyklus

Die Konjunktur verläuft in der Marktwirtschaft stets in Wellenbewegungen. Unter einem Konjunkturzyklus versteht man den wellenförmigen Verlauf der Wirtschaft, z. B. von einem Aufschwung zum nächsten.

Grund dafür ist die Tatsache, dass sich das **gesamtwirtschaftliche Angebot** (aggregierte Angebot) und die **gesamtwirtschaftliche Nachfrage** (aggregierte Nachfrage) nie im Gleichgewicht befinden.

In der Regel sind **Schwankungen der Gesamtnachfrage** der Grund dafür, z. B. aus Angst vor einem zukünftigen Abschwung sparen die Menschen vermehrt und konsumieren weniger. Oder Unternehmen investieren weniger, weil sie negative Zukunftserwartungen haben. Verschiedenste schwere Störungen, wie z. B. Angebots- oder Nachfrageschocks, können ebenfalls der Auslöser sein.

Beispiele: Nachfrage- und Angebotsschocks

- **Nachfrageschock:** Spekulationskrisen oder Preisstürze im Immobilienhandel oder an den Börsen sind häufig diskutierte Gründe für einen Rückgang der Konjunktur. Menschen, die dabei Geld verloren haben, sparen in weiterer Folge wieder vermehrt. Dadurch steht weniger Geld für den Konsum zur Verfügung und die Gesamtnachfrage sinkt.
- **Angebotsschock:** Erhöhung des Erdölpreises aufgrund eines politischen Konfliktes oder eines Krieges in einem Erdöl exportierenden Land. Das hat zur Folge, dass Haushalte mehr Geld für Benzin und Heizöl ausgeben müssen, ebenso wie Unternehmen, die viel Erdöl für ihre Produktion verwenden. Dadurch gehen Konsum und Investitionen zurück, die gesamtwirtschaftliche Nachfrage sinkt.

In der folgenden Abbildung sind die vier klassischen Konjunkturphasen dargestellt.

Konjunkturzyklus in der Marktwirtschaft

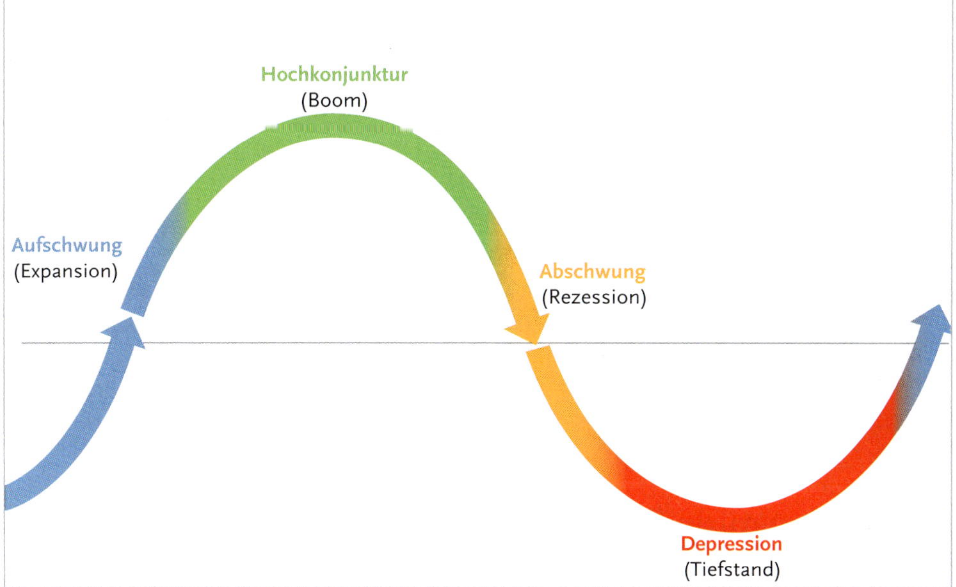

Die folgende Abbildung zeigt sehr gut anhand der realen BIP-Wachstumsraten die Konjunkturschwankungen in Österreich der letzten 20 Jahre. Man sieht dabei, dass die Abschwünge nicht regelmäßig auftreten und dass im langfristigen Trend das reale BIP steigt.

⚠ Der Konjunkturverlauf ist in hohem Maße von Stimmungen begleitet und beeinflusst. In guten Zeiten ist man zuversichtlich und in Abschwüngen von Unsicherheit gehemmt.

Aggregiertes Angebot = alle in einer Volkswirtschaft angebotenen Güter.
Aggregierte Nachfrage = alle in einer Volkswirtschaft nachgefragten Güter.

Brennende Ölfelder, z. B. bei Kriegen in Erdöl exportierenden Staaten, können Einfluss auf die Konjunktur haben.

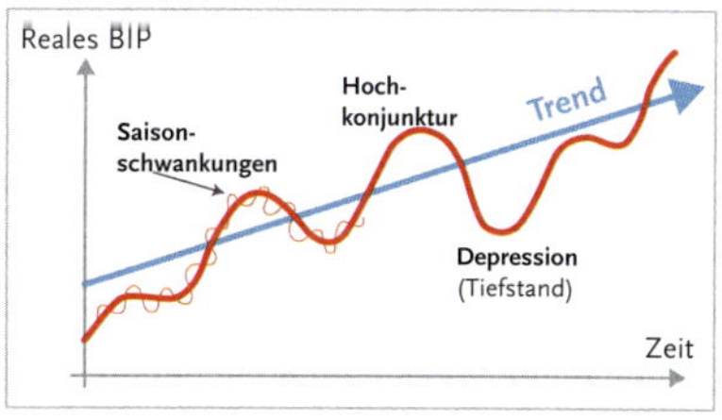

Nach einer Depression folgt immer wieder ein Aufschwung. Aber genauso ist nach einer Überhitzung der Konjunktur (Hochkonjunktur) der Abschwung vorprogrammiert. Langfristig geht es mit der Wirtschaft aber bergauf.

Über die Möglichkeiten des Staates, in die Wirtschaft einzugreifen, erfahren Sie mehr im Kapitel „Wirtschafts- und Sozialpolitk".

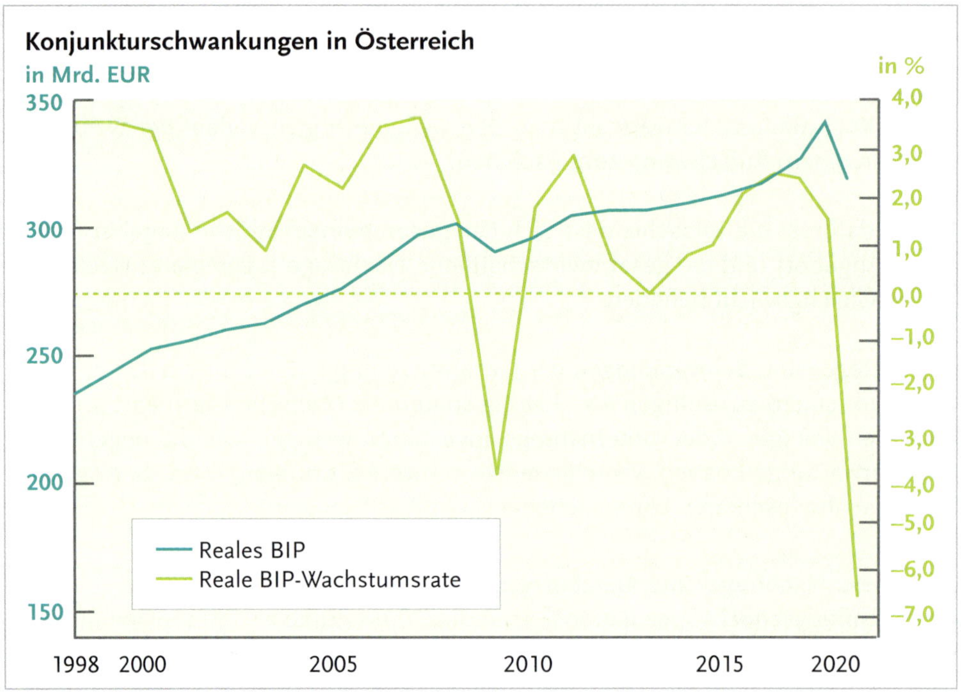

Quelle: Statistik Austria, 2021

Folgende Merkmale sind für die einzelnen Konjunkturphasen typisch:

Phase 1: Aufschwung (Expansion)	Phase 2: Hochkonjunktur (Boom)	Phase 3: Abschwung (Rezession)	Phase 4: Depression (Tiefstand)
Die Nachfrage steigt. Unternehmen beginnen mehr zu produzieren und brauchen dafür zusätzliche Arbeitskräfte. Regelmäßiges Einkommen und gute Zukunftsaussichten verleiten zu mehr Konsum und weniger zum Sparen. Die Preise für viele Waren und Dienstleistungen werden jetzt steigen, weil die Nachfrage groß ist. Die Inflation steigt an.	Das Bruttoinlandsprodukt steigt real an, das Beschäftigungsniveau ist hoch. Die Nachfrage ist sehr groß. Es kommt zu einem Nachfrageüberhang auf dem Arbeitsmarkt. Der Preisauftrieb, der schon in Phase 1 eingesetzt hat, beschleunigt sich. Arbeitnehmer fordern höhere Löhne, die Wirtschaft ist überhitzt.	Einige Zeit bleibt das Bruttoinlandsprodukt gleich, das ist **Stagnation** oder Nullwachstum. Es wird weniger investiert, Einkommensverluste entstehen, die wiederum sinkende Nachfrage auslösen. In der Folge wird weniger produziert, Arbeitskräfte werden freigestellt. Der Staat verliert Einnahmen, das Sozialsystem wird schwerer finanzierbar. Mittel zur Wirtschaftsbelebung fehlen.	Die Zahl der Arbeitslosen nimmt stark zu. Geringere Nachfrage und geringere Produktion ziehen geringere Investitionen nach sich. Die Zinsen sinken. Die Preise verfallen bedenklich. Es steigt die Kaufkraft jener, die noch Arbeit haben. Die Wellenbewegung beginnt wieder bei Phase 1.

7.4 Konjunkturindikatoren

Indikator = Umstand oder Merkmal, das als Anzeichen oder als Hinweis auf etwas anderes dient.

Konjunkturindikatoren sind wirtschaftliche Messgrößen, die dazu dienen, Schwankungen in der Konjunktur zu erkennen.

Man kann folgende Indikatoren unterscheiden:

- **Frühindikatoren** eilen der gesamtwirtschaftlichen Entwicklung stets mit einem genügend großen zeitlichen Abstand voraus. Sie sind damit geeignet, frühzeitig Änderungen der konjunkturellen Entwicklung anzuzeigen.
- **Präsensindikatoren** geben die aktuelle wirtschaftliche Entwicklung wieder.
- **Spätindikatoren** zeigen bereits vollzogene Entwicklungen an.

Die folgende Übersicht enthält eine Reihe wichtiger gesamtwirtschaftlicher Entwicklungsgrößen, die als Indikatoren dienen.

Indikatoren	Früh-indikator	Präsens-indikator	Spät-indikator
Mengenindikatoren			
Auftragseingang in Unternehmen	X		
Baugenehmigungen	X		
Lagerstand – Lagerbewirtschaftung	X		
Produktionsmenge		X	
Arbeitslosenquote			X
Bruttoinlandsprodukt (BIP)			X
Preis- oder Kostenindikator			
Aktuelles Zinsniveau		X	
Lohnentwicklung			X
Preisniveauentwicklung			X
Unternehmensgewinne			X
Konkurse			X

Zum Nachweis des Konjunkturverlaufes dienen **Mengen-** sowie **Preis- und Kostenindikatoren,** die ständig erhoben und aufgezeichnet werden.

Darüber hinaus gibt es von verschiedenen Organisationen Konjunkturindikatoren, z. B. von der Oesterreichischen Nationalbank (OeNB) oder den Einkaufsmanagerindex der Bank Austria bzw. den ifo-Geschäftsklimaindex (in Deutschland).

Website für Interessierte
www.oenb.at (Geldpolitik und Volkswirtschaft/Prognosen)

Arbeitsaufgaben

1. Führen Sie die beiden Gedankenexperimente durch:

   a) Die Wirtschaft befindet sich in einer Depression. Der Staat senkt die Steuerbelastung für die Bürger um 10 %. Dadurch haben alle mehr Geld zur Verfügung. Viele werden nun mehr kaufen. Wenn die Menschen mehr kaufen, dann ...

   b) Die Wirtschaft befindet sich schon mehrere Monate in einer Boom-Phase. Banken erhöhen die Kreditzinsen. Daher werden die Kredite für Bankkunden teurer. Das führt dazu, dass ...

2. Warum ist der „Auftragseingang in Unternehmen“ ein Frühindikator für das Erkennen von Schwankungen in der Konjunktur?

Nehmen Sie eine heutige Tageszeitung zur Hand und ordnen Sie mit Ihrem Banknachbarn/Ihrer Banknachbarin fünf Schlagzeilen den angeführten wirtschaftspolitischen Zielen zu.

8 Ziele staatlicher Wirtschaftspolitik

„Die Arbeitslosigkeit ist im vergangenen Jahr um 3 % gesunken." „Es droht die Gefahr einer hohen Inflation." „Das Wirtschaftswachstum in Österreich bremst sich wieder ein." Diese oder ähnliche Schlagzeilen lesen wir regelmäßig in Tageszeitungen. So verschieden die Aussagen sind, so verschieden sind auch die Ziele, die im Rahmen der Wirtschaftspolitik verfolgt werden.

An wirtschaftspolitischen Entscheidungen wirken viele verschiedene Akteure, Einrichtungen und Organisationen mit. Zum Teil sind sie gesetzlich dazu berufen (z. B. Nationalrat, Landtage, Gemeinden, Zentralbanken), zum Teil wirken sie freiwillig mit (z. B. Interessenvertretungen wie Wirtschaftskammer, Arbeiterkammer etc.).

Die Ziele, die in der Wirtschaftspolitik verfolgt werden, sind vielfältig und haben sich über die Jahre immer wieder verändert. Die Schwierigkeiten für Wirtschaftspolitiker/innen und Entscheidungsträger liegen darin, von vielen möglichen Zielen bzw. Zielbündeln die richtigen auszuwählen. Die Volkswirte haben diese Ziele bzw. den dadurch entstehenden Zielbündelkonflikt in einer Darstellung zusammengefasst: im **„magischen" Vieleck.**

Das „magische" Vieleck

Wirtschaftswachstum

Vollbeschäftigung

Geldwertstabilität = Preisstabilität

außenwirtschaftliches Gleichgewicht

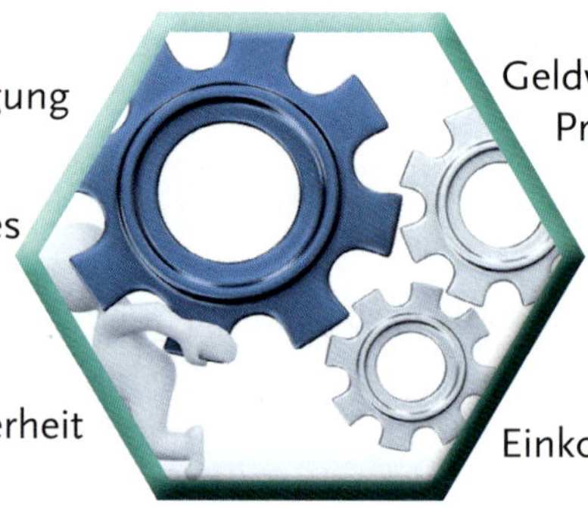

ausgeglichenes Budget

soziale Sicherheit

gerechte Einkommensverteilung

Umwelt

Alle dargestellten wirtschaftspolitischen Ziele sind **voneinander abhängig** bzw. stehen oftmals miteinander **im Widerspruch.** Aus diesen Gründen wurde der Begriff **„magisch"** eingeführt.

Wirtschaftswachstum	Zunahme der wirtschaftlichen Leistungsfähigkeit einer Volkswirtschaft. Eine Wachstumsrate von mindestens **zwei Prozent** pro Jahr wird angestrebt. Sie wird mit dem Bruttoinlandsprodukt (BIP) gemessen.
Geldwertstabilität (Preisstabilität)	Mit Geldwertstabilität meint man, dass der Wert und damit die Kaufkraft des Geldes stabil sein sollen. Wenn der Wert des Geldes sinkt, steigt das allgemeine Preisniveau in einer Volkswirtschaft. Man spricht von **Inflation.** Umgekehrt spricht man bei Sinken des Preisniveaus von **Deflation.**

Mehr über Inflation und Deflation erfahren Sie im Kapitel „Geld und Geldwesen".

Vollbeschäftigung	Ist gegeben, wenn alle arbeitsfähigen und arbeitswilligen Erwerbspersonen eine Arbeit finden. Nach der Definition der Eurostat spricht man bereits von Vollbeschäftigung, wenn die Arbeitslosigkeit **vier Prozent** unterschreitet.
Ausgeglichenes Budget	Haushaltsplan, in dem die zu erwartenden Einnahmen eines Staates (des Bundes, der Länder und Gemeinden, auch der EU) den geplanten Ausgaben des Staatsgebildes gegenübergestellt werden. Es ist das Ziel, ein ausgeglichenes Budget zu erreichen.
Gerechte Einkommensverteilung	Basierend auf einem breiten und anerkannten Wertesystem wird versucht, möglichst allen Menschen ein „gerechtes" und „angemessenes" wirtschaftliches Auskommen zu sichern.
Soziale Sicherheit	Für wirtschaftlich und bildungsmäßig benachteiligte Menschen werden im Rahmen der Sozialpolitik Maßnahmen getroffen. Beispiele dafür sind die aktive Arbeitsmarktpolitik, der soziale Wohnungsbau oder kostenlose Aus- und Weiterbildungsmöglichkeiten.
Schutz der Umwelt	Zum Beispiel durch den Einbau von Filtern, die Verwendung regenerativer Energien, Mülltrennung und sonstige wirtschafts- und umweltpolitische Maßnahmen wird versucht, die Umwelt zu schützen.
Außenwirtschaftliches Gleichgewicht	Im Rahmen des außenwirtschaftlichen Gleichgewichts sollte ungefähr so viel aus dem Ausland importiert werden wie auch exportiert wird.

Welches der Ziele als oberstes und welches als weniger bedeutend eingestuft wird, hängt von der politischen Grundeinstellung ab.

Eurostat = das statistische Amt der Europäischen Union (EU).

Diese Ziele werden in den volkswirschatlichen Kapiteln dieses Buches, insbesondere im Kapitel „Wirtschafts- und Sozialpolitik" näher behandelt.

Arbeitsaufgaben

1. Welche wirtschaftspolitischen Ziele könnten mit folgenden Maßnahmen verfolgt werden? (Mehrfachantworten möglich)

Aussagen	Wirtschaftspolitische Ziele
Um die Wirtschaft „anzukurbeln", entschließt sich der Staat, verstärkt Autobahnen und öffentliche Gebäude (z. B. Schulen) zu sanieren.	
Die österreichische Bundesregierung hat ein umfangreiches Sparpaket beschlossen. Über die nächsten vier Jahre sollen zehn Milliarden Euro eingespart werden.	
Das AMS finanziert und organisiert Umschulungen und Weiterbildungen für arbeitslose Menschen.	
Mit einer Förderungsaktion für die Erneuerung der Fuhrparks (Lkws, Busse) möchte der Staat einen Beitrag zur Luftreinhaltung leisten.	
Der Staat senkt die Transferzahlungen (an Haushalte). Damit haben die Haushalte weniger Geld zur Verfügung, was eine geringere Nachfrage nach Gütern zur Folge hat.	

2. Begründen Sie, warum sich die wirtschaftspolitischen Ziele „Wirtschaftswachstum" und „Umweltschutz" widersprechen können.

Ziele erreicht? – „Volkswirtschaftliches Basiswissen"

KOMPETENZ-ERWERB

1. Nennen Sie die Gründe, warum wir wirtschaften müssen.
2. Erklären Sie, was mehr zum Sozialprodukt beiträgt – eine Flasche Prosecco oder eine Flasche Champagner?
3. Wie groß wird wohl der Unterschied zwischen dem weltweiten BIP und dem weltweiten BNE sein?
4. Finden Sie je ein Beispiel für das Minimalprinzip und das Maximalprinzip für die Zeit nach Abschluss Ihrer Schule.
5. Politische Verantwortungsträger und -trägerinnen versuchen ihren Bürgerinnen und Bürgern glaubhaft zu machen, dass sie alle Ziele des magischen Vielecks im Griff haben und verfolgen. Sie wissen aber nun, dass die Verfolgung eines Zieles andere Ziele unmöglich macht.
   a) Beurteilen Sie, welche Gegenwirkungen das Streben nach einem ausgeglichenen Budget bzw. nach sozialer Sicherheit erzeugt.
   b) Treffen Sie nach eigener Wahl zu einem der folgenden Spotlight Aussagen. Diskutieren Sie dann deren Ergebnisse.

Eine Blitzumfrage

„Sparen ist besser als Konsumieren."

„Der Staat ist ein wichtiger Konsument."

„Wasser kann auch in Österreich zu einem knappen Gut werden."

„Messen kosten viel Geld und sind nur ein großes Spektakel."

„Fließbandarbeit führt dazu, dass die Freude an der Arbeit verlorengeht."

„Österreich kann nur dann am technischen Fortschritt teilhaben, wenn möglichst alle eine höhere Schule besuchen."

„Die IKT hat ihren Konjunkturstandpunkt bereits überschritten."

„Österreichs Wirtschaft sollte sich in einer dauernden Hochkonjunktur bewegen."

„Schutz der Umwelt geht vor sozialer Sicherheit für alle."

Spotlights zum Beruf

„Ich werde mich in meinem Betrieb besonders für Umweltschutzmaßnahmen einsetzen, weil sie langfristig den Standort sichern."

„Ich versuche, möglichst nur Güter aus österreichischer Produktion zu kaufen."

6. Geben Sie an, um welche Marktform es sich bei den folgenden Märkten handeln könnte.

Markt	Marktform
Automobilhersteller	
Nachfrage nach militärischen Produkten in einem Staat	
Mineralölmarkt	
Aktienmarkt	
Spezialmaschinen	
Wochenmarkt	
Nachfrage nach dem Bau von Autobahnen in einem Staat	

7. Erarbeiten Sie die Produktionsfaktoren, die für folgende Güter (Sachgüter und Dienstleistungen) in erster Linie benötigt werden.

Güter	Benötigte/r Produktionsfaktor/en
Maschinelle Produktion von Glasflaschen	
Möglichkeit des Getreideanbaus	
Erstellung von Schulbüchern	
Ernte von Weintrauben	
Erfindung einer neuen Trägerrakete zum Mars	
Reinigung eines Gebäudes durch eine Fachkraft	

8. Erklären Sie das 1. Gossen'sche Gesetz anhand eines Beispiels. Stellen Sie das Beispiel auch grafisch dar.

Erklärung:

Das **Saarpolygon** in Ensdorf (Saarland/Deutschland) ist ein Denkmal zur Erinnerung an den im Juni 2012 endgültig beendeten Steinkohlebergbau.

Sektoraler Wandel

KOMPETENZ-ERWERB

Meine Ziele

Nach der Bearbeitung dieses Kapitels kann ich

- die Ursachen und Entwicklung des sektoralen Wandels erklären;
- die unterschiedliche ökonomische Entwicklung mit verschiedenen Kennzahlen beschreiben;
- den steigenden Energieverbrauch als wesentliche Quelle des CO_2-Zuwachses in der Atmosphäre aus Diagrammen ableiten;
- Diagramme zum Energieverbrauch interpretieren;
- aus den oben getroffenen Erkenntnissen einen nachhaltigen Konsum für mein Leben ableiten.

1 Strukturwandel

Als sektoraler Strukturwandel wird der in allen entwickelten Volkswirtschaften seit dem 19. Jahrhundert zu beobachtende Umbruch von der Agrar- zur Industrie- und schließlich zur Dienstleistungsgesellschaft verstanden. Angesichts der wachsenden Bedeutung der Informations- und Kommunikationstechnologien spricht man auch verstärkt vom Umbruch zur Informationsgesellschaft.

Je nachdem, was Betriebe erzeugen, werden sie **volkswirtschaftlichen Sektoren** zugeordnet. Traditionell gibt es den primären, sekundären und tertiären Sektor.

Finden Sie weitere Unternehmen für die einzelnen Wirtschaftssektoren und schreiben Sie diese in die leeren Zeilen der Tabelle.

Wirtschaftssektor	Betriebsart	Beispiele
Primärer Sektor (Urproduktion)	Land- und forstwirtschaftliche Betriebe, Fischereibetriebe, Bergbau, Erdölförderung, Energie- und Wasserversorgung, Gartenbau	OMV, Verbund
Sekundärer Sektor (Handwerk, Gewerbe, Industrie)	Handwerks- und Fertigungsbetriebe, Industrie	voestalpine, team7, EWE-Küchen
Tertiärer Sektor (Dienstleistungen)	Handel, Banken, Versicherungen, Freie Berufe	Generali Versicherung, Erste Bank

Freie Berufe: z. B. Ärzte, Rechtsanwälte, Steuerberater.

Entwicklung der drei Wirtschaftssektoren

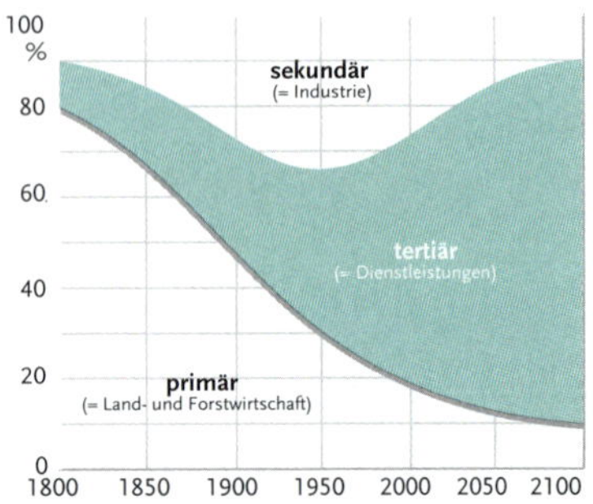

Kennzeichen des sektoralen Strukturwandels

- Sektoraler Strukturwandel vollzieht sich längerfristig, strukturelle Verschiebungen sind überwiegend dauerhaft.
- In der Regel wird der sektorale Strukturwandel anhand der Veränderungen in den prozentualen Anteilen (Sektoranteilen) der Wirtschaftszweige am Nationaleinkommen oder an den Gesamtbeschäftigten beschrieben.

Sektoraler Wandel – bedingt durch die gegenwärtige Wirtschaftssituation

Der sektorale Strukturwandel ist gegenwärtig von einem zunehmenden Bedeutungsgewinn der Dienstleistungsbereiche geprägt (= Tertiarisierung der Wirtschaft). Dennoch ist der Prozess der De-Industrialisierung nicht als globales Phänomen zu verstehen; während zum Beispiel der Industrieanteil in Ländern wie Frankreich oder Großbritannien in den letzten Jahrzehnten deutlich gesunken ist, hat die Industrie in Österreich und Deutschland keinen Bedeutungsverlust im gesamtwirtschaftlichen Branchengefüge verzeichnen müssen.

Ursachen des sektoralen Strukturwandels

- **Institutionelle Veränderungen** – Veränderungen im Rechtssystem, etwa der Steuergesetzgebung oder des Sozialversicherungssystems, des Wettbewerbsrechts sowie im Ausmaß von Regulierung oder Deregulierung
- **Angebotsseitige Faktoren** – Änderungen in der Verfügbarkeit (Menge und Preis) von Produktionsfaktoren, z. B. eine Verknappung oder Verteuerung von Energie oder Rohstoffen. Ebenso von Bedeutung ist das Angebot an menschlicher Arbeit. Neben dem physischen Angebot (Mangel oder Überschuss an Arbeitskräften) ist v. a. die Lohnentwicklung entscheidend.
- **Nachfrageseitige Faktoren** – Verschiebungen in der gesamtwirtschaftlichen Nachfragestruktur: Zu- oder Abnahme des privaten Konsums, Ausweitung oder Einschränkung des Staatsverbrauchs, Zugewinn oder Verlust von Absatzmärkten im Ausland, zu- oder abnehmende Importnachfrage.

Intrasektoraler Strukturwandel

Der intrasektorale Wandel bezeichnet den Umbruch in den Arbeitsprozessen, durch den immer mehr Arbeitskraft durch Maschinen verrichtet wird. Den sinnvollen Innovationen und Arbeitserleichterungen steht oftmals die Einsparung verschiedener Berufe gegenüber, unter denen vor allem gering qualifizierte Menschen leiden.

Arbeitsaufgaben

1. Beschreiben Sie zwei Kennzeichen für den Prozess des Strukturwandels.
2. Leiten Sie aus dem im Text Gelesenem ab, inwiefern angebotsorientierte Faktoren als Ursache für den sektoralen Wandel gesehen werden können.
3. Entwerfen Sie strukturpolitische Maßnahmen für die österreichische Wirtschaft im kommenden Jahrzehnt.

Lebenswelt und Strukturwandel
Die nachindustrielle Gesellschaft ist davon gekennzeichnet, dass zwar die Industrie als dynamischer, Güter produzierender Wirtschaftsbereich nach wie vor für die entwickelten Staaten wesentlich ist, doch weiterführendes theoretisches Wissen immer wichtiger wurde und wird. Forschung und Entwicklung (F&E) beschäftigt eine Vielzahl von Wissenschaftlern und Technikern, die dem Dienstleistungssektor zugerechnet werden. Kennzeichnend ist, dass Bevölkerungsteile mit höherem Einkommen die Arbeitsleistung anderer Berufe (z. B. Haushaltshilfen, Gartenpflege ...) beanspruchen können, womit weitere Arbeitsplätze für Dienstleister geschaffen werden.

Der tertiäre Sektor wurde in der postindustriellen Zeit um zwei Sektoren, den quartären und quintären Sektor erweitert, womit nunmehr zwischen fünf Wirtschaftssektoren unterschieden werden kann.

Strukturwandel in Österreich

Der Strukturwandel im Verhältnis der Wirtschaftssektoren vollzog sich in Österreich mit Zeitverzögerung. 1951 betrug der Anteil der Beschäftigten in der Land- und Forstwirtschaft noch 32,7 Prozent, im Dienstleistungssektor nur 28,5 Prozent, in anderen westeuropäischen Staaten hingegen war der Anteil im Agrarsektor deutlich niedriger. Die Arbeitslosenquote in der unmittelbaren Nachkriegszeit lag zu Beginn der 50er-Jahre bei rund 8 Prozent, die Erwerbsquote der weiblichen 15- bis 60-Jährigen lag unter 50 Prozent. Der primäre Sektor ging kontinuierlich zurück, bis zum Beginn der 60er Jahre wurde die Industrie aufgebaut.

Anteile der Wirtschaftssektoren (%) an der Bruttowertschöpfung 2015

Österreich

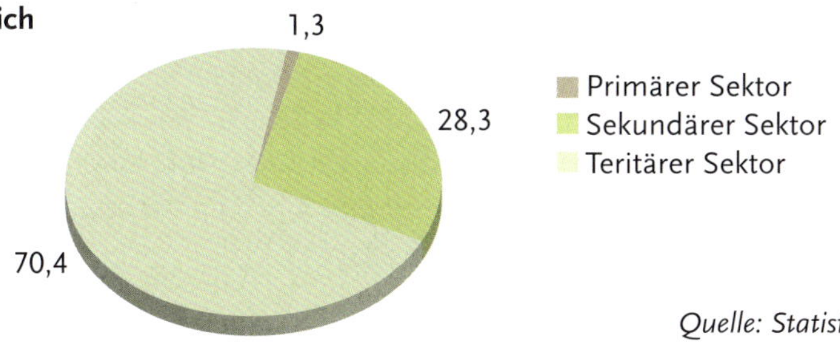

Quelle: Statistik Austria, 2016

Wie die Grafik zeigt, ist der Anteil der Beschäftigten im primären Sektor bis 2015 auf 1,4 Prozent gesunken, der Anteil im tertiären Sektor auf 70,4 Prozent gestiegen.

Unterschiedliche Ausprägung des Strukturwandels
In einer Studie der Wirtschaftskammer betonen die Autoren Egger und Wörter, dass der Strukturwandel in ausgewählten OECD-Staaten im Zeitraum 1991–2005 sehr unterschiedlich verlief. In Österreich wuchsen die Wertschöpfungsanteile insbesondere in Wirtschaftsbereichen, die der internationalen Konkurrenz sehr stark ausgesetzt sind, der wissensintensive Sektor jedoch entwickelte sich nur sehr schwach.

Quartärsektor (Informationssektor) = wissensintensiver Sektor
Beratung: Ingenieure, Rechtsanwälte, Wirtschaftsberater, Steuerberater, Heil- und Erziehungsberufe. IT-Dienstleistungen, Hochtechnologie (Hightech) wie Nanotechnologie, Biotechnologie etc., Kommunikationstechnologie, Informationsdienstleistungen, Freizeit und Unterhaltung u.a.

Quintärer Sektor
Gelegentlich wird dieser Begriff für die Entsorgungswirtschaft verwendet. Zu diesem Sektor gehören die Bereiche: Müllabfuhr, Schrottplätze, Kläranlagen und Recyclinganlagen. Tourismus, Freizeitgestaltung, Wellness und Gesundheit werden manchmal auch als quintärer Sektor geführt. Beide Gruppen werden sonst aber dem Dienstleistungssektor zugerechnet.

Der Umbau zur Wissensgesellschaft bietet den Menschen vielfältige Chancen – ein Beispiel für sektorale Strukturpolitik
Die Lernenden Regionen in Österreich werden in einer neuen Broschüre der Europäischen Kommission als positives Beispiel für fondsübergreifende Zusammenarbeit erwähnt. Es wird aufgezeigt, welche Vorteile Synergien zwischen EU-Fonds für die Entwicklung ländlicher Gebiete bringen.

Künftiger Strukturwandel

„Die Megatrends der Strukturveränderung treffen uns unmittelbar: Die globale Arbeitsteilung mit einer steigenden Bedeutung Asiens als Wachstumspol ist Aufforderung, auch in diesen Märkten aktiv zu sein und uns gleichzeitig auf jene Produkte und Dienstleistungen zu konzentrieren, bei denen wir im Wettbewerb erfolgreich sein können und die eine hohe Wertschöpfung generieren. Eine alternde Gesellschaft verändert die Markterfordernisse z. B. im Wohnbau und im Lebensmittelhandel und erfordert einen stärkeren Fokus auf das lebensbegleitende Lernen. Die Absiedlung aus peripheren Regionen und ein weiterer Zuzug in die Ballungszentren verändern das Bild von Stadt und Land und die Möglichkeiten ihrer Unternehmen. (…) Österreich muss zeigen, dass es in der Lage ist, sich auf den künftigen Strukturwandel vorzubereiten und neue Chancen zu schaffen. Das ist die Verantwortung der Unternehmen, der Verbraucher und der Politik. Die Gesellschaft scheint bereit dazu, die Wirtschaft ist es auch."

www.portal.wko.at

Arbeitsaufgaben

1. Beschreiben Sie die Entwicklung des Strukturwandels in Österreich im Zeitraum von 1951–2015. Interpretieren Sie dazu die Grafik „Anteile der Wirtschaftssektoren" auf S. 141.
2. Benennen und analysieren Sie die Megatrends der Strukturveränderung für Österreich.

2 Wirtschaftliche Folgen des sektoralen Wandels

Die Veränderung der Wirtschaftssektoren vollzog sich in den Industriestaaten in einem viele Jahrzehnte dauernden Prozess. Dabei entstanden neue Arbeitsformen, neue Produktionsmittel, neue gesellschaftliche Formen des Arbeitens und Zusammenlebens. Die Globalisierung beschleunigte diese Veränderungen stark. In allen Bereichen standen Rationalisierungsmaßnahmen an oberster Stelle. Die Technik ersetzt den Menschen.

2.1 Veränderungen im primären Sektor

a.

Der wirtschaftliche Aufschwung nach dem Zweiten Weltkrieg hatte die Abwanderung vieler bäuerlicher Arbeitskräfte zur Folge. „Arbeit" wurde gegenüber dem „Boden" und dem eingesetzten „Kapital" immer teurer. Die Folge: Arbeitskräfte wurden durch Maschinen ersetzt, es kam zu einer intensiven Mechanisierung in der Landwirtschaft. Die Anforderungen an die Managementfähigkeiten der Unter-

Die überragende Bedeutung der land- und forstwirtschaftlichen Nutzung wird in der Flächenbilanz ersichtlich: 87,3 Prozent der Staatsfläche, das sind 73 219 km^2, werden land- bzw. forstwirtschaftlich genutzt.

nehmer stiegen indessen stark an. Ein einzelner Landwirt konnte im Laufe der Zeit immer mehr Boden bewirtschaften und Tiere halten. Die landwirtschaftlich genutzte Fläche je Betrieb stieg stetig an, dabei sank die Anzahl der Beschäftigten und der Betriebe.

Um die Produktion immer stärker zu erhöhen, wurden mineralische Dünger und chemischer Pflanzenschutz großflächig angewandt. Züchtungsfortschritte, Trockenlegungen, Flurbereinigungen und der Einsatz von immer moderneren und vielseitigen Arbeitsmaschinen trugen ein Übriges zur Produktionssteigerung bei.

Bäche, Flüsse, Seen und das Grundwasser litten unter der intensiven Bewirtschaftung und Chemisierung. Positive Alternativen zur Massentierhaltung und zur durch Dünge- und Pflanzenschutzmittel geprägten Pflanzenproduktion zeigen Biobauern auf. Österreich hat mit der größten Biobauerndichte in Europa eine Vorreiterrolle.

	Zahl der landwirtschaftlichen Betriebe	Größe
1999	217 000	34,6 ha
2010	166 000	44,2 ha

Statistik Austria, 10/2016

b. ____________________

Die Globalisierung, die zunehmende internationale Ausrichtung der Märkte durch bedeutende Handelsabkommen (CETA u. a.), internationale Klimaabkommen oder ein politisch bedingtes Embargo von großen Märkten (Russland) bedeuten gerade für den Agrarsektor einschneidende Veränderungen.

Der Rückzug der Politik aus der Markt- und Preispolitik für Agrarerzeugnisse und die Reform der Gemeinsamen Agrarpolitik schaffen für eine Reihe von Betrieben einen schwierigen Anpassungsprozess. Dies könnte zu einem unerwünscht beschleunigten Strukturwandel in der Landwirtschaft mit nicht absehbaren Auswirkungen auf die Kulturlandschaft führen.

Durch politische Programme für die Entwicklung des ländlichen Raums müssen solch negative Auswirkungen verhindert werden. Der demografische Wandel in der Gesellschaft wird sich ebenso massiv auf den ländlichen Raum auswirken, was neue Anforderungen im Hinblick an die infrastrukturelle Ausstattung und das soziale Gefüge bedeutet (Mobilität, Altenbetreuung etc.).

Erfassen Sie die Veränderungen in der Landwirtschaft in einem Strukturdiagramm. Nennen Sie zwei Großbereiche, die auf den primären Sektor wirken und setzen Sie diese Überschriften über die beiden Abschnitte.

2.2 Veränderungen im Bereich der industriellen Prozesse

Wir stehen am Beginn der **vierten industriellen Revolution („Industrie 4.0“).** Das Ziel ist es, intelligente Betriebsmittel und Logistiksysteme zu schaffen, welche untereinander eigenständig Informationen austauschen, geeignete Aktionen auslösen und sich gegenseitig sogar selbstständig steuern können.

In dieser neu entstehenden **„Smart Factory“** herrscht eine völlig neue Produktionslogik: Es werden **Cyber-Physical Production Systems (CPPS)** von der Planung bis zur Ergebnisdokumentation eingesetzt. In solchen sehr komplexen Systemen geht es vor allem um die Verbindung von Informations- und Softwaretechnologien, die zum Beispiel über ein Hochleistungsinternet miteinander kommunizieren.

Industrie 4.0 – intelligente Maschinen, selbstoptimierende Prozesse und durchgängige Services

Die physischen Produkte **(Smart Products)** sind im Produktionsprozess jederzeit lokalisierbar und kennen ihren aktuellen Zustand sowie alternative Wege zum Ziel. Es kann damit unter anderem die Ressourceneffizienz der Produktion bezüglich Materialeinsatz, Energieeinsatz und menschlicher Arbeit deutlich gesteigert werden.

Beispiel: Smart Factory

Die Fertigungsmaschinen der Zukunft sind mit Prozessoren, Sensoren und Funkverbindungen ausgestattet. Sie kommunizieren selbstständig miteinander und mit den Produkten, die sie fertigen. Sie organisieren sich selbst und optimieren ihre Abläufe: Die smarten Maschinen überprüfen selbst die Lager- und Produktionsstände, bestellen nach, rüsten um. Auch auf Störungen und Ausfälle wird rasch, flexibel und selbsttätig reagiert. Der große Vorteil: Die Massenproduktion wird dadurch individualisiert. Kundenwünsche sind rascher umsetzbar. Auch kleine Chargen oder gar Einzelstücke können kostengünstig produziert werden. Die Angst: In einer Smart Factory (Fabrikshalle) voller intelligenter Roboter wird eines nicht gebraucht: der Mensch. Vor allem, wenn die Maschinen zunehmend von sich selbst lernen.

„Smart Factory" heißt das Forschungskonzept, nach dem Maschinen in Fabriken selbstständig kommunizieren und handeln sollen.

Technische Innovationen sind manchmal nur mit staatlicher Unterstützung möglich. Finanzielle Förderungen, Innovationspreise, handelspolitische Maßnahmen oder staatliche Auftragsvergabe gehören dazu.

Beispiel

Die US-Regierung hatte ein Förderprogramm aufgelegt, aus dem heraus Tesla 465 Millionen Dollar erhielt. Diese technische Revolution war zugleich der weltweite Start zur breiten Entwicklung elektrisch betriebener Motoren in der Automobilbranche. Schon ist von Google und anderen mit dem selbstfahrenden Auto der nächste Schritt gesetzt.

2.3 Veränderungen im Bereich der Dienstleistungen

Steigende Realeinkommen ermöglichen es den Haushalten, verstärkt Dienstleistungen über den Markt zu beziehen, anstelle sie selbst zu erbringen. Mit sinkender Arbeitszeit und gestiegenem Einkommen steigt auch die Nachfrage nach Freizeitangeboten. Demografische Veränderungen wie Alterung und Single-Haushalte erhöhen ebenfalls den Bedarf an Dienstleistungen. Immer komplexere Gebrauchsgüter und Produkte führen ihrerseits zu erhöhtem Beratungsbedarf, also weiterer Tertiärisierung.

Veränderung der Sektoren in Österreich nach Beschäftigten (in %)

	I	II	III
2004	5,8	24,8	69,4
2008	5,1	24,2	70,7
2012	4,4	23,4	72,2
2014	4,4	23,0	72,6

Quelle: www.statista.com, 2016

Sind Dienstleistungsberufe sicher?

War man ursprünglich davon überzeugt, dass Dienstleistungen nicht ersetzt werden können, wurden schon bald durch Automatisierungsprozesse und Auslagerungen an den Konsumenten/die Konsumentin zahlreiche Arbeitsplätze in der Dienstleistungsbranche eingespart.

Derzeit arbeiten rund 2,5 Millionen Österreicher/innen im Dienstleistungssektor.

Beispiele

- Automaten im Bankwesen und beim Ticketverkauf der Bahn, Selbstbedienungsläden, automatische Check-In-Terminals in Hotels und auf den Flughäfen oder Scannerkassen im Supermarkt.
- Ins Ausland verlagert wurden etwa Call Center, Buchhaltungen. Dieser Vorgang wird als Offshoring bezeichnet.
- Auch Schließungen von Handelsgeschäften aufgrund stark gestiegener Internetkäufe sind zu beobachten.

Manche Dienstleistungsaktivitäten wie z. B. lehrende Tätigkeiten oder Pflegemaßnahmen können kaum durch Automatisierung oder Verlagerungen ins Ausland (Offshoring) ersetzt werden, obwohl es bereits auch hier Alternativen zur menschlichen Arbeitskraft durch Lernprogramme für Sprachen und Pflegeautomaten gibt.

> In Zukunft wird man nicht mehr so leicht auf Pflegepersonal aus Rumänien, der Slowakei oder Portugal zurückgreifen können, da diese Länder eine negative demografische Entwicklung haben und damit die Arbeitskräfte nicht mehr im gleichen Ausmaß zur Verfügung stehen werden. Ein Ersatz in der Pflege durch Roboter wie in Japan ist aber in Österreich nicht so rasch zu erwarten.
>
> *Quelle: Ö 1 Radiokolleg, 7. Oktober 2016*

Tertiärisierung ändert die Flächennachfrage

Mit der Tertiärisierung der Wirtschaft ändert sich auch die städtische Struktur grundlegend. Die Schaltstellen der Dienstleistungskonzerne wandern in die Metropolen, viele Dienstleistungen verlassen den teuren innerstädtischen Bereich und wandern an den Stadtrand, wo die Bodenpreise noch niedriger sind.

Die Kosten der Erreichbarkeit werden auf die Konsumenten bzw. die öffentliche Hand (öffentlicher Verkehr, Straßenbau) übertragen. Im innerstädtischen Bereich kommt es zu verstärkter Bautätigkeit für Büronutzung, die oft spekulativ ist. In kleineren Städten und besonders ländlichen Gemeinden kommt es zur Schließung zahlreicher Geschäfte auch des täglichen Bedarfs und der Infrastruktur (z. B. Post, Polizei).

Die täglich zurückzulegenden Verkehrswege zur und von der Arbeitsstätte sowie zu den Einkaufszentren und sozialen Diensten werden dadurch deutlich länger.

Arbeitsaufgaben

1. Erstellen Sie eine Statistik über die von Ihren Eltern/Erziehungsberechtigten täglich zurückgelegte Wegstrecke und die dafür benötigte Zeit zur Arbeitsstätte und zum täglichen Einkauf.
2. Diskutieren Sie in der Klasse Maßnahmen, wie durch Infrastrukturmaßnahmen der ländliche Raum besser versorgt und so lebenswert bleiben könnte.
3. Interpretieren Sie folgende Grafik. In welcher Zeit könnten verstärkt Auslagerungen nach China vorgenommen worden sein?

Die Arbeit in China wird immer teurer

Die Produktivität steigt, ... reales BIP je Beschäftigten (in Dollar)

... aber nicht so schnell wie die Löhne Veränderung zum Vorjahr in Prozent

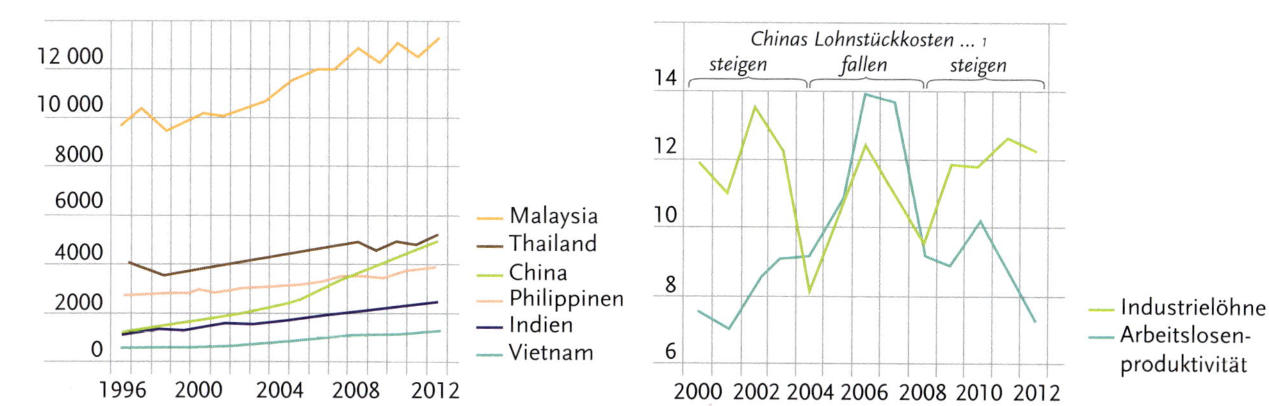

1) Lohnstückkosten: Verhältnis des Arbeitnehmerentgeltes zur realen Wirtschaftsleistung je Beschäftigten

Quelle: F. A. Z.

4. Auf dem Weg zur Produktion der Zukunft

a) Interpretieren Sie die vier Entwicklungsstufen der industriellen Revolution mit eigenen Worten.

1. Stufe	2. Stufe	3. Stufe	4. Stufe
Ende 18. Jh.	Anfang 20. Jh.	Anfang 1970er	
Erste mechanische Produktionsanlagen mit Wasser- und Dampfkraft betrieben	Einführung arbeitsteiliger Massenproduktion mithilfe elektrischer Energie	Einsatz von Elektronik und IT zur weiteren Automatisierung der Produktion	**„Cyber-physische" Systeme** Reale Objekte und virtuelle Prozesse werden verknüpft
1784	**1870**	**1969**	
Erster mechanischer Webstuhl	Erstes Fließband (Schlachthof in Cincinnati)	Erste speicherprogrammierbare Steuerung	**Industrie 4.0 – vernetzte Produktion**

b) Welche Auswirkungen kann die vierte industrielle Revolution auf den Arbeitsmarkt haben?

In Österreich gibt es nur ca. fünf Prozent Arbeitslose, aber 18 % der Bevölkerung sind „armuts- und ausgrenzungsgefährdet". Wie können Sie sich das erklären?

3 Soziale Folgen des sektoralen Wandels

1,54 Millionen Armuts- und Ausgrenzungsgefährdete gibt es laut einer Erhebung in Österreich (Stand 2016). Das sind 18 % der Bevölkerung. Dazu gehören nach Festlegung der EU Menschen, die mit niedrigen Einkommen leben („armutsgefährdet" sind), deren Lebensstandard stark eingeschränkt ist („erheblich materiell depriviert") oder die in erwerbslosen Haushalten oder Haushalten mit sehr niedriger Erwerbsintensität leben. 1,2 Millionen Menschen werden als armuts-, 300 000 Personen als ausgrenzungsgefährdet bezeichnet.

Schon am Ende des 20. Jahrhunderts ist in der westlichen Welt das Bewusstsein erwacht, dass Wohlstand nicht beliebig vermehrbar ist. Die gebräuchliche Formel „Mehr Wachstum = mehr Wohlstand" stimmt heute nicht mehr.

Obwohl Einzelne eine Steigerung ihres Vermögens erfahren, treten andere auf der Stelle oder erleben sogar eine Einkommensreduktion.

Armut heißt nicht, unter dem Existenzminimum zu leben. In Österreich wie in ganz Europa geht es den Armen im Grunde nicht schlechter als früher. Kennzeichen der „neuen Armut" ist vielmehr, dass der Abstand zum wohlhabenden Teil der Bevölkerung größer wurde, weil dessen Wohlstand gewachsen ist.

Armutsgefährdungsquoten in Europa
Anteile der Bevölkerung mit einem Äquivalenzeinkommen unterhalb des Schwellenwertes für Armutsgefährung (in Prozent)

Griechenland	23,1 %	Belgien	15,1 %
Rumänien	22,4 %	Schweden	14,8 %
Lettland	21,2 %	Ungarn	14,6 %
Bulgarien	21,0 %	Schweiz	14,5 %
Litauen	20,6 %	Slowenien	14,5 %
Spanien	20,4 %	Irland	14,1 %
Kroatien	19,5 %	Österreich	14,1 % *
Italien	19,1 %	Frankreich	13,7 %
Portugal	18,7 %	Finnland	12,8 %
Estland	18,6 %	Slowakei	12,8 %
Polen	17,3 %	Dänemark	12,3 %
Deutschland	16,1 %	Norwegen	10,9 %
Vereinigtes Köngisreich	15,9 %	Niederlande	10,4 %
Luxemburg	15,9 %	Tsch. Republik	8,6 %
Malta	15,7 %	Island	7,8 %
Zypern	15,3 %		

* für Österreich: 1.185,00 EUR im Monat

Quelle: Eurostat, 2015

Schwellenwert, um in Österreich als **„armutsgefährdet"** zu gelten, sind 1.185,00 EUR verfügbares Haushaltseinkommen pro Monat für Alleinlebende (= Jahreszwölftel, ein Vierzehntel entspricht 1.015,00 EUR) plus 345,00 EUR für jedes Kind und 592,00 EUR für jeden weiteren Erwachsenen.

Welche Auswirkungen hat die Armutsgefährdung Ihrer Meinung nach auf die Gesellschaft?

Gründe und Auswirkungen von Armutsgefährdung

Unter die Armutsgrenze geraten immer mehr junge Menschen, Alleinerziehende und Singles ohne familiäre Einbindung. Arbeitslosigkeit, Trennung oder Scheidung, aber auch private Verschuldung durch überhöhten Konsum sind häufig Ursachen.

Arm sein ist den Betroffenen meist peinlich, es gilt als Ausdruck des Versagens und ist daher ein Tabu. In unserer konsumorientierten Gesellschaft stiften Geld und Vermögen Identität, während ideelle Werte sehr leicht übersehen werden. Armutsbedingt beengte Wohnverhältnisse und damit einhergehender Mangel an Rückzugsmöglichkeiten können Aggressivität fördern. Arm zu sein kann speziell bei Kindern und Jugendlichen auch dazu führen, dass sie Außenseiter werden, sei es aufgrund des nicht „passenden" Outfits oder weil die Teilnahme an bestimmten Aktivitäten nicht leistbar ist. Diese negative Spirale zu durchbrechen, wird ein wichtiger Beitrag der Politik zur sozialen Gerechtigkeit und zum sozialen Frieden sein.

Max Otto Lorenz (Ökonom, 1876–1959) hat die Abweichung der Einkommensverteilung von einer Gleichverteilung **(Lorenzkurve der Einkommensverteilung)** untersucht.

Unterstützung bei der Bewältigung von Schuldensituationen bietet die Schuldnerberatung unter www.schuldnerberatung.at.

Im Kapitel „Wirtschaftsordnungen und -systeme" werden Sie mehr über die sozialen Maßnahmen des österreichischen Staates erfahren.

Lorenzkurve

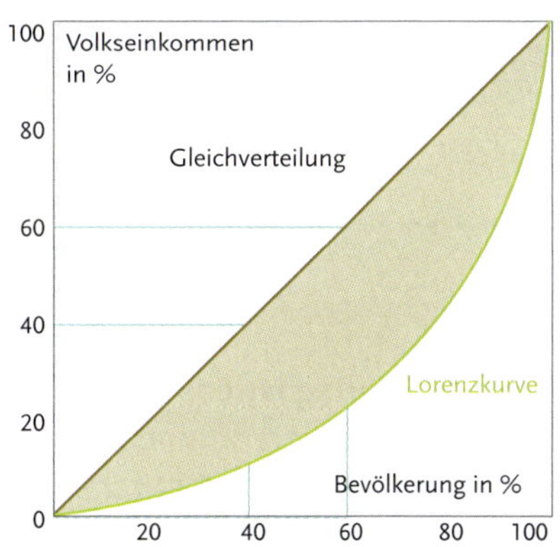

Nach Lorenz ist eine Gleichverteilung des Einkommens dann gegeben, wenn

- 20 % der Bevölkerung 20 % des Volkseinkommens erhalten, oder
- 40 % der Bevölkerung 40 % des Volkseinkommens erhalten, oder
- 60 % der Bevölkerung 60 % des Volkseinkommens erhalten.

Daraus ergibt sich eine grafische Linie im Winkel von 45°.

Je stärker die tatsächliche Verteilung der Einkommen von der 45°-Linie abweicht, umso ungleicher ist die Einkommensverteilung.

Analysieren Sie, was ein Gini-Koeffizient 1 bedeuten würde.

Der **Gini-Koeffizient** ist ein Konzentrationsmaß zur Charakterisierung von Einkommensverteilungen. Im Fall der Gleichverteilung, also auf der 45°-Linie, nimmt der **Gini-Koeffizient** den **Wert 0** an, während bei einer absolut ungleichen Verteilung der Koeffizient den **Wert 1** annimmt.

Arbeitsaufgaben

1. In politischen Diskussionen fällt immer wieder der Begriff des „bedingungslosen Grundeinkommens". Bei diesem sozialpolitischen Instrument würde jede/r Bürger/in unabhängig von seiner/ihrer wirtschaftlichen Lage eine vom Staat gesetzlich festgelegte existenzsichernde finanzielle Zuwendung erhalten, für die keine Gegenleistung erbracht werden müsste. Jede Person könnte für sich entscheiden, ob und wie viel sie darüber hinaus verdienen möchte.
   a) Was halten Sie von dieser Idee? Diskutieren Sie die Chancen und Risiken.
   b) Stellen Sie sich vor, das bedingungslose Grundeinkommen würde ab morgen in Österreich eingeführt. Erstellen Sie ein Szenario von Österreich zehn Jahre nach der Einführung: Welche gesellschaftlichen, politischen und ökonomischen Veränderungen sind eingetreten, was hat sich für den einzelnen Menschen verbessert/verschlechtert?
   c) Wie würde Ihr Idealszenario von Österreich in zehn Jahren aussehen?
2. Recherchieren Sie im Internet, wie hoch der Gini-Koeffizient in Österreich ist. Wie hoch ist er im Vergleich zu anderen europäischen Staaten? Wie hoch ist der EU-Durchschnitt? (Anm.: Eurostat gibt den Gini-Koeffizienten häufig als Wert zwischen 1 und 100 an.)

4 Ökologische Folgen des sektoralen Wandels

Die 2. Hälfte des 20. Jahrhunderts war geprägt vom Wachstumsgedanken. Mehr Ressourcen schaffen mehr Produkte. Deren Verkauf schafft steigenden Wohlstand. Umweltschäden und knappe Rohstoffe bewirkten ein Umdenken. Nachhaltigkeit in Produktion und Konsum schafft Lebensqualität abseits vom reinen Wachstumsgedanken.

Jede Regierung hat Wachstum zum obersten Prinzip des Wirtschaftens erklärt. Dabei nehmen diese Volkswirtschaften aber in Kauf, dass es bei traditioneller Form des Wirtschaftens zu einem massiven Ansteigen des Rohstoffverbrauchs, des Energieverbrauchs und der Abfälle sowie Abgase kommt. Obendrein bedeutet Wirtschaftswachstum auch ungehemmte Kapitalflüsse rund um die Welt.

4.1 Energieverbrauchs-Prognosen

Die **Internationale Energieagentur** (IEA) hat Prognosen bis zum Jahr 2035 erstellt:

- Die Förderraten von herkömmlich gefördertem Rohöl werden zukünftig stark zurückgehen (ca. 6 Prozent pro Jahr)
- Die ökologisch besonders belastende Förderung von (Schiefer-)Gas wird eine stärkere Rolle spielen
- Der Ölpreis wird in naher Zukunft wieder ansteigen und hohe volkswirtschaftliche Kosten verursachen
- Die Importabhängigkeit Europas von Öl und Gas- wird weiter ansteigen
- Die Atomkraft wird als „saubere Energie" wieder ins Gespräch kommen

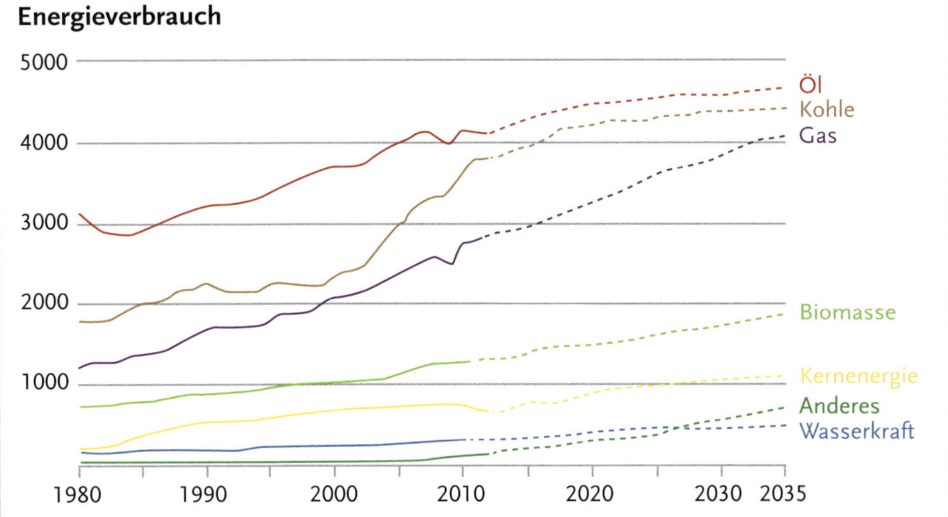

Quelle: www.klimafonds.gv.at

Fracking in Colorado – große Regionen werden zerstört, um umweltschädigend Erdgas zu fördern.

Arbeitsaufgaben

1. Fassen Sie mit einem Satz die Grafik des Energieverbrauchs zusammen:

____

____

2. Interpretieren Sie die Grafik der IEA:

Die beiden mengenmäßig wichtigsten Energieträger sind
_______________ und _______________.

Das stärkste Wachstum zwischen 2012 und 2035 wird für
_______________ vorhergesagt.

Trotz der großen Gefahr für die kommenden Generationen wird auch der Verbrauch von _______________ weiter ansteigen.

Biomasse wird 2035 etwa den gleichen Verbrauch haben wie
_______________ im Jahr 1995.

4.2 CO_2-Emissionen steigen in Richtung Klimakatastrophe

Seit Jahrzehnten beobachten Forscher/innen besorgt das Ansteigen des Kohlendioxid-Austoßes. Dieser ist ein direktes Signal für einen gestiegenen Energieverbrauch für weiteres Industriewachstum.

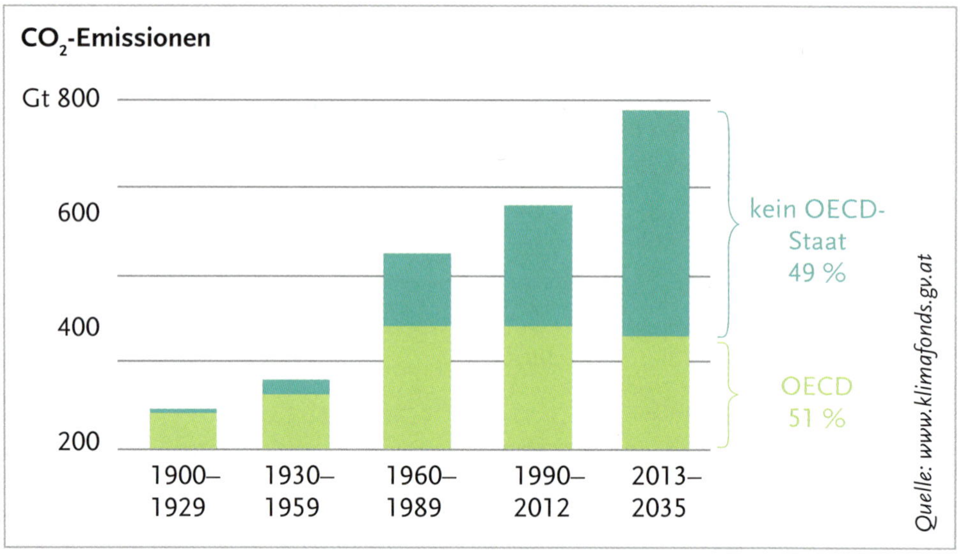

Auf Kiribati im Pazifik bedrohen die Fluten des Pazifiks immer mehr Teile des sehr flachen Landes.

Während die OECD-Staaten bereits die Gefahr erkannt haben und die CO_2 Emissionen reduzieren, beginnen die Schwellenländer und Staaten der Dritten Welt jetzt erst dem Klima so richtig „einzuheizen".

Nicht nur CO_2, sondern auch andere Treibhausgase, wie FCKWs, tragen dazu bei, dass die Durchschnittstemperaturen kontinuierlich ansteigen. Die Hauptverursacher für die globale Erwärmung sind der Energieverbrauch in Industrie und Haushalten (30 Prozent), der Verkehr (20 Prozent), die chemische Produktion (20 Prozent), die Landwirtschaft (15 Prozent) und die Brandrodung (15 Prozent). Durch die gestiegenen Temperaturen schmelzen die Polgletscher sowie die alpinen Gletscher, es bilden sich immer heftigere Unwetter, die Dürre in zahlreichen Regionen Afrikas breitet sich aus und es steigt der Meeresspiegel. Letzteres führt bereits zum Verschwinden einzelner Inseln im Pazifik.

4.3 Nachhaltiges Wirtschaften – Ausweg aus der Klimakatastrophe

Schon 1972 zeigte der Club of Rome die Folgen des „harten" Wirtschaftens, das keine Rücksicht auf die vorhandenen Rohstoffe oder die Belastung der Umwelt nimmt, auf, die sich bis heute als richtungsweisend herausgestellt haben. Eine neue, umweltschonende Art des Wirtschaftens durfte jedoch weder das jährliche Wachstum der Produktion und des Konsums noch den Wohlstand durch zu hohe Kosten gefährden. So wurden zwar zahllose Maßnahmen politisch beschlossen, die Umsetzung erfolgte aber lückenhaft und viel zu langsam. Die EU ließ in einer „Klima-Roadmap 2050" untersuchen, wie von 1990 bis 2050 80 Prozent der Treibhausgase bei gleichbleibendem Wirtschaftswachstum eingespart werden können.

Die Idee des nachhaltigen Wirtschaftens ist aber nicht alleine ökologisch geprägt, sondern umfasst auch sozial gerechtes Handeln unter Beibehaltung des ökonomischen Wohlstands.

Österreich und die Klimaziele

Österreich hat die 1990 in Kyoto für 38 Industrienationen festgelegten Klimaziele (Reduktion der CO_2-Emissionen) deutlich verfehlt. Statt einer Reduktion des Treibhausgas-Ausstoßes von 1990 bis 2012 um 13 Prozent hat man in Österreich einen Anstieg von 4,8 Prozent gemessen.

Nachhaltiger Konsum verändert die Produktion

Die Produktion von Gütern wird durch den Konsum gesteuert. Dort, wo die Nachfrage zurückgeht, muss die Produktion mit einem geänderten Angebot reagieren. Konsum ist also eine Voraussetzung für das Funktionieren unseres Wirtschaftskreislaufes, bei dem immer wieder neue Interessen, Bedürfnisse und Wünsche beim Konsumenten geweckt werden müssen.

Individuelle Konsumentscheidungen können damit wesentlich zu einer nachhaltigen Entwicklung beitragen, denn der Konsument/die Konsumentin entscheidet mit dem Kauf eines Produktes oder einer Dienstleistung auch darüber, in welchem Maße Rohstoffe und Energie für die Befriedigung seines/ihres Konsumwunsches benötigt werden. Geändertes Konsumverhalten im Sinne von Nachhaltigkeit hat aber auch einen geänderten Lebensstil zur Folge.

Nachhhaltiger Konsum (somit auch nachhaltiges Wirtschaften) hat folgenden Aspekten gerecht zu werden:

Nachhaltig wirtschaften heißt, verantwortungsvoll mit den uns anvertrauten Gütern umzugehen, um die Erde lebenswert an unsere Nachkommen weitergeben zu können.

Arbeitsaufgabe

- Setzen Sie die richtigen Begriffe ein:

Einkauf ▪ fair ▪ umweltfreundlich ▪ Planung ▪ regional

______________________: Dabei sind die Energie- und Ökobilanzen der Produkte zu beachten, es sind schadstoffarme Produkte zu wählen und die Lebensmittel sollen aus ökologischer Landwirtschaft sein.

______________________: Produkte aus der Region und saisonale Lebensmittel kaufen. Aufträge sollen an die regionale Wirtschaft vergeben werden.

______________________: Produkte sollen aus fairem Handel mit Ländern der Dritten Welt stammen.

______________________: Dieser soll vor Ort erfolgen, möglichst nicht mit dem Auto zum Einkaufen fahren.

______________________: Nur wirklich benötigte Produkte werden angeschafft.

Slow Food®

Slow Food ist eine Organisation, die sich weltweit für den Erhalt alter Obst- und Gemüsesorten sowie alter Tierrassen einsetzt. Ebenso bemühen sich deren Vertreter/innen um biologische und regionale Zubereitung von Speisen im Sinne der Nachhaltigkeit. Landwirte, die ihren Betrieb in diesem Sinne betreiben, werden gefördert.

Zahlreiche Menschen versuchen auch bereits in der westlichen, konsumorientierten Welt, weitgehend auf den Kauf neuer Produkte zu verzichten und bilden Tauschgesellschaften. Hierbei werden Dienstleistungen und Produkte ohne Geldflüsse getauscht. Dabei wird das Bewusstsein über die Herkunft von Produkten und über den Wert von Dienstleistungen geschärft. Menschen, die in solchen Tauschgruppen leben, scheinen oft die Qualität ihres Lebens höher einzuschätzen als Menschen, die sich in der täglichen anonymen Warenwelt und des Geldflusses bewegen.

„**Nachhaltige Entwicklung** heißt, Umweltgesichtspunkte gleichberechtigt mit sozialen und wirtschaftlichen Gesichtspunkten zu berücksichtigen. Zukunftsfähig wirtschaften bedeutet also: Wir müssen unseren Kindern und Enkelkindern ein intaktes ökologisches, soziales und ökonomisches Gefüge hinterlassen. Das eine ist ohne das andere nicht zu haben."

Lexikon der Nachhaltigkeit, www.nachhaltigkeit.info

Ziele erreicht? – „Sektoraler Wandel"

KOMPETENZ-ERWERB

Der sektorale Wandel ist ein unaufhaltsamer Prozess, der in den Industrieländern bereits Mitte des 19. Jhs. begonnen hat, während er in manchen afrikanischen Staaten erst jetzt beginnt. Jede Phase des sektoralen Wandels ist mit gravierenden ökologischen, sozialen und wirtschaftlichen Änderungen verbunden.

1. Bewerten Sie die Aussagen mit Schulnoten und überlegen Sie ein Schlagwort als Begründung dazu. Diskutieren Sie die Ergebnisse.

Eine Blitzumfrage zu Österreich

„Auch innerhalb Österreichs ist der sektorale Wandel mit unterschiedlichen Geschwindigkeiten feststellbar."

„Eine Gesellschaft ist nie ganz ohne Arbeitskräfte im primären und im sekundären Sektor denkbar."

„Je weniger Landwirtschaft, desto mehr verwalden die Flächen."

„Industrialisierung heißt heutzutage nicht automatisch mehr Wohlstand."

„Auch der Fortbestand von Einzelhandelsgeschäften könnte heute viele Dörfer nicht mehr retten."

„Wenn Menschen in Europa in Armut geraten, sind sie zu einem Großteil selbst daran schuld."

„Die wirtschaftlichen Folgen der Kolonialisierung sind bis heute zahlreichen Staaten erkennbar."

„Die Energieprognosen stimmen ohnehin nie."

„Weniger Werbung könnte dazu führen, dass wir weniger konsumieren und damit umweltschonender sind."

2. Treffen Sie zu den folgenden Spotlights Aussagen. Diskutieren Sie die Ergebnisse.

Spotlights Beruf und Österreich

„Mein technisches Wissen wird mir dazu verhelfen, zu einem besseren Umweltschutz beizutragen."

„Internationalisierung und Abschaffen aller Handelsbarrieren kann den sektoralen Wandel vorantreiben."

Aus diesem Kapitel habe ich die nachstehend angeführten Erkenntnisse und/oder Einsichten gewonnen:

Wirtschaftsräume

KOMPETENZ-ERWERB

Meine Ziele

Nach der Bearbeitung dieses Kapitels kann ich

- die Entwicklung der US-amerikanischen Industrieregionen beschreiben;
- die Vor- und Nachteile ausgewählter Industriestandorte gegenüberstellen;
- die gegenwärtigen Herausforderungen des neuen Russlands einschätzen und diskutieren;
- die Gründe und Folgen des wirtschaftlichen Aufstiegs der Golfstaaten erklären;
- Indien als wirtschaftlichen Aufsteiger erklären und mit China vergleichen;
- China als Fabrik der Welt analysieren;
- Brasilien als wichtigstes Schwellenland Lateinamerikas analysieren.

1 Die wirtschaftliche Dominanz des Nordens

USA oder China – wer wird die Weltwirtschaft dominieren?

Die entwickelten Industrieländer Europas, Nordamerikas und Ostasiens werden oft als „der Norden" bezeichnet, die weniger entwickelten und ärmeren Länder Lateinamerikas, mancher Teile Asiens und vor allem Afrikas als „der Süden". Die gewaltigen Ungleichheiten können durch zahlreiche wirtschaftliche und soziale Merkmale belegt werden. Die Hauptursachen des immer größer werdenden Unterschiedes liegen in der ungleichen Verteilung von politischer und wirtschaftlicher Macht und in der ungleichen Verfügbarkeit von Kapital und Wissen. Im Folgenden wird ein erster Überblick über die wirtschaftliche Rolle des Nordens gegeben.

Die Macht der Triade

Betrachtet man Asien, Europa und Nordamerika etwas genauer, so erkennt man drei Zentren, die die Weltwirtschaft dominieren und die zusammen als **Triade** bezeichnet werden.

Arbeitsaufgabe

- Schreiben Sie die Nummern der folgenden Städte in die entsprechenden Kästchen:

1 Mumbai ■ 2 Singapur ■ 3 Mexiko City ■ 4 Dubai ■ 5 São Paulo ■ 6 Moskau ■ 7 Sydney ■ 8 Johannesburg ■ 9 Hongkong ■ 10 Schanghai ■ 11 Buenos Aires

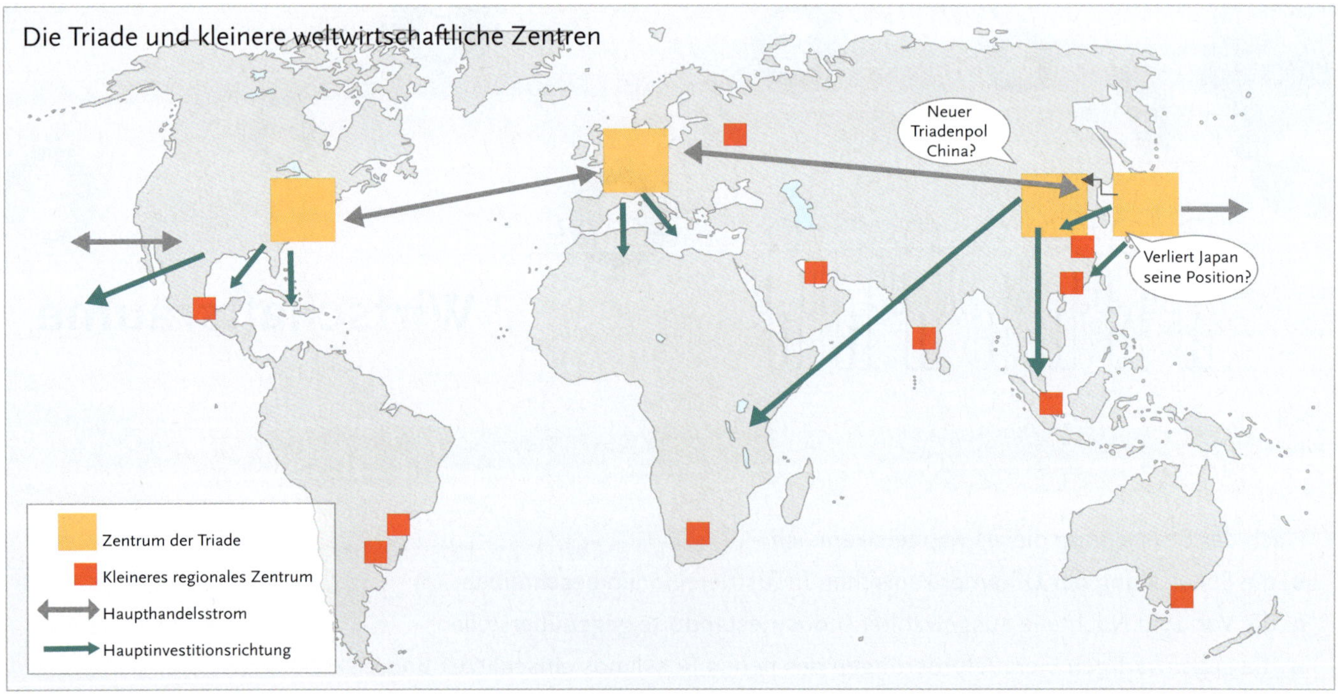

Ein Großteil des derzeitigen Welthandels besteht im Austausch von gleichwertigen Industriegütern, die in jedem der drei Zentren hergestellt werden. So werden z. B. japanische Autos in die USA und in die EU genauso exportiert wie etwa europäische Autos nach Japan oder in die USA. Die großen multinationalen Konzerne investieren vorwiegend in den Triadenländern, um auf den großen und wichtigen Märkten anwesend zu sein. Gegenwärtig ist ein enormer wirtschaftlicher Aufschwung Chinas festzustellen. Es ist der Aufsteiger des 21. Jahrhunderts und ist gerade dabei zu den wirtschaftlichen Zentren der Weltwirtschaft aufzuschließen. China spielt z.B. im Export bereits eine größere Rolle als Japan.

Die Weltwirtschaft verändert sich – Europa verliert an Bedeutung

Anteil der Regionen am Welt-BIP

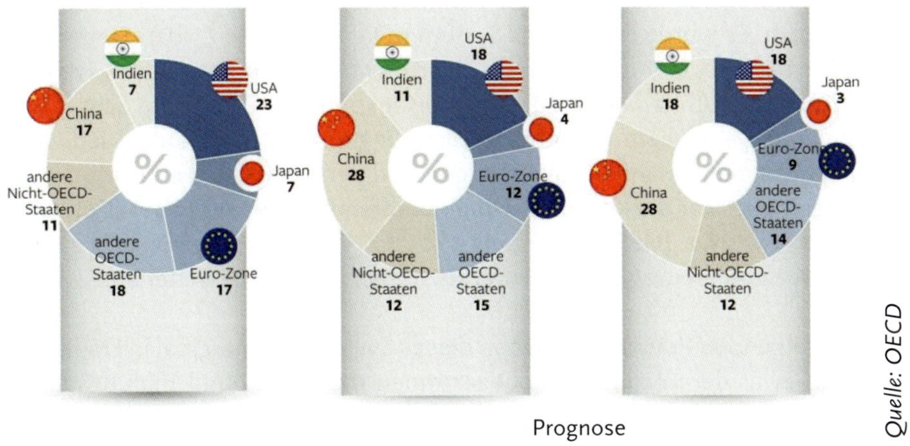

Beschreiben Sie die Veränderungen in den Anteilen des Welt-BIP. Erklären Sie diese Veränderungen.

Nach der absoluten Wirtschaftsleistung dominieren die Länder des Nordens nach wie vor die Weltwirtschaft. Die USA, die EU und Ostasien (mit Japan und China) machen ca. zwei Drittel des Weltbruttoinlandsproduktes aus. Allerdings werden sich die Gewichte in den kommenden Jahrzehnten verschieben. Es wird einige Gewinner geben, andere Blöcke werden an Bedeutung verlieren.

2 Die USA – die neoliberale Supermacht?

Nach dem Zusammenbruch der Sowjetunion 1991 verblieb mit den USA eine einzige Weltmacht. Betrachtet man die Statistiken hat die Überlegenheit zunächst eine ökonomische Dimension: niedrige Arbeitslosenraten und Konzerne, die in der ganzen Welt bekannt sind und die ganze Welt zu ihrem Absatzmarkt gemacht haben. Neben dem wirtschaftlichen System werden aber auch kulturelle Werte des „American way of life" überall hin exportiert. Allerdings dürfen auch die Schattenseiten des Systems, wie große soziale Unterschiede, nicht vergessen werden.

Die USA sind eine der ältesten funktionierenden Demokratien der Welt. Aufgrund des historischen Hintergrunds einer europäischen Einwanderergesellschaft ergeben sich einige Grundüberzeugungen, die das politische und wirtschaftliche System der USA tiefgehend prägen.

Typische Merkmale neoliberaler Politik

Privateigentum/Privatisierung: Privatisierung von Staatsbetrieben, insbesondere auch von staatlichen Monopolen.

Deregulierung und Liberalisierung der Wirtschaft im Sinne einer Reduzierung der Gesetze und Verordnungen.
Steuerpolitik: niedrige Steuersätze (oft „Flat-Tax", d. h. ein einheitlicher Steuersatz für alle).

Sozialsystem: privatwirtschaftlich organisierte Lösungen anstelle der staatlichen Systeme (z. B. private Pensionsvorsorge).

Arbeitsrecht: Abschaffung des Kündigungsschutzes, keine Mindestlöhne.

Starker Einfluss christlicher Werte (z. B. in der Bildung): Vor allem die zahlreichen protestantischen Freikirchen (Methodisten, Baptisten, Presbyterianer u. a.) üben einen starken Einfluss auf gesellschaftliche Vorstellungen aus.

Vertrauen in die Marktwirtschaft: Staatliche Eingriffe in die Wirtschaft sind selten und werden nicht geschätzt. Damit hängt ein tiefes Misstrauen gegenüber dem Staat im Allgemeinen zusammen. Der Begriff der Freiheit, v. a. der Meinungsfreiheit, ist zentral.

Das wirtschaftliche System

Unter dem republikanischem Präsident Ronald Reagan (1981–1989) wurde die USA zu einem neoliberalen Musterstaat umgebaut (Reagonomics):

Ein erster entscheidender Schritt war zunächst eine deutliche **Senkung der Einkommenssteuern.** Es wurde ein Flat-Tax-System mit einem einheitlichen Steuersatz von ca. 25 Prozent eingeführt. Der zweite Schritt war die **Ausweitung des Freihandels** (z. B. durch das US-Kanadische Freihandelsabkommen). Der dritte Schritt war die konsequente Deregulierung und **Liberalisierung von Schlüsselindustrien** wie dem Energiesektor, den Finanzdienstleistungen und dem Transportbereich.
Ein weiteres Ziel war die **Konsolidierung der öffentlichen Haushalte** („Cut back Washington!"), was v. a. die Sozialleistungen betraf. Das Budgetdefizit stieg aber trotzdem – insbesondere wegen steigender Rüstungsausgaben – weiter an.

Die nachfolgenden Präsidenten haben dieses System nur marginal in Frage gestellt. So haben zwar demokratische Politiker/innen die Sozial- und Bildungsausgaben temporär wieder erhöht, die neoliberalen Säulen der „freien Wirtschaft" mit starker Unternehmensförderung und des „freien Handels" hingegen werden von niemandem in Frage gestellt.

Arbeitsaufgaben

1. Analysieren Sie die historischen Wurzeln des amerikanischen Misstrauens gegenüber dem Staat und der starken christlichen Werteorientierung.
2. Erheben Sie, welche neoliberalen Politikvorstellungen auch in Europa anzutreffen sind.

Aktuelle Tendenzen: Finanzkrise, Haushaltskrise, Occupy Wall Street

Finanz- und Haushaltskrise

Die Weltmacht USA ist in einer Krise. Seit dem zeitweisen Zusammenbruch des Immobilienmarktes, der damit zusammenhängenden Immobilienkrise mit dem beinahe zustande gekommenen Kollaps der Automobilindustrie ist nichts mehr so, wie es war.

Um die gewaltigen Schulden der USA halbwegs in den Griff zu bekommen, muss der Staat sparen. Wie so oft trifft es die arme Schicht. Gespart wird vor allem im Sozialbereich und im öffentlichen Sektor. Sparen beim Militär wäre aus sozialpolitischer Sicht vielleicht sinnvoller, ist aber in der hochgerüsteten USA ein absolutes Tabu, ebenso wie höhere Steuern. Vor allem die Besteuerung der reichen Oberschicht ist politisch praktisch nicht durchsetzbar.

Als erste Amtshandlung unterschrieb der neue Präsident das Dekret gegen die Gesundheitsreform Obamas. Darin gab er allen staatlichen Stellen die Erlaubnis, „Obamacare“ nicht anzuwenden oder die Reform zu verzögern, sollte sie eine „finanzielle Belastung“ darstellen. Zudem müssten die Staaten bei der Umsetzung von Gesundheitsprogrammen flexibler sein dürfen.

Die Presse, 21. Jänner 2017

Ford stoppt Pläne für Investitionen in Mexiko

Kurz vor Amtsantritt des neuen US-Präsidenten Donald Trump hat der US-Autobauer Ford verkündet, dass er auf die Errichtung einer großen neuen Fertigungsanlage in Mexiko verzichtet und stattdessen Hunderte neue Arbeitsplätze in den USA schafft. Das auf 1,6 Milliarden Dollar (1,5 Milliarden Euro) veranschlagte neue Werk im mexikanischen San Luis Potosí werde nicht gebaut, teilte das Unternehmen am Dienstag mit. Stattdessen würden in den kommenden vier Jahren 700 Millionen Dollar (665 Millionen Euro) im US-Bundesstaat Michigan investiert. Dadurch sollten 700 weitere Arbeitsplätze entstehen, hieß es in der Mitteilung. Das Werk Flat Rock in Michigan soll demnach künftig selbstfahrende und Elektro-Autos bauen.

Die Welt N24, 3. Jänner 2017

Occupy Wall Street – eine Bewegung gegen den Finanzkapitalismus

Occupy Wall Street war ursprünglich eine Protestaktion in New York City und der Beginn einer Occupy-Wall-Street-Bewegung, nach deren Vorbild weltweit ähnliche Aktionen in zahlreichen Städten ins Leben gerufen wurden Die Bewegung prangert die soziale Ungleichheit in den Vereinigten Staaten an und sieht in sich die 99 Prozent der Bevölkerung, die nicht länger die Gier und Korruption von einem Prozent der Bevölkerung hinnehmen wollen. Die Kritik richtet sich gegen einen zu starken Einfluss der reichsten Amerikaner auf die Politik und Gesetzgebung sowie eine zu banken- und wirtschaftsfreundliche Politik.

Plakat der „Occupy-Wall-Street“-Bewegung

Arbeitsaufgaben

1. Beurteilen Sie die reellen Chancen einer solchen Bewegung, fundamentale Änderungen im Wirtschaftssystem durchzusetzen.
2. Vergleichen Sie die Wirtschafts- und Sozialpolitik unter Obama und Trump.

3 Das neue Russland – Rückkehr zur Weltmacht?

Was ist aus der 1991 untergegangenen Weltmacht Sowjetunion geworden? Ist es eine Wirtschaftsgroßmacht Russland, die mit ihren Rohstoffen die Weltmarktpreise bestimmen kann? Ist es eine neue Diktatur – hervorgegangen aus Gorbatschows „Glasnost" und „Perestrojka"? Ist es ein Staatenbund der ehemaligen Teilrepubliken, die zumindest eine gemeinsame Sprache und Kultur eint? Oder ist Russland der große Verlierer um die politische Vormachtstellung in der Welt? Derzeit scheinen Oligarchien im Bund mit der Mafia das Land zu beherrschen, dessen Bevölkerung in eine Zwei-Klassen-Gesellschaft zerfallen ist, die von Materialismus und einer neu erstarkten Ein-Parteien-Politik beherrscht wird.

Modernes Geschäftsviertel in Moskau – die City hat sich seit dem Ende der Sowjetunion entscheidend verändert

Wer hat die Macht in Russland?

66 Prozent der russischen Millionäre kontrollieren Rohstoffe und die damit verbundenen Wirtschaftszweige. Die restlichen 34 Prozent beziehen ihren Reichtum aus völlig neuen Geschäftsfeldern – vor allem der Telekommunikation, der Industrie, der Lebensmittelproduktion und von Handelsketten. Doch die eigentliche Macht liegt immer noch in den Händen der politischen Nomenklatura (Bezeichnung für politische Rechthaber) und des Geheimdienstes, dessen Macht seit der Wahl Wladimir Putins ungebrochen zu sein scheint. Der 2011 neuerlich erfolgte Wechsel zwischen Medwedew und Putin, den sich die Mächtigen pro forma durch eine Wahl „absegnen" haben lassen, ist nur ein typisches Beispiel für die „Verfilzung" der Mächtigen.

Die **Oligarchie** bei Platon ist die gesetzlose Herrschaft der Reichen. Sie fällt wie die Aristokratie unter die Herrschaft der Wenigen, wobei die Aristokratie als gesetzmäßige Herrschaft gilt.
Einen Herrscher in einer Oligarchie nennt man Oligarchen. In Russland wird der Begriff seit den 1990er-Jahren auch verwendet, um Geschäftsleute zu bezeichnen, von denen die Allgemeinheit annimmt, dass sie in der chaotischen Zeit nach dem Ende der UdSSR durch unsaubere Mittel zu großem Reichtum und politischen Einfluss kamen.

Wikipedia 28. Dezember 2012

Alte und neue Oligarchen

So manche Oligarchen, die sich auf illegale Weise an den Schätzen des Landes bereichert haben, landeten in den letzten Jahren wegen Betrugs und Steuerhinterziehungen in Gefängnissen. Andere Oligarchen hingegen blieben völlig unbehelligt. Sie haben von Anfang an mit dem Kreml kooperiert. Die Oligarchen sind untereinander stark vernetzt, um ihre Macht zu bündeln. Es handelt sich dabei nicht um eine versteckte Verstaatlichung, sondern um reinen Kapitalismus mit dem Ziel der Profitmaximierung. Das alles mit Duldung und Wissen des Kremls, der sich weiter aus der Wirtschaft zurückzieht.

Der Präsident des Mineralölkonzerns Lukoil, als Beispiel für einen mächtigen Unternehmer, bekommt etwa 1,5 Millionen US-Dollar pro Jahr. Zusätzlich erhält er bei der Erfüllung festgesetzter Ziele eine Prämie von 2,2 Millionen Dollar.

Militärparade in Moskau – ist Russland wieder eine Militärmacht?

Wirtschaftsmacht oder Militärmacht?

In den letzten 10 Jahren steigerte Russland seine Importe aus der EU um 10 Prozent. Mit gut einem Drittel der Gesamtimporte ist die EU dabei wichtigster Partner. Ebenso verhält es sich beim Export: Auch hier legte der Exportwert in die EU nochmals zu und hält bei 50 Prozent. Betrachtet man jedoch die Produktpalette der gehandelten Waren, so wird rasch klar, dass hier eindeutig die EU im Vorteil ist. Russland exportiert zu 80 Prozent Rohstoffe und importiert zu 50 Prozent hochwertige Industriegüter. Also ein im klassischen Sinne unausgewogener Handel. Industriegüter werden eher in die GUS-Staaten exportiert. Insgesamt aber verzeichnet Russland ein Exportplus in seiner Handelsbilanz von 120 Mrd. Dollar. Bei den Exporten liegen Erdöl und Erdgasexporte in die EU an der Spitze.

Verfolgen Sie in den Medien militärische Einsätze Russlands im Ausland und begründen Sie den Einsatz (aus russischer Sicht)!

Russland ist sich dieser doppelten Abhängigkeit gegenüber der EU bewusst. Die EU braucht die Energieträger und Russland die Industriegüter aus dem Westen. Damit ist schnell klar, dass wirtschaftspolitische Maßnahmen gegenüber Russland nur zögerlich zur Anwendung kommen. Äußerst sensibel reagieren Russlands Machthaber auf einen weiteren „Vormarsch" der EU in Richtung russischer Westgrenze und auf Demonstrationen gegen die Machthaber, wie es im Dezember 2011 nach der für Putin gerade noch erfolgreichen Dumawahl, die angeblich durch Fälschungen inkorrekt war, passierte.

Duma = russische Volkskammer.

Schnell kehrt hier Russland wieder seine militärische Stärke heraus, wenngleich diese nicht mehr mit jener der Sowjetunion vergleichbar ist. Russlands militärische Macht ist mit dem Fall der Berliner Mauer 1989 gebrochen worden, der Kalte Krieg, der die Welt jahrzehntelang in Atem gehalten hat, ist zu Ende. Russland gibt nur noch 1/23 dessen aus, was die Supermacht USA in das Militär investiert. So erst war es der Nato möglich, in den ehemaligen Machtgürtel der Sowjetunion einzudringen und die Baltischen Staaten sowie Polen, Ungarn, Tschechien oder die Slowakei zu Mitgliedsstaaten der Nato zu machen. Derzeit plant Putin jedoch hohe Investitionen in neue Rüstung, um das russische Militär schlagfähiger zu machen.

Seit 2015 greift Russland auf der Seite der syrischen Regierung unter Assad in den syrischen Bürgerkrieg ein. Diese Militärintervention hat den offiziellen syrischen Streitkräften zu deutlichen territorialen Gewinnen verholfen. Russlands Militäreinsatz ist aber im Westen heftig umstritten, da immer wieder zahlreiche Zivilisten ums Leben kommen. Die militärische Unterstützung Assads, der wegen laufender Menschenrechtsverletzungen in Europa und den USA geächtet wurde, wird für eine dauerhafte Lösung des Konflikts als hinderlich angesehen.

Neue Politik der Abschreckung

Durch Europa zieht sich eine neue Demarkationslinie. Es ist keine Berliner Mauer, kein Eiserner Vorhang, alle Vergleiche mit dem Kalten Krieg zielen ins Leere, und doch ist der Kontinent wieder geteilt in die Staaten der Nato und der EU sowie eine russische Einflusssphäre. Beide Seiten rüsten auf und überarbeiten ihre Militärdoktrinen. Unmittelbar nach dem Ukraine-Schock und der Annexion der Krim sprach die überrumpelte Nato noch beschwichtigend von der jetzt notwendigen «Rückversicherung» für die baltischen Mitglieder der Allianz. Unterdessen benutzt man ungeniert den Begriff der «Abschreckung». Seit Moskau die Grenzen in Europa gewaltsam verändert hat, kehrt ein neues altes Denken zurück.

NZZ, 12. August 2016

Arbeitsaufgabe

- Vergleichen Sie den sozialen Wandel in Russland mit wohlhabenden EU-Staaten einerseits und aufstrebenden Schwellenländern Lateinamerikas andererseits.

4 Der Aufstieg der Schwellenländer

Manche Entwicklungsländer haben den Aufstieg zu Schwellenländern geschafft. Trotz vieler sozialer, wirtschaftlicher und ökologischer Probleme werden sie langsam zu Konkurrenten der reichen Länder des Nordens.

4.1 Reichtum am Persischen Golf

Der einzige Rohstoff, der einige Länder des Südens reich gemacht hat, ist Erdöl. Zwei Drittel aller Erdölvorräte lagern im Gebiet um den Persischen Golf. Saudi-Arabien, Kuwait, Oman, die Vereinigten Arabischen Emirate, Bahrain und Katar konnten durch die Erdölexporteinnahmen innerhalb weniger Jahrzehnte aus äußerster Armut zu blühendem Wohlstand gelangen.

Investitionen schaffen Wohlstand

Seit den 1920er-Jahren wird Erdöl am Persischen Golf abgebaut. Die steigende Nachfrage der reichen Industrieländer verursachte einen Wirtschaftsboom. Innerhalb weniger Jahre ergoss sich ein Dollarsegen über diese Länder. Ein Großteil des Geldes wurde in die Infrastruktur, wie den Bau von Straßen, Flughäfen, Wasserleitungen, Meerwasserentsalzungsanlagen, den Ausbau der Elektrizitätsversorgung, den Bau von Schulen und Krankenhäusern gesteckt. Die Mehrheit der einheimischen Bevölkerung profitierte von diesen Maßnahmen.

Indische Gastarbeiter am Bau. Gastarbeiter in Dubai verdienen im Durchschnitt nur 175 Dollar im Monat. Das Durchschnittseinkommen in Dubai liegt allerdings bei 2 000 Dollar.

Die Staaten am Persischen Golf

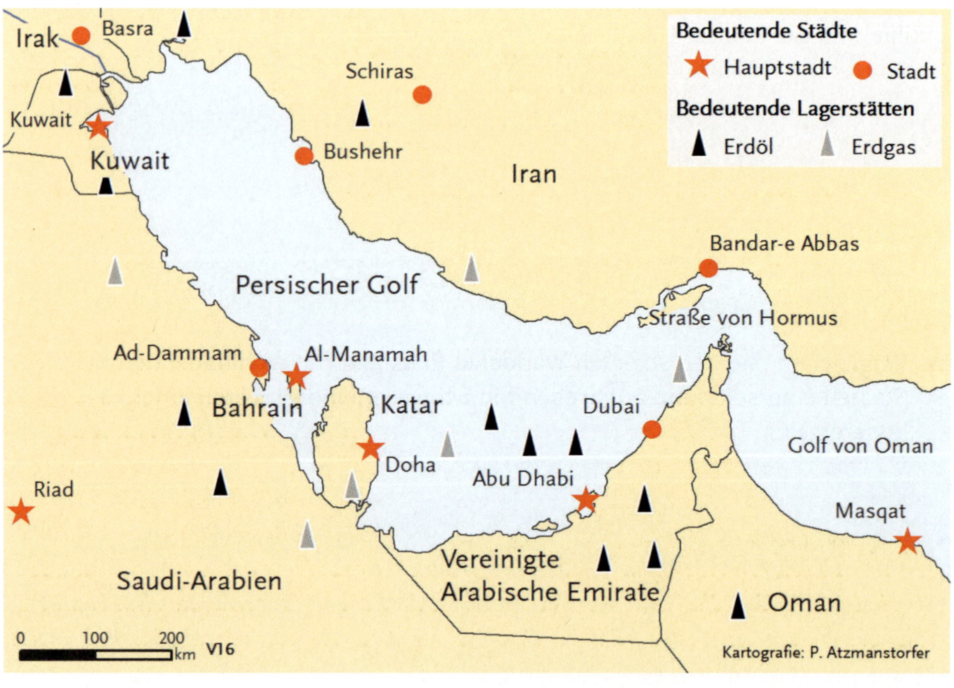

Wohlstand durch Gastarbeiter

Der Wirtschaftsaufschwung wurde auch durch billige Arbeitskräfte ermöglicht. So wurden schon sehr bald Gastarbeiter/innen geholt. Pakistani, Somalier, Jemeniten, Palästinenser und Inder sorgen heute für den Lauf der Wirtschaft. In vielen Golfstaaten stellen die Gastarbeiter/innen bereits die Mehrheit der Bevölkerung. Trotzdem existiert bis heute eine strikte Trennung zwischen den Ausländern und der heimischen Bevölkerung. Ganze Regionen in den Herkunftsländern der Gastarbeiter/innen hängen mittlerweile von Geldüberweisungen ab.

Zu Hunderttausenden verlassen verzweifelte Menschen jedes Jahr Nepal, Indien, Bangladesch, Pakistan, Sri Lanka oder die Philippinen, um sich in reicheren Staaten als Gastarbeiter zu verdingen. Sie gehen in die Golfstaaten, nach Saudi-Arabien, nach Malaysia. Es ist ein gewaltiger Exodus von Armutsflüchtlingen, die in der Fremde oft weitgehend schutz- und rechtlos sind. Allein 2012 zog es 450 000 Nepalesen in die Fremde. Tendenz: steigend. Insgesamt arbeiten nach Angaben der Internationalen Arbeitsorganisation (ILO) heute zwei Millionen der knapp 30 Millionen Nepalesen im Ausland. Ähnlich sieht es in den Nachbarstaaten aus. Mehr als 30 Millionen Inder arbeiten außerhalb des Landes, viele in der Golfregion. Die überwiegende Zahl der Migranten und Migrantinnen stammt aus armen ländlichen Regionen. Sie hoffen, dass sie mit den besseren Einkommen in der Fremde ihre Familien unterstützen können. So fliehen junge Menschen in Scharen. Vor Hoffnungslosigkeit. Vor Armut. Vor Hunger. Die Regierung unterstützt den Exodus. Die Migranten halten nicht nur ihre Familien über Wasser. Sie sind eine der wichtigsten Säulen der Wirtschaft. Nepals Gastarbeiter/innen tragen inzwischen 22 Prozent zum Bruttosozialprodukt bei. Und sie halfen, die Armut von rund 42 Prozent im Jahr 1996 auf nun 25,2 Prozent zu drücken. Doch die Migranten zahlen einen hohen Preis. Die Männer schuften sich für Billiglöhne als Hilfsarbeiter am Bau oder in Fabriken halb zu Tode, die Frauen dienen teilweise unter sklavenähnlichen Bedingungen als Hausmädchen, Nannies oder Pflegerinnen in Privathaushalten. Und manche enden auch als Prostituierte.

Der Standard, 5./6. Oktober 2013

Beschreiben Sie, in welche Bereiche die Erdöleinnahmen vorwiegend investiert wurden.

Beispiel Vereinigte Arabische Emirate (VAE)

Die sieben Emirate, die heute die Vereinigten Arabischen Emirate bilden, waren bis in die 1960er-Jahre arme Länder ohne besondere Ressourcen. Sie bestanden v. a. aus Wüste. Im Landesinneren lebten Nomaden. An der Küste lebten die Menschen vom Fischfang und von der Perlentaucherei.

Skyline von Dubai

Während in Saudi-Arabien schon in den 1920er-Jahren Erdöl gefunden wurde, entdeckte die Kolonialmacht Großbritannien erst in den 1960er-Jahren Erdöl in den Emiraten Dubai und Abu Dhabi. 1971 entließen die Briten die Emirate in die politische Selbstständigkeit, sie schlossen sich zu den VAE (Vereinigten Arabischen Emiraten) zusammen. Von da an war die Entwicklung rasant.

Inmitten der Sandwüste entstanden in wenigen Jahren mehrspurige Highways, vornehme Villenviertel, Luxushotels, zollfreie Freihandelszonen, teuer bewässerte Golfplätze, hypermoderne Flughäfen und Shoppingmalls für den gehobenen Bedarf. Innerhalb von nur zwei Generationen durchlebten die Emiratis die technologische Entwicklung zweier Jahrhunderte: Während die Großeltern noch nach Perlen getaucht oder als Nomaden und Kamelzüchter die Wüste durchwandert haben, leiten ihre Enkel Immobilienfirmen und wohnen in riesigen palastähnlichen Häusern mit mehreren Hausangestellten. Der Wirtschaftsboom lockt Menschen aus aller Welt an, inzwischen stellen die Einheimischen keine 20 Prozent der Bevölkerung.

Boomtown Dubai

Machten die Einnahmen des Emirats Dubai aus Erdöl 1990 noch 50 Prozent aus, so wurde es in der Zwischenzeit zu einem „Hotspot" von Investoren in der Bauwirtschaft und im Tourismus. Zahlreiche Immobilien wurden in die Wüste oder in Küstennähe ins Meer gebaut. Durch die ab 2009 einsetzende Wirtschaftskrise kam das Finanzgerüst der staatlichen Bau- und Servicedienstleister in Bedrängnis. Die Immobilienpreise sind um ca. 50 Prozent gefallen, Schulden haben sich angehäuft. Das einst rasante Bautempo wurde heruntergefahren. Viele der internationalen Investoren fielen aus. Die vermutete Schuldenlast beträgt 130–150 Milliarden Dollar. Als Zukunftshoffnung gilt weiterhin der Tourismus. Sonne, Meer, zahlreiche Golfplätze, Vergnügungsparks und Luxushotels sollen zahlungskräftige Touristen anlocken. Die politischen Unruhen im Nahen und Mittleren Osten seit 2015 führen aber auch hier zu Buchungsrückgängen.

Das Hotel Burj al Arab in Dubai ist eines der größten Wahrzeichen der Stadt und auf der ganzen Welt bekannt als Siebensternehotel, obwohl es eigentlich nicht mehr als fünf Sterne gibt. Das Hotel befindet sich auf einer kleinen künstlichen Insel. Mit 321 Metern ist es eines der höchsten Hotels der Welt.

Der Nahe Osten, und hier insbesondere Dubai und die Vereinigten Arabischen Emirate, ist unter Europäern ein beliebtes Reiseziel. Das zeigt eine jüngst umgesetzte Umfrage vom Experten für Reise- und Freizeitangebote Travelzoo, zu der mehr als 3 000 Reiseinteressierte aus Deutschland, England, Frankreich und Spanien nach ihren Erfahrungen und Vorstellungen rund um ihre Urlaubsziele befragt wurden. Dubai City, die Hauptstadt des Emirats Dubai, steht dabei besonders im Fokus, denn keine andere Stadt in Nahost ist so in Aufbruchstimmung. Sie ist das wichtigste Handels- und Tourismuszentrum der Region – und war vor rund 50 Jahren noch ein verschlafenes Fischerdorf. Der Reichtum kam mit dem Öl, doch längst hat man den Tourismus als zweites Standbein für sich ausgemacht.

www.welt.de, 11. Mai 2014

Arbeitsaufgaben

1. Beschreiben Sie die Wirtschaft der Emirate vor dem Erdölboom.
2. Nennen Sie die zwei wirtschaftlich stärksten Emirate.
3. Beschreiben Sie die wirtschaftliche Rolle von Dubai für Asien.
4. Nennen Sie jene Art des Tourismus, der in Dubai speziell gefördert wird.

4.2 Brasilien – ein Wirtschaftsgigant in Lateinamerika

Brasilien ist einer der weltgrößten Exporteure von Agrargütern (z. B. Kaffee, Soja, Orangen). Brasilien ist aber auch das zehntgrößte Industrieland der Welt. Es ist ein Land voller Gegensätze. Die Industrialisierung hat nur wenige wirklich reich gemacht. 15 bis 20 Millionen Menschen gehören zu diesen Begünstigten, die in Rio oder São Paulo in hochmodernen Bürohochhäusern arbeiten und in Villenvierteln leben. Der Rest der Brasilianer, immerhin 150 Millionen, ist dagegen arm geblieben.

Arbeitsaufgaben

1. Ordnen Sie die Phasen der wirtschaftlichen Entwicklung nach der Zeit: 1 = die früheste Phase, 5 = die letzte Phase

Exportorientierte Industrialisierung: Ab den 1980er-Jahren siedelten sich aufgrund billiger Grundstücke und niedriger Personalkosten immer mehr ausländische Konzerne an: VW, Ford, Chrysler, General Motors, Novartis, Shell, Philips u. a. Die Produkte dieser Konzernbetriebe wurden jedoch nicht für den eigenen Markt produziert, sondern vor allem für den Export.

Eigene Konzerne entstehen: Schließlich hat sich in Brasilien auch eine eigene Industrie entwickelt, die nicht von ausländischen Konzernen abhängig ist. Der Erdölkonzern Petrobras und der Bergbauriese Vale gehören zu den weltweit Größten ihrer Branche. Embraer ist nach Airbus und Boeing der drittgrößte Flugzeughersteller der Welt. Brasilianische Konzerne investieren vor allem in Lateinamerika, wo sie in vielen Branchen marktführend sind: Dazu gehören die Erdöl-, Stahl-, Chemie- und Bauindustrie sowie die Agroindustrie (v. a. Anbau und Verarbeitung von Soja).

Industrialisierung als Antwort auf den Preisverfall von Kaffee: Nach dem katastrophalen Preisverfall für Kaffee im Jahr 1930 konnte Brasilien seine Importe kaum bezahlen. Man entschloss sich, früher importierte Güter selbst herzustellen, v. a. Konsumgüter wie Bekleidung, Schuhe und Elektroartikel. Da die meisten Brasilianer jedoch sehr wenig Geld verdienten, wurden diese Produkte kaum gekauft.

Die neue Energiepolitik: Ab den 1960er-Jahren setzte die zweite Phase von Brasiliens Industrialisierung ein. Im Bereich der Energieerzeugung wollte man die Abhängigkeit von den teuren Erdölimporten verringern. Man begann mit dem Bau von Wasserkraft- und Atomkraftwerken und startete das „Proalcool-Programm" (Pkw-Treibstoff aus Alkohol auf Basis von Zuckerrohr).

Rohstofforientierung durch die portugiesische Kolonialisierung: Seit der Kolonialisierung durch die Portugiesen ab dem 16. Jahrhundert lag das wirtschaftliche Schwergewicht Brasiliens immer auf einem einzigen Rohstoff: zuerst Zuckerrohr, dann Gold, dann Baumwolle, dann Kautschuk und vor allem Kaffee. Die Wirtschaft war abhängig von der Kolonialmacht Portugal und später von den Industrieländern. Nach jedem Rohstoffboom folgte eine schwere Krise.

2. Ordnen Sie die drei Fotos den Phasen zu und schreiben Sie die entsprechende Nummer in den Kreis.

Land der Ungleichheit – Land der Widersprüche

In den Wirtschaftsteilen der europäischen Zeitungen wird Brasilien meistens nur als eine der großen zukünftigen Wirtschaftsmächte wahrgenommen. Oftmals wird übersehen, dass gerade in diesem aufstrebenden Schwellenland die sozialen Ungleichheiten gewaltig sind und die Zerstörung natürlicher Ökosysteme jedes Jahr in großem Tempo voranschreitet. Das folgende Schema versucht, diese Widersprüche im „System Brasilien" darzustellen.

Wachstumsraten von sieben Prozent und mehr, sind Geschichte. Die Wirtschaftsleistung wird um bis zu drei Prozent zurückgehen, die Rezession wird weiter anhalten. Die offizielle Arbeitslosigkeit lag bei 6,5 %, könnte aber bis zu zehn Prozent steigen. Gleichzeitig steigen die Preise im Land rasant: Beobachter rechnen mit Werten von neun Prozent und mehr. Höhere Zinsen werden den Konsum erheblich dämpfen. Vor allem den Geringverdienern macht zu schaffen, dass Lebensmittel beständig teurer werden. Die Großstadtbevölkerung muss derweil einen großen Teil ihrer Gehälter für die hohen Mieten ausgeben; aber auch anderswo ist Wohnen zur Miete ungewöhnlich teuer, dies trifft wieder die Wenig- und Geringverdiener besonders hart.

Die Welt N 24, 20. August 2015

Land der Regenwaldzerstörung

Die Zerstörung des Regenwaldes in Brasilien nimmt ein immer größeres Ausmaß an. 2015 seien insgesamt 5 800 Quadratkilometer Regenwald zerstört worden (in den zwölf Monaten zuvor seien es 2 295 Quadratkilometer gewesen). Brasilien hatte sich 2009 auf dem Weltklimagipfel in Kopenhagen verpflichtet, die Zerstörung des Regenwaldes bis zum Jahr 2020 um 80 Prozent zu reduzieren und bis 2030 illegale Holzgewinnung komplett zu beenden. Trotzdem wird unvermindert weiter abgeholzt. Ein großer Teil der abgeholzten Flächen wird zur Rinderzucht sowie zum Anbau von Sojabohnen genutzt.

Zeit Online, 27. November 15

Land der sozialen Gegensätze

Wie weit die Brasilianer zurückliegen illustriert ein Bericht der Statistikbehörde IBGE. 11,4 der 190 Millionen Brasilianer leben in Favelas – der Beleg „für die Unfähigkeit des Landes, alle seine Bewohner/innen endlich in zivilisierte Lebensformen zu integrieren". Dass sich die „subnormalen Agglomerationen" – so das Fachwort-Ungetüm – in städtischen Regionen mit mehr als einer Million Einwohner konzentrieren, dass etwa die Hälfte aller Favela-Bewohner in den drei Großstädten São Paulo, Rio und Belém leben, „sagt mehr über die Perversionen" des brasilianischen Entwicklungsmodells aus „als über das Niveau der Armut". Denn die mit Favelas durchsetzten Städte seien das Ergebnis der Gleichgültigkeit gegenüber der brutalen Ungleichheit des „alten" Brasiliens und dem ungleichen Wirtschaftswachstum des „neuen Brasiliens", schreibt das Blatt.

Frankfurter Rundschau, 28. Dezember 2011

Typische Kontraste Brasiliens: ein modernes Hochhausviertel, davor ein Elendsviertel (Favela)

Ausweg oder Utopie? – Solidarische Ökonomie

Neben den oben genannten Problemen gibt es aber gerade in Brasilien auch einige Erfolg versprechende alternative Ansätze erfolgreichen Wirtschaftens, welche die Nachteile des dominierenden (kapitalistischen) Wirtschaftssystems zu vermeiden versuchen. In den Jahren der Wirtschaftskrise 1981–83 gingen zahlreiche Unternehmen in Konkurs. Mehrere, von den ehemaligen Mitarbeitern/Mitarbeiterinnen geführte Initiativen führten dazu, dass diese Unternehmen erfolgreich weitergeführt wurden. In anderen Bereichen (z. B. in der Landwirtschaft) entstanden viele **Kooperativen** (Genossenschaften), z. T. als Projekte ehemaliger landloser Bauern.

Als Oberbegriff für diese zahlreichen Initiativen wurde der Begriff **„Solidarische Ökonomie"** eingeführt. Darunter versteht man alternative Formen des Wirtschaftens, die sich an bedürfnisorientierten, sozialen, demokratischen und ökologischen Ansätzen orientieren. Solidarökonomische Projekte sollen grundsätzlich im Dienste des Menschen stehen. In Brasilien gibt es in der Zwischenzeit sogar ein eigenes Staatssekretariat zur Förderung der solidarischen Ökonomie.

Hauptproblem Verschuldung

Die Bank für Internationalen Zahlungsausgleich warnt in ihrem Jahresbericht: Gemessen an der Wirtschaftsleistung, liegt die Gesamtverschuldung 50 Prozent höher als 1997 zu Zeiten der Finanzkrise in Asien. Und der Wirtschaftshistoriker Moritz Schularick sagt, dass in der westlichen Welt noch nie ein Schuldenberg so groß wie der in China ohne große Krise geblieben sei.

www.faz.net/aktuell, 17. April 2016

Massenproteste gegen Brasiliens Regierung

Arbeitsaufgaben

1. Erläutern Sie die Aussage, dass Armutsbekämpfung auch etwas mit Wirtschaftsförderung zu tun hat.
2. Recherchieren Sie im Internet, wo es noch ähnliche Ansätze zur „solidarischen Ökonomie“ gibt.

4.3 China – der Aufsteiger

China ist zum vorläufigen Gewinner der Globalisierung geworden und zum ersten Herausforderer der Weltmacht USA. Nie zuvor in der Geschichte hat es eine derartige, lang andauernde wirtschaftliche Wachstumsphase eines einzigen Landes gegeben. Seit 1979 ist die chinesische Volkswirtschaft um durchschnittlich 9 Prozent gestiegen. Das Durchschnittseinkommen hat sich in den vergangenen 25 Jahren vervierfacht. Gemessen an der Kaufkraftparität liegt das gesamte BNE Chinas bereits nach den USA an zweiter Stelle. „Wir können an China vieles kritisieren, aber sie haben 300 Millionen Menschen aus der Armut herausgeholt“, meinte der frühere Weltbankpräsident James Wolfensohn.

Aufstieg zur Wissensgesellschaft?

Die derzeitige Rolle Chinas in der Weltwirtschaft ist vor allem jene der **„Fabrik der Welt“.** Es ist der derzeit effizienteste Produktionsstandort der Welt mit einem schier unendlichen Heer billiger und williger Arbeitskräfte. Doch das Bild von der „Fabrik der Welt“ könnte sich in den nächsten Jahrzehnten gründlich ändern. Kaum eine Regierung der Welt fördert derzeit die Wissenschaft so massiv wie die chinesische. Nicht nur, dass ausländische Spitzenforscher mit attraktiven Verträgen ins Land gelockt werden, auch der eigene Nachwuchs wird geschult und gefördert. Langfristiges Ziel ist, den Braindrain, die Abwanderung der Intelligenz, zu stoppen und nach und nach höherwertige Hightech-Produkte selbst im Land zu entwickeln und zu produzieren. Bereits 1998 hat Microsoft ein Forschungszentrum in Peking errichtet. Neben der Informationstechnologie sind Gen- und Biotechnik weitere Forschungsschwerpunkte.

Chinas wachsendes Gewicht in der Weltpolitik

Lange Zeit verfolgte China militärische Strategien, um seine außenpolitischen Ziele durchzusetzen. Zahlreiche militärische Konflikte und Interventionen zeugten davon (Korea 1950 – Unterstützung Nordkoreas, 1962 Konflikt mit Indien, 1969 Grenzkonflikt mit der UdSSR, 1979 Unterstützung Vietnams). Zugleich unterstützte das kommunistische China zahlreiche maoistische Rebellengruppen, um den

„Fortschritt der Weltrevolution" zu sichern, z. B. in Nepal, Indien, im Kongo und in Burma (heute Myanmar).

Mit dem Einsetzen der Wirtschaftsreformen 1978 unter **Deng Xiaoping** änderte sich auch die außenpolitische Haltung Chinas. Heute gibt es fast keinen Nachbarstaat, zu dem China ein gespanntes Verhältnis hätte. Ausnahme ist Japan, das als ehemalige Kolonialmacht nach wie vor als Feind gesehen wird. Die neue chinesische Regierung baute nach und nach ein dichtes Netz an strategischen Partnerschaften auf. So initiierte China etwa die Gründung der sogenannten **„Schanghai-Organisation für Zusammenarbeit"**, der neben China auch Russland, Kirgisien, Kasachstan, Usbekistan und Turkmenistan angehören. Ein besonders wichtiges Ziel ist dabei die Sicherung der Rohstoffversorgung.

In Südasien war Pakistan immer schon ein traditioneller Verbündeter Chinas, als Gegengewicht zur Achse Indien – UdSSR. Heute baut China auch im Rahmen der G 20 positive Beziehungen zu Indien auf. Die wirtschaftliche Zusammenarbeit soll v. a. im Bereich der Informationstechnologie erfolgen, wo beide Länder (China als Hardware-Produzent, Indien als Software-Produzent) ihre Stärken haben.

Interpretieren Sie die Karikatur.

Waffen, Öl, dreckige Deals – wie China den Westen aus Afrika drängt

Chinas boomende Wirtschaft lechzt nach Rohstoffen aus Afrika. Öl-Deals mit Despoten, Schuldenerlass für Schurkenstaaten, Waffen für Islamisten: Peking mischt mit seiner neuen Afrika-Politik das geostrategische Machtgefüge auf. Die USA und Europa zürnen – sie sehen eigene Geschäfte gefährdet. ... Chinas enormes Wirtschaftswachstum fordert Rohstoffe: Kupfer aus Sambia, Mangan aus Gabun, Holz aus dem Kongo, von überall her Erdöl. Und die Chinesen gehen äußerst charmant ans Werk. „Jede Beziehung zwischen uns und einem afrikanischen Staat ist eine Freundschaft zwischen Partnern auf gleicher Augenhöhe" – so beschreibt ein Ministerialbeamter aus Peking die Haltung seines Landes. ... Die meisten Staatschefs in Afrika sind hoch erfreut über die Avancen: Für viele hat sich China inzwischen zum wichtigsten Partner entwickelt, wirtschaftlich wie politisch.

Der Spiegel, 16. Jänner 2007

Arbeitsaufgaben

1. Chinesische Investoren werden in vielen afrikanischen Ländern lieber gesehen als europäische oder amerikanische Unternehmen. Finden Sie Gründe dafür.
2. Diskutieren Sie über die sozialen Probleme, die China derzeit hat: Überalterung der Bevölkerung durch die Ein-Kind-Politik, zunehmende soziale und regionale Gegensätze, Umweltprobleme durch überhitztes Wachstum. Wie könnten sich diese Probleme weiterentwickeln oder wie könnten sie gar gelöst werden?

1 Immobilienboom
Eine große Gefahr ist der Immobilienboom. Überall in China, v. a. an der Küste wachen zahlreich Hochhäuser in den Himmel. Bessere Wohnungen in Boomregionen dienen als Geldanlage für eine Oberschicht, die keine Möglichkeiten hat, ihre Eigenmittel im Ausland zu investieren: Sollte diese Einschränkung fallen, droht die Immobilienblase zu platzen.

3 Wanderarbeiter
Um 1995 begannen zehntausende Wanderarbeiter aus dem Hinterland in die Industrieregionen an der Küste zu strömen. Aber immer weniger kommen. Damit steigen an der Küste die Löhne. Es fehlt ein Fünftel der benötigten Arbeitskräfte. Man vermutet, dass das Lohnniveau an der Küste schon bald höher sein wird als in manchen Regionen Osteuropas. China versucht deshalb Investoren vermehrt ins Hinterland zu locken.

5 Zukünftige Energien
Das Wachstum der chinesischen Volkswirtschaft führt dazu, dass immer mehr Kohlekraftwerke im Einsatz sind, sodass die Treibhausgasemissionen und die Umweltverschmutzung weiter zunehmen. China hat allerdings schon begonnen, in Energieeffizienz und erneuerbare Energien zu investieren. China ist einerseits der weltweit größte Treibhausgasemittent, zugleich aber der Weltmarktführer bei Fotovoltaik. Die Zukunft muss im Bereich erneuerbarer Energien liegen.

2 Energieprobleme
Der umstrittene Drei-Schluchten-Staudamm ist das größte Prestigeprojekt der VR China. Unter Experten ist der Nutzen allerdings umstritten. Zum Beispiel finden die Energiemengen, die Turbinen produzieren, in der Region gar keine Abnehmer. Die ländlichen Gebiete sind nicht ans Stromnetz angeschlossen. Der Transport in die Wachstumsregion Shanghai an der chinesischen Küste, fast 1000 Kilometer weit entfernt, ist mit großen Verlusten verbunden. Dabei geht so viel Energie verloren, wie ein großes Kohlekraftwerk produziert.

4 Umweltverschmutzung
Knapp eine halbe Million Menschen sterben jährlich an den Folgen verseuchter Luft und verschmutzten Trinkwassers. Chinas Bevölkerung zahlt einen hohen Preis für den Aufstieg des Landes zur Fabrik der Welt. 16 der 20 weltweit am stärksten verschmutzten Städte liegen in China. Die massive Umweltverschmutzung hat Krebs zur häufigsten Todesursache in städtischen Gebieten gemacht. Der wirtschaftliche Schaden durch Umweltzerstörung und Todesfälle für das Land wird auf mindestens zehn Prozent des Bruttoinlandsproduktes geschätzt. Das entspricht etwa dem jährlichen Wirtschaftswachstum.

6 Widerstand der Bevölkerung
Jährlich zählt man in der VR China zehntausende Proteste der Bevölkerung gegen staatliche Projekte. Widerstand gibt es vor allem bei Landenteignungen, aber es gibt auch immer mehr Arbeiterstreiks, Besetzungen, Studentendemos, Umwelt- und Verbraucherproteste. Gerade in der reichsten Provinz, in Guangdong, gibt es in die meisten Proteste und Zwischenfälle. Der Wirtschaftsboom führt dazu, dass immer mehr Bauern enteignet werden müssen, um Bauland zu gewinnen.

Arbeitsaufgaben

1. Wiederholen Sie aus dem Geschichte-Unterricht, was während der Kulturrevolution passierte.
2. Recherchieren Sie im Internet über die sechs oben angeführten Probleme Chinas und dokumentieren Sie die weitere Entwicklung.
3. Diskutieren Sie in der Klasse, warum es in nichtwestlichen Ländern immer zu Aufständen gegen die westliche Kultur kommt.

Porträt Mao Zedongs am Tor des himmlischen Friedens.
Schon unter Mao Zedong (1893–1976) gab es einen Kampf gegen die westliche Kultur, die sogenannte Kulturevolution (1966–1976).

Kulturevolution siehe S. 201

4.4 Aufsteiger Indien – Armut und Hightech

Indien ist möglicherweise auf dem Weg zur Weltmacht. Die größte Demokratie der Welt erlebt eine beispiellose Erfolgsgeschichte und einen rasanten wirtschaftlichen Aufstieg. Oft unbemerkt von Europa entwickelte sich Indien zu einem ernst zu nehmenden Gesprächspartner in der Weltpolitik. Doch wie so oft sind auch bei dieser werdenden Großmacht Widersprüche und innere Spannungen nicht zu übersehen.

Der politische und wirtschaftliche Aufstieg

Während in den 1980er- und besonders 1990er-Jahren die ost- und südostasiatischen Staaten zu ihrem Höhenflug ansetzten, befand sich Indiens Wirtschaft noch in einer Phase eher langsamen Wachstums. Später nannte man das indische Wirtschaftsmodell das **„Schildkrötenmodell“** – im Vergleich zu den dynamischen Symbolen der Tiger oder Drachen, die man für Ostasien verwendete. Doch das Bild hat sich gewandelt.

1. Einerseits entwickelte sich Indiens Wirtschaft nach erfolgreicher Liberalisierung seit 1991 langsam aber stetig zum einem **Hightech-Zentrum** mit dem Softwarezentrum Bangalore sowie zu einem der weltweit bedeutendsten Standorte der biotechnologischen Forschung, Entwicklung und Produktion. Indien ist u. a. einer der größten Produzenten von Generika. Auch Branchen wie die Stahl- oder die Automobilindustrie werden international immer bedeutender. Indien zieht nicht nur immer mehr Investoren an, indische Unternehmen investieren auch immer mehr im Ausland, u. a. in Osteuropa (z. B. Mittal Steel).
2. Andererseits entwickelte sich auch eine **Nuklearmacht** Indien, leider im gefährlichen militärischen Wettlauf mit dem ewigen Rivalen Pakistan.
3. Und drittens wurde Indien, neben China und Brasilien, eine der großen Mächte des neu organisierten Südens. Ein Land, das – obwohl selbst noch arm – einerseits Vorbild für andere Dritte-Welt-Länder wird, andererseits bereits beginnt, selbst Entwicklungshilfe für ärmere Länder zu leisten. Ein mächtiges Sprachrohr des Südens ist entstanden.

Großflächige Werbungen wecken Begehrlichkeiten. Die indische Realität schaut in den meisten Fällen jedoch (noch) anders aus.

Das Kastenwesen trennt die Gesellschaft in voneinander streng abgegrenzte Schichten. Horizontale soziale Mobilität wie in einer modernen leistungsorientierten Gesellschaft ist sehr schwer möglich. 16 Prozent der Bevölkerung sind kastenlos und leben außerhalb der Kastengesellschaft am unteren Ende der Gesellschaft.

Indiens fragmentierte, vielfältige Gesellschaft

Indien hat die Ausmaße eines Kontinents nicht nur im geografischen, sondern auch im kulturellen Sinn. Es besteht aus 28 Bundesstaaten. Es gibt neben den beiden Amtssprachen Englisch und Hindi weitere 21 regionale Amtssprachen. Die kulturelle und sprachliche Vielfalt Indiens ist beeindruckend. Insgesamt gibt es über 400 Sprachen. 72 Prozent der Bevölkerung sind Indoarier (eher hellhäutig), 25 Prozent sind dunkelhäutige **Draviden,** die v. a. im Süden leben. Der Rest sind tibetoburmesische Gruppen. 8 Prozent sind indigene Völker, die sich selbst als **Adivasi** bezeichnen und bis heute stark benachteiligt sind. Diese Gruppe besteht allein aus 600 Stämmen.

Über 40 Prozent der indischen Bevölkerung leben unterhalb der absoluten Armutsgrenze. Sie leben von weniger als einem Dollar am Tag. Ein Drittel der Einwohner der Millionenstädte lebt in Slums.

Adivasi-Frauen: Adivasi ist eine Sammelbezeichnung für die indigenen Völker Indiens.
Sie sind kastenlose.

Zahlreiche Konflikte prägen den indischen Subkontinent

Interne Probleme	Externe Probleme
In den armen Staaten v. a. im Osten (Orissa, Bihar), kämpfen maoistische Untergrundgruppen (die sogenannten Naxaliten) gegen die Regierung. Die Staaten im äußersten Nordosten (Assam, Nagaland ...) haben starke Abspaltungstendenzen. Es kommt immer wieder zu Anschlägen. Auch den reichen Sikhs in Punjab, im Nordwesten, werden Sezessionstendenzen nachgesagt.	Mit dem moslemischen Nachbarn Pakistan gibt es seit der Unabhängigkeit 1947 dauernde Konflikte, besonders der Kampf um die mehrheitlich moslemische Provinz Kaschmir, die Pakistan beansprucht. Zahlreiche Anschläge von moslemischen Extremisten (zuletzt 2008 in Mumbai) werden Pakistani zugeschrieben.

Abseits der Zentren – Rebellion in der Peripherie

Während in Mumbai, Bangalore und den anderen indischen Zentren die Wirtschaft boomt, kämpfen in vielen ländlichen Regionen die Bauern und landlosen Pächter ums Überleben. Gerade in den ärmsten Bundesstaaten Bihar, Orissa und anderen agieren seit Jahrzehnten Rebellengruppen, die von der maoistischen Ideologie geleitet werden – die sogenannten **Naxaliten.**

Die Naxaliten sind in einer Region präsent, die von Bihar an der Grenze zu Nepal bis in die südlichen Bundesstaaten Tamil Nadu und Kerala reicht. Der **„Rote Korridor"**, in dem die Naxaliten besonders aktiv sind, erstreckt sich über 90 000 km^2, das entspricht einem Viertel der Fläche Deutschlands.

Der Staat Jharkhand in Osten Indiens ist extrem reich an Bodenschätzen. Hier lagern rund 40 Prozent aller Kohlevorkommen des Landes, 40 Prozent des Kupfers, 22 Prozent der Eisenerzvorräte, außerdem Uran, Mangan und Bauxit. Bereits um 1900 entwickelte sich die Region zum Zentrum der Schwerindustrie. Wälder wurden gerodet, und zahlreiche Adivasi-Dörfer zerstört. Ein weiterer Ausbau der Bergbau- und Stahlindustrie ist derzeit geplant. Doch niemand hat mit dem Widerstand der dort ansässigen Adivasi gerechnet. Das Land ist die Lebensgrundlage der Adivasi. Niemand will Land verkaufen.

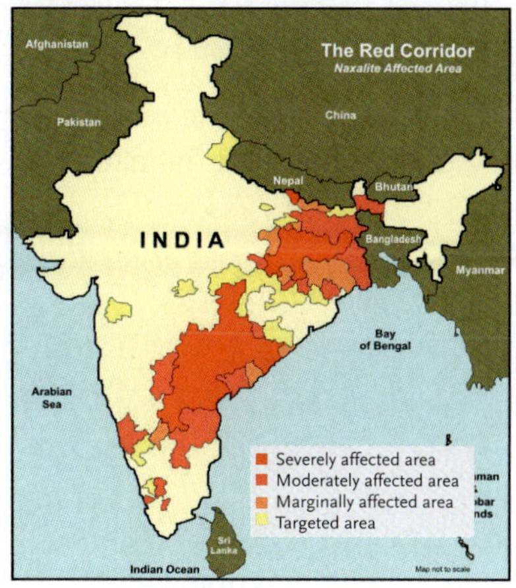

Der rote Korridor

> Nach vorsichtigen Schätzungen werden in den nächsten 10 bis 20 Jahren etwa 400 Millionen Menschen gezwungen sein, ihre ländliche Gegend zu verlassen und in die Städte zu übersiedeln. Das heißt, wir haben eine Landflucht, wir haben eine Zerstörung der agrarischen Subsistenzwirtschaften und eine Zerstörung bestehender Sozialstrukturen. Und das wird noch zusehends gefördert dadurch, dass die bisher unerschlossenen Ressourcen an Bauxit, an Stahl, an Kohle, Tropenhölzern in den Regionen Zentral- und Ostindiens jetzt auch durch internationale Konzerne erschlossen werden und dass genau dort die Bevölkerung den ökonomischen Interessen dieser Konzerne entgegensteht. Und für diese Menschen sind die Naxaliten nicht irgendeine politische Bewegung oder irgendeine Terrororganisation, sondern tatsächlich der einzige widerständige Faktor, der sich diesen Ausbeutungsinteressen entgegenstellt.
>
> *Lutz Getzschmann: „Die Naxaliten in Indien", 2012*

Arbeitsaufgaben

1. Seit der wirtschaftlichen Liberalisierung 1991 orientiert sich Indien außenpolitisch immer mehr in Richtung USA, aber auch EU. Früher war die Zusammenarbeit mit der UdSSR wichtiger. Wie ist dieser Wechsel zu erklären?
2. Die USA unterstützen seit den 1990er-Jahren die Nuklearmacht Indien mit Materiallieferungen. Aus welchen strategischen Überlegungen heraus wird dies in den USA gerechtfertigt? Erläutern Sie diese Fragestellung.
3. Diskutieren Sie in der Klasse, warum es trotz Wirtschaftswachstums immer wieder zu Aufständen in ländlichen Regionen kommt.

Ziele erreicht? – „Wirtschaftsräume"

KOMPETENZ-ERWERB

1. Recherchieren Sie im Internet über die unterschiedlichen Ausprägungen der Krisen in den BRIC-Staaten und füllen Sie die folgende Tabelle stichwortartig aus.

	Brasilien	**Indien**	**China**
Soziale Probleme			
Politische Probleme			
Wirtschaftliche Probleme			
Ökologische Probleme			

2. Treffen Sie zu den folgenden Spotlights Aussagen. Diskutieren Sie die Ergebnisse.

Spotlights

„Ich werde mich in meinem zukünftigen Arbeitsfeld mit China und Indien auseinandersetzen müssen."

„Wir brauchen im Beruf viel mehr Flexibilität – wie in den USA – und viel weniger Sozialstaat."

Aus diesem Kapitel habe ich die nachstehend angeführten Erkenntnisse und/oder Einsichten gewonnen:

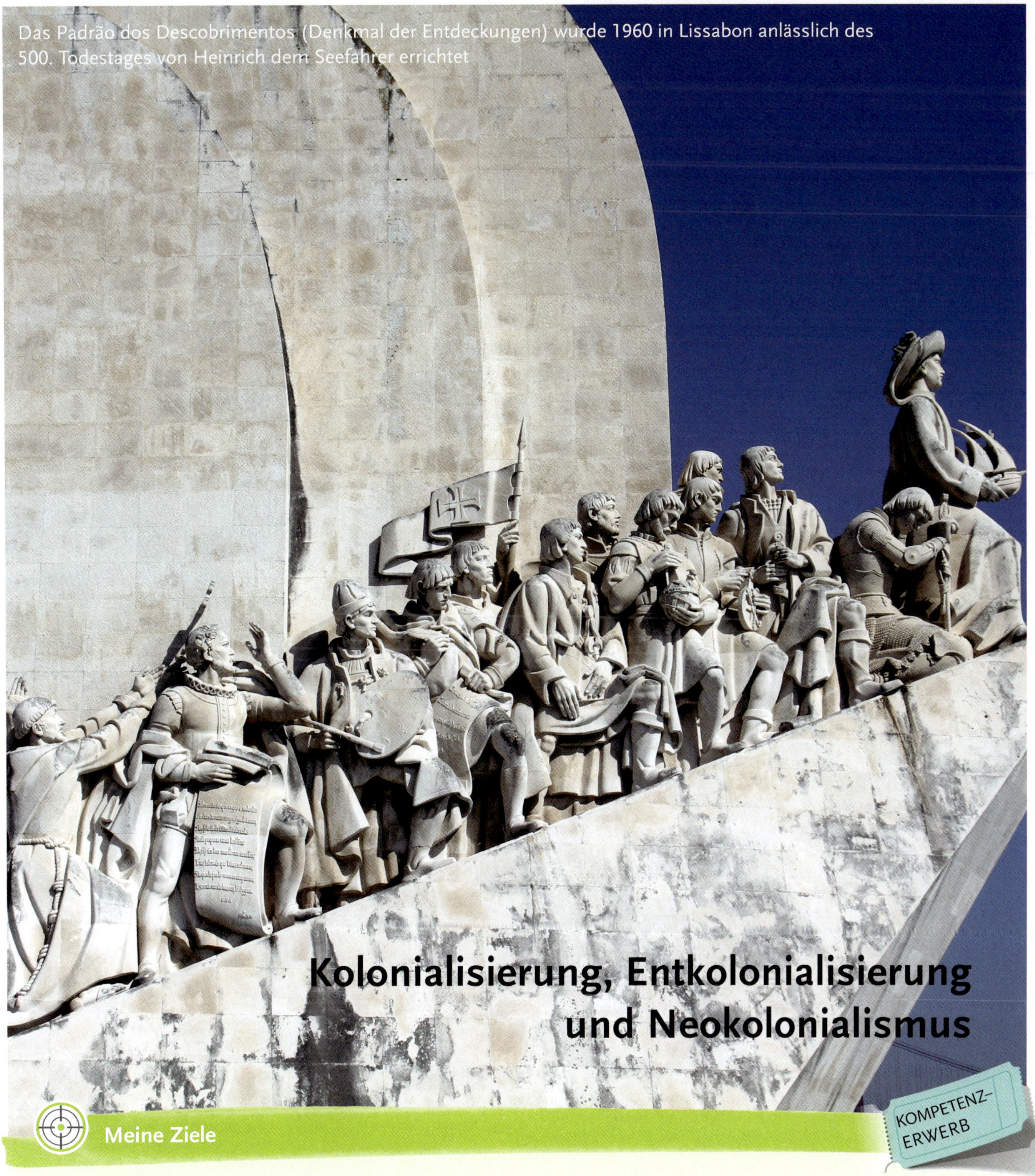

Das Padrão dos Descobrimentos (Denkmal der Entdeckungen) wurde 1960 in Lissabon anlässlich des 500. Todestages von Heinrich dem Seefahrer errichtet

Kolonialisierung, Entkolonialisierung und Neokolonialismus

KOMPETENZ-ERWERB

Meine Ziele

Nach Bearbeitung dieses Kapitels kann ich

- die Warenströme des „Columbian exchange“ beschreiben;
- den Weg Lateinamerikas in die Unabhängigkeit im 19. Jahrhundert erläutern;
- Standpunkte für die imperialistische Politik der europäischen Länder ermitteln;
- das Verhältnis von Kolonialmächten und Kolonien beurteilen;
- koloniale und neokoloniale Politik unterscheiden;
- die Motive für die afrikanischen und asiatischen Unabhängigkeitsbestrebungen nach 1945 erklären.

1 Europa „entdeckt“ die Welt

Wir ziehen aus, um große und reiche Länder zu gewinnen und viele noch nie erblickte Völker und Reiche zu unterwerfen, die größer als die unserer Könige sind ... In kurzer Zeit werde ich euch zu den reichsten Männern machen, die je hierhergekommen sind.
Hernán Cortez, Ansprache an seine Soldaten bei der Abreise von Kuba (1519)

Francisco de Vitoria, Statue vor der Kirche San Esteban in Salamanca

Columbian exchange: siehe dazu S. 110.

Im Gegensatz zu anderen Kulturen unternahmen europäische Länder seit dem 15. Jahrhundert dauerhaft Entdeckungsfahrten und expandierten in andere Kontinente. Mit der Bildung der ersten Kolonialreiche durch die Spanier und Portugiesen – später durch Niederländer, Franzosen und Engländer – gewannen die Europäer die Herrschaft über die Weltmeere und den Welthandel. Dies führte auch zu einem intensiven Warenaustausch **(„Columbian exchange“).** Vereinzelt wurde auch Kritik an der europäischen Unterwerfungspolitik laut:

Wenn die Eingeborenen also Sklaven waren, durften die Spanier auch die Herrschaft über sie beanspruchen. Dagegen wird nun aber geltend gemacht, dass sie doch vorher im ungestörten Besitz ihrer Güter waren. ...
Also muss man sie auch bis zum Beweis des Gegenteils als Eigentümer betrachten und darf sie nicht aus ihrem Besitz vertreiben. ...
Ich behaupte, dass nichts die Eingeborenen hindert, rechtmäßige Herren zu sein. Es steht nämlich fest, dass sie tatsächlich nicht der geistigen Fähigkeit ermangeln, sondern in ihrer Weise vernünftig handeln. ... Der Papst hat keine zeitliche Gewalt über diese Eingeborenen, so wenig wie über andere Ungläubige. ...
Aus dem Gesagten wird klar, dass die Spanier bei ihrer ersten Fahrt in die Länder der Eingeborenen keinerlei Rechte besaßen, deren Gebiete in Besitz zu nehmen.

Aus einer Vorlesung des Dominikaners Francisco de Vitoria an der Universität von Salamanca, 1538

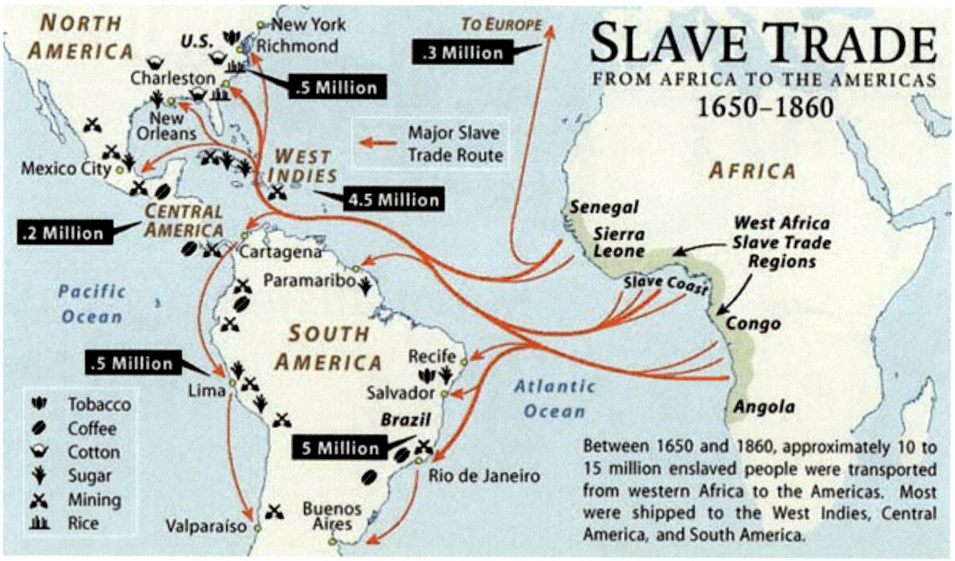

Arbeitsaufgaben

1. Erläutern Sie den Ausgangspunkt der Kritik de Vitorias an der spanischen Kolonialpolitik.
2. Erläutern Sie den Zusammenhang zwischen Sklavenhandel und wirtschaftlicher Entwicklung der Europäischen Union.

2 Die Unabhängigkeitsbewegungen in Lateinamerika

Über 300 Jahre lang prägte die Kolonialherrschaft der Spanier und Portugiesen Wirtschaft und Gesellschaft Mittel- und Südamerikas. Unter spanischer Verwaltung standen die Vizekönigreiche Neugranada (Venezuela, Ecuador, Kolumbien), Peru und La Plata (Argentinien, Uruguay, Paraguay, Mittelchile, Bolivien), unter portugiesischer Oberhoheit das Vizekönigreich Brasilien. Die absolutistische Herrschaft der Vizekönige verhinderte Reformen wie die Aufhebung der Monopole bei Produktion und Handel mit wichtigen Wirtschaftsgütern. Auch die Zollschranken zwischen den Kolonien und dem nicht spanischen Europa wurden nicht abgebaut.

Beeinflusst vom nordamerikanischen Unabhängigkeitskrieg und von der Französischen Revolution brachen die sozialen und wirtschaftlichen Gegensätze in den Kolonien auf. Die in Amerika geborenen Weißen, die **Kreolen,** fühlten sich benachteiligt, denn nur gebürtigen Spaniern blieben Regierungsämter vorbehalten. Die Kreolen galten bei den Spaniern als Nichtweiße, da sie auch Schwarzamerikaner und Indianer **(Mulatten, Mestizen)** heirateten.

Schwarzamerikanische Sklaven kämpften gegen Plantagenbesitzer um ihre Befreiung, Landarbeiter und Pächter um ihren Besitz, Farbige und Indios um ihre Gleichberechtigung mit den Weißen und fast alle Bevölkerungsschichten gegen die spanische Kolonialmacht.

Bevölkerung Amerikas um 1825

In Millionen	Weiße	Schwarze	Mulatten, Mestizen	Indianer
Spanisch-Südamerika	1,4	0,3	2,9	3,5
Mexiko, Zentralamerika und Westindische Inseln	2,0	2,0	0,7	4,6
Brasilien	0,9	2,0	0,7	0,4
USA – Süden	3,1	1,9	–	0,2
USA – Norden und Mitte	5,9	0,1	–	0,2

Unter französischer Kolonialregierung

Während der Besetzung Spaniens unter Napoleon bildeten die Kreolen in Lateinamerika lokale Verwaltungen **(Juntas)** als Vertretung der abgesetzten spanischen Dynastie gegen die französischen Kolonialherren. Der Krieg gegen die Besatzer wurde zwar noch im Namen der spanischen Vizekönige geführt, war aber bereits auch ein Kampf um die Unabhängigkeit. Es gab außerdem auch soziale Beweggründe für die Aufstände.

In Mexiko führten katholische Priester eine Bewegung verarmter Bauern und Landarbeiter an. Sie verkündeten die Befreiung der Sklaven und die Landrückgabe an Indianer und schafften die Sondersteuer für Farbige ab. Aus Angst vor dem sozialen Umsturz unterstützte aber der größte Teil der kreolischen Oberschicht die Spanier gegen die Aufständischen. Die Priester wurden hingerichtet, die Sozialprogramme verhindert.

Mestize (spätlat. mixticius: Mischling) = Bezeichnung für Nachkommen, bei denen ein Elternteil europäisch, der andere indigen ist.

Mulatte (span./port. Mulo/mula: Maultier, die Kreuzung zwischen Pferd und Esel) = Bezeichnung für einen Menschen, dessen Vorfahren teils schwarzer, teils weißer Hautfarbe waren. Der Begriff wird von vielen abgelehnt, da der Vergleich mit einem Tier diskriminierend ist.

„Aus einem Schwarzen und einer Spanierin entsteht ein Mulatte – Schwarzer 1, Spanierin 2, Mulatte 3"; Gemälde von Miguel Cabrera, 18. Jh.

Freiheitskämpfe

- Als Erste begannen Indianer Perus 1780/81 einen Aufstand, der mit außerordentlicher Grausamkeit von den Spaniern niedergeschlagen wurde.
- In der französischen Zuckerrohrkolonie Saint-Domingue (westliches Haiti) kämpften Mulatten und Sklaven während der Revolution im Mutterland gegen die Plantagenbesitzer um Freiheit und Bürgerrechte. Die Aufhebung der Sklaverei 1793 war nur vorübergehend, da Napoleon diese Maßnahme wieder rückgängig machte.
- Ein Guerillakrieg gegen französische Kolonialtruppen unter Ausnützung der britischen Seeblockade während der napolenischen Herrschaft in Europa führte 1804 zur Erklärung der Unabhängigkeit von Haiti (indianischer Name), dem ersten unabhängigen Staat in Südamerika.

Unabhängigkeitskriege

Die spanischen Bourbonen stellten 1814/15 die Abhängigkeit der Kolonien vom Mutterland wieder her. Die Enttäuschung über die Nichtbeachtung bisher erworbener Autonomierechte brachte eine gemeinsame Unabhängigkeitbewegung gegen die Spanier zustande. Die Freiheitskämpfer – unter den Führern **Simón Bolívar** in Kolumbien und **José de San Martin** in Argentinien – führten Krieg gegen die Vizekönige und ihre Truppen.

Nach jahrelangen Kämpfen gelang es ihnen, die spanischen Kolonialtruppen zu besiegen. Die Gründung der neuen Staaten erfolgte mit Unterstützung der USA und Englands, das sich Handelsvorteile erhoffte und den USA den Markt nicht alleine überlassen wollte. Als **Kolonien** verblieben Französisch-, Britisch- und Niederländisch-Guayana, Kuba und Puerto Rico.

Staatenwelt im 19. Jahrhundert

- **Mexiko** wurde unter Mitwirkung der Kreolen und Mestizen zum Kaiserreich ausgerufen.
- **Brasilien** erlangte unter der portugiesischen Dynastie Braganza die kampflose Unabhängigkeit von Portugal und die Umwandlung in ein Kaiserreich.
- Der Traum **Boliviens** von einer südamerikanischen Union nach dem Vorbild der USA scheiterte 1826 an unterschiedlichen Interessen und Grenzstreitigkeiten dieser 15 neu entstandenen Republiken.

Benito Juárez

Benito Juárez (1806–1872) stammte aus einfachsten Verhältnissen und stieg zum Präsidenten der Republik Mexiko auf. Seine Eltern waren Zapoteken, sie gehörten also zu einem Volk, das zur Urbevölkerung Mexikos zählt. Die Einstellung von mexikanischen Zinszahlungen gab Anlass zur französisch-englisch-spanischen Intervention.
Während die Franzosen 1864 das Kaiserreich Maximilians errichteten, wurde Juárez bis an den äußersten Norden des Landes zurückgedrängt; ein jahrelanger Guerillakrieg folgte, bis Juárez nach dem Abzug der französischen Truppen die Oberhand gewann und Maximilian am 19. Juni 1867 in Querétaro erschießen ließ. 1867 und 1871 wurde Juárez wiedergewählt, konnte aber einen dauernden inneren Frieden nicht herstellen. Seine Regierungszeit wird mit dem Begriff der liberalen Reformära, „La Reforma“, verknüpft.

Maximilian, Kaiser von Mexiko

Ferdinand Maximilian, Erzherzog von Österreich, nahm im April 1864 die ihm auf Betreiben Napoleons III. angetragene mexikanische Kaiserkrone an, da er glaubte, das mexikanische Volk selbst habe ihn gerufen. Er konnte jedoch in Mexiko nicht Fuß fassen, da er sich durch seine liberale, auf Ausgleich und Mäßigung bedachte Politik die ihn stützenden Konservativen und die Kirche entfremdete. Der liberale Präsident Benito Juárez bekämpfte Maximilians Intervention, das Land spaltete sich in einem Bürgerkrieg.
Als die USA unter Berufung auf die Monroedoktrin 1866 den Abzug der französischen Hilfstruppen erzwangen, weigerte sich Maximilian, Mexiko mit ihnen zu verlassen. Durch Verrat geriet er am 15. Mai 1867 in die Hände von Juárez, wurde von einem Kriegsgericht zum Tode verurteilt und erschossen.

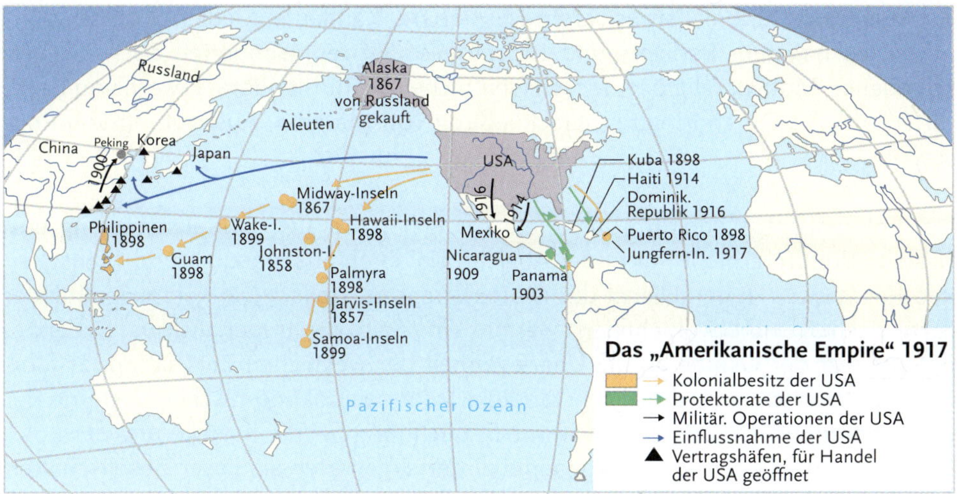

Arbeitsaufgabe

- Erläutern Sie, welche Art von Wirtschaftspolitik in der Aussage von Florentino Gonzales zum Ausdruck gebracht wird und welche Rolle Kolumbien zukommen soll.

In einem Land, das so reich an Bergwerken und Landwirtschaftsprodukten ist und einen beträchtlichen und Gewinn bringenden Exporthandel hervorbringen kann, dürfen die Gesetze nicht darauf abzielen, Industrien zu fördern, die die Einwohner von der Beschäftigung in der Landwirtschaft und in den Minen abziehen, aus der sie mehr Nutzen ziehen können. Europa mit seiner intelligenten Bevölkerung, im Besitz der Dampfmaschine und ihrer Nutzungsmöglichkeiten und im Fabriksgewerbe geschult, erfüllt seine Mission in der industriellen Welt, indem es die Rohstoffe zu Fertigwaren verarbeitet.
Wir müssen die unsere erfüllen – und wir können keinen Zweifel haben, welche sie ist, wenn wir die verschwenderische Fülle sehen, mit der die Vorsehung diesem Land Naturschätze zugeteilt hat. Wir müssen Europa unsere Rohstoffe anbieten und die Tür für seine Fertigwaren öffnen.

Florentino Gonzales, Minister in Kolumbien, 1830

3 Imperialismus

„Wir werden seit Kurzem durch ein neues Wort ‚imperialism‘ in Verblüffung gesetzt, das sich unter uns breitmacht. ... Wir haben zwar bisher von imperialen Interessen und imperialer Politik gehört, allein der Begriff ‚imperialism‘ ist neu ...“, schrieb Lord Carnarvon am 1. Dezember 1878 in der „Fortnightly Review“ in einem Artikel über die Verwaltung des britischen Empire. Man war sich eines neuen Zeitalters bewusst geworden.

1902 erschien John Hobsons Buch „Der Imperialismus“. Diese erste theoretische Darstellung betonte den **ökonomischen Charakter** der neuen Art von Großmachtpolitik, die auf der Verwaltung und Verwendung von Sparkapital der Industrienationen beruhte. Das Sparkapital wurde zur Anlage großer industrieller Unternehmen verwendet und in Kolonien exportiert. Die herkömmliche Machtpolitik wurde so zu bewusster Expansionspolitik. Die Suche nach neuen Märkten war ein Wettlauf von Geschäft und Politik, bei dem politische und ökonomische Interessen nicht immer im Einklang standen, wiewohl sie einander bedingten. Die Rüstungsindustrie spielte dabei aufgrund ihrer Nähe zu Regierungen eine besondere Rolle. Die Zeit des Imperialismus war auch eine Zeit des **Militarismus.**

Ein zusätzliches Motiv für koloniale Expansion war die Ablenkung von innenpolitischen Konflikten. Die soziale Frage sollte in die Kolonien „exportiert“ werden **(Sozialimperialismus).** Der britisch-südafrikanische Kolonialpolitiker **Cecil Rhodes** formulierte dies einmal so: „Wenn man einen Bürgerkrieg vermeiden will, muss man Imperialist sein.“

Kinderbuch

Aber mit dem großen Messer
Kommen schon die Menschenfresser.
Tückisch nähern sie sich leise,
Kletternd nach der Affen Weise.

Franz Karl Ginzkey, Hatschi Bratschis Luftballon

Der österreichische Ethnologe (Völkerkundler) **Hugo Bernatzik** schrieb in seiner 1939 erschienenen „Die Große Völkerkunde“:

> An und für sich muss die Tätigkeit der Eingeborenen als Arbeiter in den Diensten der Europäer durchaus nicht schädlich sein ... Sie ist auch durchaus moralisch zu rechtfertigen. Durch Ausschaltung der Kriege, Einführung besserer Werkzeuge und eventuell neuer Nutztiere und Pflanzen wird den Eingeborenen das Leben erleichtert, es wird Zeit gespart. Der Kolonisator kann daher wohl beanspruchen, dass ihm der Eingeborene hierfür einen Teil dieser Zeit als Arbeiter zur Verfügung steht.

Plakat zu einer französischen Kolonialausstellung. Europäische Regierungen benutzten imperialistische Propaganda, um von innenpolitischen Problemen abzulenken.

„Frankreich bringt die Segnungen der Zivilisation nach Marokko“ – 1911 eine verbreitete Meinung

Die Träger des Kolonialismus waren Missionare, Kaufleute, Siedler, Soldaten, Forscher, Journalisten, Bankiers und Industrielle. Sie repräsentierten auch die verschiedenen Motive: religiöse, wissenschaftliche und humanitäre, Erwerb von Land, wirtschaftliche Durchdringung, Erschließung von Märkten, Ausbeutung von Rohstoffen.

Der Kolonialismus zerstörte innerhalb weniger Jahre alte, jahrtausendelang entwickelte Kulturen; nicht nur in der Absicht, Kolonien auszubeuten und Menschen und Ressourcen in den Dienst des Mutterlandes zu stellen. Die Kolonialpolitik der europäischen und US-Hochfinanz war nur eine Seite des Imperialismus. Die andere Seite war der **Glaube an die Überlegenheit** der westlichen Zivilisation. Er führte zum Unverständnis der Eigenständigkeit der sozioökonomischen Systeme der **„Eingeborenen“.** Gerade diese Sammelbezeichnung für die Bevölkerung der Kolonien ist Ausdruck der Ignoranz gegenüber den Eigenarten all dieser Gesellschaften und ihrer Kulturformen. Unterdrückung wurde mit einem Teilhabenlassen an einer höheren, europäisch-westlichen Zivilisation gerechtfertigt. Kolonisation würde also nicht Ausbeutung, sondern Entwicklung bedeuten.

Konfrontation und Aufteilung Afrikas

Die europäischen Staaten mit Ausnahme Englands betrieben nach einer kurzen Phase des Freihandels vor 1873 wieder eine **protektionistische Wirtschaftspolitik.** Durch **Schutzzölle** wurde der Warenverkehr in Europa beschränkt. Die europäische Wirtschaft befand sich nach einem Konjunktureinbruch Mitte der 1870er-Jahre in einer industriellen Expansion und richtete ihr Augenmerk auf die noch freien Märkte außerhalb Europas. Die Konflikte rund um die englische Kapkolonie mit den Buren, Staatsbankrotte Tunesiens und Ägyptens, die belgische Landnahme im Kongogebiet und der Landerwerb der Kaufleute Lüderitz in Südwestafrika und Peters in Ostafrika, die italienische Besetzung Eritreas (Abessiniens) und die Eroberung Westafrikas durch Frankreich standen 1880 am Beginn der kolonialen Ausbeutung. Innerhalb von 20 Jahren waren die Einflusssphären in Afrika aufgeteilt.

Mission

Sehr unterschiedlich war das Wirken der christlichen Missionare. Einerseits betrieben die Orden Kranken- sowie Waisenhäuser und Schulen, andererseits waren sie überzeugt, „Barbaren“ eine höhere Kultur zu vermitteln. Vor allem die Bekleidung oder vielmehr die Nichtbekleidung erregte Anstoß, sodass das Tragen europäischer Bekleidung als Zeichen höherer Zivilisation verstanden wurde.

> Sie sind in jedem Betracht in ein fast tierisches Wesen versunken. An Verstand sind sie sehr arm; sittlich im Allgemeinen unter jeglicher Schätzung.
>
> *Der deutsche Missionar Schlegel 1911 über Ewe-Frauen in Togo und Ghana*
>
> Nie habe ich gesehen, dass die Mutter das weinende Kind für eine Ungeschicklichkeit geschlagen hätte, wohl aber macht sie ihm an Ort und Stelle klar, wie schwierig der Wasserkrug zu ersetzen ist ...
>
> *Die deutsche Missionarin Wolff 1916 über Frauen in Ostafrika*

Arbeitsaufgabe

- Es gibt nicht „die Afrikanerin“, wie es auch nicht „die schwarzafrikanische Kultur“ gibt. Interpretieren Sie die beiden Aussagen.

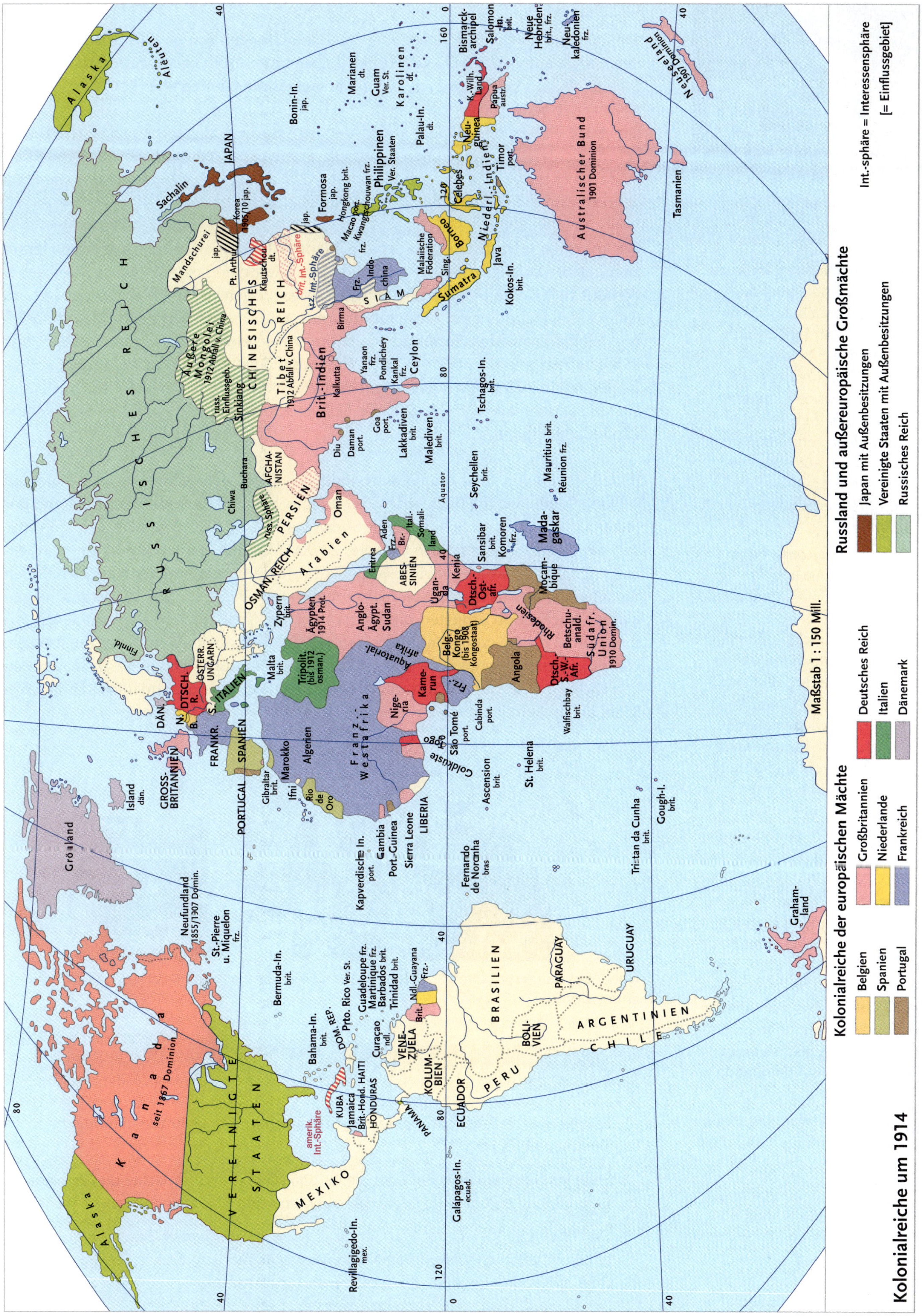
Kolonialreiche um 1914
Kolonialreiche der europäischen Mächte
Belgien
Spanien
Portugal
Großbritannien
Niederlande
Frankreich
Deutsches Reich
Italien
Dänemark
Russland und außereuropäische Großmächte
Japan mit Außenbesitzungen
Vereinigte Staaten mit Außenbesitzungen
Russisches Reich
Int.-sphäre = Interessensphäre
[= Einflussgebiet]
Maßstab 1 : 150 Mill.
Alaska
Kanada seit 1867 Dominion
VEREINIGTE STAATEN
MEXIKO
amerik. Int.-Sphäre
KUBA
Jamaica
Brit.-Hond. HAITI
HONDURAS
DOM. REP.
Bahama-In. brit.
Bermuda-In. brit.
Prto. Rico Ver. St.
Guadeloupe frz.
Martinique frz.
Barbados brit.
Trinidad brit.
Curaçao ndl.
VENEZUELA
KOLUMBIEN
PANAMA
ECUADOR
PERU
BOLIVIEN
BRASILIEN
PARAGUAY
URUGUAY
ARGENTINIEN
CHILE
Brit.- Ndl.-Guyana Frz.-
Galápagos-In. ecuad.
Revillagigedo-In. mex.
Neufundland 1855/1907 Domin.
St.-Pierre u. Miquelon frz.
Grönland
Island dän.
Graham-land
GROSS-BRITANNIEN
PORTUGAL
SPANIEN
FRANKR.
B.
N.
DÄN.
DTSCH. R.
ÖSTERR. UNGARN
S.
ITALIEN
Finnl.
Gibraltar brit.
Marokko
Ifni
Rio de Oro
Algerien
Tripolit. (bis 1912 osman.)
Malta brit.
Zypern brit.
Ägypten 1914 Prot.
Anglo-Ägypt. Sudan
Franz. Westafrika
Franz. Äquatorial-afrika
Kapverdische In. port.
Gambia
Port.-Guinea
Sierra Leone
LIBERIA
Goldküste
Togo
Nigeria
Kamerun
São Tomé port.
Cabinda port.
Belg.-Kongo (bis 1908 Kongostaat)
Angola
Dtsch.-S.-W.-Afr.
Walfischbay brit.
Betschuanaland
Südafr. Union 1910 Domin.
Rhodesien
Moçambique
Dtsch.-Ost-afr.
Uganda
Kenia
ABESSINIEN
Eritrea
Frz.
Br.
Ital.-Somaliland
Aden
Madagaskar
Komoren frz.
Sansibar brit.
Seychellen brit.
Mauritius brit.
Réunion frz.
Ascension brit.
St. Helena brit.
Tristan da Cunha brit.
Gough-I. brit.
Fernando de Noronha bras.
OSMAN. REICH
Arabien
Oman
PERSIEN
russ. Sphäre
AFGHANISTAN
Chiwa
Buchara
RUSSISCHES REICH
Äußere Mongolei 1912 Abfall v. China
russ. Einflussgeb.
Sinkiang
CHINESISCHES REICH
Tibet 1912 Abfall v. China
Mandschurei
jap.
Pt. Arthur
Korea 1905/10 jap.
Kiautschou dt.
brit. Int.-Sphäre
frz. Int.-Sphäre
Sachalin
JAPAN
Brit.-Indien
Kalkutta
Diu
Daman port.
Goa port.
Yanaon frz.
Pondichéry frz.
Karikal frz.
Ceylon
Lakkadiven brit.
Malediven brit.
Tschagos-In. brit.
Birma
SIAM
Frz.-Indochina
Hongkong brit.
Macao port.
Kwangtschouwan frz.
Formosa jap.
Philippinen Ver. Staaten
Malaiische Föderation
Sing.
Sumatra
Borneo
Celebes
Java
Timor port.
Niederl.-Indien
Kokos-In. brit.
Neu-guinea
K.-Wilh.-Land
Papua austr.
Bismarck-archipel
Salomon-In. brit.
Neue Hebriden brit., frz.
Neukaledonien frz.
Australischer Bund 1901 Dominion
Tasmanien
Neuseeland 1907 Dominion
Bonin-In. jap.
Marianen dt.
Guam Ver. St.
Karolinen dt.
Palau-In. dt.
Aleuten
Äquator

Deutscher Kolonialherr in Togo, ca. 1885

Europäer beschreiben Afrikaner
Sie sind insgemein geil, diebisch, betrügerisch, lügenhaft und halten es für einen Ruhm, wenn sie andere betrügen.
Ja sie sind überaus fresshaft, so dass sie nicht essen, sondern fressen als das Vieh. Auf ihre Frauen, welche sehr hitzig und unkeusch sind, auch andere lieber sehen mögen als ihre eigenen Männer, sind sie sehr eifersüchtig.

Olfert Dapper, Umständliche und Eigentliche Beschreibung von Africa, Anno 1668

Man kann sich nicht vorstellen, dass Gott, der doch ein allweises Wesen ist, eine Seele, und gar noch eine gute Seele, in einen ganz schwarzen Körper gelegt hat. Es ist so natürlich zu glauben, dass gerade die Farbe das Wesen der Menschheit ausmacht.

Charles de Montesquieu, Vom Geist der Gesetze, 1784

Der Neger stellt ... den natürlichen Menschen in seiner ganzen Wildheit und Unbändigkeit dar; von aller Ehrfurcht und Sittlichkeit, von dem, was Gefühl heißt, muss man abstrahieren, wenn man ihn richtig auffassen will: Es ist nichts an das Menschliche Anklingende in diesem Charakter zu finden ...

G. W. F. Hegel, Vorlesungen über die Philosophie der Geschichte, 1830

Widerstand

Die in europäischen Konferenzen gezogenen **Grenzen** waren **willkürlich.** Durch einen Strich auf der Landkarte wurden Lebensräume bis heute getrennt, denn die Staaten Afrikas behielten in der Unabhängigkeit die Grenzen der Kolonien.

Die erste Phase des Widerstandes der in Kolonien zusammengefassten Bevölkerung richtete sich gegen den Landraub. Frauen spielten dabei eine führende Rolle, da sie es waren, die das Land bebauten. Diese Form des Widerstandes war lokal begrenzt auf die Gebiete, die gerade kolonisiert wurden.

Die koloniale Infrastruktur wurde von Zwangsarbeitern errichtet. Gegen die Heranziehung zur **Zwangsarbeit** wurde in fast allen Kolonien gestreikt, diese Streikaktionen entwickelten sich zu antikolonialen Bewegungen. Dazu gehörten die 1897 in Ghana von Häuptlingen, Anwälten, Journalisten und Lehrern gegründete **Aborigines' Rights Protection Society,** die „Petitionsbewegung" in Kamerun, Frauenbünde in Westafrika und die äthiopische Kirche Südafrikas. Deren Bischof Henry McNeal Turner erklärte 1898: „Wir haben mit den Weißen nichts zu tun, wir hassen sie und sie sind hassenswert. Sie haben die Sklaverei aufgebracht, sie haben sich unsere Länder angeeignet ..."

In den Jahren von 1904 bis 1908 erhoben sich Teile der Bevölkerung aller Kolonien Afrikas. Diese zweite Phase des Widerstandes begann 1904 mit dem **Aufstand der Herero** im deutschen Schutzgebiet Südwestafrika. 15 000 deutsche Soldaten trieben die Herero in wasserlose Gebiete, 70 000 Männer, Frauen und Kinder starben. Dass 12 000 Herero überlebten, verdankten sie dem Aufstand der **Nama** im Süden der Kolonie, der deutsche Kolonialtruppen band und erst 1907 niedergeschlagen wurde. Nachschub erhielten die Nama zum Großteil aus den Kapkolonien, allerdings ohne die Billigung der Kapregierung. Der christliche Führer des Aufstandes, Hendrik Witbooi, genoss die Unterstützung der äthiopischen Kirche. In seinen Reihen wirkte der „Prophet" Stürmann, einer der vielen, die die christliche Lehre vom Messias als Befreiung von den weißen Unterdrückern interpretierten.

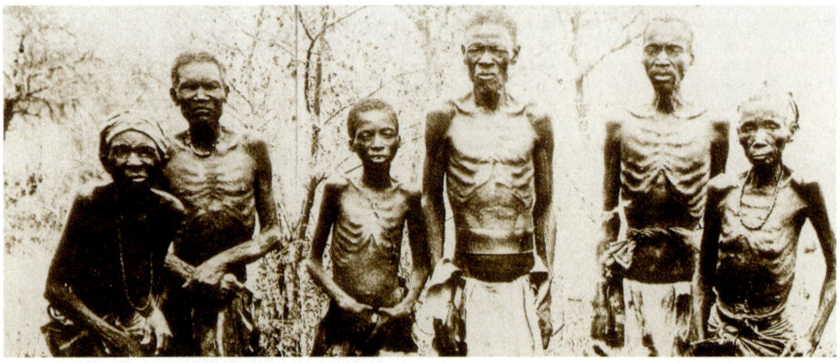

Überlebende Herero bei der Rückkehr aus der Wüste nach der deutschen Generalamnestie

Arbeitsaufgaben

1. Fassen Sie die Erscheinungsformen zusammen, die als Imperialismus bezeichnet werden.
2. Erstellen Sie eine Übersicht über die europäischen Kolonialmächte und ihre Kolonien. Welche europäische Großmacht erwarb keine Kolonien und warum nicht?
3. „Vorurteile gehören zum Haltbarsten in der menschlichen Geschichte", urteilte der deutsche Psychologe Alexander Mitscherlich. Stellen Sie die Vorurteile, die in den Quellen genannt werden, zusammen.

4 Afrika – Entkolonialisierung und Neokolonialisierung

Jahrzehntelang lag der Schwarze Kontinent im Koma. Doch zu Beginn des neuen Jahrtausends wendete sich das Blatt. Der Rohstoffhunger der BRICS-Staaten, allen voran Chinas, löste einen gewissen Boom aus. „Zwei Jahrzehnte starken Wachstums gehen für Afrika zu Ende", heißt es nun im neuesten African Economic Outlook (AEO) 2016. Ursachen sind die niedrigen Rohstoffpreise und Chinas wirtschaftlicher Richtungswechsel.

In einem Prozess von 20 Jahren wurden ab 1957 die afrikanischen Staaten unabhängig. Sie übernahmen dabei die kolonialen Grenzen und auch den europäisch geprägten Staatsgedanken. Den Nationsgründern gelang es dabei geschickt, im Kalten Krieg zwischen den Blöcken USA und UdSSR als Schachfiguren im globalen Wettstreit der Systeme aufzutreten. Die Unterstützung einer Supermacht stabilisierte manches sich krampfhaft an die Macht klammernde Regime.

Zwischen 1989 und 1999 wurde das politische Gefüge Afrikas völlig durcheinandergewirbelt. Im Jahr 2000 galt der Kontinent als hoffnungslos und ohne Zukunftsperspektive. Im Jahr 2002 wurde die **Afrikanische Union** (AU) nach dem Vorbild der EU aus der Taufe gehoben. Afrikas Staaten wuchsen – von sehr niedrigem Niveau – schneller als viele andere Länder. Man sprach von den **„Löwenstaaten"**, die den Tiger- und Pantherstaaten nacheiferten.

Viele afrikanische Staaten gehören heute zu den ärmsten der Welt. Während die Globalisierung in Lateinamerika und Süd- bzw. Südostasien zu großen Entwicklungsschritten führte, stagnierte Afrika. Die Gründe für den Teufelskreis, der nach der Unabhängigkeit einsetzte, waren vielfältig:

- Eine schwache Staatsgewalt
- Das Erbe der kolonialen Grenzen
- Klimaextreme (Dürren etc.)
- Überbevölkerung
- Schlechte Bildung
- Krankheiten (Aids, Malaria)
- Eliten, die sich die Reichtümer des Landes aufteilten
- Sinkende Rohstoffpreise führten zu hoher Staatsverschuldung
- Korruption
- Bürgerkriege

Logo der **Afrikanischen Union;** alle afrikanischen Staaten, bis auf Marokko, sind in der Afrikanischen Union vertreten. Sie ist das „Sprachrohr Afrikas" in der Welt und befugt, auf der globalen Bühne im Namen des Kontinents aufzutreten. Sie erstreckt sich auf alle Bereiche des politischen, wirtschaftlichen und sozialen Zusammenlebens in Afrika.

Treffen der Afrikanischen Union 2016 in Addis Abeba (Äthiopien)

Bevölkerung Afrikas (in Mio.)

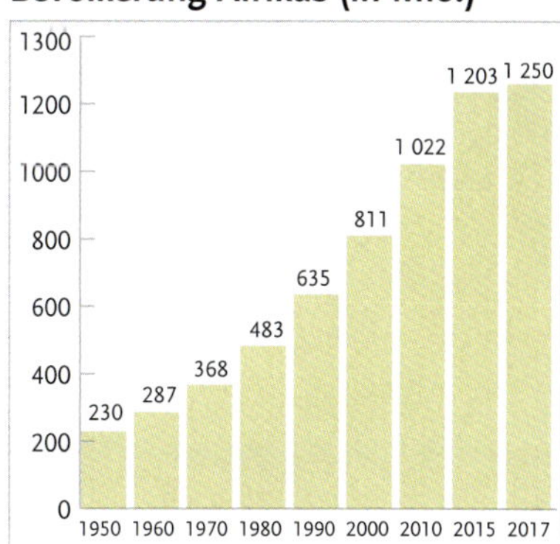

Quelle: United Nations, Department of Economic and Social Affairs

Arbeitsaufgaben

1. Stellen Sie fest, wer laut der Karikatur den Kontinent „wirklich" regiert.
2. Wiederholen Sie, was die Tiger- und Pantherstaaten sind.

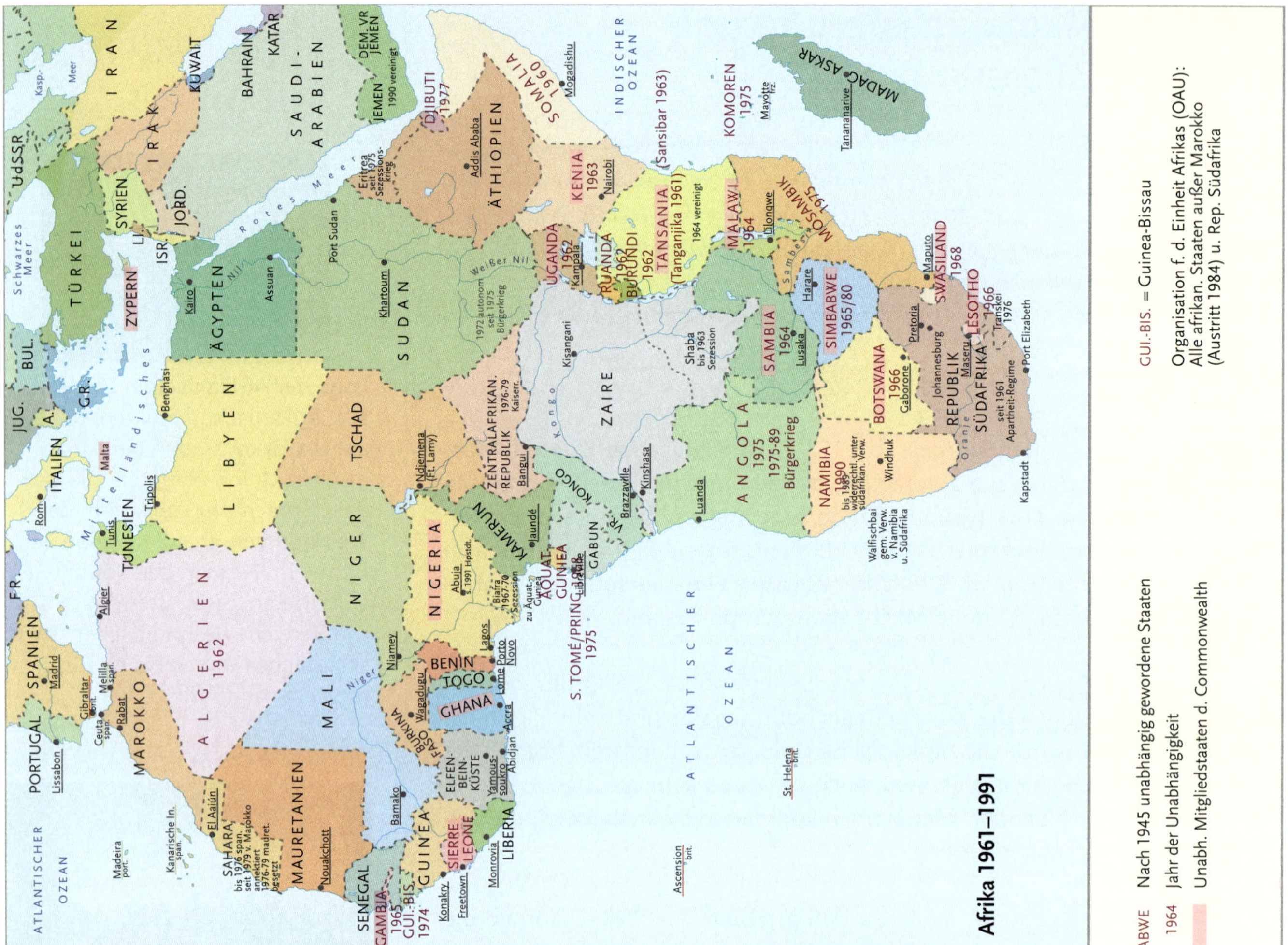
Afrika 1961–1991
SIMBABWE Nach 1945 unabhängig gewordene Staaten
1964 Jahr der Unabhängigkeit
Unabh. Mitgliedstaaten d. Commonwealth
GUI.-BIS. = Guinea-Bissau
Organisation f. d. Einheit Afrikas (OAU): Alle afrikan. Staaten außer Marokko (Austritt 1984) u. Rep. Südafrika
ATLANTISCHER OZEAN
INDISCHER OZEAN
ALGERIEN 1962
LIBYEN
ÄGYPTEN
SUDAN
ÄTHIOPIEN
TSCHAD
NIGER
MALI
MAURETANIEN
NIGERIA
ZAIRE
ANGOLA 1975 1975-89 Bürgerkrieg
NAMIBIA 1990
BOTSWANA 1966
REPUBLIK SÜDAFRIKA seit 1961 Apartheit-Regime
SIMBABWE 1965/80
SAMBIA 1964
TANSANIA (Tanganjika 1961) (Sansibar 1963)
KENIA 1963
SOMALIA 1960
MADAGASKAR
KOMOREN 1975

Afrika 1960
Kolonialbesitz
Belgisch
Britisch
Französisch
Portugisisch
Spanisch
Treuhandgebiete der UN 1960
ehemalige Treuhandgebiete
Zentralafrikan. Föderation 1953-63
TSCHAD Unabh. Mitgliedstaaten der 2. Franz. Gemeinschaft 1960
0 500 1000 1500 2000 2500 3000 Kilometer
ATLANTISCHER OZEAN
INDISCHER OZEAN
Algerien frz.
1954-1962 Unabhängigkeitskrieg
LIBYEN 1951
ÄGYPTEN 1922 unabhängig 1958-61 VAR mit Syrien
SUDAN 1956
ÄTHIOPIEN
TSCHAD 1960
NIGER 1960
MALI 1960
MAURETANIEN 1960
NIGERIA 1960
KONGO 1960
Angola 1951 port. Übersee-Prov.
Südwest-afrika seit 1920 südafrik. Verw.
SÜDAFRIKANISCHE UNION
MADAGASKAR 1960

Dekolonialisierung

Die weltweite Welle der Dekolonialisierung, die nach dem Zweiten Weltkrieg in Südostasien begann, erreichte Afrika erst so richtig in den späten 1950er-Jahren. Dann ging es allerdings relativ schnell. Innerhalb weniger Jahre brachen die Kolonialreiche zusammen.

Aufgabenstellungen

1. Nennen Sie die Länder, die im „Afrikanischen Jahr" 1960 unabhängig wurden.

2. Ermitteln Sie, welche europäischen Staaten sich in welchem Zeitraum aus Afrika zurückgezogen haben.

Jahr	Staat	Jahr	Staat

Grund zum Feiern?

Die meisten afrikanischen Staaten, die 2010 den 50. Jahrestag ihrer Unabhängigkeit feiern, begingen den Tag mit großen Festlichkeiten. Neben den 15 französischen Kolonien waren das die Demokratische Republik Kongo, Nigeria und Somalia, das von England und Italien unabhängig wurde. Senegals Präsident Abdoulaye Wade ließ das Jubiläumsjahr mit einer gigantischen Statue in die Geschichte eingehen. Ein enorm teures Projekt, das ihm angesichts der miserablen Versorgungslage im Land viel Kritik einbrachte. ... Einen wirklichen „Vorzeigestaat" gibt es unter den 17 Ländern, die vor 50 Jahren unabhängig wurden, nicht. Im Gegenteil: Die aktuelle politische und wirtschaftliche Situation steht in einem krassen Gegensatz zu all den Hoffnungen und Visionen, mit denen die jungen Nationen vor 50 Jahren in die Unabhängigkeit gingen.

Bildungszentrale für politische Bildung, Heft 302 (Afrika)

Verbindungen zu den ehemaligen Kolonialherren

Frankreich ist mit seinen Streitkräften und der eingegliederten Fremdenlegion in Afrika ständig präsent. Die ehemaligen französischen Kolonien werden auch als „Françeafrique" bezeichnet.

Frankreich und der unsichtbare Kolonialismus

Wie sehr Frankreich auch nach der Unabhängigkeit seiner ehemaligen Kolonien auf seine alten Privilegien bestand, zeigt ein Brief des damaligen französischen Finanzministers Michel Debré an seinen Amtskollegen aus Gabun vom Juli 1960. Darin schreibt Debré unverblümt: „Wir geben euch die Unabhängigkeit unter der Bedingung, dass sich der Staat nach seiner Unabhängigkeit an die vereinbarten Handelsverträge hält. Das eine geht nicht ohne das andere."

Handelsverträge, die im Gegenzug für die Unabhängigkeit unterzeichnet wurden. Bis heute sichert sich Frankreich mit diesen alten Verträgen einen bevorzugten Zugang zu den Ressourcen in den ehemaligen Kolonien. Im Falle Gabuns heißt es in dem Vertrag beispielsweise: „Die Republik Gabun verpflichtet sich, der französischen Armee strategische und rüstungsrelevante Rohstoffe zur Verfügung zu stellen. Der Export dieser Rohstoffe in andere Staaten ist aus strategischen Gründen nicht erlaubt."

Rohstoffe weit unter Weltmarktpreisen

Teils wortgleiche Verträge wurden auch mit allen anderen ehemaligen Kolonien in Subsahara-Afrika geschlossen. Im Anhang der Verträge wird erläutert, welche die strategisch wichtigen Rohstoffe sind: Neben konventionellen Energieträgern wie Erdöl, Gas und Kohle sind das auch die radioaktiven Elemente Uran und Thorium,

Die Regierung der Demokratischen Republik Kongo feierte den 50. Jahrestag der Unabhängigkeit in Anwesenheit des belgischen Königs **Albert II.** mit großem Pomp. Manche boykottierten die Festivitäten, gerade im Osten des Landes, wo eine Viertelmillion Menschen vor Aufständischen geflohen sind.

Die Rückkehr der Kolonialherren

Seitdem Portugal in der Wirtschaftskrise steckt, wandern nicht mehr Afrikaner aus Moçambique in das Land der einstigen Kolonialmacht aus, sondern Portugiesen in die frühere Kolonie. Heute sind es Portugiesen, die wegen hoher Arbeitslosigkeit und Euro-Krise nach Angola und Moçambique auswandern. …
In dem dank großer Ölvorkommen florierenden Angola hat sich die Zahl der Portugiesen in jüngster Vergangenheit auf mehr als 100 000 vervierfacht. …
In der moçambiquanischen Hauptstadt Maputo, deren Straßencafés und Restaurants einem Reiseprospekt für die Algarve entnommen scheinen, sind die Zeichen dieser Migration inzwischen allgegenwärtig.

Frankfurter Allgemeine Zeitung, 22. Mai 2012

Maputo, Hauptstadt von Mosambik

sowie Lithium und Beryllium. Und tatsächlich kauft Frankreich in West- und Zentralafrika bis heute Rohstoffe –weit unter Weltmarktpreisen.

In Niger beispielsweise fördert der staatlich-französische Industriekonzern Orano, ehemals Areva, genug Uran, um damit rund vierzig Prozent des gesamten französischen Bedarfs zu decken, und zahlt dafür rund ein Drittel der üblichen Preise. Niger ist eines der ärmsten Länder der Welt. Es ist das wohl extremste Beispiel für die Ausnutzung von Verträgen, die Frankreich den ehemaligen Kolonien im Gegenzug für ihre Unabhängigkeit aufgezwungen hat. Das Prinzip aber ist in allen betroffenen Staaten gleich.

Mamadou Koulibaly war zunächst Finanzminister der Elfenbeinküste und später zehn Jahre lang Parlamentspräsident. Er sagt: „Die Ausbeutung kommt heute im Gewand der Entwicklungshilfe.“ Der Westen tue so, als würde er Afrika großzügig mit Milliardenzahlungen an Hilfsgeldern überschütten. „Aber in Wahrheit ist das alles Augenwischerei. Dadurch, dass wir unter Weltmarktpreisen nach Frankreich exportieren, verlieren wir weit mehr als wir zurückbekommen.“

www.deutschlandfunk.de, 20. Dezember 2018 (Auszug)

Die alten kolonialen Formen haben sich auch in der **Verkehrssprache** erhalten, die oft als einzige von allen Bewohnerinnen und Bewohnern eines Landes verstanden wird.

Hauptverkehrssprachen Afrikas

Aufgabenstellungen

1. Erläutern Sie die postkoloniale Abhängigkeit des unabhängigen Gabun von der ehemaligen Kolonialmacht Frankreich.
2. Ordnen Sie zu, in welchen afrikanischen Ländern die folgenden europäischen Sprachen gesprochen werden: Englisch ▪ Portugiesisch ▪ Französisch ▪ Spanisch

Wirtschaftliche Entwicklung seit der Dekolonialisierung – „A new scramble for Africa"?

„Scramble for Africa" (Wettlauf um Afrika) nannte man die Aufteilung des afrikanischen Kontinents unter den europäischen Mächten in den 1880er-Jahren.

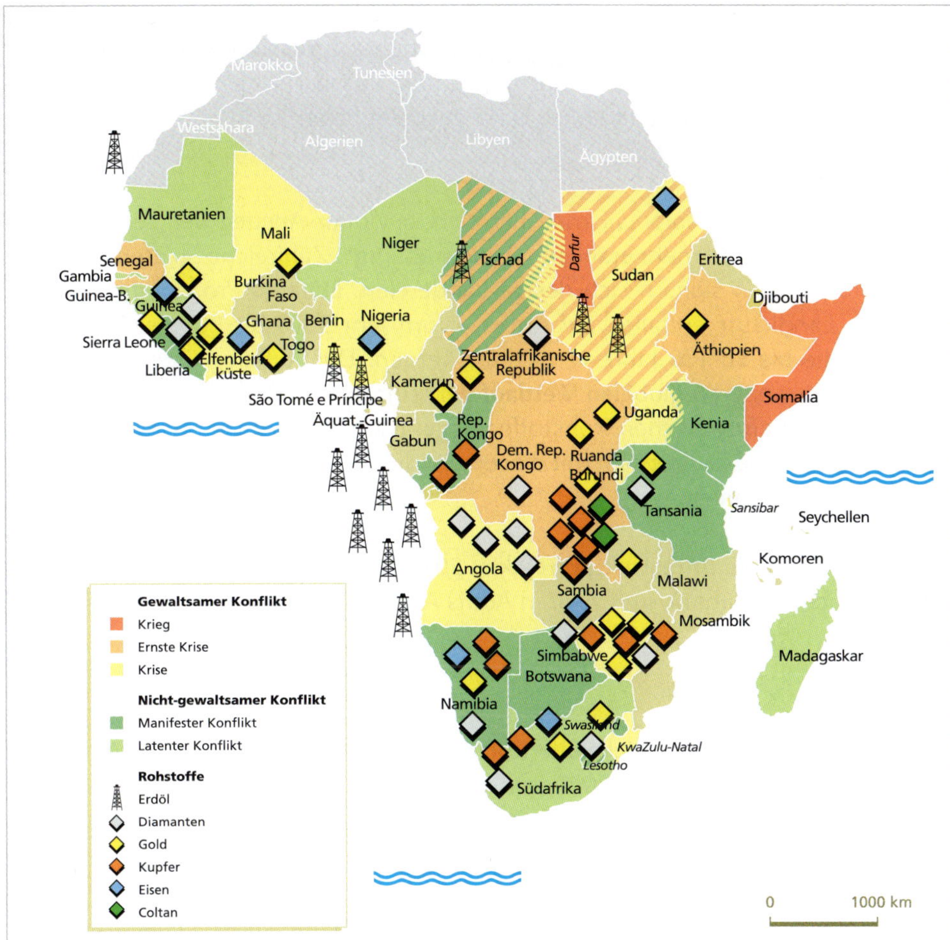

Rohstoffe und Konflikte in Afrika

Auf der Kongo-Konferenz 1884/85 in Berlin unter dem Vorsitz des deutschen Reichskanzlers Bismarck schnitten sich die Kolonialmächte die Stücke vom afrikanischen Kuchen

„Eine Farm wie unsere finden Sie sonst nirgends! Wir produzieren hier Erdbeeren, Tomaten, Salate, Kräuter, Zucchini, Spargel – 85 verschiedene Sorten das ganze Jahr hindurch." Jan Prins schwärmt von Äthiopien. Seit fünf Jahren arbeitet der Holländer in dem Land, das man eher mit Hunger als mit Gemüse assoziiert. Woche für Woche produziert er 180 Tonnen Gemüse. ... Mit Ausnahme seiner 3 000 Mitarbeiter und Mitarbeiterinnen bekommen die Äthiopierinnen und Äthiopier davon kaum etwas zu sehen.

„Wir beliefern Kunden, die höchste Qualität erwarten. Zum Beispiel die Fünf-Sterne-Hotels in Dubai, in Katar und Saudi-Arabien. Sie geben am Morgen ihre Bestellung auf, mittags verlassen unsere Produkte die Farm, abends sind sie am Flughafen und am folgenden Morgen beim Kunden."

Radiobericht Ö1, 27. Jänner 2012

Länder nach realer jährlicher wirtschaftlicher Wachstumsrate 2019 (BIP in %)	
Tuvalu	9,76
Ruanda	8,41
Äthiopien	8,28
Bangladesch	8,15
Armenien	7,60
Dschibuti	7,47
Kambodscha	7,05
Vietnam	7,02
Tadschikistan	7,01
Nepal	6,99
Benin	6,87
Elfenbeinküste	6,85
Uganda	6,51
Ghana	6,48
Turkmenistan	6,35
Gambia	5,98
Mauretanien	5,93
Niger	5,83
Tansania	5,79
Burkina Faso	5,69

Quelle: Weltbank, IWF

Afrikanische Staaten sind oft „Wachstumskaiser". Zwölf der 20 Staaten mit der höchsten BIP-Steigerung befinden sich auf dem „Schwarzen Kontinent". Das Wachstum ist natürlich oft von einem niedrigen Niveau aus gesehen.

Arbeitsaufgaben

1. Recherchieren Sie mithilfe einer Wirtschaftskarte aus dem Atlas und der obigen Karte, welche Staaten welche Rohstoffe haben, und diskutieren Sie, inwiefern Rohstoffe zur Instabilität eines Staates beitragen.
2. Nehmen Sie Stellung zu den Aussagen des holländischen Unternehmers. Welche Vorteile nutzt er aus?

Äthiopien nimmt Stadtbahn in Betrieb: „Jeder testet die neue Tram"

Die von Chinesen gebaute und finanzierte Stadtbahnlinie – eine Mischung aus U-Bahn und moderner Straßenbahn – verbindet den Süden und Norden der rund vier Millionen Einwohner zählenden Hauptstadt. Es ist die erste vollelektrische Stadtbahn ihrer Art in den knapp 50 Staaten Afrikas südlich der Sahara. ... Insgesamt legt die Bahn 17 Kilometer zurück und hält an 22 Stationen. In den Waggons herrscht dichtes Gedränge. Es sei ein „Meilenstein" in der Entwicklung des Landes, sagt der Passagier Taye. ... Rund 85 Prozent der Gelder kamen von Chinas Import-Export-Bank. Und es ist nur eines von vielen Projekten, das von der Volksrepublik finanziert und gebaut wird. Selbst die Schaffner der neuen Bahn kommen aus China. Sie soll den Äthiopiern erst nach fünf Jahren Betrieb vollständig übergeben werden. ... Mit chinesischer Hilfe soll Äthiopiens Infrastruktur weiter ausgebaut werden. Autobahnen und Bahnstrecken sind geplant.

www.spiegel.de, 29. September 2015

Die neue Stadtbahn in Addis Abeba

Konfliktrohstoffe = natürliche Ressourcen, deren systematische Ausbeutung und Handel zu schwersten Menschenrechtsverletzungen, Verletzungen des humanitären Völkerrechts oder Verwirklichung völkerstrafrechtlicher Tatbestände führen kann.

Wirtschaftskriminalität

Ein Hindernis der Entwicklung der Wirtschaft in afrikanischen Staaten stellt die **Korruption** dar. Besonders in Ländern, die durch den Export zu Deviseneinnahmen kommen, sind Amtsträger in der Politik und Verwaltung anfällig für Bestechung. Im bevölkerungsreichsten Staat Afrikas, Nigeria, das durch seine Erdölexporte über eine geringe Staatsverschuldung und beträchtliche Devisenreserven verfügt, arbeitet seit 2004 die Economic and Financial Crime Commission. Nuhu Ribadu, der Leiter der EFCC, schätzte, dass Korruption und Misswirtschaft das Land seit der Unabhängigkeit 1960 etwa 380 Mrd. US-$ gekostet haben.

Landgrabbing

Eine neue Form des Kolonialismus hat sich seit dem Anstieg der Lebensmittelpreise 2007 mehr und mehr etabliert: **„Landgrabbing".** Zahlreiche Staaten und auch Privatunternehmen sichern sich riesige Ländereien. Etwa 40 Prozent aller diesbezüglichen Landkäufe entfallen auf Afrika – vom Jahr 2000 bis 2018 etwa 10 Mio. Hektar –, die bis zu 100 Jahre verpachtet werden. Der Aufstieg Chinas und Indiens hat einen weiteren **globalen Wettlauf** gemeinsam mit den USA, Russland und Europa um die afrikanischen Rohstoffe ausgelöst. China baut in Afrika zahlreiche Fußballstadien und sichert sich mit dieser „Stadiondiplomatie" Zugang zum Markt und zu den Ressourcen.

Weiters gibt es viele **Infrastrukturprojekte.** 2015 z. B. eröffnete die erste U-Bahn in Afrika südlich der Sahara, und zwar in Addis Abeba (Äthiopien).

Afrika-Gipfel

Die einzelnen Wirtschaftsblöcke übertrumpfen sich bei Gipfeltreffen. EU-Afrika gibt es seit 2007, China-Afrika seit 2000, erstmals fand 2014 ein USA-Afrika-Gipfel statt. 2018 fand der EU-Afrika-Gipfel in Wien statt.

„Dürfen Afrika nicht den Chinesen überlassen"

Bundeskanzler Sebastian Kurz (ÖVP) hat zu Beginn des EU-Afrika-Forums deutlich mehr europäische Investitionen in Afrika gefordert. „Wir dürfen den afrikanischen Kontinent nicht den Chinesen überlassen", sagte Kurz vor Beginn der Beratungen mit afrikanischen und europäischen Spitzenpolitikern sowie zahlreichen Unternehmern im Wiener Austria Center. Das Forum solle „ein Stück weit einen Paradigmenwechsel darstellen", damit neben der klassischen Entwicklungshilfe auch vermehrt auf wirtschaftliche Zusammenarbeit und Investitionen gesetzt werde. Die EU sei in der Entwicklungszusammenarbeit (EZA) der größte Geber, sie leiste mehr als 50 Prozent der weltweiten EZA. „Aber was die Investitionen betrifft, gibt es Luft nach oben", so Kurz. Angesichts des starken Bevölkerungswachstums – bis 2050 werden mehr als zwei Milliarden Menschen in Afrika leben – bestehe Bedarf an einem starken Wirtschaftswachstum. Investitionen würden Ausbildungs- und Arbeitsplätze schaffen. Kritik, dass die wichtigsten europäischen Staaten wie Deutschland und Frankreich bei dem Forum nicht auf Staats- und Regierungsebene vertreten sind, wies Kurz zurück.
Auf die Frage, warum Migration nicht auf der Agenda stehe, meinte Kurz, es gebe vonseiten afrikanischer Politiker „den Wunsch, wenn wir mit ihnen reden, dass es nicht nur um Migration geht" und „wir nicht nur versuchen, sie zu erziehen" und ihnen zu sagen, was sie zu tun hätten, sondern dass es einen „Dialog auf Augenhöhe" gebe. „Das Thema Migration ist wichtig, aber es gibt neben Migration auch noch andere Themen, die wichtig sind", so Kurz. Migration und Menschenrechte seien wichtig, „aber das Leben ist breiter, und auch die Zusammenarbeit zwischen der EU und Afrika muss auf einem breiteren Fundament stehen".

www.derstandard.at, 18. Dezember 2018

Konfliktrohstoffe und Kriegsökonomien

Gerade der Reichtum an Rohstoffen macht manche Länder arm. Das nach Algerien flächenmäßig zweitgrößte Land Afrikas, die **Demokratische Republik Kongo,** besitzt zahlreiche Rohstoffe. Um ihre Förderung und Vermarktung gibt es Streit, die Gewinne dienen zur Finanzierung des Bürgerkrieges und sind selbst Ursache von Konflikten.

Der Handel mit **„Blutdiamanten",** vor allem aus Angola, Sierra Leone, Elfenbeinküste, Republik Kongo und Liberia, wurde 1998 von der UNO und seit 2000 von der Diamantenindustrie durch eine genaue Zertifizierung der Herkunft bekämpft. Sogenannte „Elite-Netzwerke" aus Politikern, Soldaten und Geschäftsleuten verdienten an den Konzessionen und dem Abbau von Bergbauprodukten wie **Coltan** (Niobium, Tantalum, u. a. zur Herstellung von Handys) aus der Demokratischen Republik Kongo, Erdöl aus Angola oder dem Sudan oder auch am Export von Tropenhölzern aus Liberia.

Kriegsökonomien

Kriegsökonomie ist ein Begriff, der im afrikanischen Rahmen anfänglich vor allem in Bezug auf den sudanesischen Bürgerkrieg (1983–2005) benutzt wurde. Er findet Anwendung, wenn Krieg zur Haupteinnahmequelle einflussreicher Personen wird und diese ihre Einnahmen wiederum zu einem wesentlichen Teil für die Weiterfinanzierung des Krieges einsetzen. Militärische Gewalt wird so zum zentralen wirtschaftlichen Faktor. ...

Kriegsökonomien beschränken sich allerdings nicht auf externe Zuflüsse und Rohstoffexport. Kriegsparteien treiben in den von ihnen kontrollierten Gebieten Steuern und Schutzgelder ein, schmuggeln Waren und Menschen, betreiben Unternehmen und lokale Märkte – nicht, weil sie dazu über die nötigen Rechte verfügen, sondern weil sie die Waffen besitzen, um ihre Ansprüche durchzusetzen.

Information zur Politischen Bildung 302 (2008), S. 16

Aufgabenstellung

- Stellen Sie die Unterschiede der Herangehensweise an Afrika von China, der EU und den USA gegenüber.

Demonstration gegen die Rohstoffausbeutung des Kongo

Die dunkle Seite der digitalen Welt

Im Kongo, mitten im Krieg, wird unter unmenschlichen Bedingungen Erz für Handys und Computer geschürft. Hunderttausende von Arbeitern wühlen sich in Stollen durch entlegene Bergregionen und Urwälder im Kongo. ... In bis zu 70 Metern Tiefe graben sie nach kostbaren Erzen, ohne die unser Leben in der modernen Welt kaum vorstellbar wäre: Kassiterit und Coltan. Erze, die in Handys und Laptops verarbeitet werden, in Digitalkameras, Flachbildschirmen und Spielkonsolen. Unersetzliche Rohstoffe. Hunderte werden in den Minen des Kongos jedes Jahr lebendig begraben oder ersticken an den Abgasen dieselbetriebener Wasserpumpen. Mit dem Ertrag ihrer Plackerei finanzieren bewaffnete Gruppen einen Krieg, der seit 15 Jahren wütet, mit Millionen von Toten. Menschenrechtsorganisationen fordern ein Handelsverbot für die „Blutmineralien". Doch Experten warnen: Ein Boykott werde das Land noch tiefer in die Gewalt treiben. Eine scheinbar ausweglose Situation.

ZEITmagazin Nr. 2/2011

5 Asien

Die Zeit nach 1945 war in Asien gekennzeichnet durch die Dekolonialisierung, die bald vom Kalten Krieg überlagert wurde. Ab den 1970er-Jahren begann der (Wieder-)Aufstieg Japans, ab den 1980er-Jahren traten in seinem Gefolge Tiger- und Pantherstaaten auf, spätestens seit dem Jahr 2000 sind auch China und Indien wirtschaftliche Großmächte.

Tigerstaaten = Südkorea, Hongkong, Singapur, Taiwan.

Pantherstaaten = Indonesien, Malaysia, Philippinen, Thailand.

Beispiel für eine Unabhängigkeit: Indonesien

Die Unabhängigkeit Indonesiens war unwillkommen
Indonesien begeht den Tag der Unabhängigkeitserklärung seit Jahrzehnten, jeweils am 17. August. Tatsächlich erklärten an diesem Tag im Jahr 1945 die Anführer des indonesischen Befreiungskomitees das Ende sowohl der japanischen Besatzung als auch der niederländischen Kolonialherrschaft. Fast 8 000 Soldaten der Kolonialmächte, vor allem aber zwischen 50 000 und 100 000 indonesische Kämpfer und noch einmal so viele Zivilisten kamen ums Leben. Freiheit brachte auch die schließlich auf internationalen Druck gewährte Unabhängigkeit Indonesiens im Dezember 1949 den Menschen nicht. Bis 1966 herrschte Sukarno über ein nationalistisches Regime, dann putschte sich der General Suharto an die Macht, die er bis 1998 verteidigte. Erst seit gut zehn Jahren wird das Land tatsächlich demokratisch regiert.

www.welt.de, 16. August 2015

Sukarno verliest am 17. August 1945 die Unabhängigkeitserklärung Indonesiens

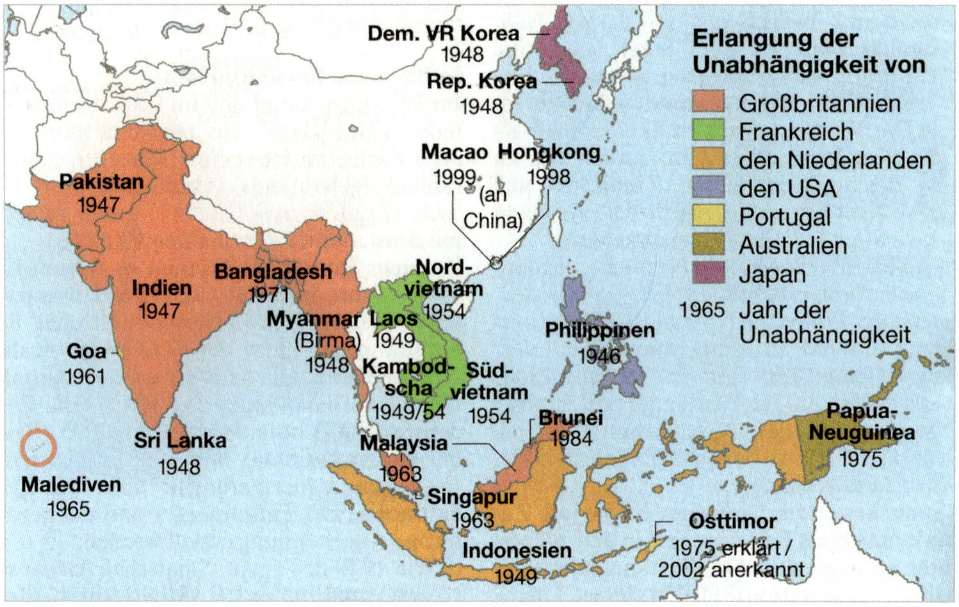

Auf den Ruinen des japanischen Imperiums versuchten die alten Kolonialmächte Frankreich, die Niederlande und Großbritannien, ihre Herrschaft in Süd- und Südostasien wiederherzustellen. Nachdem die USA aber als Erstes die Philippinen (die ebenfalls von Japan besetzt worden waren) 1946 in die Unabhängigkeit entließen, ging es relativ rasch und die Kolonialreiche brachen zusammen. Die Niederlande und Frankreich fochten noch jahrelange Rückzugsgefechte aus. Die Briten handelten zumeist Übergangslösungen aus, ganz friedlich verlief die Ablösung jedoch nicht. Der Prozess war nach ca. zehn Jahren abgeschlossen.

Portugal zog sich erst – wie in Afrika – in den 1970er-Jahren zurück, in den 1980er-Jahren löste sich als Letztes Brunei von Großbritannien. In Westasien begann die Entkolonialisierung schon während des Zweiten Weltkrieges (Libanon). Frankreich und Großbritannien hatten hier vielfach ein Protektorat inne, über das sie seit dem Ersten Weltkrieg und der Auflösung des Osmanischen Reiches verfügten. Auf dem Mandatsgebiet entstanden Syrien, Israel, Jordanien und etwas früher der Irak; in einer zweiten Welle in den 1960er- und frühen 1970er-Jahren noch die arabischen Staaten: Kuwait, Katar, Bahrain, Vereinigte Arabische Emirate, der Oman und der (Süd-)Jemen.

Arbeitsaufgabe

- Werten Sie die Karte aus: Welche Mächte haben Asien kolonialisiert und in welchem Zeitraum erlangten die einzelnen Staaten von wem ihre Unabhängigkeit?

6 Der Nord-Süd-Konflikt

Als Nord-Süd-Konflikt wird das gespannte Verhältnis zwischen den Entwicklungs- und den Industrieländern bezeichnet, wie es sich nach dem Zweiten Weltkrieg und dem Rückzug der ehemaligen Kolonialmächte entwickelt hat. Zentrale Ursachen der Interessengegensätze liegen in der Armut, der mangelnden Ernährung der Menschen, der insgesamt wirtschaftlich schwachen Situation der Entwicklungsländer sowie ihrer daraus resultierenden sozialen, kulturellen und bildungspolitischen Benachteiligung (Nord-Süd-Gefälle).

Entwicklungen

Der Begriff „Entwicklung" in den Wortkombinationen „Unterentwicklung", „Entwicklungsländer" und „Entwicklungshilfe" ist in diesem Nord-Süd-Konflikt von zentraler Bedeutung. Doch Entwicklung meinte nur zu oft einen Ersatz für den im 19. Jahrhundert gängigeren Begriff „Kolonisieren", der parallel zu „Zivilisieren" verwendet wurde. Pierre Ryckmans, der Gouverneur Belgisch-Kongos von 1934 bis 1946, formulierte 1931 seine Rolle: „Herrsche, um zu dienen ... Afrika dienen heißt, es zivilisieren. Nicht nur Bedürfnisse wecken und das Mittel liefern, sondern die Menschen besser, glücklicher, menschlicher machen."

1954 gründeten Staatschefs der sogenannten Dritten Welt in der indonesischen Hafenstadt Bandung eine Organisation, aus der die **Bewegung der Blockfreien** entstand. Diese verstand sich als Gegenbewegung zur Teilung der Welt in Osten und Westen. Sie kam zwar über Absichtserklärungen nicht hinaus, war aber wichtig, um zunächst den Befreiungsbewegungen gegen die Kolonialmächte Rückhalt zu geben und um später den **Nord-Süd-Dialog** zu führen.

Dritte Welt

Die Erfindung der Bezeichnung „Dritte Welt" ... steht dem französischen Demografen Alfred Sauvy zu; er hat zum ersten Mal von drei Welten gesprochen, und zwar am 14. August 1952 in einem Zeitungsartikel mit dem Titel „Trois Mondes, une Planete" im L'Observateur. ... Es handelte sich um ein Produkt des Kalten Krieges, der Epoche, in der zwei Supermächte versuchten, die gesamte Welt zu beherrschen. Beide gaben vor, jeweils allein die Interessen der gesamten Menschheit zu vertreten, ein Anspruch, der von vielen, die weder im einen noch im anderen „Lager" sein wollten, zurückgewiesen wurde.

Peter Worsley, Modelle des modernen Weltsystems; in: International 5–6/1989, S. 33

Arbeitsaufgabe

- Ermitteln Sie mithilfe einer politischen Weltkarte in Ihrem Geografieatlas oder im Internet eine Übersicht (Tabelle) stabiler/fragiler Staaten.

Fragile States

Mit den Begriffen **„Fragile States"** bzw. **„Failed States"** (Bezeichnung bis 2014) werden von den Vereinten Nationen Staaten klassifiziert, die mit Konflikten aller Art konfrontiert sind. Generell werden Staaten als fragil bezeichnet, deren Institutionen nur sehr schwach oder von der Auflösung bedroht sind, weil eben die Steuerungs- und Handlungsfähigkeit in elementaren Aufgabenbereichen verloren ging oder sich nicht entwickeln konnte. Die Konsequenz solcher instabilen Zentralregierungen sind eine hohe Korruption, ein unermessliches Maß an Armut, politische Willkür durch Verfolgung von politischen Akteuren oder ethnischen Gruppierungen sowie abscheuliche Verbrechen gegen die Menschlichkeit.

Fragile States Index 2020

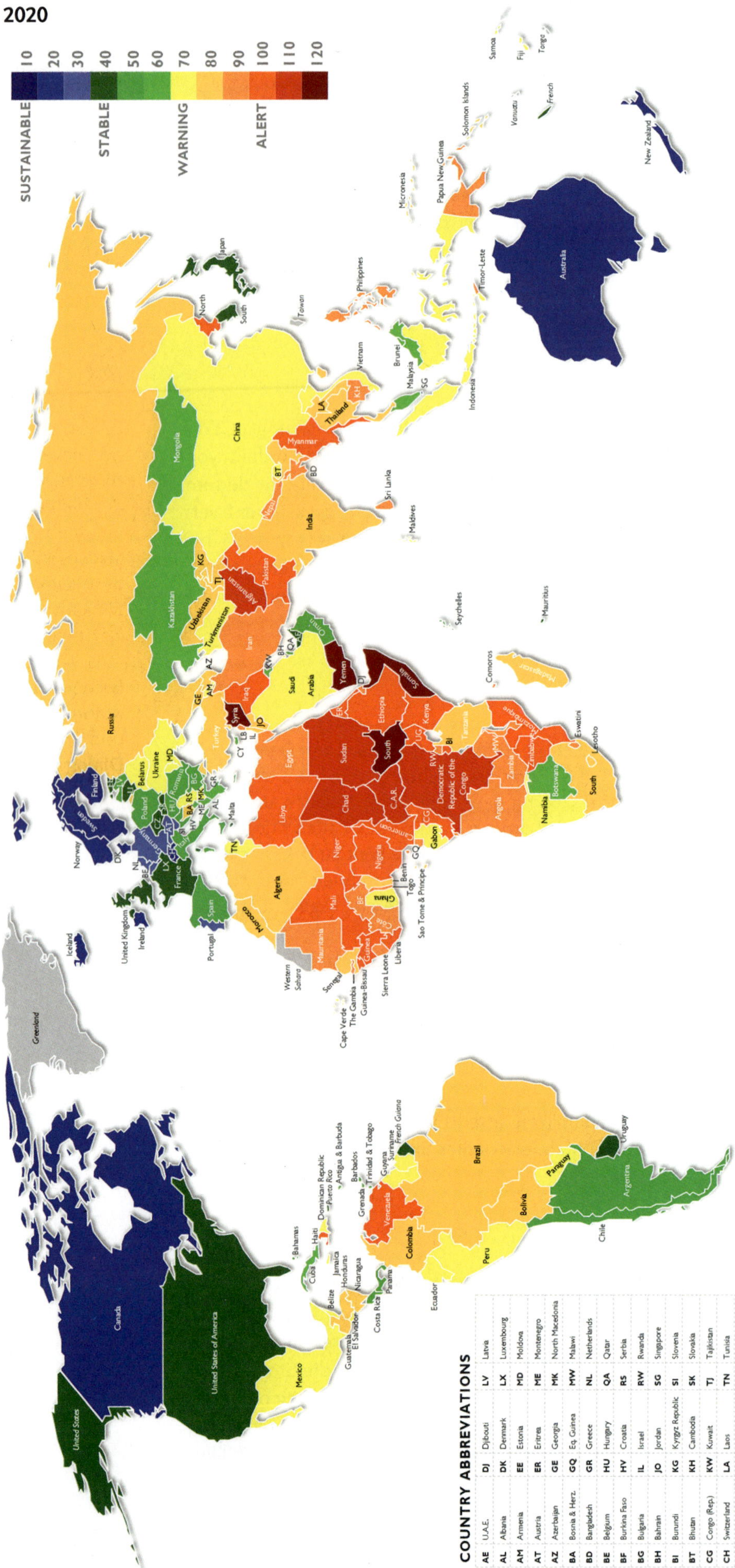

COUNTRY ABBREVIATIONS

AE	U.A.E.	DJ	Djibouti	LV	Latvia
AL	Albania	DK	Denmark	LX	Luxembourg
AM	Armenia	EE	Estonia	MD	Moldova
AT	Austria	ER	Eritrea	ME	Montenegro
AZ	Azerbaijan	GE	Georgia	MK	North Macedonia
BA	Bosnia & Herz.	GQ	Eq. Guinea	MW	Malawi
BD	Bangladesh	GR	Greece	NL	Netherlands
BE	Belgium	HU	Hungary	QA	Qatar
BF	Burkina Faso	HV	Croatia	RS	Serbia
BG	Bulgaria	IL	Israel	RW	Rwanda
BH	Bahrain	JO	Jordan	SG	Singapore
BI	Burundi	KG	Kyrgyz Republic	SI	Slovenia
BT	Bhutan	KH	Cambodia	SK	Slovakia
CG	Congo (Rep.)	KW	Kuwait	TJ	Tajikistan
CH	Switzerland	LA	Laos	TN	Tunisia
CY	Cyprus	LB	Lebanon	UG	Uganda
CZ	Czechia	LI	Lithuania		

Ziele erreicht? – „Europäisierung und Amerikanisierung – Kolonialisierung, ... “

KOMPETENZ-ERWERB

1. **Lesen Sie die beiden folgenden Zeitungsartikel:**
   a) Erläutern Sie den Umgang des offiziellen Frankreich mit seiner Kolonialpolitik und dem Algerienkrieg.
   b) Erstellen Sie eine Übersicht über die Argumente für die Unabhängigkeit der afrikanischen Kolonien, die in der Rede Lumumbas angesprochen werden.

Rede des Premierministers Patrice Emery Lumumba zum Tag der Unabhängigkeit des Kongo am 30. Juni 1960
Kongolesen und Kongolesinnen, Kämpfer für die heute errungene Unabhängigkeit, ich grüße euch im Namen der kongolesischen Regierung.
An euch alle, meine Freunde, die ihr unermüdlich an unserer Seite gekämpft habt, richte ich die Bitte, aus diesem 30. Juni 1960 ein glanzvolles Datum zu machen, das ihr für immer unauslöschlich in eurem Herzen bewahren sollt, ein Datum, dessen Bedeutung ihr mit Stolz euren Kindern erklären werdet, damit diese ihrerseits ihren Kindern und Enkelkindern von der ruhmreichen Geschichte unseres Kampfes für die Freiheit berichten. ...
Wir haben Spott, Beschimpfungen und Schläge ertragen müssen, morgens, mittags und abends, nur weil wir Neger waren. Wer kann vergessen, dass man zu einem Schwarzen „du“ sagte, allerdings nicht wie zu einem Freund, denn das respektvolle „Sie“ war allein den Weißen vorbehalten. Wir haben erfahren müssen, dass uns Land geraubt wurde im Namen vorgeblich legaler Dokumente, die lediglich das Recht des Stärkeren zur Geltung brachten.
Wir haben erfahren, dass das Gesetz für Weiße und Schwarze nie gleich war: vermittelnd für die einen, grausam und unmenschlich für die anderen.
Wir haben das entsetzliche Leiden derjenigen erlebt, die wegen ihrer politischen Meinung oder religiösen Überzeugung verbannt wurden; zu Isolation im eigenen Land verurteilt, war ihr Schicksal wahrhaft schlimmer als der Tod. Wir haben erfahren, dass es in den Städten herrliche Häuser für die Weißen gab, aber nur baufällige Strohhütten für die Schwarzen; dass ein Schwarzer keinen Zutritt zu den „europäisch“ genannten Kinos, Restaurants oder Geschäften hatte; dass ein Schwarzer unter Deck reisen musste, auf dem Boden des Schiffsrumpfes, zu Füßen der Weißen in ihren Luxuskabinen. Wer kann die Schießereien vergessen, bei denen so viele unserer Brüder den Tod fanden, die Gefängnisse, in die jene brutal geworfen wurden, die sich nicht mehr der Herrschaft einer Justiz der Unterdrückung und Ausbeutung unterwerfen wollten? (Beifall)

Patrice Emery Lumumba (1925–1961), einer der Gründer der für die Unabhängigkeit des Kongo eintretenden Partei „Mouvement National Congolais“, 1960 erster Ministerpräsident des unabhängigen Kongo, 1961 ermordet

Präsident Sarkozy: „Frankreich bereut nicht, den Krieg geführt zu haben.“
Algeriens Weg in die Freiheit begann vor 50 Jahren. Am 18. März 1962 unterzeichneten die französische Regierung und die algerische Befreiungsfront FLN die Verträge von Evian am Genfer See. In ihnen wurde ein sofortiger Waffenstillstand vereinbart und sie sahen die Unabhängigkeit des nordafrikanischen Landes vor, die am 3. Juli 1962 verkündet wurde. Doch zuvor hatten Hunderttausende Menschen in einem fast acht Jahre dauernden Krieg ihr Leben gelassen.
Dass man – auch in Frankreich – den Krieg beim Namen nennen darf, ist überhaupt erst seit 1999 möglich. Der damalige Präsident Jacques Chirac ließ ein entsprechendes Gesetz zu dem unangenehmen Kapitel in der Geschichte des Landes verabschieden. Denn seit 1848 der Status Algeriens als Kolonie aufgehoben wurde, galt die Region als integraler Bestandteil des französischen Mutterlands. Der Krieg wurde somit als Aufstand innerhalb des eigenen Gebietes betrachtet, in dem kleinen Algeriern bis dahin beigebracht worden war, dass ihre Vorfahren Gallier seien. „Algerien ist Frankreich. ... Wir werden allen entgegentreten, die die Ruhe stören und der Sezession den Boden bereiten wollen“, hatte 1961 der damalige Innenminister François Mitterrand in der Nationalversammlung verkündet. Dementsprechend brutal ging Paris vor: Es wurde gefoltert, umgesiedelt, in Lager gesteckt, die Bürgerrechte wurden aufgehoben und schließlich verloren 350 000 algerische Zivilisten ihr Leben in dem schmutzigen Krieg – algerischen Angaben zufolge sogar mehr als eine Million.
Auf die Unabhängigkeit folgten die Verfolgung und der Exodus. Mehr als eine Million „pieds-noirs“ genannte Algerien-Franzosen flüchteten ins Mutterland. 150 000 algerische Helfer der französischen Armee, die sogenannten „Harkis“, wurden von den Franzosen entwaffnet und ihrem Schicksal überlassen. Die meisten von ihnen wurden als Verräter massakriert, auch wenn dies ausdrücklich gegen die Vereinbarung von Evian verstieß. Einigen gelang die Flucht nach Frankreich, wo sie allerdings erst ins Lager gesteckt wurden und erst spät Bürgerrechte erlangten.
Bis heute sind die Geschehnisse ein nationales Trauma auf beiden Seiten des Mittelmeeres. Die Beziehungen zwischen Frankreich und Algerien sind dadurch weiter beeinträchtigt. Algerien wartet bis heute auf eine Entschuldigung der ehemaligen Kolonialmacht und verweigert deswegen bis heute Frankreich einen Freundschaftsvertrag. Und es wird weiter darauf warten, denn der Jahrestag fällt mitten in den französischen Wahlkampf, in dem Präsident Nicolas Sarkozy für eine zweite Amtszeit kandidiert.

Wiener Zeitung, 17. März 2012

2. **Hatschi Bratschis Luftballon: Ein Buch im Wandel der Zeiten**

a) Vergleichen Sie die Illustrationen.

b) Die Erstausgabe der Dichtung für Kinder von Hatschi Bratschis Luftballon von Franz Karl Ginzkey (1871–1963) erschien im Jahre 1904. Recherchieren Sie weitere biografische Daten des Autors.

Ausgabe 1933, Anton Pustet Verlag, Salzburg;
Illustrationen von Ernst von Dombrowski

Ausgabe 1968, Forum Verlag, Wien;
Illustrationen von Rolf Rettich

3. Bewerten Sie die zum Teil provokanten Aussagen mit Schulnoten und überlegen Sie ein Schlagwort als Begründung dazu. Diskutieren Sie die Ergebnisse.

„Die Europäer brachten den Kolonien die Zivilisation."

„Die Länder der ‚Dritten Welt' sind an ihrer Armut selbst schuld."

„Der ‚reiche Norden' lebt auf Kosten des ‚armen Südens'."

„Afrikanische Herrscher sind nur korrupt."

„Europäer/innen sind einfach intelligenter als Afrikaner/innen."

„Eine gerechte Einkommensverteilung würde den Weltfrieden sichern."

Totalitäre Systeme

Meine Ziele

KOMPETENZ-ERWERB

Nach der Bearbeitung dieses Kapitels kann ich

- Merkmale des Totalitarismus nennen;
- den Prozess des Untergangs des Kommunismus herausarbeiten;
- Unterschiede und Parallelen von Kommunismus und Faschismus analysieren;
- die faschistische Außenpolitik Italiens aufzeigen und analysieren;
- die Entwicklungen des Kommunismus in Osteuropa beschreiben;
- die gegensätzlichen Positionen der Parteien im Spanischen Bürgerkrieg benennen und erklären;
- Auswirkungen der Breschnew-Doktrin erläutern;
- Merkmale des Faschismus nennen;
- die Ursachen und Beweggründe für die Zerstörung der Demokratie in Österreich erörtern;
- den Aufstieg der NSDAP von den Anfängen bis hin zum „Anschluss" Österreichs an das Deutsche Reich darlegen;
- diskutieren, ob und inwiefern aus der Geschichte der Ersten Republik Konsequenzen auf unsere politische Kultur in der Zweiten Republik gezogen werden können.

1 Totalitarismus – totalitäre Ideologien

Im 19. Jahrhundert entwickelten sich die Leitphilosophien Liberalismus, Nationalismus und Sozialismus zu einem festgefügten Weltbild, einer Ideologie. Im 20. Jahrhundert wurde versucht, diese Konzepte als Staatsideologien umzusetzen. Der Sozialismus wurde in Form des Kommunismus, der Nationalismus in den Extremformen Faschismus und Nationalsozialismus in die Tat umgesetzt. Dies konnte nur im Zuge einer Diktatur erfolgen. Die Bezeichnungen dafür sind „totalitäre Diktatur" oder Totalitarismus.

Kommunismus und Faschismus – zwei Seiten einer Medaille?

Die Anfänge der Totalitarismus-Theorie gehen auf US-amerikanische Forscher zu Beginn des Zweiten Weltkrieges zurück, die Faschismus (inkl. Nationalsozialismus) und Kommunismus ähnlich bewerteten. Im Zentrum steht meist eine überhöhte, quasi religiöse Führerfigur, die den Weg in eine strahlende Zukunft weist. Der **Führer** (Deutschland), **Duce** (Italien), **Conducator** (Rumänien) oder **Caudillo** (Spanien) kennt die Probleme der „kleinen Leute" und ist ein gütiger Vater **(„Väterchen Stalin"),** der für alle das Beste will. Die Gesellschaft wird über das Individuum gestellt und das Ziel ist ein „neuer Mensch".

Einer radikalen Zukunftsvision wird alles untergeordnet, äußere und innere Feinde hindern den Führer scheinbar an der Verwirklichung. Dieses Ideal ist im Kommunismus die **klassenlose Gesellschaft,** die alle menschlichen Gegensätze, ja den Staat auflöst, im Nationalsozialismus das Imperium der **Herrenrasse,** der Arier, die von der Vorsehung oder von der Evolution zur Weltherrschaft ausersehen ist.

Der **Kommunismus** etablierte sich 1922 in der Sowjetunion. Das Konzept des **Faschismus** ging ab 1922 von Italien aus, bis zum Beginn des Zweiten Weltkrieges dehnte es sich auf weite Teile Europas aus. Die beiden völlig konträren Weltanschauungen fanden jedoch in der praktischen „Realpolitik" zusammen: 1939 schlossen Adolf Hitler und Jossif Stalin einen Pakt, der ihre Herrschaftsgebiete in Osteuropa absteckte. Für die unterjochten Völker brachten sowohl der faschistische Rassenwahn als auch der kommunistische Klassenkampf Unterdrückung, Tod und Terror.

Die Logik des Faschismus brachte den Zweiten Weltkrieg mit sich. Nach dem Krieg wurde das Weltbild bis auf wenige Ausnahmen verworfen. In Spanien und in Portugal konnten sich faschistische Diktaturen noch bis in die 1970er-Jahre halten.

Der Sieg im Zweiten Weltkrieg bedeutete für die kommunistische Sowjetunion auch eine Ausweitung ihres Machtbereiches. Die größte Ausdehnung erreichte die Ideologie im Kalten Krieg um 1980. Seit dem Zusammenbruch 1989 spielt der Kommunismus kaum mehr eine Rolle.

Unter Historikerinnen und Historikern ist es jedoch höchst umstritten, Vergleiche zwischen dem Nationalsozialismus und anderen totalitären Regimen herzustellen **(Diktaturenvergleich).** In den späten 1980er-Jahren führte dies in Deutschland zum sogenannten **„Historikerstreit".** Andererseits erlebte beispielsweise die ostdeutsche Gesellschaft einen unmittelbaren Wandel von einer faschistischen (bis 1945) zu einer kommunistischen Diktatur (bis 1989). Manche wollen den Begriff „Totalitarismus" auch auf heutige radikale islamistische Staaten anwenden, die als **„theokratische Regime"** bezeichnet werden (z. B. Iran), was auch kontrovers ist, vor allem, weil im Unterschied zu Kommunismus und Faschismus der Idealzustand als Versprechen im Jenseits besteht.

Unterschiede autoritäre – totalitäre Staaten

Autoritär

- Ideologie nur zum Machterhalt
- Mehrere politische Parteien
- Kollektive Freiräume
- Teilweise freie Meinungsäußerung
- Teilweise unabhängige Presse
- Privatwirtschaft existiert
- Verfälschte Wahlergebnisse
- Kleine private Freiheiten
- Gesellschaftliche Einschränkungen

Totalitär

- Alles beherrschende Ideologie
- Eine politische Partei
- Allumfassende Überwachung
- Zensur durch Geheimpolizei
- Gesteuerte Berichterstattung
- Staatlich gelenkte Wirtschaft
- Wahlen nur Propagandashow
- Privatleben wird Staat untergeordnet
- Staatlicher Terror gegen Andersdenkende

Propagandaplakate

Hitler

Stalin

2 Kommunistische Bewegungen

Der Begriff „Kommunismus" (lat. communis: gemeinsam) wurde in den 1840er-Jahren geprägt. Durch die Industrielle Revolution und den Kapitalismus entwickelten sich gesellschaftliche Ungleichgewichte, verelendete Arbeiter/innen standen reichen Fabrikbesitzern gegenüber. Durch die Überführung des Privateigentums in Allgemeingut sollten die gesellschaftlichen Klassen und damit die sozialen Unterschiede aufgelöst werden.

Die Klasse

Im 19. Jahrhundert entdeckte **Karl Marx** die „Klasse" als grundlegendes Element der Gesellschaft. Der Ablauf der Geschichte ist seiner Theorie zufolge ein Ablauf von Klassenkämpfen. So standen sich im historischen Ablauf jeweils
Sklavenhalter – Sklaven (Antike),
Lehensherren – Leibeigene (Mittelalter) **und**
Proletarier – Bourgeois (neuzeitlicher Kapitalismus)
gegenüber.

Siehe auch Kapitel „Wirtschaftsordnungen und deren ideologische Grundlagen, 3 Marxismus".

Karl Marx sah seit der Industriellen Revolution eine arbeitende Unterschicht entstehen, die er **„Proletarier"** nannte. Sie wurden ausgebeutet von den Unternehmern, die das Kapital besaßen und als **„Bourgeoisie"** bezeichnet wurden.

Proletarier = im antiken Rom die land- und besitzlose Unterschicht, die außer Kindern (lat. proles: Nachkommenschaft) nichts besaß.

Bourgeoisie (frz.: Bürgertum) = Bezeichnung der gehobenen sozialen Klassen der Gesellschaft.

Das Ziel der Entwicklung sollte die **„klassenlose Gesellschaft"** – der Kommunismus/Sozialismus – sein, wo alle Menschen gleich sind und es keine Unterschiede mehr gibt. Jeder sollte nach seinen Bedürfnissen entlohnt werden.

Als Gegensatz zum Nationalismus war der Kommunismus international angelegt. Unter der Prämisse **„Proletarier aller Länder vereinigt euch"** sollte die Arbeiterschaft der einzelnen Staaten gemeinsam die herrschenden Klassen beseitigen (Kommunistische Internationale). In der Praxis bewährte sich die Ideologie nicht, in der **„Diktatur des Proletariats"** wurden die anderen Klassen (Bauern, Bürgerliche, Adel) verfolgt und zum Teil blutig ausgerottet. Es gelang nicht, die Ungleichheit zu beseitigen.

Varianten des Kommunismus
- Bolschewismus (russ. Bolschinstwo: Mehrheit)
- Stalinismus (Stalin)
- Marxismus-Leninismus (Marx bzw. Lenin)
- Maoismus

Der Kommunismus dehnte sich nach dem Zweiten Weltkrieg in Europa und in Asien, später auch in Afrika aus, was die liberalen Demokratien unter Führung der USA in den Kalten Krieg führte. Bis 1989 (in der Sowjetunion bis 1991) konnte sich diese Ideologie mit brutaler Gewalt an der Macht halten. Seither gibt es nur mehr wenige Länder, die diese Theorie verfolgen.

Der britische Schriftsteller **George Orwell** beschäftigte sich in seinen Büchern **„1984"** und **„Farm der Tiere"** mit totalitären Diktaturen und insbesondere mit der Sowjetunion unter Stalin.

Propagandablatt gegen das kapitalistische System (19. Jh.)

Arbeitsaufgabe

- Stellen Sie fest, welche Länder heute noch den Kommunismus vertreten.

3 Die Sowjetunion

Der wirtschaftliche, politische und gesellschaftliche Zusammenbruch in einigen europäischen Staaten nach dem Ersten Weltkrieg beschleunigte ihre Entwicklung zu Diktaturen, zu autoritären und antidemokratischen Regimen. Die in der russischen Revolution von 1917 siegreichen Bolschewikij blieben trotz militärischer Bedrängnis an der Macht. Indem sie alle politischen, wirtschaftlichen und kulturellen Bereiche einer Ideologie unterwarfen und die Machtstellen im Staat von einer Partei besetzten, schufen die Bolschewikij im Laufe der Dreißigerjahre erstmals im 20. Jahrhundert das Modell eines totalitären Staates.

Zar **Nikolaj II.** von Russland, geb. 1868, am 17. Juli 1918 von Bolschewikij erschossen; Ölgemälde von E. F. von Liphart, nach 1900

Erklären Sie, welche Wirkung durch die Auswahl des Porträthintergrundes erzielt wird.

Die russischen Arbeiterparteien
1898 schlossen sich in Minsk drei Gruppierungen zur **Sozialdemokratischen Arbeiterpartei Russlands zusammen.**

- Auf dem zweiten Parteikongress, der in London und Brüssel stattfand, gelang es Lenin, für seine Forderung nach einer straffen Parteiorganisation eine Mehrheit (russ. bolschinstwo, daher **Bolschewikij)** zu finden.
- Die Führung der Minderheitsfraktion (russ. menschinstwo), der **Menschewikij,** übernahm Aleksandr Kerenskij. 1905 kam es zu einer Wiedervereinigung, doch 1912 wählten beide Gruppierungen wieder eigene Führungsgremien.
- Eine dritte Gruppierung waren die **Internationalen Menschewikij,** denen Leo Trockij bis 1917 angehörte. Sie waren für eine weltweite Revolution aller Proletarier.

Die nach der Revolution von 1905 eingeführte Volksvertretung, die Duma, brachte keine wesentliche Änderung der politischen Struktur Russlands. Noch immer wurde dieses Reich von Zar **Nikolaj II.** autokratisch regiert, dem am 1. August 1914 das Deutsche Reich den Krieg erklärte und der Russland aufseiten der Entente in den Ersten Weltkrieg führte.

Kritik am Krieg

Im Gegensatz zu den meisten Vertretern der Arbeiterparteien in den Volksvertretungen der Krieg führenden Länder stimmten Abgeordnete der Arbeiterfraktion in der Duma 1914 **gegen Kriegskredite.** Sie interpretierten den Ersten Weltkrieg als Kampf der „Bourgeoisien aller Länder" um ökonomische Vorteile, „die ihre Raubziele unter dem Mäntelchen ‚nationaler' Ideologie verstecken". Viele ihrer Mitglieder wurden verhaftet, einige gingen ins Exil, die Gewerkschaften wurden aufgelöst. Kurz nach **Kriegsbeginn** stellte der noch einflusslos im Schweizer Exil lebende **Wladimir Iljitsch Lenin** fest, dass „der Krieg zweifellos eine Krise schwerster Art heraufbeschworen und die Leiden der Massen ungeheuerlich verschärft hat", und forderte daher:

> Die Umwandlung des gegenwärtigen imperialistischen Krieges in den Bürgerkrieg ist die einzig richtige proletarische Lösung. ... Es lebe die internationale Verbrüderung der Arbeiter gegen den Chauvinismus und Patriotismus der Bourgeoisie aller Länder.
> *Wladimir Iljitsch Lenin, 1914, Der Krieg und die russische Sozialdemokratie, Lenin Werke, Band 21*

Rücktritt des Zaren

Als die russischen Armeen 1915 und 1916 trotz hoher Verluste militärisch weitgehend erfolglos blieben, wurde die **Versorgungslage** für die Bevölkerung **existenzbedrohend.** Die Nahrungsmittelpreise stiegen, die Löhne wurden jedoch nur gering erhöht. Im März 1917 wurde auf Befehl des Zaren auf streikende Arbeiterinnen und Arbeiter in Petrograd geschossen, die eingesetzten Regimenter begannen jedoch zu meutern. Am 12. März bildete der Ältestenrat der Duma ein Komitee zur Wiederherstellung der nationalen öffentlichen Ordnung, Soldaten- und Arbeiterdeputierte gründeten den **Petrograder Sowjet** (russ.: Rat). Am 15. März 1917 trat Zar Nikolaj II. zurück, Russland war eine Republik.

In der Hoffnung, Russland weiter durch revolutionäre Unruhen zu schwächen, half die **deutsche Oberste Heeresleitung** Anfang April 1917 Lenin und seinen Gefährten, mit dem Zug aus dem Schweizer Exil über Schweden und Finnland nach Petrograd zu gelangen. **Aleksandr Kerenskij,** Kriegsminister und ab Juli Regierungschef, trat für die Fortführung des Krieges ein, scheiterte aber mit seiner militärischen Offensive. Die von den Bolschewikij dominierten Sowjets demonstrierten für die sofortige Beendigung des Krieges.

Wladimir Iljitsch Uljanow, der sich **Lenin** nannte, bei einer Rede im April 1917, rechts neben der Tribüne Leo D. Bronstein, der sich **Trockij** nannte. Diese Namen waren Decknamen aus der Zeit der politischen Verfolgung.

Die Diktatur einer Partei

Am 25. November 1917 begannen die von Lenin geforderten Wahlen zur **Verfassunggebenden Versammlung.** Die Sozialrevolutionäre und Menschewikij erhielten 62 Prozent der Stimmen, die Bolschewikij 25 Prozent und bürgerliche Parteien 13 Prozent. Die Mehrheit der Gewählten wollte die Macht der Sowjetregierung durch eine neue Verfassung beschränken. Die schwere Niederlage der Bolschewikij akzeptierte Lenin nicht, sondern er ließ am 5. Jänner 1918 die Versammlung mit Waffengewalt auflösen. Der erste parlamentarische Versuch in Russland war gescheitert, Massenproteste blieben aus, die Grundlage für einen jahrelangen Bürgerkrieg war jedoch gelegt.

Anstelle der Nationalversammlung legte Ende Jänner 1918 der Dritte Allrussische Sowjetkongress mit der Gründung der **Russischen Sozialistischen Föderativen Sowjetrepublik** die zukünftige Staatsform fest. Lenin ließ seine Partei in **Russische Kommunistische Partei** umbenennen, alle anderen Parteien wurden verboten oder entmachtet. Als Regierungssitz wurde Moskau gewählt.

Lenin (links) und Stalin 1922

Mit der Beendigung des Bürgerkrieges 1920 durch den Sieg der **Roten Armee** über die „Weißen" versuchte die Russische Kommunistische Partei ihr Wirtschafts- und Gesellschaftssystem zu realisieren. Parteiführer von 1912 bis 1924 war Wladimir Iljitsch Lenin. Sein Nachfolger wurde **Jossif Stalin,** seit 1922 Parteigeneralsekretär,

Dekret über die Auflösung der Verfassunggebenden Versammlung vom 5. Jänner 1918

Die werktätigen Klassen mussten sich aufgrund der eigenen Erfahrung davon überzeugen, dass sich der alte bürgerliche Parlamentarismus überlebt hat, dass er mit den Aufgaben der Verwirklichung des Sozialismus absolut unvereinbar ist, dass nicht gesamtnationale, sondern nur Klasseninstitutionen (wie es die Sowjets sind) imstande sind, den Widerstand der besitzenden Klassen zu brechen und das Fundament der sozialistischen Gesellschaft zu legen.

Helmut Altrichter/Heiko Haumann (Hg.), Die Sowjetunion, Bd. 1, 1986–87, S. 29–31

Interpretieren Sie, wie die Bolschewikij die Auflösung der gewählten Versammlung begründeten.

Lenin: „Aus dem NEP-Russland wird das sozialistische Russland werden"; Plakat, 1921

Interpretieren Sie, was die im Bild unten erkennbare Baustelle symbolisiert. Analysieren Sie die Pose Lenins. Welches Bild soll vermittelt werden?

der seinen profiliertesten Konkurrenten um die Macht, **Leo Trockij,** 1925 entmachtete und 1940 in seinem Exil in Mexiko ermorden ließ.

Wirtschaftliche Stabilisierung

Politisches Ziel war die völlige Vergesellschaftung der Produktionsmittel, die Monopolisierung der Industrie- und Agrarproduktion sowie die absolute Kontrolle aller Organisations-, Verwaltungs- und Dienstleistungstätigkeiten. Die katastrophale wirtschaftliche Lage des **Kriegskommunismus** Ende 1921 machte jedoch eine umfassende Neustrukturierung der Wirtschaft erforderlich.

Werbeplakat für die Moskauer Messe in der Zeit der Neuen Ökonomischen Politik. Die Bauern werden aufgerufen, ihre Waren auf der Messe anzubieten.

Die **Neue Ökonomische Politik** (NEP) von 1921 bis 1927 bedeutete im Grunde in vielen Bereichen der Wirtschaft eine Rückkehr zu kapitalistischen Wirtschaftsformen, allerdings standen im Gegensatz zum Westen Großindustrie und Großanlagen (Elektrizitätswerke, Erdölförderung) unter staatlicher Kontrolle. Im Rahmen der NEP wurden **Naturalsteuern** für Bauern eingeführt, aber auch der freie Verkauf von landwirtschaftlichen Überschüssen. Dies ermöglichte die ausreichende Versorgung der Bevölkerung mit Nahrungsmitteln. Kleinere Geschäftsleute und Industrielle erhielten die Handels- und Produktionserlaubnis, ausländische Unternehmer durften in der Sowjetunion investieren und produzieren.

Die revolutionäre Arbeiterkontrolle in den Betrieben wurde bald durch eine straffe Betriebsführung ersetzt, viele Planungsvorhaben wurden autoritär umgesetzt. Am 30. Dezember 1922 wurde die **Sowjetunion** (Union der Sozialistischen Sowjetrepubliken, kurz UdSSR) gegründet, die Einheitspartei nannte sich seit 1925 **Kommunistische Partei der Sowjetunion** (KPdSU).

Die rasche **Industrialisierung** in vielen Zentren des Landes Mitte der Zwanzigerjahre lag in den Händen der „staatlichen Planungskommission" **(GOSPLAN).** Zahlreiche Russen wanderten im Zuge des industriellen Ausbaus in überwiegend nicht russische Gebiete ein. Nicht immer gelang es, die Randvölker fest in das Sowjetsystem einzugliedern und den gewünschten Sowjetpatriotismus zu erzeugen. Zahlreiche Bauern reduzierten den Getreideverkauf, weil sie für die Erlöse keine Konsumgüter kaufen konnten. Die finanziellen Mittel, die aus dem Export von Getreide erzielt wurden, investierten staatliche Stellen in den **Ausbau der Schwerindustrie.**

Gigantische Bauwerke wie der **Dnjepr-Staudamm** (1932) sollten die Leistungsfähigkeit der sowjetischen Industrie unterstreichen und für die Elektrifizierung sorgen.

> Die Lage der Schwerindustrie stellt somit für unser zurückgebliebenes Land wirklich ein sehr schweres Problem dar, da wir auf Anleihen bei reichen Staaten nicht rechnen konnten. ...
> Wir sparen an allem, sogar an den Schulen. Das muss sein, denn wir wissen, dass wir ohne Rettung der Schwerindustrie, ohne ihre Wiederherstellung, keine Industrie aufbauen können, ohne diese aber sind wir als selbstständiges Land überhaupt verloren. Das wissen wir sehr wohl. Die Rettung Russlands liegt nicht nur in einer guten Ernte der Bauern – das ist zu wenig – und nicht nur in dem guten Zustand der Leichtindustrie, die der Bauernschaft Gebrauchsgegenstände liefert – das ist ebenfalls zu wenig –, wir bedürfen noch der Schwerindustrie. Sie auf einen guten Stand zu bringen, erfordert aber eine Arbeit von mehreren Jahren.
>
> *Lenin am IV. Komintern-Kongress, Prawda Nr. 258, 15. November 1922*

Arbeitsaufgaben

1. Erörtern Sie, warum die Sowjetunion keine finanzielle Unterstützung von außen erhielt.
2. Begründen Sie, warum für Lenin der Ausbau der Schwerindustrie vorrangig war.

Fünfjahrespläne und Kollektivierung

1928 starteten die Sowjets mit dem ersten Fünfjahresplan unter dem Motto **„Maschinisierung, Motorisierung, Elektrifizierung"** eine in der Geschichte des Landes beispiellose **Industrialisierungsoffensive.** Zahlreiche Großprojekte wurden in Angriff genommen. Gleichzeitig sollte der bisher wenig entwickelte, aber rohstoffreiche Osten des Landes erschlossen werden. So verband das neue **Ural-Kusnezk-Kombinat** die Kohlefelder Westsibiriens mit den Erzlagern des Urals. Die Mittel für diese riesigen Investitionsvorhaben wurden durch den erzwungenen Konsumverzicht aufgebracht. 1932 kaufte die Sowjetunion beinahe die Hälfte des Weltexports an Maschinen, die sie trotz der Hungersnot im eigenen Lande vor allem aus den Erlösen aus **Getreide- und Holzexporten** bezahlte.

Auf dem 15. Parteitag (1927) wurde die **Kollektivierung der Landwirtschaft,** das heißt die Beseitigung der selbstständigen Bauernwirtschaften zugunsten von Kollektivwirtschaften **(Kolchosen),** beschlossen. Der erbitterte Widerstand vor allem der reicheren Bauern **(Kulaken)** wurde brutal mit Enteignungen, Massendeportationen und Exekutionen gebrochen. Die Zerstörung der traditionellen bäuerlichen Arbeitsorganisation und die Umwälzung der Agrarverhältnisse bewirkten in den folgenden Jahren einen drastischen Rückgang der Erträge. In den Wintern 1929 bis 1933 kam es zu **Hungersnöten,** die vor allem auf dem Land Millionen Opfer forderten.

Demonstration im Rahmen der „Entkulakisierung" zwischen 1929 und 1934. Die Banner lauten: „Wir werden die Kulaken als Klasse liquidieren" und „Alles für den Kampf gegen die Saboteure der Landwirtschaft".

Analysieren Sie die beiden Forderungen der Demonstrantinnen und Demonstranten.

Was versteht man unter Stalinismus?

Die Kennzeichen des Stalinismus (waren) das nunmehr auch theoretisch sanktionierte Einparteiensystem, die Konzentrierung der gesamten politischen Macht in den Händen einer kleinen Zahl von Parteiführern (und die immer größere Verlagerung der Entscheidungsgewalt in die Hände von Stalin), die Ausschaltung des Volkswillens (bloße Scheinfunktionen der Volksvertretungen), das Fehlen jeder über den bescheidensten Rahmen hinausgehenden politischen Freiheit und Diskussion in Staat und Partei, der straffe Zentralismus, die Beherrschung des Lebens durch die Geheimpolizei, das System der Zwangsarbeitslager, schließlich chauvinistische Nationalitätenpolitik und eine rigoros dogmatische Ideologie, mit der die Herrschaft der Bürokratie verschleiert werden sollte.

Hermann Weber, Von Rosa Luxemburg zu Walter Ulbricht, 1970, S. 32

Lenins Leichnam im gleichnamigen Mausoleum vor dem Kreml in Moskau; Teams von Wissenschaftern und Wissenschafterinnen kümmern sich seit dem Tod Lenins 1924 um die bestmögliche Konservierung der Leiche. Millionen von Besuchern pilgerten und pilgern jährlich am aufgebahrten Revolutionsführer vorbei.

Recherchieren Sie, warum bislang alle Versuche scheiterten, Lenin zu bestatten und das Mausoleum zu schließen.

Stalinistischer Terror

Nach dem Tod Lenins 1924 konnte sich **Jossif Stalin** (1878–1953) durch Intrigen und den Einsatz von Machtmitteln Vorteile verschaffen. Durch geschicktes Ausspielen der verschiedenen Gruppen in der KPdSU schaltete Stalin viele prominente Bolschewikij aus und ließ einige von ihnen in **Schauprozessen** aufgrund von erpressten Geständnissen zum Tode verurteilen.

Auch Soldaten ließ Stalin in Schauprozessen zum Tode verurteilen. Hier erfahren es die Kameraden aus der Zeitung. Den 18 vermeintlichen Verrätern wurden Verschwörung gegen die Sowjetunion und Machenschaften mit dem Ausland vorgeworfen.

Der ehemalige Häftling **Alexander Solschenizyn** (1918–2008) beschreibt in seinem 1974 erschienenen Buch „Archipel Gulag" die stalinistischen Lager als über das ganze Land verstreute „Inseln" der Unmenschlichkeit, Unterdrückung und Vernichtung. In ihnen waren von 1929 bis zu Stalins Tod 1953 etwa 18 Millionen Menschen interniert, davon starben etwa 4,5 Millionen Menschen an Unterernährung, Erschöpfung durch Überarbeitung, Erfrieren, Krankheit und drakonischen Strafen.

„Tauwetter" ist der Titel eines Romans von Ilja Ehrenburg, der die Zeit nach Stalin beschreibt.

Nikita Chruschtschow (1894–1971) auf dem XX. Parteitag der KPdSU

Durch die Beseitigung von potenziellen Oppositionellen festigte Stalin seine Macht und errichtete ein brutales Terrorregime. In den **Stalinschen Säuberungen** von 1935 bis 1940 wurden Millionen von Menschen in **Arbeits- und Straflager (Gulags)** deportiert, darunter ethnische Minderheiten, Intellektuelle, Offiziere der Armee, Priester und Mönche oder führende Mitglieder der Partei. Jahrelang wurde die Bevölkerung in Angst und Schrecken versetzt, zugleich erreichte der **Stalinkult** einen ersten Höhepunkt.

Außenpolitisch blieb die Sowjetunion isoliert, Stalin propagierte den **Sozialismus in einem Land,** der Export der Revolution war gescheitert. Im Spanischen Bürgerkrieg wurde mit umfangreichen Waffenlieferungen die Republik unterstützt. Durch den deutsch-sowjetischen Nichtangriffspakt vom 23. August 1939 gab man Hitlerdeutschland Rückendeckung für den Überfall auf Polen und den Beginn des Zweiten Weltkrieges. In einem geheimen Zusatz sicherte man sich umfangreiche Territorien im Westen.

Der Wiederaufbau nach dem Zweiten Weltkrieg

Die Sowjetunion erfuhr nach dem Zweiten Weltkrieg zwar einen großen militärischen Machtzuwachs, viele Bereiche der Wirtschaft lagen jedoch völlig darnieder, die westlichen Landesteile waren durch den Krieg weitgehend zerstört. Es herrschten Hunger und Not. Die Erinnerung an den Krieg, in dem jeder zehnte Sowjetbürger umgekommen war, war allgegenwärtig.

Die Führung der Sowjetunion jedoch setzte auf den **Ausbau der Schwerindustrie** – Wohnbau, Landwirtschaft und Konsumgüterindustrie blieben vernachlässigt. Die Angst vor einer neuen Aggression gegen die Sowjetunion, vor einer „kapitalistischen Einkreisung" im Kalten Krieg, prägte das Motto der Industrialisierung: das Einholen und Überholen der kapitalistischen Länder.

Die innere Freiheit wurde eingeschränkt. Unter dem Vorwurf des Landesverrates wurden unzählige Einwohner/innen des Baltikums, Weißrusslands, der Ukraine, ganze Völker aus dem Kaukasus, der Krim und im ehemaligen Deutsche Reich zwangsverpflichtete „Ostarbeiter/innen" deportiert oder in Lager eingewiesen, wo die meisten umkamen. Wissenschaftler/innen und Künstler/innen wurden erniedrigt und verfolgt, das geistige Leben verarmte.

Nach dem Tod Stalins 1953 setzte politisches **Tauwetter** ein. Da man die Verbrechen unter Stalin auf die Allmacht der Geheimpolizei zurückführte, wurde ihr Chef, Innenminister Berija, zum Tode verurteilt.

Erst am **XX. Parteitag der KPdSU** 1956 wurde vom Ersten Sekretär **Nikita Chruschtschow** in einer Geheimrede Stalin selbst angegriffen. Die Opfer der sogenannten **Säuberungen** der Dreißigerjahre wurden rehabilitiert, während Millionen von Toten noch unerwähnt blieben. Zahlreiche Opfer der Stalinzeit kehrten aus den Lagern zurück. 1964 wurde Chruschtschow in Folge seiner gescheiterten Wirtschaftspolitik, u. a. Missernten in Kasachstan, und der gestörten Beziehungen zu China gestürzt. Sein Nachfolger war **Leonid Breschnew.**

Arbeitsaufgabe

- Nennen Sie die Kennzeichen des Stalinismus.

Die Erosion des Kommunismus

Die Anfangsjahre waren von Breschnews Wirtschaftsreformen in Landwirtschaft und Industrie geprägt. Die Lage der Landwirtschaft und die Versorgung der Bevölkerung wurden durch Leistungsanreize und stärkere Dezentralisierung verbessert. Die Menschen, denen die Aufrechterhaltung des sowjetischen Systems nicht mehr sinnvoll erschien, wurden jedoch immer mehr. Nicht einmal die **Nomenklatura** glaubte angesichts der sozialen, wirtschaftlichen und militärischen Krisen an eine Lösung der Probleme.

Außenpolitisch war die Sowjetunion aktiver: Die **Breschnew-Doktrin,** das Recht auf Einfluss in kommunistischen Staaten, führte 1968 zum Einmarsch in der Tschechoslowakei (ČSSR), nach der Intervention in Afghanistan 1979 war die politische Ausdehnung des Kommunismus größer denn je.

Soldaten aus Bulgarien, Polen, Ungarn und der Sowjetunion überschritten in der Nacht zum 21. August 1968 die tschechoslowakische Grenze und beendeten den „Prager Frühling" mit Waffengewalt. Die Bezeichnung „Prager Frühling" ist eine Fortführung des Begriffs „Tauwetter-Periode".

Nomenklatura (lat.: Namensverzeichnis) = führende Politikerschicht der ehemaligen UdSSR.

Die Breschnew-Doktrin
Die KPdSU ist stets dafür eingetreten, dass jedes sozialistische Land die konkreten Formen seiner Entwicklung auf dem Wege des Sozialismus unter Berücksichtigung der Besonderheiten seiner nationalen Bedingungen bestimmt ... Aber wenn die inneren und äußeren dem Sozialismus feindlichen Kräfte die Entwicklung irgendeines sozialistischen Landes auf die Restauration der kapitalistischen Ordnung zu lenken versuchen, wenn eine Gefahr für den Sozialismus in diesem Land, eine Gefahr für die Sicherheit der gesamten sozialistischen Staatengemeinschaft entsteht, ist das nicht nur ein Problem des Volkes des betreffenden Landes, sondern ein allgemeines Problem, um das sich alle sozialistischen Staaten kümmern müssen. Es ist verständlich, dass ... die militärische Hilfe für ein Bruderland eine außerordentliche, notgedrungene Maßnahme ist.
Hoffmann, Aufstieg und Zerfall einer Weltmacht, S. 116 f.

Gorbatschow und das Ende der Sowjetunion

Nach dem Tod von Leonid Breschnew 1982 folgte zunächst der Geheimdienstchef Juri Andropow und dann Konstantin Tschernenko. Erst 1985 wurde mit dem 54-jährigen **Michail Gorbatschow** ein Vertreter der jüngeren Generation von Parteifunktionären zum neuen Generalsekretär gewählt. Schon in seiner Antrittsrede versprach Gorbatschow ein einschneidendes Reformprogramm, das mit den Schlagworten **Uskorenie** (Beschleunigung), **Glasnost** (Transparenz, Öffnung) und **Perestroika** (Umbau) bezeichnet wurde.

Der totalitäre Zugriff auf die Bevölkerung lockerte sich. Fehler des Sozialismus konnten nun offen diskutiert werden. Die Wirtschaft allerdings stagnierte. Versorgungsprobleme, Preissteigerungen und Lohnkürzungen führten zu einer wachsenden Unzufriedenheit in der Bevölkerung. Die Perestroika beschleunigte den **Zusammenbruch des Satellitenregimes** in den osteuropäischen Ländern. 1991 war auch in der Sowjetunion der Kommunismus am Ende.

Michail Gorbatschow (geb. 1931) erhielt 1990 den Friedensnobelpreis.

Arbeitsaufgaben

1. Nennen Sie weitere Interventionen in Osteuropa durch die UdSSR nach 1950.
2. Erläutern Sie, mit welchen Argumenten die Breschnew-Doktrin den Einmarsch der Truppen des Warschauer Paktes in die ČSSR rechtfertigen sollte.

Propagandaplakat für Mao

Zum 30. Todestag Maos: Kritik?
Als „großen historischen Führer und großen historischen Verbrecher" sieht der 85-jährige [Sidney Rittenberg] sein früheres Idol heute. ... So zwiespältig wie bei Rittenberg fällt das Urteil der meisten Chinesen über den Mann aus, der das Schicksal des Landes im vergangenen Jahrhundert so geprägt hat wie kein Zweiter ... „Er glaubte, dass er sich, anders als andere Menschen, keinem Gesetz und keiner Macht unterwerfen müsse." Die forcierte Kollektivierung und katastrophale wirtschaftspolitische Experimente brachten Hungersnöte mit bis zu 30 Millionen Toten. Rachsüchtig und grausam verfolgte Mao jeden, der ihn kritisierte. Immer wieder schlug er Kampagnen los – gegen „Rechtsabweichler" etwa, „stinkende Intellektuelle", „Kapitalisten" oder „Revisionisten", die ihren Höhepunkt in der „Großen Proletarischen Kulturrevolution (1966–1976) erreichten und erst nach Maos Tod endeten. Rittenberg: „Die Macht hat ihn schrecklich korrumpiert". ... Die Kulturrevolution „war ein Holocaust", sagt Rittenberg ... „Anders als in der Sowjetunion nach Stalin oder in Deutschland nach Hitler gab es in China nie eine offene Debatte über die Kulturrevolution und die Verbrechen Maos. Die meisten jungen Chinesen wissen so gut wie nichts über die jüngere Vergangenheit. ..."

Die Presse, 9. September 2006

Anm.: Sidney Rittenberg ist ein amerikanischer Dolmetscher und Gelehrter, der von 1944 bis 1979 in China lebte.

4 China

Das chinesische Kaiserreich erwies sich im 19. Jahrhundert als zu starr, um durch innere Reformen das Eindringen der Kolonialmächte aufzuhalten. 1911 beseitigte die von ***Sun Yatsen*** *geführte Reformbewegung das Kaisertum, die Republik wurde ausgerufen. Nach dem Sieg der kommunistischen Truppen über die Truppen der Kuomintang (Nationalen Volkspartei), die 1949 unter ihrem General* ***Tschiang Kai-schek*** *nach Taiwan flohen, errichtete* ***Mao Zedong*** *die kommunistische Volksrepublik China.*

Die Erneuerung Chinas sollte auf Basis der drei Volksprinzipien durchgeführt werden, die von der **Kuomintang,** der nationalen Volkspartei, getragen wurden. Diese Ziele waren die nationale Befreiung, die Einrichtung einer neuen Verfassung und gesellschaftliche Reformen auf der Grundlage der Gleichheit.

Das Vorbild der russischen Oktoberrevolution und die Beschäftigung mit dem Marxismus waren ausschlaggebend für die Neugründung der **Kommunistischen Partei Chinas** 1921 in Shanghai. Eine europäische Denkrichtung, die auf der sozioökonomischen Auseinandersetzung mit der Industrialisierung basierte, gewann im unterentwickelten Agrarland China an Einfluss.

Entscheidend für das Machtgefüge Chinas war aber die Stellung der **Warlords,** die als Oberbefehlshaber in den Provinzen über das Heer regierten und jede Veränderung ablehnten. Sie fühlten sich den alten Adelscliquen verpflichtet und bildeten mit den Steuereinnehmern, Geldverleihern und Großgrundbesitzern eine Schicht, die sich gegen Reformen stemmte. Das Ergebnis war eine unvorstellbare Armut der Bauern, die vor den Steuereinnahmen in die Städte flüchteten und als **Kulis** (Tagelöhner) und billige Arbeiter lebten.

Arbeitete Sun Yatsen anfänglich noch mit den Kommunisten zusammen, vor allem, um die Vorherrschaft der Warlords zu brechen, so fiel unter seinem Nachfolger General **Tschiang Kai-schek** 1925 die Kuomintang auseinander. Ein fürchterliches Blutbad nach einem Überfall auf die Arbeiter in Shanghai 1927 war der Beginn einer landesweiten Verfolgung der Kommunisten.

1934 schlossen die Truppen der Kuomintang die Kommunisten ein; sie konnten zwar flüchten, wurden aber durch ganz China von den Truppen der nationalen Volkspartei verfolgt. Die Kommunisten begaben sich auf den legendären **„Langen Marsch".** Unter schwersten Strapazen flohen sie in den Norden, schlugen sich rund 10 000 Kilometer durch elf Provinzen durch und versprachen Bauern, Jugendlichen und Intellektuellen, radikale Veränderungen durchzuführen, wenn sie an die Macht kämen.

Bei Yenan errichteten sie einen kleinen kommunistischen Staat. Tschiang Kai-schek setzte als ideologische Gegenkraft seine Bewegung „Neues Leben" entgegen. Zentrale Elemente des europäischen Faschismus wie Antikommunismus, Ablehnung der westlichen Demokratie und Militarisierung der Gesellschaft verband er mit den Lehren des Konfuzianismus.

Eine Entscheidung zwischen den beiden Parteien wurde durch die japanische Expansion in China vorerst aufgeschoben. Nach dem Einmarsch der Japaner in die Mandschurei 1931 eröffnete das Inselreich mit der **Proklamation des Kaiserreiches Mandschuko** 1937 einen offiziellen Krieg gegen China.

Kommunisten und Kuomintang stellten ihre Gegensätze zurück und kämpften gemeinsam gegen die Japaner. Dabei verbesserten die Kommunisten ihre Stellung bei der Landbevölkerung entscheidend. Von kleinen Gebieten aus, wo Kommunisten die Kontrolle hatten, führten sie schließlich 1949 die sogenannte Chinesische Revolution siegreich zu Ende.

Wirtschaftlich orientierte sich die Volksrepublik China am Industrialisierungsmodell der mit China verbündeten Sowjetunion. Die Bodenreform hatte die Bildung von **Volkskommunen** zum Ziel, auch Industrie, Handel und Handwerk wurden sozialisiert **(„Großer Sprung nach vorn").**

Kulturrevolution

Die Wirtschaftskrise im Anschluss an die Errichtung der Volkskommunen konnte zwar bis 1964 überwunden werden und die lückenlose Versorgung mit Nahrungsmitteln und wesentlichen Konsumgütern konnte im Großen und Ganzen gesichert werden. Doch wurde im Zuge der 1956 angeregten Diskussion „Hundert Blumen blühen nebeneinander, hundert Denkrichtungen streiten miteinander" auch Kritik an Mao geübt, die vor allem das Tempo der Umgestaltung der Produktionsverhältnisse, aber auch die Ideologie betraf.

Der 1959 entflammende Konflikt mit der Sowjetunion verschärfte nach dem Abzug der sowjetischen Spezialisten 1960 die **Fraktionskämpfe** im Zentralkomitee. Im November 1965 nahm Mao die Kritik am Theaterstück des Geschichtsprofessors und Vizebürgermeisters von Beijing „Hai Ju wird entlassen" zum Anlass, die ideologische Umgestaltung zu beschleunigen. Damit begann die sogenannte **Große proletarische Kulturrevolution,** eine Phase der permanenten Revolution gegen die Kritiker Maos im Zentralkomitee der KP, gegen die er im Herbst 1965 eine Abstimmungsniederlage erlitten hatte. Mithilfe der Armee und der **Roten Garden,** einer Mao ergebenen Parteimiliz, wurden bis 1969 die Kritiker aus der Führung eliminiert.

1968 verschlechterte sich das Verhältnis der Volksrepublik China zur Sowjetunion, im Jahr darauf kam es zum Bruch, von nun an gab es zwei konkurrierende kommunistische Ideologien.

Abkehr vom Maoismus

Nach dem Tod Maos 1976 wurde **Deng Xiaoping** der neue starke Mann, auf sein Betreiben stellte das Plenum des Zentralkomitees am 22. Dezember 1978 zur Person Maos fest: „Von einem revolutionären Führer zu verlangen, frei von Mängeln zu sein, ist nicht marxistisch!" Die Demontage des Idols begann und damit auch die Abkehr vom Totalitarismus. Dengs Politik beruhte auf der Trennung von Politik und Wirtschaft („sozialistische Marktwirtschaft"), die auch nach dem Tod des 92-jährigen starken Mannes Chinas 1997 beibehalten wurde. Politische Forderungen 1989 nach dem Vorbild Osteuropas wurden blutig niedergeschlagen. Heute ist China dem Namen nach noch kommunistisch, doch de facto ist es eine staatskapitalistische Ein-Parteien-Diktatur.

Arbeitsaufgaben

1. Vergleichen Sie die Sichtweise auf die Verbrechen Stalins und Maos. Erörtern Sie den heutigen Stellenwert Stalins für Russland und Maos für China.
2. Vergleichen Sie die Propagandaplakate von Stalin, Hitler und Mao Zedong.

Deng Xiaoping (1904–1997) öffnete China ab 1978

Der Kommunismus ist tot, die Diktatur lebt

Wandel durch Handel, der Satz ist nicht falsch, so viel lässt sich jetzt, drei Jahrzehnte nach Beginn der Reformpolitik sagen. Chinas Wandel ist spektakulär. Bloß: Es ist so gar nicht der Wandel, der uns ausgemalt wurde. China ist heute die zweitgrößte Wirtschaftsmacht der Erde. Nirgendwo gibt es mehr Handybesitzer, mehr Internetnutzer. Das Erstaunliche ist: Im politischen System ist der Wandel ausgeblieben … Das soll nicht heißen, dass das Land noch kommunistisch wäre. Nein, der Kommunismus ist tot. Die Diktatur aber lebt. Von Demokratie keine Spur, dafür ein neues, merkwürdiges Ding: ein autoritärer Staatskapitalismus, bei dem Macht und Geld Hand in Hand marschieren. Anders als früher lässt dieser Staat Freiheit im Privaten zu, kombiniert ansonsten aber entfesseltes Profitstreben mit der weiterhin eisernen Unterdrückung eines jeglichen Anflugs von Opposition.

www.sueddeutsche.de, 20. Oktober 2012

Kommentieren Sie den Artikel. Sind Sie der Meinung, dass das chinesische Modell Erfolg haben wird?

5 Faschistische Bewegungen

Die Bezeichnung Faschismus leitet sich vom italienischen „fascio“ (Rutenbündel) ab. Es symbolisierte in der Zeit des alten Roms die Herrschaft des Kaisers über Leben und Tod. Die Amtsdiener der höheren Beamten trugen in der Öffentlichkeit die „Fasces“ (Rutenbündel mit Axt) voran; sie waren beauftragt, im Namen des Magistrats Bestrafungen durchzuführen. Die italienischen Faschisten wählten dieses Symbol, um ihre Bereitschaft zur Ausübung von Gewalt bei ihrer politischen Arbeit zu untermauern. Gleichzeitig sollte die Rückbesinnung auf alte römische Symbole an die imperiale Machtausdehnung Roms über den gesamten Mittelmeerbereich erinnern.

Mussolini benutzte die römische „Axt“ als Symbol; Cover der italienischen Zeitschrift „Wissenschaftlicher Faschismus“ aus dieser Epoche

Faschistische Parteien gab es in nahezu allen Ländern Europas, die alle ein vergleichbares **Erscheinungsbild** aufwiesen:

- Sie waren nach dem **Führerprinzip** gegliedert und
- verfügten über uniformierte und bewaffnete Abteilungen.
- Demokratie und Parlament wurden generell abgelehnt.
- Sie wandten in Ideologie (Weltanschauung) und Propaganda einen spezifisch demagogischen (hetzerischen) Stil an und
- bekannten sich offen zum Einsatz von Gewalt, Einschüchterung und Terror zur Erreichung politischer Ziele.
- Politische Gegner/innen und Kritiker/innen sowie nationale Minderheiten wurden systematisch verfolgt.
- Die Parteikader wurden ausschließlich von Männern gebildet, Frauen waren Haushalt und Mutterschaft zugeordnet.

Wohin steuert die Welt?
„Alle“ ist das wichtigste Zahlwort der Demokratie. Es ist an der Zeit, „Wenige und Auserwählte“ zu sagen. Die Demokratie liegt in allen Ländern der Welt in den letzten Zügen: in einigen, wie zum Beispiel in Russland, ist sie umgebracht worden, in anderen ist sie einem immer deutlich hervortretenden Rückbildungsprozess unterworfen. ...
Das Leben gehört wieder dem Einzelwesen. Eine klassische Erneuerung ist im Gange. Die anonyme, trübselige, demokratische Gleichmacherei, die alle Farbe verbannte und alle Persönlichkeit unterdrückte, hört auf. Neue Aristokraten bilden sich: Es zeigt sich deutlich, dass die Masse nicht die Träger, sondern nur das Instrument der Geschichte sein können. ...

Benito Mussolini in der Zeitschrift „Gerarchia“, 25. Februar 1922

Benito Mussolini auf einem Plakat aus dem Jahre 1930

Überlegen Sie, welche Rolle dem Einzelnen im faschistischen Staat zukommt. Ermitteln Sie die möglichen „Feinde“ des faschistischen Systems.

Arbeitsaufgabe

- Erläutern Sie die Darstellungsform und die Symbole dieses Plakats. Beachten Sie dabei die Funktion des Löwen, die Abkürzung „SPQR“ und das Relief im Hintergrund.

6 Italien

In den ersten Nachkriegsjahren herrschten in Italien soziale Not und unsichere politische Verhältnisse. Viele waren mit dem Ausgang des Ersten Weltkrieges unzufrieden, da man die erhofften Gebiete in Istrien und an der dalmatinischen Küste nicht erhalten hatte.

In dieser Situation begann **Benito Mussolini** – vor dem Ersten Weltkrieg Volksschullehrer und sozialistischer Journalist –, die unterschiedlichen Wünsche, Hoffnungen und Forderungen der Menschen politisch zu bündeln. Auf Massenveranstaltungen beschuldigte er die Demokraten, schuld an diesem Zustand zu sein, und verhieß Ordnung, Sicherheit und die Lösung aller Probleme durch ein wieder erstarktes Italien, durch ein **Neues Römisches Imperium.**

Aus Angst vor Arbeiterunruhen unterstützten Industrie und Großgrundbesitzer rechte Terrorgruppen, die Mussolini als **italienische Kampfbünde** zusammenführte. Ziel der Faschisten war die **Beseitigung der Demokratie.**

Der Palazzo della Civiltà Italiana (Palast der italienischen Zivilisation) in Rom, auch Colosseo quadrato genannt, ist ein von 1938 bis 1943 erbautes neoklassizistisches Bauwerk, das an das Kolosseum in Rom erinnern und als Monumentalgebäude die Macht des neuen Italien repräsentieren sollte.

Erklären Sie, warum der Palazzo della Civiltà Italiana aus neun waagrechten und sechs senkrechten Rundbogenarkaden besteht.

Die Machtübernahme

Am 28. Oktober 1922 inszenierte Mussolini den **„Marsch auf Rom",** einen eher harmlosen Überfall auf den König, der mit den Faschisten ohnehin sympathisierte. Der König beauftragte Mussolini mit der Bildung einer Regierung, die aus Faschisten und gesinnungsverwandten Angehörigen anderer Parteien bestand. Im November erhielt Mussolini unbeschränkte Vollmachten durch das Parlament und bildete eine Parteimiliz. Durch ein neues Wahlgesetz, das die Nationalisten begünstigte, erlangte er 1924 65 Prozent der Stimmen.

Die faschistische Diktatur

Der sozialistische Abgeordnete **Giacomo Matteotti** hielt am 30. Mai 1924 im Parlament eine Rede über die „Herrschaft der Gewalt", in der er sich gegen den Faschismus aussprach.

Am Schluss seiner Rede wandte sich Matteotti noch einmal an den wie versteinert zuhörenden Mussolini: „Nehmen Sie sich in Acht! Die Freiheit zieht Irrtümer nach sich, von denen das Volk sich jedoch heilen kann. Die Tyrannei aber führt zum Tode der Nation. Sie wollen das Land zum Absolutismus zurückdrängen. Wir aber verteidigen die Souveränität des italienischen Volkes!" Matteotti war sich darüber im Klaren, dass er nach diesen Worten in Lebensgefahr schwebte. Als er nach seiner Rede auf die Abgeordnetenbank zurückkehrte, sagte er zu seinen Parteifreunden: „Jetzt könnt ihr meine Totenrede vorbereiten." Nur zehn Tage später schlugen die Entführer auf der Via Mancini zu.

Marco Finetti; in: Zeit, 10. Juni 1994, S. 78

Giacomo Matteotti (1885–1924), Generalsekretär der Sozialistischen Partei Italiens, wurde am 10. Juni 1924 ermordet. Seine Mörder, Anhänger Mussolinis, wurden entweder freigesprochen oder nach zwei Monaten Haft begnadigt.

Nach der Ermordung Matteottis am 10. Juni 1924 zogen die oppositionellen Mandatare aus dem Parlament aus. Diese Situation nützte Mussolini, um eine faschistische Diktatur zu errichten und die politischen Gegner durch Unterdrückung, Verbannungen und Ermordung auszuschalten. 1926 wurden die Oppositionsparteien verboten, die **Nationale Faschistische Partei** (Partito Nazionale Fascista) wurde zur Einheitspartei, regimekritische Zeitungen wurden verboten. In den **Lateranverträgen** von 1929 mit dem Heiligen Stuhl garantierte Mussolini den Vatikan als eigenständigen Staat, wodurch ihm auch die Unterstützung vieler katholischer Italienerinnen und Italiener sicher war.

Das Siegesdenkmal in Bozen

Auf persönliche Initiative Mussolinis wurde 1928 das Siegesdenkmal in Bozen (Südtirol) errichtet. Es trägt die Inschrift: „Hier an den Grenzen des Vaterlandes setze die Feldzeichen. Von hier aus bildeten wir die Anderen durch Sprache, Gesetze und Künste." Die Umbenennung des „Siegesplatzes" in „Friedensplatz" scheiterte 2002 durch ein Referendum (Volksabstimmung). Das umstrittene Denkmal ist durch Zäune und Überwachungskameras geschützt.

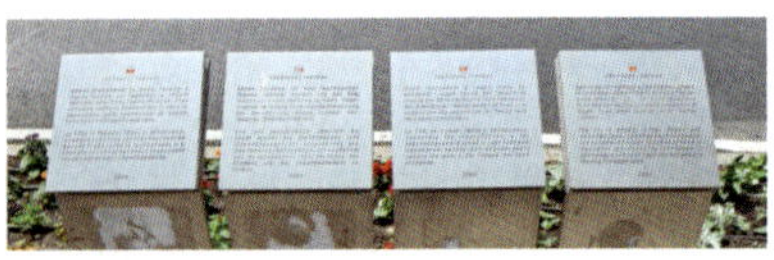

Kleine **Gedenktafeln,** aufgestellt 2004 von der Stadt Bozen, stehen im Abstand von 50 Metern zum Siegesdenkmal. Auf ihnen ist auf Italienisch, Deutsch, Ladinisch und Englisch zu lesen:

Stadt Bozen – Dieses Denkmal ist vom faschistischen Regime errichtet worden, um den Sieg Italiens im Ersten Weltkrieg zu feiern. Dieser brachte die Teilung Tirols und die Abtrennung der Bevölkerung dieses Landes vom Vaterland Österreich mit sich. Frei und demokratisch verurteilt die Stadt Bozen die Zwistigkeiten und Diskriminierungen der Vergangenheit und jede Form von Nationalismus und verpflichtet sich, im europäischen Geist die Kultur des Friedens und des Zusammenlebens zu fördern.

Auf umfassende Veränderungen wurde in sich ständig wiederholender **Propaganda** hingewiesen: Aufbau Roms zu einer imperialen Stadt, Trockenlegung der Pontinischen Sümpfe, wo Kleingärten angelegt wurden. Diese Vorhaben waren jedoch nicht neu, sondern bereits unter Gaius Julius Caesar geplant. Die Überbetonung des technischen Bereichs sollte die Jugend für die geplante Aufrüstung begeistern.

Eroberungskriege

Mit dem international kritisierten Überfall Italiens auf **Abessinien** (Äthiopien) 1935 wirkte sich die faschistische Gewaltpolitik auch auf die Außenpolitik aus. Nach militärischen Misserfolgen entschied sich Mussolini wie bereits vorher in **Libyen** für Giftgasattacken gegen Soldaten und die Zivilbevölkerung und das Abbrennen ganzer Landstriche. Dies war eine vorsätzliche Missachtung des **Genfer Protokolls** vom 17. Juni 1925, das den Einsatz von Giftgas verbot und von Italien 1928 bestätigt worden war. Etwa 500 000 Äthiopier/innen fielen dem italienischen Angriffskrieg und Besatzungsregime in den Jahren 1935 bis 1941 zum Opfer. Nach dem Ende des Zweiten Weltkrieges unterblieb eine Aufarbeitung allfälliger Kriegsverbrechen.

Der tödliche Regen, den die Flugzeuge ausbrachten, ließ alle die, die mit ihm in Berührung kamen, vor Schmerzen schreien. Alle, die vergiftetes Wasser tranken oder verseuchte Nahrung aßen, starben ebenso, fürchterliche Qualen leidend. Die Opfer des italienischen Senfgases gingen in die Zehntausende.

Aram Mattioli, Entgrenzte Kriegsgewalt; in: Vierteljahreshefte für Zeitgeschichte, 51/2003

Das Ende Mussolinis

Nach der Landung der Alliierten auf Sizilien wurde Mussolini durch den Großen Faschistischen Rat abgesetzt. Italien schloss mit den Amerikanern einen Waffenstillstand. Unter dem Schutz Hitlers führte Mussolini im Norden Italiens eine Marionettenregierung und wurde im April 1945 von kommunistischen Partisanen gefangen genommen und erschossen.

Faschismus in Südtirol

Die Faschisten verboten alle Südtiroler Parteien und wollten Südtirol gewaltsam italianisieren, verhinderten jede Autonomie und verboten den Schulunterricht auf Deutsch. Durch Industrieansiedlungen wurden bewusst zahlreiche Italiener/innen nach Südtirol geholt. Hitler garantierte Mussolini 1939 in einem Abkommen die Brennergrenze und warb unter den deutschsprachigen Südtirolern für eine „Heimkehr" ins Reich.

Eine große Mehrheit entschied sich für das Umsiedlungsprogramm **(Option)** ins Deutsche Reich, und Zehntausende verließen bis 1943 das Land. Die Kriegsereignisse verzögerten jedoch die Absiedlung, denn die von den Nationalsozialisten versprochene Neuansiedlung in Burgund, Polen und sogar auf der Krim erwies sich als trügerisches Versprechen.

Arbeitsaufgaben

1. Analysieren Sie, warum die italienischen Kriegsverbrechen in Abessinien und Libyen nach 1945 bald in Vergessenheit gerieten.
2. Nennen Sie faschistische Symbole, die Sie am „Siegesdenkmal" erkennen.
3. Erklären Sie, wer mit der Inschrift „ceterus"/„die Anderen" gemeint ist.
4. Interpretieren Sie, warum dieses Denkmal bis heute heftig umstritten ist.

7 Spanien

Im Ersten Weltkrieg blieb Spanien neutral. Der dadurch mögliche wirtschaftliche Aufschwung wirkte sich vor allem auf die industrialisierten Regionen Katalonien, Asturien und Baskenland aus. In diesen Gebieten richteten sich die Autonomiebestrebungen der Bergbauarbeiter und des Industrieproletariats gegen die Zentralregierung. In weiten Teilen Spaniens, vor allem im Süden, blieben die Feudalstrukturen bestehen. Die Monarchie stützte ihre Machtposition auf die Kirche, die aus der Zeit der Reconquista (15. Jahrhundert) riesige Ländereien besaß, die Großgrundbesitzer, die Armee und das Großbürgertum.

Autonomie: griech. autós: selbst und griech. nomos: Gesetz – Selbstständigkeit, Unabhängigkeit.

Proletariat: lat. proletarius: Bürger/innen der untersten Klasse, nach Karl Marx ein Lohnarbeiter/eine Lohnarbeiterin, der/die nur im Besitz seiner/ihrer Arbeitskraft ist und über keine eigenen Produktionsmittel verfügt.

Feudalstrukturen: lat. feudalis: zum Lehenswesen gehörend: Wirtschafts- und Gesellschaftsform, in der Grund und Boden im Besitz des Adels sind.

Reconquista: span.: Wiedereroberung; christliche Rückeroberung der Pyrenäenhalbinsel von der arabischen Herrschaft der Mauren.

CEDA: span.: Confederación Espanola de Derechas Autónomas; Spanische Konföderation der Autonomen Rechten: ein Bündnis von rechten spanischen politischen Parteien.

Ausrufung der Republik

Nach dem Ende einer Militärdiktatur wurde in Spanien 1931 die **Republik** mit freien Wahlen ausgerufen. Die liberale Verfassung fand mit wenigen Ausnahmen zunächst Zustimmung beim Bürgertum und bei sozialistischen Arbeiterinnen und Arbeitern. Die Regierung setzte eine Reihe von **Reformen** durch:

- Trennung von Staat und Kirche, Einzug der Kirchengüter
- Aufbau eines staatlichen Schulwesens
- Autonomiestatut für Katalonien und Baskenland
- Bodenreform (Verteilung von Landbesitz der Großgrundbesitzer)
- Sozialgesetzgebung für die Bergbau- und Industriearbeiter

Die antikirchliche Gesetzgebung führte zu einem Rechtsschwenk. Ein Bündnis von Monarchisten, Großgrundbesitzern, Bürgerlichen (CEDA) und faschistischen Kampfgruppen (Falangisten) setzte in einem neuen Kabinett die Rücknahme der Reformen durch. Dies führte zu einem Ansteigen der Gewalt zwischen Links- und Rechtsgruppierungen. Ein Bergarbeiterstreik in Asturien wurde von der Armee unter General Franco niedergeschlagen.

Wahlsieg der Volksfront

Republikaner, Sozialisten und Kommunisten schlossen sich zur **Volksfront** zusammen und gewannen die Wahlen 1936. Die radikale Linke sah in der Volksfrontregierung die Möglichkeit einer Diktatur des Proletariats. Terroranschläge gegen Kirchengüter, Landbesetzungen, Streiks und politische Morde mobilisierten die Rechtsparteien, die ihrerseits Terroranschläge ausführten.

Kommunistische Milizen zerstören am 7. August 1936 in Cerro de los Ángeles, nahe Madrid, ein Herz-Jesu-Denkmal; in der Londoner Daily Mail erschien dieses Foto unter dem Titel „Spanish Red's war on religion".

Spanischer Bürgerkrieg (Juli 1936 bis April 1939)

Unter dem Vorwand, die bürgerkriegsähnlichen Zustände beenden zu müssen, putschten führende Militärs unter **General Francisco Franco** und organisierten mit der spanischen Armee und der Fremdenlegion von Marokko aus einen „nationalen" Aufstand gegen die Volksfront. Etwa 19 000 „freiwillige" Soldaten der deutschen **Legion Condor,** die vor allem aus Einheiten der Luftwaffe bestand, unterstützten die Putschisten. Das faschistische Italien sandte ein Unterstützungskorps von 70 000 Soldaten, die in den Bürgerkrieg eingriffen. Westliche Demokratien verhielten sich neutral.

Aufseiten der Republik nahmen internationale **Freiwilligenbrigaden** aus der UdSSR, den USA, Großbritannien, Frankreich, Italien, Deutschland und Österreich an den Kämpfen teil, darunter die Autoren **Ernest Hemingway** und **George Orwell,** die ihre Eindrücke literarisch in den Büchern „Wem die Stunde schlägt" und „Mein Katalonien" verarbeiteten. Aus Österreich kamen 1 400 durch den Austrofaschismus vertriebene Sozialdemokraten und Kommunisten. Frankreich und die UdSSR sandten vor allem Waffen.

Gil Robles, Leiter der CEDA, im Juni 1936 vor dem Parlament
Seit dem 13. Mai (1936) wurden insgesamt 36 Kirchen völlig zerstört, 34 Gotteshäuser versuchte man in Brand zu setzen, 65 Personen wurden das Opfer politischer Mordanschläge, 24 Raubüberfälle aus politischen Motiven sind zu verzeichnen ... sie wollen die herrschende soziale Ordnung ändern, wenn sie könnten, durch einen Staatsstreich, an dessen Ende die Diktatur des Proletariats stehen soll; bis dieser Zeitpunkt gekommen ist, versuchen sie die allmähliche Zerstörung des individualistischen und kapitalistischen Produktionssystems in Spanien.

Dolores Ibárruri in der gleichen Sitzung
Man muss vielmehr damit beginnen, die Unternehmer einzusperren, die sich weigern, den Schiedsspruch der Regierung zu akzeptieren. Man muss die Gutsbesitzer einsperren, die die Bauern dem Elend und Hunger preisgeben, man muss die einsperren, an deren Händen noch das Blut ihrer Terrorakte klebt und die jetzt mit einem Zynismus sondergleichen herkommen, um von der Regierung Rechenschaft über Taten zu fordern, die überhaupt nicht geschehen sind.

Dolores Ibárruri, genannt „La Pasionaria“, war Abgeordnete der Kommunistischen Partei (PCE) im spanischen Parlament und eine wichtige Protagonistin des Spanischen Bürgerkriegs.

„Los Nacionales“ („Die Nationalen“); Plakat der Republikaner, Propagandaministerium, 1937

Burgos (Nordspanien) war während des Bürgerkrieges der Sitz von General Francos nationalistischer Regierung (Junta), von Lisboa (Lissabon) erhielt er Unterstützung durch den portugiesischen Diktator Antonio de Oliveira Salazar. Der Text „Arriba España“ („Es lebe Spanien“) befindet sich neben einer an einem Galgen exekutierten Landkarte Spaniens.

Arbeitsaufgaben

1. Analysieren Sie, welche Botschaft das Plakat „Los Nacionales“ der Bevölkerung vermitteln wollte.
2. Welche Verbündeten der Nationalisten sind dargestellt?
3. Erklären Sie, an welchen Symbolen man Nationalsozialisten und italienische Faschisten erkennt.
4. Aus welchen Motiven wurden von den Republikanern religiöse Stätten geschändet, Vertreter der katholischen Kirche verfolgt und kirchliches Eigentum beschlagnahmt?

Versuchsobjekt „Guernica“

Für die deutschen Militärs diente dieser Bürgerkrieg der Erprobung neuer Waffensysteme im Bereich der Luftwaffe. Der baskische Ort Guernica war in Europa die erste im Laufe eines Krieges dem Erdboden gleichgemachte Stadt. Guernica war kein militärisches Objekt. Der Zweck des Bombardements am 26. April 1937 war die Demoralisierung der Zivilbevölkerung, über 250 Einwohnerinnen und Einwohner wurden getötet. Guernica war das erste Opfer eines **Flächenbombardements** – tragisches Vorbild für Warschau, Rotterdam, Coventry, Dresden und Hiroshima.

> Guernica, Stadt von 5 000 Einwohnern, buchstäblich dem Erdboden gleichgemacht. Angriff erfolgte mit 250-kg- und Brandbomben. ... Die 250er warfen eine Anzahl Häuser um und zerstörten die Wasserleitung. Die Brandbomben hatten nun Zeit, sich zu entfalten und zu wirken. Die Bauart der Häuser ... führte zur völligen Vernichtung. Einwohner waren größtenteils eines Festes wegen außerhalb, Masse des Restes verließ die Stadt gleich zu Beginn. Ein kleiner Teil kam in getroffenen Unterständen um. Bombenlöcher – auf Straßen noch zu sehen, einfach toll. Stadt war völlig gesperrt für mindestens 24 Stunden, es war die geschaffene Voraussetzung für einen großen Erfolg, wenn Truppen nur nachgerückt wären. So nur ein voller technischer Erfolg unserer 250er.
>
> *Tagebuchseite vom 30. April 1937 von Pilot Wolfram Freiherr von Richthofen*

Der lange Schatten des Bürgerkrieges

Nach der Niederlage der Republikaner im April 1939 wurde in Spanien ein **faschistischer Ständestaat** errichtet. Dieser Staat sollte den Zweiten Weltkrieg überleben und erst nach dem Tode Francos 1976 von einer parlamentarisch-demokratischen Monarchie abgelöst werden. Hinterbliebenenverbände konnten in einem Zwischenbericht 2008 von 143 353 Opfern des Regimes berichten, die sie in Massengräbern entdeckten, teils identifizierten und in würdiger Weise neu bestatten konnten.

Das Tal der Gefallenen

Das „Tal der Gefallenen" (Valle de los Caídos), das wichtigste Sieges- und Gefallenendenkmal der Franco-Truppen, mussten nach 1940 in Zwangsarbeit Tausende republikanische Häftlinge errichten. Mit 142 Metern Höhe dominiert die Anlage ein Steinkreuz, an dessen Sockel Figuren der vier Evangelisten zu sehen sind. Darunter befindet sich eine 260 Meter lange, 20 Meter breite und 35 m hohe Krypta, davor weitläufige Klosteranlagen. Nach seinem Tod 1975 wurde Franco dort begraben. 2019 wurde der Leichnam exhumiert und in einem Friedhof am Stadtrand von Madrid beigesetzt.

Guernica, Pablo Picasso, 1937; Öl auf Leinwand (351 mal 782 cm)

Arbeitsaufgaben

1. Analysieren Sie, aus welchem Blickwinkel der Pilot Wolfram Freiherr von Richthofen den Angriff auf Guernica beschrieb.
2. Auf welche Weise stellte Picasso die Situation in Guernica nach dem Bombenangriff dar?
3. Analysieren Sie die Funktion und die Aussage des Denkmals „Tal der Gefallenen".
4. „Das ist ein historischer Tag". Interpretieren Sie diese Aussage des spanischen Ministerpräsidenten Pedro Sánchez zur Umbettung des Leichnams von Francisco Franco.

8 Österreich 1918–1945

8.1 Österreich in der Zwischenkriegszeit

Die junge Republik Österreich stabilisierte sich langsam auf Basis einer demokratischen Verfassung. Der Weltwirtschaftskrise von 1929 folgten Arbeitslosigkeit, ein Bürgerkrieg und eine faschistische Diktatur. Ohne militärische Gegenwehr endete mit dem Einmarsch deutscher Truppen am 12. März 1938 die Selbstständigkeit Österreichs.

Karl Renner (geb. 1870 in Untertannowitz, Mähren; gest. 1950 in Wien); sozialdemokratischer Politiker, von 1918 bis 1920 Staatskanzler, von 1920 bis 1934 Abgeordneter zum Nationalrat; von 1945 bis zu seinem Tod Bundespräsident von Österreich

Mit dem Ende des Ersten Weltkriegs zerfiel die Österreich-Ungarische Monarchie in einzelne Nationalstaaten. Die deutschsprachigen Abgeordneten wählten den Sozialdemokraten **Karl Renner** zum Staatskanzler. Der letzte Kaiser Karl I. trat zurück und am 12. November 1918 erfolgte in Wien die **Ausrufung der Republik Deutschösterreich** von der Rampe des Parlaments. Die Farben Rot-Weiß-Rot wurden als Staatsfarben bestimmt.

Gesetz über die Staats- und Regierungsform von Deutschösterreich (12. November 1918)
Art. 1: Deutschösterreich ist eine demokratische Republik. Alle öffentlichen Gewalten werden vom Volk eingesetzt.
Art. 2: Deutschösterreich ist ein Bestandteil der deutschen Republik.

Im März 1919 zogen die ersten weiblichen Abgeordneten (sieben Sozialdemokratinnen und eine Christlichsoziale) in den Nationalrat ein. Bei einer Gesamtzahl von 159 Mandataren erreichten sie einen Anteil von 5,03 Prozent.

Demonstration vor dem Parlament anlässlich der Ausrufung Deutschösterreichs am 12. November 1918

Ermitteln Sie mithilfe von www.parlament.gv.at die aktuelle Anzahl der weiblichen Abgeordneten im österreichischen Nationalrat und ihren prozentuellen Anteil an der Gesamtzahl der Mandatare.

Bei den **ersten Wahlen zum Nationalrat** der jungen Republik im Februar 1919 waren erstmals in Österreich auch **Frauen wahlberechtigt.** Gemäß dem Friedensvertrag von St.-Germain, der den Zusammenschluss mit Deutschland verbot, wurde mit 21. Oktober 1919 der neue Staatsname **Republik Österreich** angenommen.

Strittige Grenzen

Zwei bewaffnete Konflikte in **Kärnten** und im **Burgenland** konnten durch Abstimmungen weitgehend entschärft werden:

- Unter internationaler Aufsicht wurde am 10. Oktober 1920 eine Volksabstimmung über die Zugehörigkeit Südkärntens durchgeführt, wobei 60 Prozent der Wähler/innen bereits in der Zone I (der von Jugoslawien verwalteten Zone) für Österreich stimmten.
- Bei den Pariser Friedenskonferenzen erhielt Österreich das deutschsprachige Gebiet Westungarns zugesprochen. Das Gebiet um Ödenburg/Sopron fiel jedoch 1921 nach einer Abstimmung an Ungarn. Erst 1921 konnte Österreich das **Burgenland** als neuntes Bundesland aufnehmen.

Nachfolgestaaten der Österreich-Ungarischen Monarchie nach dem 1. Weltkrieg

Ergebnisse der Nationalratswahlen

Jahr	CS	SP	GD	LB	HW
1919	69	72	26		
1920	85	69	28		
1923	82	68	10	5	
1927	72	71	12	9	
1930	66	72	10	9	8

Sonstige: 1919 – 4; 1920 – 1
CS: Christlichsoziale/SP: Sozialdemokraten/GD: Großdeutsche/LB: Landbund/HW: Heimwehren

Bundeskanzler **Ignaz Seipel** (1922–1924 und 1926–1929)

Bundeskanzler **Engelbert Dollfuß** (1932 bis 25. Juli 1934)

Otto Bauer, sozialdemokratischer Oppositionsführer, lehnte 1931 das Koalitionsangebot von Seipel ab

Eine neue Verfassung

Am 1. Oktober 1920 beschloss der Nationalrat eine neue demokratische Verfassung, die auf folgenden Prinzipien aufbaute:

- **Republikanisches Prinzip:** An die Stelle eines Monarchen tritt der gewählte Bundespräsident.
- **Demokratisches Prinzip:** Das Recht geht vom Volk aus. Grundlage der parlamentarischen Republik ist die mittelbare Demokratie. Das Volk wählt Abgeordnete, die Gesetze formulieren und beschließen können.
- **Bundesstaatlich-föderalistisches Prinzip:** Als Gegengewicht zur zentralen Macht des Bundesstaates mit Bundesregierung und Nationalrat gibt es die neun Bundesländer mit eigenen Landesregierungen, Landtagen und dem Bundesrat.
- **Rechtstaatliches Prinzip:** Verwaltungsstellen und Gerichtsbarkeit vollziehen Gesetze, die im Parlament beschlossen wurden **(Gewaltenteilung).**

Parteien und Regierungsbildung

Nach dem Ende der Großen Koalition bildeten seit 1920 stets die **Christlichsozialen** eine Koalitionsregierung mit den Großdeutschen, dem Landbund oder der Heimwehr. Die **Sozialdemokratie** mit **Otto Bauer** verblieb seit 1920 in Opposition. Die parteipolitischen Gräben in der Gesellschaft nahmen zu.

Arbeitsaufgabe

- Ordnen Sie den Parteien die Stammwählergruppen und vorrangigen Forderungen zu. (Mehrfachnennungen möglich)

Wählergruppe: Industrielle und Gewerbetreibende ■ Höhere Beamte und Angestellte ■ Bevölkerung der großen Städte ■ Katholiken ■ Ehemalige Offiziere bzw. Landadelige ■ Landbevölkerung ■ Bauernschaft ■ Arbeiterschaft

Vorrangige Forderungen: Enge Verbindung von Staat und katholischer Kirche ■ Liberale Wirtschaftsgesetze ■ Soziale Absicherung der Arbeitnehmer/innen ■ Ablehnung von Parteien und Parlament ■ Gleichberechtigung der Frau ■ Anschluss an Deutschland ■ Trennung von Religion und Staat ■ Privater statt kommunaler Wohnbau

Partei	Wählergruppe	Vorrangige Forderungen
SP		
CS		
GD + LB		
HW		

Wirtschaftliche und soziale Probleme

Die Jahre der Ersten Republik waren Jahre der Krise und Stagnation (Stillstand). Die Nachkriegszeit war geprägt vom **Mythos der wirtschaftlichen Lebensunfähigkeit.** 1923 erhielt Österreich unter Bundeskanzler **Ignaz Seipel** eine finanzielle Hilfe vom **Völkerbund** mit Sitz in Genf (Genfer Anleihe), die an harte Auflagen gebunden war. Um das Staatsbudget zu sanieren, wurden 96 000 Beamte entlassen und Steuern erhöht. Am 12. Dezember 1924 wurde die **Schillingwährung** eingeführt. Die wirtschaftliche Entwicklung konnte sich stabilisieren.
Infolge der **Weltwirtschaftskrise** von 1929 brachen österreichische Banken zusammen. Der Staat übernahm die Verpflichtungen der Banken. Bundeskanzler **Engelbert Dollfuß** erhielt 1932 eine **Völkerbundanleihe** (Lausanner Anleihe). Drastische Sparmaßnahmen des Staates verschärften jedoch die Wirtschaftskrise und die Arbeitslosenrate stieg dramatisch an.

Es gehörte zum Alltag der 30er-Jahre, arbeitslos zu sein. Ihren Höhepunkt erreichte die Arbeitslosigkeit im Jahre 1933, in dem beinahe jeder Vierte ohne Arbeit war. Immer mehr Menschen wurden **„ausgesteuert“,** das heißt, sie bekamen kein Arbeitslosengeld mehr. Viele Menschen verloren das Vertrauen in das politische System.

Zahl der Arbeitslosen in Österreich 1929–1937

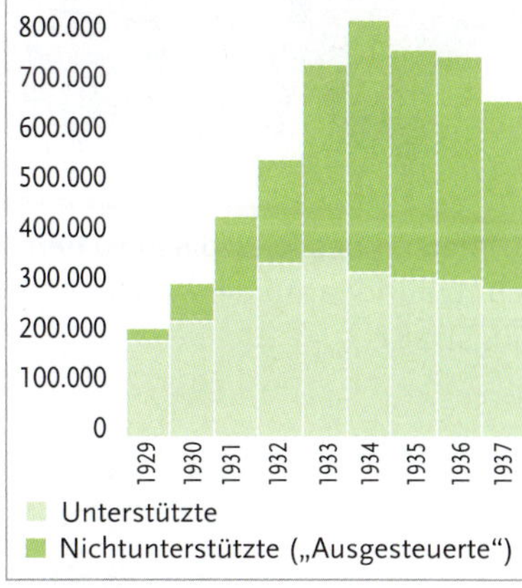

Das rote Wien

Als im Mai 1919 der Gemeinderat in Wien zum ersten Mal aufgrund des allgemeinen Wahlrechts gewählt wurde, erhielten die Sozialdemokraten eine Zweidrittelmehrheit. Damit begann das Aufbauwerk der **Wiener Gemeindebauten.** Zwischen 1923 und 1933 entstanden 65 000 neue Wohnungen mit eigener Wasserleitung und Toilette und einer durchschnittlichen Wohnfläche von ca. 40 m^2, was einer Verdoppelung des durchschnittlichen Wohnraumes gegenüber den Kleinwohnungen der Vorkriegszeit bedeutete.

Karl-Marx-Hof, Wohnhausanlage der Gemeinde Wien

Ein **ausgedehntes Sozialnetz** verringerte die Säuglingssterblichkeit und die „Wiener Krankheit“, die Tuberkulose. Mutterberatungsstellen, die Einrichtung eines schulärztlichen Dienstes, Horte für die Stunden nach der Schule, Ferienheime, Spielplätze und Kinderfreibäder sollten der heranwachsenden Jugend ein gesundes und besseres Leben ermöglichen.

Eröffnung des Karl-Marx-Hofes

Heute Vormittag wird Bürgermeister Seitz die größte Wohnhausanlage der Welt, ein Werk der Wiener Gemeindeverwaltung, in feierlicher Weise eröffnen. … Trotz der ungeheuren Größe der Anlage ist kaum ein Fünftel der Grundfläche verbaut worden, mehr als vier Fünftel entfallen auf Verkehrs- und Gartenflächen, sodass die Bewohner Licht, Luft und Sonne nicht zu missen brauchen. … In 1 382 mit allem Komfort ausgestatteten Wohnungen finden mehr als 5 000 Menschen Platz. … In der Anlage befinden sich: zwei Zentralwäschereien, die mit ihren elektrischen Kesseln eine Neuheit für ganz Europa darstellen, zwei Bäder mit 20 Wannen und 30 Brausen, zwei Kindergärten, eine Schulzahnklinik, eine Mutterberatungsstelle, eine Bibliothek, eine Apotheke, ein Jugendheim, ein Postamt, ein Krankenkassen-Ambulatorium, 25 Geschäfte und ein Gasthaus. … In den Höfen, die reiche gärtnerische Anlagen schmücken, befinden sich Sammelstellen für die Kolonialkübel. …

Illustrierte Kronen Zeitung vom 12. Oktober 1930

Vergleichen Sie die damalige mit der heutigen Ausstattung von Wohnanlagen.

Wehrverbände: Schutzbund und Heimwehr

Im Frühjahr 1923 wurde zum Schutz der Arbeiterschaft von der Sozialdemokratie der **Republikanische Schutzbund** gegründet, Waffenübungen und Aufmärsche standen auf der Tagesordnung. Nach der Ausschaltung des Parlaments wurde der Schutzbund durch eine Verordnung am 30. März 1933 verboten. Teilorganisationen versuchten im Februar 1934 militärisch die Zerstörung der Demokratie zu verhindern – allerdings erfolglos. Ihm gegenüber stand auf Seite der Christlichsozialen die **Heimwehr.** Hauptsächlich finanziert wurde diese von der Großindustrie und seit 1928 vom faschistischen Italien.

Aufmarsch des Republikanischen Schutzbundes auf der Wiener Ringstraße

Aufmarsch der Heimwehren, Wr. Neustadt, 7. Oktober 1928

Analysieren Sie die Bekleidung der Marschierenden.

Die Frontkämpfervereinigung
Nach dem Ende des Ersten Weltkrieges bildeten ehemalige Offiziere in Wien einen „Bund für Ordnung und Wirtschaftsschutz". Ziele dieser Gruppe waren die „Vereinigung aller arischen Frontkämpfer" und die „Pflege der Liebe zur Heimat". Ihre antisemitische Grundhaltung brachte sie bald in die Nähe des Nationalsozialismus.

Der brennende Justizpalast, 15. Juli 1927

Beschreiben Sie, wogegen die Arbeiter/innen vor dem Justizpalast protestierten.

Mit dem **Korneuburger Eid** lehnte man 1930 die Demokratie ab:

„Wir wollen Österreich von Grund auf erneuern! Wir wollen den Volksstaat des Heimatschutzes. ... Wir wollen nach der Macht im Staate greifen und zum Wohl des gesamten Volkes Staat und Wirtschaft neu ordnen. ... Wir verwerfen den westlichen demokratischen Parlamentarismus und Parteienstaat!"

Im April 1932 wurden die Heimwehren zum wichtigsten Koalitionspartner der Christlichsozialen. 1936 löste Bundeskanzler Schuschnigg die Heimwehren auf und überstellte sie in die **Vaterländische Front** (siehe S. 214).

Schattendorf und der Brand des Justizpalastes

Am 30. Jänner 1927 wurden im burgenländischen **Schattendorf** vorbeimarschierende **Schutzbündler** von **Frontkämpfern** aus einem Gasthaus beschossen. Ein vierzigjähriger Kriegsinvalide und ein achtjähriger Knabe kamen dabei ums Leben. Am 5. Juli 1927 begann der Prozess gegen die Angeklagten vor dem Wiener Landesgericht II – am 14. Juli wurden sie freigesprochen.

Am Morgen des 15. Juli legten Tausende ihre Arbeit nieder und zogen empört zum **Justizpalast:** Er wurde gestürmt und in Brand gesetzt. Bundeskanzler Ignaz Seipel befürchtete eine Revolution. Der Wiener Polizeipräsident **Johann Schober** rüstete die Polizei mit Gewehren aus und gab den Schießbefehl. Die traurige Bilanz dieser Tragödie: 85 tote Demonstrantinnen und Demonstranten, 4 tote Polizisten und weit mehr als 1 000 Verletzte.

Von der Ausschaltung des Parlaments zum Bürgerkrieg

Am 4. März 1933 traten alle drei Nationalratspräsidenten im Streit um die Gültigkeit eines Stimmzettels zurück. Die Sitzung wurde nicht geschlossen, die Abgeordneten verließen den Saal. Dollfuß nutzte diese **formale Arbeitsunfähigkeit des Parlaments,** um es auszuschalten. Die Fortsetzung der Sitzung am 15. März wurde mit Polizeigewalt von der Regierung verhindert.

Vom 12. März an erließ Bundeskanzler Dollfuß gemäß dem **kriegswirtschaftlichen Ermächtigungsgesetz** von 1917 zahlreiche **Verordnungen,** wie die Einschränkung der Pressefreiheit, die Ausschaltung des Verfassungsgerichtshofes, ein Streikverbot, die Auflösung des Republikanischen Schutzbundes und das Verbot politischer Demonstrationen.

Kriegswirtschaftliches Ermächtigungsgesetz vom 24. Juli 1917
§ 1 Die Regierung wird ermächtigt, während der Dauer der durch den Krieg hervorgerufenen außerordentlichen Verhältnisse durch Verordnung die notwendigen Verfügungen zur Förderung und Wiederaufrichtung des wirtschaftlichen Lebens, zur Abwehr wirtschaftlicher Schädigungen und Versorgung der Bevölkerung mit Nahrungsmitteln und anderen Bedarfsgegenständen zu treffen.
§ 3 dieses Gesetzes verpflichtet die Regierung, die aufgrund dieses Gesetzes erlassenen Verordnungen spätestens am Ende jedes Kalendervierteljahres dem Reichsrat vorzulegen und auf sein Verlangen außer Kraft zu setzen.

Arbeitsaufgaben

1. Erläutern Sie die politischen Ziele der Heimwehr.
2. Erläutern Sie, wozu Dollfuß das kriegswirtschaftliche Ermächtigungsgesetz, das sich auf eine Kriegssituation bezog, missbrauchte.

Als am Morgen des 12. Februar 1934 im Linzer **Hotel Schiff,** dem Parteiheim der Sozialdemokraten, von der Polizei nach Waffen gesucht wurde, leisteten Schutzbündler unter **Richard Bernaschek** bewaffneten Widerstand. Bis zum 15. Februar wurde in verschiedenen Teilen Österreichs gekämpft, in Wien vor allem um die großen **Wiener Gemeindebauten,** gegen die von der Regierung Artillerie eingesetzt wurde. Ein Generalstreik fand nicht statt, die Organisation des Widerstandes brach rasch zusammen. Etwa 20 000 Schutzbündlern standen annähernd 60 000 gut bewaffnete Angehörige von Bundesheer, Heimwehren, Gendarmerie und Polizei gegenüber.

Schauplätze des Bürgerkrieges, 12. bis 15. Februar 1934

Die demokratische Republik von 1920/29

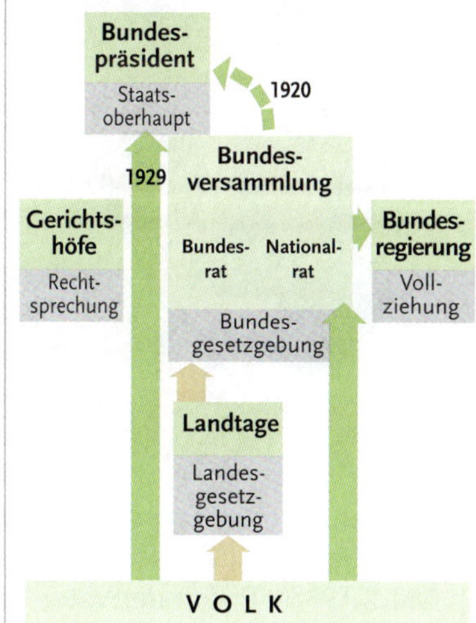

Am 16. Februar waren die Kämpfe zu Ende. Die Zahl der Toten werden mit ca. 360 beziffert, wobei beide Seiten ungefähr gleich viele Tote zu beklagen hatten. Weit über 100 Opfer waren Zivilisten, darunter Frauen und Kinder, die u.a. bei der Beschießung der Gemeindebauten ums Leben kamen. Neun Schutzbündler wurden nach dem Standrecht hingerichtet, darunter der schwer verwundete **Karl Münichreiter** oder der steirische Nationalrat **Koloman Wallisch.**

Die Februarereignisse besiegelten das Schicksal der Sozialdemokratie und das **Ende der Demokratie** in Österreich. Erst 2012 wurden vom Nationalrat die Opfer des Austrofaschismus rehabilitiert, die sich für ein unabhängiges und demokratisches Österreich eingesetzt hatten.

Der austrofaschistische Ständestaat von 1934

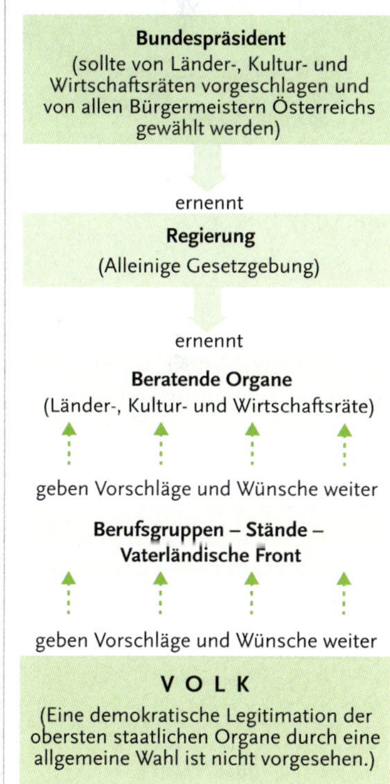

Arbeitsaufgaben

1. Erörtern Sie, warum die Februarkämpfer erst nach 80 Jahren vom Nationalrat rehabilitiert wurden.
2. Diskutieren Sie, ob die Februarereignisse als innere Unruhen, Aufstand oder Bürgerkrieg bezeichnet werden sollen.

Erläutern Sie die wesentlichen Unterschiede zwischen der demokratischen und der austrofaschistischen Verfassung.

Der austrofaschistische Ständestaat

Nach der Ausschaltung der Sozialdemokratie wurde der Aufbau eines **christlichen Ständestaates** fortgesetzt. Am 30. April 1934 ermächtigte der Rest-Nationalrat mit 74 gegen 10 Stimmen der Großdeutschen die Regierung zur Proklamation einer neuen Verfassung. Nationalrat und Bundesrat wurden aufgelöst und ihre Befugnisse auf die Bundesregierung übertragen. Die Bezeichnung „Republik" findet man in dieser Verfassung nicht mehr, das Recht ging von Gott, dem Allmächtigen aus.

Bundeskanzler Kurt Edler von Schuschnigg (29. Juli 1934 bis 11. März 1938), Plakat der Vaterländischen Front, 1936

Wahlwerbung der Nationalsozialisten für die Gemeinderatswahl in Wien 1932

Erläutern Sie, wie die Nationalsozialisten das Problem der hohen Arbeitslosigkeit lösen wollten.

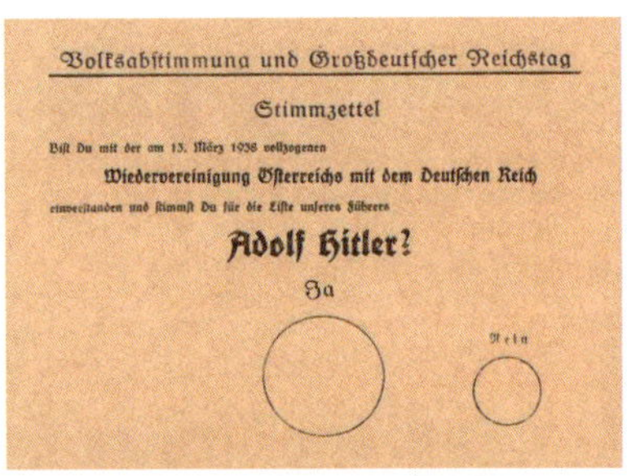

Volksabstimmung und Großdeutscher Reichstag

Stimmzettel

Bist Du mit der am 13. März 1938 vollzogenen

Wiedervereinigung Österreichs mit dem Deutschen Reich

einverstanden und stimmst Du für die Liste unseres Führers

Adolf Hitler?

Ja

Nein

Stimmzettel zur Volksabstimmung am 10. April 1938

Wodurch wurde am Stimmzettel das Wahlverhalten beeinflusst?

Die Vaterländische Front

Die Vaterländische Front ersetzte als Einheitspartei alle anderen Parteien. Mithilfe von Symbolen wie dem **Kruckenkreuz** – dem alten Symbol der Kreuzfahrer – und mit dem **Führerkult** wurden der italienische Faschismus und der deutsche Nationalsozialismus imitiert (nachgeahmt). Nach der Ermordung von Bundeskanzler Dollfuß durch Nationalsozialisten führte sein Nachfolger **Kurt Schuschnigg** die Entwicklung zum Ständestaat fort.

Der Anschluss Österreichs

30. Jänner 1933	■ Mit der Ernennung Adolf Hitlers zum deutschen Reichskanzler erstarkte auch die österreichische NSDAP.
25. Juli 1934	■ Die SS-Standarte 89 versuchte einen **Putsch,** der zwar scheiterte, aber Bundeskanzler Dollfuß das Leben kostete. Bei bewaffneten Aufständen der NSDAP in verschiedenen Teilen Österreichs kamen bis zum 30. Juli über 220 Menschen ums Leben.
12. Februar 1938	■ Im **Berchtesgadener Abkommen** vom 12. Februar 1938 wurde Österreich außenpolitisch isoliert und zu einem deutschen Satellitenstaat degradiert (herabgesetzt).
13. März 1938	■ Schuschnigg reagierte mit der Ankündigung einer **Volksbefragung** über die Zukunft Österreichs. Dem kam Hitler mit dem Einmarsch deutscher Truppen zuvor.
11./12. März 1938	■ Der österreichische Bundespräsident **Wilhelm Miklas** unterzeichnete in dieser Nacht die Ernennung des Nationalsozialisten **Arthur Seyß-Inquart** zum neuen Bundeskanzler. ■ Am frühen Morgen überschritten deutsche Truppen, ohne auf Gegenwehr zu stoßen, die Grenze. Sie wurden von weiten Bevölkerungskreisen mit Jubel empfangen.
10. April 1938	■ Es wurde eine **Volksabstimmung** über die Vereinigung Österreichs mit dem Deutschen Reich abgehalten. Eine ungeheure Propagandawelle für ein Ja zum Anschluss überschwemmte ganz Österreich. Neben dem früheren Staatskanzler **Karl Renner** erklärten u. a. auch die Bischöfe Österreichs unter der Leitung des Wiener Kardinals **Theodor Innitzer** öffentlich, dass sie mit Ja stimmen würden. ■ 99,7 Prozent der Wahlberechtigten stimmten für den Anschluss an das Deutsche Reich, Zehntausende Österreicher/innen waren von den Wahlen ausgeschlossen.

Rede Hitlers am 15. März 1938 auf dem Heldenplatz in Wien

8.2 Vom Anschluss bis zum Kriegsende

Mit dem Anschluss an das Deutsche Reich hörte Österreich als Staat zu existieren auf. Viele nun ehemalige Österreicher zogen in Hitlers Kriege, über 250 000 bezahlten dies mit ihrem Leben, etwa 40 000 Zivilisten starben bei Kampfhandlungen oder Bombardements, 130 000 fielen als Verfolgte dem NS-Regime zum Opfer. Am 8. Mai 1945 endete der Zweite Weltkrieg in Europa. Die neue österreichische Regierung verstand sich als erstes Opfer Hitlers, für die NS-Verbrechen war jedoch Deutschland verantwortlich.

Verwaltung in Reichsgauen

Der Name Österreich wurde ersetzt durch **Ostmark,** nach 1941 sollte auch dieser Begriff unterbleiben. Alle Funktionäre der Verwaltung waren Männer und wurden nach dem **Führerprinzip** von oben nach unten eingesetzt, eine demokratische Wahl war nicht vorgesehen.

Aus den neun Bundesländern wurden **sieben Reichsgaue:** Nordburgenland kam zum Gau **Niederdonau** (Niederösterreich), Südburgenland an den Gau Steiermark; Vorarlberg wurde mit Nordtirol vereint, Osttirol kam zu Kärnten. **Oberdonau** (Oberösterreich) erhielt das Ausseerland.

Verfolgung der Juden

Mit dem Anschluss 1938 traten auch in der Ostmark die **Nürnberger Rassegesetze** in Kraft, womit die Juden die rechtliche Gleichstellung mit den „arischen" (Angehörige der sogenannten „nordischen Rasse") Staatsbürgerinnen und Staatsbürgern verloren. Juden wurden diskriminiert: Ärzte, Anwälte, Journalisten, Musiker, Schauspieler oder Hebammen erhielten ein Berufsverbot, Firmen und über 59 000 Mietwohnungen wurden „arisiert", Beamte entlassen. Sie durften ihre gewohnte Schule oder Universität nicht mehr besuchen und die Nutzung bzw. der Zugang zu öffentlichen Verkehrsmitteln, Kinos, Bibliotheken oder Parks waren ihnen verboten.

Jüdische Mädchen aus Wien in einem Sammellager vor ihrer Deportation

In der **Reichspogromnacht** am 9. November 1938 wurden auf Hitlers Befehl auch in Österreich die Synagogen zerstört, 3 760 Juden wurden ins KZ Dachau gebracht, in Innsbruck wurden vier Juden ermordet. Mit Jahresbeginn 1939 mussten Juden die zusätzlichen Vornamen „Sara" oder „Israel" führen, auf ihre Ausweise wurde ein großes „J" gedruckt (siehe S. 228).

Österreichische NS-Opfer
Viele Österreicherinnen und Österreicher verloren gewaltsam ihr Leben, darunter 65 500 Juden, mehr als 20 000 geistig oder körperlich beeinträchtigte Menschen, 16 500 als KZ-Häftlinge, darunter 8 000 Roma und Sinti, mehr als 16 000 in Gefängnissen und 2 700 wurden als Widerstandskämpfer hingerichtet.

Die Schwächsten traf es zuerst
Unter der Bezeichnung „Euthanasie-Aktion" wurden im **Schloss Hartheim** bei Alkoven in Oberösterreich seit 1940 mehr als 18 200 körperlich und geistig beeinträchtigte Menschen umgebracht. Die Opfer wurden als „unwertes Leben", der Mord an ihnen wurde als „Gnadentod" bezeichnet.

Der in der direkten Nachbarschaft wohnende Karl Schuhmann machte 1940 heimlich das einzige Foto, welches das Krematorium von Hartheim in Betrieb zeigte. Er engagierte sich im Widerstand gegen das NS-Regime und wurde 1944 zu zehn Jahren Zuchthaus verurteilt.

Erläutern Sie, warum das Foto geheim aufgenommen werden musste.

Das Kaufhaus S. L. Schwarz in der Stadt Salzburg wurde am 23. April 1938 an den Schaufenstern als „Judengeschäft" gebrandmarkt. Ein SA-Posten bewacht den Eingang.

Die Jüdin Anna Pollak (Wäsche- und Wirkwarenhandlung, Rainerstraße 4) am Tag nach der Reichspogromnacht bei Aufräumarbeiten vor ihrem Geschäft. Sie lebte seit ihrer Geburt 1873 in Salzburg; 1942 wurde sie ins KZ Theresienstadt deportiert und danach im Vernichtungslager Treblinka ermordet.

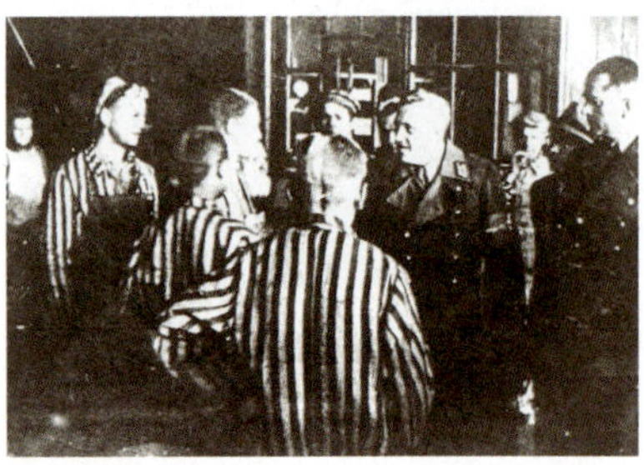

KZ-Häftlinge aus Mauthausen in den Reichswerken Hermann Göring in Linz am 25. Juni 1944 im Gespräch mit Gauleiter August Eigruber und Rüstungsminister Albert Speer

Erläutern Sie, warum 1944 hohe NS-Funktionäre KZ-Häftlinge im Arbeitseinsatz aufsuchten.

Von den etwa 200 000 Juden, die 1938 noch in Österreich lebten, gelang über 120 000 unter Aufgabe ihres Besitzes und oft unter Trennung von ihren Familienangehörigen die Flucht ins Ausland. Mit Oktober 1941 wurde die „Auswanderung" von Juden verboten, sie sollten im Rahmen der **„Endlösung der Judenfrage"** umgebracht werden. Aus Österreich gelten 88 Personen als „Gerechte unter den Völkern", weil sie in der NS-Zeit Verfolgte vor der Deportation und Ermordung retteten.

Einer der 88 Gerechten unter den Völkern

Angelica Bäumer wird mit ihren Geschwistern und ihren Eltern vom katholischen Pfarrer Balthasar Linsinger gerettet, der sie als „Ausgebombte" aus Wien in seinem Pfarrhof in Großarl (Land Salzburg) versteckt. Um nicht aufzufallen, durfte Bäumer während des Gottesdienstes den Blasebalg der Orgel treten. So musste sie nicht zur Kommunion gehen, die ihr als Jüdin auch fremd war.

Wiener Zeitung, 3. Dezember 2011

Konzentrationslager

1938 wurde in **Mauthausen** ein Konzentrationslager errichtet, mit Nebenlagern in ganz Österreich. (Siehe S. 230 f.). Zwischen 1938 und 1945 gab es 200 000 Häftlinge (Juden, Roma und Sinti, politisch Oppositionelle, Widerstandskämpfer, Zeugen Jehovas, Kriegsgefangene) aus fast allen europäischen Ländern. Jeder zweite Häftling kam in den Lagern um: an Unterernährung, Krankheiten, Verletzungen bei der Arbeit, Erfrierungen beim Winterappell, durch pseudomedizinische Versuche oder Tötung durch Giftgas. Mauthausen selbst war eines der gefürchtetsten **Todeslager,** durch den schikanösen Arbeitseinsatz in den Granitsteinbrüchen starb jeden Monat ein Fünftel der Häftlinge.

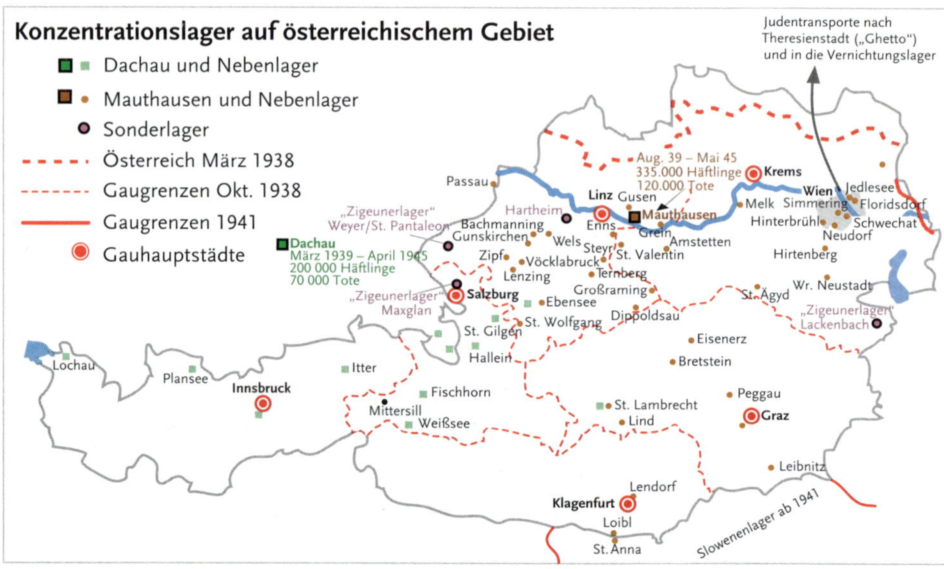

Zwangsarbeit

Die Einberufungen zur Wehrmacht hatten auch in der Ostmark einen Mangel an Arbeitskräften zur Folge, der durch etwa 1 Million **Zwangsarbeiter/innen** – Kriegsgefangene, Zivilarbeiter/innen, KZ-Häftlinge und ungarische Juden – behoben wurde.

Die SS (siehe S. 223) nutzte den Arbeitskräftemangel, indem sie gegen Bezahlung KZ-Häftlinge für Firmen bereitstellte. Die Rüstungsbetriebe wie die **Reichswerke Hermann Göring** (spätere VOEST) in Linz oder Großbaustellen wie **Kaprun** profitierten von den billigen und rechtlosen Arbeitskräften.

Was Zwangsarbeit bedeutete

„Im Sommer mussten wir im Wald schlafen, im Winter alle zusammen in einer Holzbaracke. Ich leide heute unter akutem Asthma, einer Lungennarbe, schweren Beinkrämpfen, Krampfadern und Schlaflosigkeit“, berichtet der gebürtige Ukrainer Stefan H. von seinem Zwangsarbeitseinsatz in einem Forstbetrieb in Österreich.

Anastazia K. aus der Ukraine leidet noch immer an Schlaflosigkeit, Angstzuständen und Depressionen. Sie war bei der Feldarbeit geschlagen worden. Ein Kind, das sie nach einer Vergewaltigung geboren hatte, wurde ihr auf der Stelle weggenommen.

1939–45: Zwangsarbeit in Österreich, Versöhnungsfonds, S. 13

Im ganzen Dritten Reich gab es zu Kriegsende 300 Heime für „Fremdvölkische Kinder“, darunter der Lindenhof in Spital am Pyhrn. Die Sterblichkeitsrate der Kinder war sehr hoch. Im Heim Etzelsdorf, Gemeinde Pichl bei Wels starben binnen sieben Wochen 13 der eingelieferten 39 Säuglinge, begraben wurden sie namenlos.

Arbeitsaufgabe

- Diskutieren Sie, warum den Zwangsarbeiterinnen ihre Babys weggenommen und in „Fremdvölkische Kinderheime“ gebracht wurden und warum die Sterblichkeit in diesen Heimen sehr hoch war.

Widerstand und Verfolgung in Österreich

Zwei Gruppen leisteten in Österreich aktiven Widerstand gegen das NS-Regime: die organisierte Arbeiterschaft und das bürgerlich-katholische Lager. Im Herbst 1938 gründete der Klosterneuburger Chorherr **Karl Roman Scholz** die **Österreichische Freiheitsbewegung.** Diese wurde wie viele andere Widerstandszellen verraten, die Mitglieder zum Tode verurteilt und hingerichtet. Hauptstützpunkte des Widerstands der **Revolutionären Sozialisten,** der **Freien Gewerkschaften** und der **Kommunisten** waren Zellen in Großbetrieben, die illegal Zeitungen und Flugblätter verteilten.

Der Wiener Lehrer Johann **Otto Haas** baute eine Widerstandsorganisation der Revolutionären Sozialisten auf. Er wurde vom Volksgerichtshof wegen „Vorbereitung zum Hochverrat“ zum Tode verurteilt und am 30. August 1944 im Landesgericht Wien hingerichtet. (Foto: Gestapo Wien)

Auch innerhalb der Deutschen Wehrmacht entstanden Widerstandsgruppen, in Wien übernahm Hauptmann **Karl Szokoll** deren Organisation. Nach dem Scheitern des Attentats auf Hitler am 20. Juli 1944 wurden auch Österreicherinnen und Österreicher hingerichtet. Szokoll blieb unentdeckt und er konnte Verbindungen zur zivilen Widerstandsgruppe **05** (0 = O, 5 = E, Oesterreich) aufnehmen.

Im Dezember 1944 bildete sich ein Komitee aus Katholiken, Sozialisten und Kommunisten mit dem Ziel, Wien kampflos an die sowjetische Armee zu übergeben, um sinnlose Menschenopfer zu verhindern. Die von Szokoll koordinierte **Operation Radetzky** scheiterte am 6. April 1945 durch Verrat, die drei Offiziere **Karl Biedermann, Alfred Huth** und **Rudolf Raschke** wurden nach grausamen Folterungen in Floridsdorf erhängt. Einen Monat später hatten die Alliierten das ehemalige Österreich besetzt und am 8. Mai 1945 wurde der Zweite Weltkrieg beendet.

Karl Biedermann war Kommandant der österreichischen Heimwehr, Major der deutschen Wehrmacht und Angehöriger des militärischen Widerstands gegen den Nationalsozialismus; am 8. April 1945 wurde Biedermann zusammen mit zwei weiteren Angehörigen des militärischen Widerstands, Hauptmann Alfred Huth und Oberleutnant Rudolf Raschke, öffentlich am Floridsdorfer Spitz in Wien gehängt. Im Jahr 1995 wurde in Wien-Floridsdorf die Karl-Biedermann-Gasse nach ihm benannt. (Foto: DÖW)

Interpretieren Sie den umgehängten Text: „Ich habe mit den Bolschewiken paktiert!“

Arbeitsaufgaben

1. Erörtern Sie die Gründe, warum das Thema Zwangsarbeit lange Zeit in Österreich verdrängt wurde.
2. Nehmen Sie eine Analyse der Zeitungsausschnitte vor und gehen Sie dabei auf die unterschiedliche Berichterstattung ein. Kriterien, die zu einem Vergleich herangezogen werden können:
   - Umfang der Nachricht auf der Titelseite
   - Personelle Zusammensetzung des Geschworenengerichts
   - Inhalt des Urteilsspruchs (auch der Eventualfragen)
   - Reaktionen der Leute vor dem Gericht nach der Urteilsverkündung
   - Reaktionen der Arbeiterschaft

Nr. 193. Wien, Freitag, 15. Juli 1927.

Die Arbeitermörder freigesprochen.

Der Bluttag von Schattendorf ungesühnt.

Um ¼6 Uhr nachmittags zogen sich die Geschwornen zur Beratung zurück. Die Geschwornenbank war folgendermaßen besetzt: Viktor Dupal, Seschergehilfe, Wien; Johann Staufer, Zimmermeister, Achau; Josef Seger, Oberoffizial, Wien (Floridsdorf); Lorenz Reisenberger, Realitätenbesitzer, Bruck an der Leitha; Johann Schlaffer, Zimmermannsgehilfe, Deutsch-Schützen; Anton Berger, Sekretär, Wien; Leopold Pinas, Druckergehilfe, Wien; Karl Beer, Friseur, Wien; Anton Toischer, Pensionist, Wien; Franz Schmidhofer, Spenglergehilfe, Wien; Franz Siderits, Landwirt, Stegersbach; Wilhelmine Zelensky, Private, Wien.

Der lachende Geschworne als Obmann.

Die Geschwornen wählten zu ihrem Obmann Josef Seger. Das ist jener Geschworne, der gleich am zweiten Tage durch sein Lachen eine Szene provoziert hat und der auch während des ganzen Verlaufs des Prozesses aus seiner Parteinahme für die Angeklagten und seinem Haß gegen die Sozialdemokraten kein Hehl gemacht hat.

Das Verdikt.

Nach mehr als dreistündiger Beratung verkündete der Obmann der Geschwornen das Verdikt:

Die Hauptfrage, lautend auf das Verbrechen der öffentlichen Gewalttätigkeit, begangen unter besonders erschwerenden Umständen, wurde mit 9 Stimmen Nein gegen 3 Stimmen Ja für alle drei Angeklagten verneint. — Die erste Eventualfrage auf das Verbrechen der schweren körperlichen Beschädigung wurde für alle drei Angeklaaten mit 6 Ja und 6 Nein beantwortet, also gleichfalls verneint (weil zu einem Schuldspruch mindestens 8 Ja notwendig sind). Die zweite Eventualfrage auf Vergehen gegen die körperliche Sicherheit wurde für Josef Tscharmann und Georg Pinter mit 7 Ja und 5 Nein beantwortet; also verneint. Für Hieronymus Tscharmann wurde diese Frage mit 7 Nein und 5 Ja ebenfalls verneint.

Auf Grund dieses Verdikts verkündete de. Vorsitzende den Freispruch aller Angeklagten. Sie wurden kurz darauf auf freien Fuß gesetzt und fuhren um ½10 Uhr in zwei Autos vom Gerichtsgebäude weg. Die Urteilsverkündung spielte sich in Ruhe ab, bei der Abfahrt der freigesprochenen Arbeitermörder ertönten aus kleinen Gruppen ihrer Gesinnungsfreunde Heil-Rufe.

Das Urteil wurde in Wien in den Abendstunden bekannt und löste, namentlich in den Arbeiterbezirken, überall Erregung und Empörung aus, doch kam es nirgends zu Zwischenfällen.

Arbeiterzeitung

Nr. 193 Wien, Freitag, den 15. Juli 1927

Die im redaktionellen Texte enthaltenen entgeltlichen Mitteilungen sind durch ein vorge

Freispruch im Schattendorfer Prozeß.

Wien, 14. Juli.

Der Prozeß gegen die Brüder Tscharmann und deren Schwager Pinter, die beschuldigt waren, am 30. Jänner bei den Zusammenstößen in Schattendorf den Schutzbündler Csmarits und den Knaben Grössing erschossen zu haben, endete heute abend mit dem Freispruch der Angeklagten. Das Urteil wurde von einer vor dem Landesgerichtsgebäude versammelten Menge mit lebhaften Heilrufen aufgenommen.

Ein klar

Wien, am 14. Juli.

Zwei Gruppen von Angeklagten standen in dem Schattendorfer Prozeß vor den Richtern. Die eine Gruppe, das waren die drei Frontkämpfer, denen der Staatsanwalt die strafgesetzliche Schuld an dem Tode des Schutzbündlers Csmarits und des Knaben Grössing beigemessen hat. Die andere, viel größere Gruppe bestand aus bekannten und unbekannten Personen, aus kleinen Raufbolden und einflußreichen Parteimännern, gegen die keine formelle Anklage erhoben war, die aber alle

Reichspost

Ziele erreicht – „Totalitäre Systeme"

KOMPETENZ-ERWERB

1. **Kommunismus – zwischen Anspruch und Wirklichkeit**

   a) Erläutern sie die Eigensicht der Erfolge der Oktoberrevolution, wie sie vom Zentralkomitee der Kommunistischen Partei zum 100. Geburtstag Lenins formuliert worden sind.

   b) Erörtern Sie Sichtweisen und Kritikpunkte am Sowjetsystem, wie sie in den anderen Quellen zum Ausdruck gebracht worden sind.

   c) Verfassen Sie, mithilfe des Internets, Kurzbiografien über Rosa Luxemburg, Karl Raimund Popper und Josip Broz Tito.

Thesen des Zentralkomitees der Kommunistischen Partei der SU zum 100. Geburtstag Waldimir Iljitsch Lenins, 1970
Die große sozialistische Oktoberrevolution gab der Welt ein Modell für die Lösung der grundlegenden sozialen Probleme: Sturz der Macht der Ausbeuter und Errichtung der Diktatur des Proletariats; Verwandlung des Privateigentums, des Eigentums der Bourgeoisie und der Gutsbesitzer, in gesellschaftliches, in sozialistisches Eigentum; gerechte Lösung der Agrarfrage zugunsten der Bauern; Befreiung der abhängigen Völker vom nationalen und kolonialen Joch; Schaffung der politischen und ökonomischen Voraussetzungen für den Aufbau des Sozialismus ... Die große sozialistische Oktoberrevolution war der erste siegreiche Akt der sozialistischen Weltrevolution. ...

Reinhard Kühnl (Hg.), Geschichte und Ideologie, 1973, S. 97

Die Sozialistin Rosa Luxemburg, 1918
Lenin ... vergreift ... sich völlig im Mittel ... Der einzige Weg zur Wiedergeburt ist die Schule des öffentlichen Lebens selbst, uneingeschränkteste breiteste Demokratie, öffentliche Meinung. Gerade die Schreckensherrschaft demoralisiert ... Mit dem Erdrücken des politischen Lebens im ganzen Lande muss auch das Leben in den Sowjets immer mehr erlahmen. Ohne allgemeine Wahlen, ungehemmte Presse- und Versammlungsfreiheit, freien Meinungskampf erstirbt das Leben in jeder öffentlichen Institution, wird zum Scheinleben, in dem die Bürokratie allein das tätige Element bleibt.Das öffentliche Leben schläft allmählich ein, einige Dutzend Parteiführer von unerschöpflicher Energie und grenzenlosem Idealismus dirigieren und regieren, unter ihnen leitet in Wirklichkeit ein Dutzend hervorragender Köpfe, und eine Elite der Arbeiterschaft wird von Zeit zu Zeit zu Versammlungen aufgeboten, um den Reden der Führer Beifall zu klatschen, vorgelegten Resolutionen einstimmig zuzustimmen, im Grunde also eine Cliquenwirtschaft – eine Diktatur allerdings, aber nicht die Diktatur des Proletariats, sondern die Diktatur einer Handvoll Politiker, d. h. eine Diktatur im bürgerlichen Sinne ...
Freiheit nur für die Anhänger der Regierung, nur für die Mitglieder einer Partei – mögen sie auch noch so zahlreich sein – ist keine Freiheit. Freiheit ist immer nur Freiheit des anders Denkenden.

Rosa Luxemburg, Politische Schriften, Bd. III, 1968, S. 134, S. 136

Der westliche Wissenschaftler Karl Raimund Popper, 1958
Von allen politischen Idealen ist der Wunsch, die Menschen glücklich zu machen, vielleicht der gefährlichste. Ein solcher Wunsch führt unvermeidlich zu dem Versuch, anderen Menschen unsere Ordnung „höherer" Werte aufzuzwingen, um ihnen so die Einsicht in Dinge zu verschaffen, die uns für ihr Glück am wichtigsten zu sein scheinen ... Wir alle haben das sichere Gefühl, dass jedermann in der schönen, der vollkommenen Gemeinschaft unserer Träume glücklich sein würde. Und zweifellos wäre eine Welt, in der wir uns alle lieben, der Himmel auf Erden. Aber ... der Versuch, den Himmel auf Erden einzurichten, produziert stets die Hölle.

Karl R. Popper, Die offene Gesellschaft und ihre Feinde, Bd. II, 1975, S. 291 f.

Die Kritik Titos an der Sowjetunion, zusammengestellt von I. Fetscher
1. Die Sowjetunion ist unter Stalin ein imperialistischer Staat geworden und treibt daher eine unsozialistische Außenpolitik.
2. In der Sowjetunion herrscht ein Verhältnis der Ungleichheit und der Unterdrückung zwischen den Nationen, da in Theorie und Praxis die Lehre von der „führenden Nation", den Großrussen, vertreten wird.
3. In der Sowjetunion hat sich ein neuer Klassenstaat mit einer (wirtschaftlich und politisch bevorrechteten) bürokratischen Oberschicht herausgebildet. Der Weg zur klassenlosen Gesellschaft ist daher verlassen worden.
4. In der Sowjetunion herrscht ein zentralistischer Bürokratismus, der sich auf dem Gebiet der Wirtschaft als Staatskapitalismus, auf politischem Gebiet als Herrschaft der Verwaltungsbehörden und der politischen Polizei ausdrückt. Der Weg zur sozialistischen Demokratie wurde also verlassen und der wirkliche Sozialismus verraten.
5. Die Ideologie der Sowjetunion hat vom Marxismus-Leninismus nur noch den Namen, in Wahrheit handelt es sich um eine dogmatisch erstarrte, wirklichkeitsfremde Lehre, die den Machthabern zur Verschleierung der wahren Verhältnisse dient.

Iring Fetscher, Von Marx zur Sowjetideologie, 1972 (Neufassung), S. 147

2. Arbeiten Sie aus der Karte heraus, wann welches Land kommunistisch wurde und wo es Aufstände dagegen gab.

3. Zitate in den Mund gelegt – Wer sagte was?

① Lenin ② Deng Xiaoping ③ Marx ④ Gorbatschow ⑤ Stalin ⑥ Mao Zedong

☐ „Es spielt keine Rolle, ob die Katze schwarz oder weiß ist; solange sie Mäuse fängt, ist sie bereits eine gute Katze."

☐ „Die politische Macht kommt aus den Gewehrläufen."

☐ „Man kann kein Omelett backen, ohne Eier zu zerschlagen und keine Revolution machen, ohne Köpfe einzuschlagen."

☐ „Wie viele Dimensionen hat der Papst?"

☐ „Wer zu spät kommt, den bestraft das Leben."

☐ „Religion ist Opium für das Volk."

Holocaust-Mahnmal in Berlin, 2006

Der Nationalsozialismus

Meine Ziele

KOMPETENZ-ERWERB

Nach der Bearbeitung dieses Kapitels kann ich
- Merkmale des Nationalsozialismus nennen;
- die Auswirkungen der NS-Politik auf verschiedene Bevölkerungsgruppen reflektieren;
- die Durchdringung der deutschen Gesellschaft mit NS-Organisationen erläutern;
- die Begriffe „Schoa“ und „Holocaust“ erklären und diskutieren;
- die Judenverfolgung in der NS-Zeit als schrittweisen Prozess darstellen und erläutern;
- die beschönigende Verwendung von Begriffen in der NS- und SS-Sprache aufzeigen und analysieren;
- Zeitzeugen und -zeuginnen und deren geschilderte Erfahrungen in einen historischen Kontext einordnen;
- die NS-Euthanasie in ihren menschenverachtenden Auswirkungen beschreiben und bewerten;
- den Begriff „Revisionismus“ erläutern.

Aus dem Programm der NSDAP 1920

1. Wir fordern den Zusammenschluss aller Deutschen aufgrund des Selbstbestimmungsrechtes der Völker zu einem Großdeutschland.
2. Wir fordern die Gleichberechtigung des deutschen Volkes gegenüber den anderen Nationen, Aufhebung der Friedensverträge von Versailles und Saint Germain.
3. Wir fordern Land und Boden (Kolonien) zur Ernährung unseres Volkes und Ansiedlung unseres Bevölkerungsüberschusses.
4. Staatsbürger kann nur sein, wer Volksgenosse ist. Volksgenosse kann nur sein, wer deutschen Blutes ist, ohne Rücksichtnahme auf Konfession. Kein Jude kann daher Volksgenosse sein.

Hitler ließ sich 1927 von seinem Fotografen Heinrich Hoffmann zur Vorbereitung von Reden bei Massenveranstaltungen porträtieren. Posen, Gesten und Lichteffekte wurden sorgfältig einstudiert (Bayerische Staatsbibliothek).

1 Parteigründung und -ideologie

Ich bin ein deutscher Nationalist ..., das heißt, ich bekenne mich zu meinem Volkstum. ... Mein gesamtes Denken und Handeln gehört ihm. Ich bin Sozialist, ich sehe vor mir keine Klasse und keinen Stand, sondern jene Gemeinschaft von Menschen, die blutsmäßig verbunden, durch eine Sprache geeint, einem allgemeinen gleichen Schicksal unterworfen sind.
(Adolf Hitler, 1928, Politik der NSDAP)

Im Münchner Hofbräuhaus verkündete Adolf Hitler im Februar 1920 ein **25-Punkte-Programm** der Nationalsozialistischen Deutschen Arbeiterpartei **(NSDAP).** Arbeiter traten jedoch der Partei kaum bei, es dominierten rechtsextreme Offiziere und Soldaten, im Reichstag war sie nicht vertreten.

Von der NSDAP wurden Unzufriedene, Gegner der Friedensschlüsse von Versailles sowie Gegner der sich langsam aufbauenden parlamentarisch-demokratischen Ordnung angesprochen. Um möglichst viele Anhänger/innen zu gewinnen, bedienten sich Hitler und seine Parteifreunde einer verwirrenden Mischung von antimarxistischen, nationalistischen, antisemitischen und scheinbar antikapitalistischen Phrasen.

Unseres Volkes Erwachen ist da. Das Symbol des Klassenkampfes (= 1. Mai), des ewigen Streites und Haders, wandelt sich nun wieder zum Symbol der großen Einigung und Erhebung der Nation. ...

Die Millionen Menschen, die in Berufe aufgeteilt, in künstlichen Klassen auseinandergehalten worden sind, die, vom Standesdünkel und Klassenwahnsinn befallen, einander nicht mehr verstehen können, sie müssen wieder den Weg zueinander finden! Wenn 70 Jahre lang (1863 wurde die SPD gegründet) der Wahnsinn als politische Idee vertreten und gepredigt wurde, wenn 70 Jahre lang die Zerstörung der Volksgemeinschaft politisches Gebot war, dann ist es schwer, mit einem Schlag den Sinn der Menschen wenden zu wollen. ...

Es bleibt unser unverrückbarer Entschluss, jeden einzelnen Deutschen, sei er, wer er sei, ob arm, Sohn von Gelehrten oder Sohn von Fabrikarbeitern, einmal in seinem Leben zur Handarbeit zu führen, damit er sie kennenlernt. Wir wollen in einer Zeit, da Millionen unter uns leben, ohne Verständnis für die Bedeutung des Handarbeitertums, das deutsche Volk durch die Arbeitsdienstpflicht zu der Erkenntnis erziehen, dass Handarbeit nicht schändet, sondern vielmehr wie jede andere Tätigkeit dem zur Ehre gereicht, der sie getreu und redlichen Sinnes erfüllt.

Aus einer Rede Hitlers zum 1. Mai 1933

Hitler und Mussolini verstanden es, mit ihren **Redekünsten** in einem vorher selten beobachteten Ausmaß Millionen Menschen zu beeinflussen. In Mimik und Gestik wurde Mussolini zum Vorbild aller faschistischen Diktatoren und Führer. Beschwörende Formulierungen, theatralische Gesten und Körperbewegungen steigerten den stimmlichen Ausdruck.

Solche Reden lösten in der Menge starke emotionale Reaktionen aus. Von der manipulierten Masse wurden die Behauptungen, Vorwürfe, Beschuldigungen und einfachen Erklärungsversuche dieser Redner unkritisch übernommen.

Sturmabteilung (SA) und Schutzstaffel (SS)

Aus dem Ordnungsdienst der NSDAP entstand die von Hitler 1921 gegründete **SA.** Bedeutung erhielt sie vor allem nach dem Neuaufbau der Partei 1925/26 unter der Führung **Ernst Röhms.** Ursprüngliches Ziel dieser Organisation war das Vorantreiben der nationalsozialistischen Revolution. Die SA wurde auch als Truppe der NSDAP eingesetzt, um in Saalschlachten und Straßenkämpfen durch Terror und Gewalt die politische Lage zu destabilisieren.

Die **SS,** zunächst zum Schutz Hitlers und der nationalsozialistischen Führer gegründet, wurde ab 1929 von **Heinrich Himmler** zur Eliteformation ausgebaut. Der Reichsführer SS verlangte entsprechend der nationalsozialistischen Rassenlehre von den SS-Mitgliedern den Nachweis der „arischen" Abstammung sogar bis 1750, mit dem Ziel, einen „rassereinen soldatischen Orden nordisch bestimmter Männer" zu schaffen.

Aufgrund der Befürchtung, dass mit der SA innerhalb des Nationalsozialismus eine gefährliche Opposition erwachsen könnte – SA-Funktionäre kritisierten oft genug den Kurs der Partei –, wurde Ernst Röhm ermordet, die SA ausgeschaltet und die SS mit besonderen Machtfunktionen ausgestattet. 1936 wurde Himmler Chef der deutschen Polizei. Die SS-Verbände erkämpften gegen Innenministerium und Reichswehr 1934 das Recht auf die Bewachung der Konzentrationslager.

Ein Kind posiert mit Hitlergruß in SA-Uniform am Reichsjugendtag in Potsdam 1934

Erziehung und Gesellschaft

„Ehrenwand" am Thingplatz des Großzeltlagers für 6 000 Hitlerjungen, 1934, nahe Murnau in Oberbayern

Arbeitsaufgabe

- Erläutern Sie die Bedeutung des Sinnspruchs der „Ehrenwand".

Die Nationalsozialisten erfassten den Staatsbürger lückenlos. Ziel war die totale Vereinnahmung in einem Erziehungssystem, das vom Jungvolk bis zu den militärischen Strukturen der Wehrmacht reichte. Am 1. Dezember 1938 beschrieb Adolf Hitler in einer Rede vor Hitlerjungen in Reichenberg das **nationalsozialistische Erziehungssystem:**

> Diese Jugend, die lernt ja nichts anderes als deutsch denken, deutsch handeln. Und wenn nun diese Knaben mit zehn Jahren in unsere Organisation hineinkommen und dort nun so oft zum ersten Mal überhaupt eine frische Luft bekommen und fühlen, dann kommen sie vier Jahre später vom Jungvolk in die Hitlerjugend, und dort behalten wir sie wieder vier Jahre. Und dann geben wir sie erst recht nicht zurück in die Hände unserer alten Klassen- und Standeserzeuger (Lachen), sondern dann nehmen wir sie sofort in die Partei, in die Arbeitsfront, in die SA oder in die SS, in das

Ein veränderter Lebensrhythmus

- Wer eine Arbeitsstelle wollte, wer einen Pass brauchte, wer nur in einen Verein eintrat, musste einen **Ahnennachweis** führen.
- Wer heiraten wollte, brauchte ein **Ehetauglichkeitszeugnis** des Amtsarztes, und bei bestimmten Krankheitsfällen in der Familie entstanden die größten Schwierigkeiten aufgrund des Gesetzes zur „Verhütung erbkranken Nachwuchses".
- Neue Gerichte entstanden, so das **Erbgesundheitsgericht** und das **Erbhofgericht,** an das sich die Erbhofbauern in allen ihren Hof betreffenden Angelegenheiten wenden mussten.
- In vielen Berufen brauchte man ein **Arbeitsbuch.**
- Durch den Aufbau der Wehrmacht und das **Reichsarbeitsdienstgesetz** wurden neue Behörden ins Leben gerufen.
- Am 1. Oktober 1935 wurde der erste Jahrgang der **Arbeitsdienstpflichtigen** eingezogen, und die ersten **Wehrpflichtigen** mussten am 1. Jänner 1935 einrücken.

Beschreiben Sie, was die völlige Umgestaltung des alltäglichen Lebens für die Bevölkerung bedeutete.

Die Hitlerjugend –
§ 1 Dauer der Dienstpflicht
(1) Der Dienst in der Hitlerjugend ist ein Ehrendienst am deutschen Volke.
(2) Alle Jugendlichen vom 10. bis zum vollendeten 18. Lebensjahr sind verpflichtet, in der Hitlerjugend Dienst zu tun, und zwar: die Jungen im Alter von 10 bis 14 Jahren im Deutschen Jungvolk (DJ), die Jungen im Alter von 14 bis 18 Jahren in der Hitlerjugend (HJ), die Mädchen im Alter von 10 bis 14 Jahren im Jungmädelbund (JM), die Mädchen im Alter von 14 bis 18 Jahren im Bund Deutscher Mädel (BDM).

Reichsgesetz vom 25. März 1939

Das Plakat von 1933 wirbt für die neue Organisation „Deutsche Arbeitsfront" (DAF)

Zwar war die Zahl derer, die dank KdF eine Kreuzfahrt unternehmen konnten (wie auf dem Werbeplakat um 1938), sehr klein, doch reichte die Hoffnung schon aus, um bei weiten Teilen der Bevölkerung eine positive Reaktion hervorzurufen.

NSKK (NS-Kraftfahrerkorps) usw. Und wenn sie dort zwei Jahre oder eineinhalb Jahre sind und noch nicht ganze Nationalsozialisten geworden sein sollten (Lachen), dann kommen sie in den Arbeitsdienst und werden dort wieder sechs und sieben Monate geschliffen, alles mit einem Symbol, dem deutschen Spaten (Beifall).

Und was dann nach sechs oder sieben Monaten noch an Klassenbewusstsein oder Standesdünkel da oder dort noch vorhanden sein sollte, das übernimmt dann die Wehrmacht zur weiteren Behandlung auf zwei Jahre (Beifall), und wenn sie nach zwei, drei oder vier Jahren zurückkehren, dann nehmen wir sie, damit sie auf keinen Fall rückfällig werden, sofort wieder in die SA, SS auf, und sie werden nicht mehr frei ihr ganzes Leben.

Lautarchiv des Deutschen Rundfunks, Nr. C 1326

Dem vierjährigen Dienst im Jungvolk schloss sich ein ebenso langer in der **Hitlerjugend** an. Auf Körperertüchtigung und ideologische Schulung wurde besonderer Wert gelegt.

Nach dem Reichsarbeitsdienst und dem Wehrdienst wurden die Arbeiter/innen und Angestellten in die **DAF** (Deutsche Arbeitsfront) eingegliedert. Gemäß dem Führerprinzip hatte sich die „Gefolgschaft" (Arbeitnehmer) dem „Betriebsführer" (Arbeitgeber) in der Betriebsgemeinschaft unterzuordnen. Gewerkschaften und gewerkschaftliche Maßnahmen waren verboten. Der DAF angegliedert war das Unternehmen **KdF** (Kraft durch Freude), das als größter Reiseveranstalter die Freizeit und den Urlaub der deutschen Bevölkerung organisierte.

„Bund Deutscher Mädel"-Sportfest, 1936

Die **Rolle der Frau** im Dritten Reich umschrieben die Nationalsozialisten mit „Wächter der Familie, Mutter ihrer Kinder und gehorsame Helferin ihres Mannes". „Die Frau hat die Aufgabe, schön zu sein und Kinder zur Welt zu bringen. Die Vogelfrau putzt sich für den Mann und brütet für ihn die Eier aus. Dafür sorgt der Mann für Nahrung. Sonst steht er auf der Wacht und wehrt den Feind ab" (Joseph Goebbels, 1929).

Große Teile der weiblichen Jugend und auch der erwachsenen Frauen huldigten ihrem Idol Adolf Hitler. Sie ließen sich in die Organisationen **Jungmädel** und **Bund Deutscher Mädel** integrieren. Die traditionelle Erziehung in Elternhaus und Schule zur sorgenden Mutter wurde in der Gemeinschaft der jungen Frauen auf moderne „nationalsozialistische" Weise fortgeführt.

Arbeitsaufgabe

- Überlegen Sie, welche Karrierechancen Frauen in der NS-Gesellschaft hatten.

NS-Ideologie in Jugendbüchern

Der Hitlerjunge Quex

Deine Mutter ist tot, na ja, eine gute Frau ... Immer ist eines Tages die Mutter weg ..., ein Mädel, ein Kamerad ... Das trägt man ..., wie man seinen Tornister trägt, oder die Blasen an den Füßen verbeißt auf dem Marsch ... Ein Hitlerjunge heult nicht. Er kann ... heulen, aber er soll aufhören können .... Ich brauch´ klotzige Jungens ... Ich will nicht, daß ihr viel Politik macht. Das kapiert ihr doch nicht. Nachmittags fuhr er ... nach Potsdam, um den Platz für das Zeltlager zu besichtigen. Dreißigtausend Jungens! ... In Gedanken sah Heini das große Oval schon angefüllt mit Jungens und Fahnen, er glaubte schon die Lieder zu hören ..., die Schritte der marschierenden Kolonnen.
Er sah sich ... an der Spitze der Kameraden, er war dabei, er gehörte mit dazu, ein unfaßlicher Gedanke ... Er hätte heulen mögen, so klotzig war ihm zumute ...

Karl Aloys Schenzinger, Der Hitlerjunge Quex, Leipzig 1932. Der Roman kam unter dem Titel „Hitlerjunge Quex. Ein Film vom Opfergeist der deutschen Jugend" in die Kinos.

Goldköpfchens Backfischzeit

Den Gedanken, Ärztin zu werden, hatte sie ... aufgegeben. Immerfort an den Menschen herumzuschneiden, mißfiel ihr; und für eine Lehrerin hatte sie schon gar nichts übrig. Aber Jura studieren ... Man hatte ihr gesagt, daß das Studium sehr schwierig und langwierig sei ... Das war wohl auch nicht das Richtige. So lange konnte sie doch unmöglich den Eltern auf der Tasche liegen. Am Nachmittage saß sie bei Meister Zapp ... „Machen Sie auch Verlobungsringe? ... Gibt es Goldschmiederinnen?" „Freilich ..." „Dann ist es beschlossen ... Ich werde Goldschmiederin und hämmere mir meinen Trauring selbst."

Magda Trott, Goldköpfchens Backfischzeit, Leipzig 1929, S. 150

Pommerle, ein deutsches Mädel

Da stellte sich das kleine Mädchen mit halbgeschlossenen Augen hin und sagte ...: „Ich bin ein deutsches Mädchen, ... Und glücklich, daß ich´s bin, ... Ich hab´ ein fröhlich Herze, ... Und aufrecht ist mein Sinn. ... Bin stolz, daß mein ich nenne ... Solch schönes Vaterland, ... Ihm will ich immer dienen ... Das Vaterland braucht Frauen, ... Frohmütig, herzensstark, ... So eine will ich werden, Will wahr sein bis ins Mark." Frau Bender strich ... über das Blondhaar ihres Töchterchens ... Man brauchte um Pommerle nicht zu bangen. (Sie würde) sich ... einreihen in die Front derer, die es sich zur heiligen Aufgabe gesetzt hatten, gute deutsche Mütter zu sein.

Magda Trott, Pommerle, ein deutsches Mädel, Leipzig 1934

Arbeitsaufgabe

- Erläutern Sie die in den Texten zum Ausdruck gebrachten Rollenbilder.

„Der Giftpilz"

Ernst Ludwig Hiemer (1900–1974) war Lehrer und Schriftsteller. Sein Buch „Der Giftpilz" erschien 1938 im Verlag „Der Stürmer" in Nürnberg. Von 1938 bis 1942 arbeitete er für die gleichnamige antisemitische und volksverhetzende Wochenzeitung. Herausgeber dieses Hetzblattes war Julius Streicher. Beim Nürnberger Prozess 1946 wurde er wegen Vorbereitung des Völkermordes zum Tode verurteilt.

„Wie man einen Juden erkennt"

„Die Judennase ist an ihrer Spitze gebogen. Sie sieht aus wie ein Sechser ..."

„Inge's Besuch bei einem Jüdischen Doktor"

„Hinter den Brillengläsern funkeln zwei Verbrecheraugen und um die wulstigen Lippen spielt ein Grinsen."

Adolf Hitler
1889 in Braunau am Inn, Oberösterreich, als Sohn eines Zollbeamten geboren, besuchte er die Volksschule und verließ dann ohne Abschluss die Realschule. Er wollte Kunstmaler werden, wurde aber an der Kunstakademie in Wien nicht aufgenommen und ging keiner geregelten Arbeit nach.

Ab 1913 lebte Hitler in München, er meldete sich 1914 als Kriegsfreiwilliger zum deutschen Heer und erlebte den Krieg im Westen, wo er mehrmals verwundet wurde. Unmittelbar nach dem Krieg wurde er von der Reichswehrführung als Schulungsredner für Soldaten eingesetzt. Er trat 1920 in die „Deutsche Arbeiterpartei" ein und formte diese Partei als Vorsitzender (1921) zur NSDAP um. Aus dem gescheiterten Staatsstreich 1923 zog er die Lehre, mit den Mitteln des parlamentarischen Systems an die Macht zu kommen.

Hitler saß ein Jahr Festungshaft ab und schrieb in dieser Zeit sein Buch **„Mein Kampf"** (Auflagen: 1933 – 300 000, 1943 – 9,8 Millionen). Darin forderte er einen von rassischem Sendungsbewusstsein getragenen nationalsozialistischen Führerstaat als Weltmacht. Nach dem Putschversuch baute er ab 1925 die NSDAP neu auf und gewann in allen Teilen Deutschlands zunehmend Anhänger/innen. Am 30. Jänner 1933 wurde er nach anfänglichem Widerstand Hindenburgs zum **Reichskanzler** berufen. Am 30. April 1945 beendete er sein Leben durch Selbstmord im Bunker der Reichskanzlei von Berlin.

1989 wurde von der Stadt Braunau auf dem Gehsteig vor dem **Geburtshaus Hitlers** ein Mahnstein aus Mauthausner Granit mit der Inschrift „Für Frieden, Freiheit und Demokratie – Nie wieder Faschismus – Millionen Tote mahnen" aufgestellt.

Schritte zur Macht

30. Jänner 1933	■ Reichspräsident Paul von Hindenburg ernennt Hitler zum Reichskanzler.
28. Februar 1933	■ „Verordnung zum Schutz von Volk und Staat" – nach dem Reichstagsbrand infolge Brandstiftung werden wesentliche Grundrechte der Weimarer Verfassung aufgehoben, Verhaftungen und Pressezensur sind die Folge.
5. März 1933	■ Trotz Terror und Wahlbeeinflussung gegenüber den Arbeiterparteien verfehlt die NSDAP die absolute Mehrheit: 43,9 Prozent.
23. März 1933	■ „Ermächtigungsgesetz" – gegen die Stimmen der SPD wird der Regierung von den bürgerlichen Parteien für die Dauer von vier Jahren das Recht gegeben, Gesetze zu erlassen.
31. März 1933	■ „Gesetz zur Gleichschaltung der Länder mit dem Reich" – Länderparlamente werden nach dem Verhältnis der Reichstagswahl umgebildet.
10. Mai 1933	■ In Berlin und anderen Städten werden Aktionen zur „Verbrennung undeutschen Schrifttums" durchgeführt – Bücher namhafter Autoren werden öffentlich verbrannt.
Mai–Juli 1933	■ Verbot aller Parteien und Gewerkschaften – die NSDAP wird als einzige Partei anerkannt.
30. Jänner 1934	■ Länderparlamente werden ganz beseitigt.
2. August 1934	■ Nach dem Tode Hindenburgs vereinigt Hitler das Amt des Reichspräsidenten mit dem des Führers und Reichskanzlers.

2 Antisemitismus und Judenverfolgung

Nach der Machtergreifung der Nationalsozialisten wurde aus dem Antisemitismus unter den Augen der Öffentlichkeit gezielter Terror gegen die jüdische Bevölkerung. Ihre Lebensbereiche wurden laufend eingeengt. Am Schluss standen die Deportation in Ghettos und die Ermordung in Vernichtungslagern. Diesen ***Genozid*** *an den Juden und Jüdinnen bezeichnet man als* ***Holocaust*** *oder* ***Schoa.***

Im April 1933 wurde zentral ein **Boykott** gegen jüdische Ärzte, Rechtsanwälte und Geschäftsinhaber organisiert. SA-Posten stellten sich vor den Geschäften und Büros auf, wer trotzdem einkaufen ging, riskierte, beschimpft, verprügelt und namentlich in NS-Medien angeprangert zu werden. Politisch Andersdenkende und Juden wurden aus dem Beamtendienst entlassen. Von Anfang 1933 bis Herbst 1941 flohen ca. 400 000 Menschen aus Deutschland, weil ihnen die Grundlagen der wirtschaftlichen Existenz und des bürgerlichen Lebens entzogen wurden.

Nachdem laut Nazipropaganda „die Juden an allem schuld" seien, genügte es, jegliche Opposition als „jüdisch beeinflusst" hinzustellen, um ihre Beseitigung und die physische Verfolgung ihrer Anhänger zu rechtfertigen. Für jede Gewaltmaßnahme, vom Verbot der demokratischen Parteien und freien Gewerkschaften bis zum Kampf gegen die christlichen Kirchen, lieferten antisemitische Parolen die Begründung.

Die Nürnberger Gesetze

§ 1 (1) Eheschließungen zwischen Juden und Staatsangehörigen deutschen oder artverwandten Blutes sind verboten. Trotzdem geschlossene Ehen sind nichtig, auch wenn sie zur Umgehung des Gesetzes im Ausland geschlossen sind.
(2) Die Nichtigkeitsklage kann nur der Staatsanwalt erheben.

§ 2 Außerehelicher Verkehr zwischen Juden und Staatsangehörigen deutschen oder artverwandten Blutes ist verboten ...

§ 3 Juden dürfen weibliche Staatsangehörige deutschen oder artverwandten Blutes unter 45 Jahren nicht in ihrem Haushalt beschäftigen.

Gesetz zum Schutz des deutschen Blutes und der deutschen Ehre, 15. September 1935

Die auf dem **Reichsparteitag** in Nürnberg 1935 vom Reichstag verabschiedeten Gesetze gaben den schon seit 1933 praktizierten Maßnahmen gegen jüdische Bürger/innen eine gesetzliche Handhabe. Sie sollten der sogenannten „Reinhaltung des deutschen Blutes" dienen, einem zentralen Bestandteil der nationalsozialistischen Rassenlehre. Damit wurden die Juden aus dem öffentlichen Leben ausgeschaltet, Terror und Verfolgung, organisiert durch SA und SS, aber auch Aktionen von Einzeltätern wurden vom Staat gebilligt. Dies war der Anfang der planmäßigen Vernichtung der Juden, die während des Zweiten Weltkriegs durchgeführt werden sollte.

Arbeitsaufgaben

1. Überlegen Sie die Beweggründe für die unterschiedliche Begriffswahl von „Schoa" und „Holocaust".
2. Was könnte im §1 der Nürnberger Gesetze unter „artverwandtem Blut" gemeint sein?
3. Diskutieren Sie: Entspricht die Einteilung der Menschen in Rassen dem heutigen Stand der Wissenschaft?

Schoa und Holocaust
Mit diesen beiden Begriffen wird der Genozid von etwa 6 Millionen Menschen bezeichnet, die das nationalsozialistische Regime als Juden definierte. Das hebräische Wort **Schoa** in der Bedeutung von „Vernichtung, Zerstörung, Katastrophe" ist der in der jüdischen Welt gebräuchlichere Begriff. Das aus dem Griechischen stammende Wort **Holocaust** bezeichnete ursprünglich ein vollständig vom Feuer verzehrtes Opfer. In den USA und Europa wird zumeist dieser von amerikanisch-protestantischen Theologen entwickelte Begriff verwendet.

Genozid (lat. genos: Geschlecht / caedere: vernichte) bedeutet Völkermord; wenn viele Menschen wegen ihrer Zugehörigkeit zu einer nationalen, ethnischen oder religiösen Gruppe ermordet werden.

„Bis Sonnabend früh 10 Uhr hat das Judentum Bedenkzeit! Dann beginnt der Kampf! Die Juden aller Welt wollen Deutschland vernichten! Deutsches Volk! Wehr dich! Kauf nicht beim Juden!"; NS-Plakat auf einer Litfaßsäule in Berlin, März 1933

Zu welchem Verhalten wurden die Bürger/innen im Plakattext aufgerufen?

Pogrom (russ.: Verwüstung): planmäßige Verfolgung eines Volksteiles, verbunden mit Plünderungen und Zerstörungen.

Ein tragisches Geschick hat es gewollt, daß unser Parteigenosse

Gesandtschaftsrat I. Klasse

Dr. Ernst Eduard vom Rath

im Alter von 29 Jahren einer mörderischen Kugel zum Opfer fiel.
Wir trauern um ihn in dem stolzen Bewußtsein, daß er in die Standarte Horst Wessel eingegangen ist.

Paris, den 9. November 1938

Für die Deutschen in Frankreich
Dr. Ehrich
Landesgruppenleiter

Parte für Ernst vom Rath

Jüdische Geschäfte in der Potsdamer Straße in Berlin nach dem Novemberpogrom

„Stolperstein“ für Olga Kaufmann vor ihrem früheren Wohnhaus in Köln. Stolpersteine sollen an die Opfer der NS-Zeit erinnern und liegen meist vor der letzten frei gewählten Wohnstätte eines (oder mehrerer) von den Nazis deportierten und i. d. R. auch ermordeten Menschen (Juden, politisch Verfolgte, Homosexuelle etc.).

Die Novemberpogrome 1938

Die Verzweiflungstat des Emigranten **Herschel Grynszpan,** der am 7. November 1938 mit zwei Schüssen den deutschen Botschaftsangehörigen Ernst vom Rath in Paris tötete, sollte den Vorwand liefern für die größte Verfolgung von Juden vor dem Zweiten Weltkrieg und für eine beispiellose Zerstörungsaktion in ganz Deutschland.

Am Abend des 9. November entschied der Führer aufgrund eines Vorschlags von Propagandaminister **Joseph Goebbels,** dass Ausschreitungen gegen Juden, falls sie sich spontan über das ganze Reich ausbreiten würden, nicht behindert werden sollten. Die NSDAP sollte nach außen hin nicht als Initiator der Demonstrationen in Erscheinung treten, sie aber organisieren und durchführen.

Die SA sandte in Windeseile Verbände aus, um systematisch etwa 1 400 jüdische Synagogen niederzubrennen, ca. 7 000 jüdische Geschäfte und Warenhäuser zu verwüsten sowie jüdische Wohnungen, Schulen und Betriebe zu zerstören. Etwa 400 Juden kamen ums Leben, unzählige wurden misshandelt, und über ca. 30 000 Juden wurde die **„Schutzhaft“** verhängt. In Anspielung auf die zerschlagenen Fensterscheiben sprachen die Nationalsozialisten zynisch von der **„Reichskristallnacht“.**

Die Novemberpogrome markierten den Übergang von der Diskriminierung zur **systematischen Verfolgung der Juden.** Um den Auswanderungsdruck zu verstärken, wurden in den Tagen nach dem 12. November über 26 000 Juden verhaftet und in die Konzentrationslager Dachau, Buchenwald und Sachsenhausen verschleppt. Es wurde Juden verboten, Theater, Kinos, Konzertsäle und Museen zu besuchen, ihre Kinder wurden aus den Schulen ausgeschlossen.

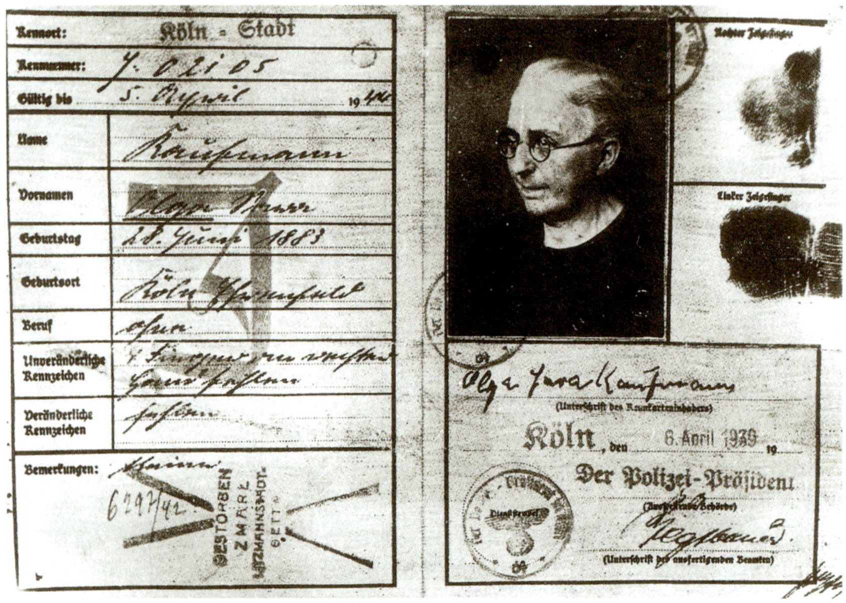

Kennkarte, ein allgemeiner polizeilicher Inlandsausweis, der am 28. Juni 1883 in Köln-Ehrenfeld geborenen **Olga Kaufmann.** Die Behörden zwangen Juden ab dem Jänner 1939, die Vornamen „Sara“ oder „Israel“ zusätzlich einzutragen. Frau Kaufmann wurde 1941 ins „Getto Litzmannstadt“ deportiert, wo sie laut Kennkarte im März 1942 „gestorben“ ist.

Arbeitsaufgaben

1. Benennen Sie, wodurch Olga Kaufmann in der Kennkarte als Jüdin „markiert“ wurde.
2. Erörtern Sie die Gründe, die die Behörden dazu veranlasst haben könnten.

3 Die Errichtung von Ghettos

Im Verlauf des Zweiten Weltkrieges fielen Millionen jüdische Menschen in deutsche Hände. Terror, Plünderungen und Verfolgungen vernichteten ihre Existenz. Bereits 1939 wurde das erste Ghetto im polnischen Piotrków errichtet, am 30. April 1940 das Ghetto in Lodz, am 16. Oktober das in Warschau, viele andere folgten. Gleichzeitig wurde 1939 die Verpflichtung zum Tragen des gelben Judensterns eingeführt. Auf deutschem Befehl wurden sogenannte Judenräte gebildet, die als Instrumente zur Verwaltung der Ghettos eingerichtet wurden.

In einer Villa am Wannsee bei Berlin besprachen im Jänner 1942 unter Leitung von SS-Obergruppenführer **Reinhard Heydrich** hochrangige NS-Behördenvertreter die weitere Koordination der **„Endlösung der europäischen Judenfrage".** Die Einflusssphären der daran beteiligten Persönlichkeiten und Institutionen wurden abgegrenzt und abgestimmt.

Im Zuge der **„Endlösung"** wurden viele kleinere Ghettos aufgelassen und die Menschen in großen konzentriert. Hunderttausende saßen im **Warschauer Ghetto** gefangen, es kamen Menschenmassen aus anderen Teilen Polens dazu. Beschlagnahmungen, Schikanen, Prügel, Plünderungen, Schießereien und öffentliche Hinrichtungen waren alltäglich. Die Menschen waren unterernährt, Alte, Kranke und Kinder starben auf der Straße.

Swietokrzyska-Straße in Warschau: Um die Flucht der Bewohner/innen zu verhindern, wurde das Ghetto von der Außenwelt durch eine drei Meter hohe und 18 Kilometer lange Mauer abgeriegelt. Die große Mauer musste von den Juden selbst finanziert werden; der Judenrat hatte die Material- und Baukosten an eine deutsche Baufirma zu zahlen.

Für den Abtransport der Ghettobewohner/innen in die Vernichtungslager ab Juli 1942 mussten die Judenräte die Listen zusammenstellen. Als Gerüchte über die Gaskammern in das Ghetto drangen, wurde brutalste Gewalt angewandt, um die verängstigten Menschen in die Waggons zu treiben.

Das Ghetto von Lodz (Litzmannstadt)
Über 164 000 Jüdinnen und Juden wurden seit dem Februar 1940 in einem Stadtteil von Lodz zusammengepfercht. Ein Viertel von ihnen verstarb im Ghetto an Hunger oder Krankheiten. Die jüdische Lagerverwaltung produzierte Uniformen, wärmende Strohschuhe oder Metallwaren für die Wehrmacht, um eine höhere Überlebensperspektive zu haben. Ab Dezember 1941 begannen die Transporte ins Vernichtslager Chelmno.

Protokoll der Wannsee-Konferenz vom 20. Januar 1942
Unter entsprechender Leitung sollen nun im Zuge der Endlösung die Juden in geeigneter Weise im Osten zum Arbeitseinsatz kommen. In großen Arbeitskolonnen, unter Trennung der Geschlechter, werden die arbeitsfähigen Juden straßenbauend in diese Gebiete geführt, wobei zweifellos ein Großteil durch natürliche Verminderung ausfallen wird. Der allfällig endlich verbleibende Restbestand wird, da es sich bei diesem zweifellos um den widerstandsfähigsten Teil handelt, entsprechend behandelt werden müssen, da dieser, eine natürliche Auslese darstellend, bei Freilassung als Keimzelle eines neuen jüdischen Aufbaues anzusprechen ist.

Welche beschönigenden Begriffe werden im Protokoll der Wannsee-Konferenz verwendet? Was bedeuten sie in Wirklichkeit?

Deportation ins Vernichtungslager Chelmno, April 1942; Farbdiaserie von Walter Genewein, NS-Finanzleiter im Ghetto Lodz, 1941/42

4 Konzentrations- und Vernichtungslager

KZ-Arzt **Josef Mengele** (v. l.) mit Rudolf Höß (früherer Kommandant von Auschwitz) und Josef Kramer (Kommandant von Birkenau) und ein Unbekannter im SS-Erholungsheim Solahütte bei Auschwitz

Medizinische Experimente
Und mit Bonbons hat Mengele die Zwillingspaare nach Abschluss seiner Untersuchungen zu seinem Wagen geführt, sie zu einer Fahrt eingeladen und ins Krematorium gebracht. Nirgends in der Welt konnte ein Zwillingsforscher seine Versuchspersonen am gleichen Tag sezieren, um die inneren Organe miteinander vergleichen zu können. Mengele sorgte dafür, dass seine Zwillinge zur selben Zeit und an der gleichen Todesursache starben. Ella Lingens gibt an: „Ich erinner' mich an die kleine Dagmar. Sie kam in Auschwitz (im Jahr 1944 als Kind einer Österreicherin) auf die Welt und ich habe bei der Geburt geholfen. Sie ist gestorben, nachdem Mengele ihr Einspritzungen in die Augen gegeben hatte, weil er versuchen wollte, eine Änderung der Augenfarbe herbeizuführen. Die kleine Dagmar sollte blaue Augen bekommen."

Hermann Langbein, Menschen in Auschwitz, 1890, S. 382 f.

*Die **Konzentrationslager** mit ihren rund 900 Nebenlagern breiteten sich wie ein riesiges Netz über den gesamten Einflussbereich der NS-Herrschaft aus. Sie wurden von der SS verwaltet und dienten der Festhaltung von Regimegegnern, der Ausbeutung durch Zwangsarbeit, der Internierung von Kriegsgefangenen und der Ermordung von Millionen Menschen. Zahlreiche deutsche Betriebe profitierten durch den billigen Einsatz von KZ-Häftlingen. Die **sieben Vernichtungslager** unter deutschem Einfluss dienten vor allem nur einem Zweck, möglichst viele Menschen möglichst rasch zu ermorden.*

In den **Konzentrationslagern** wurde systematisch die Vernichtung der Menschen durch Arbeit herbeigeführt. Ständige Unterernährung und Überlastung, der Druck der Wachorgane, alles im Laufschritt machen zu müssen, zermürbten die Menschen bis zum Tod. Ab Herbst 1941 wurden zur Vernichtung von Juden durch Einsatzgruppen der Sicherheitspolizei und des Sicherheitsdienstes in den eroberten Ostgebieten mobile Gaswagen eingesetzt. Schließlich wurde dieses Verfahren in eigens dafür errichteten Lagern im großen Stil angewandt. Verwendet wurde anfangs Kohlenmonoxid, das durch Motoren erzeugt oder in Stahlflaschen in die Lager geliefert wurde, später **Zyklon B** in kristalliner Form.

In Polen wurden die Vernichtungslager **Belzec, Sobibór, Treblinka und Chełmno** errichtet (Tarnname „Aktion Reinhardt"), in denen die Menschen zumeist unmittelbar nach ihrer Ankunft ermordet wurden. Nur eine geringe Anzahl von Häftlingen, die für das Funktionieren des Lagers erforderlich waren (z. B. Küche, Werkstätte, Warenlager oder Totengräber), überlebte vorerst. In Vernichtungs- und Konzentrationslagern wie **Majdanek** und **Auschwitz-Birkenau,** dem größten Zwangsarbeitskonzern im Dritten Reich mit einer „Tageskapazität" von über 9 000 vergasten und verbrannten Menschen, wurde der Massenmord industrialisiert.

Diejenigen, die als arbeitsfähig aussortiert wurden, wurden von den SS-Schergen zu unmenschlicher Arbeit in den **Rüstungsbetrieben** gezwungen. Diese Betriebe wurden in unmittelbarer Nähe der Lager angesiedelt: **Krupp, Siemens-Schuckert** und **IG Farben.** Der Mord an den Menschen wurde zum Geschäft.

Das System der Ausbeutung und Verwertung der Menschen war lückenlos. Sie wurden ihrer Wertsachen und Kleider beraubt, ihre Arbeitskraft wurde bis zur totalen physischen Erschöpfung benutzt. Den Leichen wurden die Goldzähne gezogen, und die Asche wurde als Dünger ausgestreut. An vielen Häftlingen wurden medizinische Menschenversuche vorgenommen, besonders gefürchtet war der **NS-Arzt Josef Mengele** in Auschwitz.

Auschwitz: Häftlingsarbeiter auf dem Weg zur Arbeit in der Fabrikhalle der Krupp-Werke (später Union-Werke); aus dem Fotoalbum der Zentralbauleitung der Waffen-SS und Polizei KZ Auschwitz, Oswiecim, 1943

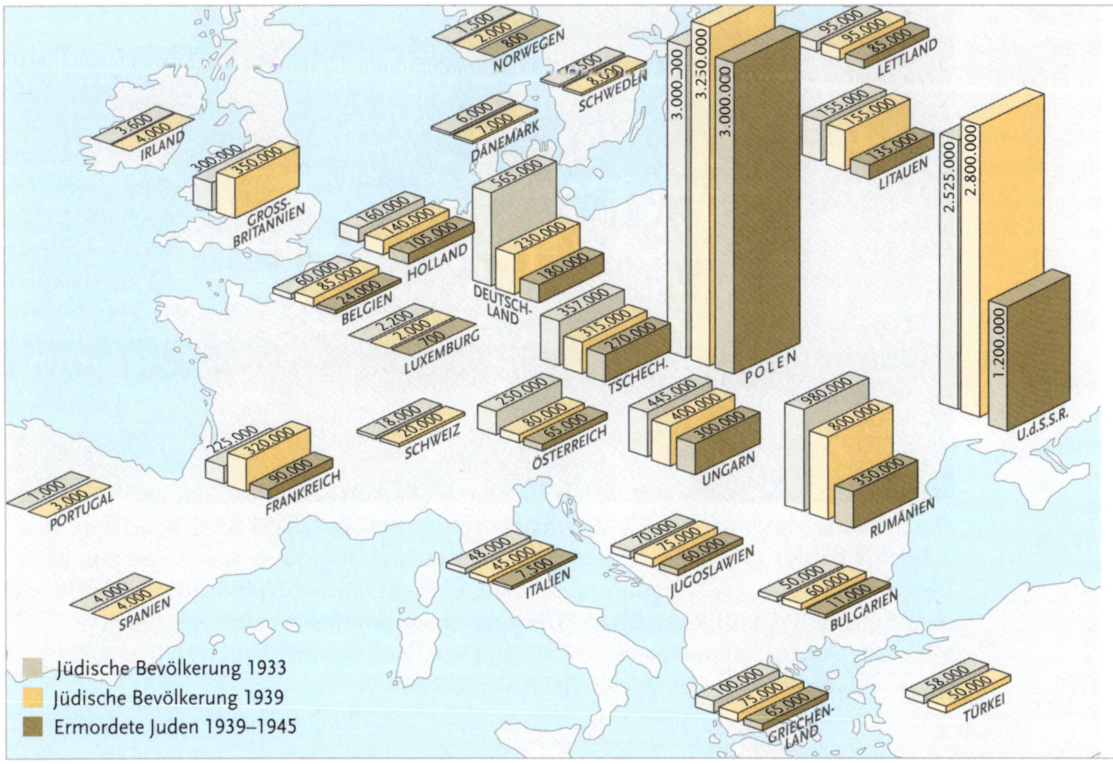

Die Karte zeigt die geschätzten Zahlen der vom 1. September 1939 bis zum 8. Mai 1945 ermordeten Juden in den von den Nazis beherrschten Ländern und Regionen zwischen Finnland im Norden und Griechenland im Süden. Zusammen ergibt sich eine Zahl von etwas mehr als 5 750 000. Zukünftige Forschungen könnten ergeben, dass die Gesamtzahl der ermordeten Juden mehr als sechs Millionen betrug.

Die Tarnung von Mord

Bertrand Perz: So hat man bei regelrechten Mordaktionen eben nicht gesagt: „Wir haben Häftlinge die Steinbruchwand hinuntergestoßen", sondern zum Beispiel hineingeschrieben „Tödlicher Unfall". ... Aber es ist nie so, dass nicht der Anschein von Legalität in den Totenbüchern immer wieder hergestellt wird, entweder die Leute haben einen Unfall, oder sie sterben an schweren Krankheiten, oder sie werden exekutiert oder „auf der Flucht erschossen"...

Wie war das dann mit den Tötungen in der Gaskammer?

Perz: Ein großer Teil der in der Gaskammer Getöteten wurde offiziell auf „Befehl des RFSS (Heinrich Himmler) exekutiert". Da wurden zum Teil Todesurteile für ganze Gruppen gefällt. Zum Beispiel für die sowjetischen Kriegsgefangenen im Frühjahr 1942 oder die tschechischen Frauen, die im Herbst 1942 infolge des Heydrich-Attentats nach Mauthausen gebracht wurden. Erst in der Schlussphase hat man in der Gaskammer auch größere Gruppen kranker Häftlinge ermordet, in diesem Fall ohne diesen offiziellen Hinrichtungsbefehl. Einen großen Teil der Häftlinge, die man hier in Mauthausen umgebracht hat, hat man ja auf die Weise umgebracht, dass im Krankenlager die Leute mit Luft- oder Benzolspritzen getötet wurden.

Muss da auch der Befehl von Berlin kommen?

Perz: Nein. Es gibt keinen Hinrichtungsbefehl: „Hinrichtung durch Spritze." Die offiziellen Hinrichtungsformen waren Erschießen und Erhängen. Auch die Gaskammer kam offiziell nicht vor. Das war geheim.

Dr. Bertrand Perz, Institut für Zeitgeschichte Wien, Annäherung an Mauthausen. Beiträge zum Umgang mit einer Gedenkstätte, BMUK/PI-OÖ (Hg.), 1997, S. 23–24

Warum wurden die wahren Todesursachen sehr oft von der SS verschleiert?

Konzentrationslager Mauthausen

1938 wurde in Mauthausen eine Außenstelle des Konzentrationslagers Dachau errichtet, was Gauleiter Eigruber als Auszeichnung für seinen Gau empfand. Die Funktion des Lagers Mauthausen/Gusen als **„Mordlager"** wurde Anfang 1941 offiziell bestätigt, indem es als einziges in die **„Lagerstufe III"** eingereiht wurde.

Die Sterblichkeit in Mauthausen/Gusen war bis Ende 1942 die höchste in allen Konzentrationslagern. Jeder zweite Häftling kam im Lager um: durch Arbeit in den Steinbrüchen, durch Unterernährung, durch Erfrierungen beim Winterappell, durch sogenannte medizinische Versuche, durch Vergiftung in Lastkraftwagen durch Abgase und Zyklon B, durch Benzolspritzen oder durch Giftgas in den Gaskammern von Mauthausen und Hartheim.

Zwischen 1938 und 1945 gab es 200 000 Häftlinge (Juden, Roma und Sinti, politisch Oppositionelle, Widerstandskämpfer, Zeugen Jehovas, Homosexuelle) in Mauthausen und den über 40 Nebenlagern aus fast allen europäischen Ländern. Seit 1941 wurden russische Kriegsgefangene interniert, ebenso Polen und republikanische Spanier.

Die **Todesstiege** (186 Stufen, 31 Meter Höhenunterschied), über die die Häftlinge mehrmals täglich Granitblöcke nach oben schleppen mussten, war der Ort zahlreicher Unfälle und Morde. Gefangene wurden von der SS, die dieses Lager leitete, als Arbeiter/innen an Rüstungsbetriebe vermietet. Zur Verpflegung gab es nur einmal pro Schicht eine Schüssel wässriger Gemüsesuppe und ein Stück Brot. Ein Fünftel der Arbeitskräfte starb jeden Monat im Arbeitseinsatz.

Am 5. Mai 1945 wurde das KZ Mauthausen von US-amerikanischen Truppen befreit. Auf dem ehemaligen KZ-Gelände befindet sich heute die **KZ-Gedenkstätte Mauthausen** der Republik Österreich.

Die befreiten Häftlinge des KZ Mauthausen begrüßen am 7. Mai 1945 begeistert die US-Soldaten der 11. Panzerdivision. Das Banner über der Mauer wurde von republikanischen Spaniern gefertigt. Es lautet: LOS ESPAÑOLES ANTIFASCISTAS SALUDAN A LAS FUERZAS LIBERTADORAS (Die spanischen Antifaschisten begrüßen ihre Befreier). Der Text ist auch auf Englisch und Russisch geschrieben. (Nachgestellte Befreiungszene; Foto: Cpl Donald R. Ornitz, US Army)

5 Die „Mühlviertler Hasenjagd"

Der „Kugelerlass", ein als geheime Reichssache bezeichnetes Fernschreiben der Gestapo, datiert vom 2. März 1944, ordnete an, dass alle kriegsgefangenen Offiziere (ausgenommen Engländer und Amerikaner), die einen Fluchtversuch gewagt hatten, der sogenannten **„Aktion K"** *zugeführt werden sollten. Dies bedeutete in der Naziterminologie Hinrichtung durch Erschießung. Vom März 1944 bis Februar 1945 kamen etwa 4 400 sowjetische Kriegsgefangene in die berüchtigte abgesonderte Baracke 20 des KZ Mauthausen, sie wurden jedoch nicht erschossen, sondern zu Tode misshandelt oder man ließ sie verhungern.*

In der Nacht zum 2. Februar 1945 gelang ca. 570 Häftlingen nach heftigem Kampf gegen die Besatzung der Wachtürme der Ausbruch aus dem Lager. Mit Feuerlöschern, Steinen und Holzlatten wurde ein Wachturm erobert. Der elektrische Stacheldraht mit 380 Volt wurde mit nassen Decken kurzgeschlossen. Bereits bei der ersten Fluchtetappe wurden viele Häftlinge getötet oder brachen verletzt und vor Ermattung zusammen. In einer dreiwöchigen Fahndung suchten SS, Gendarmerie, HJ, Volkssturm und die örtliche Bevölkerung nach den Ausbrechern, die SS nannte diesen Einsatz **„Mühlviertler Hasenjagd".** Bis auf 17 Häftlinge wurden alle wieder aufgegriffen, davon „57 lebend", die anschließend hingerichtet wurden, so ein Bericht der Kriminalpolizei.

Einige Familien, so **Theresia** und **Johann Mascherbauer** in Schwertberg, Familie **Wittberger** in Lanzenberg und **Johann** und **Maria Langthaler** in Schwertberg versteckten Häftlinge, versorgten sie mit Nahrung und retteten so deren Leben.

Samstag, 3. Februar 1945, 6.30 Uhr, Winden bei Schwertberg, Langthaler-Hof
Die beiden ukrainischen Offiziere Nikolai Zemkalo und Michael Rjabtschinskij haben es bis nach Winden geschafft. Um zu überleben, müssen sie essen. Michael, der etwas Deutsch spricht, überwindet sich und klopft am Hintertor eines Bauernhauses, dem Hof der Familie Langthaler. „Ich bin Dolmetscher. Ich komme aus Linz. Ich bitte um etwas zu essen."
„Ich weiß, wer du bist. Ich habe auch fünf Söhne im Krieg und will, dass alle nach Hause kommen. Und du wirst auch eine Mutter haben, die auf dich wartet." Maria Langthaler lässt den Flüchtling herein und gibt ihm zu essen. Misstrauisch sieht sich dieser im Haus um, ob er ein Hitlerbild ausmachen kann. Maria Langthaler (M) spricht indes mit ihrem Mann Johann (J). M: „'S is ana då."– J:„Jå, i håb's g'hört."– M:„Höf ma eam?" – J:„'S geht net. Du waßt, wås då drauf is. Wir kuman ålle draun." M:„Und wås, waun unsere Buam a Hüfe brauchat'n?" – J:„Tua, wås d' wüst, oba de Verauntwortung muaßt du trågn. Für de gaunze Familie."

OÖN, 29. August 2009; Interview mit der Tochter Anna Hackl

Die Familie Langthaler mit den beiden Geretteten 1945:
1. Reihe, v. l. n. r.: Mutter L., Vater L., Maria L.,
2. Reihe, v. l. n. r.: Alfred L., Nikolai Zemkalo, Anna L. (Hackl), Josef L., Michael Rjabtschinskij

Berichte der Gendarmerie

Die Straße von Mauthausen war bereits vom Volkssturm besetzt. Die Leute waren wie bei einer Treibjagd aufgestellt. Es ging sehr wüst zu. Geschossen wurde auf alles, was sich rührte. ... Der Schneematsch auf der Straße färbte sich mit dem Blut der Erschossenen. Überall, wie und wo man sie antraf, in den Wohnungen, Wagenhütten, im Kuhstall, am Heuboden, im Keller, wenn man sie nicht herausholte und beim nächsten Hauseck erledigte, erschoss man sie auf der Stelle, egal wer anwesend war ... einigen spaltete man das Haupt mit einem Beil. ... In der sogenannten Lem-Villa wohnte ein gewisser ..., dessen Frau hörte am Abend beim Füttern der Ziegen in der Futtervorratskammer ein Geräusch. Sie holte ihren Mann, der einen Flüchtling aus dem Versteck hervorholte ... Der Bauer stach diesem armen Menschen mit seinem Taschenmesser in den Hals, dass das Blut spritzte. Die Frau sprang hinzu und versetzte dem Sterbenden noch eine Ohrfeige.

Aus dem nach Kriegsende angefertigten Bericht des Gendarmeriemajors Johann Kohout, Postenkommandant in Schwertberg

Ried in der Riedmark bildete in diesen Tagen einen Stützpunkt, das heißt, dorthin wurden die erschossenen und erschlagenen KZler aus der näheren und weiteren Umgebung stückweise eingesammelt und zu einem Haufen gestapelt – genauso wie die Jagdbeute bei einer herbstlichen Treibjagd.

Otto Gabriel, ehemaliger Gendarm

Diskutieren Sie das unterschiedliche Verhalten der Bevölkerung gegenüber den Ausbrechern.

Propagandaplakat von 1936 zur Wegbereitung der „NS-Euthanasie“ (DÖW)

Richard Aspöck wurde 1919 in Salzburg geboren. Laut einem ärztlichen Gutachten war er infolge der Spanischen Grippe „seither geistesschwach, schwerhörig, am rechten Ohr taub“. Nach dem Tod der Eltern wurde er in die Evangelische Diakonissenanstalt Gallneukirchen aufgenommen und in der Gärtnerei beschäftigt. In seiner Karteikarte steht in roter Schrift: „13. Jänner 1941, abgegangen nach unbekannt“. Gemeinsam mit anderen Pfleglingen aus Gallneukirchen wurde er nach Hartheim transportiert und dort am 22. Jänner ermordet.

Betrachten Sie das Foto von Richard Aspöck. Was fällt Ihnen am Kragen seines Sakkos auf?

6 „NS-Euthanasie – Vernichtung unwerten Lebens“

Die Ermordung psychisch und körperlich beeinträchtigter Menschen war der erste systematisch geplante und staatlich organisierte Massenmord des NS-Regimes. Der dafür gewählte Begriff „Euthanasie“ (griech.: schöner, leichter Tod) versuchte, dieses Verbrechen zu verschleiern.

Am 14. Juli 1933 wurde das **„Gesetz zur Verhütung erbkranken Nachwuchses“** verabschiedet, was den Zwang zu Sterilisation oder Abtreibung zur Folge hatte. Da sich die Zwangssterilisierungen als zu aufwendig erwiesen, fiel auf höchster Ebene die Entscheidung, psychisch und körperlich beeinträchtigte Menschen systematisch zu ermorden. Die Ermächtigung Hitlers zur **„Gewährung des Gnadentodes für unheilbar Kranke“** wurde später auf den 1. September 1939 rückdatiert, wobei in zynischer Verdrehung der Begriff **Euthanasie** verwendet wurde. Der NS-Euthanasie fielen in verschiedenen Aktionen und Zeiträumen im deutschen Einflussbereich 200 000 Menschen zum Opfer.

Im Rahmen der **„Kindereuthanasie“** fanden in Österreich von 1939 bis 1945 etwa 800 Kinder und Jugendliche in der Wiener Kinderfachabteilung **„Am Spiegelgrund“** den Tod. Die ärztliche Prognose „Dauernde Pflegebedürftigkeit und keinerlei Arbeitseinsatzfähigkeit zu erwarten!“ bedeutete zumeist das Todesurteil, sehr oft wurde eine Überdosis des Schlafmittels Luminal verabreicht.

Die **„Aktion T4“,** benannt nach der Zentrale in Berlin, Tiergartenstraße 4, zielte auf die Ermordung der Patientinnen und Patienten der Heil- und Pflegeanstalten. Im **Schloss Hartheim** bei Alkoven in Oberösterreich, einer von sechs Tötungsanstalten, wurden vom Mai 1940 bis zum August 1941 mehr als 18 000 Menschen aus Österreich, Bayern, der Untersteiermark (Teilgebiet des heutigen Slowenien) und aus dem Süden Tschechiens ermordet. Für die Tötung waren die leitenden Ärzte zuständig, da das als Tötungsmittel verwendete Kohlenmonoxid nur von einem Arzt in die Gaskammer eingeleitet werden durfte.

Im August 1941 wurde die „Aktion T4“ beendet, da die Ermordung von psychisch und körperlich beeinträchtigten Menschen als weitgehend abgeschlossen angesehen wurde und weil die Proteste dagegen in der Bevölkerung zunahmen. Der Bischof von Münster, **Clemens August von Galen,** predigte öffentlich gegen die Euthanasie.

In verschiedenen Pflegeanstalten kam es auch nach August 1941 zu Tötungen („wilde Euthanasie“). In Hartheim wurden von 1941 bis 1944 etwa 10 000 kranke und arbeitsunfähige Häftlinge aus den Konzentrationslagern Gusen, Mauthausen und Dachau ermordet sowie Zwangsarbeiter/innen. Im Herbst 1944 wurde die Tötungsanstalt Hartheim aufgelöst und mit der Beseitigung der belastenden Spuren begonnen. Nach Kriegsende diente das Schloss für Wohnzwecke, seit 2003 ist es **Lern- und Gedenkort,** in dem die Gedenkstätte und die Ausstellung zum Thema „Wert des Lebens“ untergebracht sind.

Vom „sanften Tod“

Mit Poststempel 18. Jänner erhielt Hildegard Aspöck die Mitteilung, dass ihr Bruder Richard nach Sonnenstein bei Pirna/Elbe verlegt worden sei. Umgehend schrieb Hildegard am 21. Jänner zurück:

Ich bitte Sie über meinen langen Brief nicht ungehalten zu sein und mir zu helfen, dass Richard aus Ihrer Anstalt überstellt wird nachhause. Richard wurde ja auf unser Ansuchen seinerzeit in die Anstalt (Gallneukirchen) gebracht, nicht weil wir ihn weghaben wollten, sondern weil er etwas lernen sollte.

Landes-Heil- und Pflegeanstalt Sonnenstein 22. Januar 1941
Zu unserem Bedauern müssen wir Ihnen mitteilen, dass Ihr Bruder, Herr Richard Aspöck, der vor Kurzem auf ministerielle Anordnung gemäß Weisung des Reichsverteidigungskommissars in unsere Anstalt verlegt wurde, am 22. Januar 1941 unerwartet an den Folgen einer schweren Ruhr verstorben ist.

27. Januar 1941
Trotz sofortiger wiederholter Gaben von Kreislaufmitteln wurde Ihr Bruder am 22. Jänner 1941, 5.30 Uhr morgens von seinem Leiden durch einen sanften Tod erlöst.

Walter Reschreiter, Lebens(un)wert. „NS-Euthanasie im Land Salzburg“, 2007

Die Ordensoberin **Anna Bertha Königsegg** (1883–1948) widersetzte sich vehement, als Menschen mit Behinderungen aus Schernberg bei Schwarzach und aus Mariathal bei Kramsach nach Hartheim zur Ermordung gebracht werden sollten. Sie wurde verhaftet, musste Salzburg verlassen und wurde unter Hausarrest gestellt. Die Unruhe in der Bevölkerung jedoch wuchs und eine Wiederholung der Abtransporte erschien den NS-Behörden nicht mehr ratsam.

Aufgabenstellungen

1. Benennen Sie die Falschinformationen, die den Angehörigen von Richard Aspöck mitgeteilt wurden, um die Geschehnisse möglichst gut zu tarnen.
2. Erörtern Sie die Motive für das couragierte Handeln von Anna Bertha Königsegg und beschreiben Sie die Folgewirkungen ihrer energischen Proteste.

7 Widerstand und Verfolgung

In allen besetzten Ländern formierte sich ein organisierter Widerstand gegen die deutsche Besatzungsmacht. Dieser reichte von friedlichen Protesten und Streiks bis zu Sabotageakten, Attentaten und Partisanentätigkeit. Auch im Deutschen Reich wuchs der Widerstand, meist getragen von Einzelpersonen oder kleineren Gruppen.

Unter ständiger Todesgefahr versuchten auch in Deutschland einzelne Gruppen, die Bevölkerung über die Machenschaften der Nationalsozialisten zu informieren. Dazu zählte die Gruppe **Weiße Rose** der Geschwister Scholl in München, die als Studenten Flugblätter gegen das Regime und für ein freies Deutschland an der Universität verteilten sowie Wandparolen verfassten. Die Geschwister Scholl, Christoph Probst und drei weitere Mitglieder der Weißen Rose wurden wegen dieser Aktionen verhaftet und 1943 in München-Stadelheim hingerichtet.

Hans und Sophie Scholl mit Christoph Probst (von links), Mitglieder der Widerstandsgruppe „Weiße Rose“, Juli 1942

Kommilitonen!
Kommilitoninnen!
Erschüttert steht unser Volk vor dem Untergang der Männer von Stalingrad. Dreihundertdreißigtausend deutsche Männer hat die geniale Strategie des Weltkriegsgefreiten sinn- und verantwortungslos in Tod und Verderben gehetzt. Führer, wir danken dir!
Im Namen der deutschen Jugend fordern wir vom Staat Adolf Hitlers die persönliche Freiheit, das kostbarste Gut des Deutschen, zurück, um das er uns in der erbärmlichsten Weise betrogen. In einem Staat rücksichtslosester Knebelung jeder freien Meinungsäußerung sind wir aufgewachsen. HJ, SA, SS haben uns in den fruchtbarsten Bildungsjahren unseres Lebens zu uniformieren, zu revolutionieren, zu narkotisieren versucht.

Das letzte Flugblatt der Geschwister Sophie und Hans Scholl, Februar 1943, verfasst vom Philosophieprofessor Kurt Huber

Erläutern Sie, was im Flugblatt am NS-Regime kritisiert wurde.

Partisanenabteilung in den Kärntner Bergen. Die beiden Kreuze unten im Bild kennzeichnen amerikanische Piloten, die nach einem Abschuss über der Saualpe absprangen und von den Partisanen gerettet wurden (DÖW).

Am 14. und 15. April 1942 wurden etwa 1 000 **Kärntner Slowenen** aus ihren Häusern vertrieben und in verschiedene Lager im „Altreich" deportiert. Diese Vertreibungsaktion war der Anstoß für die wachsende Unterstützung des bewaffneten Widerstandes der Partisanen durch die Kärntner Slowenen. Die Partisanen erzwangen die Stationierung von deutschen bewaffneten Einheiten, zerstörten Verkehrs- und Kommunikationseinrichtungen und retteten alliierten Fliegern und entflohenen Häftlingen des KZ-Nebenlagers von Mauthausen am Loiblpass das Leben.

Meine Frau war ja eine feste Slowenin. Sie trug den Partisanen das Mittagessen in den Wald hinauf. Dann kamen sie öfter und blieben über Nacht oben im Zimmer. ... Meine Tochter war in Klagenfurt, dort am Bahnhof hatte sie eine Vertraute, mit der sie das Nötige organisierte und zu den Partisanen trug und umgekehrt.
Sie hat später, nachdem sie von den Nazis verhaftet worden war, gesagt, wenn sie schwach gewesen wäre – die haben sie in der Gefangenschaft geschlagen, dass sie ganz blau war –, wenn sie nicht stark gewesen wäre, hätte sie an die 200 Leute verraten können. Aber sie hat niemanden verraten.

Sie waren vom 1. Juni 1944 an im Gefängnis, am 6. Jänner 1945 wurden sie verurteilt; an diesem Tag wurden in Klagenfurt 20 verurteilt, viele davon, das hat mich ja so fertig gemacht, zum Tod. Und dann erfuhr ich, dass auch die Unseren zum Tode verurteilt worden waren. ... Dann habe ich am 8. April das Schreiben aus Graz bekommen. Darin stand, dass sie am 8. Jänner um halb acht am Abend geköpft worden sind. Mir war dann viel leichter, als ich wusste, dass sie nicht mehr über den Februar und März hinaus gelitten hatten.

DÖW, Erzählte Geschichte, Widerstand 1938–45; Interview mit Andrej Mitsche, geb. 1893 in St. Veit im Jauntal (Šentvid v Podjuni), gestorben 1989, Bürstenbinder und Organist

In vielen Ländern traten einzelne Mutige für die Verfolgten ein. **Anton Schmid** (1900–1942) war gelernter Installateur, der in Wien-Brigittenau ein Radiogeschäft besaß. Seit Herbst 1941 war er als Feldwebel in Wilna (Vilnius) stationiert. Ihm gelang es, über 300 Juden mit gefälschten Papieren zur Flucht aus dem Ghetto Wilna zu verhelfen und damit vor dem sicheren Tod zu retten. Dafür wurde Anton Schmid zum Tode verurteilt und am 13. April 1942 erschossen. In seinem letzten Brief bat er seine Familie um Verzeihung:

„Ich habe nur als Mensch gehandelt und wollte ja niemandem weh tun."

Arno Lustiger, Feldwebel Anton Schmid; in: Wolfram Wette (Hg.) Retter in Uniform 2002, S. 63

8 Widerstand und Befreiung

Nur wenige Juden ahnten das schreckliche Ausmaß des vom NS-Regime angestrebten Ausrottungsplanes gegen alle Juden. Die Organisation eines jüdischen Widerstandes wurde unterdrückt und konnte sich nur in Ansätzen entwickeln. Mit dem jüdischen Aufstand im ***Warschauer Ghetto*** *1943 wurde erstmals auf breiter Basis Widerstand geleistet.*

Am 23. 4. 1943 erging von Reichsführer-SS (...) der Befehl, die Durchkämmung des Ghettos in Warschau mit größter Härte und unnachsichtlicher Zähigkeit zu vollenden.

Der Nürnberger Prozess, Band 26, Dokumentband 2, Stroop-Bericht, S. 17

Die jüdische Widerstandsorganisation rief die zum Tod Verurteilten zum Kampf auf. Die Menschen gruben Stollen in die Erde, legten unterirdische Bunker an, um Schutz vor den Menschenfängern zu finden.

Sturmtruppen der SS brachen am 19. April 1943 ins Ghetto ein und stießen auf erbitterten Widerstand. Fast ohne Waffen kämpften die Männer um jede Straße – nach 28 Tagen brach der Widerstand zusammen. Nur wenige entkamen aus dem brennenden Ghetto – die meisten Überlebenden wurden in die Gaskammern von Treblinka verschleppt.

„Mit Gewalt aus Bunkern hervorgeholt“, April/Mai 1943, Blatt 15 des Bildteils im sogenannten Stroop-Bericht des SS-Brigadeführers Jürgen Stroop an Heinrich Himmler mit dem Titel am Einband: „Es gibt keinen jüdischen Wohnbezirk in Warschau mehr“

Der Widerstand bewies den Unterdrückern und Unterdrückten, dass Selbstachtung und menschliche Würde auch inmitten von Brutalität und Mord nicht gänzlich ausgerottet werden konnten. In den Ghettos von Lemberg, Bialystok und Tschenstochau folgten die Juden dem Warschauer Beispiel. Selbst in Treblinka, Sobibor und in Auschwitz-Birkenau gab es Aufstände.

- Das Konzentrationslager **Majdanek** wurde im Juli 1944 von der sowjetischen Armee befreit, während zur gleichen Zeit rund eine halbe Million **ungarische Juden** nach Auschwitz deportiert wurden. Die Krematorien brannten sechs Wochen lang.
- Im November 1944 sprengten Kommandos der SS die Krematorien von Auschwitz-Birkenau und steckten die Magazine mit den Habseligkeiten der Vergasten in Brand. Der **Sieg der Alliierten** hinderte die Nazis daran, ihr Ausrottungsprogramm zu Ende zu führen.
- Am **27. Jänner 1945** befreiten Soldaten der Roten Armee die verbliebenen Überlebenden des KZ Auschwitz-Birkenau, des größten Vernichtungslagers des Naziregimes.
- Die Generalversammlung der UNO erklärte 2005 den **27. Jänner** zum **Internationalen Holocaustgedenktag.**

Österreicher als Täter

Österreicher hatten überdurchschnittlich viele Schlüsselpositionen in der NS-Vernichtungsmaschinerie inne:
Adolf Eichmann (aufgewachsen in Linz) war Leiter des für die Organisation der Vertreibung und Deportation der Juden zuständigen Referats des Reichssicherheitshauptamtes (RSHA), **Ernst Kaltenbrunner** (* in Ried) war Leiter des RSHA, **Arthur Seyß-Inquart** (aufgewachsen in Wien) war Reichskommissar in den besetzten Niederlanden und damit verantwortlich für die Deportation der holländischen Juden, **Odilo Globocnik** (aufgewachsen in Klagenfurt) höherer SS- und Polizeiführer im Distrikt Lublin. Ihm unterstanden damit die Vernichtungslager Belzec, sowie Treblinka und Sobibor. Kommandanten dieser Lager waren **Franz Stangl** (* in Altmünster), **Franz Reichleitner** (* in Ried i. Traunkreis) oder **Irmfried Eberl** (* in Bregenz). Mitverantwortlich für die Verbrechen im Ghetto Wilna war **Franz Murer** (St. Georgen ob Murau).

Franz Jägerstätter (geboren 1907 in St. Radegund in OÖ, hingerichtet am 9. August 1943 im Zuchthaus Brandenburg an der Havel nahe Berlin). Die Verweigerung der Wehrpflicht aus politischen oder religiösen Motiven wurde wie im Falle des Bauern und Mesners Franz Jägerstätter mit dem Tod durch Hinrichtung geahndet. Im Mai 1997 wurde das Todesurteil des Reichskriegsgerichts aus dem Jahre 1943 vom Berliner Landgericht aufgehoben. Mit der Entscheidung wurde dem Antrag der Witwe **Franziska Jägerstätter** († 2013)entsprochen, das NS-Urteil für Unrecht zu erklären. Franz Jägerstätter wurde 2007 von der römisch-katholischen Kirche seliggesprochen.

Landeshauptmann Josef Pühringer gratuliert **Franziska Jägerstätter** zum 95. Geburtstag, 2008

„Franziska Jägerstätter hat in den vergangenen Jahren maßgeblich dazu beigetragen, dass die Erinnerung an ihren im letzten Jahr selig gesprochenen Gatten hochgehalten wird. Sie hat damit das Andenken an diese starke, außerordentliche Persönlichkeit geprägt, deren Botschaft heute noch aktuell ist. Dafür danke ich im Namen aller Oberösterreicherinnen und Oberösterreicher herzlich“, so Pühringer.

Heinz Maršálek (1914–2011), vom 28. September 1942 bis zur Befreiung Häftling im KZ Mauthausen, Häftlingsnummer 13.129; wirkte nach 1963 in leitender Funktion in der Gedenkstätte Mauthausen. Die Österreichische Lagergemeinschaft Mauthausen gab 1998 eine von Heinz Maršálek verfasste Broschüre unter dem Titel „Giftgas im KZ Mauthausen“ heraus.

9 Revisionismus und Verbotsgesetz

Unter Revisionismus versteht man allgemein den Versuch, die Geschichte des Nationalsozialismus positiv umzuschreiben. Da die planmäßige Verfolgung und Vernichtung des europäischen Judentums alle anderen Aspekte des Nationalsozialismus überragt, hat der Großteil „revisionistischer“ Arbeiten die Leugnung, Relativierung oder Verharmlosung des Holocausts zum Gegenstand, im Besonderen wird die Existenz von Gaskammern in KZs angezweifelt.

In Österreich stellt der Revisionismus ein **Strafdelikt** dar: Nach dem **Verbotsgesetz** (§3g, §3h) wird

> „bestraft, wer in einem Druckwerk, im Rundfunk oder in einem anderen Medium oder wer sonst öffentlich auf eine Weise, dass es vielen Menschen zugänglich wird, den nationalsozialistischen Völkermord oder andere nationalsozialistische Verbrechen gegen die Menschlichkeit leugnet, gröblich verharmlost, gutheißt oder zu rechtfertigen sucht“.

Arbeitsaufgabe

- Diskutieren Sie die Motive des Gesetzgebers für das Verbotsgesetz.

Wladislaw Zuk, 1948

SS-Arbeitslager Zement
Im November 1943 wurde in Ebensee im Salzkammergut ein Konzentrationslager eingerichtet, das die Tarnbezeichnung „SS-Arbeitslager Zement“ erhielt. Ebensee war eines von mehr als 40 Nebenlagern von Mauthausen, in denen Häftlinge für die deutsche Kriegswirtschaft Zwangsarbeit verrichten mussten. Der Ort am Traunsee war wegen der günstigen geologischen und geografischen Gegebenheiten ausgewählt worden. Insgesamt 27 000 Häftlinge wurden hierher transportiert, mehr als 8 300 sollten bis zur Befreiung des Lagers am 6. Mai 1945 den Tod finden.

10 Wladislaw Zuk – ein Zeitzeuge

Wladislaw Zuk (1919–2016) mit Schülern und Schülerinnen der Handelsakademie Traun, OÖ, in der KZ-Gedenkstätte Ebensee, April 2002

> Ich wurde am 16. April 1940 in Warschau verhaftet. Bewaffnete Beamte des Sicherheitsdienstes gingen in der Nacht mit dem Hausmeister und einem Dolmetscher von Tür zu Tür und nahmen offensichtlich gezielt Verhaftungen vor: Ich war damals 20 Jahre alt. Meine Mutter machte die Tür auf, alle mussten sich anziehen. Wir waren fünf Geschwister. Der Beamte zeigte auf mich, vielleicht weil ich der Älteste war oder weil sie eine Namensliste hatten.
>
> Über den Grund meiner Verhaftung denke ich bis heute nach. Ich glaube, meine Verhaftung hat mit den Sabotageakten gegen die deutsche Wehrmacht in Warschau zu tun. Damals wurden in Warschau viele Anschläge gegen deutsche Soldaten verübt. Ich bin mehrmals mitgelaufen, habe aber selbst nie etwas gemacht.

Mit der Verhaftung begann für Wladislaw Zuk ein Leidensweg, der erst im Mai 1945 mit der Befreiung aus dem Konzentrationslager Ebensee durch amerikanische Truppen enden sollte. Im Gefängnis wurde ihm vorgeworfen, Mitglied einer polnischen Widerstandsbewegung zu sein und an Anschlägen auf deutsche Militärfahrzeuge beteiligt gewesen zu sein. Die Gestapo nahm wahllos Verhaftungen vor, da die Sabotageakte gegen die deutschen Besatzer zugenommen hatten.

In den ersten Monaten wurde ich ständig von der Gestapo verhört. Es kam zu Gegenüberstellungen, wobei man mir sagte, der andere habe bereits alles zugegeben. Es hätte keinen Sinn, weiter zu lügen. Weil ich mir keiner Schuld bewusst war, konnte ich nichts aussagen.

Die Verhörmethoden waren fürchterlich. Abgesehen von den Schlägen und Tritten, steckte man den Gefangenen Bleistifte zwischen die Finger, drückte zu, bis die Finger brachen. Mit einem Gummihammer schlug man in die Geschlechtsteile. Nach diesen Misshandlungen brachte man sie zurück in die Einzelzelle und schüttete ihnen, da die meisten kaum mehr reagieren konnten oder bewusstlos waren, einen Kübel kaltes Wasser über den Körper. Mehrmals bin ich mit Mitgefangenen in der Nacht aus der Zelle geholt worden. Wir mussten uns im Hof an einer Mauer aufstellen und die Wachleute begannen zu schießen. Wir meinten, wir werden erschossen, sie schossen aber in die Luft. Später kam ich in eine Sammelzelle und man ließ mich in Ruhe.

Insgesamt wurden zwischen Oktober 1939 und August 1944 knapp 100 000 Personen verhaftet, rund 20 000 davon waren Frauen. 37 000 Gefangene starben noch in Warschau eines gewaltsamen Todes, ca. 60 000 wurden vom Pawiak-Gefängnis in verschiedene Konzentrationslager gebracht. Wladislaw Zuk wurde am 26. November 1943 nach Auschwitz eingewiesen, von dort am 11. Februar 1944 nach Mauthausen überstellt und eine Woche später ins Nebenlager Ebensee deportiert.

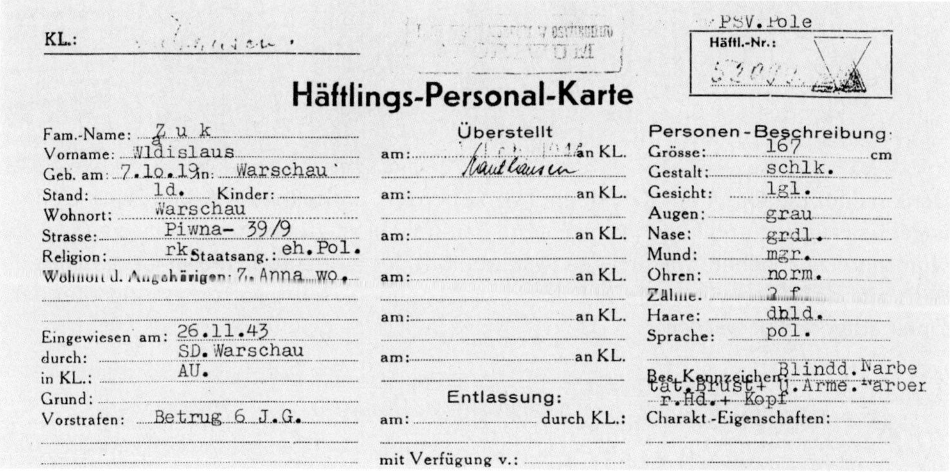

KL.:

PSV. Pole
Häftl.-Nr.:

Häftlings-Personal-Karte

Fam.-Name: Zuk
Vorname: Wldislaus
Geb. am: 7.10.19 in: Warschau
Stand: ld. Kinder:
Wohnort: Warschau
Strasse: Piwna- 39/9
Religion: rk Staatsang.: eh. Pol.
Wohnort d. Angehörigen: Z. Anna wo.

Eingewiesen am: 26.11.43
durch: SD. Warschau
in KL.: AU.
Grund:
Vorstrafen: Betrug 6 J.G.

Überstellt
am: an KL. Mauthausen
am: an KL.
am: an KL.
am: an KL.
am: an KL.
am: an KL.

Entlassung:
am: durch KL.:
mit Verfügung v.:

Personen-Beschreibung:
Grösse: 167 cm
Gestalt: schlk.
Gesicht: lgl.
Augen: grau
Nase: grdl.
Mund: mgr.
Ohren: norm.
Zähne: 2 f.
Haare: dbld.
Sprache: pol.

Bes. Kennzeichen: Blindd. Narbe tät. Brust+ U. Arme. Narber r. Hd. + Kopf
Charakt.-Eigenschaften:

In Ebensee angekommen, hatte er keine Ahnung, wo er war. Noch nie in seinem Leben hatte er so hohe Berge gesehen. Er hatte mit seinen Mithäftlingen schwerste Zwangsarbeit beim Stollenbau zu verrichten, elf Stunden ununterbrochene Arbeit täglich, bei jeder Witterung und ständig von den Kapos (das waren meist kriminelle Mithäftlinge, die als Aufseher tätig waren) und der SS angetrieben.

Dort hatte ich jeden Tag den Tod vor Augen. Jeden Morgen hatte ich mit dem Leben abgeschlossen. Je länger der Krieg dauerte, umso weniger bekamen wir zu essen. In den letzten Wochen gab es zum Frühstück nur mehr schwarzen Kaffee, mittags ausgekochte Kartoffelschalen, abends ein Stück Brot. Die letzten Tage vor der Befreiung wurde überhaupt keine Nahrung mehr verteilt. Wir aßen Gras und Kohlestückchen, um irgendwas im Magen zu haben.

Ausgebauter Stollen in der Anlage A; Foto: Michael Wrobel, 1989

Die Häftlinge mussten ein umfassendes Stollensystem in den Berg treiben. In diesen Stollen sollte, nachdem im August 1943 britische Flugzeuge das Raketenforschungszentrum Peenemünde in Mecklenburg-Vorpommern bombardiert hatten, die Produktion der A-4-Rakete („Wunderwaffe V 2") weiterentwickelt und den Angriffen der Alliierten entzogen werden. Aufgrund technischer Probleme und dringender anderer Rüstungsproduktion sollten dann hier in Ebensee keine Raketen hergestellt werden. Die Stollen wurden zur Produktion von Bremstrommeln für Panzer und zur Raffination von Erdöl benutzt. Insgesamt wurden mehrere Kilometer Stollen in den Berg getrieben.

Lagertor nach der Befreiung; Foto: Bohuslav Bárta, 22./23. Mai 1945

Blick auf das Lager; Foto des Vereins Widerstandsmuseum Ebensee

Häftlinge unmittelbar nach ihrer Befreiung; Foto: US-Armee, 6./7. Mai 1945

Anmerkung: Zitate Zuks aus Gesprächen mit dem Leiter des Widerstandsmuseums Ebensee, Wolfgang Quatember, und Schülerinnen und Schülern der Handelsakademie Traun; Kontaktadresse: Verein Widerstandsmuseum und KZ Ebensee, Kirchgasse 5, 4802 Ebensee, Tel.: 06133/5601, Fax: 06133/5601–4

Wladislaw Zuk hatte das Glück und den Willen, zu überleben. Bei seiner Befreiung wog er 39 Kilogramm. Sein Vater war im Krieg gefallen, seine Mutter in Auschwitz umgekommen. Da er zunächst auch über den Verbleib seiner Geschwister nichts in Erfahrung bringen konnte, entschloss er sich, in Ebensee zu bleiben. Er kam bei einer Ebenseer Familie unter. In seinem Zimmer „war ein Bett drinnen mit Tuchent und Kopfpolster und auch ein Kasten. Ich kam mir vor wie im Himmel." Die Frau des Hauses nannte er „Mutti".

Später lernte er auf einem Faschingsball eine Ebenseerin kennen, bald darauf heirateten sie. Auch beruflich gelang es ihm, im Salzkammergut Fuß zu fassen. Seit den Neunzigerjahren stand er zwei Jahrzehnte lang Schulklassen als Zeitzeuge zur Verfügung und erzählte mit fast jugendlicher Frische und ohne Gram sein Schicksal, aber als Warnung an die Zukunft, denn vergessen dürfe man nicht: „Seitdem ich darüber rede, schrecke ich nicht mehr im Traume auf, ich habe meinen inneren Frieden gefunden."

Denkmal für die Opfer am KZ-Friedhof von Ebensee, enthüllt am 12. Mai 2012. Den Lagerinsassinnen und Lagerinsassen ihre Persönlichkeit zu nehmen und sie zu Nummern zu machen, war Teil des Systems. Mit der Einrichtung dieses Denkmales, das unter dem Titel „Toten ihren Namen wieder geben" steht, soll die Anonymität der Opfer aufgehoben werden.

Arbeitsaufgaben

1. Erläutern Sie die genauen Umstände, warum gerade in Ebensee im Salzkammergut ein Konzentrationslager errichtet wurde.
2. Geben Sie die Gründe dafür an, warum Wladislaw Zuk nach der Befreiung des Konzentrationslagers in Ebensee geblieben ist.
3. Stellen Sie Vermutungen an, warum Wladislaw Zuk im April 1940 in Warschau von Beamten des deutschen Sicherheitsdienstes verhaftet wurde.
4. Versuchen Sie, sich anhand der Häftlings-Personal-Karte ein „Bild" von Wladislaw Zuk zu machen.
5. Welche Beweggründe könnte Wladislaw Zuk gehabt haben, sich Schülerinnen und Schülern als Zeitzeuge zur Verfügung zu stellen?

Ziele erreicht – „Der Nationalsozialismus"

KOMPETENZ-ERWERB

1. Analysieren Sie die abgebildeten Wahlplakate der NSDAP
   - nach ihrer politischen Aussagekraft (Parolen, Formulierungen),
   - den eingesetzten Mitteln (Farben, Symbole, Gestaltung der abgebildeten Menschen) und
   - nach dem Zielpublikum, das angesprochen werden sollte.

1

Reichstagswahl 1924

2

Reichstagswahl 1928

3

Landtagswahl Sachsen 1929

4

Reichstagswahl 1930

5

NSDAP, 1931

6

Reichspräsidentenwahl 1932

7

Reichspräsidentenwahl 1932

8

Reichstagswahl 1932 (Juli)

9

Reichstagswahl 1932 (Juli)

10

Reichstagswahl 1932 (Juli)

11

Reichstagswahl 1932 (November)

2. Lesen Sie die folgenden Quellentexte:
   a) Erörtern Sie den Stellenwert der „Verordnung zum Schutz von Volk und Staat" und des „Gesetzes zur Behebung der Not von Volk und Staat" in Bezug auf die „Machtergreifung" Hitlers.
   b) Analysieren Sie die Auswirkungen, die sich aus diesen Bestimmungen für die einzelne Bürgerin und den einzelnen Bürger, für die Länder und die Gemeinden und den deutschen Reichstag ergaben.
   c) Erläutern Sie die Konsequenzen der Umsetzung dieser Maßnahmen für die Intellektuellen, Künstler und Schriftsteller.
   d) Informieren Sie sich über die angeführten Intellektuellen.

Grundlagen des NS-Staates

„Verordnung zum Schutz von Volk und Staat."
Aus der Notverordnung des Reichspräsidenten vom 28. Februar 1933

Aufgrund des Artikels 48 Abs. 2 der Reichsverfassung wird zur Abwehr kommunistischer staatsgefährdender Gewaltakte Folgendes verordnet:

§ 1
Die Artikel 114, 115, 117, 118, 123, 124 und 153 der Verfassung des Deutschen Reiches werden bis auf Weiteres außer Kraft gesetzt. Es sind daher Beschränkungen der persönlichen Freiheit, des Rechts der freien Meinungsäußerung, einschließlich der Pressefreiheit, des Vereins- und Versammlungsrechts, Eingriffe in das Brief-, Post-, Telegraphen- und Fernsprechgeheimnis, Anordnungen von Haussuchungen und von Beschlagnahmen sowie Beschränkungen des Eigentums auch außerhalb der sonst hierfür bestimmten gesetzlichen Grenzen zulässig.

§ 2
Werden in einem Lande die zur Wiederherstellung der öffentlichen Sicherheit und Ordnung nötigen Maßnahmen nicht getroffen, so kann die Reichsregierung insoweit die Befugnisse der obersten Landesbehörde vorübergehend wahrnehmen.

Das „Gesetz zur Behebung der Not von Volk und Staat" (Ermächtigungsgesetz) vom 24. März 1933

Artikel 1 Reichsgesetze können außer in dem in der Reichsverfassung vorgesehenen Verfahren auch durch die Reichsregierung beschlossen werden. Dies gilt auch für die in den Artikeln 65, Absatz und 87 der Reichsverfassung bezeichneten Gesetze.

Artikel 2 Die von der Reichsregierung beschlossenen Reichsgesetze können von der Reichsverfassung abweichen, soweit sie nicht die Einrichtung des Reichstags und des Reichsrats als solche zum Gegenstand haben. Die Rechte des Reichspräsidenten bleiben unberührt.

Artikel 3 Die von der Reichsregierung beschlossenen Reichsgesetze werden vom Reichskanzler ausgefertigt und im Reichsgesetzblatt verkündet. Sie treten, soweit sie nichts anderes bestimmen, mit dem auf die Verkündung folgenden Tage in Kraft.

Artikel 5 Dieses Gesetz tritt mit dem Tage seiner Verkündung in Kraft. Es tritt mit dem 1. April 1937 außer Kraft, es tritt ferner außer Kraft, wenn die gegenwärtige Reichsregierung durch eine andere abgelöst wird.

Stimmen der Intellektuellen

Wir sind Geiseln. „Wir" – die bedrohte Judenheit. Ich empfinde eigentlich mehr Scham als Angst, Scham um Deutschland. Ich habe mich wahrhaftig immer als Deutscher gefühlt. Und ich habe mir immer eingebildet: 20. Jahrhundert und Mitteleuropa sei etwas anderes als 14. Jahrhundert und Rumänien. Irrtum.

Victor Klemperer, Tagebuch, 30. März 1933

Die Gerechtigkeit wird in den Müllkasten geworfen. Wir alle, die wir nicht auf dem „nationalen" Boden stehen, d. h. nicht Nazis sind, sind von jetzt an vogelfrei.

Harry Graf Kessler, Tagebuch 17. Februar 1933

Seit zwei Wochen bin ich hier. Inzwischen wird es Ihnen klar sein, dass wir großen Katastrophen zutreiben. Abgesehen von den privaten – unsere literarische und materielle Existenz ist ja vernichtet – führt das Ganze zum Krieg. Ich gebe keinen Heller mehr für unser Leben. Es ist gelungen, die Barbarei regieren zu lassen. Machen Sie sich keine Illusionen. Die Hölle regiert.

Joseph Roth, Paris, in einem Brief an Stefan Zweig, Februar 1933

Feindbilder – Rassismus

Meine Ziele

KOMPETENZ-ERWERB

Nach der Bearbeitung dieses Kapitels kann ich

- die Entwicklung von Feindbildern erklären;
- Strategien zur Bekämpfung von Feindbildern entwickeln;
- die verschiedenen Formen von Rassismus erkennen;
- aktiv gegen Rassismus und Fremdenfeindlichkeit auftreten;
- Rassismus und Feindbilder in einer modernen Gesellschaft erkennen.

1 Feindbilder

Politisches Bewusstsein und Handeln werden stark von den Kategorien „Feind" und „Freund" beeinflusst. Feindbilder gelten als sozial vermittelte Deutungsmuster für gesellschaftliches bzw. politisches Geschehen und negative Vorurteile, die sich auf Gruppen, Völker (Ethnien), Staaten oder Ideologien beziehen. Grundsätzlich führen sie zu einer stark verzerrten Wahrnehmung der Realität.

Feindbilder sind vielschichtig und in vielen Bereichen der Gesellschaft anzutreffen.

Ist ein Leben ohne Vorurteile und Feindbilder möglich? Wie können wir sinnvoll mit ihnen umgehen?

1.1 Wie entstehen Feindbilder?

Zu den wesentlichen Merkmalen von ausgeprägten Feindbildern gehören:

- **Die grundsätzlich negative Bewertung des „Gegners":** Die als „Feind" gesehene Person wird als böse, grausam, hinterhältig und minderwertig dargestellt.
- **Tendenzen zur Dehumanisierung** (Entmenschlichung): Dem „Feind" wird die Menschlichkeit abgesprochen, daher wird das Leiden anderer gleichmütig hingenommen und Töten wird erlaubt oder sogar gefordert.
- **Einseitige Schuldzuweisungen:** Der „Feind" wird zum alleinigen, verantwortlichen Sündenbock. Sämtliche Handlungen werden mit Misstrauen beobachtet.
- **Gruppendenken:** Der ausschließliche Umgang mit Personen, die Meinungen und Ideologien teilen, führt zu Isolation, verzerrter Bewertung des „Gegners", eingeengten Lösungsvorschlägen und einem starken Gruppendruck mit dem Ziel der gleichen Meinung.
- **Spiegelbilder:** Feindbilder können sich wechselseitig negativ entwickeln. Die beteiligten Gruppierungen nehmen sich gegenseitig vergleichbar negativ wahr. Die Argumente und Bilder werden austauschbar.

Für die Entstehung von Feindbildern spielen **persönliche, soziale** und **politische Faktoren** eine Rolle. Sie haben wichtige Funktionen sowohl für jeden Einzelnen als auch für das politische Geschehen im Großen.

Feindbilder können von Personen in einflussreichen Positionen der Gesellschaft gezielt erzeugt werden, um eigene politische, wirtschaftliche oder militärische Handlungen gegenüber der eigenen Bevölkerung oder dem Ausland durchzusetzen. Feindbilder werden eingesetzt, um die öffentliche Meinung manipulieren zu können. Eine wichtige Rolle spielen dabei die Medien.

1.2 Feindbilder transportiert durch Medien

Die öffentliche Meinung wird durch Medien täglich beeinflusst und in ungünstigen Fällen durch ausschnitthafte und einseitige Informationen gezielt manipuliert. Was „böse" ist, wer Schuld hat, wer versagt hat, wer dazugehört und wer nicht – diese Fragen werden oft durch die Massenmedien entschieden.

Feindbilder können auch von Medien nicht völlig aus der Luft gegriffen werden, sondern müssen den Anschein haben, dass es sich um eine realistische Beschreibung oder eine „echte" Situation handelt. Voraussetzung dafür ist immer eine kleine Portion Realität oder ein Körnchen Wahrheit, das dem Vorurteil oder dem verwendeten Feindbild zugrunde liegen muss. Nur so kann eine breite Wirksamkeit entfaltet werden – die von den Medien gewünscht wird.

In Krisenzeiten haben Feindbilder besonders Konjunktur in den Medien, denn meist resultieren – als Konsequenz aus den Ängsten der Menschen – daraus Aggressionen, die in extrem belastenden Situationen auf fruchtbaren Boden fallen.

Der **„Fremde“,** ob politisch, religiös, wirtschaftlich, sozial oder von seiner Herkunft aus betrachtet, wird als böswilliger Verursacher eines konkreten Missstandes beschuldigt. Die Abneigung oder – in gesteigerter Form – der Kampf gegen ihn wird als sinnvoll propagiert und kann in den schlimmsten Ausformungen Teil einer ganzen Ideologie werden (vgl. Nationalsozialismus).

Um transportierten Feindbildern in Medien kritisch gegenüberstehen zu können, ist es besonders wichtig, einseitige Informationsquellen zu vermeiden. Das kann zum Beispiel bedeuten, zu einem Thema verschiedene Quellen einzuholen, zu vergleichen und sich später daraus eine Meinung zu bilden. Besonders bei Informationen aus dem Internet, bei denen ein Verfasser/eine Verfasserin oder eine zugrunde liegende Quelle oft schwer nachvollziehbar ist, ist ein gesunder kritischer Anspruch notwendig.

Eine österreichische Tageszeitung reagierte in ihrer Internetausgabe vom 22. Juli 2011 sofort auf den Anschlag in Norwegen (ausgeführt von einem Norweger), der am selben Tag verübt worden war, mit der Meldung, dass hinter dem Amoklauf mit großer Sicherheit Islamisten stünden.

Der Moslem war‘s!

Freitagnachmittag um 15:36 erreicht die erste Alarm-Meldung der Nachrichtenagentur Reuters die Redaktion von derStandard.at: „Mehrere Verletzte bei Explosion in Oslos Zentrum“. ... Nach kurzer Recherche geht die erste Meldung um 15:43 auf derStandard.at online. Vier Minuten später hat schon ein User im allerersten Posting zu der Meldung, die zu dem Zeitpunkt nur aus einer Überschrift besteht, die Schuldigen parat: „Emigranten, Habn wohl was gegen die grenzen.“ Selbiger User ist sich ein paar Minuten später sicher: „Das waren wieder Islamisten!!“ ...

Nun mag es sich bei diesem User um ein besonders nerviges Exemplar handeln, aber er gab einen Vorgeschmack auf das, was bei Meldungen dieser Art immer kommt wie das Amen im Gebet: Schuldzuweisungen meist rassistischer Natur werden von anonymen Anklägern im Stakkato ins Forum abgefeuert, ohne auch nur einen Funken über die Hintergründe zu wissen. Natürlich tauchen auch sofort die üblichen Verschwörungstheoretiker auf, die eine „false flag operation“ eines Geheimdienstes als Hintergrund vermuten oder andere bizarre Hypothesen als Erklärung anbieten. Doch die überwiegende Anzahl der Postings hat Muslime als Schuldige im Fokus, sei es in Form von Islamisten oder einer libyschen Revancheaktion für Norwegens Engagement in der Nato. ...

Schlagzeilen

Feindbilder Koran, Multikulti und „Political Correctness“

Wiener Zeitung, 9. September 2011

„Angela Merkel als neues Feindbild“

Der Standard, 9. Dezember 2011

„Feindbild“ EU: Österreicher orten zu starke Einmischung.

Die Presse, 27. März 2009

Erörtern Sie, welche Personen, Personengruppen oder Institutionen etc. in einer Gesellschaft zu Feindbildern gemacht werden könnten. Welcher Zweck könnte damit verfolgt werden?

Schmierereien: Feindbild Islam an der Wand

Islamfeindliche Parolen sind auf dem Vormarsch. Muslime klagen über zu wenig Bewusstsein für Hetze gegen Islam. Auch Neonazi-Beschmierungen nehmen derzeit zu.

„Einst Jud – jetzt: Moslembrut." Dieser Spruch ist – in leichten Variationen – zuletzt häufig als Graffiti an Wänden aufgetaucht. An der KZ-Gedenkstätte Mauthausen im Februar, im Juni an der Tür eines Linzer Kindergartens und vergangene Woche auf einer Absperrvorrichtung vor dem Wiener Westbahnhof. ...

Im österreichischen Verfassungsschutzbericht wurden diese Delikte bisher allerdings nur unter dem Punkt Rechtsextremismus, Fremdenfeindlichkeit/Rassismus und Antisemitismus ausgewertet, in Zukunft soll die Statistik der Tathandlungen auch um den Punkt „Islamophobie" erweitert werden.

Die Presse, 6. Juli 2009

Doch was will man den Usern vorwerfen, hat doch das von den Rechten seit Jahren getrommelte Feindbild „Islam" längst auch die meisten Medien durchdrungen. Während sich Norwegens Behörden und Politiker in Ermangelung von Fakten über mehrere Stunden vorbildlich in Schweigen hüllen ... , interviewt die Nachrichtenagentur APA den „Brüsseler Terrorexperten" Claude Moniquet, der „höchstwahrscheinlich eine islamistische Gruppe mit Verbindungen zur Al Kaida" als Urheber der Anschläge vermutet. ... Während auch die Redaktion von derStandard.at über die Hintergründe der Anschläge, die so gar nicht in das übliche Schema islamistischer Terrorakte vergangener Jahre passen, rätselt, lässt die New York Times den „Terroranalysten" Will McCants des „Terrorforschungs"-Instituts C.N.A. zu Wort kommen. Dieser berichtet, die Gruppe „Helfer des Globalen Dschihad" hätte im Internet die Verantwortung für die Anschläge übernommen. ... US-Präsident Barack Obama lässt jedoch in einer Stellungnahme zu den Anschlägen wissen, dass er über keine Hintergründe zu den Vorgängen verfügt. Die Internetseite des bunten Blattes „Österreich" ist jedoch besser informiert als der oberste Chef einer zweistelligen Anzahl von Geheimdiensten und titelt zu diesem Zeitpunkt längst mit „Al Kaida unter Verdacht". Sie ist damit nicht alleine, beim Zappen quer durch die Nachrichtenkanäle zeigt sich beinahe überall das gleiche Bild: Beschlipste Kommentatoren analysieren aufgrund nicht vorhandener Informationen, wieso für die Ereignisse in Norwegen nur Islamisten infrage kommen. Im Journalistenalltag entzieht man sich nicht leicht solchen Mechanismen: Alle melden, dass es so ist, also muss nachgezogen werden. Die internationalpolitische Redaktion von derStandard. at entschließt sich, zu warten: Die norwegischen Behörden und niemand anderer soll sagen, was Sache ist.

Am späten Abend wird diese Haltung bestätigt: Die norwegische Polizei gibt bekannt, internationale Zusammenhänge als Hintergrund für die Anschläge auszuschließen und bestätigt die Verhaftung eines Verdächtigen: ein Norweger, der sich im rechtsextremen Milieu bewegt. Eine Überraschung sollte das nicht sein: Von 249 Terroranschlägen in der EU im Jahr 2010 wurden lediglich drei von Islamisten begangen. Dass alle diejenigen, die bei jeder Gelegenheit Muslime als Schuldige für alles Schlechte in der Welt zur Hand haben, nun für einen Moment innehalten und ihre Vorurteile überdenken, das darf freilich bezweifelt werden.

Die Zeit, 6. August 2014

Arbeitsaufgabe

- Könnte es eine Verbindung zwischen den Medienberichterstattungen, wie zum Beispiel zum Attentat in Norwegen, und der steigenden Zahl von Anti-Islam-Schmierereien geben? Ob ja oder nein – begründen Sie Ihre Meinung.

1.3 Feindbilder und die fatalen Folgen am Beispiel des Völkermordes in Ruanda

Wie verheerend sich eine über Jahre erfundene und von politischen Parteien forcierte Konstruktion von Feindbildern auswirken kann, zeigte sich zwischen April und Juli 1994 im afrikanischen Staat Ruanda.

Dort kam es zwischen den definierten Volksgruppen der **Hutu** und **Tutsi** zu der letzten Eskalationsstufe in Bezug auf Feindbilder, nämlich zu Krieg und Massenmord. Die Getöteten gehörten mehrheitlich der Gruppe der Tutsi an. Aber auch gemäßigte

Tutsi, Hutu: Diese stellten ursprünglich soziale Gruppen in den afrikanischen Staaten Ruanda, Burundi und der Demokratischen Republik Kongo dar. Infolge deutscher und belgischer kolonialer Machtpolitik wurden diese sozialen Gruppen missverstanden und als Volksgruppen bzw. Stämme eingeteilt. Als Kriterium für die Einteilung in Hutu oder Tutsi wurde zum Beispiel der Rinderbesitz herangezogen. Wer mehr als zehn Rinder besaß, wurde als Tutsi definiert.
Dadurch rückte ein natürliches friedliches Zusammenleben immer mehr in den Hintergrund. Der Eingriff führte zu starken Konflikten zwischen der Minderheit der Tutsi und der Mehrheit der Hutu, die am fatalsten im Völkermord 1994 zum Ausbruch kamen.

Hutu wurden getötet, weil sie den Mordaktionen kritisch gegenüberstanden, mit Tutsi verheiratet waren oder als Verräter dargestellt wurden. In nur wenigen Monaten wurden ca. 800 000 bis 1 Million Menschen umgebracht – dies entsprach 75 Prozent der Gesamtbevölkerung der Tutsi! Die ethnische Differenzierung der beiden beteiligten Gruppen hatte im Wesentlichen mit dem kolonialen Erbe von Ruanda zu tun. Das heißt, die Tutsi-Minderheit wurde von den ehemaligen deutschen und belgischen Kolonialherren als höherwertig wahrgenommen und deshalb in sozial höhere Stellungen gebracht. Die Einteilung erfolgte willkürlich.

Ruanda hat eine Staatsfläche von 26 338 km^2 und somit ungefähr ein Drittel der Staatsfläche Österreichs. Die Einwohnerzahl beträgt ca. 9,7 Millionen. Diese sind zu 92 Prozent Christen, zu 5 Prozent Muslime oder Anhänger indigener Religionen. Die Hauptstadt heißt Kigali. Es gibt drei anerkannte Amtssprachen: Kinyarwanda, Französisch und Englisch. Bis 1916 galt Ruanda als deutsche Kolonie, später wurde das Land bis 1962 von Belgien verwaltet.

In den Jahren vor dem Völkermord verwandelte sich das Gefühl der Benachteiligung, das unter den sozial schlechter gestellten Hutu verbreitet war, in eine akute Bedrohungsvorstellung. Diese Vorstellung erweiterte sich in nur wenigen Jahren zu einem Feindbild. In der Wahrnehmung der Hutu-Mehrheit sah es so aus, als ginge eine völkermörderische Bedrohung von der Tutsi-Minderheit aus. Dieser müsste man mit aller Kraft entgegentreten, um den angeblichen Plan der Tutsi, die Hutu zu vernichten, zu unterbinden. Diese existenzielle Bedrohungsvorstellung war nicht einfach das Produkt einer freien Fantasie, sondern wurde systematisch durch theoretische Schriften und massive Propaganda hervorgerufen.

Die Spirale der Eskalation der unterstellten Bedrohung wurde durch einzelne gezielte mörderische Aktionen, die der Gegenseite zugeschrieben wurden, weitergedreht. Dies bedeutete, dass alles, was zuvor lediglich zu einer Furcht einflößenden Fantasiewelt gehörte, „Wirklichkeit" wurde. Durch diese anscheinende Wirklichkeit wurde eine Atmosphäre geschaffen, in der das Töten der als Todfeinde definierten Nachbarschaftsgruppe der Tutsi aus Sicht der Hutu die einzige Rettung und dadurch eine überlebenswichtige Notwendigkeit darstellte.

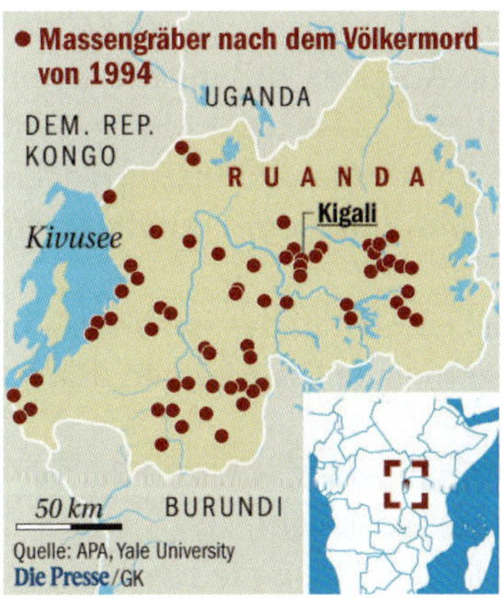

Bisher entdeckte Massengräber nach dem Völkermord von 1994

Eine Million Tote in wenigen Wochen; Schädel und Gebeine im Kigali Memorial Centre

In diesem Konflikt wurden Feindbilder bewusst dafür benutzt, um politische Interessen zu bedienen. Die damit erzeugte falsche Wirklichkeit wurde von der Regierung strategisch geplant und durch die Presse, vor allem durch das Radio, aufgepeitscht. So wurde zum Beispiel der Auslöser des **Völkermordes,** der Flugzeugabsturz des Präsidenten Habyarimana, der zum Volksstamm der Hutu gerechnet wurde, ausgelöst durch einen Raketenangriff, sofort den Tutsi zugeschoben und durch die Medien verbreitet. Heute geht man davon aus, dass eigene abtrünnige Hutu-Soldaten die Raketen abgefeuert hatten.

Die Mordaktionen begannen unmittelbar nach dem Flugzeugabsturz des Präsidenten am 7. April 1994 in der Hauptstadt Kigali und weiteten sich mit unglaublicher Geschwindigkeit und enormer Brutalität auf das ganze Land aus. Die militärischen Verbände bestanden vorwiegend aus zuvor arbeitslosen Jugendlichen, die für das Morden bezahlt wurden und von den Plünderungen profitierten. Aktuelle Untersuchungen zeigen, dass Gewalt und Brutalität am intensivsten dort aufge-

Völkermord (Genozid) ist laut Völkerstrafrecht ein Straftatbestand, der gekennzeichnet ist durch die spezielle Absicht, eine nationale, ethnische, rassische oder religiöse Gruppe ganz oder teilweise zu zerstören. Daher wird er auch als einzigartiges Verbrechen oder als das schlimmste Verbrechen im Völkerstrafrecht bezeichnet. Unter anderen bisher anerkannte Völkermorde:

- Völkermord an den Armeniern (1915)
- Holocaust (1939–1945)
- Völkermord in Ruanda (1994)
- Massaker von Srebrenica (1995)

treten sind, wo es um Hutu ging, die eine Verbindung zu Tutsi hatten, das heißt dort, wo die Grenze zwischen den Gruppen verwischt schien und durch Gewalt markiert werden musste.

Arbeitsaufgaben

1. Welche Merkmale von ausgeprägten Feindbildern können Sie am Beispiel des Völkermordes in Ruanda erkennen?
2. Suchen Sie in Zeitungen oder im Internet nach aktuellen Berichten oder Ereignissen aus Ruanda. Präsentieren Sie in Zweiergruppen Ihre Ergebnisse der Klasse.

Toleranz – eine Vorstufe zum Frieden

Feind- wie Freundbilder verdecken, wenn sie auf Völker oder sonstige Gruppen angewandt werden, die komplexe Realität. Sie verstellen den Zugang zum einzelnen Menschen, sie verhindern die Analyse der sozialen und politischen Bedingungen, die die Menschen geprägt haben ... wer aber seiner eigenen Identität sicher ist und zugleich genügend Distanz zu ihren kollektiven Komponenten hat, der braucht nicht die Abwertung des anderen, kann das Anderssein des anderen tolerieren ...

Peter Michael Pflüger, Freund und Feindbilder, 1986, S. 65/66

1.4 Feindbildern entgegenwirken

Feindbilder gehören offensichtlich zum Leben und die Problematik besteht damit nicht in deren Abbau, sondern im Umgang mit ihnen.

Peter Michael Pflüger, Freund und Feindbilder, 1986

Feindbilder und Vorurteile werden immer Teil der Gesellschaft sein. Dies bedeutet aber nicht, dass man dadurch nichts persönlich gegen bereits vorhandene oder gerade im Entstehen begriffene Feindbilder unternehmen kann.

Abschließend ein paar Anknüpfungspunkte, die für eine Zukunft mit weniger Feindbildern nützlich sein könnten:

- Als verantwortungsbewusster Mensch hat man die Aufgabe, das eigene Urteil und Vorurteil ständig zu hinterfragen und zu akzeptieren, dass jeder Mensch auf der Welt zunächst die gleiche Berechtigung hat wie man selbst. Vorurteile dürfen keine Endurteile werden, sondern sollten Anlass sein, uns dem Fremden und Neuen zuerst einmal offen zu stellen.
- Vorschnelles Urteilen vermeiden im Sinne von „Das ist richtig, das ist falsch".
- Mit einzelnen Menschen oder Menschengruppen gemachte Erfahrungen dürfen nicht verallgemeinert werden.
- Nie mit den eigenen Maßstäben auf andere Kulturen schließen, wie zum Beispiel durch den Gedanken: „Das, was in der eigenen Kultur geschieht, ist richtig und normal, das, was fremde Kulturen leben oder wie sie handeln, ist falsch."
- Die Bereitschaft zeigen, selbstkritisch mit sich umzugehen und dazulernen zu wollen. Vielen Menschen fällt es schwer, ihre einmal geäußerte Meinung zu revidieren und sich so einen Fehler einzugestehen.
- Sich zu informieren, die Bereitschaft, neue Erfahrungen zu machen, Kritik zu verarbeiten usw. – all das ist eng mit einer geringen Vorurteilsneigung verbunden.

Arbeitsaufgaben

1. Ermitteln Sie drei weitere hilfreiche Punkte, die der Entstehung von Feindbildern entgegenwirken können.
2. Welche Aufgaben sollten politische Parteien in einer Gesellschaft wahrnehmen? Welche liegen nicht im Bereich von Parteien?

2 Rassismus

Rassismusvorwürfe in Hollywood: Weil bei den Nominierten für den Oscar 2016 das zweite Jahr in Folge keine schwarzen Schauspieler/innen waren, kündigten mehrere Hollywoodgrößen den Boykott des Filmpreises an. Die Academy beschloss daraufhin neue Oscar-Regeln.

Der Oscar sieht sich mit dem Vorwurf konfrontiert, zu weiß zu sein. Nach massiver Kritik an ethnischer Eintönigkeit bei der Auswahl der Oscar-Kandidaten 2016 reagiert die amerikanische Academy of Motion Picture Arts und kündigt „historische“ Maßnahmen an: Sie will die Zahl der Frauen und Angehörigen von Minderheiten unter ihren Mitgliedern bis 2020 verdoppeln.

In einem Freibad in Wien werden zwei Kinder, sieben und zehn Jahre alt, von ca. zehn bis zwölf türkischstämmigen Männern aus einem Schwimmbecken mit den Worten gejagt: „Dieses Becken ist nur für Türken, keine Österreicher erlaubt.“

Kinder spielen mit einer Plastikflasche in einem Bus. Als sie aussteigen, sagt der Busfahrer:
„Die Ausländer haben keine Kultur.“ Einer der Fahrgäste meint, die Ausländer gehörten vergast, ein Auschwitz gehöre wieder her.

„Ein Österreicher ruft und ihr folgt blind – wo das endet, weiß jedes Kind – Ihr wärt gute Nazis gewesen!“, war auf drei Bannern der Aue-Fans (Anhänger des Fußballklubs Erzgebirge Aue) zu lesen. Nur wenige Meter davon entfernt: Ein Plakat, das Mateschitz (Mitbesitzer von Red Bull und Besitzer des deutschen Fußballvereins RB Leipzig) in Nazi-Uniform samt angedeuteter Hakenkreuz-Binde zeigt. „Aus Österreich nur das Beste für Deutschland“, hieß es darauf in Anspielung auf die österreichische Herkunft Hitlers.

(Vorfälle dokumentiert von der Anti-Rassismusstelle ZARA in Wien im Jahr 2010)

Arbeitsaufgaben

1. Lesen Sie sich die Vorfälle von Rassismus durch und diskutieren Sie darüber anschließend in der Klasse.
2. Erzählen Sie eine Begebenheit, wo Sie Rassismus beobachten konnten oder wo Sie selbst betroffen waren.

2.1 Was bedeutet Rassismus?

Die Wurzeln des Rassismus reichen weit in die Geschichte zurück. Im 19. Jahrhundert versuchte man, mit pseudowissenschaftlichen Theorien Menschen in verschiedene „Rassen“ einzuteilen, um die Überlegenheit einer bestimmten **„Rasse“** zu beweisen. Dies galt als Rechtfertigung, Kolonien auszubeuten, Sklavenhandel zu betreiben oder unbekannte Lebensformen und Kulturen als unterlegen einzustufen.

Alle Formen des Rassismus übersehen, dass erstens die Spezies Mensch zwar über bestimmte erblich erworbene Anlagen verfügt, die aber immer in der (politischen, sozialen sowie ökonomischen) Umwelt geformt werden, und zweitens die Unterschiede innerhalb einer „Rasse“ größer sind als zwischen den „Rassen“.

In der Praxis kann die in der Randspalte ausgeführte Definition von „Rasse“ zum Beispiel bedeuten, dass mit „Rassismus“ die Herabstufung von Menschen aus einem anderen Land oder einem anderen Kontinent gemeint ist, etwa aufgrund der Annahme, diese Menschen seien von Geburt an dümmer, fauler, krimineller oder minderwertiger als man selbst.

„Rasse“ ist ein biologischer Begriff, der darauf verweist, dass es von einer Spezies oder Gattung (z. B. Tiere) mehrere verschiedene Arten gibt, die sich durch vererbliche äußerliche Merkmale unterscheiden lassen. Der (politische, soziale) Rassismus nimmt diese äußerlichen Merkmale auf, überhöht sie in Bezug auf die eigene Rasse und wertet diejenigen anderer Rassen ab. Dadurch fördert Rassismus das Überlegenheitsgefühl und erzeugt **Vorurteile, Ablehnung** und **Feindseligkeit** gegenüber anderen Rassen.

ZARA – Zivilcourage und Anti-Rassismus-Arbeit
In Österreich gibt es seit 1999 den Verein ZARA, der es sich zum Ziel gemacht hat, Zivilcourage und eine Gesellschaft frei von Rassismus zu fördern sowie alle Formen von Rassismus zu bekämpfen. Der Verein erstellt hierzu jährlich in einem **Rassismus-Report** (www.zara.or.at) eine Zusammenfassung von allen bekannten dokumentierten Fällen von Rassismus in Österreich. Die Dunkelziffer liegt wahrscheinlich viel höher.

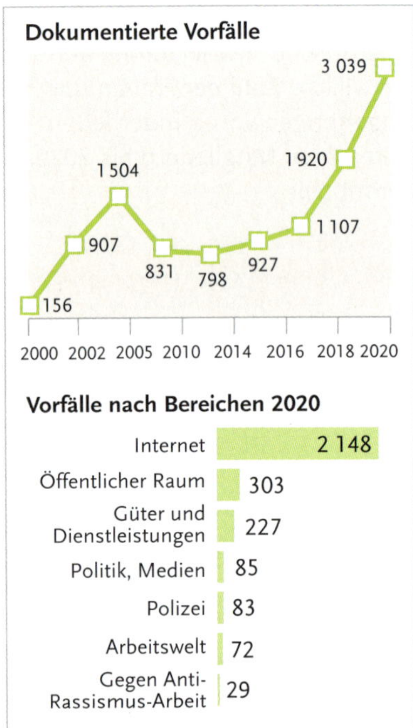

Ein Viertel der gesamten Meldungen ist Rassismus, der sich explizit aufgrund der Hautfarbe gegen schwarze Menschen und People of Colour richtet. Die Meldungen von Online-Rassismus haben sich im Vergleich zum Jahr 2019 verdoppelt. Die enorme Zunahme von Meldungen aus dem Internet lässt sich auf folgende Gründe zurückführen:

- Starke mediale Präsenz der Phänomene Rassismus und Hass im Netz
- Covid-19-bedingte Verlagerung des Lebens in die Online-Welt
- Melden von Online-Rassismus ist relativ unkompliziert (Screenshot inklusive Zeitangabe und genaue Quelle/URL sind ausreichend.

www.zara.or.at

Rassistische Äußerungen kommen noch in vielen anderen Formen vor. Sie richten sich abwertend, feindselig oder gar gewalttätig an andere, meist schwächere oder als schwächer wahrgenommene Menschen, wie z. B. Migranten/Migrantinnen, Homosexuelle, Sinti und Roma, Juden, Muslime, Behinderte, Obdachlose, Punks.

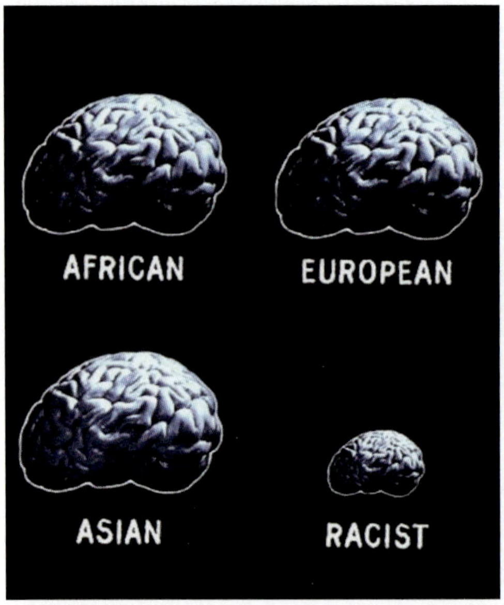

Zwei Anti-Rassismus-Plakate: Das Plakat links will die Absurdität veranschaulichen, wenn von Rassisten behauptet wird, es gebe zwischen den verschiedenen Nationen Unterschiede in deren Intelligenz usw. Das Plakat rechts stammt vom österreichischen Karikaturisten Manfred Deix und entstand als Reaktion auf die oftmals rassistisch gestalteten Parteiplakate in Österreich.

Arbeitsaufgabe

- Rekonstruieren und dekonstruieren Sie die beiden Plakate.

2.2 Rassismus im Alltag – wann und wo?

Im alltäglichen Leben kann Rassismus in den verschiedensten Formen vorkommen. Viele Menschen sind sich oft gar nicht bewusst, dass sie durch bestimmte Aussagen andere Menschen oder Volksgruppen rassistisch beleidigen oder abwerten, d. h., die meisten dieser Menschen würden sich nicht als Rassisten/Rassistin bezeichnen. Trotzdem ist diese unterschwellige Form des Rassismus sehr gefährlich, weitverbreitet und daher ist es unbedingt notwendig, dagegen aufzutreten.

Beispiele von bewusstem und unbewusstem Rassismus

- Menschen wird aufgrund ihrer Hautfarbe der Eintritt in eine Diskothek verwehrt.
- In einem Wohnungsinserat ist zu lesen: „Vermietung nur an Inländer/innen". An einer Hauswand ist der Spruch zu lesen: „Ausländer raus".
- In der Klasse beschimpfen sich Schüler/innen verschiedener Nationalitäten aufgrund der Herkunft des/der anderen.
- Leute werden auf der Straße oder an der Bushaltestelle aufgrund ihrer Herkunft oder Sprache verspottet.

Bewusst rassistisch agierende Personen oder Gruppen

Hinter manchen Fällen von Rassismus verbirgt sich jedoch ein Netzwerk größerer Dimension. Dabei handelt es sich um bewusst rassistisch agierende Personen oder Gruppen. Wie gefährlich und bestens organisiert solche Rassisten heute sind, zeigte sich 2011 in Deutschland. Es wurde bekannt, dass eine Gruppe von mehreren Neonazis bereits Morde durchgeführt hatte und weitere plante („Zwickauer Terrorzelle"). Diese Terrorzelle wurde vom deutschen Geheimdienst beobachtet, aber als nicht ausreichend gefährlich eingestuft. Die Neonazis rechtfertigten ihre Morde mit dem Hinweis, dass es sich bei den Opfern um „minderwertige Menschen" gehandelt hätte.

Rassismus im Sport

Vor allem im Mannschaftssport und hier besonders im Bereich des Männerfußballs, aber auch des Eishockeys und Handballs ist Rassismus allgegenwärtig. Das Spektrum reicht von diskriminierenden Verhaltensweisen bis hin zu Übergriffen.

„Weah, on n'a pas besoin de toi" Das Foto zeigt ein Transparent aus dem Jahr 1995. Rechte „Fans" des französischen Fußballvereins Paris Saint-Germain zeigten es, als der aus Liberia (Afrika) stammende Spieler George Weah sein letztes Spiel für den Verein vor seinem Wechsel zum AC Milan bestritt. Direkt übersetzt ist auf dem Transparent zu lesen: „Weah, man braucht dich nicht." Eigentlich ist damit aber gemeint, dass man froh ist, endlich etwas abstoßen zu können, was nie richtig dazugehörte – gemeint war die Hautfarbe von George Weah.

Seit 20 Jahren kämpft „Football Against Racism in Europe" (FARE) gegen Diskriminierung im Fußball

„Der Rassismus, den wir vergangene Woche bei England gegen Montenegro gesehen haben, ist genau der Grund, warum FARE entstanden ist", sagte FARE-Geschäftsführer Piara Powar bei der Eröffnung der Jubiläumsfeier in London. Er bezog sich auf das EM-Qualifikationsspiel Ende März in Podgorica, bei dem schwarze Spieler Englands von montenegrinischen Anhängern rassistisch beleidigt worden waren.

Als FARE 1999 entstand, waren rassistische Parolen in den Fußballstadien Österreichs und Europas noch stärker vertreten als heute. Mittlerweile stellt es für fast alle Vertreter im Fußballgeschäft keine allzu große Überwindung dar, sich gegen Rassismus zu positionieren. Doch trotz der Erfolge des weltweit agierenden Netzwerks mit Fokus auf Europa gibt es noch viele Probleme und Hürden im internationalen Fußball.

www.wienerzeitung.at, 4. April 2019 (Auszug)

Im Jahre 2001 schlossen sich FARE und die UEFA zu einer Aktionsfront zusammen. Die jährliche **FARE-Aktionswoche** im Oktober hat sich zu Europas größter **Antirassismus-Kampagne** im Fußball entwickelt. Sie soll die Öffentlichkeit für dieses Thema sensibilisieren und den Kampf gegen Intoleranz und Diskriminierung unterstützen. Die Zuschauer/innen in den Stadien werden unter anderem mit folgenden Botschaften erreicht: **„Zeig' Rassismus die Rote Karte", „Vorurteile platzen lassen", „Kein Platz für Diskriminierung".**

Die Nationalmannschaften der Niederlande und Brasiliens posieren gemeinsam hinter dem Anti-Rassismus-Transparent vor dem Viertelfinale der Fußball-WM in Südafrika 2010.

Arbeitsaufgaben

1. Wo kommt Rassismus in der Alltagssprache vor? Suchen Sie Beispiele für Ausdrücke und Redewendungen, die diskriminierend sind, wie „Knoblauchfresser", „Kanake" etc., und diskutieren Sie in der Klasse darüber.
2. Ermitteln Sie Beweggründe, warum sich Menschen abwertend gegenüber anderen äußern.
3. Berichten Sie von Ihnen bekannten Erfahrungen in Bezug auf Rassismus im Sport.

Die „OK-Hand“ als Hasssymbol
Daumen und Zeigefinger bilden ein „P“, die anderen drei Finger ein „W“. Zusammen steht „WP“ bei Rechtsextremen für White Power, was die Überlegenheit des „weißen Mannes“ ausdrückt. Dieses Zeichen wird jedoch vorwiegend für den bekannten Zweck verwendet, nämlich um Zustimmung auszudrücken. Deshalb muss auf den Zusammenhang geachtet werden, in dem diese Geste eingesetzt wird.
Genau dies ist aber auch das Gefährliche daran: Extremisten nutzen oft Symbole, die bereits jahrelang in der Öffentlichkeit etabliert sind und als harmlos gelten.

Eine „OK-Hand“ gezeigt auf einer rechtsextremen Demonstration in den USA.

Das Verbotsgesetz von 1947 ist ein österreichisches Verfassungsgesetz, mit dem nach dem Zweiten Weltkrieg die NSDAP verboten und die Entnazifizierung in Österreich gesetzlich geregelt wurde. Das Gesetz verbietet unter anderem bei Strafe jede Betätigung im Sinne des Nationalsozialismus. Das heißt, jegliche öffentliche Leugnung, Verharmlosung, Gutheißung und Rechtfertigung nationalsozialistischer Verbrechen wird geahndet.

2.3 Woran kann man Rassisten erkennen? Beispiel: Rechtsradikale

Neonazis tragen Glatze, Bomberjacke und Springerstiefel? Dieses Erkennungsmerkmal von früher, wenn es denn je richtig war, gilt heute nur mehr bedingt. Das heißt, in den letzten Jahren ist die rechte Szene vermehrt in andere Symboliken und Bereiche von Jugendkulturen vorgedrungen und so auch schwerer zu identifizieren.

Allgemein kann gesagt werden, dass von Rechtsextremen bestimmte **Bekleidungsmarken** und einschlägige **Musikgruppen** bevorzugt sowie Anspielungen auf das **Dritte Reich** oder die **germanisch-vorchristliche** Vergangenheit gemacht werden.

In den folgenden Abschnitten wird nur auf den Rechtsextremismus eingegangen, weil er eine deutlich höhere Gefahr in der Gesellschaft darstellt als zum Beispiel der Linksextremismus.

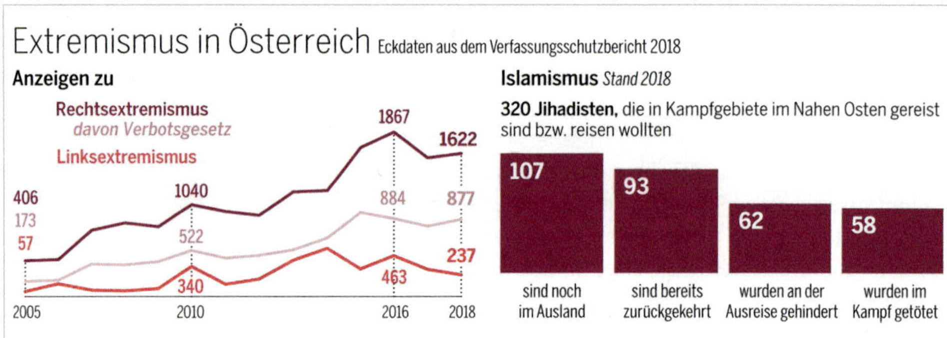

Quelle: Bundesministerium für Inneres, Verfassungsschutzbericht 2018

Symbole, Zeichen und Codes

Häufige Verwendung finden **Elemente der nordischen Mythologie.** Verschiedene Symbole oder Namen werden für Kleidungsmarken verwendet (z. B. Thor Steinar). Runen oder die **„Schwarze Sonne“** (findet auch in esoterischen Bewegungen, das heißt in einem nicht rassistischen Zusammenhang, Verwendung) dienen als „Schmuckelemente“ auf Flyern, CD-Covern, Transparenten oder Aufnähern.

Besondere Bedeutung hat das stilisierte **Keltenkreuz,** das weltweit als Symbol für das gemeinsame kulturelle Erbe und die Vormachtstellung der weißen Rasse steht. Eine ähnliche Bedeutung und Verbreitung wie das Keltenkreuz hat auch die **White-Power-Faust.**

Symbol „Schwarze Sonne“

Altes und neues Logo von „Thor Steinar“

Symbol „Weiße Faust“

Symbol „Keltenkreuz“

Um nicht bestraft werden zu können bzw. gegen den **Wiederbetätigungsparagrafen (Verbotsgesetz)** zu verstoßen, werden Zahlencodes, Rituale (z.B. Sonnwendfeiern), ein bestimmter Kleidungsstil, Symbole (aus der nordischen Mythologie) oder Gesten verwendet. Mit diesen ist es Rechtsextremisten möglich, gleichzeitig Provokation, Angriff und versteckte Symbolik auszudrücken.

Die verwendeten Ziffern in den Zahlencodes bezeichnen die Platzierung des Buchstabens im Alphabet. Die bekanntesten und nach wie vor am häufigsten verwendeten sind **18** (für Adolf Hitler: „A“ ist der 1. Buchstabe, „H“ der achte Buchstabe im Alphabet) und **88** (für „Heil Hitler“). Letztere Kombination kann durch **H8** ersetzt werden, womit noch ein Wortspiel in den Zahlencode integriert wird. Englisch ausgesprochen entspricht „H8“ dem englischen Wort „hate“.

Fast ebenso häufig wird der Code **14** oder **14 Words** verwendet, eine rassistische Losung eines amerikanischen Rechtsextremisten: „We must secure the existence of our race and a future for white children.“ Neben den erwähnten Codes gibt es noch eine Unmenge an anderen Losungen und „Geheimzeichen“.

Aufdruck des Nazicodes „18“, mit der Überschrift „Old School Racist“

„Combat 18“ ist der äußerst gewaltbereite Arm des Neonazi-Netzwerks **„Blood and Honour“**, das in Deutschland verboten ist.

Aufgabenstellungen

1. Suchen Sie in Zeitungen oder im Internet nach aktuellen Fällen, die mit dem Verbotsgesetz zu tun haben.
2. Analysieren Sie diese Medienberichte zum Verbotsgesetz. Welche Meinung zum Gesetz wird vom jeweiligen Redakteur/von der jeweiligen Redakteurin vertreten?

Kleidung

Generell ist Kleidung für Jugendliche eines der wichtigsten Mittel, um die eigene Identität oder Zugehörigkeit zu einer Gruppe oder Szene auszudrücken. Auch beim harten, gewaltbereiten Kern der rechtsextremen Szene gibt es einen **typischen Look.** Allerdings spielt bei vielen Rechtsextremen ein typischer erkennbarer Kleidungsstil keine vordergründige Rolle und ist sogar bewusst so gewählt.

Eindeutig ist der Fall bei Markennamen und Symboliken, die bewusst Aggressivität zum Ausdruck bringen wollen und daher in der Neonaziszene verbreitet sind. Dies sind unter anderen Marken wie **Dobermann, Pit Bull** oder **Troublemaker.**

Aufdruck eines T-Shirts der Marke Dobermann

Kategorie C

„Kategorie C“ – beliebter Aufdruck in der Neonaziszene

Neben Neonazis orientieren sich die Hersteller auch an der **Hooliganszene.** Überschneidungen zwischen der Neonazi- und Hooliganszene findet man zum Beispiel in dem Begriff **Kategorie C** bzw. **KC.** „Kategorie C“ ist die polizeiliche Einstufung von Hooligans aus der gewaltbereiten Szene, die Bezeichnung ist ebenfalls bei Neonazis als Aufdruck beliebt.

„Blood and Honour“ (engl. für Blut und Ehre) ist ein rechtsextremes Netzwerk, das seine Aufgabe darin sieht, neonazistische Bands miteinander zu verbinden und die nationalsozialistische Ideologie zu verbreiten.

Brandanschlag auf Asylheim: Verdächtige aus Umfeld der Identitären

Die Polizei hat neue Erkenntnisse in einem drei Jahre zurückliegenden Brandanschlag auf ein Asylheim in Himberg im Bezirk Bruck an der Leitha. Vier Männer im Alter zwischen 25 und 32 Jahren stehen im Verdacht, am 27. November 2016 Molotowcocktails gegen die Außenmauer des Gebäudes geworfen zu haben. Drei von ihnen dürften laut Polizei aus dem Umfeld der Identitäre Bewegung Österreichs (IBÖ) stammen. Bei einer Hausdurchsuchung stellten die Beamten NS-Devotionalien und Werbematerial der IBÖ sicher. Ein 32-Jähriger steht im Verdacht, gegen das Verbotsgesetz verstoßen zu haben. Er soll Bilder mit nationalsozialistischem Hintergrund über Internet-Chats verschickt haben, darunter auch ein Foto eines auf seine Brust tätowierten Hakenkreuzes. Die vier Männer zeigten sich zur Brandstiftung und Sachbeschädigung nicht geständig und verweigerten bei der Vernehmung die Aussage. Sie wurden auf freiem Fuß angezeigt.

www.diepresse.com (gekürzt), 17. November 2019

Logo der Identitäre Bewegung

Ethnopluralismus ist ein Weltbild der neuen Rechten, deren Vertreter eine kulturelle „Reinhaltung" von Staaten und Gesellschaften nach „Ethnien" anstreben. Einflüsse der als „fremd" betrachteten Gesellschaften werden als Gefährdung der „eigenen Identität" verstanden; Fremdenangst gilt als natürliche Reaktion darauf.

Rechte Musik im Netz – Der Hass ist nur einen Mausklick entfernt

Musik hält die rechtsextreme Szene zusammen. Viele Lieder sind verboten. Doch das Netz ist voll davon. Die rechtsextremistische Band „Gigi & Die braunen Stadtmusikanten" veröffentlichte im Sommer 2010 ein neues Album. Es trug den Titel „Adolf Hitler lebt!" ... Die Rechtsrocker zogen bei Konzerten bisweilen mehr als 1 000 Fans an. Wesentlich mehr Hörer aber erreicht die Band im Internet. Kurz nachdem „Adolf Hitler lebt!" veröffentlicht war, fanden sich die Lieder auch schon auf der Internetseite „Youtube" und auf anderen Portalen. Das änderte sich auch nicht, als das Album wegen Volksverhetzung indiziert wurde. ... Die Aufmachung auf den Videoportalen soll auch jene anziehen, die nicht in der rechtsextremen Szene sind, vielleicht sogar Kinder. ... Im Verfassungsschutzbericht 2010 heißt es, rechtsextremistische Musik habe nach wie vor „eine herausragende Bedeutung für die gewaltbereite rechtsextremistische Szene". Sie diene „mit ihrer identitätsstiftenden Funktion als Lockmittel für Jugendliche und junge Erwachsene, um diese an die rechtsextremistische Szene sowie deren Ideologie heranzuführen und an sie zu binden." ...

www.faz.net, 20. November 2011

Ein Hinweis auf eine offensichtlich rassistische Grundeinstellung liegt besonders bei der Marke **Consdaple** vor. Sie ist deshalb so beliebt, weil bei halb geöffneter Jacke der Eindruck erweckt werden kann, auf dem Pullover stehe NSDAP.

Bei Kleidung spielt besonders der Internet-Versandhandel eine immer größere Rolle. Die vom österreichischen Verfassungsschutz als rechtsextrem eingestufte Gruppe **„Identitäre Bewegung Österreichs"** (IBÖ) betrieb bis Herbst 2019 in Österreich einen Onlinehandel mit rechtsextremen Produkten. Die Gruppe selbst präsentiert sich als patriotische NGO, die sich über Parteigrenzen hinweg für den Erhalt der kulturellen Identität einsetzt. Es werden „Kampagnen" initiiert, z. B. gegen den angeblichen Bevölkerungsaustausch. Außerdem sieht sie sich als Teil einer globalen Bewegung, die hauptsächlich die Ideologie des **„Ethnopluralismus"** vertritt.

Im Verfassungsschutzbericht wird die Gruppe in der Tradition des Faschismus gesehen. Sie versucht, in ihrer Diktion bekannte rechtsextreme Begriffe zu umgehen. Statt rassistisch oder ausländerfeindlich wird der Begriff **„identitär"** verwendet. Statt Abschiebung **„Remigration"** oder anstatt Überfremdung **„Bevölkerungsaustausch".** Aufmerksamkeit in der Öffentlichkeit versucht die Gruppe durch Störaktionen von „linken" Veranstaltungen (z.B. Theateraufführung im Audimax der Uni Wien), Sprühaktionen, das Anbringen von Plakaten, Demonstrationen und einem aktiven Social-Media-Auftritt zu erreichen. 2017 wurde ein Schiff gechartert, um damit im Mittelmeer ankommende Bootsflüchtlinge vor der Einreise nach Europa abzuhalten.

Aufgabenstellungen

1. „Kleider machen Leute?" Welche Dinge sollte jede und jeder bei der Beurteilung über des Äußeren einer anderen Person beachten?
2. Kennen Sie andere nicht rechtsextreme Gruppen, die sich durch ein ähnliches oder gleiches Erscheinungsbild identifizieren?

Musik

Wenn Neonazis oder Aussteiger/innen der rechten Szene berichten, wie sie in die Szene gerutscht sind, spielt Musik immer eine wichtige Rolle. Zwei praktische Beispiele sprechen für sich:

Ein ehemaliger Neonazi sagt: „Eigentlich fing alles vergleichsweise harmlos an. Über einen älteren Freund kam ich zum ersten Mal neben Bier und Zigaretten auch mit noch älteren Jungs in Kontakt, die rechte Musik hörten und Stiefel mit Stahlkappen trugen. Dies hinterließ ... einen bleibenden Eindruck bei mir. Nach einigen Monaten des regelmäßigen Treffens kam einer der Älteren auf die Idee, ... T-Shirts und andere Bekleidungs- und Musikartikel zu bestellen. Ich bestellte mit. ... Viel wichtiger für meine weitere Entwicklung war aber nicht das eigentlich Bestellte, sondern vielmehr der Stapel unterschiedlichster Flugblätter und Aufkleber, welcher der Bestellung beigelegt war ..."

Ein anderer Aussteiger erzählt immer wieder bei Debatten in Schulen, wie sein Einstieg verlief: Er hatte einen aus seiner Sicht übertriebenen warnenden ZDF-Fernsehbeitrag über einen rechten Liedermacher gesehen, und genau das machte ihn neugierig. Als er in der NPD-Zeitung seines Großvaters einen Werbecoupon des Musikers sah, schickte er ihn ein und bekam schon wenige Tage später nicht nur persönlich an ihn adressierte Post zurück, sondern ebenfalls jede Menge NPD-(Nationale Partei Deutschland-)Propagandamaterial. Das imponierte ihm ...

www.bpb.de/politik/extremismus/rechtsextremismus/, 10. März 2009

Um neue Mitglieder anzuwerben, werden an Orten, an denen sich viele junge Menschen versammeln (Schule, Busbahnhof, Fußballstadion usw.), bewusst jüngere Schüler/innen von älteren angesprochen, die ihnen CDs schenken oder sie zu Partys oder Konzerten einladen. Die Konzerte sind meist illegal, und der Ort wird über SMS bekannt gegeben. Eine Art und Weise, die besonders auf Jugendliche abenteuerlich und anziehend wirkt.

Ideologie spielt zu Beginn kaum eine Rolle, es geht vielmehr um kostenlose oder günstige Getränke, Tabak usw. So wird ein positives Gruppenfeeling erzeugt, dem dann erst später politische Beeinflussung folgt. Hierbei spielt das Internet eine Hauptrolle, um Propaganda, Liedtexte, Videos, Demonstrationen usw. anzupreisen.

Aufgabenstellungen

1. Lesen Sie sich die Aussagen der ehemaligen Neonazis durch. Ermitteln Sie, zu welchem eigentlichen Zweck die Musik benutzt wurde.
2. Wie erkennt man rechtsradikale Musik? Diskutieren Sie in der Klasse darüber.

2.4 Was wird gegen Rassismus unternommen? Was kann ICH dagegen tun?

Das Wissen um Symbole, Codes, Musik- oder Kleidungsstil von Rassisten ist eine wichtige Voraussetzung, um auf neonazistische Gefahren reagieren zu können. Aber: Einer politischen Zuordnung von Menschen aufgrund ihres Erscheinungsbildes sind enge Grenzen gesetzt und sie ist oft nicht richtig. Die wirklich gefährlichen Rassisten oder Neonazis, das muss man sich vor Augen halten, treten in unauffäliger, seriöser Kleidung auf und befinden sich meistens mitten in der Gesellschaft!

klicksafe.de

Auf der Website www.klicksafe.de können Sie sich einen Clip zur Gefahr von Internet und Rechtsextremismus ansehen: Klicksafe-Spot **„Wo ist Klaus?“:**

Am besten **Zivilcourage** zeigen! Ist einfach gesagt, kann aber schon durch viele kleine Schritte gezeigt werden:

- Einschreiten, wenn Jugendliche sich mit „Du Neger“ oder „Du Ausländerschwein“ anpöbeln!
- Nicht mitlachen, wenn der Nachbar rassistische Sprüche loslässt!
- Keineswegs hinnehmen, wenn Neonazis ihre Gebiete mit Ausländer-raus-Parolen oder verbotenen NS-Symbolen markieren. Auch wenn es „nur“ als „Streich“ oder Mutprobe gedacht war!

Wo kann ich mich informieren oder mir Hilfe holen?

- www.online-beratung-gegen-rechtsextremismus.de
- www.hass-im-netz.info Dort können anonym Hinweise auf Nazisymbole oder Hassparolen im Internet gegeben werden.
- www.jugendschutz.net
- www.netz-gegen-nazis.de: Liste rechtsextremer Bands und Liedermacher, die in der Szene besonders einflussreich sind

Sehen Sie sich den Internetclip „Wo ist Klaus?“ an und geben Sie Ihre Meinung dazu ab. Welche Dinge gefallen Ihnen gut, welche weniger?

Ziele erreicht? – „Feindbilder – Rassismus“

KOMPETENZ-ERWERB

1. **Umstrittener Comic im Wahlkampf**

Besonders stark kritisiert – wegen seines gedankenlosen Umgangs mit alten Feindbildern bzw. Vorurteilen – wurde ein Comic der FPÖ, der im Wiener Wahlkampf 2010 eingesetzt wurde.

Recht detailliert wird von der Türkenbelagerung Wiens im Jahr 1683 erzählt, illustriert von Comics, in denen ein türkischer Feldherr unter anderem „ÜX-Large Münarette müt Hülbmünd“ für den Stephansdom plant. Da greift „HC Strache“, Retter in Blau, ein: „Wannst dem Mustafa ane aufbrennst, kriagst a Hasse spendiert“, sagt er zu einem Buben. Der betätigt die Steinschleuder und kann einen Erfolg vermelden: „Leiwand, voll auf's Nudelaug! – I nimm a Burenhäutl mit an siaßen Senf und an Buckl, HC!“ Eine Karikatur von SP-Bürgermeister Michael Häupl kann da nur grimmig zuschauen und finster murmeln: „Mir is wurscht, wenn die Türken kommen …“

a) Welche historischen Feindbilder oder Vorurteile werden in dem Comic bedient?

b) Welches Ziel könnte eine politische Partei mit der Erstellung eines Comic verfolgen?

c) Welche Merkmale bzw. Unterschiede zu anderen Printmedien, wie zum Beispiel Zeitungen, weisen Comics auf?

d) Wenn Sie das bisher Erfahrene über Rassismus und Feindbilder in Betracht ziehen, welche Funktion könnten Comics wie der der FPÖ in diesem Zusammenhang einnehmen?

2. Bewerten Sie die zum Teil provokanten Aussagen mit Schulnoten und überlegen Sie je ein Schlagwort als Begründung dazu. Diskutieren Sie die Ergebnisse.

„Arbeitslose sind faul und wollen nicht arbeiten.“

„Zeig Rassismus die Rote Karte.“

„Neonazis verwenden Codes.“

„Musik ist nie politisch.“

„Ich habe nichts gegen Ausländer/innen, aber …“

„Haushälterin gesucht: nur Inländerin!“

„Zivilcourage kann man im Alltag kaum zeigen.“

„Rassismus ist heute nicht mehr so stark vorhanden wie noch vor 100 Jahren.“

„Mit einzelnen Menschen gemachte Erfahrungen gelten für alle.“

Wirtschaftsordnungen und -systeme

Meine Ziele

KOMPETENZ-ERWERB

Nach der Bearbeitung dieses Kapitels kann ich

- die Merkmale der unterschiedlichen Formen der Marktwirtschaft erklären;
- das System einer Planwirtschaft charakterisieren;
- Unterschiede von Wirtschaftsordnungen interpretieren;
- die Rolle des Staates in der Wirtschaft zuordnen;
- Vor- und Nachteile von Wirtschaftsordnungen bewerten;
- zu Fragen der Gerechtigkeit in Wirtschaftsordnungen Stellung beziehen.

1 Wirtschaftsordnungen

Die grundlegenden Rahmenbedingungen für die Wirtschaft bezeichnet man als Wirtschaftsordnungen, Seit dem Zusammenbruch des kommunistischen System 1989/1991 existiert bis auf wenige Ausnahmen nur noch die Marktwirtschaft in unterschiedlichen Variationen, die im Gegensatz zur kommunistischen Planwirtschaft auf das Privateigentum in der Wirtschaft setzt.

Damit das wirtschaftliche Leben in einer Volkswirtschaft funktionieren kann, sind Regeln notwendig. Die gesamten Regeln ergeben eine **Wirtschaftsordnung.** Sie ist ein Teil der gesamten gesellschaftlichen Ordnung eines Staates.

Die Wirtschaftsordnung ist der **politische und rechtliche Rahmen einer Volkswirtschaft,** innerhalb dessen Wirtschaftssubjekte tätig werden und Wirtschaftsprozesse ablaufen. Der Gesetzgeber legt in Gesetzen fest, welche Möglichkeiten und Spielräume die Wirtschaftsteilnehmer haben.

Wirtschaftssysteme = theoretische Ordnungsmodelle mit einheitlichen Koordinationsprinzipien bzw. Strukturmerkmalen.

Theoretische Grundmodelle

Die Wirtschaftstheorie kennt zwei Grundmodelle. In der Praxis gibt es aber Mischformen, die entweder der freien Marktwirtschaft oder der Planwirtschaft nahestehen. Dazu zählen die **soziale Marktwirtschaft** und die **ökosoziale Marktwirtschaft.** Grundsätzlich stehen einander aber zwei Wirtschaftssysteme gegenüber:

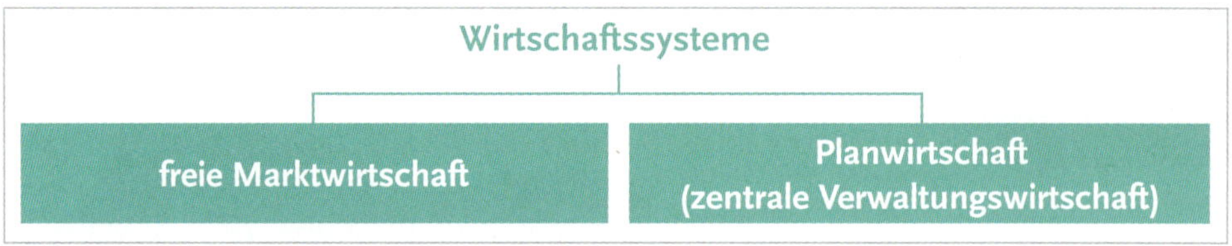

In der Wirtschaftsordnung wird vorgegeben, ob eine Volkswirtschaft nach **marktwirtschaftlichen** oder **planwirtschaftlichen Prinzipien** funktioniert:

Freie Marktwirtschaft	Planwirtschaft
■ Jeder Wirtschaftsteilnehmer plant dezentral für sich. Er wird sich bei seinen Plänen an der Angebots- und Nachfragesituation auf dem Markt orientieren.	■ Was und in welcher Menge produziert wird, wird zentral durch eine staatliche Behörde festgelegt.
■ Produkte können frei erworben werden.	■ Produkte werden zugeteilt.
■ Die Produktionsmittel stehen im Privateigentum.	■ Die Produktionsmittel sind im Staatseigentum.
■ Der Preis wird durch Angebot und Nachfrage auf dem Markt bestimmt.	■ Der Preis für Produkte wird staatlich festgesetzt.
■ Betriebe sind gewinnorientiert.	■ In Betrieben soll nur der vorgegebene Plan erfüllt werden.

2 Erfolgsmodell Marktwirtschaft?

Mit dem Zusammenbruch der Sowjetunion 1991 verschwand in fast allen Staaten das Modell der Planwirtschaft, das einen bewussten Gegenentwurf zum kapitalistischen, marktwirtschaftlichen Modell darstellen sollte. Heute prägt weltweit die Marktwirtschaft, die nach den Gesetzen von Angebot und Nachfrage funktioniert, mit mehr oder weniger großen staatlichen Eingriffen die Wirtschaft. Die Finanz- und Wirtschaftskrise im Jahr 2008, die bis heute nur teilweise überwunden ist, zeigte aber auch deren Krisenanfälligkeit.

2.1 Die freie Marktwirtschaft

Die freie Marktwirtschaft fordert das **Eigentum** als wesentliche Voraussetzung zur Wahrung privater Freiheit. Jedem Einzelnen werden Selbstverantwortung und volle Handlungs- und Entscheidungsfreiheit eingeräumt.

Die Haushalte entscheiden frei über ihren Arbeitsplatz und die Verwendung ihres Einkommens. Jeder kann am Wirtschaftsprozess teilnehmen, wenn er möchte. Der gesetzliche Rahmen muss natürlich beachtet werden. Die Produktion und Preisbildung erfolgen aufgrund von Angebot und Nachfrage auf den verschiedenen Märkten.

Privateigentum an Produktionsmitteln
Nur wenn Unternehmer auch Eigentümer, z. B. der Maschinen, Anlagen, Transportmittel und des Bodens, sind, haben sie die Freiheit, über den Einsatz dieser Güter zu entscheiden.

Gewerbefreiheit
Jedem Unternehmer muss der freie Zugang zu den Märkten möglich sein. Eine staatliche Bedarfsprüfung bei der Gründung eines Unternehmens würde die Gewerbefreiheit einschränken.

Freie Marktwirtschaft

Vertragsfreiheit
Jeder muss das Recht haben, nach freiem Ermessen Verträge abzuschließen, mit der Sicherheit, dass ihn der Staat bei der Wahrung seiner Rechte unterstützt.

Freie Wahl des Arbeitsplatzes
Wie dem Unternehmer Gewerbefreiheit zusteht, muss der/die Arbeitnehmer/in seinen/ihren Arbeitsplatz frei wählen können.

Fassen Sie die Grundprinzipien der freien Marktwirtschaft zusammen.

Die freie Marktwirtschaft fördert das freie Unternehmertum.

Die Marktwirtschaft kann von verschiedenen Standpunkten aus betrachtet werden, sie hat Vor-, aber auch Nachteile:

Vorteile	Nachteile
▪ Freiheit und Eigenverantwortung ▪ Selbstverwirklichungsmöglichkeit ▪ Hoher Leistungsanreiz ▪ Privateigentum ermöglicht Vermögensaufbau ▪ Machtstreuung	▪ Ungleiche Einkommens- und Vermögensverteilung ▪ Großer Leistungsdruck ▪ Konjunkturanfälligkeit ▪ Geringe Preisstabilität ▪ Gefahr wirtschaftlicher Konzentration (multinationale Konzerne)

Um die Nachteile des freien Wettbewerbs abzufedern, tritt die freie Marktwirtschaft heute vor allem in zwei abgemilderten Formen auf: die soziale und ökosoziale Marktwirtschaft.

Arbeitsaufgabe

- Ein Nachteil der freien Marktwirtschaft ist die ungleiche Einkommensverteilung. Wodurch entsteht diese und weshalb wird sie überhaupt als Nachteil gelistet? Diskutieren Sie auch über mögliche Vorteile beziehungsweise Profiteure der freien Marktwirtschaft.

2.2 Soziale und ökosoziale Marktwirtschaft

Ludwig Erhard (1897–1977), der „Vater des Wirtschaftswunders“ in Deutschland, setzte das Modell der sozialen Marktwirtschaft durch.

In einer **sozialen Marktwirtschaft** versucht man, die Nachteile des freien Wettbewerbs mit der Idee der **sozialen Gerechtigkeit** zu verbinden. Insgesamt gesehen dürfen die staatlichen Eingriffe jedoch das Funktionieren des marktwirtschaftlichen Prozesses nicht verhindern und die Eigentumsverhältnisse nicht verändern. Bei der **ökosozialen Marktwirtschaft** trifft der Staat auch Maßnahmen zum **Schutz der Umwelt,** z. B. Wasserschutz.

Die Merkmale der freien Marktwirtschaft sind weitgehend aufrecht. Dort allerdings, wo die Marktwirtschaft zu sozial nicht vertretbaren Härten führt, hat der Staat prinzipiell die Aufgabe, in das Wirtschaftsgeschehen korrigierend einzugreifen. Folgende Merkmale sind für die soziale Marktwirtschaft charakteristisch und ergänzen die freie Marktwirtschaft:

Fassen Sie die Grundprinzipien der sozialen Marktwirtschaft zusammen.

Kontrollierter Wettbewerb
Monopolkontrolle und Kartellgesetzgebung ordnen den Wettbewerb der am Wirtschaftsprozess beteiligten Personen. Versagt der Wettbewerb, muss der Staat eingreifen.

Einkommensumverteilung
Die Einkommensverteilung ist ungleichmäßig. Durch progressive Einkommensbesteuerung werden hohe Einkommen stärker und geringe Einkommen schwächer besteuert.

Soziale Marktwirtschaft

Gerechte Arbeitsverhältnisse
Mitbestimmung im Arbeits- und Tarifrecht gewährleistet, in sozialen und wirtschaftlichen Belangen den gesellschaftlichen Ausgleich zwischen Arbeitgebern und Arbeitnehmern.

Soziale Sicherheit
Durch Grundversorgung bei Krankheit, Unfall, Arbeitslosigkeit und Alter sollen Daseinsrisiken gemildert werden.
Diesem Zweck dient die staatliche Sozialversicherung.

Margaret Thatcher (1979–1990 Premierministerin im UK) und Ronald Reagan (1981–1989 US-Präsident) drängten den Staat als Akteur der Wirtschaft zurück.

Der Neoliberalismus drängt heute wieder den Sozialstaat zurück

Die soziale Marktwirtschaft geriet ab den 1970er-Jahren in die Krise. Durch den zunehmenden internationalen Wettbewerb bedingt, wurde das Soziale in der Wirtschaft wieder zurückgedrängt. Steuern wurden gesenkt, staatliche Unternehmen privatisiert, Sozialleistungen gesenkt und der Einfluss der Gewerkschaften zurückgedrängt. Führend in dieser Politik waren die USA und das Vereinigte Königreich, die durch diese Politik zwar einen wirtschaftlichen Aufschwung nahmen, dies aber zum Preis einer weitgehenden Zerstörung des sozialen Netzes. Diese Politik wurde weltweit weitgehend übernommen und als Neoliberalismus bezeichnet.

Arbeitsaufgaben

1. Analysieren Sie die wesentlichen Unterschiede der sozialen zur freien Marktwirtschaft.
2. Fassen Sie die Gründe für den (vorläufigen) Siegeszug des Neoliberalismus zusammen.

Gestaltungsfunktionen des Staates in der sozialen Marktwirtschaft

Das Hauptgewicht staatlicher Eingriffe liegt im wirtschaftspolitischen und sozialpolitischen Bereich. Als Hauptaufgaben des Staates nach Musgrave sind in diesem Zusammenhang die **Allokation, Distribution** und **Stabilisierung** zu nennen.

Allokation (allg.) = die Zuordnung von beschränkten Ressourcen zu potenziellen Verwendern.

Funktionen des Staates

Allokationsfunktion

Bereitstellung öffentlicher Güter

Aufgabe des Staates ist es, in bestimmten Bereichen für die Güterbereitstellung zu sorgen. Denn bei manchen Gütern kann es zu einem Marktversagen kommen. Insbesondere dann, wenn das Gut nur mit enormen Investitionskosten hergestellt werden kann und gleichzeitig nur geringe Renditen möglich sind. Beispiele dafür sind:

- Öffentlicher Straßenbau
- Öffentliches Gesundheitswesen
- Innere und äußere Sicherheit
- Bildung
- Energieversorgung
- Öffentlicher Verkehr

Verteilungsfunktion

Sozial gerechte Umverteilung

Der Staat sorgt für einen sozialen Einkommensausgleich. Ziel ist es, allen Menschen ein „gerechtes" und „angemessenes" wirtschaftliches Auskommen zu sichern.

Für wirtschaftlich und bildungsmäßig benachteiligte Menschen werden in Österreich im Rahmen der Sozialpolitik Maßnahmen getroffen, z. B. Transferleistungen, aktive Arbeitsmarktpolitik, sozialer Wohnungsbau, kostenlose Aus- und Weiterbildung.

Stabilisierungsfunktion

Einfluss auf den Wirtschaftsablauf

Eingriffe des Staatssektors in den Wirtschaftsprozess, um konjunkturelle Schwankungen auszugleichen.

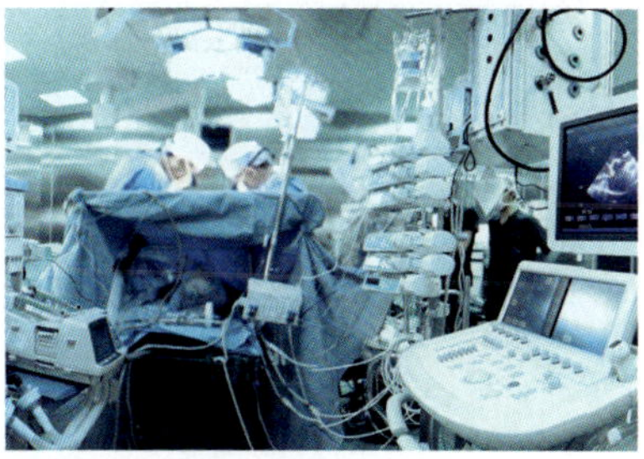

Spitzenmedizin für alle: Der Staat stellt in der sozialen Marktwirtschaft die Rahmenbedingungen.

Transferleistungen (-zahlungen) = Geld- oder Sachleistungen, die jemand erhält, ohne eine direkte Gegenleistung erbringen zu müssen, z. B. Notstandshilfe, Kindergeld.

Arbeitsaufgaben

1. Fassen Sie die Funktionen des Staates in der sozialen Marktwirtschaft zusammen.
2. Definieren Sie den Begriff „Marktversagen".
3. Diskutieren Sie den Begriff „gerechtes und angemessenes wirtschaftliches Auskommen".

Die **Sozialausgaben** des Staates beinhalten u. a. Ausgaben für
- Krankheiten,
- Gesundheitsvorsorge und Invalidität,
- Alter und Hinterbliebene,
- Familien und Kinder,
- Folgen der Arbeitslosigkeit,
- Wohnen,
- Vermeidung sozialer Ausgrenzung.

Sozialquote = der prozentuelle Anteil der Sozialausgaben des Staates am Bruttoinlandsprodukt.

Soziale Marktwirtschaft in Österreich

In der Arbeitsmarktpolitik bedurfte es der Zusammenarbeit zwischen den Interessenorganisationen, der Regierung und den Parteien – in der Sozialversicherung auch zwischen den Ländervertretern und den Sozialversicherungseinrichtungen. Das Ergebnis dieser Kooperation war der Wohlfahrtsstaat Österreich, entstanden durch Marktwirtschaft mit staatlicher Globalsteuerung.
Die Entwicklung zum Sozialstaat lässt sich u. a. an den Sozialausgaben vergangener und gegenwärtiger Regierungen nachvollziehen.

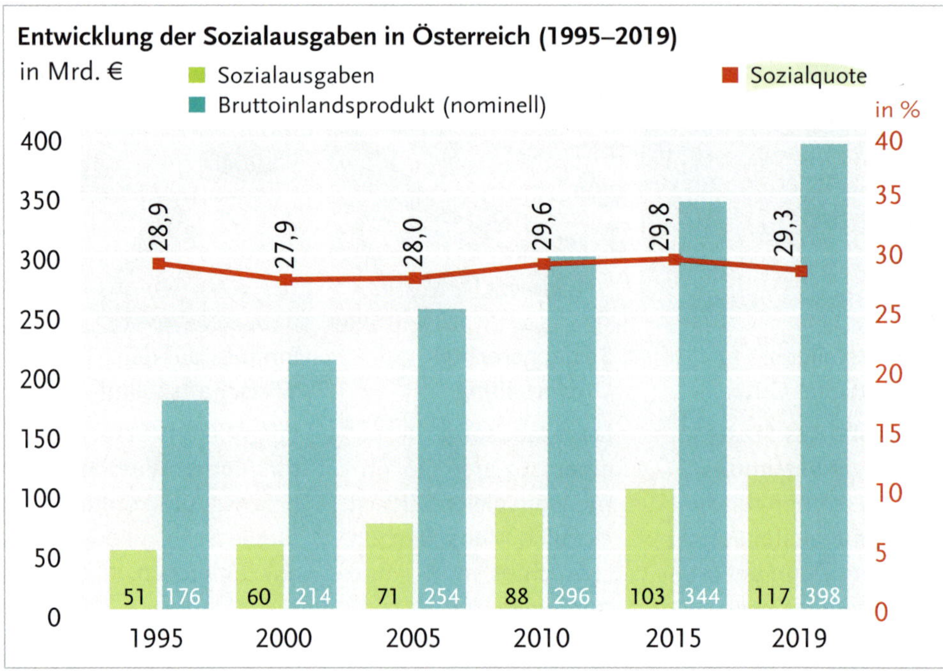

Quelle: Bundesministerium für Arbeit, Soziales und Konsumentenschutz; Statistik Austria, ESSOSS-Datenbank, 2020

Beispiele für soziale Maßnahmen in Österreich:
- Not leidende Menschen erhalten staatliche Geldleistungen (z. B. Notstandshilfe).
- Die ärztliche Grundversorgung ist auch für Mittellose gesichert (gesetzliche Sozialversicherung).
- Schüler erhalten Freifahrt und Schulbeihilfen, die Schulbücher bekommen Sie gratis zur Verfügung gestellt.
- Der Staat fördert Berufsausbildungsprogramme und die Schaffung von Arbeitsplätzen.

Arbeitsaufgaben

1. Nennen Sie Sozialleistungen, die Sie bereits in Anspruch genommen haben.
2. Nehmen Sie zu den beiden Aussagen Stellung: „Es gibt zu viele/zu wenige soziale Maßnahmen in Österreich."

3 Experiment Planwirtschaft

Bereits zur Mitte des 19. Jahrhunderts entwickelten Theoretiker wie Karl Marx und Friedrich Engels ein Gegenmodell zum Kapitalismus, der über eine neue Wirtschaftsordnung zu einer gerechteren, sozialeren Welt führen sollte. Als Folge der Oktoberrevolution 1917 wurde dieses Modell, die sogenannten Planwirtschaft, von den siegreichen Kommunisten verwirklicht und schließlich in einigen Ländern wie China kopiert. Das Modell scheiterte schließlich in den 1989/91 und wurde in fast allen Ländern in einem schmerzhaften Prozess von der Marktwirtschaft abgelöst.

In einer Planwirtschaft (zentralen Verwaltungswirtschaft) erfolgt die **Koordination der Wirtschaftsvorhaben über einen zentralen Plan.** Dieser wird von der Staatsverwaltung erstellt. Darin werden der Wirtschaftsablauf und die Produktion der Unternehmen genau geplant. Berufe und Arbeitsplätze werden ebenfalls darauf abgestimmt. Auch die Verteilung der Güter wird zentral geplant.

Die **Planwirtschaft** wird auch als zentrale Verwaltungswirtschaft bezeichnet.

Die wichtigsten Merkmale der Planwirtschaft sind:

Zentrale Planung, Leitung und Kontrolle
Staatliche Wirtschaftsfunktionäre planen und leiten die Güterproduktion und kontrollieren den Wirtschaftsablauf.

Herrschaftsmonopol der Partei
Der Staat wird von einer großen Einheitspartei kontrolliert, Parteifunktionäre besetzen die Schaltstellen des Staates.

Kollektiveigentum an den Produktionsmitteln
Es gibt Eigentum an persönlichen Sachen, nicht aber an Produktionsmitteln, wie Fabriken, technischen Anlagen, Grund und Boden.

Planwirtschaft

Planerfüllungsprinzip
Alle Werktätigen sind aufgerufen, den Wirtschaftsplan zu erfüllen.

Keine Autonomie der Wirtschaftssubjekte
Die Menschen sind dem Gesamtwohl des Staates verpflichtet, es gibt keine freie Entscheidung über die persönliche Teilnahme am Wirtschaftsprozess.

Behördliche Preisfestsetzung
Der Staat bestimmt den Preis der Güter.

Das Modell der zentralen Verwaltungswirtschaft nach Karl Marx und Friedrich Engels hatte das Ziel, das kapitalistische System zu überwinden.

Siehe dazu Kapitel „3 Marxismus“, S. 72.

Vorteile	Nachteile
▪ Das Gemeinwohl wird stärker berücksichtigt ▪ Hohes Beschäftigungsniveau ▪ Existenzielle Bedürfnisse werden preisgünstig befriedigt ▪ Höhere Preisstabilität	▪ Zwang zur Planerfüllung ▪ Kein Privateigentum an Produktionsmitteln ▪ Individuelle Wünsche werden kaum berücksichtigt ▪ Eigenverantwortung fehlt ▪ Selbstinteresse und damit Motivation sind gering ▪ Keine politische Freiheit

Halten Sie zu jedem der nebenstehenden Punkte das entsprechende Merkmal des Kapitalismus fest.

Ziele erreicht? – „Wirtschaftsordnungen und -systeme"

KOMPETENZ-ERWERB

1. Nennen Sie die beiden sich grundlegend unterscheidenden Wirtschaftsmodelle.

2. Nennen Sie die Form der Marktwirtschaft, die in Österreich verwirklicht ist.

3. Zählen Sie drei Merkmale auf, die die freie Marktwirtschaft auszeichnen.

4. Zählen Sie drei Merkmale auf, die die Planwirtschaft auszeichnen.

5. Nennen Sie das gegenwärtig dominierende Wirtschaftsmodell.

6. Kreuzen Sie an, welche Funktion des Staates auf folgende Beispiele zutrifft.

Beispiele	Allokations-funktion	Verteilungs-funktion	Stabilisierungs-funktion
Der Wirtschaft eines Landes geht es nicht gut. Der Staat schnürt ein „Konjunkturpaket", mithilfe dessen die Wirtschaft wieder angekurbelt werden soll. Um einen möglichst effizienten Straßenverkehr zu gewährleisten, werden jährlich viele Kilometer an Autobahnen saniert und neu gebaut.			
Durch die progressive Besteuerung von Einkommen zahlen Besserverdienende mehr Steuern als Personen mit einem geringen Einkommen.			
Der Staat gewährt in Abhängigkeit vom Einkommen Zuschüsse zum Wohnungsbau: je höher das Einkommen, umso niedriger der Zuschuss (Schlagwort: sozialer Wohnungsbau).			
Eine Bank wird verstaatlicht.			
Der Staat zieht Aufträge für die Sanierung von militärischen Einrichtungen zurück, um das Geld in das Schulwesen zu investieren.			

Wirtschafts- und Sozialpolitik

KOMPETENZ-
ERWERB

Meine Ziele

Nach der Bearbeitung dieses Kapitels kann ich

- wirtschafts-, arbeitsmarkt- und sozialpolitische Zielsetzungen beschreiben;
- wirtschafts-, arbeitsmarkt- und sozialpolitische Maßnahmen beschreiben;
- Möglichkeiten der Wirtschafts-, Arbeitsmarkt- und Sozialpolitik analysieren;
- wirtschafts- und sozialpolitische Zusammenhänge analysieren;
- wirtschafts-, arbeitsmarkt- und sozialpolitische Umsetzungen bewerten.

1 Wirtschaftspolitik gestalten

Es ist eine der wichtigsten Aufgaben des Staates, die Rahmenbedingungen für die Wirtschaft zu gestalten. Er kann mit Gesetzen steuernd eingreifen und auch als Akteur in der Wirtschaft tätig werden. Neben dem Staat sind in Österreich auch Interessengruppierungen vor allem im Rahmen der Sozialpartnerschaft tätig.

Die Ziele der staatlichen Wirtschaftspolitik kennen Sie bereits aus dem Kapitel „Volkswirtschaftliches Basiswissen“.

Die Wirtschaftspolitik zielt darauf ab, die gesamtwirtschaftliche Entwicklung zu steuern. Zum Erreichen des gesamtwirtschaftlichen Gleichgewichts ist ein Zusammenwirken verschiedener Institutionen erforderlich, z. B. der Regierung, der Zentralbank und der Sozialpartner. Ihre Entscheidungen und Maßnahmen haben Einfluss auf die allgemeine Wirtschaftslage. Sie betreiben Wirtschaftspolitik.

Die Träger der Wirtschaftspolitik in Österreich

Neben der Regierung bzw. den politischen Parteien haben verschiedene Interessenvertretungen auf die Wirtschaftspolitik Einfluss. Dazu zählt u. a. die Sozialpartner sowie verschiedene Lobbys, die ihre Interessen verwirklicht sehen wollen. Nicht zu unterschätzen sind jedoch Akteure außerhalb Österreichs. Die EU-Partner sind genauso von Bedeutung wie Konzerne oder Finanzinvestoren, die wirtschaftliche Rahmenbedingungen für und teilweise mit Österreich mitgestalten.

Lobbys = Interessengruppen; Sie versuchen vor allem durch die Pflege persönlicher Verbindungen Einfluss auf (meist politische) Entscheidungsträger zu nehmen. Lobbyismus ist eine Form der Interessenvertretung in Politik und Gesellschaft.

Als **Sozialpartnerschaft** bezeichnet man die Zusammenarbeit der wichtigen Interessenverbände Österreichs der Arbeitgeber- und Arbeitnehmerseite untereinander und mit der Regierung, um u. a. wirtschafts- und sozialpolitische Belange einvernehmlich im Konsens zu lösen:

- Wirtschaftskammer Österreich (WKÖ)
- Bundesarbeiterkammer (BAK)
- Österreichischer Gewerkschaftsbund (ÖGB)
- Präsidentenkonferenz der Landwirtschaftskammern (LKÖ)

Arbeiterkammer: „Steuerwettbewerb in EU ist inakzeptabel“

Der Online-Händler Amazon macht in Österreich jährlich einen Umsatz von rund 320 Millionen Euro. Unterstellt man, dass dem Unternehmen davon ein Gewinn von zehn Prozent bleibt (32 Mio. Euro), würde hierzulande eine Körperschaftssteuer (25 Prozent) von acht Millionen Euro an den Fiskus gezahlt werden müssen, wie die Arbeiterkammer Wien berechnet hat. Das muss Amazon aber nicht, weil das Unternehmen seine Europazentrale in Luxemburg hat, wo der Satz für die Körperschaftssteuer niedriger ist. Die EU war durch diese Praxis in den vergangenen Jahren auf Unternehmensebene damit weltweit jener Wirtschaftsraum mit dem größten Steuerwettbewerb. Weitreichende Harmonisierungsmaßnahmen gibt es bei der Unternehmensbesteuerung bis dato nicht. In Summe stelle dieser Steuerwettbewerb vor allem für Klein- und Mittelbetriebe einen enormen Nachteil dar, weil diese sich keine individuellen Regelungen verschaffen können.

Nach: www.derstandard.at, 22. Jänner 2015

Arbeitsaufgaben

1. Stellen Sie unter Bezugnahme des obenstehenden Textes die Interessen von Amazon, der Arbeitnehmer/innen und von Klein- und Mittelbetrieben gegenüber.

2. Ordnen Sie die Interessen den jeweiligen Wirtschaftsteilnehmern/teilnehmerinnen zu.

Arbeitnehmer/innen	... wollen eine positive Entwicklung der österreichischen Volkswirtschaft im Gesamten.
Unternehmer/innen	... wollen unternehmerfreundliche Rahmenbedingen für den wirtschaftlichen Erfolg.
Sozialpartner	... wollen eine wirtschaftsfreundliches Klima, das möglichst hohe Gewinne ermöglicht.
Konzerne	... wollen wirtschaftliche Rahmenbedingungen, die hohe Renditen mit Kapitalgeschäften ermöglichen.
Finanz-investoren	... wollen einen Ausgleich der Interessen der Arbeitnehmer/innen und Arbeitgeber/innen erzielen.
Bundes-regierung	... wollen sichere Arbeitsplätze mit hohen Löhnen/Gehältern und guten Sozialleistungen.
EU	... wollen eine grenzenlose Wirtschaft in Europa.

Auf den nächsten Seiten werden wir einige der wirtschaftspolitischen Ziele („magisches Vieleck") näher beleuchten.

1.1 Konjunkturpolitik

Mit der Konjunkturpolitik wird versucht, die Konjunkturschwankungen zu beeinflussen. Ziel der Konjunkturpolitik ist es, dass die Wirtschaft möglichst gleichmäßig wächst. Starke Konjunkturschwankungen sollen möglichst vermieden werden. Hier gibt es zwei Möglichkeiten: die Fiskal- und die Geldpolitik.

Allgemeines zu Konjunktur, Konjunkturzyklus und -indikatoren kennen Sie bereits aus dem letzten Semester, Kapitel „Volkswirtschaftliches Basiswissen".

Fiskalpolitik (Fiskalismus)	Geldpolitik (Monetarismus)

= Beeinflussung der Wirtschaft durch steuerpolitische Einnahmen- und Ausgabenpolitik des Staates	= Steuerung der Konjunktur durch Steuerung der Geldmenge. Eine erhöhte Geldmenge hat automatisch positive Auswirkungen auf die aggregierte Nachfrage in einer Volkswirtschaft, da die Nachfrager mehr Geld zur Verfügung haben – und umgekehrt.

Leitzinssatz ist der Zinssatz, zu dem sich Banken Geld bei der EZB ausleihen können.

Auch der Bau von Straßen kurbelt die Konjunktur an

- Durch **steuerpolitische Maßnahmen** erhöht oder senkt der Staat seine Einnahmen. Durch z. B. niedrige staatliche Abgaben oder höhere Transferleistungen haben die Nachfrager mehr Geld zur Verfügung, und damit steigt die aggregierte Nachfrage.
- **Staat als Investor in der Volkswirtschaft:** Durch vermehrte staatliche Investitionen, z. B. in die Infrastruktur (Bau von Schulen, Straßen etc.), wird die aggregierte Nachfrage einer Volkswirtschaft erhöht („Multiplikatorwirkung"). Reduziert hingegen der Staat die Investitionen, sinkt die aggregierte Nachfrage.
- **Erhöhung oder Senkung des Zinsniveaus der Zentralbanken:** Durch die Erhöhung und Senkung des Leitzinssatzes werden Kredite für Banken entweder teurer oder billiger und damit auch für Haushalte und Unternehmen. Wenn z. B. Kredite billiger werden, wird die Investitionstätigkeit aller Wirtschaftssubjekte erhöht, und damit steigt die aggregierte Nachfrage (→ indirekte Steuerung der Geldmenge).
- **Erhöhung oder Senkung der im Umlauf befindlichen Geldmenge:** Es wird entweder mehr Geld in den Wirtschaftskreislauf gepumpt oder Geld dem Wirtschaftskreislauf entzogen, z. B. durch den Kauf oder Verkauf von Wertpapieren (→ direkte Steuerung der Geldmenge).

Die dargestellten Beispiele sind nur eine von vielen Möglichkeiten, die Konjunktur zu beeinflussen. Natürlich kann – im Gegensatz zum Beispiel in der Grafik – der Staat in einer Boom-Phase die Höhe der Steuern gleich lassen um die Staatsschuld zu reduzieren. Wie er konkret reagiert, ist eine Entscheidung der Politik.

Antizyklische Konjunkturpolitik

Um extreme Konjunkturausschläge zu verhindern, können konjunkturpolitische Maßnahmen und Steuerungsinstrumente gegen den Konjunkturverlauf (= antizyklisch) eingesetzt werden.

Unter **antizyklischer Konjunkturpolitik** versteht man expansive Geld- und Fiskalpolitik in Krisenzeiten, um die Wirtschaft anzukurbeln, und restriktive Geld- und Fiskalpolitik während eines Booms zur Dämpfung der Wirtschaft. Das soll helfen, Konjunkturschwankungen zu glätten.

Beispiel

Um nach Ausbruch der Wirtschaftskrise ab 2007 die Konjunktur anzukurbeln, wurde in Österreich für das Jahr 2009 eine „Verschrottungsprämie" eingeführt. Menschen bekamen beim Verkauf eines mehr als 13 Jahre alten Autos und bei gleichzeitigem Kauf eines neuen Fahrzeugs einen Zuschuss vom Staat in Höhe von 1.500,00 EUR. Das Auto musste bei einem inländischen Händler gekauft werden, der Kaufpreis durfte höchstens 30.000,00 EUR betragen.

Arbeitsaufgaben

1. Nennen Sie das wichtigste Ziel der Konjunkturpolitik.
2. Fassen Sie die Maßnahmen der Fiskal- bzw. Geldpolitik zusammen.
3. Analysieren Sie die Möglichkeiten der EZB, mit dem Leitzinssatz die Konjunktur zu gestalten.
4. Fassen Sie die Aussagen des Zeitungsartikels zusammen.
5. Ordnen Sie den Zeitungsartikel der Fiskal- bzw. Geldpolitik zu.

1.2. Arbeitsmarktpolitik

Vollbeschäftigung zählt zu einem der wichtigsten Ziele der Politiker/innen eines Landes. Mit einer Arbeitslosenquote zwischen 5 und 6 % (Berechnung nach der EU-Methode von Eurostat) zählt Österreich im internationalen Vergleich zu den Ländern mit geringer Arbeitslosigkeit. Die durchschnittliche Arbeitslosenquote in der EU liegt bei ca. 9 %.

Eine Arbeitslosenquote von unter 4 % gilt laut Eurostat als Vollbeschäftigung.

Arbeitslosigkeit besteht, wenn ein Teil der arbeitsfähigen und arbeitswilligen Arbeitnehmer keine Beschäftigung findet. Arbeitslosigkeit ist ein soziales Problem. Sie verursacht durch die Arbeitslosenunterstützung, ausfallende Steuern und Sozialabgaben hohe Kosten. Eine Aufgabe der Politik liegt darin, die Arbeitslosigkeit möglichst gering zu halten.

Die Arbeitslosenquote errechnet sich auf folgende Weise:

$$\textbf{Arbeitslosenquote} = \frac{\text{Arbeitslose} \cdot 100}{\text{Erwerbspersonen}}$$

Arbeitsaufgabe

- Ordnen Sie die Texte den Arten der Arbeitslosigkeit zu.

Arbeitslosigkeit hat verschiedene Gründe	
Konjunkturelle	Sie ist die vorübergehende Arbeitslosigkeit zwischen zwei Anstellungen.
Strukturelle	In Phasen der Hochkonjunktur tendiert die Wirtschaft normalerweise zur Vollbeschäftigung, in Zeiten der Rezession bzw. Depression zu hoher Arbeitslosigkeit.
Saisonale	Sie tritt vor allem in Branchen auf, deren Auftragslage starken saisonalen Schwankungen ausgesetzt ist (z. B. Bauwirtschaft, Tourismus). Im Winter ist die Arbeitslosigkeit in der Bauwirtschaft höher, da aufgrund der Wetterbedingungen weniger Bauprojekte durchgeführt werden. Im Frühjahr sinkt die Arbeitslosenzahl wieder.
Friktionelle	Sie tritt besonders in Branchen auf, die schrumpfen (z. B. Textilindustrie) bzw. in denen aufgrund technologischer Erneuerungen Arbeitskräfte durch Maschinen und Automatisierung ersetzt werden (z. B. in der Stahlindustrie). Sie wird auch als technologische Arbeitslosigkeit bezeichnet.

Arbeitslosigkeit bedeutet eine **Unterauslastung des Produktionsfaktors Arbeit:** Das vorhandene Arbeitskräftepotenzial wird nicht vollständig zur Produktion von Gütern genutzt (Unterbeschäftigung).

Websites für Interessierte
ec.europa.eu/eurostat
www.ams.at
www.statistik.at

Recherchieren Sie die gegenwärtige österreichische Arbeitslosenrate:
- Nach österreichischer Berechnung (AMS)
- Nach europäischer Berechnung (Eurostat)

Recherchieren Sie im Internet (z. B. auf der Website von Eurostat) die letztjährige Gesamtarbeitslosenquoten folgender Länder:

1.2.1 Die Messung der Arbeitslosigkeit als statistisches Problem

Arbeitslosenquoten können unterschiedlich berechnet werden, wobei die zu Beginn dieses Abschnitts vorgestellte Formel zwar sehr klar erscheint, allerdings die. dazu notwendigen Begriffe sehr unterschiedlich ausgelegt werden.

So ergeben sich je nach Methode verschieden hohe Arbeitslosenraten. Die Ermittlung der Arbeitslosenquote übernimmt in Österreich das Arbeitsmarktservice (AMS), in der EU berechnet dies Eurostat.

Nationale Methode (AMS)	Internationale Methode (EU, OECD)
Basiert auf den beim Arbeitsamt vorgemerkten Arbeitslosen und den beim Hauptverband der Sozialversicherungsträger erfassten unselbstständig Beschäftigten. ■ Arbeitslose werden nur den unselbstständig Beschäftigten gegenübergestellt.	Arbeitslosenquote berechnet sich nach dem prozentualen Anteil der Arbeitslosen an den Erwerbspersonen (selbstständig und unselbstständig). Sie wird durch Umfragen (in der Regel vierteljährlich) erhoben. Als arbeitslos gelten Personen, die ■ zwischen 15 und 74 Jahre und ■ ohne Arbeit sind, ■ innerhalb der nächsten zwei Wochen eine Arbeit aufnehmen können und ■ während der vier vorhergehenden Wochen aktiv eine Arbeit gesucht haben.

Arbeitslosenquote Österreich

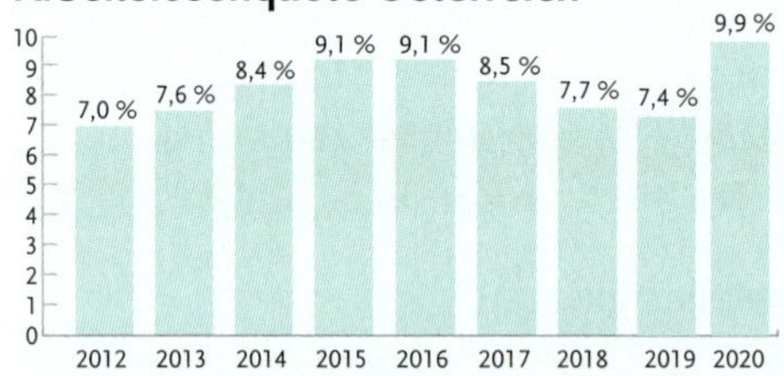

Arbeitslosenquote Österreich

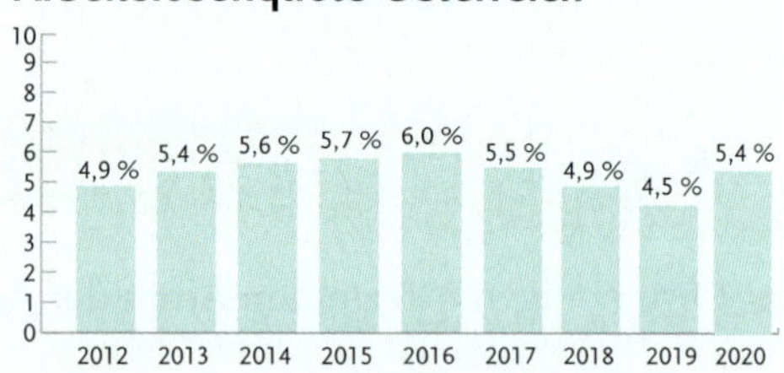

Quelle: Statistik Austria

Allerdings werden nicht alle Arbeitslosen in der Statistik erfasst. Gerade in Staaten mit sehr hoher Arbeitslosigkeit wie z. B. in Spanien oder Griechenland, haben es viele Menschen aufgegeben, sich arbeitslos zu melden, da sie es mangels Chancen als sinnlos erachten. Diese Menschen scheinen dann auch in Statistiken nicht auf. Darüber hinaus gibt es auch andere Arbeitssuchende außerhalb der Statistik:

- **Schulungen:** Fortbildung oder Umschulung für Arbeitssuchende, um sie fit für den Arbeitsmarkt zu machen. Besonders beliebt vor Wahlen, um die offizielle Arbeitslosenrate zu schönen.
- **Vorruhestand:** Das Gehalt wird vom Unternehmen und von der Sozialversicherung gezahlt, obwohl die Menschen nicht mehr arbeiten, aber noch nicht in der Pension sind.
- **„Stille Reserve“:** Schülerinnen und Schüler nach dem Schulabschluss oder Frauen, die nach der Kindererziehung wieder in den Erwerbsprozess einsteigen wollen.
- **„Wohlstandsarbeitslosigkeit“:** Das Arbeitslosengeld ist höher als der mögliche Verdienst. Oder wenn ein Partner nicht unbedingt zum Familieneinkommen beitragen muss und daher eine angebotene Arbeitsstelle nicht angenommen wird. Allerdings kann die Arbeitslosenunterstützung nur für einen beschränkten Zeitraum bezogen werden und beträgt in der Regel nur 60 Prozent des letzten Verdienstes.

Jugendarbeitslosigkeit in Europa
Vor allem in südeuropäischen Ländern ist die Jugendarbeitslosigkeit ein massives Problem und gefährdet den sozialen Frieden. Immer häufiger wird bereits von einer „verlorenen Generation" gesprochen. Zwar ist die Jugendarbeitslosigkeit, welche im Nachgang zur Finanzkrise ab 2007 deutlich anstieg, mittlerweile wieder etwas gesunken, doch ist sie immer noch auf einem sehr hohen Niveau (Spanien 40 %, Griechenland 40 %, Italien 30 %). Aufgrund der Corona-Krise ist zu befürchten, dass die Jugendarbeitslosigkeit in Zukunft wieder zunehmen wird.

Speziell um die Jugendarbeitslosigkeit zu bekämpfen, einigten sich die EU-Mitgliedsstaaten 2013 auf eine sogenannte **„Jugendgarantie"**. Dabei sollen die EU-Staaten ihren Bürgern unter 25 Jahren innerhalb von vier Monaten irgendeine Form von Beschäftigung garantieren. Als Zielgruppe geht es dabei vor allem auch um Jugendliche, die sich weder in Ausbildung noch in Beschäftigung befinden (sogenannte NEETS).
Viele der Jugendliche welche aus Ländern mit hoher Jugendarbeitslosigkeit kommen, zogen zudem nach Deutschland, um dort eine Arbeit zu finden.

NEETs = Not in employment, education or training.

Arbeitsaufgaben

1. Überlegen Sie, ob die folgenden Aussagen richtig oder falsch sind.

Aussage	Richtig	Falsch
Personen, die Umschulungs- oder Weiterbildungskurse besuchen, zählen bei beiden Definitionen nicht zu den Arbeitslosen.		
Karenzgeldbezieher/innen zählen bei beiden Definitionen zu den Arbeitslosen.		
Nicht beim Arbeitsamt gemeldete Arbeitslose werden nach der österreichischen Definition nicht in die Arbeitslosenrate einberechnet.		
Selbstständige, die in Konkurs gehen, werden bei der EU-Definition ebenso wie mithelfende Angehörige im Gegensatz zur österreichischen Definition nicht als Arbeitslose gezählt.		
Die EU-Berechnung ergibt niedrigere Arbeitslosenquoten als die österreichische Definition.		

2. Diskutieren Sie über Menschen, die es aufgegeben haben, sich überhaupt arbeitslos zu melden.

1.2.2 Ziele der Arbeitsmarktpolitik

Menschen, die keine Arbeit haben, sind nicht nur finanziell benachteiligt. Vor allem bei Langzeitarbeitslosen besteht die Gefahr der Verarmung, der gesellschaftlichen Isolation und körperlicher und psychischer Probleme.

Ein immer größeres Problem in unserer schnelllebigen Zeit ist die Entqualifizierung: Was ich heute kann und weiß, wird nach drei Jahren Arbeitslosigkeit nicht mehr viel wert sein, wenn ich mich nicht weiterentwickeln kann. Dies sind nur einige wenige der Probleme, mit denen viele Arbeitslose zu kämpfen haben.

Die Arbeitsmarktpolitik verfolgt eine Vielzahl an Zielen:
- Vollbeschäftigung soll erreicht und aufrecht erhalten werden
- Ältere Arbeitnehmer sollen länger im Erwerbsleben gehalten werden
- Erhöhung der Mittel für aktive arbeitsmarktpolitische Maßnahmen
- Arbeitslose sollen aktiviert werden
- Langzeitarbeitslosigkeit soll verhindert werden

„Jeder, der möchte, findet auch Arbeit!“ Diskutieren Sie diese Aussage mit Ihren Mitschülerinnen und Mitschülern.

Erklären Sie die Begriffe „passive“ und „aktive“ Arbeitsmarktpolitik.

Zum Beispiel dient die **Eingliederungsbeihilfe** als aktive Arbeitsmarktpolitik für Langzeitbeschäftigungslose, Ältere, Personen mit psychischen, physischen oder geistigen Beeinträchtigungen etc. Ca. 60 % der Geförderten sind älter als 45 Jahre (2013 waren es noch 42 %), 29 % gehörten der Altersgruppe der 25- bis 45-Jährigen an und etwa 10 % waren Jugendliche unter 25.

MINT = Abkürzung für die Fächer Mathematik, Informatik, Naturwissenschaften (z. B. Physik, Chemie und Biologie) sowie Technik.

1.2.3 Arten der Arbeitsmarktpolitik

Zur Arbeitsmarktpolitik zählen alle Maßnahmen staatlicher Organe zur Bewältigung bzw. Verringerung des Beschäftigungsproblems. Dabei kann man grundsätzlich unterscheiden:

Arbeitsmarktpolitik

Passive Arbeitsmarktpolitik

Alle Maßnahmen und Leistungen, die den Arbeitslosen während der Arbeitslosigkeit den Lebensunterhalt sichern sollen:

- Arbeitslosengeld und Notstandshilfe
- Bedarfsorientierte Mindestsicherung
- Insolvenzentgelt bei einer Pleite des Arbeitgebers
- Pensionsvorschuss bei älteren Arbeitnehmern
- Etc.

Aktive Arbeitsmarktpolitik

für Unternehmen

- Aufträge des Staates an die Wirtschaft
- Förderung von Unternehmensgründungen
- Förderung von Betriebsansiedelungen
- Etc.

für Erwerbstätige

- Weiterbildung
- Umschulung
- Mobilitätsförderungen
- Etc.

1.2.4 Konzepte und Maßnahmen zur Verringerung der Arbeitslosigkeit

Arbeitslosigkeit verringern bedeutet unter anderem, Modelle zu finden, die es ermöglichen, mehr Menschen als bisher zu beschäftigen. Arbeitslosigkeit kann folgendermaßen bekämpft werden:

- **Qualifikationsoffensive für Arbeitskräfte**
  Qualifikationsoffensiven gibt es regelmäßig: bundesweit oder für eine Region, für einzelne Berufe oder für den gesamten Arbeitsmarkt.

Beispiel: Europäische Kompetenzagenda
Bei der Europäischen Kompetenzagenda handelt es sich um einen Fünfjahresplan, welcher auch als eine Reaktion auf die COVID-19-Pandemie konzipiert ist. Dabei soll bis 2025 die Teilnahme von (gering qualifizierten) Erwachsenen zwischen 25 und 64 Jahren an Bildungsmaßnahmen erhöht werden. Darüber hinaus soll der Anteil von Erwachsenen zwischen 16 und 74 Jahren mit (zumindest) grundlegenden digitalen Kompetenzen erhöht werden. Es wird auch eine Erhöhung der Zahl der Absolventen von MINT-Fächern angestrebt. Schließlich sollen verbesserte Rahmenbedingungen Investitionen in diese Bereiche von EU-Mitgliedsstaaten sowie privaten Akteuren fördern.

- **Arbeitszeitflexibilisierung**
  Unter Arbeitszeitflexibilisierung versteht man die freie Wahl der Aufteilung der Arbeitszeit, abweichend von der üblichen Fünftagewoche. Dadurch soll die Ar-

beitszeit besser ausgenützt und aufgeteilt werden, d. h., Leerläufe sollen verringert werden. Flexible Dienstzeiten können sowohl dem Dienstgeber als auch dem Dienstnehmer Vorteile bringen. Folgende Möglichkeiten einer Arbeitszeitflexibilisierung sind z. B. denkbar:
- Gleitende Arbeitszeit
- Zeitausgleich
- Teilzeitarbeit mit Jobsharing
- Ungleichmäßige Arbeitszeit während eines Jahres
- Flexibler Monat (französisches Modell für Forschungs- und Entwicklungsabteilungen, in dem die Monatsarbeitszeit auf drei Wochen konzentriert werden kann)
- Dekade (Aufteilung bei Baustellen, für die längere Anreisezeiten nötig sind, z. B. zehn Tage Arbeit, fünf Tage frei)
- Erweitertes Wochenende (z. B. Freitag bis Sonntag)
- Altersteilzeit

- **Kurzarbeit**
  Kurzarbeit ist die befristete Herabsetzung der Normalarbeitszeit. Die Kurzarbeit dient dabei der Überbrückung von wirtschaftlichen Störungen und soll verhindern, dass Arbeitnehmer/innen in länger anhaltenden wirtschaftlichen Krisenzeiten gekündigt werden. Die Mitarbeiter/innen werden mit finanziellen Abschlägen in Beschäftigung gehalten. Zwischen den für das Unternehmen zuständigen Kollektivvertragspartnern wird eine Kurzarbeitsvereinbarung abgeschlossen. Die Dauer ist zunächst auf sechs Monate beschränkt (unter bestimmten Voraussetzungen maximal auf 24 Monate ausdehnbar).

Jobsharing bedeutet, einen Job auf mehrere Arbeitnehmer/innen aufzuteilen.

Diskutieren Sie, ob Maßnahmen wie Arbeitszeitflexibilisierung tatsächlich zu einer Reduktion der Arbeitslosigkeit führen können.

Kurzarbeit soll Kündigungen von Arbeitnehmern in Krisenzeiten eines Unternehmens verhindern. Die Mitarbeiter werden (mit finanziellen Abschlägen) in Beschäftigung gehalten.

Das Arbeitsmarktservice AMS

Die Aufgaben des AMS gehen weit über reine Arbeitsplatzvermittlung hinaus. Es wird versucht, zum besseren Funktionieren des Arbeitsmarktes beizutragen:
- Jobsuche mit moderner Informationstechnologie
- Berufsinformation und -beratung
- Förderung der beruflichen Aus- und Weiterbildung
- Hilfe bei persönlichen Problemen (Sucht, Behinderung), die beim beruflichen Fortkommen ein Hindernis sind
- Subventionierung von Arbeitsplätzen zur Erleichterung des Berufseinstiegs.

Arbeitsaufgaben

1. Diskutieren Sie mit Ihren Mitschülern/Mitschülerinnen die Vor- und Nachteile der verschiedenen Möglichkeiten zur Verringerung der Arbeitslosigkeit.
2. Entscheiden Sie, ob folgende Maßnahmen der aktiven oder passiven Arbeitsmarktpolitik zugeordnet werden können.

Maßnahmen	aktive Arbeitsmarktpolitik	passive Arbeitsmarktpolitik
Umschulungen		
Arbeitslosengeld		
Notstandshilfe		
Vermehrter Bau von Straßen und Schulen		
Steuerliche Vorteile bei Unternehmensgründungen		

1.3 Budgetpolitik

Haushaltsperiode = üblicherweise ein Wirtschaftsjahr, es besteht jedoch auch die Möglichkeit, über mehrere Jahre zu budgetieren.

Das **Budget (Haushaltsplan)** ist die Gegenüberstellung von erwarteten Einnahmen und geplanten Ausgaben für eine Haushaltsperiode. Das Budget zeigt, wie viel finanzielle Mittel zum Erfüllen der Aufgaben des Bundes im jeweiligen Zeitraum nötig sind und wie diese Mittel aufgebracht werden.

Einnahmen und Ausgaben

Einnahmen	Ausgaben
■ Steuern	■ Sozialleistungen
■ Gebühren	■ Bau öffentlicher Einrichtungen
■ Beiträge	■ Subventionen
■ Etc.	■ Etc.

Der Staat hebt Steuern ohne Gegenleistungen ein: Begründen Sie dies.

Budgetpolitik ist konkrete Umsetzung von Wirtschaftspolitik. Der Staat setzt mit ihr nicht nur sozialpolitische Ziele um, er stellt auch wichtige ökonomische Weichenstellungen und gestaltet die Wirtschaftsentwicklung mit, da in Krisenzeiten die Wirtschaft belebt werden kann. Durch gezielte Investitionen etwa in Bildung oder Infrastruktur wird die Zukunft mitgestaltet, in Krisenzeiten kann die Wirtschaft belebt werden. Allerdings sind auch Einnahmen zu erzielen, die vielfach geringer sind als die Ausgaben. Somit stellt sich die Frage der Budgetdefizite und deren Bewältigung.

Die größten Einnahmequellen und Staatsausgaben Österreichs
(in % der Staatseinnahmen und -ausgaben insgesamt, 2018)

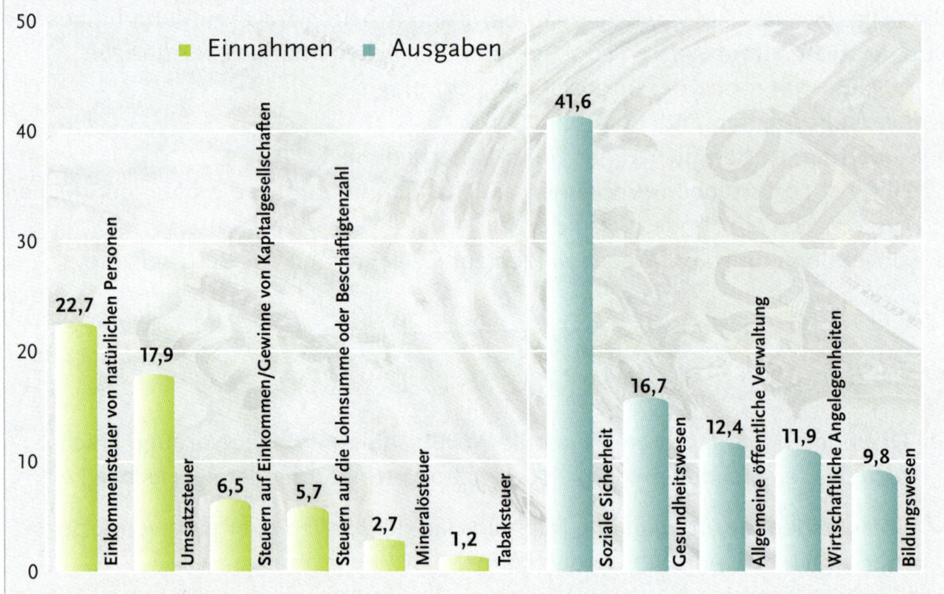

Quelle: Statistik Austria, 2020

Arbeitsaufgabe

- Setzen Sie persönliche Schwerpunkte und begründen Sie diese.
  a) Wäre ich Finanzminister/in, ich würde folgende Einnahme erhöhen, weil ...
  b) Wäre ich Finanzminister/in, ich würde folgende Einnahme senken, weil ...
  c) Wäre ich Finanzminister/in, ich würde folgende Ausgabe erhöhen, weil ...
  d) Wäre ich Finanzminister/in, ich würde folgende Ausgabe senken, weil ...

1.3.1 Gliederung des Budgets

Der Bundesvoranschlag (BVA) besteht aus der allgemeinen Gebarung und dem Geldfluss aus der Finanzierungstätigkeit. Jede Ausgabe wird entweder durch Einnahmen (Steuern, Gebühren etc.) oder durch Aufnahme von Finanzschulden finanziert. Im **Gesamthaushalt** sind die Staatseinnahmen und die Staatsausgaben gleich hoch.

Gesamthaushalt

Allgemeine Gebarung	Geldfluss aus der Finanzierungstätigkeit (ausgeglichenes Budget)
Umfasst alle Ausgaben und Einnahmen des Bundes. Ausgenommen davon sind jedoch jene Einnahmen und Ausgaben des Bundes, die aus der Aufnahme und Tilgung von Finanzschulden entstehen.	Umfasst die Einnahmen aus der Aufnahme von Finanzschulden sowie die Ausgaben für die Rückzahlung von Finanzschulden. Die höhere Kreditaufnahme des Staates gleicht die Differenz des allgemeinen Haushalts aus.
Beispiel: BVA 2020 (in Mio. Euro)	**Beispiel: BVA 2020** (in Mio. Euro)
Ausgaben: 102.389	Ausgaben: 118.495
Einnahmen: 81.790	Einnahmen: 139.094
Abgang: 20.599	Abgang: –
Überschuss: –	Überschuss: 20.599

Gesamthaushalt:
Ausgaben: 220.884
Einnahmen: 220.884

Quelle: Bundesministerium für Finanzen

1.3.2 Budgetdefizit und -überschuss

Sind die Einnahmen eines Staates größer als die Ausgaben, spricht man von einem **Budgetüberschuss.** In vielen Ländern, auch in Österreich, sind derzeit die Staatsausgaben höher als die Staatseinnahmen. Wenn dies der Fall ist, bezeichnet man dies als **Budgetdefizit.**

Beim **Budgetdefizit** sind drei verschiedene Begriffe zu unterscheiden:

Primärdefizit	Nettodefizit	Bruttodefizit
= jährliche Einnahmen – jährliche Ausgaben (ohne Schuldenzinsen)	= jährliche Neuverschuldung (Schuldenzuwachs)	= Nettodefizit + Ausgaben für die Tilgung von Finanzschulden

Im Allgemeinen wird mit dem Begriff „Budgetdefizit" das **Nettodefizit** bezeichnet.

Budgetdefizit = Staatsausgaben (Ausgaben + Schuldenzinsen) > Staatseinnahmen

Budgetüberschuss = Staatseinnahmen > Staatsausgaben (Ausgaben + Schuldenzinsen)

Ausgeglichenes Staatsbudget = Staatseinnahmen = Staatsausgaben (Ausgaben + Schuldenzinsen)

Versuchen Sie zu ermitteln,
- wie hoch das Budgetdefizit derzeit in Österreich ist.
- wann Österreich zuletzt ein ausgeglichenes Budget bzw. einen Budgetüberschuss hatte.

Die Entstehung eines Budgetdefizits hat unterschiedlichste Ursachen. Die Volkswirtschaftslehre unterscheidet hier zwischen folgenden zwei Arten:

Ursachen für ein Budgetdefizit

Konjunkturelles Defizit	Strukturelles Defizit

= der Teil des Budgetdefizits, der aus konjunkturellen wirtschaftlichen Schwankungen entstanden ist.	= der Teil des Budgetdefizits, der nicht auf konjunkturelle wirtschaftliche Schwankungen zurückzuführen ist. Es zeugt von einem generellen Missverhältnis zwischen Einnahmen und Ausgaben.
Beispiel Sinkende Einnahmen des Staates durch eine Rezession, damit verbunden höhere Ausgaben durch die antizyklische Budgetpolitik.	**Beispiel** Die Staatsausgaben sind ständig höher als die zu erwartenden Einnahmen. Der Staat lebt über seine Verhältnisse. Es kann nur durch Reformen, die die Struktur der Ausgaben und Einnahmen betreffen, abgebaut werden, nicht durch die Förderung des Wirtschaftswachstums.

Die aktuelle Höhe der Staatsverschuldung können Sie auf www.staatsschulden.at abrufen.

1.3.3 Staatsverschuldung

Unter der **Staatsverschuldung** versteht man die gesamten Schulden eines Staates gegenüber seinen Gläubigern. Meist wird die Staatsverschuldung im Verhältnis zum BIP (oder BNE) gemessen. Dies wird als **Staatsschuldenquote** bezeichnet.

Recherchieren Sie, wie hoch die Staatsschuldenquote Österreichs derzeit ist.

Aus dem **Bundesfinanzgesetz** ergibt sich, ob und in welcher Höhe neue Schulden gemacht werden dürfen/müssen. Zur Ermittlung der Gesamtverschuldung eines Staates hat die OECD ein Standardsystem entwickelt.

OECD (Organisation for Economic Co-operation and Development) = Organisation für wirtschaftliche Zusammenarbeit und Entwicklung. 34 Mitgliedsstaaten, der Großteil gilt als entwickelte Länder mit hohem Pro-Kopf-Einkommen. Mehr dazu erfahren Sie in einem späteren Kapitel.

Staatsschulden der Republik Österreich

Die Verschuldung der Republik Österreich beträgt per 21. 04. 2021 insgesamt 324.190.200.650,00 EUR. Das entspricht einer Pro-Kopf-Verschuldung je Staatsbürger von 43.680,00 EUR.

Quelle: www.staatsschulden.at

Probleme ständig wachsender Staatsschulden

Ein Staat, der sein Budget nicht im Griff hat, wirtschaftet u. a. auf Kosten von zukünftigen Generationen und deren Lebensstandard. Dies bedeutet:

Belastung künftiger Generationen

Die Staatsverschuldung hat zur Folge, dass die jetzige Generation auf Kosten zukünftiger Generationen lebt (Generationenbilanz). Staatsschulden müssen von **künftigen Generationen** übernommen werden.

Verringerung des Handlungsspielraumes

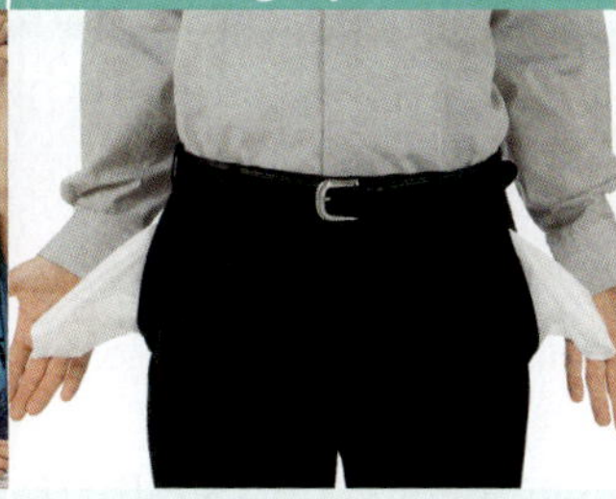

Mit höheren Schulden wachsen die Zinszahlungen. Der Staat muss einen immer größeren Teil der Einnahmen für den Schuldendienst aufwenden. Diese Finanzmittel fehlen dann für notwendige Investitionen, z. B. für den Straßenbau oder die Sicherung der sozialen Systeme.

Verdrängung von privaten Investitionen

Durch die hohe Kreditnachfrage des Staates steigen die Zinsen und damit die Finanzierungskosten für Unternehmen. Dadurch gehen die Investitionen zurück und das Wirtschaftswachstum leidet darunter.

Schuldendienst = vom Schuldner zu leistende Zahlungsverpflichtungen, die sich aus Zins- und Tilgungsleistung zusammensetzen.

Wichtig ist die Frage, wofür wir uns verschulden. Konsumschulden eines Staates sind aus volkswirtschaftlicher Sicht abzulehnen. Denn dann werden unsere Nachfahren nicht davon profitieren. Schulden für Infrastruktur, Forschung, Entwicklung und für Innovationen können aus ökonomischer Sicht sinnvoll sein. Die Beurteilung hängt davon ab, wie stark man in Zukunft davon profitieren kann.

Werden die Schulden (Verbindlichkeiten) zu hoch und können nicht mehr getilgt (zurückbezahlt) werden, gehen Unternehmen in den Konkurs und Staaten in den Staatsbankrott.

Die schlimmste Konsequenz der Staatsverschuldung ist letztlich der **Staatsbankrott (Staatsinsolvenz).** Darunter versteht man die Erklärung einer Regierung, fällige Forderungen nicht mehr oder nur noch teilweise erfüllen zu können, bzw. die tatsächliche Einstellung fälliger Zahlungen.

Arbeitsaufgaben

1. Fassen Sie die Folgen eines ständigen Staatsdefizits zusammen.
2. Welche Auswirkungen könnte eine starke Senkung der Staatsausgaben im Hinblick auf die Konjunktur haben?
3. Vergleichen Sie die Verschuldung der Republik Österreich mit anderen Volkswirtschaften. Welche Länder weisen eine besonders hohe Verschuldung auf? Gibt es Länder, die schuldenfrei sind?

1.4 Außenwirtschaftspolitik

Mehr über die Außenwirtschaftspolitik erfahren Sie im Kapitel „Weltwirtschaft und Außenwirtschaft“.

Jedes Land steht mit anderen Ländern in wirtschaftlicher Beziehung. Die Wirtschaft der einzelnen Länder wächst immer mehr zusammen, so etwa innerhalb der Länder der Europäischen Union, die einen gemeinsamen Wirtschaftsraum bilden, an dem auch Österreich teilnimmt. Gerade wirtschaftlich hoch entwickelte, kleinere Länder wie Österreich sind eng mit anderen Ländern verknüpft und können keineswegs wirtschaftlich alleine den Wohlstand aufrechterhalten. Die internationale Arbeitsteilung fördert diese Verflechtungen.

Import ist die Einfuhr von Gütern aus dem Ausland, **Export** hingegen die Ausfuhr in das Ausland.

Im Idealfall sollte ein Gleichgewicht der Waren- und Geldflüsse zwischen den einzelnen Volkswirtschaften stattfinden und ein außenwirtschaftliches Gleichgewicht bestehen:

- Importiert ein Land auf Dauer mehr als es exportiert, wird es ärmer. Dies trifft v. a. auf die Entwicklungsländer zu, die trotz Entwicklungshilfe eher ärmer als reicher werden.
- Exportiert ein Land auf Dauer mehr als es importiert, wird es reicher. So können die Erdöl exportierenden Länder wie Saudi-Arabien nicht nur problemlos in Prestigeprojekte im eigenen Land investieren, sondern ihre Überschüsse durch massive Investitionen in den Industrieländern anlegen.

Im Ausland werden die meisten Rohstoffe günstiger gefördert. Überdies kommen nicht alles im Inland vor. Somit importiert Österreich die meisten Rohstoffe.

Zwar verreisen die Österreicher/innen gerne ins Ausland, insgesamt geben sie weniger im Ausland aus, als Touristen/Touristinnen in Österreich ausgeben.

2 Aufgaben der Sozialpolitik

Sozialpolitik hat die Aufgabe, Ungleichheiten bei den Start- und Entwicklungschancen der Menschen abzubauen. Sie soll benachteiligten und schwächeren Menschen in der Gesellschaft so weit helfen, wie sie sich nicht selbst helfen können. Es kann aber trotzdem nicht ausgeschlossen werden, dass in einer überwiegend am Leistungsprinzip orientierten Gesellschaft Armut existiert.

Selbst in Volkswirtschaften mit hohem Einkommensniveau gibt es z. B. kinderreiche Familien, die auf das Einkommen eines Alleinverdieners angewiesen sind und leicht unter das Existenzminimum fallen können. Auch Frauen als alleinerziehende Mütter geraten schnell in existenzbedrohliche Situationen.

Für viele **Sozialleistungen** ist es notwendig, erwerbstätig zu sein oder früher gewesen zu sein. Nur dadurch erhält man die Leistungen der Sozialversicherung wie z. B. Arbeitslosengeld oder einmal eine Pension.

Die **Finanzierung** der Sozialleistungen wird laufend schwieriger. Gründe dafür sind die veränderte Bevölkerungs- und Erwerbsstruktur mit immer mehr älteren Menschen, einer zunehmenden Arbeitslosigkeit insbesonders älterer Arbeitnehmer/innen sowie veränderter Arbeitsmarkt- und Wirtschaftsbedingungen.

Sozialpolitik in Österreich

Die ersten Sozialversicherungsgesetze entstanden durch den Wandel von der Agrargesellschaft zur Industriegesellschaft. Die in den städtischen Industriezentren arbeitenden Menschen waren in Notsituationen auf staatliche Hilfeleistungen angewiesen. Diese Leistungen wurden mit der Zeit immer mehr erweitert.

Soziale Sicherheit: das Netz, wenn es einmal nicht mehr so gut läuft

Die Wurzeln der österreichischen Sozialpolitik liegen im 19. Jahrhundert. Im Laufe des 20. Jahrhunderts wurden die Sozialleistungen immer weiter ausgebaut. Sie wandelten sich zu einem System sozialstaatlicher Leistungen, auf die ein Rechtsanspruch besteht, wenn die erforderlichen Voraussetzungen dafür gegeben sind.

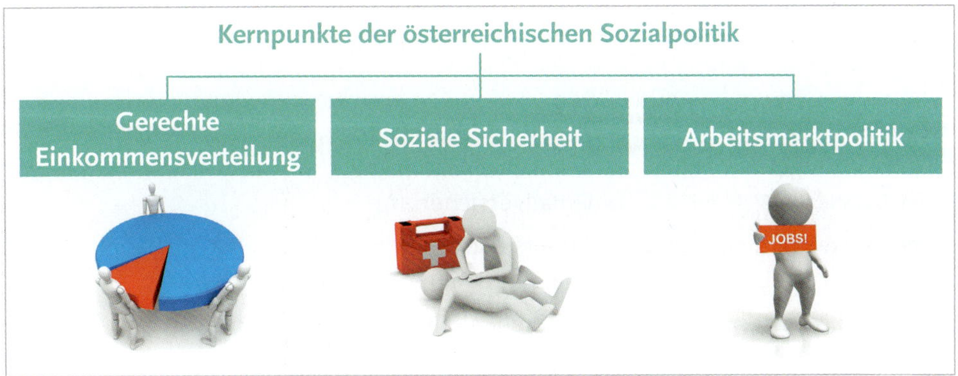

Mehr über die Arbeitsmarktpolitik haben Sie bereits im Abschnitt „Arbeitsmarktpolitik“ kennengelernt.

Arbeitsaufgaben

1. Nennen Sie die Zielsetzungen und Kernpunkte der Sozialpolitik.
2. Fassen Sie die geschichtliche Entwicklung beim Aufbau des Sozialstaates zusammen.
3. Bewerten Sie die Bedeutung der Erwerbstätigkeit für den Erhalt von Sozialleistungen.

2.1 Gerechte Einkommensverteilung

Betrachtet man die Einkommensverteilung der Arbeitnehmer, so stellt man fest, dass die Einkommen innerhalb der Bevölkerung ungleich verteilt sind. Durch eine aktive Sozialpolitik soll diese Ungleichverteilung korrigiert werden. Zielsetzung ist, möglichst allen Menschen ein gerechtes und angemessenes wirtschaftliches Einkommen zu sichern.

Die Einkommensumverteilung erfolgt von

- Erwerbstätigen zu Pensionisten,
- kinderlosen bzw. kinderarmen zu kinderreichen Familien,
- Gesunden zu Kranken,
- sozial Stärkeren zu sozial Schwächeren.

Bewerten Sie die Einkommensumverteilung unter dem Gesichtspunkt der Gerechtigkeit.

2.2 Soziale Sicherheit

Soziale Sicherheit bedeutet

- Verbesserung der wirtschaftlichen Lage der sozial schwächeren Schichten sowie
- Verminderung existenzgefährdender Risiken: insbesondere durch Einkommenssicherung bei Krankheit, Unfall, Alter, Erwerbslosigkeit oder Tod des Ernährers bzw. der Ernährerin.

Der Staat verfügt durch Einnahmen aus Steuern und Sozialabgaben über finanzielle Mittel, die er zugunsten leistungsschwächerer und benachteiligter Menschen in der Gesellschaft umverteilt. Durch staatliche Umverteilung soll soziale Ungleichheit abgebaut werden. Dies geschieht in Österreich durch **Transferleistungen** des Staates.

Solidaritätsprinzip: Viele kleine Prämienzahlungen ermöglichen in Summe jene Leistungen, die der/die Einzelne im Bedarfsfalle erhält.

Sie werden aus sozialpolitischer Sicht auch als Sozialleistungen bezeichnet. Die Transferzahlungen beruhen auf dem Solidaritätsprinzip. Die österreichische Sozialpolitik sieht folgende Maßnahmen zur Wahrung der sozialen Sicherheit:

Das Sozialschutzsystem in Österreich kann in folgende Bereiche aufgeteilt werden	
Sozialversicherung	■ Pensionsversicherung ■ Krankenversicherung ■ Unfallversicherung
Arbeitslosenversicherung	■ Arbeitslosengeld ■ Notstandshilfe
Universelle Systeme, d. h. Systeme für die gesamte Bevölkerung	■ Familienbeihilfe ■ Kinderabsetzbetrag ■ Kinderbetreuungsgeld ■ Pflegegeld
Bedarfsorientierte Leistungen	■ Mindestsicherung in der Pensionsversicherung ■ Sozialhilfe ■ Stipendien für Schüler und Studenten
Soziale Dienste	Maßnahmen der Arbeitsmarktpolitik, außerschulische Kinderbetreuung, Alten- und Pflegeheime etc.
Sozialentschädigung	Vor allem für Kriegs- und Heeresopfer, Verbrechensopfer
Arbeitsrechtlicher Schutz	Entgeltfortzahlung im Krankheitsfall etc.
Sozialschutz für Beamte	Unkündbare (pragmatisierte) Beamte mit eigenem Pensionsrecht

Nennen Sie jene Bereiche der Sozialversicherung, die Sie persönlich
- bereits in Anspruch genommen haben,
- Sie voraussichtlich einmal in Anspruch nehmen werden.

Gesetzliche Sozialversicherung

Die österreichische Sozialversicherung bildet die Grundlage des Systems der sozialen Sicherheit in Österreich. Der engere Bereich der Sozialversicherung besteht aus
- der Krankenversicherung,
- der Unfallversicherung und
- der Pensionsversicherung.

Diskutieren Sie die Sinnhaftigkeit der Versicherungspflicht im Rahmen der Sozialversicherung.

Das österreichische Sozialversicherungssystem wird durch Beitragsleistungen der Arbeitnehmer/innen und Arbeitgeber sowie aus öffentlichen Mitteln finanziert. Infolge des hohen Ausmaßes an sozialen Leistungen sind die Pflichtabzüge vom Einkommen hoch. Es ist eine hohe Umverteilungsquote gegeben.

Verhältnis der Sozialausgaben zum Bruttoinlandsprodukt 2020
(Sozialausgaben: 126,9 Mrd. EUR = 33,7 % des Bruttoinlandsproduktes)

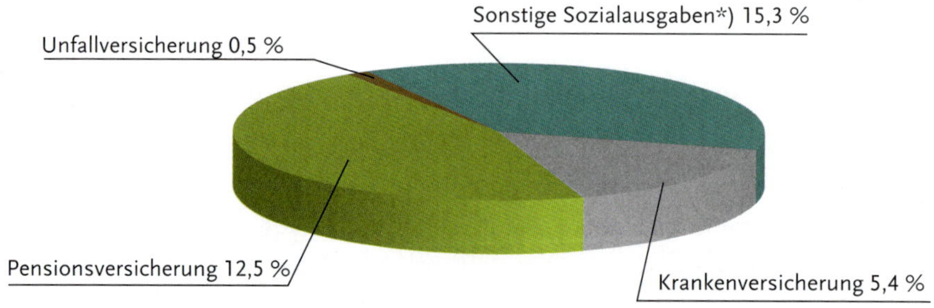

*) Beamtenpensionen, Familienbeihilfen, Arbeitslosenversicherung usw.

Quelle: Hauptverband der österreichischen Sozialversicherungsträger, 2021

Pflichtversicherung: Jede betroffene Person muss sich bei der für sie zuständigen Sozialversicherungsanstalt versichern lassen.

Die österreichische Sozialversicherung beruht auf der Pflichtversicherung und dem Solidaritätsprinzip.

Ziele erreicht? – „Wirtschafts- und Sozialpolitik“

KOMPETENZ-ERWERB

1. Nennen Sie die Zielsetzungen der Konjunkturpolitik.
2. Nennen Sie die Zielsetzungen der Arbeitsmarktpolitik.
3. Definieren Sie den Begriff Budget.
4. Nennen Sie die Nachteile der Staatsverschuldung.
5. Definieren Sie den Begriff Sozialleistungen.
6. Nennen Sie die Organisationen der Sozialpartnerschaft.
7. Stellen Sie sich vor, Sie könnten die im Folgenden aufgelisteten Budgetposten nach Ihrem persönlichen Ermessen reihen. Welche sind für Sie die wichtigsten, welche weniger wichtig und warum? Diskutieren Sie mit Ihren Mitschülerinnen und Mitschülern, welche Folgen Budgetkürzungen bzw. -erhöhungen der einzelnen Posten für die österreichische Gesellschaft hätten.

   Familie & Jugend ■ Militärische Angelegenheiten ■ Unterricht, Kunst & Kultur ■ Gesundheit ■ Soziales, Pensionen ■ Wissenschaft & Forschung ■ Justiz ■ Umwelt ■ Wirtschaft

8. Führen Sie ein Gedankenexperimente durch:

   Ein „hohes Beschäftigungsniveau“ zu erreichen, ist politisch unbestritten. Es ist aber kaum erreichbar und die Arbeitslosigkeit ist nicht nur in Österreich eines der großen ungelösten Probleme. Wegen hoher Arbeitslosenraten können Regierungen abgewählt werden, und mit dem Versprechen, die Arbeitslosenrate zu senken, können Wahlen gewonnen werden.

9. Erklären Sie, warum die Überschrift des fiktiven Artikels falsch ist. Wie müsste sie richtigerweise lauten?

Die Schulden des Staates sinken nur schleppend

Nachdem die Corona-Krise bewältigt wurde, verordnet die Regierung Österreich ein 26,5-Milliarden-Sparpaket. Mit dem vorgelegten Paket sollen die jährlichen Budgetdefizite gesenkt werden. Ziel ist 2025 ein Nulldefizit zu erreichen.

10. Sehen Sie sich folgende Grafiken an:

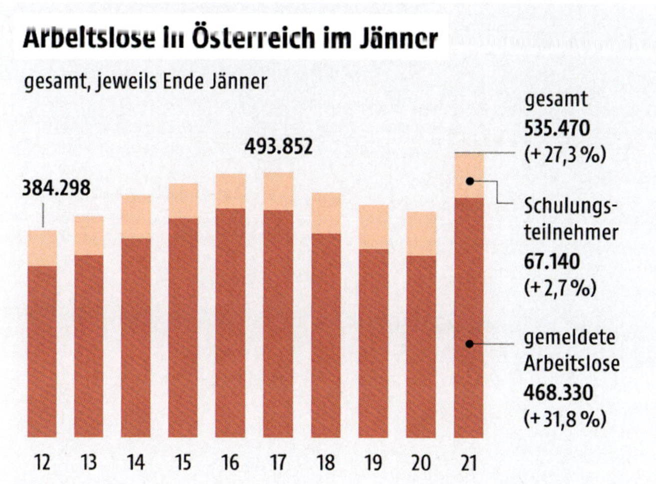

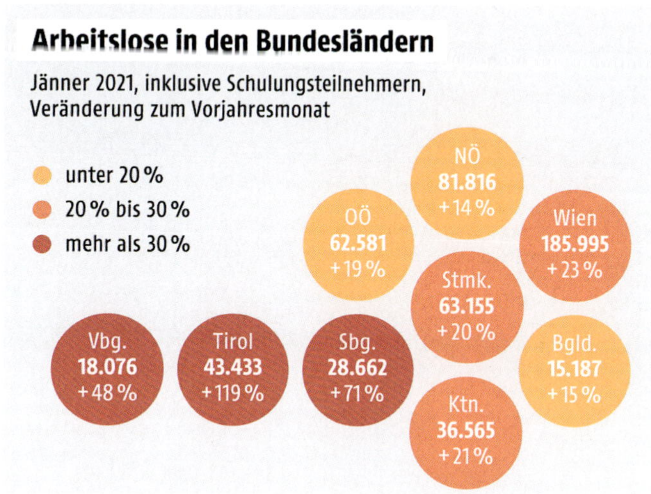

Quelle: AMS, 2021

a) Geben Sie an, viele Personen Ende Jänner 2021 als arbeitslos gemeldet waren und in welchen Bundesländern die Arbeitslosenquote besonders hoch ausfiel. In welchem Bundesland gibt es absolut gesehen die meisten Arbeitslosen?

b) 67 140 Personen befanden sich Ende Jänner 2021 in einer Schulung. Geben Sie an, um welche Art der Arbeitsmarktpolitik es sich dabei handelt. Begründen Sie Ihre Antwort.

11. **Ausgangssituation**

Tagtäglich hören oder lesen Sie von aktuellen Entwicklungen der Wirtschaft in Österreich. Wie steht es im Moment um Österreichs Konjunktur?

a) Tragen Sie in der Kurve die vier Phasen der Konjunktur ein: Aufschwung, Hochkonjunktur, Rezession, Depression.

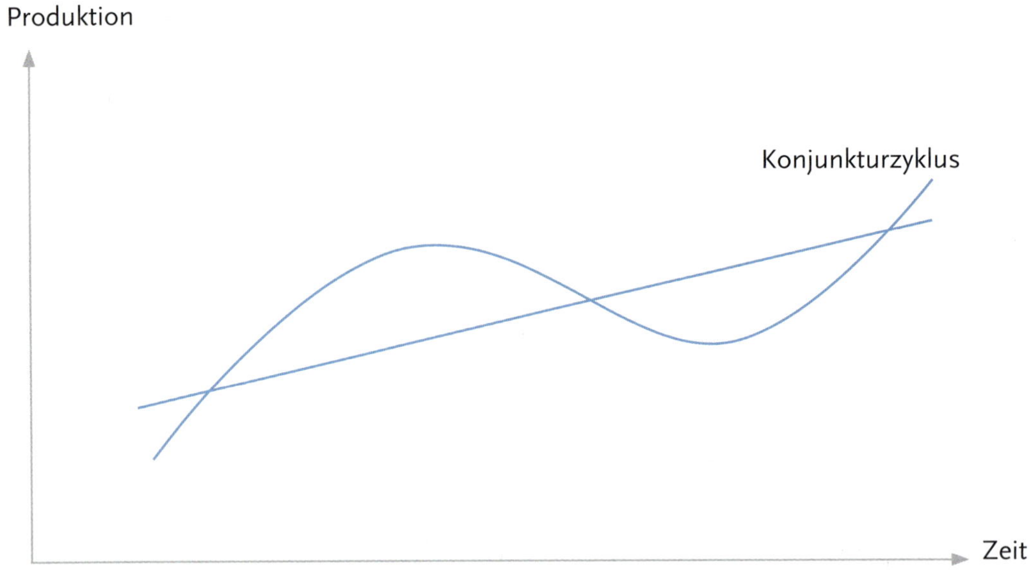

b) Analysieren Sie, wie es Ihrer Meinung nach derzeit um Österreichs Wirtschaft steht. Setzen Sie in der Kurve einen Punkt an die entsprechende Stelle. Sie können beispielsweise den Konjunkturindikator der Oesterreichischen Nationalbank dazu als Hilfe verwenden (www.oenb.at unter „Geldpolitik und Volkswirtschaft/Prognose").

c) Charakterisieren Sie diese Konjunkturphase.

d) Nennen Sie drei Indikatoren, mit denen der Staat die Konjunkturphase bestimmen kann. Wie werden sich diese in der jetzigen Situation (in Bezug auf b) wahrscheinlich entwickeln?

Geld und Geldwesen

Meine Ziele

KOMPETENZ-ERWERB

Nach der Bearbeitung dieses Kapitels kann ich

- die Formen und Funktionen des Geldes erklären;
- erläutern, warum die in Umlauf befindliche Geldmenge von großer Bedeutung ist und wie Banken sie steuern können;
- Wechselkursschwankungen auf deren Ursachen zurückführen;
- beschreiben, wie man Preissteigerungen messen kann;
- entscheiden, welche Maßnahmen die Zentralbanken und der Staat in Zeiten von Inflation oder Deflation setzen sollen.

1 Geld

Sie essen in Ihrem Lieblingsrestaurant für zehn Euro zu Mittag. Als Sie zahlen möchten, bemerken Sie, dass Sie Ihre Geldbörse zu Hause vergessen haben. Da Sie den Wirt aber schon lange kennen, akzeptiert er einen Zettel, auf dem Sie vermerken, dass Sie ihm diesen Betrag schulden. Das bedeutet, dieser Zettel ist für ihn jetzt zehn Euro wert. Was ist jedoch, wenn der Wirt mit diesem Zettel am nächsten Tag im Supermarkt seinen Einkauf bezahlen möchte? Warum wird die Kassiererin den Zettel nicht annehmen?

Was ist Ihre Meinung dazu?

Geld ist ein Mittel zum Güteraustausch und wird beim Kauf bzw. Verkauf von Waren und Dienstleistungen verwendet.

Als Geld gilt ein bestimmtes „Gut", wenn Menschen übereinkommen, es als Zahlungsmittel zu verwenden. Seinen Wert bezieht es einzig aus einer gesellschaftlichen Übereinkunft. Heute entsteht es durch staatliche Proklamation.

Proklamation = amtliche Verkündigung bzw. Bekanntmachung.

Gemäß § 61 des österreichischen Nationalbankgesetzes und der sogenannten „Euro-Verordnung" sind die auf Euro lautenden Banknoten und Münzen gesetzliches Zahlungsmittel. In diesem Sinne besteht Annahmepflicht **für alle** Eurobanknoten und -münzen.

Der in der Praxis oftmals anzutreffende Hinweis, aus verschiedenen Gründen keine 200- oder 500-Euro-Scheine anzunehmen, ist in Österreich eigentlich nicht zulässig.

1.1 Formen des Geldes

Formen des Geldes

Metallgeld (Münzen)

Heute werden Münzen von der Münze Österreich AG geprägt, die der Oesterreichischen Nationalbank gehört. Die Ausgabe von Euromünzen liegt in der Kompetenz der Mitgliedsstaaten, die an der Europäischen Währungsunion teilnehmen. Das Ausgabevolumen bedarf jedoch der Genehmigung durch die Europäische Zentralbank.

Banknoten

Der Geldwert von Banknoten deckt sich nicht mit dem Materialwert. Heute werden Banknoten von den Zentralbankinstituten ausgegeben. Die Oesterreichische Nationalbank ist nach Maßgabe der Europäischen Zentralbank berechtigt, auf Euro lautende Banknoten auszugeben.

Buchgeld (Giralgeld)

Buchgeld (Giralgeld) ist stoffloses, gestaltloses Geld. Es scheint in den Büchern als Forderungen und Verbindlichkeiten auf. Es entsteht durch
- Bareinzahlung auf Girokonten,
- Überweisungen im bargeldlosen Zahlungsverkehr,
- Kreditgewährung der Banken.

Die Europäische Zentralbank (EZB) genehmigt das **Ausgabevolumen** von Münzen und Banknoten. Die tatsächliche Ausgabe übernimmt die Nationalbank des Mitgliedslandes (in Ö: Oesterreichische Nationalbank, OeNB).

EUROPÄISCHE ZENTRALBANK

ONB OESTERREICHISCHE NATIONALBANK EUROSYSTEM

Buchgeld (Giralgeld) ist ein Zahlungsanspruch auf (Bar-)Geld. Es handelt sich im Gegensatz zu Bargeld um **kein gesetzliches Zahlungsmittel,** wird jedoch im Wirtschaftsleben als solches akzeptiert.

1.2 Geldfunktionen

Geld hat folgende **volkswirtschaftliche Grundfunktionen:**

- **Zahlungsmittelfunktion (Tauschfunktion)**
  Geld ist ein allgemeines Zahlungs- und Tauschmittel. Es ermöglicht und erleichtert die Tauschvorgänge in einer arbeitsteiligen Wirtschaft. Es dient dem Austausch von Sachgütern und Dienstleistungen, indem es zwischen den zu tauschenden Gütern steht und gegeben und genommen wird.
- **Wertaufbewahrungsfunktion**
  Geld dient als Wertaufbewahrungsmittel. Vermögen in beliebiger Größe sind in Geldform leicht aufbewahrbar und transportierbar. Durch Sparen dient es der Vermögensbildung. Sowohl im Haushalt als auch in Unternehmen dient Geld als Liquiditätsreserve. Es besteht allerdings die Gefahr des Wertverlustes bei hoher Inflation.

Liquidität = Zahlungsfähigkeit. Es sind genügend Mittel zur Begleichung aller offenen Rechnungen (kurzfristigen Verbindlichkeiten) vorhanden.

- **Rechenfunktion (Wertmaßstab)**
  Geld dient als Recheneinheit bzw. als Wertmaß. Es ermöglicht die Bewertung aller auf dem Markt gehandelten Güter. Geld erleichtert die Übersicht und vereinfacht die Information auf den Märkten.

Aufgrund dieser Funktionen hat das Geld in der Wirtschaft weitreichende Bedeutung. Geld beeinflusst durch seine Funktion als Tauschmittel den Wirtschaftsablauf ebenso nachhaltig wie durch die Wertaufbewahrungsfunktion. Welche Funktion im Vordergrund steht, hängt beispielsweise vom Wohlstand einer Volkswirtschaft ab.

Beispiele
- Die Wertaufbewahrungsfunktion ist in einer Wirtschaft mit **hohem Lebensstandard** stärker betont: Viele Menschen planen mit zunehmendem Wohlstand auf längere Zeit und beeinflussen mit ihren vermögenspolitischen Überlegungen den Wirtschaftsablauf wesentlich. Wenn die Sparquoten in einer Volkswirtschaft hoch sind, schränkt sich damit die Konsumnachfrage ein und das wirtschaftliche Wachstum wird negativ beeinflusst.
- In Ländern mit **geringerem Wohlstand** kann naturgemäß wenig oder nicht gespart werden. Es kommt daher kaum zu einer Wertaufbewahrung durch Geld.

1.3 Geldmenge

Beim Angebot und der Nachfrage nach Geld ist es genauso wie beim Angebot und der Nachfrage nach Gütern. Wenn das Geldangebot steigt, also wenn viel Geld im Umlauf ist, sinkt der Preis und damit der Wert des Geldes. Umgekehrt, wenn Geld eher knapp ist, steigt der Wert des Geldes ...

Die Höhe der im Umlauf befindlichen Geldmenge ist für eine Volkswirtschaft von besonderer Bedeutung. Sie spielt eine entscheidende Rolle bei der **Bestimmung des Preisniveaus und somit des Geldwertes.** Ist mehr Geld (bei gleichbleibender Menge an Gütern) im Umlauf, steigen die Preise der Güter und somit sinkt der Wert des Geldes. Die Geldmengensteuerung erfolgt im Euroraum durch die EZB.

Die Geldmengen M1 bis M3 geben an, welche Zahlungsmittel den Haushalten und Unternehmen zur Verfügung stehen. Sie setzen sich wie folgt zusammen.

Zentralbankgeld = Geld, das von der Zentralbank selbst geschaffen wurde und somit auch direkt kontrolliert werden kann.

Geldarten und Geldmengen

Bargeldumlauf	Münzen, Banknoten	Zentralbankgeld
+ Buchgeld (Giralgeld)	Buch-/Giralgeld	
= Geldmenge M1		
+		bei inländischen Geschäftsbanken
Spareinlagen	... mit Kündigungsfrist bis zu 3 Monate	
+ Termineinlagen	... mit Laufzeit bis 2 Jahre	
= Geldmenge M2		
+		
+ Geldmarktfondsanteile	... mit einer Laufzeit bis 2 Jahre	
+ Geldmarktpapiere		
+ Schuldverschreibungen		
+ Repogeschäfte		
= Geldmenge M3		

Ist Ihnen etwas aufgefallen? Das Geld ist zeitlich unterschiedlich verfügbar („liquide"), deshalb wird es auch in den angeführten Geldmengenaggregaten zusammengefasst.

Die EZB hat die Geldmenge M3 als zentrale Steuergröße und als Indikator zur Beurteilung der monetären Entwicklung besonders herausgestellt.

Durch die **unterschiedlichen Geldmengen** werden die unterschiedlichen Funktionen des Geldes stärker beleuchtet. Während es bei M1 maßgeblich um die Zahlungsmittelfunktion geht, schließt M3 auch längerfristig gebundene Einlagen mit ein. Die Wertaufbewahrungsfunktion wird stärker betont.

Investmentfonds = eine Form der Geldanlage, bei der eine Anlagegesellschaft Gelder von vielen Anlegern entgegennimmt und entsprechend der Fondsrichtlinien (z. B. Aktien, Geldmarkt usw.) verwaltet.

Die wichtigsten Begriffe

Termineinlagen: Guthaben auf einem Bankkonto, über das nicht jederzeit verfügt werden kann. Der Kunde sagt eine bestimmte Laufzeit verbindlich zu, dadurch erhöht sich der Zinsertrag eines Bankguthabens.
Geldmarktfondsanteile: Ein Geldmarkfonds ist eine spezielle Art von Investmentfonds, der aufgrund der Fondsrichtlinien in kurzfristige, festverzinsliche Wertpapiere investiert.
Geldmarktpapiere: von der Zentralbank ausgegebene Wertpapiere, mit denen sich Kreditinstitute kurzfristiges Kapital besorgen können.
Schuldverschreibungen: Wertpapiere, die einen Anspruch auf Rückzahlung eines fixen Geldbetrages verbriefen.
Repogeschäfte: Pensionsgeschäfte, bei denen Kreditinstitute als Pensionsgeber auftreten und Pensionsnehmern Vermögensgegenstände gegen Zahlung eines bestimmten Betrages übertragen.

1.4 Geldschöpfung und -vernichtung

Mittels Geldschöpfung und Geldvernichtung kann die Geldmenge in einer Volkswirtschaft gesteuert werden. Bei **Geldschöpfung** wird der vorhandenen Geldmenge weiteres Geld zugeführt – es kommt Geld in den Wirtschaftskreislauf. **Geldvernichtung** liegt vor, wenn Geld entzogen wird.

Die Steuerung der Geldmenge wird im Euroraum durch die Europäische Zentralbank (EZB) und das Europäische System der Zentralbanken (ESZB) getragen. Aber auch Geschäftsbanken haben die Möglichkeit der Geldschöpfung und -vernichtung.

Das ESZB umfasst die EZB und die nationalen Zentralbanken (Nationalbanken).

Geldschöpfung und -vernichtung durch Zentralbanken (Zentralbankgeldschöpfung)

Zentralbanken, im Euroraum die EZB, haben folgende Instrumente zur Verfügung, um die Geldmenge zu steuern:

Erinnern Sie sich? Im Kapitel „Wirtschafts- und Sozialpolitik“ haben Sie erfahren, dass Zentralbanken durch die Erhöhung oder Senkung der Geldmenge direkt oder indirekt Einfluss auf die Wirtschaft haben.

- **Leitzinssatz**
  Der Leitzinssatz ist der von der EZB festgelegte Zinssatz, zu dem sich Geschäftsbanken bei Zentralbanken Geld ausleihen bzw. anlegen können. Bei der Mittelbeschaffung für die eigene Vergabe von Krediten spricht man auch von **Refinanzierung.**

  Wenn der Leitzinssatz beispielsweise erhöht wird, werden die Kredite für die Banken teurer. Diese Verteuerung zzgl. eines Aufschlages auf den Leitzinssatz geben sie an ihre Kunden weiter. Durch die teureren Kredite werden die Wirtschaftsteilnehmer weniger Kredite aufnehmen und weniger Geld gelangt in den Wirtschaftskreislauf. Das heißt, über die Erhöhung und Senkung des Leitzinssatzes beeinflusst die EZB die umlaufende Geldmenge.

Der Leitzinssatz heißt vor allem deshalb so, weil er für die Geschäftsbanken eine Leitfunktion für ihre eigene Zinsgestaltung darstellt.

Ein Video über die amerikanische Zentralbank, die Fed, sehen Sie auf www.trauner.at/geldpolitik.aspx

Exkurs: Ständige Fazilitäten
Die **ständigen Fazilitäten** sind Möglichkeiten für die Geschäftsbanken, jederzeit über das ESZB Geld zu erhalten oder auch Geld anzulegen. Der **Leitzins** ist in der Fachsprache die sogenannte **Hauptrefinanzierungsfazilität.** Sie wird regelmäßig jede Woche durchgeführt und haben in der Regel eine Laufzeit von zwei Wochen.

Kurzfristig haben Geschäftsbanken folgende Möglichkeiten:
- Sogenannte „Übernachtkredite“ werden als **Spitzenrefinanzierungsfazilität** bezeichnet. Geschäftsbanken können dabei kurzfristig (bis zum Beginn des nächsten Geschäftstages) Geld bei den Nationalbanken aufnehmen. Der Zinssatz liegt etwas über dem Leitzinssatz.
- Geschäftsbanken können bei der Bank kurzfristig (bis zum Beginn des nächsten Geschäftstages) Einlagen zum Satz der **Einlagenfazilität** (Tagesgeld) anlegen. Der Zinssatz liegt etwas unter dem Leitzinssatz.

- **Offenmarktpolitik**
  Unter Offenmarktpolitik versteht man in erster Linie den Kauf und Verkauf von Wertpapieren und ausländischen Währungen („Devisenswapgeschäfte") durch die Zentralbank. Kauft die Zentralbank und zahlt mit eigenem Geld, erhöht sich die Geldmenge. Verkauft sie hingegen gegen eigenes Geld, zieht sie Geld wieder ein. Die Zentralbank kauft und verkauft auf „offenen", d. h. im Prinzip allen zugänglichen Märkten.

- **Mindestreservesatz**
  Die Kreditinstitute haben die Verpflichtung, im Rahmen der Vorschriften des ESZB einen Teil ihrer Einlagen als Reserve bei den nationalen Zentralbanken zu hinterlegen. Den übrigen Teil können sie etwa als Kredite an die Wirtschaftsteilnehmer vergeben. **Je höher dieser Mindestreservesatz ist, desto weniger Kredite können vergeben werden** und desto weniger Geld gelangt in den Wirtschaftskreislauf. Die Höhe der Mindestreserve hat somit Auswirkungen auf die Giralgeldschöpfung der Geschäftsbanken (siehe Beispiel Giralgeldschöpfung).

  Die Guthaben der Kreditinstitute werden von der Nationalbank verzinst. Das Mindestreservesystem des ESZB dient der Stabilisierung der Geldmarktsätze bzw. der Herbeiführung einer Liquiditätsknappheit und damit wiederum zur Steuerung der im Umlauf befindlichen Geldmenge.

Geldschöpfung und -vernichtung durch Geschäftsbanken (Giralgeldschöpfung)

Die Geldschöpfung durch die Kreditinstitute funktioniert nach einem einfachen Prinzip: Sie erfolgt durch Kredite „aus dem Nichts". Die Banken sammeln die Einlagen der Sparer und erhalten von der Zentralbank die Erlaubnis, Kredite, die die Einlagen um ein Vielfaches übersteigen, zu vergeben. Die genaue Höhe hängt von der Mindestreserve ab, die die Bank bei der Zentralbank hinterlegen muss.

Beispiel: Giralgeldschöpfung
Die EZB verlangt 1 % Mindestreserve. Zahlt ein Sparer 100,00 EUR bei einer Bank ein, so ist davon 1,00 EUR bei der OeNB zu hinterlegen. Die Bank hat eine Verbindlichkeit von 100,00 EUR. Sie kann den Überschuss von 99,00 EUR als Kredit vergeben usw.

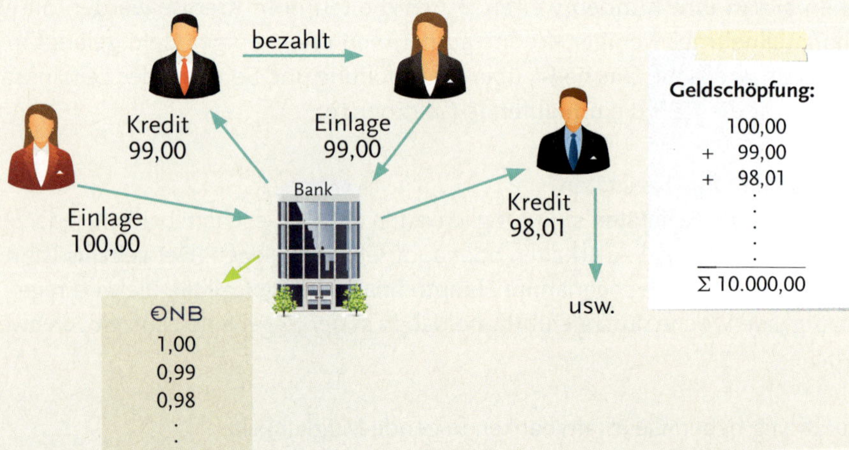

Die Summe der bei den Banken einbezahlten Beträge beläuft sich auf 10.000,00 EUR, die Summe der neuen Schulden beträgt demnach 9.900,00 EUR und ist ausschließlich durch Schulden gedeckt. Das Geld existiert nur als Buchgeld. Somit ist klar, dass nie alle Kontoinhaber zum gleichen Zeitpunkt ihre Gutschriften ausbezahlt bekommen können, da nur ein Prozent der Gutschriften auf einer realen Einlage basiert.

Da Geschäftsbanken ihren Kunden Kredite nicht aufzwingen können, ist eine volle Ausnutzung dieser Geldschöpfungsmöglichkeiten unwahrscheinlich.

Das System wird problematisch, wenn Kreditausfälle eintreten oder die Kreditvergabe zu sorglos geschieht.

Arbeitsaufgaben

1. Stellen Sie sich vor, wir müssten ab heute wieder Naturaltauschwirtschaft betreiben. Beschreiben Sie, wie ein Tag in Ihrem Leben dann ablaufen würde.

2. Kreuzen Sie an, um welche Funktion des Geldes es sich bei den folgenden Beispielen handelt.

Beispiele	**Tauschfunktion**	**Wertaufbewahrungsfunktion**	**Rechenfunktion**
Lena geht mit einer Freundin shoppen und kauft sich zwei Paar neue Sneakers.			
Um in zwei Jahren eine große Reise in die USA antreten zu können, legt Herr Platzer monatlich 200 EUR auf sein Sparbuch.			
Das Speditionsunternehmen LKW Walter nimmt einen Kredit auf, um sich fünf zusätzliche Lkws kaufen zu können.			
Herr Aufhauser möchte sich einen neuen Laptop kaufen und vergleicht dazu die Preise im Internet.			
Frau Schachner ist gegenüber Banken sehr misstrauisch eingestellt. Sie behebt daher in jedem Monat fast das gesamte Geld von ihrem Konto und versteckt es zu Hause.			
Die 18jährige Evrim möchte von zu Hause ausziehen. Online sucht sie sich passende Mietwohnungen. Neben Lage und Größe betrachtet sie auch die monatlichen Mietkosten.			
Sie reisen nach China und bezahlen mit der dortigen Währung Yuan alle anfallenden Kosten vom Hotel bis zum Essen.			

3. Lesen Sie folgenden Zeitungsartikel und beantworten Sie die anschließenden Fragen:

Leitzins im Euroraum bleibt auf null Prozent

Die Europäische Zentralbank senkte ihren Leitzinssatz schon 2016 aufgrund der schlechten Konjunkturlage auf den Rekordtiefstand von null Prozent. Im Zuge der Corona-Krise bleibt der Kurs der Nullzinsen nach wie vor unverändert. Geschäftsbanken müssen sogar 0,5 Prozent Zinsen zahlen, wenn sie Geld bei der Notenbank parken.

a) Schildern Sie, was die EZB bezweckte, als sie den Leitzinssatz 2016 auf 0,00 % senkte.

b) Wovon ist es Ihrer Meinung nach noch abhängig, ob die Zinssenkung ihren Zweck erfüllt?

c) Verdeutlichen Sie, wie die EZB durch Änderung des Mindestreservesatzes auf die Kreditvergabe Einfluss nehmen kann. Überlegen Sie auch, welche Gefahren dadurch entstehen könnten.

2 Geldwertstabilität

Der Wert des Geldes wird durch seine Kaufkraft ausgedrückt. Unter der Kaufkraft versteht man die Gütermenge, die man für eine bestimmte Geldmenge kaufen kann.

Die Kaufkraft kann
- binnenwirtschaftlich oder
- in Relation zu anderen Währungen

gemessen werden.

Bei steigender Kaufkraft	Bei sinkender Kaufkraft
■ können für eine Geldeinheit mehr Güter eingekauft werden und ■ muss für die gleiche Gütermenge eine geringere Geldmenge aufgewendet werden.	■ kann für eine Geldeinheit immer weniger gekauft werden und ■ muss für die gleiche Gütermenge mehr Geld aufgewendet werden.

Überdenken Sie Ihr Einkaufsverhalten und nennen Sie
- Produkte, die Sie regelmäßig kaufen, die in den letzten Jahren teurer geworden sind,
- Produkte, die in den letzten Jahren billiger geworden sind.

Beispiel: sinkende Kaufkraft
Für 10,00 EUR kann ein Fußball gekauft werden, das Tauschverhältnis von Geld zu Gütern ist 10 : 1. Zu einem späteren Zeitpunkt kostet der Fußball 11,00 EUR, das Tauschverhältnis beträgt 11 : 1. Für das gleiche Gut muss mehr Geld bezahlt werden.

Unterscheiden Sie bei diesem Beispiel: Der **Nominalwert** des Geldes ist gleich geblieben (1 Euro ist immer noch 1 Euro!), aber der **Realwert** oder der **Tauschwert** ist gesunken.

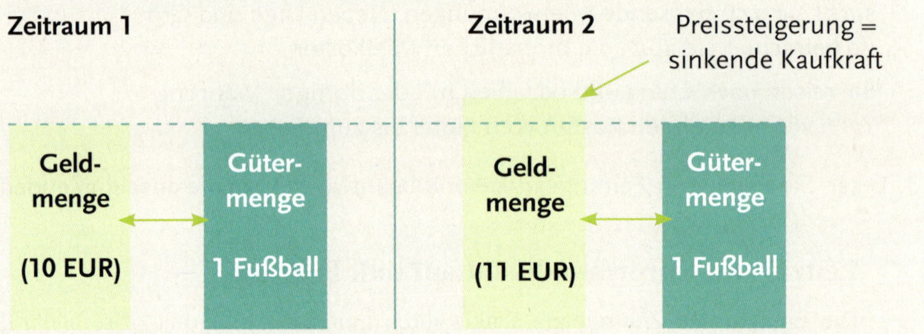

2.1 Verbraucherpreisindex

Interne Veränderungen der volkswirtschaftlichen Kaufkraft spiegeln sich in den **Preisveränderungen** wider. Steigen die Preise ohne gleichzeitige Lohnerhöhungen, so sinkt die Kaufkraft. Wenn die Preise sinken, steigt die Kaufkraft.

Index **(Mehrzahl Indizes)** = eine auf einen Basiswert bezogene Wertsteigerung oder Wertminderung. Der VPI bezieht sich auf ein Basisjahr.

Die Messung der relativen Preisänderung in einer bestimmten Zeitspanne erfolgt mithilfe des Verbraucherpreisindex (VPI). Dieser zeigt die Preisentwicklung in einer bestimmten Zeitspanne für bestimmte Sachgüter und Dienstleistungen.

Ausgangspunkt ist der **Warenkorb,** der alle Artikel umfasst, die für einen österreichischen Durchschnittshaushalt infrage kommen. Derzeit sind 768 Güter in diesem Warenkorb für den VPI auf Basis des Jahres 2020. Die Güter im Warenkorb werden in folgende zwölf Verbrauchsgruppen eingeteilt:

Zusammensetzung des Warenkorbs (768 Güter) – VPI 2020

Die verschiedenen Güter werden entsprechend gewichtet. Man nimmt nun ein Basisjahr, gegenwärtig das Jahr 2020, und setzt den Preis für diesen Warenkorb eines statistischen Haushaltes mit 2,7 Personen gleich 100. Ausgehend von diesem Basisjahr, werden nun die Preissteigerungen ermittelt. Der regelmäßige Vergleich zeigt Veränderungen der Kaufkraft an.

Um den VPI international vergleichbar zu machen, gibt es den **harmonisierten Verbraucherpreisindex (HVPI).** Dieser ermöglicht den Vergleich der Kaufkraft zwischen den EU-Staaten. Er berücksichtigt nur Ausgaben, die auch in anderen EU-Ländern erhoben werden.

Beispiele für die Gewichtung der Güter (801 Güter = 100 %)

Miete: 5,27258 %

Bügeleisen: 0,03662 %

Telefon/Fax: 0,37132 %

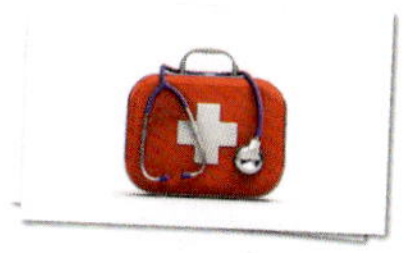

Ambulante Dienstleistungen: 2,07161 %

Die Zunahme des allgemeinen Preisniveaus und damit der Verlust der Kaufkraft wird auch als **Inflation** bezeichnet. Die Inflationsrate kann man mithilfe des VPI berechnen. Mehr darüber erfahren Sie auf der nächsten Seite.

Arbeitsaufgaben

1. Suchen Sie auf www.statistik.at (Stichwort VPI 2020) den aktuellen VPI zum Basisjahr 2020. Geben Sie an, wie sich der Index entwickelt hat.

2. Berechnen Sie unter www.statistik.at/persoenlicher_inflationsrechner die für den Haushalt – in dem Sie leben – aussagekräftige Inflationsrate. Vergleichen Sie diese mit der offiziellen Inflationsrate.

2.2 Die Gründe der Entstehung der Inflation

Als Inflation wird die **anhaltende Zunahme des allgemeinen Preisniveaus** bzw. die **Verringerung des Geldwertes** in einer Volkswirtschaft bezeichnet. Inflation bedeutet, dass sich (im Verhältnis zu den Gütern) zu viel Geld im Umlauf befindet.

Inflation ist grundsätzlich nichts Schlechtes, wenn sie in einem bestimmten Rahmen bleibt. Würde unser Geld nämlich immer mehr und nicht weniger wert werden, wäre das schädlich für die Wirtschaft – denn wie würden Sie sich verhalten, wenn der Wert Ihres Geldes von Jahr zu Jahr stiege? Sie würden sicher auch so viel wie möglich sparen, statt einzukaufen und zu investieren.

Die dazugehörigen Indexzahlen sind der Statistik Austria zu entnehmen: www.statistik.at

EZB: Preisstabilität und Inflation
Die Preisstabilität ist ein vordringliches Ziel der EZB. Eine jährliche Inflation von unter, aber knapp bei **2 %** wird angestrebt. Die EZB errechnet die Inflationsrate auf Basis des HVPI.

Beispiel: Berechnung der Inflationsrate 2020 (VPI 2015)

$$\text{Inflationsrate 2020} = \frac{\text{VPI 2020} - \text{VPI 2019}}{\text{VPI 2019}} \times 100 = \frac{108{,}2 - 106{,}7}{106{,}7} \times 100 = 1{,}41\ \%$$

Das bedeutet, dass das allgemeine Preisniveau 2020 im Vergleich zum Vorjahr um 1,41 % gestiegen ist.

Ursachen von Inflationen sind vielschichtig, es ist auch meist mehr als ein Faktor für den Verlauf verantwortlich. Mögliche Ursachen sind z. B.:

Inflationstheorien

Geldmengenbedingte Inflation
Die Geldmenge nimmt stärker zu als die Gütermenge. Verantwortlich sind z. B. die Notenbanken, die mehr Geld drucken, als notwendig ist.

Nachfrageinflation
Die Nachfrage steigt stärker als das Angebot. Durch die Angebotsknappheit kommt es zu Preissteigerungen.

Gewinninflation
Durch die zunehmende Marktmacht eines Unternehmens in einer Branche können die Preise relativ leicht erhöht werden, weil es keine bzw. zu wenig Konkurrenz gibt.

Kosteninflation
Die Produktionsfaktoren werden teurer.

Hausgemachte Inflation
Die jährlichen Lohnerhöhungen sind höher als die Preissteigerungen, dadurch steigen die Preise, danach die Löhne; man nennt dies die Lohn-Preis-Spirale.

Importierte Inflation
Sie entsteht durch steigende Preise aus dem Ausland importierter Rohstoffe, wie z. B. Erdöl, oder wenn Konsumenten aus Ländern mit hoher Inflation „Fluchtkäufe“ tätigen.

Inflation: mehr bezahlen für das gleiche Produkt

Weitere Arten der Inflation

- Von **schleichender Inflation** spricht man, wenn die Inflationsrate so niedrig ist, dass sie kaum wahrgenommen wird.
- Eine **galoppierende Inflation** ist die Form von Inflation, die durch rapide und schnell steigende Geldentwertung, d. h. hohe Inflationsraten, schlussendlich zum Zusammenbruch der betroffenen Währung führt.
- Wenn die Wirtschaft nicht wächst, aber gleichzeitig Inflation und Unterbeschäftigung herrschen, dann kommt es zur **Stagflation.** Dieses Wort kombiniert die Begriffe Stagnation und Inflation.

Arbeitsaufgaben

1. Recherchieren Sie die derzeitige Preisentwicklung.
2. Entwickeln Sie eine Definition für den Begriff „gefühlte Inflation“.

Die Inflation als Konjunkturmotor

Inflationsraten von unter zwei Prozent gelten als gering, hingegen von über fünf Prozent als problematisch. Eine Inflation von bis zu drei Prozent pro Jahr kann die Konjunktur anregen: Unternehmer investieren in Fabriken und Maschinen, die Immobilienpreise steigen. Die Verbraucher rechnen mit einem Rückgang der Kaufkraft ihres Geldes und nehmen Kredite auf, die dann leichter rückzahlbar sind.

Das Schreckensgespenst Hyperinflation

Inflationsraten im hohen Prozentbereich werden als Hyperinflation bezeichnet. Ausgelöst wird sie durch unkontrollierten Druck von Banknoten. Dazu gibt es historische Beispiele: in den 1920er-Jahren in Österreich, in den 1990er-Jahren in lateinamerikanischen Staaten oder seit 2007 in Simbabwe. Menschen flüchten in Sachwerte. An die Stelle des Geldes treten Waren. Zwischen Geldauszahlung und Einkauf tritt schon nach kürzester Zeit ein beachtlicher Wertverlust des Geldes ein. Die Geldwirtschaft wird durch den Tauschhandel abgelöst.

Simbabwe – Chaos Hyperinflation

1978 war eine Zwei-Zimbabwe-Dollar-Note gleich viel wert wie 100.000.000.000.000.000.000.000.000 Zwei-Zimbabwe-Dollar-Noten heute. Da ist ja das Toilettenpapier teurer, denkt sich offenbar manch einer.

Nach: www.tagesanzeiger.ch

Maßnahmen zur Inflationsbekämpfung

Wenn das Geld zu schnell an Wert verliert, bringt dies große wirtschaftliche Probleme. Es ist daher notwendig, eine zu hohe Inflation zu verhindern.

Die Antiinflationspolitik soll die Geldwertstabilität gewährleisten

In der Regel aber sind zu hohe Inflationsraten das Problem. Diese bewirken einen Wertverlust der Sparguthaben und Pensionen, verzögern Investitionen, schmälern Gewinne und können soziale Unruhen auslösen. Meistens reagieren Notenbanken, wie die Europäische Zentralbank, durch finanzpolitische Maßnahmen:

- Bei **steigender Inflation** werden die Zinsen erhöht. Das sich am Finanzmarkt befindliche Geld wird knapper, Kredite dadurch teurer und weniger oft aufgenommen. Es wird weniger investiert und konsumiert und die Inflationsrate sinkt. Allerdings wird auch das Wirtschaftswachstum abgeschwächt.
- **Niedrige Inflationsraten** können ein Zeichen einer Wirtschaftskrise sein. Es wird zu wenig konsumiert, die Preise fallen. Durch sinkende Zinsen sollen vermehrt Kredite aufgenommen werden. Dadurch soll die Wirtschaft angekurbelt und die Arbeitslosigkeit vermindert werden. Steigende Inflationsraten werden in Kauf genommen.

Zu hohe Inflation entwertet das Geld. Besonders problematisch ist die Hyperinflation. Geringe Inflationsraten aber sind positiv: Unternehmen investieren, da sie sich höhere Gewinne erwarten.

Arbeitsaufgaben

1. Beschreiben Sie die Gefahren zu hoher bzw. zu niedriger Inflationsraten.
2. Begründen Sie den grundsätzlich positiven Effekt einer Inflationsrate von zwei bis drei Prozent für die Wirtschaftsentwicklung.
3. Stellen Sie einen Zusammenhang zwischen dem unkontrollierten Druck von Banknoten und dem Entstehen einer Hyperinflation her.
4. Geben Sie die Maßnahmen der Europäischen Zentralbank gegen eine zu hohe bzw. eine zu niedrige Inflationsrate wieder.

2.3 Deflation

Deflation bedeutet den **Rückgang des allgemeinen Preisniveaus der Güter** bzw. die anhaltende Geldwertsteigerung. Ursache ist meistens eine sinkende Nachfrage durch eine Rezession in der Konjunktur.

Obwohl viele Produkte billiger werden, nimmt die Nachfrage nicht zu, denn viele Käufer/Käuferinnen sind überzeugt, dass die Waren und Dienstleistungen noch billiger werden. Unternehmen müssen in dieser Situation meist Arbeitnehmer kündigen. Durch die allgemeine Angst vor Arbeitslosigkeit in dieser Situation sparen viele Haushalte noch mehr (= Angstsparen). Die Situation entwickelt sich zu einem Teufelskreis, der durch deflationsbekämpfende Maßnahmen durchbrochen werden muss.

Deflation: Sinkende Preise bei wenigen Produkten oder Dienstleistungen sind für den Konsumenten/die Konsumentin erfreulich. Sinken die Preise aber generell, wird dies zu einem großen Problem.

Bei Deflation muss der „Geldhahn“ aufgedreht werden, der Wirtschaftskreislauf benötigt mehr Geld.

Der Staat und seine Rolle bei der Bekämpfung von Inflation bzw. Deflation

Er kann u. a. durch Steuererhöhungen, Verringerung der staatlichen Nachfrage oder als Gesetzgeber die Inflation bekämpfen.

- Durch **Steuererhöhungen** haben Unternehmen und Haushalte weniger Geld zur Verfügung. Dadurch sinkt die Nachfrage. Die Preise werden stabil bleiben oder sinken sogar.
- Der **Staat verringert seine Nachfrage** spürbar, indem er weniger Aufträge an Unternehmen erteilt: Es werden keine Amtsgebäude oder Schulen renoviert, die Mitarbeiter in der Verwaltung bekommen keine neuen Computer etc.
- Der Staat kann als **Gesetzgeber** das Wirtschaftsrecht verändern. Durch Erleichterungen der Unternehmensgründung machen sich mehr Menschen selbstständig. Durch größere Konkurrenz werden die Preise fallen.

Arbeitsaufgabe

- Fassen Sie die Möglichkeiten des Staates zusammen, die Inflation zu beeinflussen.

Ziele erreicht? – „Geld und Geldwesen“

KOMPETENZ-ERWERB

- Den jüngsten Anstieg der Inflation haben wir erwartet, erklärt der EZB-Präsident. Was nicht so schwer w[illegible] Beginn des letzten Jahres sind die Preise für Öl, Metalle und Seltene Erden in die Höhe geschossen. Da[illegible] für Agrarrohstoffe wie Weizen, Zucker, Kaffee oder Mais. So oder ähnlich könnte eine Zeitungsschlagzeile lauten. Die Folge ist die Weitergabe der Preiserhöhungen und somit eine geringere Kaufkraft und der Ruf nach einer spürbaren Lohnerhöhung. Schon dreht sich die Lohn-Preis Spirale. Bewerten Sie die Aussagen mit Schulnoten und überlegen Sie ein Schlagwort als Begründung dazu. Diskutieren Sie die Ergebnisse.

Eine Blitzumfrage

„Da der Geldwert ohnehin nie den Materialwert deckt, könnte man doch Bargeld gleich abschaffen.“

„Wir sollten sparen, aber zugleich auch durch Konsum die Wirtschaft beleben.“

„Durch Erhöhung oder Senkung der Geldmenge nimmt die EZB direkt auf die Wirtschaft Einfluss .“

„Der Mindestreservesatz ist zu hoch, nur mehr Kredite beleben die Wirtschaft.“

„Urlaub ansparen oder einen Kredit dafür aufnehmen?“

„Am besten ist es, sein Geld gleich auszugeben, bevor die Inflation es „auffrisst.“

„Nur die im Warenkorb enthaltenen Güter haben eine gebremste Preisentwicklung.“

„Die Preise steigen seit Jahren stärker als die Löhne.“

„Der Staat muss seine Aufträge reduzieren, um mit zu helfen, die Inflation zu senken.“

Weltwirtschaft und Außenwirtschaft

Meine Ziele

KOMPETENZ-ERWERB

Nach der Bearbeitung dieses Kapitels kann ich

- Gründe für die Globalisierung beschreiben;
- Welthandelsgüter nennen;
- Voraussetzungen für die Globalisierung erörtern;
- die Dimensionen der globalen Handelsströme erörtern;
- Auswirkungen der Globalisierung analysieren;
- Modelle der Außenwirtschaftspolitik beschreiben;
- Ursachen und Chancen des Außenhandels erklären.

1 Bedeutung der Globalisierung

Erörtern Sie die Herkunft von Produkten, die Sie verwenden.

Julia hat sich eine neue Jeans gekauft. „Made in Greece" steht auf dem Etikett. Aber wie viele Länder hat die Jeans vom Baumwollpflänzchen bis zum Jeanshändler tatsächlich durchwandert? Die internationale Arbeitsteilung und Spezialisierung hat zu einer regelrechten „Weltreise" von Gütern geführt ...

Am folgenden Beispiel können Sie so eine Weltreise einer Jeans verfolgen.

Beispiel: Die Weltreise einer Jeans und wer verdient wie viel Prozent vom Verkaufspreis?

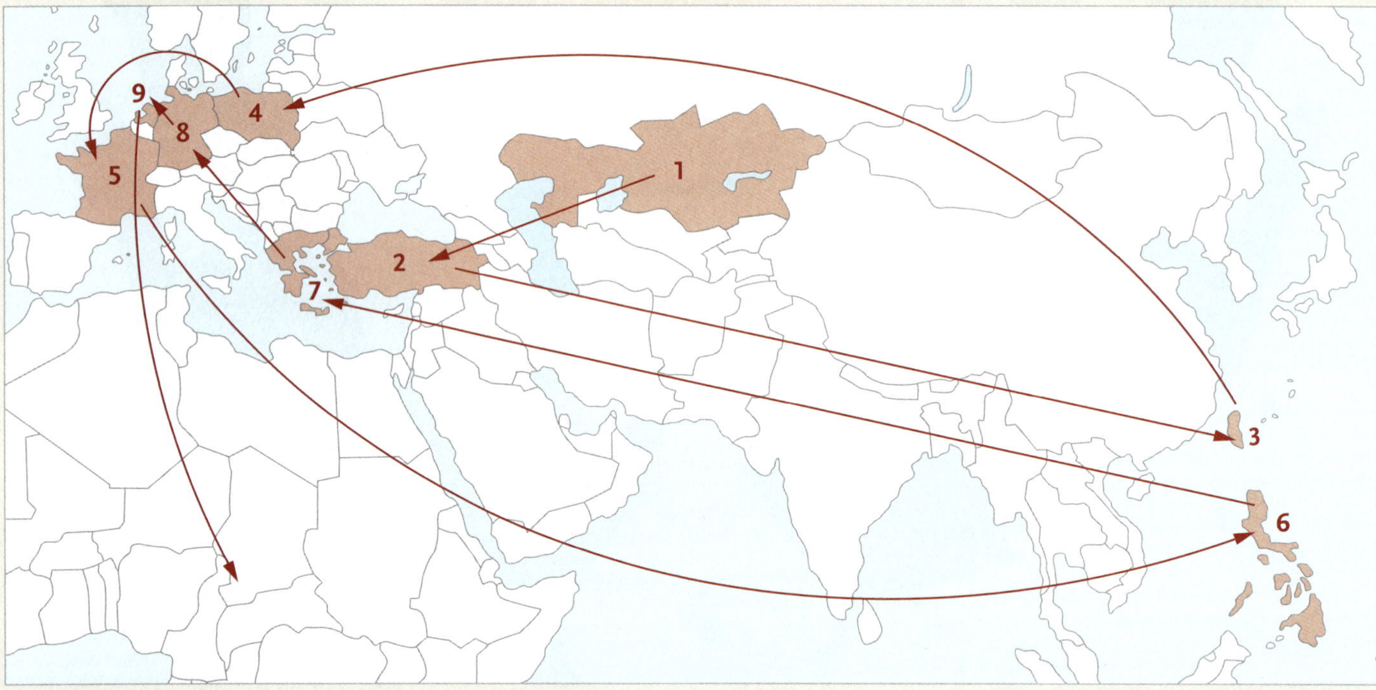

Sie sehen die Kilometerleistung einer Jeans-Reise:

1	**Kasachstan:** Hier wird die Baumwolle auf Plantagen geerntet und in die Türkei verschickt.	~ 4.800 km
2	**Türkei:** Hier wird die Baumwolle zu Garn versponnen und nach Taiwan befördert.	~ 10.200 km
3	**Taiwan:** Hier wird das Garn gefärbt und weiter nach Polen geschickt.	~ 12.000 km
4	**Polen:** Das gefärbte Garn wird zu Stoff gewebt und weiter nach Frankreich transportiert.	~ 1.600 km
5	**Frankreich:** Hier kommen das Innenfutter, die Metallknöpfe und das Logo-Schild dazu, dann geht es weiter auf die Philippinen.	~ 13.700 km
6	**Philippinen:** Hier wird der Stoff zu Hosen genäht, die Ware geht nach Griechenland.	~ 11.700 km
7	**Griechenland:** Hier findet die Endfertigung statt, die Hosen werden mit Bimssteinen gewaschen, was den modischen „Stone-washed"-Effekt erzeugt. Dann geht es weiter nach Deutschland.	~ 2.300 km
8	**Deutschland:** Die Jeans werden verkauft und getragen. Über die Altkleidersammlung gehen sie später weiter in die Niederlande.	~ 300 km
9	**Niederlande:** Sortiert und gewaschen werden die Jeans zur weiteren Nutzung nach Afrika transportiert.	~ 7 400 km
→	Die Jeans sind damit eineinhalb Mal um die Erde gereist. **Insgesamt**	**~ 64.000 km**

Beispiel (Fortsetzung): Wer verdient wie viel an einer Jeans?

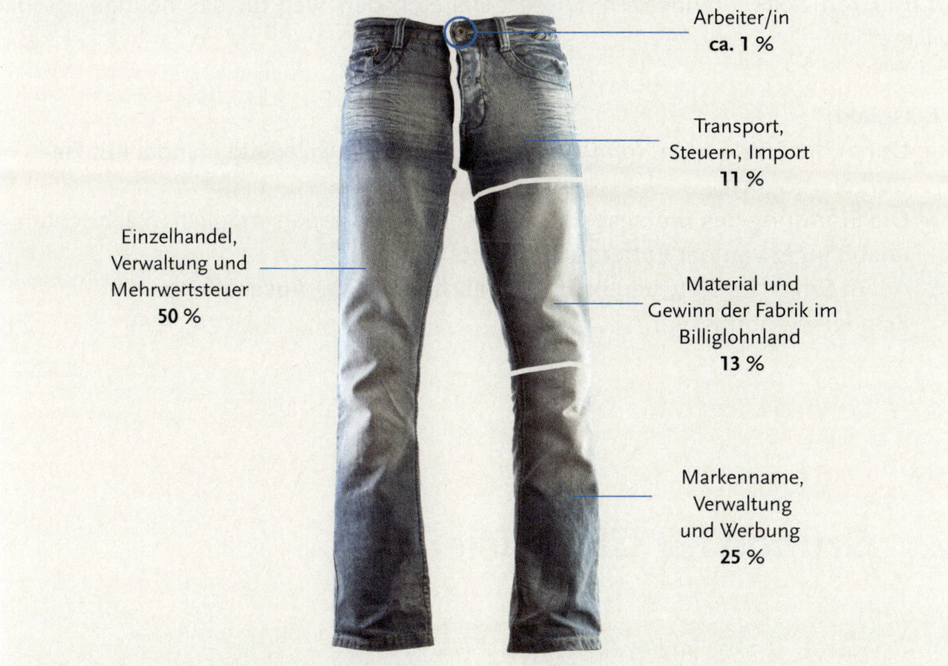

Nationale Grenzen existieren nicht mehr – weder für Produzenten und Anbieter von Gütern noch für Konsumenten und auch nicht für den Geldverkehr. Der Begriff der Globalisierung ist trotzdem meist sehr unscharf, immer wieder versuchen Personen, eine passende Definition zu finden:

„Globalisierung bedeutet (...) das erfahrbare Grenzenloswerden alltäglichen Handelns in den verschiedensten Dimensionen der Wirtschaft, der Information, der Ökologie, der Technik, der transkulturellen Konflikte und Zivilgesellschaft ...“

ULRICH BECK, SOZIOLOGE

„Einst pflegte man zu sagen, dass die Sonne über dem Britischen Empire niemals untergehe. Heute geht sie zwar über dem Britischen Empire unter, aber nicht über den Weltreichen großer globaler Konzerne wie IBM, Unilever, Volkswagen und HItachi."

LESTER BROWN, AUTOR

„Wir erleben eine Transformation, aus der im kommenden Jahrhundert neue Formen von Politik und Wirtschaft hervorgehen werden. Es wird dann keine nationalen Produkte und Technologien, keine nationalen Unternehmen, keine nationalen Industrien mehr geben. Es ist das Ende der Volkswirtschaften.“

ROBERT B. REICH, UNIVERSITÄTSPROFESSOR

Lesen Sie die Definitionen genau durch und diskutieren Sie sie mit Ihrem Nachbarn/Ihrer Nachbarin.

Globalisierung ist aber nicht nur auf die Wirtschaft beschränkt, sondern zieht sich durch viele Lebensbereiche.

Beispiele
- Globalisierung der Kommunikation durch Mobilfunk und Internet
- Globalisierung der Politik durch internationale Kooperation bei gemeinsamen Problemen (z. B. Umweltschutz)
- Globalisierung der Wirtschaft durch ausgeprägte internationale Handelsbeziehungen

Dass Transporte billiger, rascher und einfacher abgewickelt werden können, ist einer der Hauptgründe dafür, dass viele Produkte weltweit Käufer finden können.

Dabei ist Globalisierung keine neue „Erfindung“, vielmehr zeigten sich bereits in früheren Zeiten Tendenzen. Diese bereiteten den Weg für das heutige „global village“.

Beispiele

- Durch die Entdeckung fremder Länder wurde der weltweite Handel mit Gewürzen möglich.
- Die Erfindung des Morseapparates machte es erstmals möglich, Nachrichten unabhängig von der Entfernung zu übermitteln.
- Adam Smith forderte bereits im 18. Jahrhundert die Abschaffung von Handelshemmnissen.

2 Gründe für Globalisierung

Arbeitsaufgabe

- Folgende **Faktoren** ermöglichen das starke Zusammenwachsen von Märkten über die Grenzen von Staaten hinaus. Ordnen Sie Erläuterungen den Faktoren richtig zu.

Faktoren	Erläuterung
Politische Entscheidungen	Die Transportkosten sind stark gesunken und sinken weiter. Containerschiffe, Supertanker, Frachtflugzeuge etc. ermöglichen eine schnelle und kostengünstige Lieferung der Waren.
Transnationale Unternehmen	Der rasche Datenaustausch, die einfachere Kommunikation und die riesigen internationalen Kapitalströme wären ohne neue Kommunikationstechniken (Internet, E-Mail etc.) nicht denkbar. Dadurch haben potenzielle Käufer auch bessere Möglichkeiten, sich über Preis und Qualität zu informieren, unabhängig davon, wo das Produkt hergestellt wird.
Entwicklung der Kommunikationseinrichtungen – verbesserte Informationsmöglichkeiten	Zwischenstaatliche Handelshemmnisse werden durch internationale Verträge oder Auflagen internationaler Organisationen zunehmend abgebaut.
Entwicklung der Verkehrs- und Transportmöglichkeiten	Große multinationale Konzerne überwinden Distanzen und Schranken und können so Güter, Kapital und Technik leichter über Grenzen bewegen.
Neue Märkte	Länder, wie die ehemaligen Sowjetrepubliken, Indien, China und viele weitere Länder Asiens, Lateinamerikas und Afrikas, haben wirtschaftliche und politische Reformen durchgeführt und sich dem Weltmarkt geöffnet.

3 Weltmarkt und Welthandelsgüter

Einer der Gründe, warum es zum Handel mit anderen Volkswirtschaften kommt, ist, dass nicht jeder Staat alle Produkte selbst herstellen kann. Verschiedene auf dem Weltmarkt angebotene Waren und Dienstleistungen sind für uns in Österreich mittlerweile zur Selbstverständlichkeit geworden.

Welche Waren und Dienstleistungen fallen Ihnen dazu ein?

Der Weltmarkt ist ein gedachter, nicht zu lokalisierender Markt für Welthandelsgüter, auf dem die Güter ausgetauscht werden, die außerhalb der Grenzen einer Volkswirtschaft gehandelt und produziert werden.

Welthandelsgüter = Güter, die über den nationalen Markt hinaus und im internationalen Handel von Bedeutung sind.

An diversen Welthandelsplätzen, vor allem an Warenterminbörsen, werden die Güter gehandelt. Der Preis, der dort zustande kommt, wird auch als **Weltmarktpreis** bezeichnet.

Warenterminbörsen sind Börsenplätze, die sich auf den Handel mit Waren spezialisiert haben, die im Welthandel eine Rolle spielen. Es werden dort Warentermingeschäfte über mengen- und qualitätsmäßig standardisierte Einheiten von Naturprodukten abgeschlossen.

Bei Warentermingeschäften werden bestimmte Güter, wie z. B. Kaffee oder Kakao, gekauft, ehe sie geerntet sind. Die Käufer spekulieren darauf, dass zur Erntezeit die Preise steigen oder fallen, sodass sich durch den Weiterverkauf Gewinne erzielen lassen.

Rohöl ist das wichtigste Welthandelsgut. Es ist Energielieferant, Grundstoff für die chemische Industrie und es wird weiterverarbeitet zu Kraftstoffen, Medikamenten, Farben, Textilien etc. Vorkommen und Verbrauch von Erdöl sind aber auf der Welt unterschiedlich verteilt. Österreich kann z. B. seinen Erdölbedarf nicht annähernd selbst decken. Überwiegend wird Erdöl in den Industrieländern verbraucht, die meist aber nicht über ergiebige Lagerstätten verfügen.

Ein Video unter www.trauner.at/global_transport.aspx informiert Sie über die weltweite Containerschifffahrt.

Neben Rohöl gehören u. a. auch Güter wie Baumwolle, Erdnüsse, Weizen, Mais, Soja, Tee, Kakao, Zucker, Kaffee und Bananen zu den **Welthandelsgütern.** Lieferanten dieser Güter sind von uns weit entfernte Staaten wie zum Beispiel Brasilien, Costa Rica, Ecuador und die Philippinen.

Die Waren sind trotz langer Transportwege erschwinglich, weil die weltweite Containerschifffahrt auf den Hauptweltseeverkehrswegen in Kombination mit billigem Rohöl dies ermöglicht.

Arbeitsaufgaben

1. Zählen Sie Güter auf, die am Weltmarkt produziert werden und für Sie von persönlicher Bedeutung sind.
2. Nennen Sie Dienstleistungen, die global am Weltmarkt angeboten werden.
3. Erörtern Sie neben der günstigen Logistik weitere Voraussetzungen für das reibungslose Funktionieren des Welthandels.

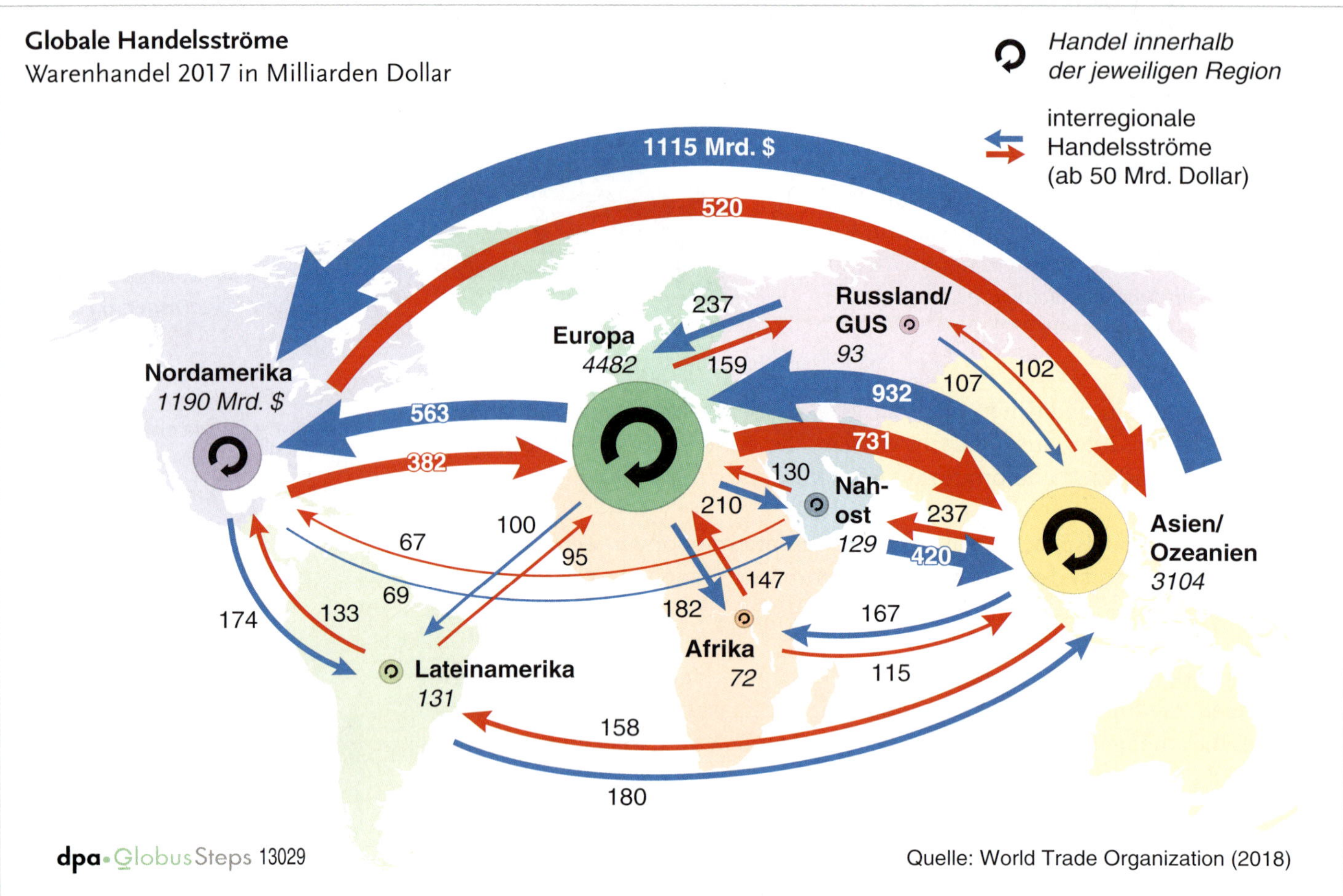

Arbeitsaufgaben

1. Finden Sie drei Beispiele für Welthandelsgüter, die in diesem Abschnitt nicht genannt wurden.
2. Interpretieren Sie aus der Dimension der Handelsströme die Bedeutung der Regionen Nordamerika, Südamerika, Europa, Afrika, Ostasien.

4 Was ist Außenwirtschaftspolitik?

Für eine kleine Volkswirtschaft wie Österreich sind Exporte und Importe von Waren, Dienstleistungen, Kapital und Know-how entscheidende Bestimmungsfaktoren der wirtschaftlichen Entwicklung. Österreich exportiert rund 40 % seiner Waren und Dienstleistungen. Die Anzahl der exportierenden Unternehmen erreichte nach Schätzungen der Wirtschaftskammer Österreich 2015 einen bisherigen Höchstwert von 55 000. 6 von 10 Euro verdienen wir durch Exporte.

Mit ca. 40 % Anteil am heimischen Import und ca. 30 % Anteil am heimischen Export ist Deutschland der Haupthandelspartner Österreichs.

Außenwirtschaftspolitik ist die **politische Gestaltung der internationalen Wirtschaftsbeziehungen** eines Staates, die er durch Gesetzgebung und Verwaltung beeinflusst.

Außenwirtschaftspolitik umfasst daneben auch **Integrationspolitik** und kann in anderen Politikbereichen wie etwa Bildungs- oder Umweltpolitik enthalten sein.

Außenwirtschaftliche Beziehungen umfassen im Wesentlichen folgende Bereiche:

Außenwirtschaftliche Beziehungen

Außenhandel (Waren- und Dienstleistungsverkehr)	Geld- und Kapitalverkehr

Die **Ziele** der Außenwirtschaftspolitik stimmen im Allgemeinen mit den Zielen der innerstaatlichen Wirtschaftspolitik überein: Vollbeschäftigung, Geldwertstabilität, Wachstum etc.

Ein Staat kann unterschiedlich stark in die außenwirtschaftlichen Beziehungen eingreifen. Je nachdem, in welcher Intensität er das tut, spricht man von liberaler oder protektionistischer Außenwirtschaftspolitik.

4.1 Liberale Außenwirtschaftspolitik

Die liberale Außenwirtschaftspolitik **vermeidet direkte staatliche Eingriffe** in den Außenwirtschaftsverkehr so weit wie möglich.

Im Wesentlichen beschränkt sie sich darauf, die **Rahmenbedingungen** für freien Waren-, Kapital- oder auch Personenverkehr zu gestalten und zu verbessern. Ausnahmen hiervon sind sehr eng begrenzt (etwa Verbot des Drogenhandels) und oft nur temporär (wie Schutzzölle für bestimmte Produktionseinrichtungen).

Die liberale Außenwirtschaftspolitik verfolgt folgende **Ziele:**
- Förderung des Wirtschaftswachstums bzw. des Wohlstandes durch Handelsgewinne
- Gewährleistung individueller Freiheitsrechte
- Abbau politischer und militärischer Spannungen
- internationale politische und wirtschaftliche Integration

Wie heißt die geplante Freihandelszone?

Beispiel: Liberalismus in der EU

Die EU und USA planen eine gemeinsame Freihandelszone. Damit sollen nicht nur die (ohnehin schon geringen) Zölle fallen, sondern weniger Bürokratie und Regulierungen sollen den Handel intensivieren. Die Abschaffung von Hürden, wie unbekannte Standards, die Vorschreibung von Verpackungen mit anderen Hinweisen oder Importquoten, sollen den Handel insbesondere für kleine und mittlere Unternehmen erleichtern.

Mehr über Freihandelszonen erfahren Sie im nächsten Kapitel.

4.2 Protektionistische Außenwirtschaftspolitik

Der freie Waren-, Kapital- und auch Personenverkehr ist durch staatliche Maßnahmen beschränkt oder ganz aufgehoben.

Die **Ziele,** die sie damit verfolgt, sind u. a. folgende:
- Schutz der heimischen Wirtschaft vor ausländischer Konkurrenz
- Einnahmequellen für den Staat durch Zölle etc.
- Vermeidung von Abhängigkeiten von anderen Ländern
- Sanierung der Zahlungsbilanz

Um diese zu realisieren, gibt es eine Vielzahl von **Instrumenten:**
- **Zölle:** Abgaben auf importierte Güter, z. B. Anti-Dumping-Zölle.
- **Kontigentierung (Quoten):** Beschränkung der Mengen der einzuführenden Produkte
- **Embargo:** Verbot von Importen und Exporten
- **Subventionen** für inländische Produktion (Produkte werden billiger)

Beispiel: Protektionismus in der EU
Die EU-Kommission verhängte 2013 Strafzölle auf chinesische Solarmodule. Der Vorwurf lautete: Die chinesische Solarbranche genoss durch Subventionen große Vorteile gegenüber der europäischen Konkurrenz und konnte ihre Module zu Dumpingpreisen in Europa verkaufen. China warf der EU Protektionismus vor und drohte mit Gegenmaßnahmen. Erst 2018 beschloss die EU, die Maßnahmen auslaufen zu lassen.

Beide Formen der Außenwirtschaftspolitik haben bestimmte Vorteile:

Protektionismus	Freihandel
▪ Schafft Arbeitsplätze im Inland ▪ Schutz heimischer Industrie ▪ Stabilisiert den Wirtschaftsablauf ▪ Zölle finanzieren Staatsausgaben ▪ Selbstversorgung bleibt erhalten ▪ Erhält Einkommen	▪ Wohlfahrtsgewinn durch erhöhtes Konsumangebot ▪ Erleichtert den Zugang zu Rohstoffen für die Güterproduktion ▪ Führt zu mehr Marktwirtschaft und regt den Wettbewerb an ▪ Teure heimische Produkte können durch billigere Importe ersetzt werden

Arbeitsaufgaben

1. Die EU-Kommission versucht, mit der im Beispiel beschriebenen Maßnahme die Solarindustrie in Europa und damit Arbeitsplätze zu schützen. Erläutern Sie die Gefahren, die anderen europäischen Unternehmen (und damit Arbeitsplätzen) drohen, wenn der Handelsstreit mit China eskaliert.
2. In der Tabelle oben sind Argumente angeführt, die für die jeweilige Außenwirtschaftspolitik sprechen. Reflektieren Sie über die Nachteile der jeweiligen Form der Außenwirtschaftspolitik.
3. Argumentieren Sie für den Protektionsmus oder den Liberalismus.

5 Außenhandel

Wir kaufen unser asiatisches Smartphone im Handyshop nebenan. Wir schreiben unsere E-Mails auf einem Computer aus Kalifornien. Wenn wir ein englisches Buch möchten, können wir dies auch im Internet bestellen und uns nach Hause schicken lassen ...

Diskutieren Sie mit Ihrem Sitznachbarn/Ihrer Sitznachbarin, welche Güter wir nach Österreich importieren (müssen), weil die heimische Nachfrage sonst nicht zu decken wäre.

Seit dem Zweiten Weltkrieg erleben wir eine ständige Zunahme des internationalen Handels. Jedoch ist diese Weltoffenheit nicht neu. Schon vor dem Ersten Weltkrieg lagen die Exporte der westlichen Industrieländer bei 8 % des BIP – ein Wert, der erst in den 1980er-Jahren wieder erreicht wurde.

Zum Außenhandel zählt man:

- **Importe:** Güterströme aus dem Ausland in das Inland
- **Exporte:** Güterströme aus dem Inland in das Ausland
- **Transithandel:** Durchfuhr von Waren durch ein bestimmtes Gebiet (z. B. Staatsgebiet), ohne dass sie dabei be- und verarbeitet werden
- Sonderform: **Veredelungsverkehr:** Zollfreie Ein- bzw. Ausfuhr von Gütern, die nach einer Bearbeitung (Veredelung) wieder in den ursprünglichen Wirtschaftsraum zurückgelangen

„Die Welt wird zum globalen Einkaufszentrum, in dem Ideen und Produkte überall zur selben Zeit verfügbar sind.“

Rosabeth M. Kanter, US-amerikanische Soziologin

5.1 Ursachen des Außenhandels

Folgende Ursachen führen dazu, dass Außenhandel entsteht:

Gütermangel

Die eigene Volkswirtschaft kann das nachgefragte Gut nicht oder nicht in ausreichender Menge oder Qualität herstellen und anbieten.

Gründe hierfür können sein:

- Mangel an Ressourcen (Rohstoffen, technischem Wissen, Kapital, Infrastruktur u. a.)
- Natürliche Ursachen, wie z. B. das Klima

Kostenvorteile

Manche Länder haben aus unterschiedlichsten Ursachen Kostenvorteile gegenüber anderen:

- Mehr qualifizierte Arbeitskräfte
- Niedrigeres Lohnniveau
- Günstigere klimatische Bedingungen
- Produktion übersteigt den tatsächlichen Bedarf im Inland
- Niedrigere öffentliche Abgaben etc.

Spezialisierung

Wenn sich bestimmte Länder oder Ländergruppen auf gewisse Produktionsaktivitäten spezialisieren, spricht man von **internationaler Arbeitsteilung.** Dadurch kann ein Land in größeren Mengen produzieren und günstiger anbieten.

Politische Ursachen

Die Teilnahme am Außenhandel ist stets auch eine politische Entscheidung. Politisches Ziel eines jeden Landes ist es, den Wohlstand zu fördern und zu erhalten. In der Globalisierung sehen viele Politiker/innen die Chance, den Lebensstandard im eigenen Land anzuheben.

5.2 Vorteile des Außenhandels

In Österreich ist jeder zweite Arbeitsplatz direkt oder indirekt vom Export abhängig. 6 von 10 Euro verdienen wir durch Export. 1 % mehr Export bedeuten 10 000 zusätzliche Arbeitsplätze.

Die Erhöhung des Outputs reduziert die anteiligen Fixkosten pro Mengeneinheit **(Fixkostendegression)** und damit die Stückkosten in der Fertigung.

Internationaler Handel bietet für die volkswirtschaftlichen Akteure eine Reihe von Vorteilen:

Volkswirtschaftliche Vorteile	Politische Stabilität	Größere Märkte	Fertigungsbezogener Vorteil	Produktbezogener Vorteil

■ Wirtschaftswachstum und Steigerung der Anzahl der Arbeitsplätze ■ Höheres Einkommen und Vermögen ■ Größere Produktvielfalt	Länder, die miteinander intensive Handelsbeziehungen pflegen, führen mit großer Wahrscheinlichkeit gegeneinander keine Kriege.	Größere Märkte erlauben den Absatz größerer Produktmengen.	Größere Märkte ermöglichen bei der Fertigung eine Erhöhung des mengenmäßigen Outputs (Massenfertigung, Fertigung von großen Serien).	Größere Auswahl für die Konsumenten. Es stehen qualitativ unterschiedliche Produkte in größerer Vielfalt zur Verfügung.

6 Zahlungsbilanz

Um über das Ausmaß des Güter- und Kapitalaustausches einer Volkswirtschaft Bescheidzu wissen, werden sämtliche Geschäfte mit dem Ausland registriert und in der **Zahlungsbilanz** dargestellt. Diese stellt sämtliche Ausgaben und Einnahmen, die sich aus dem internationalen Wirtschaftsverkehr aller Unternehmen eines Staates ergeben, einander gegenüber.

Gliederung der Zahlungsbilanz
- Leistungsbilanz
  - Güter
  - Dienstleistungen
  - Primäreinkommen
  - Sekundäreinkommen
- Kapitalbilanz
- Vermögensübertragungsbilanz
- Statistische Differenz

Leistungsbilanz

Die Leistungsbilanz ist die Gegenüberstellung aller entgeltlichen Güter- und Dienstleistungen, Einkommen und solcher laufender Transfers, die Einfluss auf das Einkommen und den Verbrauch der Volkswirtschaft haben. Die wesentlichen zwei Positionen dabei sind Güter und Dienstleistungen:

- Unter **Güter** (Warenhandel) werden die Werte der Importe den Werten der Exporte von Gütern gegenübergestellt.
- **Dienstleistungen** stellen grenzüberschreitende Einnahmen und Ausgaben für Dienstleistungen gegenüber. Erfasst werden z. B. Reiseverkehr/Tourismus, Transportleistungen, Kommunikationsdienstleistungen (grenzüberschreitende Telefongespräche, internationale TV-Übertragungen etc.) Versicherungs- und Finanzdienstleistungen etc.
- Als **Primäreinkommen** zählen grenzüberschreitende Zahlungen aus Erwerbstätigkeit und Vermögensanlagen, u. a. Arbeitnehmerentgelte, Vermögenseinkommen, sowie weitere Posten, wie z. B. Subventionen und Mieterträge.
- Als **Sekundäreinkommen** werden regelmäßige Zahlungen verstanden, denen keine erkennbare Leistung der anderen Seite gegenübersteht, z. B. Überweisungen der in Österreich beschäftigten ausländischen Arbeitnehmer in ihre Heimatländer, Zahlungen des Staates an internationale Organisationen wie die Vereinten Nationen oder Leistungen im Rahmen der Entwicklungshilfe.

Die Tourismuswirtschaft liefert einen weltweit einzigartig hohen, positiven Beitrag zur Dienstleistungsbilanz und damit zur Leistungsbilanz Österreichs.

Kapitalbilanz

Die Kapitalbilanz umfasst die Gegenüberstellung u. a. von **Direktinvestitionen** (z. B. Beteiligungen, Erwerb von Grundstücken im In- und Ausland) von Österreichern im Ausland und Ausländern in Österreich und **Portfolioinvestitionen** (z. B. Forderungen und Verbindlichkeiten aus kurz- und langfristigen Wertpapieren),

Vermögensübertragungsbilanz

Gegenüberstellung der Vermögen, die vom Ausland ins Inland und vom Inland ins Ausland fließen. Es werden sowohl die unentgeltlichen als auch die entgeltliche Übertragungen erfasst, z. B. Ankauf von Patenten, Verkauf eines Kundenstockes.

Die **Zahlungsbilanz** ist aufgrund der doppelten Verbuchung **immer ausgeglichen.** Bei den Teilbilanzen, z. B. der Leistungsbilanz, kann es jedoch zu einem Überschuss oder zu einem Defizit kommen. Man spricht dann z. B. von einem Leistungsbilanzüberschuss bzw. -defizit.

Ziele erreicht? – „Weltwirtschaft und Außenwirtschaft"

KOMPETENZ-ERWERB

1. Die Globalisierung hat große Auswirkungen auf Unternehmen, Arbeitnehmer/innen, Sozialstaat und Entwicklungsländer. Sammeln Sie in Kleingruppen Vor- und Nachteile, die die Globalisierung mit sich bringt, und vergleichen Sie anschließend Ihre Ergebnisse mit Ihren Mitschülerinnen und Mitschülern.

Auswirkungen der Globalisierung auf …	**Vorteile**	**Nachteile**
Unternehmen		
Arbeitnehmer/innen in Entwicklungsländern		
Sozialstaat		
Arbeitnehmer/innen in Industriestaaten		
Entwicklungsländer		

2. In vielen Ländern gewinnen globalisierungskritische Meinungen Zulauf. Berechtigte Kritiken an der Globalisierung haben Sie bereits in Aufgabe 1 ausgearbeitet. Doch was würde theoretisch passieren, wenn sich eine Volkswirtschaft vollständig vom Weltmarkt isolieren würde? Schildern Sie zumindest drei Auswirkungen.

3. Entscheiden Sie, welche Auswirkungen die folgenden Ereignisse auf die österreichische Leistungsbilanz haben.

Ereignisse	Positive Auswirkung	Negative Auswirkung	Keine Auswirkung
Ein Inder macht Urlaub in Salzburg.			
Ein privater Haushalt importiert Wein zum Eigenverbrauch aus Südafrika.			
Sie machen Urlaub in Ägypten.			
Ein Spediteur transportiert Käse von der Schweiz nach Ungarn.			
Sie gehen in Graz ins Kino.			
Österreich erhält von der EU eine Landwirtschaftsförderung.			
In Mattighofen werden Motorräder gefertigt, die in die USA ausgeführt werden.			

Wirtschaftliche Integration – internationale Organisationen

Meine Ziele

KOMPETENZ-ERWERB

Nach der Bearbeitung dieses Kapitels kann ich

- die Formen der wirtschaftlichen Integration beschreiben;
- die wirtschaftliche Integration der Europäischen Union zusammenfassen;
- Vor- und Nachteile der wirtschaftlichen Integration analysieren;
- wirtschaftliche Disparitäten innerhalb der Europäischen Union skizzieren;
- Folgen der wirtschaftlichen Integration für Unternehmen und Arbeitnehmer/innen erörtern;
- die Europäische Wirtschafts- und Währungsunion problematisieren.

1 Wirtschaftliche Integration

Seit gut einem halben Jahrhundert ist die weltweite wirtschaftliche Zusammenarbeit und Abstimmung zwischen den Staaten immer mehr gewachsen. Was nach dem Zweiten Weltkrieg mit dem Abbau einzelner Zölle und Handelsbarrieren begann, mündete in Europa am Ende des 20. Jahrhunderts in die Bildung einer Wirtschafts- und Währungsunion. Diese wirtschaftliche Integration spiegelt sich in einem deutlichen Anstieg des Handels mit Waren und Dienstleistungen innerhalb des Euroraums wider. Sie zeigt sich aber beispielsweise auch darin, dass sich die Konjunkturzyklen vieler Volkswirtschaften im Euroraum inzwischen immer mehr ähneln.

Welche Auswirkungen hat die wirtschaftliche Integration auf Ihr Leben?

In Europa wurde aufgrund von politischen Entscheidungen die Währungsunion vor der Wirtschaftsunion installiert.

Unter **wirtschaftlicher Integration** versteht man die Art und Intensität der wirtschaftlichen und politischen Abstimmungen zwischen Staaten. Sie entsteht durch den Zusammenschluss mehrerer (kleiner) Volkswirtschaften zu einer größeren Volkswirtschaft.

Ziel ist es, durch den Zusammenschluss Handelshemmnisse zu beseitigen und damit Behinderungen im Wirtschaftsverkehr zwischen Ländern und Regionen abzubauen.

Formen wirtschaftlicher Integration

Entsprechend einer zunehmenden Intensität der wirtschaftlichen Integration kann man folgende Integrationsformen unterscheiden:

Überblick über die Formen wirtschaftlicher Integration

Währungsunion	+ gemeinsame Währung	z. B. Europäische Währungsunion	hohe wirtschaftliche Integration
Wirtschaftsunion	+ Koordination der Wirtschaftspolitiken	z. B. Gemeinsame Agrarpolitik der Europäischen Wirtschaftsunion	
Gemeinsamer Markt (Binnenmarkt)	+ freier Verkehr von Waren, Dienstleistungen, Arbeitnehmern, Kapital	z. B. Europäischer Binnenmarkt, MERCOSUR	
Zollunion	+ gemeinsame Außenzölle	z. B. Zollunion Schweiz–Liechtenstein, SACU	
Freihandelszone	keine internen Handelshemmnisse	z. B. EFTA, NAFTA	
Assoziierungsabkommen (Assoziierungsvertrag)	Verträge mit dem Ziel, die wirtschaftliche Zusammenarbeit zu vertiefen	z. B. EU mit der Türkei	keine wirtschaftliche Integration

1.1 Assoziierungsabkommen (Assoziierungsverträge)

Assoziierungsabkommen **(Assoziierungsverträge)** sind völkerrechtliche Verträge zwischen mindestens zwei Staaten oder von Wirtschaftsgemeinschaften mit Drittstaaten mit folgenden Zielen:

- Sie helfen, engere wirtschaftliche Bindungen zwischen Staaten oder Wirtschaftsgemeinschaften zum beiderseitigen Vorteil einzugehen.
- Sie dienen zur Vorbereitung auf einen zukünftigen Teil- oder Vollbeitritt eines Staates zu einer Wirtschaftsgemeinschaft (z. B. vor Eintritt in die EU).

Assoziierte Staaten besitzen eine je nach Vertrag lose oder vertiefende Annäherung an einen Staat oder eine Wirtschaftsgemeinschaft. Diese Annäherungen werden durch einzelne Wirtschaftsverträge für unabhängige Teilbereiche abgeschlossen.

Assoziierungsabkommen sind keine wirtschaftliche Integrationsform. Es gelten nur die im Assoziierungsabkommen vereinbarten Rechte und Pflichten. Ansonsten bleiben die volle staatliche Autonomie und die staatliche Souveränität aller beteiligten Staaten bzw. Wirtschaftsgemeinschaften erhalten.

Beispiele: Assoziierungsabkommen der EU mit Drittstaaten

- Assoziierungsabkommen der EU mit der Türkei
- Assoziierungsabkommen der EU mit der Ukraine
- Assoziierungsabkommen der EU mit Georgien

1.2 Freihandelszone

Die Freihandelszone ist der erste Schritt einer wirtschaftlichen Integration von verschiedenen Volkswirtschaften.

Die Mitglieder einer Freihandelszone bauen die zwischen ihnen bestehenden Handelsbeschränkungen (z. B. Zölle, Kontingente) ab. Jedes Mitgliedsland behält allerdings weiterhin seine volle staatliche Autonomie bei der Gestaltung seiner Handelspolitik gegenüber Drittstaaten. Wegen des unterschiedlichen Außenzollniveaus kommt es zu internen Wettbewerbsverzerrungen, wodurch die Freihandelszone einer Ursprungsregelung bedarf.

Die EU und die USA planen, eine gemeinsame Freihandelszone einzuführen: das Transatlantic Trade and Investment Partnership (TTIP). Derzeit sind die Gespräche jedoch ausgesetzt.

Ursprungsregelung: Beim Import von Gütern muss der Beweis erbracht werden, dass das Importgut ausschließlich oder überwiegend im Exportland (= Mitglied der Freihandelszone) erzeugt wurde. Dann besteht Zollfreiheit.

Beispiele für Freihandelszonen (FHZ):

EFTA
European Free Trade Association
Europäische Freihandelsassoziation

Island, Norwegen, Schweiz, Liechtenstein

USMCA
United States-Mexico-Canada-Agreement
Nordamerikanisches Freihandelsabkommen

Kanada, USA, Mexiko

Merkmale Freihandelszone

- Keine internen Handelsbeschränkungen
- Keine einheitlichen Außenzölle

Website für Interessierte:
https://ustr.gov/usmca

Website für Interessierte
https://rcepsec.org/

Weitere Freihandelszone:
CEFTA (Central European Free Trade Agreement, Mitteleuropäisches Freihandelsabkommen)
AfCFTA (African Continental Free Trade Area)

Ein Video über die TTIP finden Sie unter www.trauner.at/ttip.aspx.

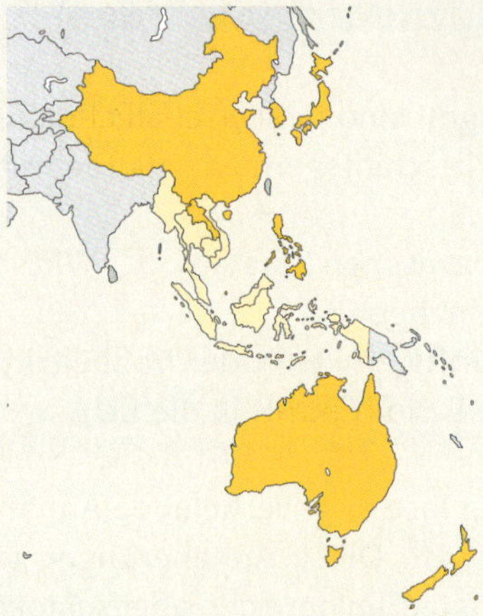

RCEP
Regional Comprehensive Economic Partnership
Regionale umfassende Wirtschaftspartnerschaft

Seit 2020 umfasst diese größte Freihandelszone die 10 ASEAN-Mitgliedsstaaten (Brunei, Indonesien, Kambodscha, Laos, Malaysia, Myanmar, Philippinen, Singapur, Thailand und Vietnam) sowie China, Japan, Südkorea, Australien und Neuseeland.

Arbeitsaufgabe

- Die EU und die USA planen die gemeinsame Freihandelszone TTIP (Transatlantic Trade and Investment Partnership), durch die ein Markt für über 800 Millionen Menschen entstehen soll.
  a) Definieren Sie den Fachbegriff „Freihandelszone".
  b) Nennen Sie die Vorteile, die eine solche Freihandelszone bringen soll.
  c) Erarbeiten Sie mögliche Nachteile. Denken Sie insbesondere an Standards, Normen etc.
  d) Erörtern Sie mögliche Nachteile für österreichische Unternehmen, die in andere EU-Länder liefern.

** dt.: THIP (Transatlantische Handels- und Investitionspartnerschaft)*

1.3 Zollunion

Merkmale Zollunion
- Keine internen Handelsbeschränkungen
- Gemeinsame Außenzölle

Die Mitgliedsländer einer Zollunion vereinbaren untereinander Zollfreiheit (keine Binnenzölle) und den Abbau von Kontingenten. Gegenüber Nichtmitgliedern der Zollunion (Drittländern) werden **einheitliche Außenzölle** erhoben.

Schematische Darstellung der Zollunion

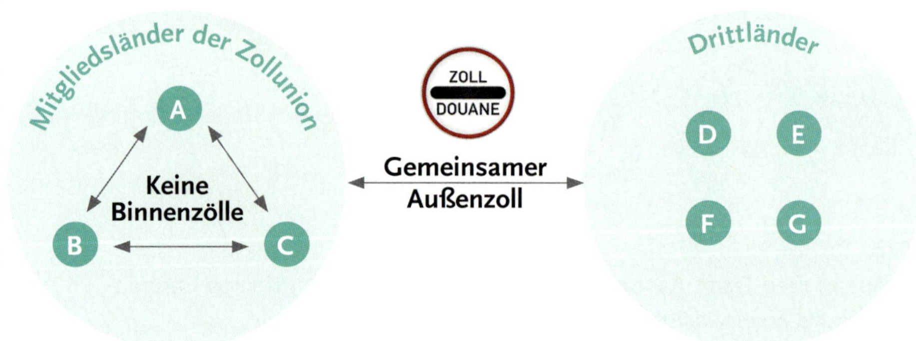

Jede Wirtschafts- bzw. Währungsunion hat auch eine Zollunion.

Durch die gegenseitig eingeräumte Zollfreiheit unter den Unionsländern kommt es zur Marktöffnung innerhalb der Zollunion sowie zur Abschirmung gegen Drittländer.

Der **Vorteil** einer Zollunion ist der freie Verkehr der Importgüter aus Drittstaaten zwischen den Mitgliedsstaaten. Eine weitere Verzollung und damit auch weitere Kosten für die Administration und die Durchführung der Zollkontrollen an den Grenzen der jeweiligen Einzelmitgliedsstaaten entfallen. Diese fehlenden volkswirtschaftlichen Kosten und die Erleichterung des Handels wirken sich BIP-steigernd auf die einzelnen teilnehmenden Volkswirtschaften aus.

Einige Zollunionen im Überblick	
Europäische Zollunion	= die in der EU seit 1968 bestehende Zollunion + Türkei, San Marino und Andorra
SACU	Southern African Customs Union – Südafrikanische Zollunion: Republik Südafrika, Swasiland, Lesotho, Botswana, Namibia

1.4 Gemeinsamer Markt (Binnenmarkt)

In gemeinsamen Märkten (Binnenmärkten) kommt es zu einer vertraglich vereinbarten und von allen Beteiligten gewollten engen Verflechtung der verschiedenen teilnehmenden Volkswirtschaften.

Ein **Binnenmarkt** ist ein einheitlicher Markt, der durch den freien Verkehr von Waren, Dienstleistungen, Kapital und Personen gekennzeichnet ist. Wir sprechen dabei auch von den **„vier Freiheiten“.**

Merkmale gemeinsamer Markt
- Enge Verflechtung der Volkswirtschaften
- Freier Verkehr von Waren, Dienstleistungen, Kapital und Personen

Beispiele für gemeinsame Märkte

EWR – Europäischer Wirtschaftsraum
Mitglieder: EU-Staaten und die EFTA-Staaten (außer der Schweiz).

Im EWR gibt es keine Zölle zwischen den Mitgliedsstaaten und es gelten ca. 80 % der Binnenmarktvorschriften der EU.

MERCOSUR
Mercado Común del Sur
„Gemeinsamer Markt des Südens“

- Argentinien, Brasilien, Paraguay, Uruguay und Venezuela
- **Assoziierte Staaten:** Chile, Bolivien, Peru, Kolumbien, Ecuador

MERCOSUR
www.mercosur.int
auch: MERCOSUL (Mercado Comum do Sul)

www.ecowas.int

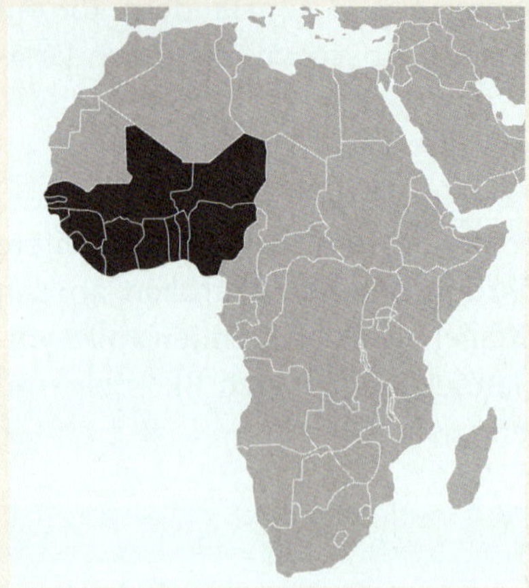

ECOWAS
Economic Community of West African States
Westafrikanische Wirtschaftsgemeinschaft

Benin, Burkina Faso, Elfenbeinküste, Gambia, Ghana, Guinea, Guinea-Bissau, Kap Verde, Liberia, Mali, Niger, Nigeria, Senegal, Sierra Leone, Togo

1.5 Wirtschaftsunion

Merkmale Wirtschaftsunion
- Koordination der Wirtschaftspolitiken
- Supranationale Institutionen

Die nächste Stufe der wirtschaftlichen Integration stellt die Wirtschaftsunion dar. Zusätzlich zu einem gemeinsamen Markt erfolgt auch eine Koordination der Wirtschaftspolitiken der teilnehmenden Staaten.

Die vier Freiheiten des Binnenmarktes bestehen auch bei der Wirtschaftsunion. Daneben muss ein Teil der **wirtschaftspolitischen Souveränität** aufgegeben werden.

Außerdem ist die Wirtschaftsunion mit der Schaffung entsprechender supranationaler Institutionen mit eigenen Kompetenzen verbunden. Sie sind den einzelnen Volkswirtschaften übergeordnete Organe und garantieren die Einhaltung und den Vollzug der binnen- und außenwirtschaftlichen gemeinsamen Ziele.

Beispiele
- Gemeinsame Agrarpolitik der Europäischen Wirtschaftsunion
- Wirtschaftsunion zwischen der Bundesrepublik Deutschland und der DDR im Jahr 1990 vor der Wiedervereinigung

1.6 Währungsunion

Eine Währungsunion stellt die höchste Stufe der wirtschaftlichen Integration zwischen Staaten dar.

Letztlich führt die Einführung einer einheitlichen Währung zur Währungsunion. Eine **Währungsunion** ist ein Zusammenschluss von mindestens zwei unabhängigen Staaten, die eine gemeinsame Währung besitzen.

Dies erleichtert den Güteraustausch und sichert die Geldwertstabilität. Eine den einzelnen Mitgliedsvolkswirtschaften übergeordnete und unabhängige Zentralbank wacht über die Einhaltung der Währungsgesetze, setzt die Leitzinshöhe und die im Währungsraum vorhandene Geldmenge fest.

Folgende Währungsunionen gibt es bzw. sind in Planung:

Bestehende Währungsunionen	Geplante Währungsunionen
■ Europäische Wirtschafts- und Währungsunion (EWWU) ■ Westafrikanische Wirtschafts- und Währungsunion (UEMOA) ■ Zentralafrikanische Wirtschafts- und Währungsunion (CEMAC) ■ Ostkaribische Währungsunion ■ Schweiz und Fürstentum Liechtenstein	■ EAC (Ostafrikanische Gemeinschaft) ■ ECOWAS ■ GCC (Golf-Kooperationsrat) ■ CARICOM (Karibische Gemeinschaft) ■ UNASUR (UNASUL): Union Südamerikanischer Nationen ■ Südostasiatische Währungsunion (Plan der ASEAN-Staaten)

Ordnen Sie die Währung der richtigen Währungsunion zu.

- CFA-Franc BCEAO

  ____
- Ostkaribischer Dollar

  ____
- Schweizer Franken

  ____
- CFA-Franc BEAC

  ____
- Euro

  ____

Arbeitsaufgabe

- Lesen Sie folgenden Zeitungsartikel und beantworten Sie dazu die Fragen.

Weltgrößter Freihandelspakt vereinbart

Peking schließt ein großes Freihandelsbündnis mit wichtigen Volkswirtschaften in der Asien-Pazifik-Region. Das Handelsvolumen des Abkommens könnte in Zukunft das der EU überholen.

China hat mit 14 anderen Asien-Pazifik-Staaten den größten Freihandelsblock der Welt geschmiedet. Nach achtjährigen Verhandlungen erfolgte die Unterzeichnung zum Abschluss des virtuellen Gipfels der südostasiatischen Staatengemeinschaft ASEAN in Vietnams Hauptstadt Hanoi. Die Regionale umfassende Wirtschaftspartnerschaft oder RCEP, wie der Pakt abgekürzt wird, umfasst 2,2 Milliarden Menschen und rund ein Drittel der weltweiten Wirtschaftsleistung.

Das Abkommen verringert Zölle, legt gemeinsame Handelsregeln fest und erleichtert damit auch Lieferketten. Es umfasst Handel, Dienstleistungen, Investitionen, E-Commerce, Telekommunikation und Urheberrechte. Neben China und den zehn ASEAN-Staaten Vietnam, Singapur, Indonesien, Malaysia, Thailand, Philippinen, Myanmar, Brunei, Laos und Kambodscha beteiligen sich auch Japan, Australien, Südkorea und Neuseeland.

Das Abkommen wird nach Ansicht von Experten die wirtschaftliche Integration in der Asien-Pazifik-Region voranbringen und protektionistischen Tendenzen entgegenwirken. Die RCEP-Staaten standen vor der Corona-Krise für 29 % des weltweiten Handelsvolumens – etwas weniger als die EU mit 33 %. Der Anteil der RCEP-Gemeinschaft dürfte aber steigen, wie Experten erwarten.

Der Einigung waren 31 Verhandlungsrunden vorausgegangen. Sechs Mal waren selbst auferlegte Fristen nicht eingehalten worden. Am Ende hing das Abkommen besonders an Indien, welches sich nicht so weit öffnen wollte. Indem sich Neu Delhi aber aus den Verhandlungen zurückgezogen hatte, wurde der Weg geebnet für die Einigung.

(Quelle: Tagesschau, 2020)

a) Begründen Sie, warum es sich bei RCEP um eine Freihandelszone handelt.

b) Welche Gründe könnte Indien gehabt haben, sich aus den Verhandlungen zu RCEP zurückzuziehen?

c) Überlegen Sie, welche Folgen die Gründung von RCEP für die Europäische Union haben könnte.

2 Internationale Organisationen

Artikel wie den folgenden können Sie immer wieder in Tageszeitungen lesen. „Der Handelsstreit um die sogenannten Seltenen Erden (wie Scandium, Lanthan oder Promethium) spitzt sich zu. Die USA, die EU und Japan haben im März Klage vor der Welthandelsorganisation (WTO) wegen der chinesischen Beschränkungen eingereicht. Der Hintergrund: China kontrolliert 95 Prozent der Seltenen Erden. Diese Rohstoffe sind wichtig für die Herstellung vieler moderner elektronischer Geräte. Die EU und die USA befürchten, dass China mit Exportquoten, Zöllen und Mindestpreisen die globalen Abnehmer benachteilige und gegen WTO-Regeln verstoße.“

Ein globaler wirtschaftlicher Markt ist ohne allgemein verbindliche Rahmenbedingungen und global tätige Organisationen nicht administrierbar. Die durch internationale Organisationen geschlossenen Abkommen und Regelungen sind von besonderer Bedeutung. Folgende internationalen Organisationen verfügen über beachtlichen Einfluss auf das weltweite Wirtschaftsgeschehen.

Internationale Organisationen

OECD	WTO	OPEC	IWF	Weltbank
Organisation of Economic Co-operation and Development	World Trade Organization	Organization of the Petroleum Exporting Countries	Internationaler Währungsfonds	World Bank
Organisation für wirtschaftliche Zusammenarbeit und Entwicklung	*Welthandelsorganisation*	*Organisation erdölexportierender Länder*	*International Monetary Fund (IMF)*	(World Bank Group, Weltbankgruppe)

Neben den in der folgenden Grafik dargestellten internationalen Organisationen spielen aber auch andere Kooperationen und Einrichtungen eine gewichtige Rolle für das globale wirtschaftliche Leben: Beispiele dafür sind die Treffen der großen Wirtschaftsmächte, wie der Gruppe der Acht (G 8)/seit 2014 Gruppe der Sieben (G 7) oder der Gruppe der Zwanzig (G 20), sowie Non-Governmental Organizations (NGOs).

NGO = Nichtregierungsorganisation (NRO), z. B. Greenpeace, Global 2000.

Gruppe der Acht (G 8)/Gruppe der Sieben (G 7)
Der medial wirksame Teil der G 8 sind die jährlichen Gipfeltreffen. Diese Treffen bieten die Möglichkeit, im persönlichen Gespräch die Standpunkte auszutauschen. Sie sind außerdem Ausgangspunkt der gemeinsamen G-8-Initiativen (Beschlüsse sind rechtlich aber nicht bindend). Zu den Aufgaben zählen die Erörterung globaler Wirtschafts- und Währungsfragen sowie wirtschaftlich relevante Sonderprobleme: Energiepolitik, Verschuldung etc.

Die G-8-Staaten vereinigen ca. 50 % des Welthandels und erbringen über 50 % der weltweiten Wirtschaftsleistung. In diesen Ländern leben aber nur rund 14 % der Weltbevölkerung.
Seit März 2014 wird Russland aufgrund der Annexion der Krim bis auf Weiteres nicht mehr zu den Gipfeltreffen eingeladen.

2.1 OECD

Die OECD (Organisation for Economic Cooperation and Development) ist die **Organisation für wirtschaftliche Zusammenarbeit und Entwicklung** mit Sitz in Paris. Sie wurde 1961 als Nachfolgeorganisation der OEEC (Organisation für europäische wirtschaftliche Zusammenarbeit) und des Marshallplanes für den Wiederaufbau Europas gegründet.

Die OECD hat als **Ziele** die Planung, Koordinierung und Vertiefung der Zusammenarbeit sowie die Förderung der Wirtschaft der Mitgliedsländer. Konkret heißt das die Förderung von nachhaltigem Wirtschaftswachstum, höhere Beschäftigung, Steigerung des Lebensstandards, Beitrag zum Wachstum des Welthandels etc.

Durch eigene **Studien und Forschungsaktivitäten** entwickelt die OECD Lösungsmodelle für wirtschaftliche Problemstellungen. So veröffentlicht sie einen jährlichen **Länderbericht** über die Wirtschaftslage der einzelnen Mitgliedsstaaten.

Seit Anfang der 1990er-Jahre unterstützt die OECD den Aufbau von Marktwirtschaften in den Transformationsstaaten in Mittel- und Osteuropa wie auch in anderen Teilen der Welt. Eine verstärkte Zusammenarbeit wurde mit Russland, Brasilien, China, Indonesien und Südafrika vereinbart. Mitgliedsstaaten müssen die Werte der OECD teilen: offene Marktwirtschaft, pluralistische Demokratie und die Achtung der Menschenrechte.

Beispiele: Tätigkeitsbereiche der OECD

- Die PISA-Studien der OECD sind internationale Schulleistungsuntersuchungen. Sie haben das Ziel, berufsrelevante Kenntnisse und Fähigkeiten 15-Jähriger zu messen. Sie sollen nicht nur eine Beschreibung des Ist-Zustandes liefern, sondern auch Verbesserungen auslösen. Die Koordination und Endredaktion der Berichte unterliegt der OECD.
- Publikation von Länderberichten über ihre Mitgliedsstaaten, in Österreich z. B. zu den Themen Arbeitsmarktintegration, Innovationen im Vergleich, Geldwäsche und Terrorismusfinanzierung, Fiskalquote und Steueraufkommen, Empfehlungen für Strukturreformen.

Die OECD umfasst derzeit 35 Vollmitglieder, Österreich ist Gründungsmitglied.

www.oecd.org

Transformationsstaaten = Länder, die sich in einem Umbruch von Plan- zu Marktwirtschaft befinden oder einen Wechsel von Diktatur zu Demokratie durchmachen.

Pluralismus = innerhalb eines Staates bestehende gleichberechtigte Vielfalt, z. B. von Organisationen, Werten, Meinungen.

Ein Video (in Englisch) über 50 Jahre OECD finden Sie unter www.trauner.at/oecd.aspx.

2.2 WTO (World Trade Organization)

Gegründet wurde die **WTO (Welthandelsorganisation)** 1994 in Marrakesch (Marokko), sie nahm 1995 ihre Tätigkeit auf. Sitz der Organisation ist Genf. Sie beschäftigt sich mit der Regelung von Handels- und Wirtschaftsbeziehungen.

Ziele der WTO sind der weltweite Freihandel durch den Abbau von Zöllen und anderen Handelshemmnissen sowie die Beseitigung sonstiger Benachteiligungen.

Die Weiterentwicklung der WTO-Verträge wird in den **Welthandelskonferenzen (Welthandelsrunden)** betrieben. Diese Verhandlungsrunden dauern üblicherweise mehrere Jahre, gegenwärtig läuft seit 2001 die sogenannte Doha-Runde, wobei die Verhandlungen aktuell stocken. Die WTO-Abkommen berühren nationales und europäisches Recht. Denn die Mitgliedsstaaten haben sich verpflichtet, ihre nationalen Gesetze den Verpflichtungen aus den Welthandelsverträgen anzupassen.

Die WTO fungiert als Dachorganisation der internationalen Verträge **GATT, GATS, TRIPS.** Das GATT wurde 1948 gegründet und 1994 um die verpflichtenden völkerrechtlichen Verträge GATS und TRIPS erweitert.

Im Video unter www.trauner.at/wto.aspx erfahren Sie mehr über die Entstehung und das Wirken der WTO.

Meistbegünstigungsklausel = sämtliche bilateral eingeräumten Handelsvergünstigungen müssen automatisch auch allen anderen Mitgliedsstaaten der WTO gewährt werden.

Inländerbehandlung = Gleichbehandlung und Gleichstellung aller Unternehmen der Mitgliedsländer mit inländischen Unternehmen.

Ordnen Sie die vollständigen Bezeichnungen den Abkürzungen in der Tabelle richtig zu.
- Trade-Related Aspects of Intellectual Property Rights
- General Agreement on Tariffs and Trade
- General Agreement on Trade in Services

Kernpunkte aller geschlossenen Abkommen (GATT, GATS, TRIPS) sind die Einräumung der Meistbegünstigungsklausel und die Inländerbehandlung.

WTO-Abkommen

GATT	GATS	TRIPS
Das GATT war der Vorläufer der WTO, mit dem Ziel Zoll- und Handelsschranken abzubauen und der Liberalisierung des Welthandels Vorschub zu leisten.	Ziel ist die Liberalisierung von sämtlichen Dienstleistungen (z. B. Post- und Telekommunikation, Banken und Versicherungen, Tourismus und Transport, Bildung, medizinische und soziale Dienste).	Ziel ist die Vereinheitlichung des Patent-, Marken-, Urheber- und Produktnamenrechtes.

Die WTO umfasst 164 Mitgliedsstaaten, darunter alle OECD- und EU-Staaten.

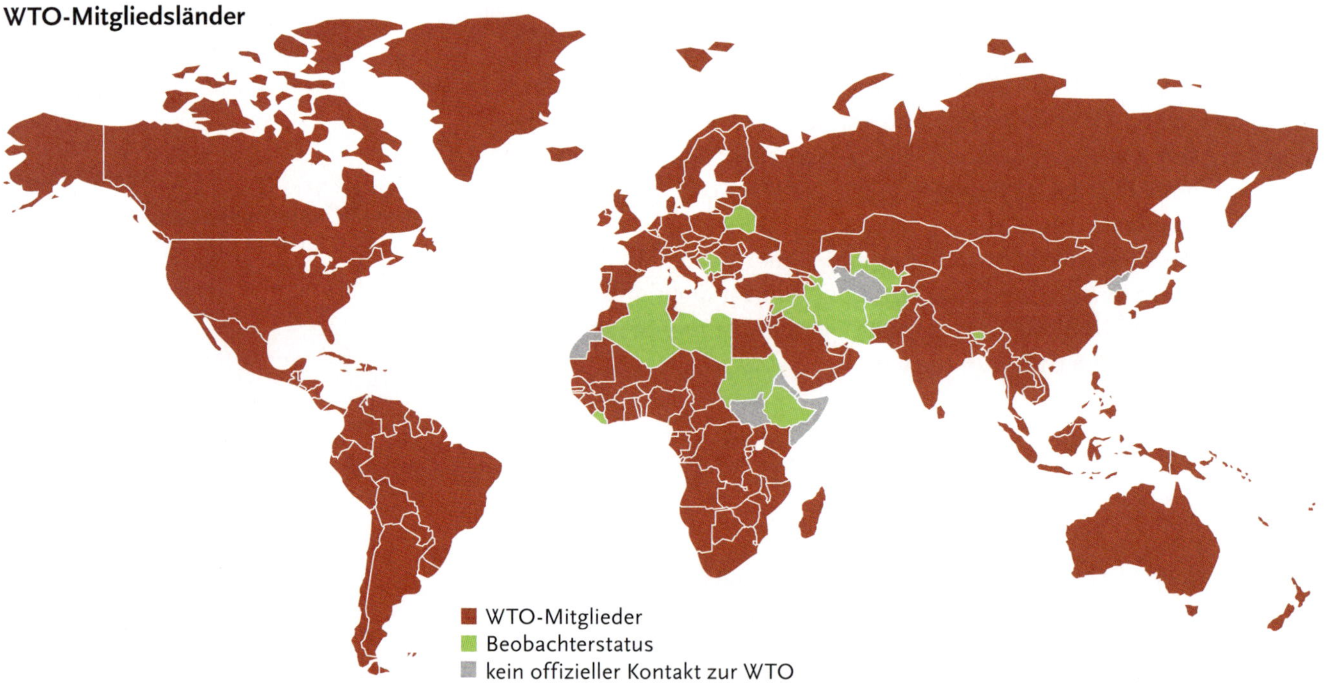

WTO-Mitgliedsländer

Die WTO-Mitgliedsstaaten erwirtschaften zusammen mehr als 90 % des Welthandelsvolumens.

Website für Interessierte
www.wto.org

2.2.1 Aufgaben der WTO

Die WTO verfolgt im Wesentlichen folgende drei Kernaufgaben:
- **Förderung der Liberalisierung der Märkte**
  Durch Verhandlungen über den Abbau von Zöllen und Handelsbarrieren will die WTO die Liberalisierung der weltweiten Märkte noch weiter vorantreiben.
- **Beratung und Koordination der Handelspolitik der Mitgliedsstaaten**
  Aufgabe der WTO ist die Beratung der Mitgliedsstaaten hinsichtlich ihrer Handelspolitik und der Koordinierung ihrer Wirtschaftspolitik. Außerdem überprüft sie die Handelspraktiken ihrer Mitgliedsstaaten.

- **Streitschlichtungsstelle**
  Die WTO dient als Streitschlichtungsstelle und hat Streitentscheidungsfunktion bei Handelsrechtsstreitigkeiten zwischen den Mitgliedsstaaten. Beispielsweise wenn ein Land einem anderen einen Verstoß gegen die vereinbarten Regeln vorwirft. Zur Beilegung von Streitigkeiten bestehen Schlichtungsregeln.

Beispiel: Verstoß gegen GATT-Regeln
Die EU wirft den USA unfaire Exportsubventionen bei landwirtschaftlichen Produkten vor. Problematisch ist es, dass die Streitschlichtungsstelle keine Befugnis zur Durchsetzung der Sanktionen hat. Sie kann allerdings die geschädigten Staaten dazu autorisieren, mit Handelssanktionen zu reagieren.

2.2.2 Pro und Kontra die WTO

Die WTO steht im Dienst des Welthandels. Es gibt aber auch kritische Stimmen, die hinterfragen: Wem nutzt der Welthandel eigentlich am meisten?

Pro-WTO-Stimmen	Kontra-WTO-Stimmen
▪ Die WTO unterstützt Entwicklungsländer in Handelsfragen und überprüft Handelspraktiken ihrer Mitgliedsstaaten ▪ Freier Handel → Wirtschaftswachstum = Förderung der Entwicklungsländer ▪ Anti-Dumping-Regeln erhöhen die Absatzchancen der Entwicklungs- und Schwellenländer auf dem Weltmarkt ▪ WTO-Schiedsgerichtsbarkeit sorgt für faire und ausgewogene Machtverhältnisse zwischen wirtschaftlich großen und kleinen Staaten ▪ Standardisierte Agrarprodukte ermöglichen auch den Entwicklungsländern Absatzchancen auf dem Weltmarkt	▪ Schutz und Aufrechterhaltung der Subventionierung der eigenen Agrarprodukte der Industrieländer benachteiligen v. a. die unterentwickelten und von der Landwirtschaft besonders abhängigen Länder ▪ Den Welthandelskonferenzen wird vorgeworfen, sie gebärden sich als Weltregierung und bedrohen die Souveränität der Nationen ▪ WTO-Beschlüsse hebeln auch nationale Regelungen in den sensiblen Bereichen, wie z. B. Bildung, Kultur, Umweltschutz und Gesundheit, aus ▪ Fehlende direkte demokratische Kontrolle der WTO-Bürokratie ▪ Fehlende Transparenz (keine direkte Bevölkerungsbeteiligung) bei den WTO-Welthandelsrunden

Der WTO fällt dabei häufig die Funktion einer Schiedsstelle zu (dispute settlement body).

2.3 OPEC

Die OPEC (Organization of the Petroleum Exporting Countries) ist die Organisation erdölexportierender Länder – ein Rohstoffkartell, das 1960 gegründet wurde.

Das Ziel der OPEC ist eine **gemeinsame Ölpolitik** der Mitgliedsstaaten, um einen stabilen Ölmarkt zu erreichen und um sich gegen einen Preisverfall abzusichern.

Durch die Festlegung von Förderquoten für die einzelnen OPEC-Mitglieder soll die Erdölproduktion geregelt werden. Aufgrund der künstlichen Verknappung oder Steigerung der Ölfördermenge wird der Preis für Erdöl gedrückt, stabilisiert oder angehoben. Der Preis für Erdöl soll so variiert werden, damit er innerhalb eines von allen Mitgliedsländern vereinbarten Preisbandes liegt.

www.opec.org

Der Sitz der OPEC in Wien

Mitgliedsstaaten der OPEC

Algerien, Angola, Libyen, Nigeria, Irak, Iran, Katar, Kuwait, Saudi-Arabien, Vereinte Arabische Emirate (VAE), Ecuador, Venezuela.

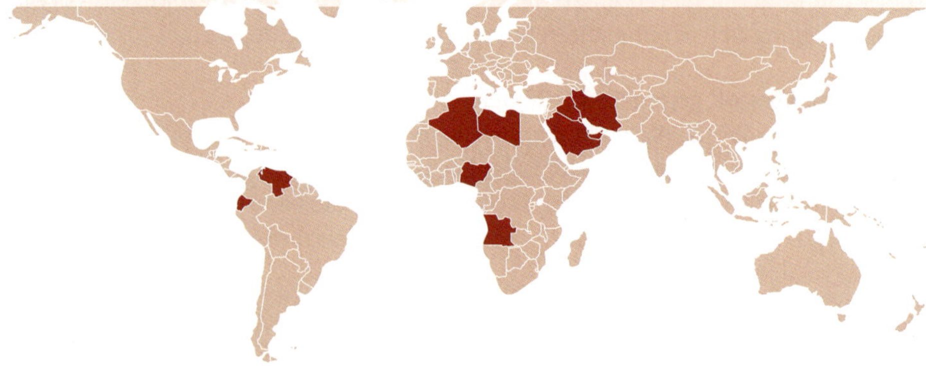

Die OPEC-Mitgliedsstaaten fördern etwa 40 % der weltweiten Erdölproduktion und verfügen über drei Viertel der derzeit bekannten weltweiten Erdölreserven. Die gewinnmaximierende Menge wird auf alle Kartellmitglieder aufgeteilt (Ölförderquoten).

Für viele ihrer Mitgliedsländer hat jede Mengen- bzw. Preisänderung direkte Auswirkungen auf den Staatshaushalt, weil Rohöl oft das wichtigste Exportgut ist.

Wichtige Förderstaaten, die der OPEC nicht angehören: Russland, Mexico, USA, Indonesien, Brunei, China, Brasilien, Norwegen, Großbritannien, Kolumbien, Kanada.

2.4 IWF und Weltbank

Österreich ist seit 1948 Mitglied des IWF und der Weltbank. Der IWF hat zurzeit 189 Mitgliedsstaaten.

Nach dem Zweiten Weltkrieg kam es zur Gründung des Internationalen Währungsfonds (IWF) und der Weltbank. Das Ziel war, ein stabiles Umfeld für den internationalen Warenverkehr zu schaffen, z. B. durch gegenseitige Hilfe bei Zahlungsbilanzdefiziten. Der IWF und die Weltbank sind Sonderorganisationen der Vereinten Nationen (UNO).

2.4.1 IWF (Internationaler Währungsfonds)

Der Internationale Währungsfonds (engl.: International Monetary Fund, IMF) wurde 1944 gegründet und hat seinen Sitz in Washington D.C., USA.

Der IWF hat das **Ziel,** durch Einsatz seiner finanziellen Mittel den Welthandel auszuweiten und dadurch den Wohlstand seiner Mitglieder zu fördern. Er trägt nicht unwesentlich dazu bei, Schuldenkrisen unter Kontrolle zu bringen, um damit die Stabilität des internationalen Finanzsystems zu wahren.

Aufgaben des IWF

Technische Hilfe durch den IWF:

- Entwurf und Umsetzung der Fiskal- und Geldpolitik
- Aufbau von Institutionen wie Zentralbanken, Steuer- und Zollbehörden
- Ausarbeitung und Überprüfung der Wirtschafts- und Finanzgesetze

Zu den Aufgaben des IWF gehören: Förderung der internationalen Zusammenarbeit in der Währungspolitik, Ausweitung des Welthandels, Stabilisierung von Wechselkursen, Kreditvergabe, Überwachung der Geldpolitik, technische Hilfe.

Wenn ein Mitglied in Zahlungsschwierigkeiten gerät, kann es beim IWF Hilfe beanspruchen, z. B. Irland (2010) oder Griechenland (2010). Bedingungen für die Gewährung von Krediten sind zum Beispiel: Kürzung der Staatsausgaben, niedrige Inflation, Steigerung des Exports sowie Liberalisierung des Bankenwesens.

Darüber hinaus unterstützt der IWF Entwicklungsländer in Afrika, Asien und Südamerika bei der Erarbeitung von Wachstums- und Wohlstandskonzepten und fördert diese durch direkte Geldhilfen der gebenden Mitgliedsstaaten. Ebenso wie die Kreditvergabe ist auch die Entwicklungszusammenarbeit oft an Bedingungen der Good Governance (Korruptionsabbau, Demokratie etc.) und der Liberalisierung gekoppelt.

2.4.2 Weltbank (Weltbankgruppe)

Als **Weltbank** bezeichnet man im weiteren Sinne die Weltbankgruppe. Diese umfasst fünf eng miteinander verbundene Institutionen. Im engeren Sinn bezeichnet die Weltbank die **Internationale Bank für Wiederaufbau und Entwicklung** als Teil dieser Gruppe.

www.worldbank.org

Die Weltbank wurde 1945 mit dem Ziel gegründet, den Wiederaufbau der durch den Zweiten Weltkrieg verwüsteten Staaten zu finanzieren. Sitz der Weltbank ist Washington D.C., USA.

Als internationales Bankinstitut liegt heute ihre Hauptaufgabe in der **finanziellen und technischen Hilfe für Entwicklungsländer.** Dazu gewährt sie Darlehen für ihren Grundsätzen entsprechende Investitionsprojekte, sofern privates Kapital zu angemessenen Bedingungen nicht zu beschaffen ist. Darlehen werden zu einem einheitlichen (niedrigen) Zinssatz auf 10 bis 35 Jahre vergeben und in Teilbeträgen ausgezahlt. Ein weiterer Bereich sind Schuldenerlässe, durch die die Länder finanzielle Mittel einsparen und für Projekte, wie z. B. Wohnungsbau oder Gesundheitsprogramme, aufwenden können.

Die Weltbankgruppe finanziert sich nur zu einem geringen Teil über ihr Grundkapital (Einlagen der Mitgliedsstaaten). Ihre Finanzierung geschieht weitgehend durch die Aufnahme von Kapital auf den internationalen Kapitalmärkten.

Beispiel
Für die Weltbank ist es ein wichtiges Ziel, die Entwicklungsländer im Kampf gegen HIV/Aids zu unterstützen. Die finanziellen Zusagen für HIV/Aids-Programme belaufen sich derzeit auf ca. 1,3 Milliarden US-Dollar. Die Hälfte des Geldes kommt afrikanischen Ländern südlich der Sahara zugute. Weitere Beispiele für die Projekte der Weltbank sind: Förderung der Bildungsmöglichkeiten für Mäd chen in Bangladesch, Verbesserung der medizinischen Versorgung in Mexiko und ein Projekt zur Entwicklung der Landwirtschaft in Bolivien.

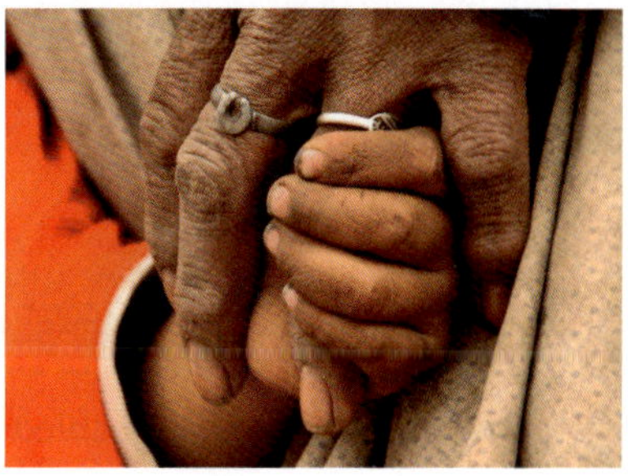

2.4.3 Kritik an IWF und Weltbank

Es gibt aber auch kritische Stimmen zu den Schwesterorganisationen IWF und Weltbank. Folgende Punkte werden häufig angeführt:

- Durch auflagengebundene Darlehen an Entwicklungsländer wird maßgeblich in deren Wirtschaftskreisläufe eingegriffen mit dem Ziel, **neue Absatzmärkte** zu **erschließen** und die **natürlichen Ressourcen** des jeweiligen Landes **auszubeuten.** Somit diene die Weltbank nicht primär der Förderung eines Entwicklungslandes, sondern der Manifestierung des wirtschaftspolitischen Einflusses der Industrienationen (also der Anteilseigner).
- Die **Gewinne** aus den IWF- bzw. Weltbank-Projekten sehen meist **nur die politische Elite** des jeweiligen Entwicklungslandes und große Unternehmen der westlichen Industrieländer.

Ein kritisches Video über die Arbeit der Weltbank finden Sie unter www.trauner.at/weltbank.aspx.

- Der Einsatz beider Institutionen für Riesenprojekte, z. B. für Staudämme oder Pipelines, geschieht häufig **auf Kosten sozialer und ökologischer Belange.** So sind sie in großem Ausmaß an der Umweltzerstörung in Entwicklungsländern beteiligt.
- Die volkswirtschaftliche **Stabilität eines Staates ist wichtiger** als Armutsbekämpfungsstrategien, der Ausbau des Gesundheitswesens und der sozialen Wohlfahrt.
- Beim Einsatz für die **absolute Öffnung und Liberalisierung der Märkte** in den Entwicklungsländern haben diese keine Möglichkeit, eigene schützenswerte Strukturen zu erhalten.

Arbeitsaufgabe

- In diesem Kapitel haben Sie die wichtigsten internationalen Organisationen kennengelernt. Doch wofür stehen diese jetzt eigentlich? Nehmen Sie an, Sie wären ein Journalist/eine Journalistin. Wie könnte eine „typische" Schlagzeile für folgende internationale Organisationen lauten? (Sie können auch das Internet als Unterstützung heranziehen).

Internationale Organisation	**Mögliche Schlagzeile**
OPEC	
WTO	
IWF	
OECD	
Weltbank	
G8	

Ziele erreicht? – „Wirtschaftliche Integration – internationale Organisationen"

KOMPETENZ-ERWERB

1. Erklären Sie den Unterschied zwischen einem Assoziierungsabkommen und einer Freihandelszone.
2. Erläutern Sie die Vorteile eines gemeinsamen Marktes.
3. Die OECD hat Leitsätze für multinationale Unternehmen formuliert. Lesen Sie die Texte und beantworten Sie anschließend die Fragen dazu.

> Die OECD-Leitsätze für multinationale Unternehmen sind der umfassendste multilaterale Verhaltenskodex für multinationale Unternehmen und der einzige, zu dessen Förderung und Umsetzung sich die teilnehmenden Länder – alle 34 OECD-Mitgliedsstaaten sowie zehn weitere Staaten (Argentinien, Brasilien, Ägypten, Kolumbien, Lettland, Litauen, Marokko, Tunesien, Peru und Rumänien) – völkerrechtlich verpflichtet haben, und die zu diesem Zweck Nationale Kontaktpunkte eingerichtet haben. Die Leitsätze enthalten Handlungsempfehlungen für das Auslandsgeschäft von Unternehmen in den Bereichen Grundpflichten, Informationspolitik, Menschenrechte, Beschäftigungspolitik, Umweltschutz, Korruptionsbekämpfung, Verbraucherinteressen, Wissenschaft und Technologie, Wettbewerb und Besteuerung. Sie wurden gemeinsam von den OECD-Mitgliedsstaaten in Zusammenarbeit mit Unternehmen, Gewerkschaften und der Zivilgesellschaft als ein Instrument für verantwortungsvolle Unternehmensführung erarbeitet. Sie basieren auf dem Prinzip der Freiwilligkeit und sind als Ergänzung des geltenden Rechts anzusehen.
>
> *Bundesministerium für Wirtschaft, Familie und Beruf, 2013*

Beispiele für Leitsätze
- Es wird von Unternehmen erwartet, dass die wettbewerbsrechtlichen Bestimmungen der jeweiligen Länder, in denen sie tätig sind, beachtet werden und auch, dass sie ihren Mitarbeiterinnen und Mitarbeitern die Bedeutung der Einhaltung der geltenden Wettbewerbsgesetze und -bestimmungen vermitteln.
- Unabhängig von der Größe, der Branche, dem betrieblichen Kontext und der Struktur sollen Unternehmen Menschenrechte respektieren.
- Unternehmen sollen ihren Beitrag zu den öffentlichen Finanzen der Gastländer leisten, die Steuergesetze und Steuervorschriften der Länder, in denen sie tätig sind, beachten und mit den lokalen Steuerbehörden zusammenarbeiten.

a) Charakterisieren Sie kurz die OECD.

b) Erläutern Sie die Ziele der OECD, die sie mit diesen Leitsätzen verfolgt.

c) Die Leitsätze sind ein freiwilliger Verhaltenskodex: Stellen Sie Vor- und Nachteile dieser Freiwilligkeit gegenüber.

d) Die Leitsätze wurden von teilnehmenden Ländern unterzeichnet, betroffen sind allerdings Unternehmen: Erörtern Sie Möglichkeiten der Staaten, die Unternehmen an die Einhaltung dieser Leitsätze zu verpflichten.

4. Recherchieren Sie, welche Empfehlungen die OECD in ihrem letzten Länderbericht an Österreich ausstellt.

5. Geben Sie an, um welche Form der wirtschaftlichen Integration es sich bei den folgenden Beispielen handelt.

Beispiele	Form der wirtschaftlichen Integration
SACU	
EWR	
EFTA	
EWWU	
ECOWAS	
UEMOA	
RCEP	
Agrarpolitik der EU	

Stichwortverzeichnis

Bildnachweis

Die Abbildungen wurden entweder vom TRAUNER Verlag eigens erstellt oder über die Bildagentur stock.adobe.com und shutterstock.com zugekauft bzw. werden über die „Bildrecht GmbH/Wien" abgerechnet.